모든 교재 정보와 다양한 이벤트가 가득!
EBS 교재사이트 book.ebs.co.kr

본 교재는 EBS 교재사이트에서
eBook으로도 구입하실 수 있습니다.

수능특강

한국사영역 | 한국사

기획 및 개발
이영진(EBS 교과위원)
김은미(EBS 교과위원)
박 민(EBS 교과위원)
박빛나리(EBS 교과위원)
여운성(EBS 교과위원)

감수
한국교육과정평가원

책임 편집
신슬기

본 교재의 강의는 TV와 모바일 APP, EBS*i* 사이트(www.ebs*i*.co.kr)에서 무료로 제공됩니다.

발행일 2025. 1. 31. **1쇄 인쇄일** 2025. 1. 24. **신고번호** 제2017-000193호 **펴낸곳** 한국교육방송공사 경기도 고양시 일산동구 한류월드로 281
표지디자인 디자인싹 **내지디자인** ㈜글사랑 **내지조판** ㈜글사랑 **인쇄** 금강인쇄주식회사 **사진** 게티이미지코리아, ㈜아이엠스톡, 이미지파트너스
인쇄 과정 중 잘못된 교재는 구입하신 곳에서 교환하여 드립니다. 신규 사업 및 교재 광고 문의 pub@ebs.co.kr

정답과 해설 PDF 파일은 EBS*i* 사이트(www.ebs*i*.co.kr)에서 내려받으실 수 있습니다.

교재 내용 문의	교재 및 강의 내용 문의는 EBS*i* 사이트 (www.ebs*i*.co.kr)의 학습 Q&A 서비스를 활용하시기 바랍니다.	
교재 정오표 공지	발행 이후 발견된 정오 사항을 EBS*i* 사이트 정오표 코너에서 알려 드립니다. 교재 → 교재 자료실 → 교재 정오표	
교재 정정 신청	공지된 정오 내용 외에 발견된 정오 사항이 있다면 EBS*i* 사이트를 통해 알려 주세요. 교재 → 교재 정정 신청	

수능특강

한국사영역 | **한국사**

이 책의 차례

Part I

I 전근대 한국사의 이해

II 근대 국민 국가 수립 운동

III 일제 식민지 지배와 민족 운동의 전개

IV 대한민국의 발전

Contents

한국사 10가지 문항 유형

평가 목표	문항 유형	
역사 지식의 이해	유형 1	기본적인 역사적 사실 알기
	유형 2	역사에서 중요한 용어나 개념 이해하기
연대기적 사고	유형 3	역사적 사건의 흐름 파악하기
역사적 상황 및 쟁점의 인식	유형 4	역사적 상황 인식하기
	유형 5	역사적 시대 상황 비교하기
역사적 탐구의 설계와 수행	유형 6	역사 탐구에 적합한 방법을 찾아 탐구 활동 수행하기
역사 자료의 분석과 해석	유형 7	역사 자료에 담긴 핵심 내용 분석하기
	유형 8	자료 분석을 통해 역사적 사실 추론하기
역사적 상상 및 판단	유형 9	역사 자료를 토대로 개연성 있는 상황 상상하기
	유형 10	역사 속에 나타난 주장이나 행위의 적절성 판단하기

이 책의 구성과 특징

Structure

핵심 내용 정리

교과서의 핵심 내용을 쉽게 이해할 수 있도록 체계적이고 일목요연하게 정리하였습니다.

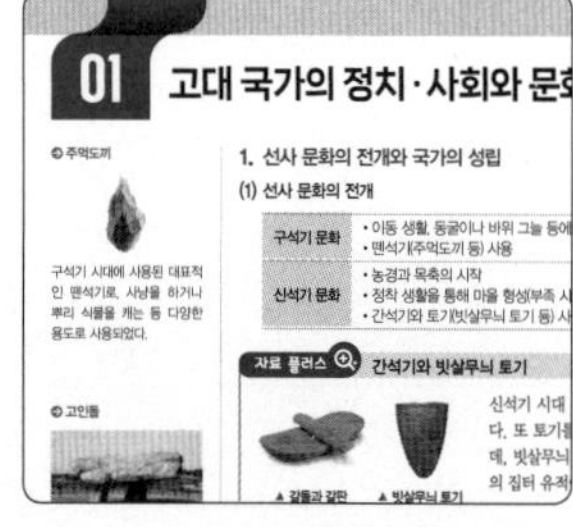

자료 탐구

1단계 자료 분석에서 핵심 내용과 관련된 주요 자료를 제시하여 문항 분석 능력을 익히고, 2단계 문항 연습으로 관련 자료에 대한 문항 적응력을 기를 수 있도록 하였습니다.

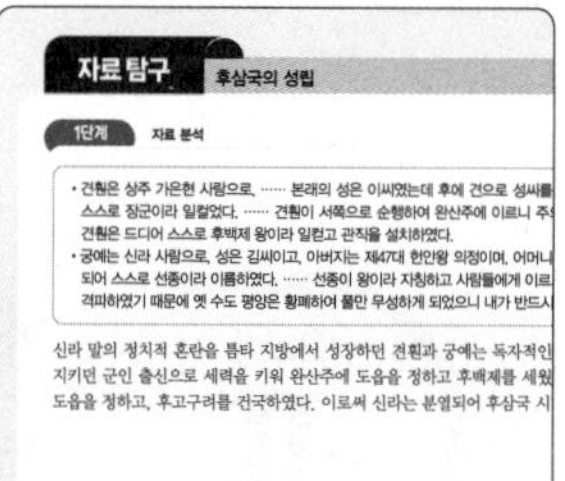

대표 기출 확인하기

평가원 모의평가 및 수능 대표 기출 문제를 통해 수능 경향을 확인할 수 있도록 하였습니다.

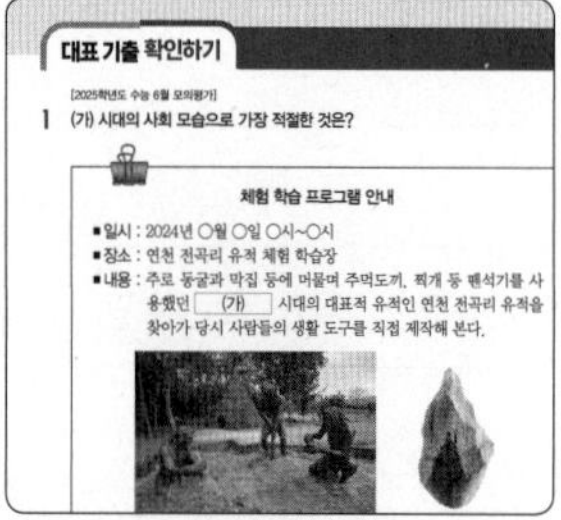

수능 유형 익히기

다양한 유형의 문항들을 수록하여 응용력과 탐구력 및 문제 해결 능력을 향상시킬 수 있도록 하였습니다.

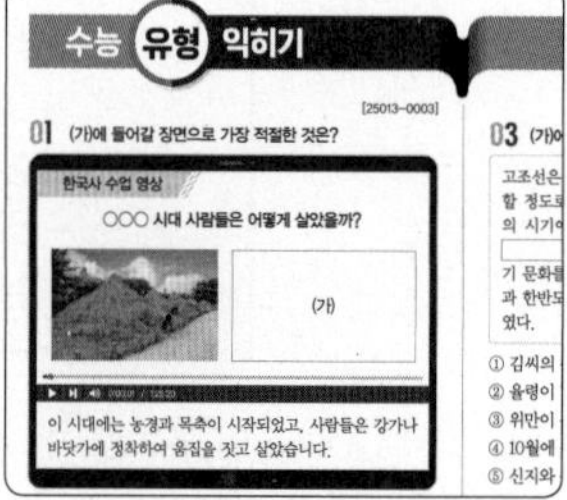

수능 유형 마스터

학습 내용을 최종 점검하여 실력을 테스트하고, 수능에 대한 실전 감각을 기를 수 있도록 수능 시험 형태로 구성하였습니다.

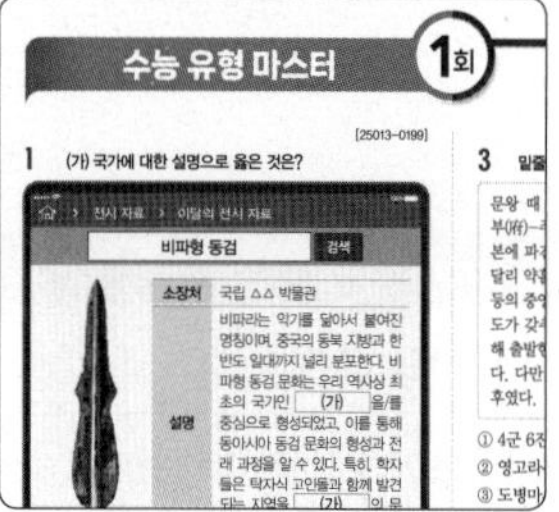

정답과 해설

정답과 오답에 대한 자세한 설명을 통해 문제에 대한 이해를 높이고, 유사 문제 및 응용 문제에 대비할 수 있도록 하였습니다.

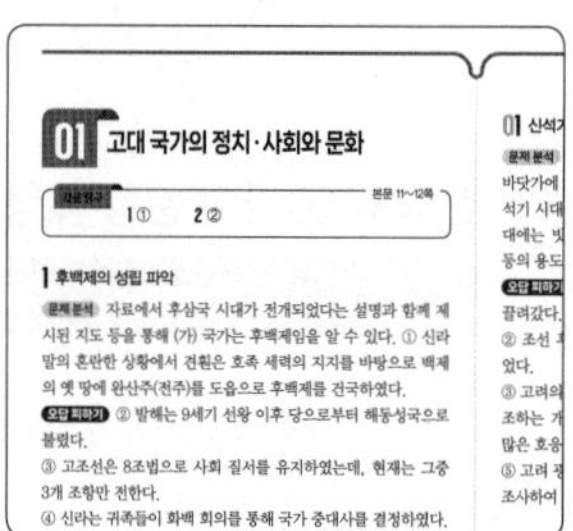

학생

인공지능 DANCHOQ

푸리봇 문|제|검|색

EBS*i* 사이트와 **EBS*i* 고교 강의 APP** 하단의 **AI 학습도우미 푸리봇**을 통해 문항코드를 검색하면 푸리봇이 해당 문제의 해설과 해설 강의를 찾아 줍니다. **사진 촬영으로도 검색**할 수 있습니다.

선생님

EBS 교사지원센터

교재 관련 자|료|제|공

교재 문항의 한글(HWP) 파일과 교재 이미지, 강의 자료를 무료로 제공합니다.

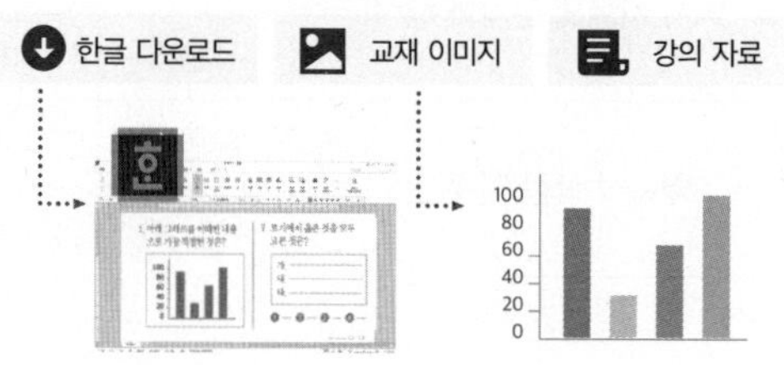

- 교사지원센터(teacher.ebsi.co.kr)에서 '교사 인증' 이후 이용하실 수 있습니다.
- 교사지원센터에서 제공하는 자료는 교재별로 다를 수 있습니다.

수능 고득점을 위한 **EBS 교재 활용법**

EBS 교재 연계 사례

2025학년도 대학수학능력시험 문항 2번

2 (가) 국가의 문화에 대한 설명으로 옳은 것은? [3점]

○○ 박물관

박물관 소개 / 특별전 / 소장품 소개 / 공지 사항

▣ 『제왕운기』

이 책은 (가) 의 이승휴가 쓴 역사시(歷史詩)로 상·하 양권으로 구성되어 있다. 상권은 중국의 역사를 신화에서부터 원(元) 왕조의 성립까지, 하권은 우리나라의 역사를 단군부터 (가) 충렬왕까지 서술하고 있다. 이 책은 우리 역사의 시작을 단군으로 설정했다는 점에서 귀중한 문헌 자료로 평가되고 있다.

① 국자감이 설립되었다.
② 북학론이 제기되었다.
③ 육영 공원이 설치되었다.
④ 조선어 학회가 결성되었다.
⑤ 한국독립운동지혈사가 편찬되었다.

2025학년도 EBS 수능특강 155쪽 4번

04 (가) 국가에서 있었던 사실로 옳은 것은? [3점]

여행 정보 사이트 | 천은사 | 검색

상세 정보 | 여행 톡 | 추천 여행

강원도 삼척에 소재한 천은사는 8세기경 창건되었다고 알려졌으며, (가) 의 이승휴가 『제왕운기』를 저술한 곳으로 유명하다. 왕을 비판하다 파직당한 이승휴는 삼척에 내려와 오랫동안 은거하며 이곳 천은사 경내에서 수많은 불교 서적을 읽으며 지냈으며, 중국과 우리 역사를 운율시 형식으로 쓴 『제왕운기』를 집필하였다.

더 보기▼

① 국자감이 설치되었다.
② 경국대전이 완성되었다.
③ 임신서기석이 제작되었다.
④ 새마을 운동이 추진되었다.
⑤ 민립 대학 설립 운동이 전개되었다.

연계 분석 및 학습 대책

2025학년도 대학수학능력시험 한국사 2번은 EBS 수능특강 155쪽 4번 문항과 연계되어 출제되었다.

두 문항 모두 문항 풀이의 중요 단서로 이승휴의 『제왕운기』를 제시하였다. 이승휴라는 인물, '중국과 우리 역사를 역사시(歷史詩) 형식으로 쓴 『제왕운기』' 등 고려를 추론할 수 있는 단서가 매우 유사하다. 특히 대학수학능력시험에서는 고려의 문화에 대한 설명을, EBS 수능특강 한국사에서는 고려에서 있었던 사실을 묻고 있으며, 정답으로 유학 교육 기관인 국자감이 설립되었다는 것을 제시하였다는 점에서 두 문항의 관련성이 매우 높다고 할 수 있다.

대학수학능력시험 한국사 영역은 고등학교 졸업자로서 갖추어야 할 한국사 기본 지식의 이해 수준과 역사적 사고력을 종합적으로 평가하는 문항을 출제하고 있다. 이 문항과 같이 역사 지식의 이해를 측정하기 위해 기본적이고 중요한 사실을 출제하기도 하고, 연대기적 이해나 역사 자료의 분석 능력 및 해석 능력 등을 측정하기 위한 문항을 출제하기도 한다. 그러므로 교육과정에서 중요하게 다루고 있는 핵심 내용을 정리한 EBS 수능특강의 개념 정리와 자료를 중심으로 학습하면 도움이 된다.

대학수학능력시험에서 EBS 교재의 문항을 연계할 때, 이 문항처럼 내용이나 문항 풀이 단서가 유사하면서도 자료와 선지를 변형하는 경우가 많다. 그러므로 개념 정리를 꼼꼼하게 학습하는 습관을 가져야 한다.

01 고대 국가의 정치·사회와 문화

➲ 주먹도끼

구석기 시대에 사용된 대표적인 뗀석기로, 사냥을 하거나 뿌리 식물을 캐는 등 다양한 용도로 사용되었다.

➲ 고인돌

청동기 시대의 대표적인 무덤이다. 덮개돌의 무게만 수십 톤에 달하는 것도 있어 묻힌 사람의 권력을 반영하고 있다.

➲ 비파형 동검

청동기 시대를 대표하는 유물로 만주와 한반도에서 출토되고 있다.

개념 체크

1. 신석기 시대에는 음식을 조리하거나 저장하기 위해 (　　)를 사용하였다.
2. 우리 역사상 최초의 국가인 (　　)은 제정일치의 지배자인 단군왕검이 건국하였다.
3. 위만이 집권한 이후 고조선은 본격적으로 (　　) 문화를 수용하였다.

정답
1. 토기 2. 고조선 3. 철기

1. 선사 문화의 전개와 국가의 성립

(1) 선사 문화의 전개

구석기 문화	• 이동 생활, 동굴이나 바위 그늘 등에서 생활 • 뗀석기(주먹도끼 등) 사용
신석기 문화	• 농경과 목축의 시작 • 정착 생활을 통해 마을 형성(부족 사회) • 간석기와 토기(빗살무늬 토기 등) 사용

자료 플러스 간석기와 빗살무늬 토기

▲ 갈돌과 갈판

▲ 빗살무늬 토기

신석기 시대 사람들은 갈돌과 갈판 등 간석기를 주로 사용하였다. 또 토기를 제작하여 음식을 조리하거나 식량을 저장하였는데, 빗살무늬 토기가 대표적이었다. 빗살무늬 토기는 주로 강가의 집터 유적이나 해안가의 조개더미 유적에서 발견되고 있다.

(2) 청동기 문화의 발달과 고조선의 성장

① 청동기 문화 : 생산력 증대, 계급 발생, 군장 출현, 고인돌·비파형 동검 등 제작

② 고조선

건국	우리 역사상 최초의 국가, 단군왕검(제정일치의 지배자)이 건국
발전	중국 세력과 겨루면서 성장 → 위만이 준왕을 몰아내고 왕위 차지(기원전 194) → 철기 문화 본격적 수용, 중계 무역을 통해 경제 성장
멸망	한의 침공으로 멸망(기원전 108)
사회	8조법으로 질서 유지

자료 플러스 고조선의 8조법

> 사람을 죽인 자는 즉시 죽이고, 남에게 상처를 입힌 자는 곡식으로 갚는다. 도둑질을 한 자는 노비로 삼는데, 용서를 받고자 하는 자에게는 한 사람마다 50만 전을 내게 한다. -「한서」-

고조선의 사회 모습은 8조법을 통해 짐작할 수 있다. 현재 전하는 3개 조항을 보면 형벌을 엄격하게 적용하였으며, 개인의 노동력과 사유 재산을 중시하였음을 알 수 있다. 또한 노비가 존재하는 계급 사회였음을 확인할 수 있다.

2. 여러 나라의 성장

(1) 철기 문화 : 기원전 5세기경부터 전개, 철제 무기와 농기구 사용 → 만주와 한반도에서 출현한 여러 나라들의 성립과 발전의 기반이 됨

(2) 군장이 통치한 옥저, 동예, 삼한

① 옥저·동예

• 함경도 해안 지역(옥저)과 강원도 해안 지역(동예)에서 성장

• 읍군·삼로가 부족 지배

② 삼한(마한 · 진한 · 변한)

- 한반도 남부에서 성장, 소국의 연합, 신지 · 읍차 등이 정치적 지배, 제사장인 천군과 신성 지역인 소도 존재
- 마한에서 백제, 진한에서 신라, 변한에서 가야 성장

(3) 연맹체를 이룬 부여와 삼국, 가야

① 연맹체 : 여러 집단(소국, 부)이 모여 국가 형성, 가장 강력한 집단의 대표(지배자)가 왕이 됨, 그 외의 집단은 대표자[부여와 고구려의 가(加) 등]가 독자적으로 통치, 국가 중대사는 왕과 각 집단의 대표자들이 모여 논의 · 결정(회의체 운영)

② 부여 : 만주 쑹화강 유역에서 성장, 왕과 가 등 존재, 제가(마가 · 우가 · 저가 · 구가 등)가 사출도 관장

③ 삼국

고구려	• 졸본 지역에서 건국 • 왕과 가들이 5부 연맹 형성 • 제가 회의를 통해 국가 중대사 결정
백제	• 한강 유역에서 성립 • 마한의 여러 소국을 제압하며 성장
신라	• 낙동강 유역에서 진한의 소국들을 복속하며 성장 • 박 · 석 · 김씨에서 왕을 배출, 이사금 · 마립간 등 여러 왕호 사용

자료 플러스 연맹체 국가, 부여와 고구려

- 나라(부여)에는 왕이 있고, 모두 여섯 가지 가축 이름으로 관직명을 정하였는데, 마가 · 우가 · 저가 · 구가와 대사 · 대사자 · 사자가 있다. …… 여러 가는 별도로 사출도를 주관하는데, 큰 곳은 수천 집, 작은 곳은 수백 집이었다. …… 장마나 가뭄이 고르지 못해 오곡이 익지 않으면 그 허물을 왕에게 돌려 "왕을 마땅히 바꾸어야 한다."라고 하거나 "왕을 마땅히 죽여야 한다."라고 말하였다.
- (고구려에는) 대가들도 사자 · 조의 · 선인을 두었는데 …… 감옥이 없고 범죄자가 있으면 제가들이 모여 회의하여 사형에 처하고 처자는 노비로 삼는다. －『삼국지』 위서 동이전－

연맹체 국가였던 부여와 초기 고구려는 왕이 있었지만 왕권이 강하지 않아 각 집단의 지배자들이 별도의 관리를 두고 독자적으로 통치하였고, 국가의 중대사를 왕과 가들이 회의를 통해 결정하였다.

④ 가야 연맹 : 변한의 여러 소국 통합 → 금관가야 중심으로 연맹 형성 → 고구려의 공격으로 금관가야 쇠퇴, 연맹 약화 → 대가야 중심으로 연맹 재편성

3. 삼국의 발전

(1) 삼국의 지배 체제 변화

① 건국 초기에 연맹체를 형성한 삼국 → 주변 세력 정복(영토 확장), 왕위 계승의 안정, 통치 체제 정비 등을 통해 왕권 강화 → 중앙 집권적 고대 국가로 진전

② 각 부의 지배층이 관등제 · 공복제 등을 통해 중앙 귀족(관료)으로 편입, 신라의 경우 골품제와 관등제 결합 → 국왕 중심의 위계질서 확립

③ 회의체 : 고구려의 제가 회의, 백제의 정사암 회의, 신라의 화백 회의에서 국가 중대사 결정

소도
정치적 지배자의 권력이 미치지 않는 삼한의 신성 지역이다. 죄인이 소도로 도망해 숨더라도 잡아갈 수 없었다.

이사금과 마립간
이사금은 연장자라는 의미이고, 마립간은 대수장(大首長)을 의미하는 신라의 왕호이다.

신라의 골품제
신라의 신분 제도로 골품에 따라 개인의 정치적 · 사회적 활동 범위가 제한되었으며, 일상생활까지 규제되었다.

개념 체크

1. 한반도 남부에서 성장한 마한, 진한, 변한을 (　　) 이라 일컫는다.
2. 고구려는 (　　)라는 회의체를 통해 국가 중대사를 결정하였다.
3. 가야 연맹은 금관가야가 쇠퇴한 후 (　　)를 중심으로 연맹이 재편성되었다.

정답
1. 삼한 2. 제가 회의
3. 대가야

(2) 삼국의 발전 과정

① 고구려

영역 확장	태조왕, 미천왕(4세기 초 낙랑군 축출) 등의 활약
체제 정비	소수림왕(불교 수용, 태학 설립, 율령 반포)
국력 확대	광개토 대왕 때 백제 공격(한강 이북 차지), 신라에 침입한 왜 격퇴 → 장수왕 때 남진 정책 추진(평양 천도, 백제 공격) → 한성 함락, 한강 유역 차지(광개토 대왕릉비·충주 고구려비 등에서 고구려의 팽창 확인)

② 백제

체제 정비	고이왕(관등제 마련 등), 침류왕(불교 수용)
국력 확대	근초고왕 때 마한의 여러 소국 복속, 고구려의 평양성 공격, 대외 교류(동진, 왜 등)
위기 및 중흥 노력	5세기 후반 고구려의 공격으로 한성 함락, 웅진 천도 → 무령왕 때 22담로에 왕족 파견 → 성왕 때 사비 천도, 통치 체제 정비

③ 신라

체제 정비	내물왕(김씨 왕위 계승 확립), 지증왕(국호 '신라', 왕호 '왕' 확정, 우산국 복속), 법흥왕(율령 반포, 불교 공인, 금관가야 병합)
국력 확대	진흥왕 때 한강 유역 차지, 대가야 정복, 함경도 지역으로 진출 → 단양 신라 적성비와 4개의 순수비 건립

4. 통일 신라와 발해의 발전

(1) 7세기 삼국 상황과 신라의 삼국 통일 : 고구려가 수·당의 침공을 격퇴(살수 대첩, 안시성 전투), 신라가 당과 연합(나당 연합) → 나당 연합군의 공격으로 백제·고구려 멸망 → 나당 전쟁에서 신라가 당을 몰아내고 삼국 통일 완성(676)

(2) 통일 신라의 통치 체제 정비

① 특징
- 문무왕, 신문왕 등을 거치며 왕권 강화(귀족 세력 제압, 녹읍 폐지 등)
- 집사부(국왕 직속 기구) 중심의 통치 체제 마련, 전국을 9주로 나누고 5소경 체제 완비

② 신라 촌락 문서(신라 민정 문서) 작성 : 조세 수취와 노동력 징발의 목적으로 3년마다 작성, 인구수·토지 종류와 면적·가축 수 등을 상세히 기록

자료 플러스 신문왕의 통치 체제 정비

- 5년(685), 완산주를 다시 설치하고 용원을 총관으로 삼았다. …… 비로소 9주를 정비하였으며, 대아찬 복세를 총관으로 삼았다. 서원소경을 설치하고 아찬 원태를 사신(仕臣)으로 삼았다. 남원소경을 설치하고 여러 주와 군의 주민들을 옮겨 그곳에 나누어 살게 하였다.
- 7년(687), 문무 관료전을 지급하되 차등을 두었다.
- 9년(689), 내외관의 녹읍을 혁파하고 매년 조(租)를 내리되 차등이 있게 하여 이를 일정한 법식으로 삼았다.

– 『삼국사기』 –

신문왕은 신라 본토, 옛 백제 영토, 옛 고구려 남쪽 지역에 각 3주씩 두어 9주를 완비하였고, 수도 금성(경주)이 동남쪽으로 치우친 것을 보완하고 국토의 균형 발전을 위해 5소경을 설치하였다. 또한 관리에게 관료전을 지급하였으며, 녹읍을 폐지하는 등 귀족의 경제 기반을 약화하려 하였다.

태학
소수림왕 때 설치한 국립 교육 기관으로 중앙 귀족의 자제들에게 유교 경전과 역사서를 가르쳤을 것으로 짐작된다.

녹읍
국가에서 관리에게 지급한 일정 지역의 토지로, 조세 수취와 거주민의 노동력 징발 등이 가능하였다.

집사부
신라의 중앙 관부로 왕명을 받들어 집행하고 국가의 중요 기밀 업무를 관장하는 등 왕권의 강화에 따라 설치되었다.

신라의 9주 5소경

신라는 통일 이후 넓어진 영토와 늘어난 인구를 효율적으로 다스리기 위해 지방 행정 제도를 개편하여 9주 5소경 체제를 완비하였다.

개념 체크

1. 고구려는 소수림왕 때 태학을 설립하고 (　　)을 반포하였다.
2. 신라는 진흥왕 때 영토를 확장하고 단양 신라 적성비와 4개의 (　　)를 건립하였다.
3. 통일 신라 때에 작성된 신라 (　　)에는 촌락의 인구, 토지, 가축 등에 대한 상세한 정보가 담겨 있다.

정답
1. 율령 2. 순수비
3. 촌락 문서(민정 문서)

(3) 발해의 발전

성장	• 대조영이 고구려 유민과 말갈인을 이끌고 동모산 부근에서 건국(698) • 고구려 계승 의식 천명 • 무왕 때 당, 신라 등과 대립 → 문왕 때 당과 우호 관계, 문물 수용 → 선왕 때 최대 영토 확보, 이후 '해동성국'이라 불림
통치 체제	• 당의 제도를 본떠 3성 6부 마련(명칭과 운영 등에서 독자성 확보) • 5경 15부 62주의 지방 행정 구역 설치

자료 플러스 발해의 건국

• 대조영은 본래 고구려의 별종이다. 고구려가 멸망하자 대조영은 가속(家屬)을 이끌고 영주로 옮겨와 살았다. …… 대조영은 마침내 무리를 이끌고 동쪽으로 가서 계루부의 옛 땅을 차지하고 동모산을 거점으로 하여 성을 쌓고 살았다. –『구당서』–

• 발해국은 고구려의 옛 땅에 있다. …… 그 넓이가 2천 리이고 주현에는 숙소나 역은 없으나 곳곳에 촌락이 있는데 모두 말갈의 부락이다. 그 백성은 말갈이 많고 토인이 적은데, 모두 토인을 촌장으로 삼았다. –『유취국사』–

고구려가 멸망한 이후 당의 지배를 받고 있던 고구려의 옛 땅에서 고구려 장군 출신인 대조영 등이 동모산 부근에서 발해를 세웠다. 발해의 주민은 말갈인이 다수를 차지하였지만, 지배층은 대체로 고구려계 사람이었다.

(4) 신라 말 통치 체제의 동요

① 정치 혼란 : 8세기 후반 혜공왕 피살 이후 진골 귀족들 간의 왕위 쟁탈전 발생

② 지방 통제 약화 : 농민 봉기 발생, 지방에서 호족 성장, 장보고가 청해진을 거점으로 세력 확대

③ 신라의 분열 : 후백제, 후고구려의 건국으로 후삼국 성립

5. 고대 사회의 사상과 종교

(1) 천신 신앙

① 출현 : 청동기 시대 국가 성장 과정에서 통치 집단이 천신 신앙으로 권력 강화

② 발전

- 부여, 고구려 등 각국의 건국 이야기와 제천 행사(부여의 영고, 고구려의 동맹, 동예의 무천 등)에 천신 신앙 반영 → 삼국의 국왕들은 왕실 시조가 천손임을 내세워 왕권 강화와 왕실 안정 추구
- 대외적으로 독자적 천하관 주장(광개토 대왕릉비 등)

자료 플러스 부여와 고구려의 천신 신앙

• (부여에서) 12월[은력(殷曆) 정월]에 지내는 제천 행사는 국중대회(國中大會)로 날마다 먹고 노래하고 춤추는데, 이름을 '영고'라 하였다.

• (고구려는) 10월에 하늘에 제사를 올리는데 국중대회로 이름을 '동맹'이라 하였다. –『삼국지』 위서 동이전 –

• 옛적에 시조 추모왕이 나라를 세웠는데, (왕은) 북부여에서 태어났으며, 천제의 아들이었고 어머니는 하백(물의 신)의 딸이었다.

• 백잔(백제)과 신라는 옛적부터 (고구려의) 속민으로 조공을 해왔다. – 광개토 대왕릉비 비문 –

천신 신앙은 국가가 성립·발전하는 과정에서 출현하여, 부여와 고구려의 제천 행사 등에 반영되었다. 광개토 대왕릉비에는 천손 의식을 바탕으로 스스로를 천하의 중심이라고 인식하는 고구려의 독자적 천하관이 나타나 있다.

➲ 발해의 중앙 통치 기구

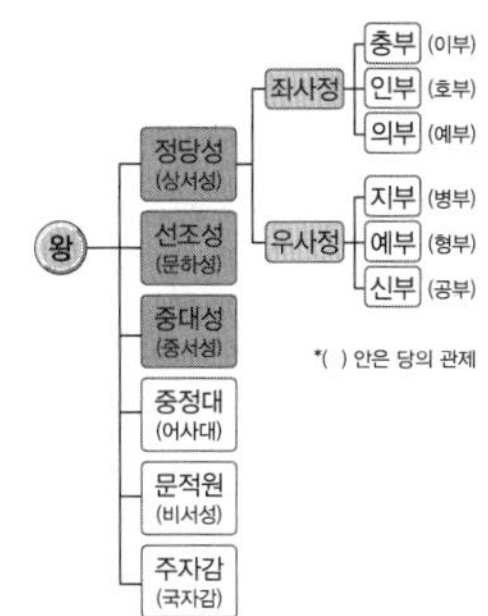

발해는 당의 3성 6부제를 본떠 중앙 통치 조직을 마련하였다. 그러나 정당성 아래에 좌사정과 우사정을 두고, 이들이 3부씩 맡게 하였으며, 6부 명칭에 유교적 덕목을 반영하는 등 독자성을 나타냈다.

➲ 발해의 5경 15부 62주

발해는 전략적 요충지에 5경을 두었고, 지방 행정의 중심지에는 15부를 두었으며, 그 아래에 주와 현을 두고 지방관을 파견하였다.

➲ 청해진

신라 흥덕왕 때 장보고의 요청에 따라 설치된 해군·무역 기지이다. 장보고는 청해진을 설치하고 해적을 소탕하여 해상 무역권을 장악하였다.

개념 체크

1. 발해는 ( ) 때 최대 영토를 확보하였고, 이후 해동성국이라 불렸다.
2. 신라 말 후백제와 후고구려의 건국으로 ( )이 성립되었다.
3. 부여와 고구려 등의 건국 이야기와 제천 행사에 ( ) 신앙이 반영되었다.

정답
1. 선왕 **2.** 후삼국 **3.** 천신

(2) 불교의 수용과 발전

① 수용과 성격

수용 및 공인	• 삼국이 국가적 통합을 위해 4~6세기에 왕실의 주도로 수용 및 공인 • 신라에서는 이차돈의 순교를 계기로 불교 공인
성격	• 국왕의 권위 강화(왕즉불 사상, 불교식 왕명 등)에 활용 • 국가의 안녕과 평안을 기원하는 호국 불교(황룡사, 황룡사 9층 목탑 등 대규모 사찰과 탑 건립)

② 통일 신라의 불교

• 불교 대중화 : 원효, 의상 등의 활약

원효	일심 사상과 화쟁 사상 주장, 아미타 신앙 전파
의상	화엄 사상 정립(신라 화엄종 개창), 관음 신앙 제시

• 선종 확산 : 신라 말 사회 혼란 상황에서 참선 수행과 깨달음을 중시하는 선종 유행, 호족의 지원(→ 9산선문 성립), 새로운 사회 건설을 위한 사상적 기반이 됨

③ 발해의 불교 : 왕실·귀족 중심으로 불교 유행, 왕실 권위 뒷받침

(3) 도교와 풍수지리설

도교	• 신선 사상을 바탕으로 여러 신앙이 결합 • 불로장생과 현세 구복 추구 → 고구려 고분 벽화의 사신도, 백제 산수무늬 벽돌과 백제 금동 대향로에 도교 사상 반영 • 고구려 연개소문이 정치적 목적으로 도교 장려
풍수지리설	• 산, 땅, 하천의 형세가 인간 생활에 영향을 끼친다는 이론 • 신라 말 도선 등의 선종 승려에 의해 체계적인 풍수지리설 유행 • 신라 수도인 금성 중심의 지리적 관념에 변화(지방의 중요성 부각)

(4) 유학의 수용과 발전

삼국	• 중국과 교류하면서 유학 수용 • 유학 교육을 통해 인재 양성 : 고구려의 태학과 경당, 백제의 오경박사, 신라의 임신서기석 등
통일 신라	• 유학을 정치 이념으로 삼음 • 신문왕 때 유학 교육 기관으로 국학 설치 • 원성왕 때 독서삼품과 마련 • 유학자의 활동 : 강수·설총·김대문 등, 당에 유학하여 빈공과에 응시하기도 함
발해	• 당 문물 수용, 당의 빈공과에서 신라 유학생들과 경쟁 • 유학 교육 기관으로 주자감 설치 • 6부 명칭에 유교 덕목 반영

자료 플러스 통일 신라의 독서삼품과

(원성왕) 4년(788) 봄, 처음으로 독서삼품을 정하여 관리를 선발하였다. 『춘추좌씨전』·『예기』·『문선』을 읽어서 그 뜻에 능통하고, 아울러 『논어』와 『효경』에 밝은 자를 상품(上品)으로 하고, …… 『곡례』와 『효경』을 읽은 자를 하품(下品)으로 하였다. 5경과 3사, 제자백가서에 모두 능통한 자는 등급을 뛰어넘어 뽑아서 (관리로) 등용하였다.

-『삼국사기』-

통일 신라 원성왕은 유교 경전의 이해 수준을 시험하여 관리 등용에 활용하고자 독서삼품과를 마련하였다. 이 제도는 국학의 기능을 강화하는 한편, 유학의 보급에도 기여하였다. 그러나 진골 귀족의 반대로 소기의 성과를 거두지 못하였다.

이차돈의 순교
이차돈은 불교 수용에 반발하는 귀족들을 무마하는 과정에서 순교하였다. 이를 계기로 신라 법흥왕은 불교를 공인하였다.

원효의 일심 사상과 화쟁 사상
일심 사상은 모든 것(진리)이 한마음에서 나온다는 논리이며, 이를 바탕으로 불교 종파 간의 이론적 대립을 해소하자는 주장이 화쟁 사상이다.

관음 신앙
자비를 베풀어 중생을 구제하는 관음보살(관세음보살)을 믿는 신앙이다.

임신서기석
신라의 두 청년이 국가에 대한 충성과 유교 경전 학습에 힘쓸 것을 맹세한 내용이 담겨 있다.

개념 체크

1. 신라에서는 (　　)의 순교를 계기로 불교를 공인하였다.
2. 고구려의 연개소문은 불로장생과 현세 구복을 추구한 (　　)를 장려하여 정치적으로 이용하였다.
3. 통일 신라의 (　　)은 유학 교육 기관으로 국학을 설치하였다.

정답
1. 이차돈 2. 도교 3. 신문왕

자료 탐구 후삼국의 성립

1단계 자료 분석

- 견훤은 상주 가은현 사람으로, …… 본래의 성은 이씨였는데 후에 견으로 성씨를 삼았다. 아버지 아자개는 농사로 생활하다가 …… 스스로 장군이라 일컬었다. …… 견훤이 서쪽으로 순행하여 완산주에 이르니 주의 백성들이 영접하면서 (수고를) 위로하였다. …… 견훤은 드디어 스스로 후백제 왕이라 일컫고 관직을 설치하였다. －『삼국유사』－
- 궁예는 신라 사람으로, 성은 김씨이고, 아버지는 제47대 헌안왕 의정이며, 어머니는 헌안왕의 후궁이었다. …… 머리를 깎고 승려가 되어 스스로 선종이라 이름하였다. …… 선종이 왕이라 자칭하고 사람들에게 이르기를, "이전에 신라가 당에 군사를 청하여 고구려를 격파하였기 때문에 옛 수도 평양은 황폐하여 풀만 무성하게 되었으니 내가 반드시 그 원수를 갚겠다."라고 하였다. －『삼국사기』－

신라 말의 정치적 혼란을 틈타 지방에서 성장하던 견훤과 궁예는 독자적인 정권을 수립하였다. 견훤은 신라 서남 해안을 지키던 군인 출신으로 세력을 키워 완산주에 도읍을 정하고 후백제를 세웠다. 신라 왕족의 후예로 알려진 궁예는 송악에 도읍을 정하고, 후고구려를 건국하였다. 이로써 신라는 분열되어 후삼국 시대가 전개되었다.

2단계 문항 연습

정답과 해설 3쪽

[25013-0001]

1 (가) 국가에 대한 설명으로 옳은 것은?

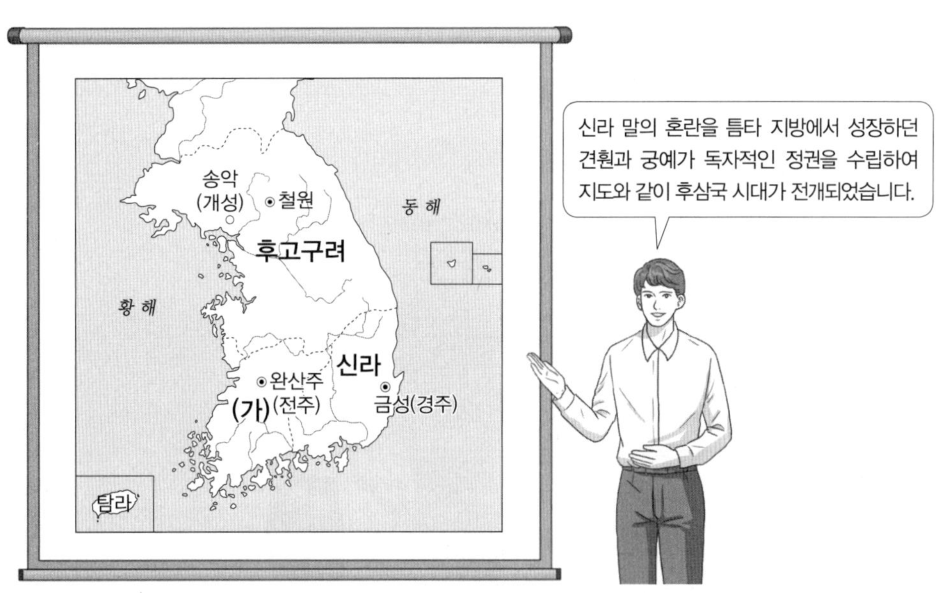

① 백제의 옛 땅에 세워졌다.
② 선왕 이후 해동성국으로 불렸다.
③ 8조법에 따라 사회 질서를 유지하였다.
④ 화백 회의에서 국가 중대사를 결정하였다.
⑤ 외세의 침략을 받아 도읍을 웅진으로 옮겼다.

자료 탐구 통일 신라의 불교

1단계 자료 분석

(가) (원효가) 우연히 광대들이 사용하는 큰 박을 얻었는데 그 모양이 괴상하였다. …… (박을) 무애(無碍, 막히거나 거침이 없음)라 이름 짓고, 노래를 지어 세상에 퍼뜨렸다. 일찍이 이 무애를 가지고 수많은 마을에서 노래하고 춤추며 교화시키고 읊조리며 돌아오니, 가난하고 무지몽매한 사람들까지도 모두 다 부처를 알게 되었고 모두 '나무(아미타불)'를 부르게 되었다. -『삼국유사』-

(나) 의상이 태백산에 돌아와 조정의 뜻을 받들어 부석사를 창건하고 대승(大乘)의 교법을 펼쳤는데 영험이 많이 나타났다. …… 의상은 곧 열 곳의 절에 교(敎)를 전하게 하였으니, 태백산의 부석사, …… 가야산의 해인사, 비슬산의 옥천사, 금정산의 범어사, 남악의 화엄사 등이 이것이다. -『삼국유사』-

신라가 삼국을 통일한 이후 불교는 왕실과 귀족뿐만 아니라 민간에 널리 퍼졌다. (가)는 불교의 대중화에 크게 기여한 원효가 신라 곳곳을 돌아다니면서 불교의 교리를 전파한 사실을 담고 있다. 원효는 누구나 '나무아미타불'을 외우면 내세에는 서방 정토에 태어날 수 있다는 아미타 신앙을 전파하였다. 또한 모든 것이 한마음에서 나온다는 일심 사상을 바탕으로 불교 종파 간의 대립을 완화하고자 노력하였다.

(나)는 의상이 신라 화엄종을 개창하여 부석사를 비롯한 많은 사찰을 기반으로 불교 교리를 전파하고 제자 양성에 힘썼던 사실을 보여 준다. 또한 의상은 관세음보살을 한마음으로 염불하여 현세의 고난을 구제받으려는 관음 신앙을 널리 전파하였다.

2단계 문항 연습

정답과 해설 3쪽

[25013-0002]

2 (가)에 들어갈 내용으로 가장 적절한 것은?

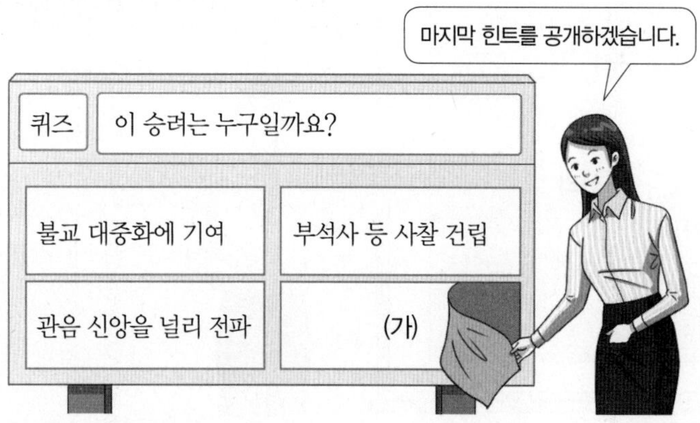

① 삼국유사 저술
② 신라 화엄종 개창
③ 화랑에게 세속 5계 제시
④ 서경으로 천도할 것을 주장
⑤ 공민왕의 개혁 정치 시기에 등용

대표 기출 확인하기

[2025학년도 수능 6월 모의평가]

1 (가) 시대의 사회 모습으로 가장 적절한 것은?

체험 학습 프로그램 안내

- 일시 : 2024년 ○월 ○일 ○시~○시
- 장소 : 연천 전곡리 유적 체험 학습장
- 내용 : 주로 동굴과 막집 등에 머물며 주먹도끼, 찍개 등 뗀석기를 사용했던 [(가)] 시대의 대표적 유적인 연천 전곡리 유적을 찾아가 당시 사람들의 생활 도구를 직접 제작해 본다.

[야외 전시장]

[주먹도끼]

① 불교 행사로 팔관회와 연등회를 열었다.
② 지배층의 무덤으로 고인돌을 축조하였다.
③ 사냥과 채집을 하면서 이동 생활을 하였다.
④ 모내기법을 활용하여 이모작을 실시하였다.
⑤ 나라별로 독자적인 제천 행사를 거행하였다.

정답 및 해설

정답 해설 자료에서 동굴과 막집 등에 머물렀다는 것, 주먹도끼, 찍개 등 뗀석기를 사용했다는 것 등을 통해 (가) 시대는 구석기 시대임을 알 수 있다. ③ 구석기 시대에는 사냥, 채집 등을 하며 무리를 지어 이동 생활을 하였다.

오답 피하기 ① 고려 시대에는 불교 행사로 팔관회와 연등회를 열었다.
② 고인돌은 청동기 시대의 대표적인 무덤이다.
④ 조선 후기에는 모내기법이 확산되면서 이모작이 확대되었다.
⑤ 부여에서는 영고, 고구려에서는 동맹 등의 제천 행사가 거행되었다.

정답 ③

[2025학년도 수능 9월 모의평가]

2 밑줄 친 '이 나라'에 대한 설명으로 옳은 것은?

> 이 나라를 세운 대조영이 죽자 시호를 고왕이라고 하였다. 아들 무예가 왕위에 올라 영토를 크게 넓히니 동북의 여러 오랑캐가 두려워하며 신하가 되었다. …… 선조성에는 좌상 등을, 중대성에는 우상 등을 두었다. 정당성에는 대내상 1명이 좌상·우상의 위에 있다. 충부·인부·의부는 좌육사에 속하고 좌사정의 아래에 있다. 우육사에는 지부·예부·신부가 있다.

① 제가 회의가 있었다.
② 골품제를 운영하였다.
③ 식목도감을 설치하였다.
④ 가야 연맹을 주도하였다.
⑤ 5경 15부 62주를 두었다.

정답 및 해설

정답 해설 자료에서 대조영이 나라를 세웠다는 것, 선조성과 중대성, 정당성이 있었다는 것, 충부·인부·의부·지부·예부·신부가 있었다는 것 등을 통해 밑줄 친 '이 나라'는 발해임을 알 수 있다. ⑤ 발해는 5경 15부 62주의 지방 행정 구역을 갖추었다.

오답 피하기 ① 고구려는 제가 회의에서 나라의 중요한 일을 결정하였다.
② 신라는 골품제라는 신분제를 운영하였다.
③ 고려의 식목도감은 중서문하성과 중추원의 고관인 재신과 추밀의 합의제로 운영되었다.
④ 전기 가야 연맹은 금관 가야, 후기 가야 연맹은 대가야가 주도하였다.

정답 ⑤

수능 유형 익히기

[25013-0003]

01 **(가)에 들어갈 장면으로 가장 적절한 것은?**

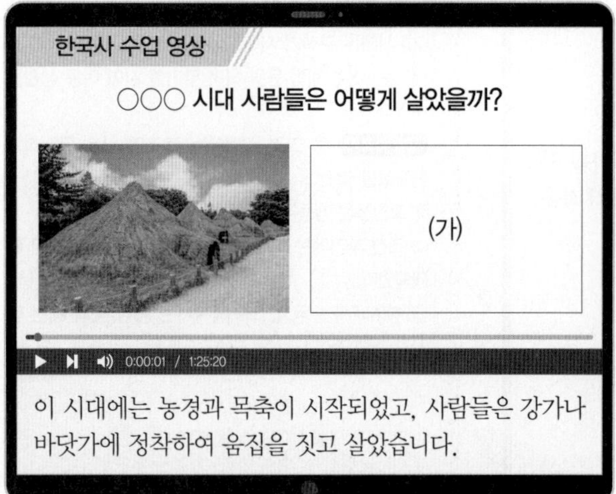

한국사 수업 영상
○○○ 시대 사람들은 어떻게 살았을까?
(가)
0:00:01 / 1:25:20
이 시대에는 농경과 목축이 시작되었고, 사람들은 강가나 바닷가에 정착하여 움집을 짓고 살았습니다.

① 공녀로 끌려가는 여인
② 상평통보를 주조하는 장인
③ 수선사 결사를 제창하는 승려
④ 빗살무늬 토기를 만드는 남자
⑤ 노비안검법으로 신분을 회복한 양인

[25013-0004]

02 **(가) 국가에 대한 설명으로 옳은 것은?**

『고려사』에 이곳 참성단은 단군이 하늘에 제사를 지낸 제단이었다는 이야기가 기록되어 있습니다. 단군이 (가) 을/를 건국한 것을 기리는 개천절에는 매년 이곳에서 제천 행사가 열리고 있습니다.

① 5도에 안찰사를 파견하였다.
② 우리 역사상 최초의 국가이다.
③ 영고라는 제천 행사를 열었다.
④ 마립간이라는 왕호를 사용하였다.
⑤ 교육 기관으로 국자감을 설치하였다.

[25013-0005]

03 **(가)에 들어갈 내용으로 가장 적절한 것은?**

고조선은 중국의 선진 문물을 수용하면서 한때 연과 대립할 정도로 강성해졌다. 중국에서 진·한이 교체되는 혼란의 시기에 많은 유이민이 이주해 왔으며, 고조선에서는 (가) 이후 고조선은 철기 문화를 본격적으로 수용하여 주변 지역을 정복하고, 한과 한반도 남부의 진국 사이에서 중계 무역을 하며 성장하였다.

① 김씨의 왕위 세습이 이루어졌다.
② 율령이 반포되고 불교가 수용되었다.
③ 위만이 준왕을 몰아내고 왕위에 올랐다.
④ 10월에 동맹이라는 제천 행사가 열렸다.
⑤ 신지와 읍차 등의 정치적 지배자가 등장하였다.

[25013-0006]

04 **(가), (나) 국가의 공통점으로 옳은 것은?**

① 성리학을 수용하였다.
② 향·부곡·소를 설치하였다.
③ 제가들이 사출도를 다스렸다.
④ 소도라는 신성 구역이 있었다.
⑤ 철기 문화를 기반으로 성립하였다.

[25013-0007]

05 밑줄 친 '초기 국가'의 특징을 보여주는 사례로 옳은 것은?

> 연맹체적 성격의 초기 국가는 우세한 정치 세력이 주변 부족을 복속하게 하고 이를 통치하기 위해 정치 조직을 정비하는 과정에서 나타났다. 초기 국가는 중앙에 왕이 존재하여 대외 교섭과 군사 활동을 주도하였다. 그러나 왕의 권력이 미약하여 각 정치 집단의 대표가 자체적으로 관리를 임명하여 자신의 영역과 주민을 다스렸다.

① 발해는 좌사정과 우사정을 두었다.
② 백제는 22담로에 왕족을 파견하였다.
③ 고구려는 제가 회의에서 국가의 중요한 일을 결정하였다.
④ 고려는 고위 관료들의 회의 기구인 도병마사와 식목도감을 두었다.
⑤ 조선은 국방 문제를 논의하는 임시 회의 기구로 비변사를 설치하였다.

[25013-0008]

06 밑줄 친 '이 나라'에 대한 설명으로 옳은 것은?

> 이 나라의 관제는 왕의 친족으로 상관(上官)을 삼으며, 족명은 제1골(성골)과 제2골(진골)로 자연히 구별된다. …… 왕족은 제1골이며, 아내도 역시 제1골로, 아들을 낳으면 모두 제1골이 된다. 또 제1골은 제2골의 여자에게 장가를 가지 않는다. 관리로는 재상·시중 등 모두 17등급이 있는데, 제2골이 이 관직을 맡는다. -『신당서』-

① 화백 회의를 개최하였다.
② 6조 직계제를 시행하였다.
③ 군국기무처를 설치하였다.
④ 거란의 침입으로 멸망하였다.
⑤ 광개토 대왕릉비를 건립하였다.

[25013-0009]

07 밑줄 친 '이 왕'에 대한 설명으로 옳은 것은?

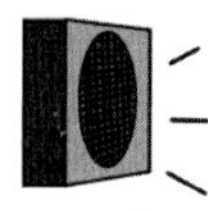

> 15번 문제입니다. 백제의 영토를 크게 넓힌 이 왕은 고구려의 평양성을 공격하였고, 동진 및 왜와도 교류하였습니다. 이 왕은 누구일까요?

① 경국대전을 완성하였다.
② 쌍성총관부를 공격하였다.
③ 강화도 조약을 체결하였다.
④ 마한의 여러 소국을 복속시켰다.
⑤ 화랑도를 국가적인 조직으로 개편하였다.

[25013-0010]

08 (가), (나) 시기 사이에 있었던 사실로 옳은 것은?

> (가) 고구려왕이 군사 30,000명을 이끌고 와서 왕도인 한성을 포위하였다. …… 왕은 어찌할 바를 몰라 수십 명의 기병을 거느리고 문을 나가 서쪽으로 달아나니 고구려 사람들이 추격하여 그를 살해하였다.
> (나) 왕이 신라를 습격하려고 몸소 보병과 기병 50명을 거느리고 밤에 구천에 이르렀다. 왕은 매복해 있던 신라군과 맞붙어 싸웠으나 살해되고 말았다. 왕의 시호를 성(聖)이라 하였다.

① 홍경래의 난이 발생하였다.
② 신라에서 녹읍이 폐지되었다.
③ 백제가 웅진으로 도읍을 옮겼다.
④ 고구려가 안시성 전투에서 승리하였다.
⑤ 금관가야 중심으로 연맹이 형성되었다.

[25013-0011]

09 (가) 왕에 대한 설명으로 옳은 것은?

이 비는 북한산에 세워져 있었으나 현재 국립 중앙 박물관 신라실에 전시되어 있습니다. 오랫동안 이끼가 끼어 있어 정확한 내용을 모르다가 조선 후기 김정희 등이 비를 탁본하여 판독한 결과 (가) 순수비로 확정되었습니다. 비문 앞부분에 '태왕(太王)'이란 글자가 보이는데, '태왕'이라는 칭호는 천하를 다스리는 대군주로서 왕의 절대적인 권위를 상징한다고 볼 수 있습니다.

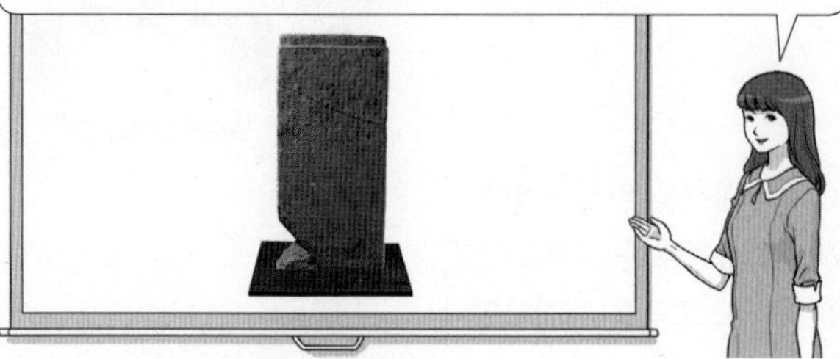

① 불교를 공인하였다.
② 과거 제도를 도입하였다.
③ 한강 유역을 장악하였다.
④ 일본에 통신사를 파견하였다.
⑤ 최승로의 시무 28조를 수용하였다.

[25013-0012]

10 (가)에 들어갈 내용으로 가장 적절한 것은?

김춘추를 보내 당과 연합한 것은 국가의 위기를 극복하기 위한 선택이었습니다. 나중에 한반도 지배 야욕을 보이는 당군을 물리친 것도 긍정적으로 평가할 수 있습니다.

그렇지만 당이라는 외세를 끌어들였고, 대동강 이남 지역의 영토만 확보하였다는 점에서 한계가 있습니다.

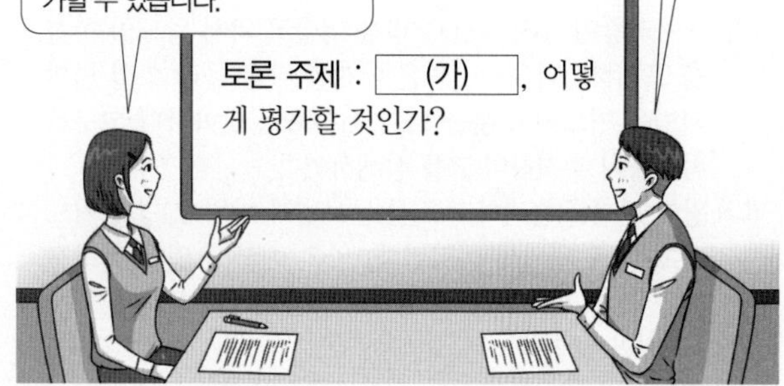

① 고구려의 대중국 전쟁
② 신라의 삼국 통일
③ 고려의 대몽 항쟁
④ 조선의 통상 수교 거부 정책
⑤ 일제의 국권 침탈 과정

[25013-0013]

11 (가) 문서에 대한 설명으로 옳은 것은?

한국사 백과사전 (가) 검색

- 요약 : 1933년 일본 나라현에 있는 도다이사 쇼소인에서 발견된 신라의 지방 행정 문서
- 내용 : 서원경에 속한 촌을 비롯한 4개 촌락의 인구와 가구, 토지의 종류와 면적, 과실나무의 수, 가축의 수 등을 조사한 문서이다. 뽕나무를 심은 것을 통해 당시 누에를 키워 비단옷을 만들어 입었을 것으로 추정되며, 토지 중 마전(麻田)의 존재를 통해 삼을 심어 베옷을 만들어 입었을 것으로 짐작된다.

① 개국 기년을 사용하여 작성되었다.
② 근대적 토지 소유 증명서로 발급되었다.
③ 조세 징수와 노동력 동원에 활용되었다.
④ 이름이 사발 모양으로 둥글게 기록되었다.
⑤ 독도가 우리 고유의 영토라는 근거가 되었다.

[25013-0014]

12 (가) 국가에서 볼 수 있는 모습으로 가장 적절한 것은?

(가) 은/는 조영이 창건하였다. 기미년에 조영이 죽으니 시호를 고왕(高王)이라 하였다. 세자가 이어서 왕위에 오르니 …… 연호를 고치고 마침내 해동성국이 되어 이 지역에 5경 15부 62주를 두었다.

① 주자감에서 공부하는 학생
② 매소성 전투에 참여하는 병사
③ 북계와 동계에 파견되는 관리
④ 천리장성 축조를 명령하는 국왕
⑤ 서원에서 선현에 제사를 지내는 선비

[25013-0015]

13 밑줄 친 '이 시기'를 연표에서 옳게 고른 것은?

이 시기에 중앙의 통제력이 약화된 틈을 타 지방에서는 호족이 성장하였다. 이들은 독자적으로 군사를 보유하고 스스로를 성주 또는 장군이라 칭하였다. 호족에는 촌주 출신이나 중앙에서 지방으로 내려온 귀족, 또는 장보고와 같은 해상 세력 등이 있었다. 한편 당에서 유학한 일부 6두품 세력은 이 시기에 골품제의 모순을 비판하고 개혁을 주장하며, 호족과 손잡고 새로운 사회를 건설하려 하였다.

	(가)	(나)	(다)	(라)	(마)	
고조선 건국		신라 건국	백제 멸망	발해 건국	후삼국 통일	귀주 대첩

① (가) ② (나) ③ (다) ④ (라) ⑤ (마)

[25013-0016]

14 (가)에 들어갈 내용으로 가장 적절한 것은?

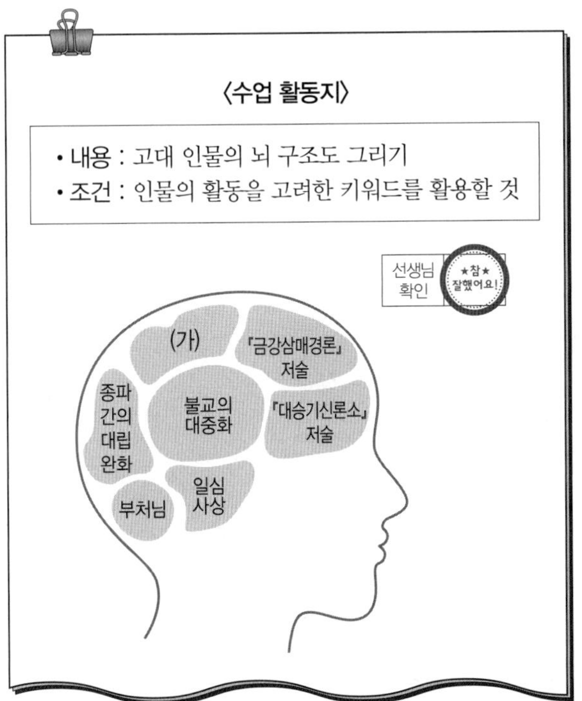

① 교관겸수 강조
② 아미타 신앙 전파
③ 청해진 설치 건의
④ 백련사 결사 조직
⑤ 왕오천축국전 집필

[25013-0017]

15 교사의 질문에 대한 학생의 답변으로 가장 적절한 것은?

이 향로는 부여 능산리의 고분군과 사비성의 나성 터 사이에서 출토되었습니다. 금동으로 만들어졌으며, 몸통에는 연꽃과 신선을 상징하는 듯한 각종 인물 등이 표현되어 있습니다. 이 향로에 대해 발표해 볼까요?

① 고구려에서 제작되었습니다.
② 불교와 도교 사상이 반영되어 있습니다.
③ 고대 문화의 일본 전파를 보여주는 사례입니다.
④ 몽골의 침입을 물리치려는 염원을 담고 있습니다.
⑤ 발해가 고구려 문화를 계승하였음을 뒷받침하는 근거입니다.

[25013-0018]

16 다음 자료를 활용한 탐구 주제로 가장 적절한 것은?

○ 임신년 6월 16일에, 두 사람이 함께 맹세하여 기록한다. 하늘 앞에 맹세하기를, 지금으로부터 3년 이후에 충(忠)과 도(道)를 체득하고 과실이 없기를 맹세한다. 만약 이 맹세를 지키지 못하면 하늘로부터 큰 죄를 받을 것을 맹세한다.
○ 『춘추좌씨전』·『예기』·『문선』을 읽어서 그 뜻에 능통하고, 아울러 『논어』와 『효경』에 밝은 자를 상품으로 하고, 『곡례』·『논어』·『효경』을 읽은 자를 중품으로 하며, 『곡례』와 『효경』을 읽은 자를 하품으로 하였다.

① 고구려의 독자적 천하관
② 신라의 유학 발달
③ 신라 말 풍수지리설의 유행
④ 고려 시대 성리학의 도입
⑤ 조선 후기 예송의 전개

02 고려의 정치·사회와 문화

1. 고려의 후삼국 통일과 체제 정비

(1) 고려의 건국과 후삼국 통일

건국	송악의 호족 출신 왕건이 궁예를 몰아내고 신하들의 추대로 즉위, 국호를 고려로 정하고(918), 철원에서 송악(개경)으로 천도(919)
후삼국 통일	발해 유민 포용 → 신라의 항복 → 후백제를 멸망시키고 후삼국 통일(936)

(2) 국가 기틀 마련

① 태조 : 혼인 정책 시행, 호족 우대와 견제, 북진 정책 추진, 훈요 10조 제시, 팔관회 장려

② 광종 : 황제 칭호와 독자적 연호 사용, 노비안검법·과거제 시행

③ 성종 : 최승로의 시무 28조 수용 → 유교 중심의 통치 체제 정비

자료 플러스 최승로의 시무 28조

7조 왕이 백성을 다스린다고 해서 집집마다 가거나 날마다 그들을 살펴보는 것은 아닙니다. …… 청컨대 외관을 두시옵소서.

13조 우리나라에서는 봄에는 연등회, 겨울에는 팔관회를 여는데 널리 사람들을 징발하여 그 노역이 매우 번거로우니, 감축하여 백성들의 노고를 덜어주소서.

20조 불교를 행하는 것은 몸을 닦는 근본이며 유교를 행하는 것은 나라를 다스리는 근원입니다. 몸을 닦는 것은 다음 생을 위한 밑천이며 나라를 다스리는 것은 곧 오늘날에 힘써야 할 일입니다.

－『고려사』－

최승로가 고려의 국정 개혁 방안을 정리하여 시무 28조를 올리자 성종은 이를 수용하여 국정 개혁에 활용하였다. 7조는 지방관의 파견을 건의, 13조는 연등회와 팔관회의 폐단을 지적하는 내용이다. 20조는 불교와 유교의 위상을 정립한 내용으로 성종이 유교 정치 이념을 바탕으로 통치 체제를 정비하는 데 영향을 끼쳤다.

(3) 통치 체제의 정비

① 중앙 정치 조직

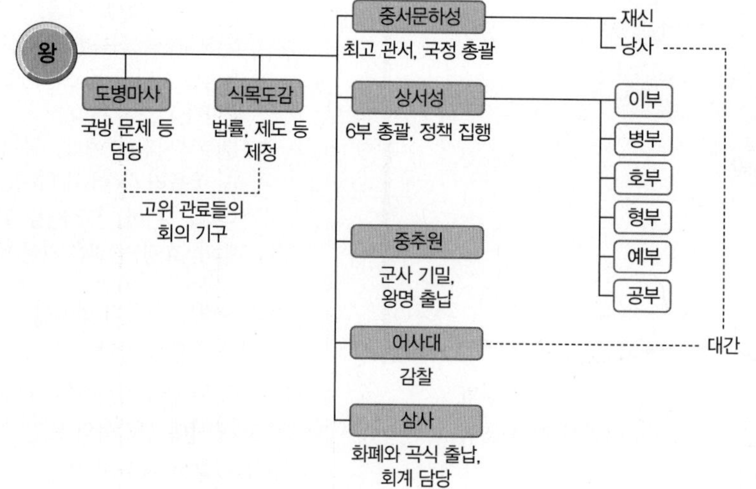

훈요 10조
고려 태조가 후대의 왕들이 경계해야 할 것을 10개조로 정리하여 전한 것이다. 불교 중시, 외래문화의 무분별한 수용 금지 및 고려 문화의 주체성 강화, 풍수지리설에 따른 서경 중시, 연등회와 팔관회 중시 등의 내용을 담고 있다.

팔관회
신라 때부터 전해오는 불교 및 토속 신앙과 관련된 의식으로, 부처와 천지신명에게 국가와 왕실의 평안을 기원하는 국가 행사이다. 고려에서는 개경과 서경에서 팔관회를 성대하게 열었다.

노비안검법
본래 양인이었으나 불법으로 노비가 된 사람을 조사하여 양인 신분을 회복시킨 법으로 호족과 공신 세력 약화에 영향을 끼쳤다.

과거제
후주 출신 쌍기의 건의를 수용해 시행한 관리 등용 제도로, 이를 통해 학문적 소양을 갖춘 신진 관료를 등용하여 불안정한 왕권을 강화하고자 하였다.

개념 체크

1. 성종은 (　　)의 시무 28조를 수용하여 통치 체제를 정비하였다.
2. (　　)은 고려 중앙 정치 조직의 최고 관서로 국정을 총괄하는 역할을 담당하였다.
3. (　　)와 식목도감은 고려의 고위 관료들이 국가의 중대사를 논의하는 회의 기구였다.

정답
1. 최승로 2. 중서문하성
3. 도병마사

② 지방 행정 조직

5도	일반 행정 구역, 안찰사 파견
양계	동계와 북계, 군사 행정 구역, 병마사 파견
주현과 속현	• 주현 : 지방관이 파견된 현 • 속현 : 지방관이 파견되지 않은 현, 주현의 지방관이 향리를 통해 간접적으로 통치
향·부곡·소	특수 행정 구역

③ 관리 등용 제도

• 과거 : 시험을 거쳐 관직에 진출

• 음서 : 공신과 종실, 5품 이상 고위 관료의 자손에게 과거를 거치지 않고 관직 수여

2. 국제 질서의 변화와 대외 관계

(1) 거란의 침입과 격퇴

1차	서희의 외교 담판으로 강동 6주 지역 확보
2차	송과 지속적인 관계 유지에 반발하여 침입
3차	강감찬의 활약으로 거란군 격퇴(귀주 대첩) → 천리장성 축조

자료 플러스 서희의 외교 담판

성종 12년(993), 거란이 고려에 쳐들어왔다. …… 소손녕이 서희에게 말하기를, "너희 나라는 신라 땅에서 일어났고, 고구려의 땅은 우리 소유인데 너희들이 침범해 왔다. 그리고 우리와 국경을 접하고 있는데도 바다를 건너 송을 섬기기 때문에 오늘의 출병이 있게 된 것이다. 만약 땅을 떼어 바치고 서로 사신을 보낸다면 무사할 수 있을 것이다."라고 하였다. 서희는 말하기를, "그렇지 않다. 우리나라가 바로 고구려의 옛 땅이기 때문에 국호를 고려라 하고 평양에 도읍하였다. …… 압록강 안팎 또한 우리 땅인데 지금 여진이 도둑질하여 차지하고는 교활하게 대처하고 있어, 길이 막혀 통하지 않음이 바다를 건너는 것보다 더 심하다."라고 하였다.

–「고려사」–

거란은 고려와 관계 개선을 시도했으나 뜻대로 되지 않자 고려가 차지하고 있는 고구려의 옛 땅을 내놓고 거란과 통교할 것을 요구하며 고려를 침략하였다. 서희는 소손녕과 외교 담판으로 송과의 관계를 단절하고 거란과 외교 관계를 맺을 것을 약속하여 강동 6주 지역을 확보하였다.

(2) 여진과의 관계

① 여진 정벌 : 윤관의 건의로 별무반 창설, 동북 9성 설치 → 여진의 요청과 수비 곤란으로 반환

② 여진과의 관계 변화 : 금을 세운 여진이 고려에 군신 관계 요구 → 수용

(3) 고려의 다원적 세계관(천하관)과 해동 천하

① 다원적 국제 질서 : 송의 국방력 약화, 북방 민족(거란, 여진) 흥기 → 탄력적 대외 관계 형성

② 해동 천하 인식 : 중국 및 북방 민족과 조공·책봉 관계를 맺으면서도 고려가 중심이 되는 세계가 별도로 존재한다는 독자적 세계관 → 이에 따라 고려 국왕은 황제를 칭하고 독자적인 연호 사용, 천자·폐하 등의 용어 사용

3. 문벌 사회의 동요와 무신 정권의 성립

(1) 이자겸의 난과 묘청의 서경 천도 운동

① 이자겸의 난

• 배경 : 외척 이자겸 일파의 권력 독점 → 인종과 측근 세력의 이자겸 축출 시도

• 전개 : 이자겸, 척준경 등이 난을 일으켜 권력 장악 → 인종이 척준경을 이용하여 진압

➲ 향·부곡·소

향·부곡민은 주로 농업에 종사하였고, 소민은 광물, 자기 등의 공물 생산에 종사하였다. 향·부곡·소의 거주민은 신분상으로는 양인이었지만, 일반 군현민에 비해 차별 대우를 받았으며 과거 응시가 금지되었다.

➲ 별무반

고려군이 기병으로 이루어진 여진의 군대에 번번이 패하자 이에 대처하기 위해 편성된 특수 부대이다. 신기군(기병), 신보군(보병), 항마군(승병) 등으로 구성되었다.

➲ 문벌

여러 대에 걸쳐 고위 관리를 배출한 가문으로, 왕실 혹은 다른 문벌과 혼인 관계를 맺어 권력을 키웠다. 이들은 정치적으로 음서의 특권을 누렸다.

➲ 이자겸의 난

이자겸이 둘째 딸을 예종의 비로 들이고, 인종에게도 셋째와 넷째 딸을 시집보내 왕을 초월한 권력을 행사하자 인종이 신진 관리들과 함께 그를 몰아내려 하였다. 이에 이자겸이 척준경과 함께 반란을 일으켰다.

개념 체크

1. 고려는 일반 행정 구역인 5도와 군사 행정 구역인 (　　), 그리고 경기로 전국을 나누었다.
2. 거란의 1차 침입 시기에 (　　)는 외교 담판으로 강동 6주 지역을 확보하였다.
3. 고려는 (　　)의 건의로 별무반을 편성하고, 여진을 정벌하여 동북 9성을 쌓았다.

정답
1. 양계 2. 서희 3. 윤관

➲ 교정도감
최충헌이 반대 세력을 제거하기 위해 설치한 것으로 최씨 무신 정권 시기 국정을 총괄하였다.

➲ 삼별초
고려 고종 때 최우가 설치한 특수 부대인 야별초에서 분리된 좌별초와 우별초, 몽골의 포로였다가 탈출한 병사들로 편성된 신의군으로 조직되었다.

② 묘청의 서경 천도 운동
- 배경 : 묘청, 정지상 등 서경 세력과 김부식 등 개경 세력의 대립
- 전개 : 묘청 등이 풍수지리설을 토대로 서경 천도, 칭제건원(황제를 칭하고 연호를 사용함)과 금 정벌 주장 → 개경 세력의 반대로 서경 천도 좌절 → 묘청 등이 서경에서 난을 일으킴 → 김부식 등이 이끄는 관군에 의해 진압됨

③ 영향 : 문벌 사회의 동요

(2) 무신 정권의 성립

① 배경 : 문벌의 권력 독점, 무신에 대한 차별 대우
② 무신 정변 : 정중부, 이의방 등이 주도하여 정변을 일으키고 권력 장악
③ 최씨 무신 정권 : 최충헌이 권력을 장악한 후 그와 그의 후손이 60여 년 동안 권력 유지, 교정도감(최고 권력 기구화)·정방(인사 행정 담당 기구) 설치

자료 플러스 무신 정변의 발발

(의종 24년) 왕이 화평재로 행차하여 또다시 가까이 모시는 문신들과 함께 술을 마시면서 시를 읊다가 돌아오는 것을 잊어버리니, 호종하던 장사(壯士)들의 배고픔이 심하였다. 정중부가 잠시 나가자 견룡행수 산원 이의방·이고가 그를 따라 나와 은밀히 정중부에게 말하기를, "문신들은 의기양양하게 취하도록 퍼마시는데, 무신들은 모두 굶주려 피곤합니다. 이것이 참을 만한 일입니까?"라고 하였다. 정중부는 예전에 (김돈중이) 수염을 태운 것에 악감정이 있어 곧 말하기를, "그렇구나."라고 하고는 마침내 흉모를 꾸몄다.
-『고려사』-

문벌 사회가 동요하는 가운데 문신에 비해 차별 대우를 받던 무신들이 정변을 일으켜 권력을 장악하였다. 이들이 많은 문신을 살해하고 의종을 폐위한 후 수립한 무신 정권은 1270년 개경 환도 전까지 약 100년간 지속되었다.

4. 원의 간섭과 고려 사회의 변화

(1) 몽골의 침입과 대몽 항쟁

침입	몽골의 지나친 공물 요구 → 몽골 사신이 피살된 사건을 구실로 침입
항쟁	강화도로 천도, 처인성 전투 등
결과	몽골과 강화 협정 체결 → 개경으로 환도(1270)
삼별초의 항쟁	개경 환도에 반대 → 강화도에서 진도, 제주도로 근거지를 옮기며 항쟁

자료 플러스 몽골의 침입과 격퇴

몽골 장수 살리타가 와서 처인성을 공격하니 김윤후가 그를 사살하였다. …… 몽골군이 쳐들어와 충주성을 포위하기를 70여 일간 하니 군량을 저축한 것이 거의 바닥났다. 김윤후가 괴로워하는 군사들을 북돋우며 말하기를, "만약 힘을 내어 싸울 수 있다면, 귀천을 가리지 않고 모두 관작을 제수하려 하니 너희는 불신함이 없도록 하라."라고 하고는 드디어 관노 문서를 불사르고 빼앗은 소와 말을 그들에게 나누어 주었다. 사람들이 모두 죽음을 무릅쓰고 적에게 다가가니 몽골병의 기세가 점차 꺾여서 마침내 다시 남쪽으로 내려가지 못하였다.
-『고려사』-

몽골이 여러 차례 침략하자 고려는 이에 맞서 하층민까지 힘을 합쳐 적극 항전하였다. 김윤후는 처인성에서 부곡민을 이끌고 몽골 장수 살리타를 사살하였고 충주성에서는 노비를 중심으로 한 군대를 지휘하여 몽골군을 격퇴하였다.

개념 체크

1. 서경 세력과 개경 세력의 대립을 배경으로 (　　　) 의 서경 천도 운동이 전개되었다.
2. 최충헌이 설치한 (　　)은 무신 정권이 끝날 때까지 계속 존속하면서 국정을 총괄하는 중심 기관이 되었다.
3. 삼별초는 (　　　) 환도에 반발하여 진도, 제주도로 옮겨가며 대몽 항쟁을 하였다.

정답
1. 묘청 2. 교정도감
3. 개경

(2) 원의 내정 간섭

① 고려의 지위 격하 : 왕실의 용어와 관제 격하

② 영토 상실 : 쌍성총관부 등 설치

③ 일본 원정 동원 : 정동행성 설치

④ 영향 : 권문세족의 성장, 자주성의 손상

(3) 공민왕의 개혁 정책

배경		원의 쇠퇴
내용	반원	친원 세력 축출, 정동행성 이문소 폐지, 쌍성총관부를 공격하여 영토 회복
	왕권 강화	전민변정도감 설치(신돈 주도, 권문세족의 경제 기반 약화 및 국가 재정 확대 추진)
결과		공민왕이 암살당하면서 개혁 중단

(4) 신진 사대부의 성장

배경	공민왕의 개혁 정치 시기에 성장
특징	주로 과거를 통해 중앙 진출, 성리학 수용, 불교의 폐단과 권문세족의 비리 비판, 이성계 등 신흥 무인 세력과 연합

5. 고려의 사회 구조와 사회 변화

(1) 고려의 신분 제도

① 양천제 : 양인과 천인으로 구분

양인	문무 관리
	서리, 향리, 하급 장교 등
	백정(농민, 일반 군현에 거주), 수공업자, 상인, 향 · 부곡 · 소의 주민
천인	공 · 사노비 등

② 정호와 백정 : 양인은 직역의 유무에 따라 크게 정호와 백정으로 구분, 정호는 직역 수행의 대가로 국가로부터 토지를 받음, 백정은 직역이 없는 농민으로 조세 · 공납 · 역 부담

(2) 신분 변동의 유동성

① 일부 향리가 과거를 통해 중앙 관직에 진출, 권문세족의 횡포로 농민이 노비로 전락 등

② 향 · 부곡 · 소가 일반 군현으로 승격

(3) 농민 · 천민의 봉기

① 배경 : 무신 정변 후 신분 질서 동요, 지배층의 가혹한 수탈

② 주요 봉기 : 공주 명학소민의 봉기(망이 · 망소이의 봉기), 전주 관노의 봉기, 김사미와 효심의 봉기, 만적의 봉기 모의

자료 플러스 개방적인 고려 사회

- 이영의 자는 대년이고 안성군 사람이다. 아버지 이중선은 안성군의 호장(향리 중 고위직)이었다. …… (이영은) 숙종 때 을과에 급제하고 직사관(사관의 하급 관리)이 되었다.
- 명종 6년(1176)에 고을의 명학소 사람 망이가 무리를 불러 모아서 공주를 공격하여 함락하자, 조정에서 그 소를 충순현으로 승격하고, 현령과 현위를 두어 달래었다. -『고려사』-

고려 시대에는 향리의 자제가 과거를 통해 고위 관리가 될 수 있었으며, 향 · 부곡 · 소 등 특수 행정 구역이 일반 군현으로 승격되는 등 신라에 비해 개방적인 사회였다.

쌍성총관부
고려 동북부 지역에 설치된 몽골(원)의 통치 기관으로 철령 이북 지역을 관할하였다.

권문세족
기존 문벌 중 일부와 무신 정권기에 새로 등장한 가문, 원과의 관계를 통해 출세한 가문 등으로 이루어졌다.

정동행성 이문소
정동행성의 부속 관서로 원과 관계된 범죄를 다스렸으며, 친원 세력을 옹호하는 역할을 하였다.

전민변정도감
권문세족이 불법으로 차지한 땅을 본래의 주인에게 돌려주고, 억울하게 노비가 된 양인을 본래의 신분으로 되돌리기 위해 설치한 개혁 기구이다.

직역
국가로부터 군역이나 향리직과 같은 특정한 임무를 받아 수행하는 일을 의미한다. 직역을 받은 경우에는 국가로부터 토지를 받아 수조권(조세를 거두는 권한)을 행사할 수 있었다.

개념 체크

1. (　　)은 원의 쇠퇴를 배경으로 반원 개혁 정책을 실시하였다.
2. 고려 후기에 신진 사대부는 (　　)을 수용하여 사상적 기반으로 삼았다.
3. 고려 시대의 양인은 직역의 유무에 따라 크게 (　　)와 백정으로 구분하였다.

정답
1. 공민왕 2. 성리학 3. 정호

6. 고려의 종교와 사상

(1) 불교의 발달

① 숭불 정책을 시행하되 다양한 종교를 인정

② 승과 시행, 연등회 등 개최

③ 주요 승려들의 활동

의천	해동 천태종 창시, 교관겸수 주장
지눌	수선사를 중심으로 결사 운동 전개, 정혜쌍수 주장
요세	백련사 결사 조직

(2) 도교와 풍수지리설

도교	왕실과 국가의 안녕을 기원, 도교 사원 건립
풍수지리설	묘청의 서경 천도 운동에 영향

(3) 유학의 발달과 역사서 편찬

① 유학의 발달 배경 : 과거제 시행으로 유학 교육 확산, 유교적 통치 체제 정비(성종)

② 교육 기관의 건립

관학	국자감 건립
사학	9재 학당(문헌공도) 등 사립 교육 기관의 융성

③ 성리학의 수용 : 원 간섭기인 충렬왕 때 안향이 본격적으로 소개 → 신진 사대부가 중심이 되어 적극 수용, 공민왕 때 성균관 정비(성리학 연구 및 교육)

④ 역사서의 편찬

전기	『삼국사기』(김부식 등) : 유교적 합리주의 사관, 기전체	
후기	무신 정권기	『동명왕편』(이규보) : 고구려 계승 의식 강조
	원 간섭기	• 『삼국유사』(일연), 『제왕운기』(이승휴) : 단군의 건국 이야기 수록 • 『사략』(이제현) : 성리학의 영향으로 정통과 대의명분 강조

자료 플러스 역사서의 편찬

• 신라의 박씨와 석씨는 모두 알에서 태어났고, 김씨는 금 궤짝 속에 들어 하늘에서 내려왔다거나 혹은 금 수레를 타고 왔다고도 한다. 이것은 매우 이상하여 믿을 수 없으나, 세간에서는 서로 전하여 그것을 사실로 여긴다. -『삼국사기』-

• 『위서』에 이르기를, "지금으로부터 2천여 년 전에 단군왕검이 있어 아사달에 도읍을 정하였다. 나라를 개창하여 조선이라 했으니 요임금과 같은 시대이다."라고 하였다. -『삼국유사』-

• 처음에 누가 나라를 세워 세상을 열었는가? 석제의 자손으로 이름은 단군이라네. 요임금과 함께 무진년에 나라를 세워 순임금 때를 지나 하나라 때까지 왕위에 계셨도다. -『제왕운기』-

고려 전기에 김부식 등이 편찬한 『삼국사기』는 왕명을 받아 유교적 합리주의 사관에 따라 객관적인 사실을 기록하려 하였다. 원 간섭기에 편찬된 일연의 『삼국유사』는 우리 역사의 시작을 단군으로 서술하며 다양한 설화를 기록하였다. 이승휴의 『제왕운기』에서도 단군의 건국 이야기를 수록하였다.

의천과 지눌

의천은 교종과 선종의 대립을 극복하기 위해 이론을 공부하는 교학과 실천적인 수행을 함께 해야 한다는 교관겸수를 제시하였다. 지눌은 불교 개혁 운동을 벌이면서 수행 방법으로 선과 교학을 분리하지 않고 함께 수행해야 한다는 정혜쌍수를 제시하였다.

9재 학당

해동공자로 불리는 최충이 세운 사학으로 과거 응시를 위한 예비 학교의 성격을 지녔다.

기전체

역사를 본기(제왕), 세가(제후), 열전(인물), 지(주제), 표(연표) 등으로 나누어 서술하는 방식이다.

개념 체크

1. 고려 시대 승려 (　　)은 해동 천태종을 창시하고, 교관겸수를 주장하였다.
2. (　　)은 묘청의 서경 천도 운동에 영향을 주었다.
3. 김부식 등이 왕명을 받아 편찬한 (　　)는 기전체 역사서이다.

정답
1. 의천 2. 풍수지리설
3. 삼국사기

자료 탐구 묘청의 서경 천도 운동

1단계 자료 분석

(가) 신 등이 보건대 서경 임원역의 땅은 음양가들이 말하는 대화세(명당)에 해당합니다. 만약 이곳에 궁궐을 세워 그곳으로 거처를 옮기신다면 가히 천하를 아우르게 되니 금이 예물을 가지고 스스로 항복하여 올 것입니다.

–『고려사』–

(나) 올해 여름에 서경 대화궁 30여 곳에 벼락이 떨어졌습니다. 서경이 만약 좋은 땅이라면 하늘이 이처럼 하지 않았을 것입니다. …… 지금 서경은 아직 추수가 끝나지 않아 지금 행차하시면 반드시 곡식을 밟게 될 것이니 백성에게 인을 베풀고 만물을 사랑하는 뜻이 아닙니다.

–『고려사』–

이자겸의 난 이후 묘청을 중심으로 한 서경 세력과 김부식을 중심으로 한 개경 세력 간의 정치적 대립이 일어났다. (가)에서 묘청 등 서경 세력은 풍수지리설을 내세워 서경으로 수도를 옮기자고 주장하였다. (나)에서 김부식 등 개경 세력은 민생 안정을 이유로 서경 천도에 반대하였다. 이에 묘청 등 서경 세력은 반란을 일으켜 서북 지방의 대부분을 점령하였다. 그러나 약 1년 만에 김부식이 이끄는 관군에게 진압되어 실패하였다.

2단계 문항 연습

정답과 해설 6쪽

[25013-0019]

1 (가) 사건에 대한 설명으로 옳은 것은?

모둠별 토의 질문 평가지

대상 학급 : 3학년 ○반

담당 교사 : ○○○

• 과제 : (가) 을/를 평가하기 위한 모둠별 토의 질문 만들기

• 질문 평가

모둠	제출한 질문	평가
1모둠	서경으로 도읍을 옮기자는 주장이 제기된 이유는 무엇일까?	적합
2모둠	묘청의 주장을 지지한 세력은 누구일까?	적합
3모둠	인종이 서경에 대화궁을 짓도록 허락한 이유는 무엇일까?	적합

① 천주교 신자들이 처형되었다.
② 풍수지리설을 바탕으로 전개되었다.
③ 구식 군인에 대한 차별 대우가 배경이었다.
④ 평안도 지역 차별에 대한 반발로 일어났다.
⑤ 우정총국 개국 축하연을 이용하여 발발하였다.

자료 탐구 공민왕의 개혁 정치

1단계 자료 분석

• 공민왕 5년(1356)에 옛 땅을 수복하려고 밀직부사 유인우를 동북면 병마사로 삼고, …… 이들을 격퇴하게 하였다. …… (쌍성의 사람들이) 잇따라 와서 항복하고 음식을 마련하여 관군을 맞으면서 말하기를, "고려왕이 진짜 우리 임금이시다."라고 하였다.
−『고려사』−

• 신돈이 전민변정도감을 설치할 것을 청하고 스스로 판사가 되어 전국에 방을 붙여 알리기를, "근래에 기강이 크게 무너져서 탐욕을 부리는 것이 풍습이 되었다. …… 기한을 넘겨 일이 발각되는 자는 죄를 조사하여 다스릴 것이며 망령되게 소송하는 자는 도리어 처벌하겠다."라고 하였다. 명령이 나가자 권세가 중에 전민(田民)을 빼앗은 자들이 그 주인에게 돌려주는 일이 많으니 전국에서 기뻐하였다.
−『고려사』−

14세기 후반 원이 쇠퇴하며 동아시아 국제 정세가 바뀌는 가운데 공민왕은 원의 간섭에서 벗어나기 위해 본격적인 개혁을 추진하였다. 공민왕은 내정을 간섭하던 정동행성 이문소를 폐지하는 한편, 쌍성총관부를 공격하여 철령 이북 지역을 되찾았다. 또한 전민변정도감을 설치하여 권문세족이 불법으로 빼앗은 토지를 본래 주인에게 돌려주고 억울하게 노비가 된 양인을 본래의 신분으로 되돌려주었다. 하지만 권문세족이 반발하고 공민왕이 살해되어 개혁이 중단되었다.

2단계 문항 연습

정답과 해설 **6**쪽

[25013-0020]

2 다음 자료를 활용한 탐구 주제로 가장 적절한 것은?

○ 왕이 원 연호의 사용을 중지하고 교서를 내려 말하기를, "근래 나라의 풍속이 일변하여 오직 권세만을 추구하게 되었으니, 기철 등이 임금의 위엄에 빙자하여 나라의 법도를 뒤흔드는 일이 벌어졌다. 자신의 기쁨과 분노에 따라 관리의 선발과 승진을 조절하니 정부의 명령이 이로 인해 늘거나 줄었고, 남이 땅을 갖고 있으면 그를 제거하고, 또는 인민이 있으면 이를 빼앗았다. …… 최근에는 다행스럽게도 조종(祖宗)의 영령에 기대어 기철 등을 처단할 수 있었다."라고 하였다.
○ 동북면 병마사 유인우가 쌍성을 함락시켰다. 총관 조소생과 천호 탁도경이 도망쳐 버리니 화주·등주·정주·장주·예주·고주·문주·의주 및 선덕진·원흥진·영인진·요덕진·정변진 등지를 되찾게 되었다. 함주 이북은 고종 무오년부터 몽골(원)이 차지했는데 이때 와서 모두 수복하였다.

① 영조의 탕평 정치
② 태종의 6조 직계제
③ 공민왕의 개혁 정치
④ 장수왕의 남진 정책
⑤ 신문왕의 왕권 강화 정책

대표 기출 확인하기

[2025학년도 수능 6월 모의평가]

1 밑줄 친 '이 왕조'의 문화에 대한 설명으로 옳은 것은?

이곳은 가상 박물관입니다. 전시된 문화유산을 누르면 이 왕조의 역사와 문화에 대한 정보를 얻을 수 있습니다.

이 왕조를 건국하고 후삼국을 통일한 태조 왕건의 동상입니다. 황제가 쓰는 통천관을 쓰고 있습니다.

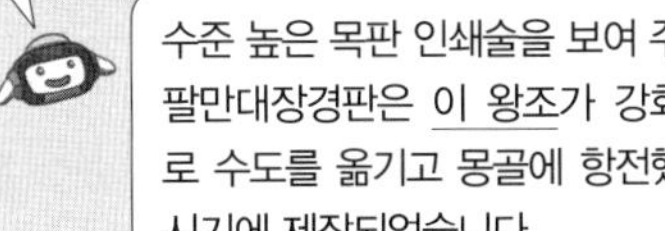

수준 높은 목판 인쇄술을 보여 주는 팔만대장경판은 이 왕조가 강화도로 수도를 옮기고 몽골에 항전했던 시기에 제작되었습니다.

① 동학이 창시되었다.
② 삼국사기가 편찬되었다.
③ 수원 화성이 건설되었다.
④ 조선어 학회가 조직되었다.
⑤ 석굴암 본존 불상이 조성되었다.

정답 및 해설

정답 해설 자료에서 태조 왕건이 건국하고 후삼국을 통일하였다는 것, 강화도로 수도를 옮기고 몽골에 항전했던 시기에 팔만대장경판이 제작되었다는 것 등을 통해 밑줄 친 '이 왕조'는 고려임을 알 수 있다. ② 고려 인종 때 김부식의 주도로 『삼국사기』가 편찬되었다.

오답 피하기 ① 조선 후기에 최제우가 동학을 창시하였다.
③ 조선 정조는 수원 화성을 건설하였다.
④ 조선어 학회는 일제 강점기인 1931년에 조직되었다.
⑤ 통일 신라 시기에 석굴암 본존 불상이 조성되었다.

정답 ②

[2025학년도 수능]

2 밑줄 친 '이 시기'에 있었던 사실로 옳은 것은?

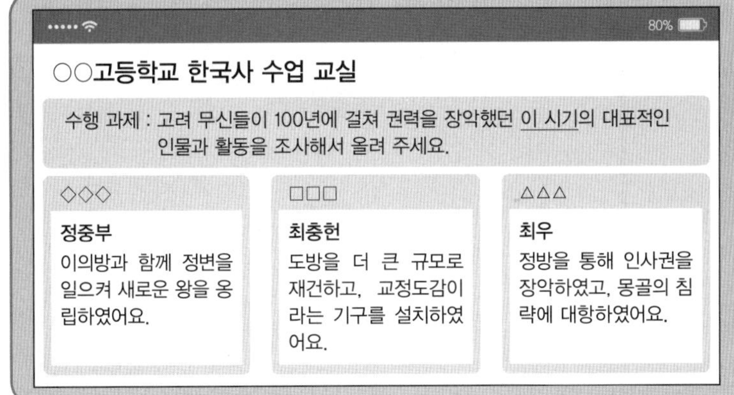

80%
○○고등학교 한국사 수업 교실
수행 과제 : 고려 무신들이 100년에 걸쳐 권력을 장악했던 이 시기의 대표적인 인물과 활동을 조사해서 올려 주세요.
◇◇◇
정중부
이의방과 함께 정변을 일으켜 새로운 왕을 옹립하였어요.
□□□
최충헌
도방을 더 큰 규모로 재건하고, 교정도감이라는 기구를 설치하였어요.
△△△
최우
정방을 통해 인사권을 장악하였고, 몽골의 침략에 대항하였어요.

① 골품제가 운영되었다.
② 한인 애국단이 조직되었다.
③ 수도가 강화도로 옮겨졌다.
④ 백두산정계비가 건립되었다.
⑤ 이른바 남한 대토벌 작전이 전개되었다.

정답 및 해설

정답 해설 자료에서 고려 무신들이 100년에 걸쳐 권력을 장악했다는 것, 정중부, 최충헌, 최우 등이 대표적인 인물이라는 것 등을 통해 밑줄 친 '이 시기'는 고려 무신 정권 시기임을 알 수 있다. ③ 고려 무신 정권 시기에 최우는 몽골과의 항쟁을 위해 수도를 강화도로 옮겼다.

오답 피하기 ① 신라는 신분 제도인 골품제를 운영하여 골품에 따라 개인의 사회 활동과 정치 활동의 범위를 제한하였다.
② 김구는 대한민국 임시 정부의 침체를 극복하기 위해 1931년 한인 애국단을 조직하였다.
④ 조선 숙종 때 조선과 청의 대표는 백두산 일대를 답사하고 국경을 확정하여 백두산정계비를 세웠다.
⑤ 일제는 1909년 '남한 대토벌 작전'을 전개하여 호남 의병 등을 탄압하였다.

정답 ③

수능 유형 익히기

[25013-0021]

01 다음 정책을 시행한 왕의 업적으로 옳은 것은?

> ㅇ 6명의 왕후와 23명의 부인을 두었는데, 황해도 출신이 가장 많았다. 또한 경기도, 경상도, 충청도, 강원도, 전라도 지역 출신이 고루 있었으며 정략결혼인 경우가 대부분이었다.
> ㅇ 왕실의 안정과 통치 철학을 담아 자손들을 훈계하기 위해 직접 지은 훈요 10조를 남겼다.

① 후삼국을 통일하였다.
② 규장각을 육성하였다.
③ 홍범 14조를 발표하였다.
④ 독서삼품과를 실시하였다.
⑤ 전민변정도감을 설치하였다.

[25013-0022]

02 (가) 왕이 실시한 정책으로 옳은 것은?

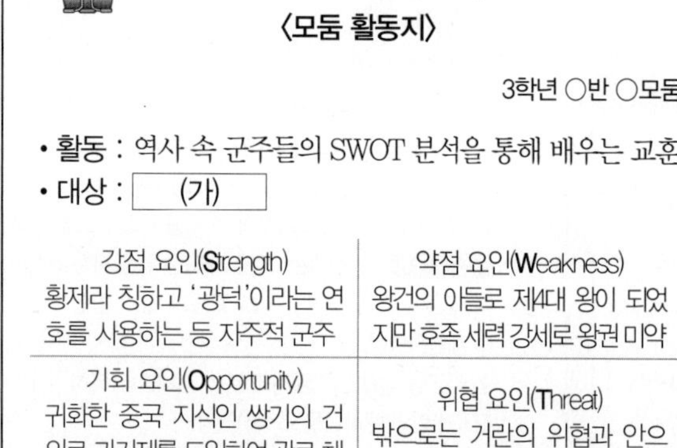

〈모둠 활동지〉

3학년 ○반 ○모둠

• 활동 : 역사 속 군주들의 SWOT 분석을 통해 배우는 교훈
• 대상 : (가)

강점 요인(Strength) 황제라 칭하고 '광덕'이라는 연호를 사용하는 등 자주적 군주	약점 요인(Weakness) 왕건의 아들로 제4대 왕이 되었지만 호족 세력 강세로 왕권 미약
기회 요인(Opportunity) 귀화한 중국 지식인 쌍기의 건의로 과거제를 도입하여 관료 체제 개혁	위협 요인(Threat) 밖으로는 거란의 위협과 안으로는 호족 세력의 횡포

① 경국대전을 반포하였다.
② 평양으로 도읍을 옮겼다.
③ 노비안검법을 실시하였다.
④ 의정부 서사제를 시행하였다.
⑤ 9주 5소경 체제를 완비하였다.

[25013-0023]

03 (가)에 들어갈 내용으로 옳은 것은?

> 한국사 사전
> (가) 검색
>
> ㅇ 개요 : 성종에게 당면한 과제에 대해 자신의 견해를 서술한 정책서이다.
> ㅇ 주요 내용 : '유교는 치국의 도, 불교는 수신의 도'라고 하여 유교 정치 이념을 강조하였다. 또한 지방관 파견을 주장하였고, 불교 행사의 폐단을 시정할 것 등을 건의하였다. 이를 받아들인 성종은 전국에 12목을 설치하여 지방관을 파견하고, 불교 행사를 축소하였다.

① 최승로의 시무 28조　② 최익현의 왜양일체론
③ 이항로의 척화주전론　④ 이만손의 영남 만인소
⑤ 박은식의 유교 구신론

[25013-0024]

04 (가) 국가의 정치 체제에 대한 설명으로 옳은 것은?

▲ (가) 의 지방 행정 구역

① 궁궐 안에 원수부를 설치하였다.
② 3사에서 왕과 대신들을 견제하였다.
③ 중서문하성에서 국정을 총괄하였다.
④ 집사부 중심의 통치 체제를 운영하였다.
⑤ 제가 회의에서 국가 중대사를 결정하였다.

[25013-0025]

05 (가) 전투에 대한 설명으로 옳은 것은?

우표 디자인 공모 신청서

이름 : ○○○

○ 주제 : (가)

○ 디자인 이미지 및 해설

강동 6주의 반환 등을 요구하며 고려를 침입한 거란의 소배압이 이끄는 10만 대군을 맞아 고려 군사들이 귀주에서 열심히 싸우고 있는 모습을 표현하였다.

① 명이 지원군을 파견하였다.
② 국왕이 남한산성에서 항전하였다.
③ 신돌석 등 평민 의병장이 활약하였다.
④ 강감찬이 이끄는 부대가 크게 승리하였다.
⑤ 이성계 등 신흥 무인 세력이 성장하는 배경이 되었다.

[25013-0026]

06 밑줄 친 '우리'에 대한 고려의 정책으로 옳은 것은?

옛날 태사인 영가가 이르기를, "우리 조상도 고려로부터 나왔으니 자손 대대에 이르기까지 스스로 복종하는 것이 의리에 맞는 일이다."라고 하였습니다. …… 우리는 그것을 믿고 조공을 바쳤는데 지난해에 대규모로 군사를 일으켜 쳐들어와 늙은이와 어린아이들을 죽이고 9성을 설치하여 유랑민들이 의지할 곳이 없어졌습니다. 만약 9성을 돌려주어 우리의 생업을 편안하게 해주시면, 하늘에 맹세하여 자손 대대에 이르기까지 공물을 정성껏 바칠 것이며 감히 기와 조각 하나라도 국경에 던지지 않겠습니다.

① 통신사를 파견하였다.
② 전국에 척화비를 건립하였다.
③ 통리기무아문을 설치하였다.
④ 3포를 개방하여 교역을 허락하였다.
⑤ 윤관의 건의로 별무반을 편성하였다.

[25013-0027]

07 (가), (나) 시기 사이에 있었던 사실로 옳은 것은?

(가) 정지상 등이 "개경은 이미 왕업이 쇠하여 궁궐은 모두 불타 버리고 남은 것이 없지만 서경은 왕기(王氣)가 있으니 마땅히 임금이 거처하는 곳을 옮겨 수도로 삼는 것이 마땅하다."라고 하였다. 여러 사람이 말하므로 왕이 드디어 서경에 궁궐을 짓게 하였다.

(나) 김부식의 대군이 이르자 여러 성들이 모두 벌벌 떨며 두려워하였다. 김부식이 참모를 서경으로 보내 일곱, 여덟 차례 설득하니 조광 등은 항복하려 하였으나 결단을 내리지 못하였다. 마침 관리가 조서를 가지고 성에 들어가자 서경 사람들이 주모자의 머리를 베어 바치고 스스로 죄를 청하였다.

① 묘청이 난을 일으켰다.
② 임술 농민 봉기가 전개되었다.
③ 장보고가 청해진을 설치하였다.
④ 제너럴 셔먼호 사건이 일어났다.
⑤ 진골 귀족들이 왕위 쟁탈전을 벌였다.

[25013-0028]

08 다음 자료를 활용한 탐구 활동으로 가장 적절한 것은?

○ 이자겸은 다른 성이 왕비가 되어 권세와 총애를 나누는 것을 두려워하여 세 번째 딸을 왕비로 맞이할 것을 강하게 요청하니 왕이 부득이 그를 따랐다. 이날 큰 바람이 불어 기와가 날리고 나무가 뽑히었다. 뒤에 또 네 번째 딸을 왕비로 들이니 또 크게 비바람이 일었다.

○ 짐이 정말로 현명하지 못한 탓에 마침내 그 말에 현혹되어 새 궁궐인 대화궁을 창건하여 나라의 중흥을 기대하였다. 내 한 몸의 노고는 생각하지 않고 여러 차례 서경을 순행했지만, 상서로운 조짐은 거의 없이 재변만 점점 많아졌으며 결국 명확한 징험도 없고 헛되이 사람들의 비방만 불러일으켜 아무런 성과를 이루지 못했다.

① 13도 창의군의 활동을 살펴본다.
② 개화파가 분화된 시기를 알아본다.
③ 삼국이 통일되는 과정을 찾아본다.
④ 문벌 사회가 동요한 배경을 정리한다.
⑤ 외규장각 도서가 약탈당한 사건을 조사한다.

[25013-0029]

09 (가) 사건에 대한 설명으로 옳은 것은?

선생님!
(가) 은/는 왜 일어났어요?
고려의 무신은 대체로 문신에 비해 업신여김을 당했고, 높은 관직에 오르기 어려웠어요. 더구나 낮은 계급의 군인들은 월급도 제대로 받지 못한 채 각종 공사에 동원되어 불만이 높아졌어요. 무신들이 이런 차별 대우를 더 이상 참을 수 없었던 거예요.

① 김홍집 내각 시기에 일어났다.
② 민족 자결주의의 영향을 받았다.
③ 정중부, 이의방 등이 주도하였다.
④ 국왕의 장례일을 기해 발생하였다.
⑤ 삼정이정청이 설치되는 계기가 되었다.

[25013-0030]

10 (가)에 들어갈 내용으로 옳은 것은?

『고려사』 연표

연도	간지	고려
1221	신사	고종 8년 8월 몽골이 사신을 보내 수달피와 명주, 모시 등의 물품을 요구하였다.
1225	을유	고종 12년 정월 몽골 사신이 돌아가던 도중에 도적에게 피살당하였는데, 몽골은 도리어 우리를 의심하여 드디어 국교가 단절되었다.
1231	신묘	고종 18년 12월 몽골군이 개경을 포위하였다.
1232	임진	고종 19년 7월 (가)
1259	기미	고종 46년 4월 태자 왕전(王倎)을 몽골에 보내 항복을 청하였다.

① 최우가 강화도로 천도를 단행하였다.
② 을지문덕이 살수에서 적을 물리쳤다.
③ 이종무가 대마도(쓰시마섬)를 토벌하였다.
④ 홍범도가 봉오동에서 적에게 승리하였다.
⑤ 서희가 외교 담판으로 강동 6주 지역을 확보하였다.

[25013-0031]

11 (가) 왕에 대한 설명으로 옳은 것은?

몽골 군사가 와서 침범하자, 용진현 사람 조휘와 정주 사람 탁청이 배반하여 병마사 신집평을 죽임으로써 …… 몽골(원)에서 쌍성총관부를 화주에 설치하여 조휘를 총관으로 삼고 탁청을 천호로 임명하였다. 이후 (가) 이/가 추밀원부사 유인우와 우리 환조(이성계의 아버지)를 보내어 쌍성총관부를 공격하고, 화주·등주·정주·장주 등 여러 진을 수복하였다.
－『연려실기술』－

① 수원 화성을 건설하였다.
② 대한국 국제를 반포하였다.
③ 4군 6진 지역을 개척하였다.
④ 정동행성 이문소를 폐지하였다.
⑤ 마한의 여러 소국을 복속시켰다.

[25013-0032]

12 교사의 질문에 대한 학생의 답변으로 가장 적절한 것은?

자료는 고려의 신분 구성을 나타낸 것입니다. (가) 계층에 대해 발표해 볼까요?

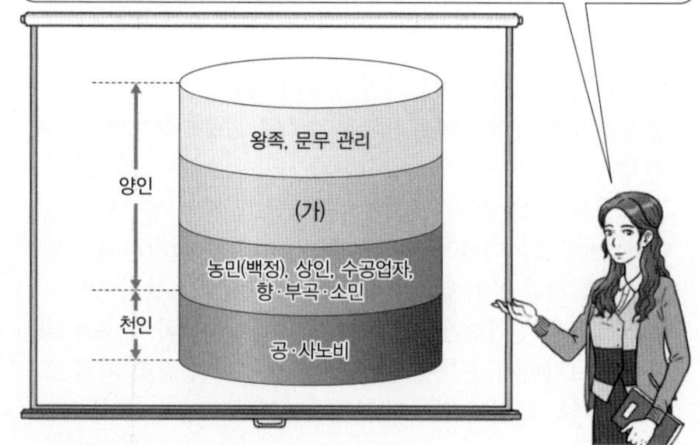

① 과거에 응시할 수 없었어요.
② 서리, 향리, 하급 장교 등이 포함되었어요.
③ 여러 대에 걸쳐 고위 관료를 배출하였어요.
④ 서원과 향약을 토대로 향촌 사회를 장악하였어요.
⑤ 재산으로 취급되어 매매와 상속의 대상이 되었어요.

[25013-0033]

13 다음 자료를 활용한 탐구 주제로 가장 적절한 것은?

○ 이의민은 경주 사람이다. 그의 아버지 이선은 소금과 체를 팔아 생업으로 삼았으며, 어머니는 옥령사의 여자 종이었다. …… 이의민은 수박을 잘해 의종의 총애를 받아 별장으로 승진하였다. 이후 정중부의 난 때 많은 사람을 죽여서 중랑장이 되었다가 곧이어 장군으로 승진하였다.

○ 유청신은 장흥부 고이부곡 사람이며, 그 선조는 모두 부곡리(部曲吏)를 지냈다. …… 유청신은 몽골어를 익혀 여러 번 사신을 따라 원에 가서 잘 응대하였다. …… 왕의 교서에 이르기를, "유청신은 조인규를 수행하여 혼신의 노력으로 공을 세웠다. 비록 그 가문이 5품에 한정되어 있지만, 본인에 한해서는 3품까지 승진을 허락한다. 또 고이부곡을 고흥현으로 승격하도록 하라."라고 하였다.

① 통일 신라 시대 골품제의 폐단
② 고려 시대 신분 변동의 유동성
③ 조선 후기 신분제 동요의 내용
④ 개항 이후 동학 농민 운동의 전개 과정
⑤ 일제 강점기 형평 운동의 의의

[25013-0034]

14 (가) 인물에 대한 설명으로 옳은 것은?

[특집 다큐멘터리 기획안]

불교의 대립을 극복하려 한 (가)

1. 기획 의도 : 고려 시대의 종파 간 분열을 극복하기 위한 (가) 의 노력을 재조명한다.
2. 편성 계획
   - 제1부 : 문종의 넷째 아들로 태어나 11세에 출가하다.
   - 제2부 : 송에서 유학하며 불법을 연구하다.
   - 제3부 : 해동 천태종을 창시하여 불교 통합 운동을 벌이다.

① 교정도감을 설치하였다.
② 세속 5계를 제시하였다.
③ 동의보감을 저술하였다.
④ 교관겸수를 제창하였다.
⑤ 백련사 결사를 조직하였다.

[25013-0035]

15 밑줄 친 '편찬'이 이루어진 시기를 연표에서 옳게 고른 것은?

신 김부식은 아뢰옵니다. 고대 여러 나라들은 각각 사관(史官)을 두어 그 시대의 일을 기록하였습니다. 우리 삼국도 역사가 길고 오래되어 마땅히 그 사실이 책으로 기록되어야 했으므로 폐하께서 이 늙은 신하에게 명하시어 <u>편찬</u>하도록 하셨습니다. …… 신의 학술이 부족하고 얕으며, 옛말과 지나간 일은 아득하고 희미합니다. 그러므로 온 정신과 힘을 다 쏟아부어 겨우 책을 <u>편찬</u>하였사오나 보잘것없기에 스스로 부끄러울 따름이옵니다.

발해 건국	(가)	후삼국 통일	(나)	무신 정변	(다)	위화도 회군	(라)	한양 천도	(마)	3포 왜란

① (가) ② (나) ③ (다) ④ (라) ⑤ (마)

[25013-0036]

16 다음 상황에서 추가로 제공할 수 있는 힌트로 가장 적절한 것은?

고려 후기에 이승휴가 저술한 역사서의 명칭은?

한국사 스피드 퀴즈

○○○○

① 국혼을 강조하였어.
② 청과의 통상 확대 등을 주장하였어.
③ 우리 역사의 시작을 단군으로 서술하였어.
④ 본기 · 열전 · 지 · 표 등 기전체로 편찬되었어.
⑤ 성리학의 유행으로 정통과 대의명분을 강조하였어.

03 조선 시대 정치 운영과 세계관의 변화

위화도 회군
명이 쌍성총관부가 있었던 철령 이북 지역을 차지하려 하자, 고려 정부는 요동 정벌을 추진하였다. 요동 정벌에 반대하던 이성계는 압록강 하류에 있는 위화도에서 군대를 되돌려 요동 정벌을 주도한 최영 등을 제거하였다.

경연
국왕과 신하들이 한자리에 모여 학문과 정책을 토론하는 제도이다.

경국대전
조선의 기본 법전으로 이전·호전·예전·병전·형전·공전의 6전 체제로 구성되었다. 세조 때 편찬되기 시작하여 성종 때 완성·반포되었다. 『경국대전』의 편찬으로 조선은 성문법에 근거한 통치 질서를 확립하였다.

1. 조선의 건국과 체제 정비

(1) 조선의 건국

① 고려 말의 정세
- 위화도 회군(1388)으로 이성계 등 신흥 무인 세력과 신진 사대부가 정치적 실권 장악 → 토지 제도 개혁(과전법 실시)
- 신진 사대부가 급진 개혁파(정도전 등)와 온건 개혁파(정몽주 등)로 분열

② 건국 : 정도전 등 급진 개혁파가 이성계와 손잡고 조선 건국(1392)

(2) 체제 정비

태조	한양 천도
태종	6조 직계제 실시 → 국왕 중심 정치 강화
세종	의정부 서사제 실시, 집현전 설치
세조	집현전 폐지, 경연 폐지
성종	홍문관 설치, 『경국대전』 완성

자료 플러스 6조 직계제와 의정부 서사제

(가) 의정부의 서사를 나누어 6조에 귀속하였다. …… 처음에 왕은 의정부의 권한이 막중한 것을 염려하여 이를 개혁할 생각이 있었으나 신중히 여겨 서두르지 않았는데, 이때에 이르러 단행하였다. 의정부가 관장하는 것은 오직 사대 문서와 중죄수를 다시 심의하는 것뿐이었다. -『태종실록』-

(나) 6조는 각각 맡은 직무를 먼저 의정부에 보고하고, 의정부에서는 가부를 의논한 후에 왕에게 아뢰어서 재가를 받고 도로 6조로 돌려보내서 시행하게 한다. 오직 이조와 병조에서 관리를 임명하는 것이나, 병조에서 군사를 쓰는 것이나, 형조에서 사형수 이외 죄인의 형벌을 결정하는 일은 해당 6조가 왕께 직접 아뢰어서 시행하고 즉시 의정부에 보고하게 한다. -『세종실록』-

(가)는 6조 직계제 실시, (나)는 의정부 서사제 실시에 대한 자료이다. 6조 직계제는 6조에서 논의한 내용이 의정부를 거치지 않고 국왕에게 직접 전달되도록 하는 정치 체제이다. 태종, 세조 등이 의정부의 권한을 약화하고 국왕의 국정 주도권을 강화하려는 목적에서 6조 직계제를 실시하였다. 반면, 의정부 서사제는 6조가 먼저 의정부에 업무를 보고하면 의정부 재상들이 이를 심의한 후 국왕의 재가를 얻어 시행하는 정치 체제이다.

개념 체크

1. 이성계 등 신흥 무인 세력은 (　　)에서 회군하여 정치적 실권을 장악하였다.
2. 조선의 기본 법전인 (　　)은 세조 때 편찬되기 시작하여 성종 때 완성되었다.
3. 조선 시대의 3사는 사헌부, 사간원, (　　)으로 구성되었다.

정답
1. 위화도 2. 경국대전
3. 홍문관

2. 통치 체제의 정비

(1) 중앙 정치 조직

의정부	• 국정 총괄 최고 기구 • 재상들의 합의로 정책 심의·결정
6조	국정 사무를 분담하여 집행
3사	• 사헌부(감찰), 사간원(간쟁), 홍문관(자문) • 언론 활동을 통해 권력의 독점과 부정 감시
승정원	국왕의 비서 기구, 왕명 출납 담당
의금부	국가의 중죄인을 다스리는 특별 사법 기구
춘추관	역사서 편찬과 보관
한성부	수도의 행정과 치안 담당

조선의 중앙 정치 기구 ▶

(2) 지방 행정 조직

① 행정 구역 : 전국을 8도로 나누고 그 아래에 군현 등 설치

② 지방 통치

- 8도에 관찰사를 파견하고 모든 군현에 수령 파견
- 향리 : 수령을 보좌하며 행정 실무 담당
- 유향소 : 지방 사족이 조직한 향촌 자치 기구, 수령을 보좌하고 향리의 비리 감시

(3) 관리 등용 제도와 교육 기관

① 관리 등용 제도 : 과거, 음서, 천거 등으로 선발 → 과거 중시

- 과거의 종류 : 문과(문관 선발), 무과(무관 선발), 잡과(기술관 선발) 시행
- 과거 응시 자격 : 법적으로 양인 이상이면 응시 가능

② 교육 기관

- 한성에 성균관(최고 교육 기관), 지방에 향교 설치
- 16세기 이후 사림이 지방에 서원 설립

3. 정치 운영의 변화

(1) 사림의 성장과 붕당 정치

① 훈구와 사림

구분	내용
훈구	세조의 집권을 주도한 공신 세력이 정치적 실권을 장악하면서 형성
사림	성종이 훈구 세력 견제를 위해 3사의 언관직에 사림을 적극적으로 등용하기 시작

② 사화 : 훈구와 사림의 대립 과정에서 여러 차례에 걸쳐 사림이 피해를 입음

③ 붕당의 형성과 공론 정치

구분	내용
배경	사림이 서원과 향약을 바탕으로 세력 확대 → 중앙 정치 주도
형성	• 선조 때 정치 개혁을 둘러싸고 학문적·정치적 견해에 따라 동인과 서인의 붕당 형성 • 동인은 다시 남인과 북인으로 분화
공론 정치	각 붕당은 지방 사족의 의견을 모아 공론이라 내세우며 서로 경쟁

자료 플러스 공론 정치

> 마음으로는 옛 도를 흠모하고 몸으로는 선비의 행실을 지키며 입으로는 법도에 맞는 말을 얘기함으로써 공론을 지탱하는 사람들을 일컬어 사림이라고 말합니다. 사림이 조정에 있으면서 공론으로 사업을 시행하면 나라가 다스려지며, 사림이 조정에 있지 아니하고 공론이 헛된 것이라고 여겨지면 나라가 어지러워집니다.
>
> – 이이, 『율곡전서』 –

공론은 누구나 그 옳고 그름을 따질 수 있는 공정하고 바른 의견을 의미한다. 붕당을 형성한 사림은 공론을 내세우고 이를 바탕으로 국정을 이끌어 나갔다. 붕당들은 공론에 따라 정치에 대한 입장 차이가 나타났다. 이 시기 붕당 정치는 붕당 간 정치적 입장과 학문적 견해를 인정하여 상호 비판과 견제가 이루어지는 가운데 운영되었다.

(2) 붕당 정치의 전개와 변질

① 붕당 정치의 전개

구분	내용
광해군	북인이 정국 주도 → 서인이 주도한 인조반정으로 몰락
인조	서인이 정국을 주도하고 일부 남인이 참여하여 정국 운영(공존 관계 유지)
현종	두 차례 예송 발생 → 서인과 남인의 대립 심화

과거의 종류

문과는 문관을 선발하는 시험으로, 탐관오리의 아들, 재가녀의 자손, 서얼 등은 응시할 수 없었다. 무과는 무관을 선발하는 시험으로, 병서에 대한 이해 정도와 활쏘기, 창 던지기 등 무예 실력을 평가하였다. 잡과는 기술관을 선발하는 시험으로, 외국어 시험인 역과, 법률 시험인 율과, 의술 시험인 의과, 천문학 시험인 음양과 등이 있었다.

사화

연산군 때 무오사화와 갑자사화, 중종 때 기묘사화, 명종 때 을사사화 등이 일어났다.

예송

현종 때 효종과 효종비의 장례와 관련하여 효종의 계모인 자의 대비의 상복 입는 기간을 둘러싸고 서인과 남인이 대립한 사건이다.

개념 체크

1. 조선의 과거제는 문관을 선발하는 문과, 무관을 선발하는 무과, 기술관을 선발하는 (　　)로 구성되었다.
2. 훈구와 사림의 대립 과정에서 사림이 여러 차례 피해를 입은 (　　)가 발생하였다.
3. (　　)은 현종 때 효종과 효종비의 장례와 관련하여 서인과 남인이 대립한 사건이다.

정답
1. 잡과 2. 사화 3. 예송

② 환국의 발생
- 숙종이 정국을 주도하여 붕당을 교체하는 환국 단행 → 붕당 정치 변질
- 서인이 남인을 배척하는 과정에서 노론과 소론으로 분화

(3) 탕평 정치

① 배경 : 붕당 간 대립 격화로 붕당 정치 변질 → 붕당 간의 세력 균형을 도모하고 왕권을 강화하기 위해 탕평 정치 추진

② 영조와 정조의 탕평 정치

영조	탕평파 육성, 탕평비 건립, 붕당의 근거지인 서원 정리
정조	노론·소론·남인을 고루 기용, 규장각 육성, 젊은 관리를 재교육하는 초계문신제 실시, 국왕의 친위 부대인 장용영 설치, 수원 화성 건설

자료 플러스 영조의 탕평 정치

나라를 위해 몸과 마음을 다 바칠 의리와 서로 화목하게 지낼 도리를 생각하지 않고 오직 당파의 주장에 혹 어긋날까 염려를 하니, 이것이 어찌 충효(忠孝)이겠는가? …… 탕평하는 것은 공(公)이요, 당에 물드는 것은 사(私)인데, 여러 신하는 공을 하고자 하는가, 사를 하고자 하는가? －『영조실록』－

◀ 탕평비

원만하여 편벽되지 않음은 곧 군자의 공정한 마음이요, 편벽하여 원만하지 않음은 진실로 소인의 사사로운 마음이다.

붕당 간에 극심한 대립이 이어지자 영조는 붕당 간의 세력 균형을 도모하고 국왕이 국정 운영을 주도하기 위해 탕평 정치를 실시하였다. 붕당을 없애자는 자신의 주장에 동의하는 탕평파를 육성하여 이들을 중심으로 정국을 운영하였고, 탕평 의지를 알리기 위해 성균관 앞에 탕평비를 세웠다.

(4) 세도 정치

배경	정조 사후 어린 순조가 즉위하면서 일부 외척 세력이 정권 장악
전개	순조~철종에 걸친 3대 60여 년 동안 안동 김씨, 풍양 조씨 등 몇몇 가문이 비변사의 고위 관직을 장악하고 권력 독점
영향	정치 기강의 문란으로 매관매직 성행, 삼정의 문란으로 백성 수탈 심화 → 농민 봉기 발생

4. 조선의 대외 관계와 양 난의 극복

(1) 조선 전기 사대교린 외교

① 명과의 사대 외교
- 건국 초기 명의 압박과 조선의 요동 정벌 추진으로 일시적 갈등 → 태종 이후 친선 관계 유지
- 명과 조공·책봉 관계를 맺고 사대 외교 전개 → 경제적·문화적 교류(실리 외교)

② 주변국에 대한 교린 외교

여진	• 회유책 : 국경 지역에 무역소를 설치하고 교역 허용 • 강경책 : 군대를 동원하여 토벌, 세종 때 4군 6진 지역 개척
일본	• 강경책 : 왜구의 약탈 지속 → 세종 때 왜구의 근거지로 지목된 대마도(쓰시마섬) 정벌 • 회유책 : 일본의 교역 요청에 따라 3포(부산포, 제포, 염포) 개방, 제한적인 교역 허용
기타	류큐(유구), 자와 등 여러 국가들의 사신 왕래

(2) 임진왜란(1592~1598)

① 배경 : 도요토미 히데요시의 대륙 침략 욕구 등

② 발발 : 일본군의 조선 침략 → 전쟁 초기 조선군의 잇따른 패전, 선조는 의주로 피란

수원 화성

정조가 자신의 정치적 이상을 담아 세운 성곽이다. 군사적 방어 기능과 상업적 기능을 함께 고려하여 건설하였다. 1997년 유네스코 세계 유산으로 등재되었다.

비변사

중종 때 3포 왜란을 계기로 국방 문제를 논의하기 위해 설치한 임시 기구이다. 임진왜란을 거치면서 구성원이 확대되고 국정을 총괄하는 등 기능이 강화되었다.

대마도(쓰시마섬) 정벌

왜구의 약탈이 계속되자 세종 때 이종무는 227척의 함선과 1만 7천여 명의 군사를 거느리고 가서 대마도(쓰시마섬)를 정벌하였다.

개념 체크

1. (　　)는 탕평 의지를 알리기 위해 성균관 앞에 탕평비를 세웠다.
2. 세도 정치 시기에 안동 김씨 등 몇몇 가문은 (　　)의 고위 관직을 장악하고 권력을 독점하였다.
3. 조선은 세종 때 대마도(쓰시마섬)를 정벌한 뒤 일본에 (　　)를 개방하여 제한적인 교역을 허용하였다.

정답
1. 영조 2. 비변사 3. 3포

③ 전개

대응	• 이순신이 이끄는 수군의 활약(한산도 대첩 등) • 곽재우와 조헌 등 의병의 활약 • 명군의 참전 → 조명 연합군이 평양성 탈환 • 권율이 이끄는 관군 등의 행주 대첩
휴전 회담	명과 일본 사이에 진행 → 결렬
정유 재란	일본군의 재침입(1597) → 명량 대첩 등에서 일본군 격퇴 → 도요토미 히데요시 사망 후 일본군 철수

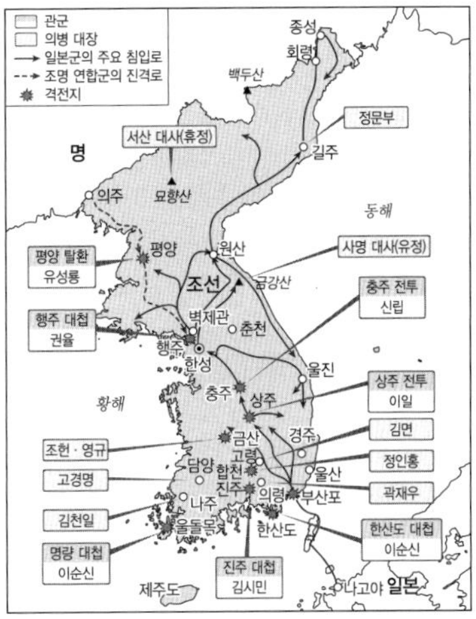

④ 영향

조선	인구 감소와 농토 황폐화, 비변사가 국정 총괄
중국	• 명 : 전쟁으로 인한 재정난 가중 등으로 국력 약화 • 만주 지역에서 여진 성장 → 후금 건국
일본	• 에도 막부 성립 • 조선에서 약탈한 문화유산, 납치한 학자와 기술자 등을 통해 문화 발전

▲ 임진왜란 당시 관군과 의병의 활동

(3) 호란의 발생

① 광해군의 대외 정책 : 명과 후금 사이에서 중립적인 외교 전개

② 정묘호란(1627)

배경	인조반정을 일으킨 서인 정권이 친명 배금 표방
전개	후금의 침략 → 화의 성립(형제 관계)

③ 병자호란(1636~1637)

배경	후금이 국호를 청으로 고치고 군신 관계 요구 → 주화론과 척화론(주전론) 대립 → 군신 관계 거부
전개	청 태종의 침략 → 인조가 남한산성에서 항쟁 → 삼전도에서 항복(청과 군신 관계 수립)

(4) 양 난 이후의 대외 관계

① 일본과의 관계 : 임진왜란 이후 국교를 재개하고 통신사 파견

② 청과의 관계

- 북벌 운동의 추진 : 효종 때 송시열 등을 중심으로 전개, 청에 당한 치욕을 씻고 명에 대한 의리를 지키기 위해 청을 정벌하려 함
- 조선 중화주의 확산 : 조선 지식인층 사이에서 명이 멸망한 이후 중화의 정통성을 조선이 계승하였다는 주장 확산
- 북학론 제기 : 청에 파견된 연행사를 통해 청의 발전상 소개 → 18세기 이후 청의 발달한 문물을 수용하자는 주장 제기

자료 플러스 북학론

> 진실로 백성에게 이롭기만 한다면, 그 법이 비록 오랑캐에게서 나왔다 하더라도 성인은 장차 취할 것이다. …… 명을 위해 원수를 갚아 주고 우리의 부끄러움을 씻으려면 20년 동안 힘껏 청을 배운 다음, 함께 의논하여도 늦지 않을 것이다.
> – 박제가, 『북학의』 –

연행사의 일원으로 청을 다녀온 박제가는 청을 오랑캐라 하여 배척하는 위정자들의 태도를 비판하였다. 청은 이미 오랫동안 중국을 지배하고 있기 때문에 오랑캐로만 볼 수 없으며, 오랑캐 문화라도 우리보다 나은 것이 있으면 마땅히 배워야 하고, 그래야 원수도 갚을 수 있다고 주장하였다.

➲ 광해군의 중립적인 외교

후금의 공격을 받은 명이 조선에 군사를 요청하자, 광해군은 강홍립이 이끄는 군대를 명에 파견하면서 상황에 따라 유연하게 대처하도록 지시하였다. 강홍립이 이끄는 조선군이 후금에 항복하면서 이후 조선은 후금과의 군사적 충돌을 피할 수 있었다.

➲ 친명 배금

인조반정을 주도한 서인은 광해군의 중립적인 외교를 비판하면서, 명에 대한 의리를 지키고 후금을 배척하자고 주장하였다.

➲ 주화론과 척화론

청이 조선에 군신 관계를 요구하자 조선에서는 외교적 교섭을 통해 문제를 해결하자는 주화론과 청의 요구에 굴복하지 말고 전쟁까지 불사하자는 척화론이 대립하였다. 결국 조선이 척화론에 따라 청의 요구를 거부하자, 청이 조선을 침략하여 병자호란이 일어났다.

개념 체크

1. (　　)이 일어나자 곽재우, 조헌 등이 의병을 일으켜 활약하였다.
2. 인조반정을 주도한 서인은 명에 대한 의리를 지키고 후금을 배척하자는 (　　)을 주장하였다.
3. 청이 조선에 군신 관계를 요구하자 조선에서는 (　　)과 척화론의 대립이 일어났다.

정답
1. 임진왜란 2. 친명 배금
3. 주화론

자료 탐구 임진왜란 당시 수군과 의병의 활약

1단계 자료 분석

- 아군이 진격하기도 하고 퇴각하기도 하면서 그들을 유인하니, 왜적들이 과연 총출동하여 추격하기에 한산 앞바다로 끌어냈다. 아군이 나란히 늘어서서 학익진을 치고, 깃발을 휘두르고 북을 치며 떠들면서 일시에 나란히 진격하여, 크고 작은 총통들을 연속적으로 쏘아대어 먼저 적선 3척을 쳐부수니 왜적들이 사기가 꺾이어 조금 퇴각하였다. 여러 장수와 군졸들이 환호성을 지르면서 발을 구르고 뛰었다. 날카로운 기세로 왜적들을 무찌르고 화살과 탄환을 번갈아 발사하여 적선 63척을 불살라버리니, 잔여 왜적 4백여 명은 배를 버리고 육지로 올라가 달아났다. –『선조실록』–
- 여러 도에서 의병이 일어났다. 당시 전라도, 경상도, 충청도의 장수와 신하들이 모두 인심을 잃은 데다가 변란이 일어난 뒤에 군사와 식량을 징발하자 사람들이 모두 밉게 보아 적을 만나기만 하면 모두 패하여 달아났다. 그러다가 도내의 명문가와 이름난 인사들이 유생 등과 함께 조정의 명을 받들어 의병을 일으키자 듣는 사람들이 격동하여 멀고 가까운 곳에서 지원하였다. 크게 성취하지는 못했으나 인심을 얻었으므로 국가의 명맥이 그들 덕분에 유지되었다. 호남의 고경명·김천일, 영남의 곽재우·정인홍, 호서의 조헌이 가장 먼저 의병을 일으켰다. –『선조수정실록』–

임진왜란 초기 일본에 열세였던 조선은 수군과 의병의 활약으로 전세를 뒤집기 시작하였다. 이순신 등이 이끄는 수군은 일본군보다 우수한 성능의 선박과 화기를 이용하여 옥포, 사천, 당포, 한산도 등에서 큰 전과를 올렸다. 수군의 승리로 서남해의 제해권을 장악하여 곡창 지대인 전라도 지방을 지키고 일본군의 보급로를 차단할 수 있었다. 한편 전국 각지에서 의병이 일어났고, 이들은 익숙한 지리를 활용하여 적은 병력으로 일본군에게 타격을 주었다.

2단계 문항 연습

정답과 해설 **10쪽**

[25013-0037]

1 밑줄 친 '이 전쟁' 중에 볼 수 있는 모습으로 가장 적절한 것은?

실감 화면에 조선의 소형 화약 무기인 승자총통을 쏘아 <u>이 전쟁</u>의 3대 대첩 중 하나인 한산도 해전을 이순신과 함께 승리로 이끄세요.

○○ 박물관 실감 콘텐츠 체험관

① 도병마사 회의에 참석한 관리
② 천리장성 축조에 동원된 인부
③ 신식 무기로 훈련하는 별기군
④ 전주성을 점령 중인 동학 농민군
⑤ 행주산성 전투에서 격전을 벌이는 병사

대표 기출 확인하기

[2025학년도 수능]

1 (가) 인물의 활동으로 옳은 것은?

> 이 비각에는 국가유산으로 지정된 건원릉 신도비가 있습니다. 건원릉은 조선을 건국한 (가) 의 능으로, 이 비석에는 그가 홍건적과 왜구를 격퇴한 사실, 배극렴·조준 등의 추대를 받아 왕위에 오른 사실 등이 기록되어 있습니다.

① 녹읍을 폐지하였다.
② 별무반을 편성하였다.
③ 대동법을 시행하였다.
④ 위화도 회군을 단행하였다.
⑤ 통리기무아문을 설치하였다.

정답 및 해설

정답 해설 자료에서 조선을 건국하였으며, 홍건적과 왜구를 격퇴하였다는 내용 등을 통해 (가) 인물은 이성계임을 알 수 있다. ④ 이성계는 1388년 위화도 회군을 단행하여 정치적 실권을 장악하였다. 이후 정도전 등 급진 개혁파 신진 사대부와 함께 조선을 건국하였다.

오답 피하기 ① 통일 신라의 신문왕은 귀족의 경제 기반을 약화시키기 위해 관료전을 지급하고 녹읍을 폐지하였다.
② 고려의 숙종은 윤관의 건의를 받아들여 여진 정벌을 위한 특수 부대인 별무반을 편성하였다.
③ 조선의 광해군은 방납의 폐단을 해결하기 위해 대동법을 시행하였다.
⑤ 조선의 고종은 1880년에 개화 정책을 총괄하기 위해 통리기무아문을 설치하였다.

정답 ④

[2025학년도 수능 6월 모의평가]

2 (가)에 들어갈 내용으로 가장 적절한 것은?

학습 주제 : 조선 전기의 대외 관계
이 시기에는 명과 조공·책봉 관계를 맺고 경제·문화적 실리를 추구하였어.
압록강과 두만강 일대의 여진을 몰아내고 4군과 6진을 개척하였지.
(가)

① 우산국을 정벌하여 복속시켰어.
② 수·당의 거듭된 침공을 막아 냈어.
③ 3포를 개방하여 일본과 교역하였어.
④ 쌍성총관부를 공격하여 영토를 회복하였어.
⑤ 미국과 한미 상호 방위 조약을 체결하였어.

정답 및 해설

정답 해설 자료에서 학습 주제가 조선 전기 대외 관계인 점, 명과 조공·책봉 관계를 맺었다는 점, 여진을 몰아내고 4군 6진을 개척하였다는 점 등을 통해 (가)에는 조선 전기 대외 관계에 대한 내용이 들어가야 함을 알 수 있다. ③ 조선 세종은 일본에 대한 회유책으로 3포를 개방하고 제한적인 교역을 허용하였다.

오답 피하기 ① 신라 지증왕 때 이사부가 우산국을 복속시켰다.
② 고구려는 살수와 안시성에서 수와 당의 침입을 각각 막아 내었다.
④ 고려 공민왕이 쌍성총관부를 공격하여 원에 빼앗겼던 영토를 회복하였다.
⑤ 한국은 6·25 전쟁의 정전 협정이 체결된 직후인 1953년 10월에 미국과 한미 상호 방위 조약을 체결하였다.

정답 ③

수능 유형 익히기

[25013-0038]

01 (가) 인물에 대한 설명으로 옳은 것은?

문학으로 배우는 한국사

흉악한 우왕과 최영이 감히 하늘을 거누니
따르고 거역하는 것을 부하들에게 이야기하여
깃발을 돌려 마침내 섬 중간에서 회군하였네
……
하물며 군대가 강을 건너자 강물이 넘쳤으니
일이 더욱 신기하고 이상하여 단단한 얼음에 견줄만 하네

-『열성어제』-

[작품 해설] 이 작품은 위화도 회군을 소재로 쓰인 시이다. 우왕과 최영이 요동 정벌을 단행하자 이에 반대한 (가) 은/는 위화도에서 군대를 돌려 최영 등을 제거하고 권력을 장악하였다.

① 조선을 건국하였다.
② 후삼국을 통일하였다.
③ 교육입국 조서를 반포하였다.
④ 웅진에서 사비로 천도하였다.
⑤ 마한의 여러 소국을 복속시켰다.

[25013-0039]

02 다음 자료를 활용한 탐구 주제로 가장 적절한 것은?

• 감찰은 사헌부의 관원으로 부정을 적발하고 비위 사실을 밝혀냈다. 때문에 그가 왔다는 소리만 들어도 누구나 몸을 움츠리고 무서워하였다.
• 무릇 여러 관아와 각 도에 공사(公事)가 내려지면 반드시 사간원에 보내어 타당하지 않은 것이 있으면 반박해서 도로 반환하였다.

① 통일 신라의 통치 체제 정비
② 고려 광종의 왕권 강화 노력
③ 원 간섭기의 관제 개편
④ 조선 시대 3사의 언론 활동
⑤ 대한 제국 시기 원수부의 설치

[25013-0040]

03 (가) 국가에 대한 설명으로 옳은 것은?

한국사 형성 평가

선생님 확인	

3학년 △반 ○○○

단원 : (가) 의 통치 체제 정비

1. 다음 내용이 맞으면 ○표, 틀리면 ×표 하세요.
• 전국을 8도로 나누고 관찰사를 파견하였다. (○)
• 모든 군현에 수령을 파견하였다. (○)
• 지방 사족의 유향소 설치를 허용하였다. (○)

① 해동성국으로 불렸다.
② 경국대전을 반포하였다.
③ 22담로에 왕족을 파견하였다.
④ 중서문하성이 국정을 총괄하였다.
⑤ 제가들이 사출도를 나누어 다스렸다.

[25013-0041]

04 (가) 제도에 대한 설명으로 옳은 것은?

어원에 담긴 우리 역사

대책

오늘날 어떤 일에 대처할 계획이나 수단을 의미하는 말인 '대책(對策)'은 조선의 관리 등용 제도인 (가) 와/과 연관이 있다. 조선의 (가) 은/는 문과, 무과, 잡과로 구분되는데, 그중 문과는 문관을 선발하는 시험이었다. 문과의 초시와 복시를 거쳐 최종적으로 남은 33명은 왕 앞에서 전시를 치렀다. 이때 왕이 가장 시급하게 해결해야 할 당대의 현안에 대한 문제인 '책문(策問)'을 출제하면, 응시생들은 왕의 물음에 각자 소신 있는 해법인 '대책'을 써서 제출하였다.

① 원성왕 때 마련되었다.
② 6두품으로부터 비판을 받았다.
③ 법적으로 양인에게 응시 자격을 주었다.
④ 훈요 10조에서 정책 방향으로 제시되었다.
⑤ 의정부의 권한을 약화하는 결과를 가져왔다.

[25013-0042]

05 (가) 정치 세력에 대한 설명으로 옳은 것은?

(가) 이/가 동인과 서인으로 나뉜 뒤로 당파의 색목이 이미 형성되고 나서는 왕왕 당류가 같고 다름에 따라 좋아하고 미워하게 됨을 면치 못하여, 말을 만들어내고 일을 꾸며내는 자가 서로 엉켜가며 끝없이 모함하고 있습니다. …… 전하께서는 동인·서인을 구분하는 습관을 고치게 하여 선인을 등용하고 악인을 벌하되, 한결같이 공도(公道)를 따르게 함으로써 불신과 의혹을 말끔히 씻어버리고 진정시켜 조화되도록 하소서.

① 임오군란을 전후로 분화되었다.
② 스스로 성주 또는 장군이라 칭하였다.
③ 북학파 실학자들의 사상을 계승하였다.
④ 서원과 향약을 바탕으로 세력을 확대하였다.
⑤ 화백 회의를 통해 국가 중대사를 결정하였다.

[25013-0043]

06 밑줄 친 '전하'에 대한 설명으로 옳은 것은?

<u>전하</u>께서 규장각을 설치한 것은 실로 전대(前代)의 훌륭한 법규를 모방하신 것으로 …… 지금 살펴보건대 각신(閣臣)이 규장각에 그득하여 의절(儀節)을 모두 갖추었고 초계문신이 수두룩하여 날마다 부지런히 공부하도록 장려하니, <u>전하</u>께서는 문신을 대우하는 도리를 극진히 하고 계십니다.

① 녹읍을 폐지하였다.
② 훈민정음을 창제하였다.
③ 탕평 정치를 실시하였다.
④ 홍범 14조를 반포하였다.
⑤ 전민변정도감을 설치하였다.

[25013-0044]

07 다음 자료를 활용한 탐구 활동으로 가장 적절한 것은?

순조는 보위에 오른 지 오래되자 궁궐 깊숙이 들어앉아 정사를 김조순에게 위임하였다. …… 김조순의 아들 유근, 좌근과 손자 병기 등이 계속 뒤를 이어 일어나 조만영, 조병구 등과 한 덩어리가 되어 기반을 구축하고 권세를 마음대로 휘둘렀다. …… 김씨들은 오랫동안 국권을 장악하여 철종 말년까지 대충 60여 년간 이어졌다.

– 황현, 『오하기문』 –

① 의열단의 결성 목적을 조사한다.
② 권문세족의 성장 배경을 알아본다.
③ 세도 정치의 전개 과정을 파악한다.
④ 무신 정변이 일어난 원인을 살펴본다.
⑤ 이만손 등이 쓴 만인소의 내용을 분석한다.

[25013-0045]

08 (가) 국가에 대한 조선의 외교 정책으로 옳은 것은?

도요토미 히데요시는 …… 지난 임진년에 특히 그 부강한 형세로써 교린의 의리는 생각지도 않고 감히 천조를 토벌하겠다며 망령되이 벌과 전갈의 독을 뿜었습니다. 이에 (가) 의 여러 장수를 으르고 협박해 군사를 일으켰습니다. …… 이는 실로 조선에는 만세에 씻기 어려운 원수이니, 진실로 같은 천지에서 해와 달은 함께 할 수 없음을 알고 있습니다.

① 영선사를 파견하였다.
② 천리장성을 축조하였다.
③ 4군 6진 지역을 개척하였다.
④ 적장 소손녕과 외교 담판을 벌였다.
⑤ 부산포, 제포, 염포 등 3포를 개방하였다.

[25013-0046]

09 밑줄 친 '전쟁' 중에 있었던 사실로 옳은 것은?

전쟁 당시 임금이 서쪽으로 가서 나라 안이 텅 비고 적병으로 가득 찼다. …… 영남의 곽재우·김면, 호남의 김천일·고경명, 호서의 조헌 등이 의병을 일으켜 멀고 가까운 곳에 격문을 전하니, 이로부터 비로소 백성들이 나라를 위하는 마음이 생겼다. 각 고을의 사족들이 곳곳에서 군사를 불러 모으니 의병장이라 칭하는 자가 무려 수백에 이르렀다. 이로써 왜적을 무찔러 나라를 회복하였으니 곧 의병의 힘이다.

－『지봉유설』－

① 윤관의 건의로 별무반이 편성되었다.
② 조명 연합군이 평양성을 탈환하였다.
③ 을지문덕이 살수에서 외적을 물리쳤다.
④ 삼별초가 근거지를 옮겨 가며 항쟁하였다.
⑤ 13도 창의군이 서울 진공 작전을 전개하였다.

[25013-0047]

10 밑줄 친 '침입'의 결과로 옳은 것은?

이곳 충장사는 남이흥의 충절을 기리기 위해 왕명에 의해 건립된 사당입니다. 적이 반정으로 정권을 잡은 서인의 외교 정책을 명분으로 침입하자, 남이흥은 안주성에서 필사적으로 저항하였습니다. 성이 함락되자 그는 성에 불을 지르고 뛰어들어 순국하였습니다. 강화도로 조정을 옮겨 장기전에 대비하던 국왕은 남이흥을 국장으로 장례하도록 하고 장례 시 곤룡포를 관 위에 덮어 주라며 눈물로 애도하였다고 합니다.

① 비변사가 설치되었다.
② 외규장각 도서가 약탈당하였다.
③ 러시아 주도로 삼국 간섭이 일어났다.
④ 조청 상민 수륙 무역 장정이 체결되었다.
⑤ 조선이 화의를 받아들여 후금과 형제 관계를 맺었다.

[25013-0048]

11 다음 문서가 작성된 시기를 연표에서 옳게 고른 것은?

청의 황제가 조선의 국왕에게 조서를 내리노라. 그대가 종사를 온전히 하고자 투항하러 올 길을 열어두어 달라고 요청한 표문을 보았다. …… 이제 그대의 지나간 죄과를 모두 버려두고서 새로이 자손들이 대를 이어 가며 군주와 대신으로 사는 신의와 규례를 영원토록 정하노라. …… 명의 연호를 문서에 쓰기를 그만두고 명과의 관계를 확실히 끊어라. 그대의 장자 및 또 한 명의 아들은 인질로 데려갈 것이다.

공민왕 즉위	(가)	3포 왜란 발발	(나)	명량 대첩	(다)	정묘호란 발발	(라)	홍경래의 난 발생	(마)	신미양요 발발

① (가) ② (나) ③ (다) ④ (라) ⑤ (마)

[25013-0049]

12 (가) 전쟁에 대한 설명으로 옳은 것은?

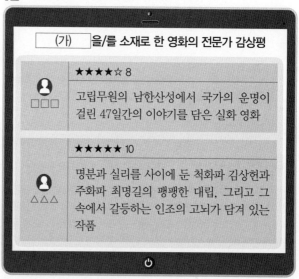

(가) 을/를 소재로 한 영화의 전문가 감상평

□□□	★★★★☆ 8 고립무원의 남한산성에서 국가의 운명이 걸린 47일간의 이야기를 담은 실화 영화
△△△	★★★★★ 10 명분과 실리를 사이에 둔 척화파 김상헌과 주화파 최명길의 팽팽한 대립, 그리고 그 속에서 갈등하는 인조의 고뇌가 담겨 있는 작품

① 강화도 조약 체결에 영향을 주었다.
② 북벌 운동이 추진되는 배경이 되었다.
③ 강감찬 등의 활약으로 적을 물리쳤다.
④ 전국 각지에 척화비를 세우는 계기가 되었다.
⑤ 인천 상륙 작전이 성공하면서 전세가 역전되었다.

04 양반 신분제 사회와 상품 화폐 경제

1. 양반 중심의 신분 질서 확립

(1) 조선의 신분 제도

① 양천제 : 모든 사회 구성원을 법제적으로 양인과 천인으로 구분

② 4신분제 : 양인층을 양반, 중인, 상민으로 구분 → 양반 · 중인 · 상민 · 천민의 4신분제 정착

(2) 신분 질서의 확립

구분	내용
양반	• 문반과 무반을 함께 부르던 명칭 → 점차 그 가족이나 가문까지 포함하는 신분 용어로 정착 • 과거 등을 통해 관직에 진출, 국역 면제 등 각종 특권을 누림
중인	• 중앙과 지방의 서리와 향리, 기술관 등 하급 관리 • 양반 첩에게서 태어난 서얼도 중인과 비슷한 대우를 받음
상민	• 농민, 수공업자, 상인 등 • 전세 · 공납 · 역의 의무 부담, 법적으로 과거 응시 가능
천민	• 노비가 대부분을 차지 • 노비 : 재산으로 취급되어 매매, 상속, 증여 가능

(3) 서원과 향약

① 서원 : 사림의 주도로 설립, 선현에 대한 제사와 학문 연구 · 교육 등 담당

② 향약 : 향촌 주민이 지켜야 할 자치 규약, 향촌 사회에 유교 윤리 보급

자료 플러스 서원의 설립

하늘이 사람을 낳으매 사람이 되게 하는 바는 가르침이 있기 때문이다. 사람이되 가르침이 없다면 …… 삼강(三綱)이 무너지고 구법(九法)이 썩게 되어 인류는 멸망한 지 오래되었을 것이다. 무릇 가르침은 반드시 현인을 높이는 것에서 비롯된다. 이에 사묘(祠廟)*를 세워 덕을 높이고 서원을 두어 배움을 두텁게 하는 것이니 진실로 가르침이란 어지러움을 수습하고 굶주림을 구하는 것보다 급하다고 하겠다. …… 문성공(안향)이 살던 동네에 가르침을 일으키고자 한다면 반드시 문성공에서부터 비롯되어야 할 것이다. 내가 변변치 못한 위인으로 태평한 세상을 만나 이곳의 군수가 되었으니 한 고을을 맡은 임무를 다하지 않을 수 없다. 이에 마음과 힘을 다하여 감히 사묘를 세우고 서원을 설치하는 것이다.

– 주세붕, 『무릉잡고』 –

*사묘(祠廟) : 선조 혹은 선현의 신주나 영정을 모셔 두고 제사 지내는 건물

서원은 사림의 주도로 지방에 설립된 교육 기관이다. 중종 때 풍기 군수 주세붕이 세운 백운동 서원을 시작으로 각 지방에 많이 설립되었다. 서원은 지방 양반의 여론을 모으고 학문적 기반을 제공하여 붕당의 근거지 역할을 하였다. 또한 향약과 함께 향촌 사회에서 사림의 영향력을 강화하는 데 기여하였다.

2. 조선 후기 상품 화폐 경제의 발달

(1) 수취 체제의 정비

① 대동법 : 광해군 때 경기도에서 처음 실시 → 이후 점차 시행 지역 확대

구분	내용
내용	공납을 토지 결수 기준으로 쌀 · 무명 · 베 · 동전 등으로 징수
영향	농민 부담 감소, 관청에 물품을 납품하는 공인 성장, 상품 화폐 경제 발달

② 영정법 : 전세를 풍흉과 관계없이 토지 1결당 쌀 4~6두 징수

③ 균역법 : 영조 때 시행, 군포 1필 징수

조선의 신분 구조

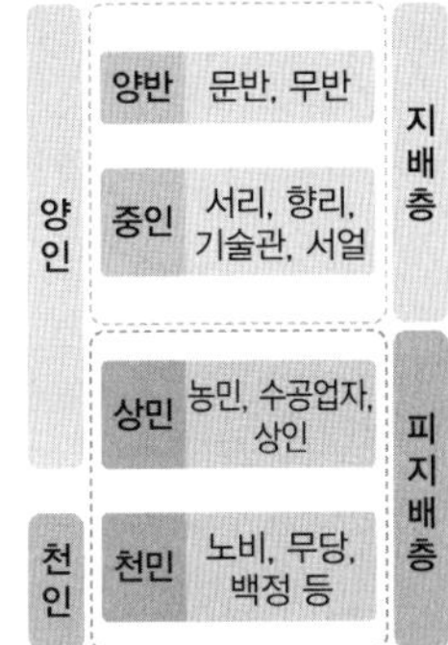

서얼

양반의 양인 첩에게서 태어난 '서자'와 천민 출신 첩에게서 태어난 '얼자'를 함께 부르는 말이다.

균역법

영조는 농민에게 군포 1필을 징수하는 균역법을 시행하면서 줄어든 군포 수입을 보충하기 위해 결작과 선무군관포를 징수하였다. 결작은 토지 1결당 쌀 2두를 징수하는 것이고, 선무군관포는 일부 상류층에게 선무군관 칭호를 주고 매년 군포 1필을 거두는 것이다.

개념 체크

1. 양반의 첩에게서 태어난 ( )은 중인과 비슷한 대우를 받았다.
2. 사림의 주도로 설립된 ( )은 선현에 대한 제사와 학문 연구 · 교육 등을 담당하였다.
3. 대동법의 시행을 계기로 관청에 물품을 납품하는 ( )이 성장하였다.

정답
1. 서얼 2. 서원 3. 공인

⊙ 도고
대규모 자본을 바탕으로 매점매석을 통해 이윤을 극대화하던 상행위나 그러한 상행위를 하던 상인 또는 상인 조직이다.

(2) 농업 경영의 변화와 수공업 · 광업의 발달

농업	• 모내기법(이앙법)의 확산 : 노동력 절감, 생산력 증대, 벼와 보리의 이모작 확대, 1인당 경작 면적 확대(광작 성행) • 인삼, 담배, 채소 등 상품 작물 재배, 쌀의 상품화 진전
수공업	• 관영 수공업이 쇠퇴하고 민영 수공업 발달 • 수공업자가 상인이나 물주에게 자금과 원료를 미리 받아 물품을 생산하는 선대제 수공업 성행
광업	17세기 이후 민간의 광산 채굴 허용

⊙ 상평통보

조선 후기 전국적으로 유통된 금속 화폐이다.

(3) 상업 발달과 화폐 유통

① 배경 : 농업 생산력 증대, 대동법 시행에 따른 공인의 활동 등
② 사상의 성장
- 경강상인(한성), 송상(개성), 만상(의주), 내상(동래) 등 → 일부는 독점적 도매상인인 도고로 성장
- 정조가 육의전을 제외한 시전 상인의 금난전권 폐지(통공 정책) → 상업 활동의 자유 확대

③ 장시 : 5일장 정착, 일부는 상설 시장화, 보부상의 활동 활발
④ 포구 상업 : 포구가 상업 중심지로 성장
⑤ 객주 · 여각 : 상품의 위탁 판매, 매매 중개 등
⑥ 화폐 유통 : 조선 후기에 상평통보가 전국적으로 유통(세금과 지대 납부에 활용), 어음 · 환 등 신용 화폐 등장
⑦ 대외 무역 : 개시 무역과 후시 무역 전개

▲ 조선 후기의 상업과 무역 활동

⊙ 개시 무역과 후시 무역
국경 지대를 중심으로 공적으로 허용된 무역을 개시 무역, 사적으로 행해지던 무역을 후시 무역이라고 한다.

자료 플러스 금난전권의 폐지

- 난전의 설치를 금한 것은 비록 시전 상인이 이익을 독점하도록 하기 위함이기는 하지만, 근래 시전의 무리가 법령을 빙자하여 사상(私商)을 침해하는 것이 한 줌의 채소, 한 판의 누룩에까지 이르렀습니다. 이들은 사상을 난전이라 일컬으며 잡아들여 …… 사사로이 매매하지 못하게 합니다. …… 이 때문에 온갖 물건의 값이 폭등함이 갈수록 심해집니다. – 『승정원일기』 –
- 좌의정 채제공이 아뢰기를, "…… 형조와 한성부에 분부하여 육의전 외에는 난전이라고 하여 잡아들이지 못하게 할 뿐만 아니라 도리어 죄를 씌운 자들을 벌하면, 장사하는 사람들은 서로 매매하는 이익이 있을 것이고 백성들도 곤궁한 걱정이 없을 것입니다."라고 하였다. – 『비변사등록』 –

정부가 시전 상인의 상행위를 보호하기 위해 시전 상인에게 부여한 금난전권은 조선 후기에 상업이 발달하면서 많은 폐단을 야기하였다. 이에 정조는 육의전을 제외한 시전 상인의 금난전권을 폐지하여 자유로운 상행위를 허용하였다. 그 결과 일반 상인들의 상행위가 자유로워졌고, 이는 사상이 성장하는 중요한 계기가 되었다.

개념 체크

1. 조선 후기에 모내기법이 확산하면서 노동력이 절감되고 1인당 경작 가능한 면적이 확대되어 (　　)이 성행하였다.
2. 조선 후기에 민영 수공업이 발달하면서 수공업자가 상인이나 물주에게 자금과 원료를 미리 받아 물품을 생산하는 (　　)이 발달하였다.
3. 조선 후기에 금속 화폐인 (　　)가 전국적으로 유통되었다.

정답
1. 광작 2. 선대제 수공업
3. 상평통보

3. 조선 후기의 사회 변화와 새로운 사상의 등장

(1) 신분제의 동요

① 양반 : 일부 양반은 향촌에서 겨우 위세를 유지하거나 경제적으로 농민과 비슷한 처지의 잔반으로 몰락
② 서얼 : 집단 상소를 통해 관직 진출에 대한 차별 철폐 요구(서얼 허통)

③ 상민
- 일부 농민이 광작 등을 통해 부농층으로 성장 → 납속책, 공명첩, 족보 매입·위조 등을 통해 신분 상승 추구
- 다수 농민은 소작농, 임노동자, 영세 상인 등으로 전락

④ 천민
- 전쟁에서 공을 세우거나 납속, 도망 등의 방법으로 신분 상승 추구
- 정부가 상민 확보를 위해 노비종모법 실시, 순조 때 공노비 해방

자료 플러스 공명첩의 발급

이때(임진왜란) 적을 죽이거나 곡식을 납부하거나 미세한 공로가 있는 자들에게 모두 고신(告身)*과 면천·면역 등의 첩(帖)을 상으로 주었고, 병사나 곡식을 모집하는 관리 역시 이 첩으로 상을 주었는데, 이름을 비워두었다가 응모하는 자가 있으면 이름을 써서 주었다.
-『선조실록』-

*고신 : 관직 임명장

이름을 적는 곳

공명첩 ▶

공명첩은 이름을 적는 곳이 비어 있는 관직 임명장으로 명목상의 관직을 준 것이었다. 조선 정부는 임진왜란 이후 재정 부족 문제를 해결하기 위해 공명첩을 발급하였는데, 이는 조선 후기 신분제가 동요하는 데 영향을 주었다.

(2) 향촌 지배 질서의 변화

① 향전 발생 : 새로 성장한 신향이 수령과 결탁하여 향촌 지배권에 도전 → 향촌 사회 주도권을 두고 신향과 구향의 향전 전개

② 결과 : 지방 사족의 향촌 지배권 약화, 수령의 권한 강화, 향회가 수령의 부세 자문 기구로 변질

(3) 농민 봉기의 발생

① 배경 : 세도 정치의 폐단, 삼정의 문란 등

② 홍경래의 난(1811)

원인	평안도 지역 차별과 세도 정권의 수탈
전개	홍경래가 신흥 상공업 세력과 광산 노동자 등을 규합하여 봉기 → 관군에 의해 진압

③ 임술 농민 봉기(1862)

전개	진주 농민 봉기를 계기로 농민 봉기가 전국으로 확산
정부의 대응	• 암행어사나 안핵사 파견 • 삼정의 문란을 해결하기 위해 삼정이정청 설치 → 미봉책에 불과

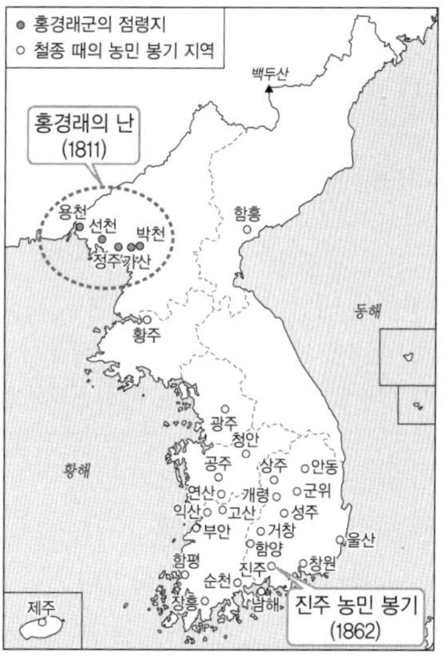

▲ 19세기 농민 봉기의 발생

(4) 실학의 등장

① 토지 제도 개혁 주장 : 정약용 등

② 청의 문물 수용과 상공업 진흥 주장 : 박지원, 박제가 등

➲ 납속책
정부가 재정 부족 문제를 해결하기 위해 백성에게 곡물을 바치게 하고 그 대가로 일정한 혜택을 주는 것을 말한다.

➲ 노비종모법
아버지가 노비라 하더라도 어머니가 양인이면 그 자식은 양인이 되도록 한 법이다. 노비종모법은 조선 후기 노비 수의 감소에 영향을 끼쳤다.

➲ 삼정
국가의 주요 재정 수입원인 전정(토지세 징수), 군정(군포 징수), 그리고 춘궁기에 곡식을 농민에게 빌려주고 그 이자 수입으로 재정을 충당하던 환곡(환정)을 말한다.

➲ 실학
17세기 이후 일부 지식인들은 성리학의 관념성을 비판하면서 현실 문제를 해결하기 위한 학문을 추구하였다. 이러한 현실 비판적이고 개혁적인 경향의 새로운 학문과 사상을 실학이라고 한다.

개념 체크

1. 조선 후기에 상민은 납속을 하거나 이름 적는 곳이 비어 있는 관직 임명장인 (　　)을 구입하는 방법으로 신분 상승을 추구하였다.
2. 조선 정부는 상민 확보를 위해 아버지가 노비라도 어머니가 양인이면 그 자식은 양인이 되도록 하는 (　　)을 실시하였다.
3. 1811년에 평안도 지역의 차별과 세도 정권의 수탈에 항거하여 (　　)의 난이 일어났다.

정답
1. 공명첩 2. 노비종모법
3. 홍경래

자료 탐구 대동법과 균역법의 실시

1단계 자료 분석

(가) 조종조에 토질의 형편에 맞추어 공물을 거두었던 법이 …… 오랜 시간이 지나면서 폐단이 생겨났습니다. 중간에 사주인(방납하는 상인)이 교활한 짓을 하여 본색(本色)*의 수납 때에 으레 불합격 판정을 내리고 자기가 가지고 있는 쌀이나 베를 대신 납부하는 것은 그 유래가 이미 오래된 것입니다. 이것은 조종이 법을 세운 본래의 뜻이 한번 변하여 사주인의 병폐가 된 것입니다.

*본색(本色) : 원래 정한 조세의 종류

-『광해군일기』-

(나) 지금 백성들 가운데 양역에 응하는 사람은 …… 단지 10여만입니다. 10여만의 민호로 50만의 양역을 충당해야 하니, 한 집에 비록 4~5인이 있다고 해도 모두 면할 수가 없습니다. 그리고 한 사람의 군포에 드는 비용이 4~5냥의 돈인데, 한 집에 있는 4~5인이 모두 들어 있을 경우 거기에 해당되는 비용은 20여 냥이 됩니다. …… 비록 날마다 매질을 가하더라도 내어 바칠 수 있는 계책이 없어 결국에는 죽지 않으면 도망가게 되는 것입니다. 도망한 자와 죽은 자들을 또 그 대신으로 충당시킬 방법이 없기 때문에 이에 백골징포(白骨徵布)와 황구첨정(黃口簽丁)의 폐단이 있게 되었습니다.

-『영조실록』-

조선의 수취 체제는 전세, 공납, 역 등으로 정비되었다. 그러나 16세기에 이르러 운영 과정에서 각종 폐단이 발생하였다. 공납에서는 자료 (가)와 같이 방납인이 공물을 대신 내고 농민들에게 그 대가를 과도하게 요구하는 폐단이 나타났다. 이에 광해군은 공납을 전세화하여 가호에 부과하던 토산물을 토지 결수에 따라 쌀 등으로 징수하는 대동법을 실시하였다.
군역에서는 자료 (나)와 같이 신분을 상승시켜 양반이 되거나 군포를 피해 도망치는 농민이 생겨나면서 남아 있는 농민의 군포 부담이 늘어나는 문제가 발생하였다. 도망간 농민의 군포를 이웃이나 친척에게 징수하는 인징과 족징, 어린아이나 죽은 사람의 몫으로 군포를 징수하는 황구첨정과 백골징포 등의 폐단이 계속되었다. 이에 영조는 군역의 폐단을 바로잡기 위해 농민들에게 군포를 1필만 부담하게 하는 균역법을 시행하였다.

2단계 문항 연습

정답과 해설 13쪽

[25013-0050]

1 다음 자료에 나타난 문제점을 해결하기 위해 실시된 정책으로 옳은 것은?

> 우리나라는 본디 부세는 가볍고 공물은 많아 백성의 노력이나 재력이 여기에서 손상됩니다. 각 고을의 공물은 방납하는 상인이 있어 자기네끼리 서로 나누어 권리를 행사하거나, 아버지가 자식에게 권리를 전하고 있습니다. 따라서 본색(本色)을 바치고자 하는 자는 비록 물건이 좋더라도 10배의 값을 내지 않으면 바칠 수가 없습니다.

① 전민변정도감을 설치하였다.
② 양반도 군포를 납부하게 하였다.
③ 관료전을 지급하고 녹읍을 폐지하였다.
④ 토산물 대신에 쌀, 베, 동전 등을 징수하였다.
⑤ 육의전을 제외한 시전 상인의 금난전권을 폐지하였다.

자료 탐구 세도 정치 시기의 농민 봉기

1단계 자료 분석

(가) 평서대원수는 급히 격문을 띄우노니 우리 관서 사람들은 모두 이 격문을 들으라. …… 조정에서 관서를 버림이 썩은 흙과 다름없다. 심지어 권세 있는 집의 노비들도 관서 사람을 보면 반드시 '평안도 놈'이라고 말한다. …… 지금 나이 어린 임금이 위에 있어 권세 있는 간신배가 그 세를 날로 떨치고, 김조순 · 박종경의 무리가 국가 권력을 제멋대로 하니, 어진 하늘이 재앙을 내린다.

–『패림』–

(나) 진주 양민이 소동을 일으킨 것은 오로지 우병사 백낙신의 탐학 때문이다. 그가 부임한 이래 한 짓은 법에 어긋나고 인정에 거슬리지 않는 것이 없고, 오로지 자기 이익만을 추구하였다. …… 병영의 아전들이 먹어 치워 부족하게 된 환곡을 거두기 위해 고을 안의 우두머리급 백성을 초청하여 잔치를 벌여 꾀기도 하고 잡아 가두어 위협하면서 집집마다 이유 없이 징수한 것이 6만여 냥에 달하였다.

–『진주초군작변등록』–

(가)는 홍경래의 난 당시 발표된 격문이다. 조선 후기에 평안도는 대청 무역과 광산 개발로 상업과 광업이 크게 발달하면서 경제 성장을 이루었다. 이를 토대로 교육 수준이 함께 높아져 과거 급제자가 다수 배출되기도 하였다. 그러나 평안도 사람은 중앙 정부의 지역 차별로 인하여 문과에 급제해도 고위 관직에 진출할 수 없었다. 또한 조선 정부는 재정 부족을 이유로 평안도에 강제로 환곡을 나눠주고 막대한 이자를 거둬들이기도 하였다. 이에 1811년 홍경래는 영세 농민, 중소 상인, 광산 노동자 등과 함께 평안도에 대한 차별과 세도 정권의 수탈에 반발하여 봉기하였다.

(나)는 진주 농민 봉기에 대한 자료이다. 1862년 진주에서는 삼정의 문란과 경상도 우병사 백낙신의 가혹한 수탈에 저항하여 유계춘 등이 농민들을 이끌고 봉기하였다. 이후 삼정의 문란을 시정할 것을 요구하는 농민 봉기가 전국적으로 확대되었는데, 이를 임술 농민 봉기라고 한다.

2단계 문항 연습

정답과 해설 13쪽

[25013-0051]

2 밑줄 친 '소요'에 대한 설명으로 옳은 것은?

임술년에 삼남 지방의 읍민들이 소요를 일으켜 관원을 협박하고 아전을 해쳤다. …… 왕이 영남에 안핵사와 선무사를 나누어 보냈으며, 호남에서 난을 일으킨 자를 베고 관찰사와 절도사를 처벌하였다. 또한 환곡 · 군정 · 전정이 문란한 것이 모두 백성을 병들게 하는 원인이라 하여 이정청을 설치하였으며, 난간에 나가서 친히 삼정의 폐단을 구제하는 방법에 대해 책문하였다.

① 세도 정치 시기에 발생하였다.
② 치안 유지법에 의해 탄압받았다.
③ 사회주의 계열의 비판을 받았다.
④ 전개 과정에서 곽재우 등 의병이 활약하였다.
⑤ 이만손 등이 영남 만인소를 올리는 계기가 되었다.

대표 기출 확인하기

[2024학년도 수능 6월 모의평가]

1 (가) 제도에 대한 설명으로 옳은 것은?

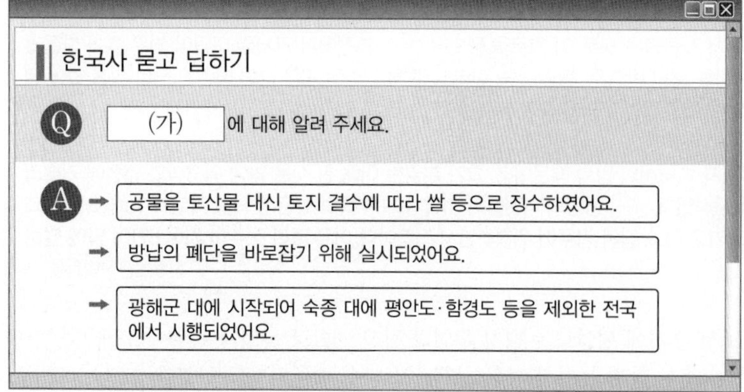

한국사 묻고 답하기
Q (가) 에 대해 알려 주세요.
A
공물을 토산물 대신 토지 결수에 따라 쌀 등으로 징수하였어요.
방납의 폐단을 바로잡기 위해 실시되었어요.
광해군 대에 시작되어 숙종 대에 평안도·함경도 등을 제외한 전국에서 시행되었어요.

① 공인이 성장하는 계기가 되었다.
② 삼백 산업 발달에 영향을 주었다.
③ 물산 장려 운동의 배경이 되었다.
④ 기기창이 설치되는 결과를 가져왔다.
⑤ 권문세족의 경제적 기반을 약화시켰다.

정답 및 해설

정답 해설 자료에서 공물을 토산물 대신 토지 결수에 따라 쌀 등으로 징수하였고, 방납의 폐단을 바로잡기 위해 실시하였으며, 광해군 대에 시작되었다는 점 등을 통해 (가) 제도가 대동법임을 알 수 있다. ① 조선 후기 대동법의 시행으로 관청에서 필요로 하는 물품을 구입해서 납부하는 공인이 성장하였다.

오답 피하기 ② 6·25 전쟁 후 미국의 경제 원조를 바탕으로 밀가루(제분), 설탕(제당), 면직물(면방직)을 생산하는 삼백 산업이 발달하였다.
③ 일제의 회사령 폐지와 관세 철폐 움직임 등으로 위기에 처한 민족 자본을 보호·육성하기 위해 물산 장려 운동이 전개되었다.
④ 영선사 일행은 청에서 근대 무기 제조법과 군사 훈련법을 습득하기 위해 파견되었으며, 귀국 후 기기창 설치에 영향을 끼쳤다.
⑤ 고려 공민왕은 권문세족의 경제적 기반을 약화하고 국가 재정을 확충하기 위해 전민변정도감을 설치하였다.

정답 ①

[2025학년도 수능 6월 모의평가]

2 다음 자료에 나타난 시기의 경제 상황으로 옳은 것은?

> ○ 전황(錢荒)의 폐단이 요즘 더욱 심해진다. …… 구리를 사는 일과 동전을 주조하는 일에 대해 일전에 대신들에게 의견을 들어 보았다. 이제 상평청으로 하여금 빨리 구리를 사게 하고, 그 구리로 동전을 만들어 민간에 유통시키면, 전황의 폐해를 바로잡는 데 도움이 될 것이다.
> ○ 우리나라에 상평통보가 통용된 지 이제 140여 년이 된다. …… 당연히 백성들의 생업이 풍부해지고 국가의 살림이 넉넉해져야 하는데, 어찌하여 1백 년 이래 관청과 민간의 창고가 모두 고갈되고 남북의 재화가 유통되지 않는가? …… 진실로 그 까닭을 따져 보면 동전에 허물이 있는 것이다.

① 금융 실명제가 실시되었다.
② 물산 장려 운동이 전개되었다.
③ 철제 농기구가 사용되기 시작하였다.
④ 인삼, 담배 등이 상품 작물로 재배되었다.
⑤ 녹읍이 폐지되어 귀족의 경제 기반이 약화되었다.

정답 및 해설

정답 해설 자료에서 전황의 폐단이 더욱 심해졌다는 점, 상평통보가 통용된 지 140여 년이 되었다는 점 등을 통해 자료에 나타난 시기가 조선 후기임을 알 수 있다. ④ 조선 후기에는 인삼, 담배, 고추 등의 상품 작물 재배가 증가하였다.

오답 피하기 ① 금융 실명제는 투명한 금융 거래를 정착시키고 부당한 정치 자금의 거래 등을 막기 위해 김영삼 정부 시기에 전면적으로 실시되었다.
② 물산 장려 운동은 1920년부터 국내 민족 기업과 자본을 보호·육성하기 위하여 전개되었다.
③ 철제 농기구는 철기 시대 이후부터 사용되기 시작하였다.
⑤ 신라 신문왕 때 녹읍의 폐지로 진골 귀족의 경제 기반이 약화되었다.

정답 ④

수능 유형 익히기

[25013-0052]

01 (가) 신분에 대한 설명으로 옳은 것은?

> (가) 을/를 상속받은 사람은 1년 이내에 관청에 신고하여 확인서를 받는다. 만약 그 임자가 문건을 작성하고 사망했을 때는 병을 간호하던 친척이나 (가) 을/를 불러서 사실을 조사한 다음 확인서를 발급한다.
>
> –『경국대전』–

① 양반 첩의 자손이었다.
② 고려에서 백정으로 불렸다.
③ 매매나 증여의 대상이 되었다.
④ 주로 역관, 의관, 율관 등에 종사하였다.
⑤ 골품제의 제약으로 최고 관등에 오르지 못하였다.

[25013-0053]

02 (가) 제도에 대한 설명으로 옳은 것은?

> (가) 은/는 실로 백성을 구제하는 데 절실하게 필요합니다. 경기와 강원도에 이미 시행하였으니 충청도에서 시행하기 어려울 리가 있겠습니까. 신(臣)이 도내의 토지 면적을 모두 계산해 보니, 1결마다 면포 1필과 쌀 2말씩 내면 진상하는 공물의 값 등이 모두 그 속에 포함되어도 오히려 남는 것이 수만입니다. …… 지금 방납의 폐단에서 굶주린 백성을 구제하는 방법은 이보다 좋은 것이 없습니다.

① 호족의 경제 기반을 약화시켰다.
② 시전 상인의 금난전권을 철폐하였다.
③ 상품 화폐 경제의 발달에 영향을 끼쳤다.
④ 환곡의 폐단을 바로잡기 위해 시행되었다.
⑤ 가구당 농지 소유 면적의 상한을 3정보로 하였다.

[25013-0054]

03 (가)에 들어갈 내용으로 가장 적절한 것은?

> 여러분이 서 계신 이곳은 창경궁의 정문인 홍화문 앞입니다. 이곳은 영조가 백성과 소통했던 공간으로도 유명한데요. 영조는 홍화문 앞에 직접 나와 군포 부담에 대한 백성의 고충을 듣고 (가)

① 9서당을 편성하였습니다.
② 균역법을 실시하였습니다.
③ 원수부를 설치하였습니다.
④ 별기군을 창설하였습니다.
⑤ 비변사를 폐지하였습니다.

[25013-0055]

04 밑줄 친 '이 농법'의 확산이 끼친 영향으로 가장 적절한 것은?

> 우리 모둠은 이 농법으로 농사를 짓는 농민들의 모습을 그렸습니다. 이 농법의 확산은 노동력 절감 및 벼와 보리의 이모작을 통한 농업 생산력의 증대를 가져왔다는 점에서 의미가 있기 때문입니다.

모둠별 수행 과제
– 조선 후기 풍속화 그리기 –

① 광작이 유행하였다.
② 전시과 제도가 운영되었다.
③ 새마을 운동이 전개되었다.
④ 전민변정도감이 설치되었다.
⑤ 산미 증식 계획이 추진되었다.

[25013-0056]

05 밑줄 친 '이 시기'에 볼 수 있는 모습으로 가장 적절한 것은?

수행 평가 보고서

• 과제 : 문학 작품 하나를 선정하여, 작품 내용 속에 반영된 역사적 사실을 탐구하기

3학년 ○반 ○○○

• 선정한 작품(저자) : 『예덕선생전』(박지원)
• 작품 주요 대목
왕십리의 무, 살곶이 다리의 순무, 석교의 가지·오이·수박·호박, 연희궁의 고추·마늘·부추·파 …… 따위를 심는 밭들은 그중 상(上) 중의 상을 골라 쓰는데, 모두 엄씨의 똥을 써서 기름지고 살지고 평평하고 풍요롭다네. 해마다 육천 냥이나 되는 돈을 번다지.
• 역사적 사실 : 이 시기에 상업적 농업이 발달하면서 채소 등의 상품 작물을 재배하여 높은 소득을 올리는 농민이 생겨났다.

① 지계를 발급받는 지주
② 속현에서 공물을 징수하는 향리
③ 원산 총파업에 참여하는 노동자
④ 상평통보로 물품을 거래하는 상인
⑤ 회사령에 따라 회사 설립을 신청하는 자본가

[25013-0057]

06 다음 자료에 나타난 시기의 경제 상황으로 옳은 것은?

공인들이 이르기를, "수달의 가죽은 조공과 진상에 쓰이는 물건이어서 당초에 몰래 장사하는 무리에 대해 엄히 규칙을 세워 금단하였습니다. 그런데 근래에 송상과 만상들이 부상대고*와 결탁하고 몰래 독점적으로 거두어들여서는 연경(베이징)의 시장으로 가지고 가서 마구잡이로 매매하여 장차 씨가 마를 지경에 이르렀습니다."라고 하였다.
*부상대고 : 많은 밑천을 가지고 대규모로 장사를 하는 상인

① 녹읍이 폐지되었다.
② 삼백 산업이 발달하였다.
③ 남면북양 정책이 실시되었다.
④ 물산 장려 운동이 전개되었다.
⑤ 포구가 상업 중심지로 발달하였다.

[25013-0058]

07 다음 자료를 활용한 탐구 주제로 가장 적절한 것은?

표충사는 건립한 지 오래되어 이제 수리를 해야만 한다. 비용 조달을 위해 중앙에서 우리 고을에 공명첩을 여러 장 배당했는데, 마침 인곡면에 사는 김택지가 자원해서 가선대부 공명첩을 구입하였으니 그 뜻이 매우 가상하다. 그가 현재 지고 있는 군역을 즉시 면제한다.

① 신라 말 6두품의 동향
② 고려 전기 문벌 사회의 형성
③ 고려 말 신진 사대부의 성장
④ 조선 전기 사림의 분화
⑤ 조선 후기 신분제의 동요

[25013-0059]

08 밑줄 친 '봉기'에 대한 설명으로 옳은 것은?

최후의 전투, 정주성

개요 다큐멘터리 |한국| 2025년 개봉 예정
감독 ○○○
출연 △△△, □□□

줄거리 | 사진 | 영상

평안도 가산군 다복동에서 백성들이 봉기하였다. 홍경래가 이끄는 봉기군 수천 명은 관군의 별다른 저항도 받지 않고 10여 일 만에 청천강 북쪽 일대를 대부분 장악한다. 이에 정부는 급히 관군을 파견하여 대응하고, 송림 전투 등에서 관군에 참패한 봉기군은 정주성으로 들어가 최후의 항전을 시작하는데 …….

① 청군의 개입으로 실패하였다.
② 대한매일신보 등 언론의 지원을 받았다.
③ 지역 차별과 세도 정권의 수탈에 저항하였다.
④ 해산 군인의 가담으로 전투력이 강화되었다.
⑤ 풍수지리설을 내세워 서경 천도를 주장하였다.

05 흥선 대원군의 정책과 개항 이후 근대적 개혁의 추진

1. 흥선 대원군의 개혁 정치

(1) 배경 : 세도 정치의 폐단과 삼정의 문란 등으로 전국적인 농민 봉기 발생

(2) 통치 체제 정비

① 세도 가문의 영향력을 약화하고 다양한 정치 세력을 등용하려는 정책 추진
② 왕권을 제약하던 비변사의 기능 축소(이후 폐지) → 의정부의 기능 회복, 삼군부 부활
③ 『대전회통』 등의 법전을 편찬하여 통치 체제 재정비

(3) 경복궁 중건

목적	왕실의 권위 회복
과정	공사비를 마련하기 위해 기부금인 원납전 강제 징수, 고액 화폐인 당백전 발행, 통행세 등 세금 징수, 백성의 노동력을 강제 동원
결과	당백전 남발로 물가 폭등, 양반과 백성 모두의 반발 초래

자료 플러스 **당백전 유통에 대한 반발**

셋째는 당백전을 혁파하는 것입니다. …… 전하께서 경비가 부족한 것을 근심하시어 이렇게 편의에 따라 당백전을 발행하신 것은 훌륭한 조치였습니다. 그러나 시행한 지 2년 만에 백성들이 편리하다고 여기지 않으며, 사·농·공·상이 모두 피해를 입었고, 갈수록 그 피해가 반복되고 있습니다. …… 현재 옛 돈이 통용되므로 물자가 풍족합니다. 사람들이 모두 "이 돈이 장차 없어질 것이다."라고 하는데, 신의 소견으로는 단지 원납전에 대해 알리는 글만 게시하고, 당백전을 영구히 혁파하라는 분명한 명을 듣지 못하였으니 여러 백성들의 의혹이 커지고 있습니다. 삼가 바라건대, 전하께서 도리에 맞는 명을 내리셔서 백성들로 하여금 미혹되지 않게 해주신다면 다행이겠습니다. -『면암집』-

자료는 당백전의 혁파를 주장하는 최익현의 상소 중 일부이다. 경복궁 중건을 위해서 발행된 당백전은 당시 통용되던 상평통보의 100배의 가치로 발행되었으나, 실제 가치는 5~6배밖에 되지 않았다. 이로 인해 조선의 화폐 유통 질서가 어지러워지고, 화폐 가치의 하락으로 물가가 폭등하는 문제가 발생하였다. 결국 6개월여 만에 발행이 중단되었던 당백전은 최익현의 상소를 계기로 유통까지 금지되었다.

(4) 삼정의 문란 해결 노력

전정	양전 사업 실시 → 토지 대장에서 누락된 땅(은결)을 찾아 조세 부과
군정	호(戶) 단위로 군포를 징수하는 호포제를 실시하여 양반에게도 군포 부과
환곡	마을 단위로 사창을 설치하여 자치적으로 운영하는 사창제 실시

(5) 서원 정리

배경	서원이 면세·면역의 혜택을 누리고 제사를 명목으로 지역 농민 수탈
과정	전국의 서원 중 47개소만 남기고 철폐
결과	국가 재정 확충, 유생의 횡포로부터 농민 보호, 양반 유생의 반발 초래

2. 통상 수교 거부 정책과 양요

(1) 배경: 이양선의 출몰, 서양 열강의 통상 요구, 러시아의 연해주 획득 → 서양에 대한 경계심 고조

➲ 대전회통
정조 때 편찬된 『대전통편』 체제 이후 약 80년간의 수교, 각종 조례 등을 보완하고 정리하여 편찬한 법전이다.

➲ 원납전
흥선 대원군이 경복궁 중건 비용 마련을 위해 거둔 기부금이다. 재상 이하 관리들은 능력에 따라 내도록 하였고, 백성들은 스스로 기부금을 납부하되, 그 액수에 따라 벼슬이나 상을 주었다.

➲ 러시아의 연해주 획득
러시아는 청과 영국·프랑스 사이의 교섭을 중재한 대가로 베이징 조약을 체결하여 청으로부터 연해주를 할양받았다. 이를 계기로 러시아는 조선과 국경을 접하게 되었다.

개념 체크

1. 흥선 대원군은 통치 체제 재정비를 위해 정조 이후의 조례 등을 정비하여 법전인 (   )을 편찬하였다.
2. 흥선 대원군은 경복궁 중건 비용 마련을 위해 명목 가치가 상평통보 1문의 100배에 달하는 (   )을 발행하였다.
3. 흥선 대원군은 호 단위로 군포를 징수하는 (   )를 실시하여 양반에게도 군포를 부과하였다.

정답
1. 대전회통 2. 당백전
3. 호포제

⊙ 외규장각
정조가 전쟁 등 비상사태에 대비하기 위해 강화도에 만든 규장각으로, 왕실이나 국가 중요 행사의 내용을 정리한 의궤 등을 보관하였다.

⊙ 제너럴 셔먼호 사건
미국인 소유 상선인 제너럴 셔먼호가 대동강을 거슬러 올라와서 통상을 요구하였다. 조선 측의 퇴거 요구에 제너럴 셔먼호가 불응하면서 난폭하게 굴자, 평양의 관군과 백성들은 제너럴 셔먼호를 공격하여 침몰시켰다. 이 사건은 신미양요의 배경이 되었다.

⊙ 척화비
흥선 대원군이 통상 수교 거부 정책 의지를 알리기 위해 전국 각지에 세운 비석이다. 이 비석에는 "서양 오랑캐가 침범하는데 싸우지 않으면 화친하는 것이요, 화친을 주장하는 것은 나라를 파는 것이다."라는 내용이 새겨져 있다.

⊙ 정한론
1870년대를 전후하여 일본 정계에 제기된 조선에 대한 공략론이다. 조선과 일본이 서계 문제를 둘러싸고 대립하는 상황 속에 일본에서 일어났다. 그러나 일본 국내 정치 상황의 변화 속에서 정한론은 받아들여지지 않았다.

개념 체크

1. 독일 상인인 (　　)는 통상 요구를 위해 남연군의 묘를 도굴하려다 실패하였다.
2. 미국은 (　　)을 빌미로 배상금 지불과 통상을 요구하며 1871년에 조선을 침략하였다.
3. 일본 군함인 (　　)는 강화 수비대의 경고 포격을 구실로 강화도와 영종도를 공격하였다.

정답
1. 오페르트
2. 제너럴 셔먼호 사건
3. 운요호

(2) 병인양요(1866)

배경	흥선 대원군이 러시아 견제를 위해 프랑스와 교섭을 시도하였으나 실패, 천주교 포교 금지 여론 고조 → 천주교 신자와 프랑스 선교사 처형(병인박해)
과정	프랑스 함대가 병인박해를 구실로 강화도 공격 → 문수산성에서 한성근 부대, 정족산성(삼랑성)에서 양헌수 부대가 항전
결과	프랑스군이 외규장각 도서 등 각종 문화유산을 약탈하고 철수

(3) 오페르트의 남연군 묘 도굴 미수 사건(1868)

배경	조선 정부가 독일 상인 오페르트의 통상 요구를 거절
과정	오페르트 일행이 흥선 대원군의 아버지 남연군의 묘를 도굴하려다 실패
결과	서양에 대한 반감 확산, 통상 수교 거부 정책 강화

자료 플러스 오페르트의 남연군 묘 도굴 미수 사건

조선국 대원위 좌하께 올립니다. 남의 무덤을 파는 것은 예의가 없는 행동이지만 무력을 동원하여 백성들을 도탄 속에 빠뜨리는 것보다 낫기 때문에 그렇게 하였습니다. 본래는 여기까지 관을 가져오려고 하였으나 과도한 것 같아서 그만두었습니다. 이것이 어찌 예의를 중하게 여기는 도리가 아니겠습니까? 군사와 백성들이 어찌 석회를 부술 기계가 없었겠습니까? 절대로 멀리서 온 사람의 힘이 모자라서 그만두었으리라고 생각하지 말 것입니다.
무진년 4월 21일 오페르트
-『용호한록』-

자료는 오페르트가 남연군 묘의 도굴에 실패한 후 조선에 보낸 서신이다. 독일 상인 오페르트는 조선에 몇 차례 통상 허가를 요청하였으나 거절당하였다. 이에 오페르트는 충청도 덕산에서 관아를 습격하였고, 흥선 대원군의 아버지인 남연군의 묘를 도굴하려고 시도하였지만 실패로 끝났다. 이 사건은 서양에 대한 조선의 반감을 더욱 크게 만드는 계기가 되었다.

(4) 신미양요(1871)

배경	미국이 제너럴 셔먼호 사건(1866)을 빌미로 조선에 배상금 지불과 통상 요구 → 조선 정부가 거부
과정	미국 함대의 강화도 침략 → 미군이 초지진과 덕진진 점령 → 어재연 부대가 광성보에서 항전하였으나 패배
결과	조선이 협상을 거부하며 강경하게 대응하자 미군 철수, 흥선 대원군은 전국에 척화비 건립

3. 개항과 서양 열강에 대한 문호 개방

(1) 조선의 문호 개방

① 배경
- 통상 개화론(개국 통상론) 대두 : 박규수, 오경석, 유홍기 등이 문호 개방을 주장
- 일본이 조선과 새로운 외교 관계를 수립하려다 실패, 정한론(조선 침략론) 대두
- 흥선 대원군이 물러나고 고종이 직접 정치를 하면서 통상 수교 거부 정책 완화

② 강화도 조약(조일 수호 조규, 1876)

배경	일본이 운요호 사건(1875)을 일으키고 이를 빌미로 조선에 개항을 요구
내용	조선은 자주국이라고 명시, 부산 외 2개 항구(추후 원산, 인천으로 결정) 개항 규정, 일본의 해안 측량권 허용 및 영사 재판권(치외 법권) 인정 등
성격	외국과 맺은 최초의 근대적 조약, 자주권을 침해받은 불평등 조약
부속 조약	조일 수호 조규 부록, 조일 무역 규칙 체결 → 개항장 내 일본인 거류지 설정, 개항장에서 일본 화폐 유통, 양곡의 수출입 허용 등을 규정

(2) 서양 열강과 조약 체결

① 조미 수호 통상 조약(1882)

배경	• 청의 알선 : 러시아와 일본을 견제하기 위해 조선에 미국과 수교할 것을 권유 • 『조선책략』 유포 – 제2차 수신사였던 김홍집이 일본에서 가져옴 – 청의 외교관 황준헌의 저서로, 러시아의 남하를 견제하려면 조선이 중국(청)·일본·미국과 우호 관계를 맺어야 한다는 내용임
내용	거중 조정, 관세 부과 등을 규정, 미국의 영사 재판권(치외 법권)과 최혜국 대우를 인정
성격	조선이 서양과 맺은 최초의 조약이자 불평등 조약

② 영국, 독일, 러시아, 프랑스 등과 최혜국 대우 조항이 포함된 불평등 조약 체결

자료 플러스 **조선의 외교 정책에 대한 대신들의 의견**

이번에 수신사가 돌아와 아뢴 바에 따르면 중국인의 책자를 가지고 왔는데, 그 대책한 것이 자문자답하면서 의문도 제시하고, 어려움도 제시하여 깊이 염려하고 멀리 생각한 것이었다. …… 그가 '연미국(聯美國)'이라 하였다. 지금 천하 각국이 합종하여 러시아의 위세를 저지하고 있다. 하물며 우리나라는 해로의 요충에 자리 잡고 있지만, 고립되어 아무런 기댈 곳이 없으니 그들과 연합하는 것이 좋은 계책이 아닌 것은 아니다. 그러나 우리나라의 법규가 스스로 와도 통교하지 않았을 뿐 아니라 서로 수만 리나 떨어져 있어서 소식도 닿지 않는 땅인데, 지금 어찌 우리가 먼저 통보하여 교류하고 도움을 받을 수 있겠는가.

– 『수신사일기』 –

『조선책략』은 청의 외교관이었던 황준헌이 지은 것으로, 제2차 수신사로 일본에 갔던 김홍집이 귀국하면서 가져온 것이었다. 『조선책략』의 전래 이후 조선의 외교 정책을 둘러싼 논쟁이 일어나자 고종은 이에 관해 논의할 것을 지시하였다. 자료는 이러한 상황 속에서 1880년 이유원, 홍순목 등의 대신이 모여 조선의 외교 정책을 논의한 내용 중 일부이다. 이 내용을 통해 당시 대신들이 『조선책략』에서 제시한 외교 정책에 대해 비판적인 시각을 가지고 있었던 사실을 파악할 수 있다.

➜ 거중 조정
조약을 맺은 두 나라 중 한 나라가 제3국과 분쟁이 있을 경우 다른 한 나라가 분쟁이 있는 두 나라 사이를 중재하고, 해결을 주선하는 것이다.

➜ 최혜국 대우
조약을 맺은 한 나라가 제3국에 부여한 가장 유리한 대우를 조약 상대국에게도 부여하는 것이다.

➜ 통리기무아문
1880년 국내외 정세 변화에 대응하기 위해 청의 제도를 모방하여 설치한 개화 정책 총괄 기구이다. 외교, 군사, 통상, 산업 등의 업무를 담당하였다.

➜ 보빙사
1883년 푸트 미국 공사의 조선 부임에 답례하여 미국에 파견한 사절단이다. 민영익을 전권 대신으로 하였으며, 의례적 목적 외에 근대화 정책 추진 과정에서 미국의 협력을 얻기 위한 목적도 지녔다.

4. 개화 정책의 추진

(1) 개화파의 형성 : 박규수의 영향을 받은 김옥균, 박영효 등이 개화파로 성장, 개화 정책에 참여

(2) 정부의 개화 정책 추진

① 통리기무아문 설치(1880) : 개화 정책 총괄

② 군사 제도 개편

• 별기군 창설(1881) : 신식 군대로서 일본인 교관을 초빙하여 군사 훈련 실시

• 5군영을 2영으로 개편

③ 외교 사절과 시찰단 파견

일본	수신사	• 강화도 조약 체결 후 공식적으로 파견된 외교 사절 • 제1차 수신사 김기수(1876), 제2차 수신사 김홍집(1880) 파견
	조사 시찰단	• 근대 문물 시찰과 개화 정책의 정보 수집 목적 • 국내의 개화 반대 여론 때문에 비밀리에 파견(1881)
청	영선사	김윤식이 유학생과 기술자 인솔, 근대 무기 제작 기술과 군사 훈련법 습득을 위해 파견(1881) → 귀국 후 기기창 설치 주도
미국	보빙사	미국과 수교 후 미국 공사의 부임에 대한 답례로 민영익 등을 파견(1883)

개념 체크

1. 청의 외교관인 황준헌이 저술한 (　　)에는 러시아를 견제하기 위해 조선이 청·일본·미국과 우호 관계를 맺어야 한다는 내용이 담겨 있다.
2. (　　)은 조선이 서양과 맺은 최초의 조약이자 불평등 조약이다.
3. 조선은 (　　)과 수교 후 미국 공사 부임에 대한 답례로 1883년에 민영익 등을 보빙사로 파견하였다.

정답
1. 조선책략
2. 조미 수호 통상 조약 3. 미국

➲ 위정척사
성리학과 성리학적 사회 질서와 같은 바른 것[正]을 지키고, 성리학 이외의 사악한 것[邪]을 배척한다는 의미이다.

➲ 척화주전론
서양과 화친하는 것을 배척하고 그들의 침략에 맞서 싸우자는 주장이다.

➲ 조청 상민 수륙 무역 장정
청에 대한 조선의 종속성을 전제로 체결된 문서로 조선이 청의 속국임을 명시한 내용과 청 상인에 대한 특권을 보장한 내용 등이 담겨 있다.

자료 플러스 보빙사로 다녀온 홍영식의 보고서

- 고종 : 처음 그 나라(미국)에 가 보았으니 마땅히 그 장점을 취할 것이 있겠구나.
- 홍영식 : 신 등이 그곳에 도착한 이래 언어가 통하지 않고, 문자가 같지 않아 귀와 눈으로 보고 들어서 파악할 수는 있어도 도무지 잘 이해할 수는 없었습니다. 그러나 기기의 제조 및 배, 차, 우편 등은 어느 나라를 막론하고 급선무가 아닐 수 없습니다. 특히, 우리가 가장 중요시할 것은 교육에 관한 일입니다. 만약 미국의 교육 방법을 본받아 인재를 양성한다면 아마도 어려움이 없을 것이므로 반드시 (미국의) 법을 본받아야 합니다.

– 『홍영식복명문답기』 –

자료는 1883년 보빙사의 전권부대신으로 미국을 다녀온 홍영식이 고종에게 보고한 내용을 기록한 것이다. 이 글에는 홍영식이 미국의 정치, 군사 제도 등을 견문한 내용과 고종과 개화파 지식인의 미국과 근대 문물에 대한 관심이 잘 드러나 있다.

5. 개화 정책에 대한 반발

(1) 위정척사 운동 : 보수적인 유생들을 중심으로 전개 → 항일 의병 운동으로 계승

시기	배경	내용
1860년대	서양 열강의 통상 수교 요구	통상 수교 반대, 척화주전론 주장(이항로 등)
1870년대	일본의 문호 개방 요구	개항 반대, 왜양일체론 주장(최익현 등)
1880년대	정부의 개화 정책 추진, 『조선책략』 유포	개화 정책 및 미국과 수교하는 것에 반대, 영남 만인소(이만손 등)

(2) 임오군란(1882)

배경	• 개항 이후 일본으로 곡물 유출 심화 → 쌀값 폭등으로 민중의 생활 악화 • 신식 군대인 별기군에 비해 차별 대우를 받던 구식 군인들의 분노
전개	구식 군인들이 봉기, 도시 빈민 합세 → 민씨 세력 살해 및 일본 공사관, 궁궐 습격 → 흥선 대원군의 재집권(개화 정책 중단) → 청군의 개입(흥선 대원군을 청으로 납치, 군란 진압) → 민씨 세력의 재집권
결과 및 영향	• 청의 내정 간섭 심화 : 청군이 조선에 주둔, 청이 마건상(마젠창)과 묄렌도르프를 고문으로 파견하여 조선의 내정과 외교 간섭 • 제물포 조약 체결(1882): 조선이 일본에 배상금 지불, 공사관 경비를 위한 일본군의 주둔 허용 • 조청 상민 수륙 무역 장정 체결(1882) : 조선은 청의 속방(속국)이라는 내용을 명시, 청 상인의 특권 보장(허가받은 청 상인은 조선의 내륙에서 활동 가능)

개념 체크

1. 이만손 등은 개화 정책의 추진 및 미국과의 수교에 반대하며 수많은 유생들과 함께 (　　)라고 불린 상소를 올렸다.
2. 1882년 구식 군인들은 신식 군대인 (　　)과의 차별 대우 등을 이유로 임오군란을 일으켰다.
3. 임오군란의 결과 체결된 (　　)을 통해 공사관 경비를 위한 일본군의 주둔이 허용되었다.

정답
1. 영남 만인소 2. 별기군
3. 제물포 조약

자료 플러스 임오군란의 전개

개화가 된 이후 장안의 사람들은 일본인의 이야기만 하면 그들을 죽이려 하였다. 이때 구식 군인들이 봉기하였는데, 별기군의 일본인 교관은 훈련장에서 도주하다가 돌에 맞아 사망하였고, 다른 일본인도 성 안에서 죽은 사람이 7명이나 되었다. …… 일본 공사는 호위병과 함께 밖으로 나갔으나 난민들의 위세에 함부로 접근할 수 없었고, 그는 밤 내내 도주하여 인천으로 갔다.

– 『매천야록』 –

개항 이후 일본으로의 곡물 수출로 쌀값이 폭등하면서 도시 하층민의 삶이 어려워졌고, 이로 인해 정부와 일본에 대한 반감이 높아졌다. 이러한 가운데 신식 군대에 비해 낮은 대우를 받던 구식 군인들이 군란을 일으켜 별기군의 일본인 교관을 살해하고, 일본 공사관을 공격하자 도시 하층민까지 가담하여 군란의 규모가 커졌다. 한편, 고종은 흥선 대원군에게 군란의 수습을 맡겼지만 이후 청군의 개입으로 군란이 진압되었다.

6. 개화파의 분화 : 청에 대한 외교 정책, 개화 추진 방식 등에 따라 분화

구분	온건 개화파	급진 개화파
중심인물	김홍집, 김윤식, 어윤중 등	김옥균, 박영효, 홍영식 등
특징	• 청의 양무운동을 개혁 모델로 삼음 • 동도서기론을 바탕으로 한 점진적 개혁 추구 • 청과 우호적인 관계를 유지하고자 함	• 일본의 메이지 유신을 개혁 모델로 삼음 • 서양의 문물·사상·제도까지 수용하는 급진적 개혁 추구 • 청의 내정 간섭과 사대 외교에 반대

➲ 동도서기론
조선의 전통적 유교 질서는 유지하면서 서양의 근대 기술을 수용하자는 주장이다.

➲ 우정총국
근대적인 우편 업무를 담당하기 위해 1884년에 설치된 기구이다. 그러나 갑신정변을 계기로 폐지되었다.

7. 갑신정변(1884)

배경	• 청의 내정 간섭 속에서 정부의 개화 정책 위축, 김옥균이 일본으로부터 차관을 도입하려 하였으나 실패 → 급진 개화파의 입지 약화 • 청이 베트남 문제로 프랑스와 대립하면서 조선에서 청군의 절반을 철수 • 일본이 급진 개화파에 군사적 지원을 약속
전개	• 정변 발발 : 김옥균 등 급진 개화파가 우정총국 개국 축하연을 기회로 민씨 일파를 제거하고 정권 장악 • 개화당 정부 수립 : 개혁 정강 발표(청과 사대 관계 청산, 인민 평등권 확립, 내각 제도 실시 등) • 청군의 개입과 일본군의 후퇴로 3일 만에 실패 → 김옥균, 박영효 등은 일본으로 망명
결과 및 영향	• 한성 조약 체결(조선 – 일본, 1884) : 조선이 일본에 배상금 지불, 공사관 신축 비용 부담 • 톈진 조약 체결(청 – 일본, 1885) : 청과 일본 군대 동시 철수, 향후 조선에 파병할 경우 서로 통보할 것을 규정
의의와 한계	• 의의 : 근대 국가 수립을 위한 정치·사회 개혁 운동 • 한계 : 일본의 군사 지원 약속에 의존, 민중의 지지를 받지 못함

➲ 거문도 사건
러시아의 남하를 견제하기 위해 영국이 전략적 요충지인 거문도를 일방적으로 점거한 사건이다. 영국은 거문도에 포대와 병영 등을 건설하고 군대를 주둔시켰다가, 이후 청의 중재로 거문도에서 철수하였다.

8. 갑신정변 이후의 국내외 정세

(1) 거문도 사건 : 청의 내정 간섭 심화, 고종은 러시아와 교섭(조러 비밀 협약) 추진 → 영국이 러시아를 견제한다는 구실로 거문도를 불법 점령(1885~1887)

(2) 조선 중립화론 대두

① 부들러 : 한반도를 둘러싼 열강의 충돌을 막기 위해 조선 중립화 방안 제안

② 유길준 : 열강이 조선의 중립을 보장하여 독립을 보존하는 중립화론 구상

자료 플러스 유길준의 중립화론

오직 중립 한 가지만이 우리나라를 지키는 방책이다. …… 만일 중국이 다른 일을 핑계 삼아 즉시 인준해 주지 않으면 오늘 청하고, 내일 또 청해서 중국이 맹주가 되어 영국·프랑스·일본·러시아 등 아시아 지역과 관계가 있는 여러 나라와 회동하고 그들 사이에 우리를 나가게 하여 공동으로 맹약을 체결하도록 해야 한다. 이것은 우리나라의 입장을 위한 것만이 아니고 중국에도 이익이 되며 여러 나라가 상호 보존하는 계책이니, 어찌 이것을 행하지 않겠는가.

– 『유길준전서』 –

갑신정변이 실패하고 청의 간섭이 강화된 상황에서 1885년 유길준이 조선 독립의 방안으로 제시한 조선 중립화론의 일부이다. 유길준은 청의 주도하에 영국, 프랑스, 일본, 러시아가 조선의 중립을 보장할 것을 제안하였다.

개념 체크

1. 김홍집, 김윤식, 어윤중 등의 (　　) 개화파는 동도서기론을 바탕으로 한 점진적인 개혁을 추구하였다.
2. 갑신정변의 결과 조선은 일본과 공사관 신축 비용 부담 등의 내용을 담은 (　　) 조약을 체결하였다.
3. 1885년부터 약 3년 동안 영국은 러시아를 견제한다는 구실로 (　　)를 불법 점령하였다.

정답
1. 온건 2. 한성 3. 거문도

자료 탐구 흥선 대원군의 정책

1단계 자료 분석

(가) 대왕대비가 아뢰기를, "경복궁 중건과 같이 중대한 일은 나의 정력(精力)이 미치지 못하기 때문에 대원군에게 맡기니, 매사에 반드시 강론하여 결정하도록 하라."라고 하였다. …… 의정부가 아뢰기를, "경복궁을 중건할 때 재물을 마련하고 백성을 부리는 일 등에 대해 의견을 드리니, 좋은 쪽으로 임금께 여쭈어 처리하라는 명이 있었습니다. …… 지금 막대한 공사를 시작하는 때에 백성들의 노역 문제는 신중을 기하고, 안으로 재상 이하, 밖으로는 지방 수령 이하가 역량에 따라 보조하는 것이 도리입니다. 선비, 서민층은 서울과 지방을 막론하고 원납할 사람이 있으면 상을 주는 것도 이미 있었던 일입니다."라고 하였다. -「승정원일기」-

(나) 정묘년(1867) 가을에 팔도에 사창(社倉)을 설치하였다. 그 법은 관청에서 집집마다 돈 2꾸러미를 주어 그것을 밑천으로 삼고 백성에게 쌀 10말을 받아 내는 것이었다. 그것을 마을에 저축하여 백성들이 관리토록 하고 아전의 손에 돌아가지 않도록 하였다. 그리고 그 쌀을 춘궁기에 대출하고 추수 후에 수납토록 하여 환곡을 받는 예와 같이 하였다. …… 처음엔 백성들이 매우 원망하였지만 수년이 지난 후에는 좋은 법으로 인식하였다. -「매천야록」-

(다) 사족이 있는 곳마다 평민을 못살게 굴지만 가장 심한 곳이 서원이었다. 먹도장을 찍은 다음 편지 한 통을 고을에 보내서 서원에 돈을 바치도록 명령하였다. 사족이나 평민을 물론하고 그 편지를 받으면 반드시 주머니를 쏟아야 했다. 그렇게 하지 않는 자는 서원에 잡혀가 혹독한 형벌로 위협을 받았고 …… 대원군이 영을 내려 나라 안의 서원을 허물고 서원 유생들을 쫓아버리도록 하였다. -「근세조선정감」-

(가)는 대왕대비(신정왕후)가 경복궁 중건을 위한 공사 일체를 흥선 대원군에게 맡긴다는 내용, 경복궁 중건을 위한 비용과 노동력의 동원 방법 등에 대한 논의를 담고 있다. 원납전은 경복궁 중건 비용 마련을 위해 거두어들인 기부금으로, 그 액수에 따라 벼슬이나 상을 주었다. (나)는 사창제의 실시와 관련된 자료이다. 흥선 대원군은 삼정의 문란 중 환곡의 폐단을 시정하기 위해 관리와 관청의 개입을 없애고 마을에서 자체적으로 환곡을 운영하도록 하였다. (다)는 서원 철폐에 대한 자료이다. 본래 서원은 유학 교육과 선현에 대한 제사를 목적으로 하였으나 면세 혜택 등으로 국가 재정을 악화시키고, 백성을 수탈하는 기구로 변질되었다. 이에 흥선 대원군은 전국의 서원 중 47개소만 남기고 철폐하도록 하였다.

2단계 문항 연습

정답과 해설 15쪽

[25013-0060]

1 (가) 인물이 추진한 정책으로 옳은 것은?

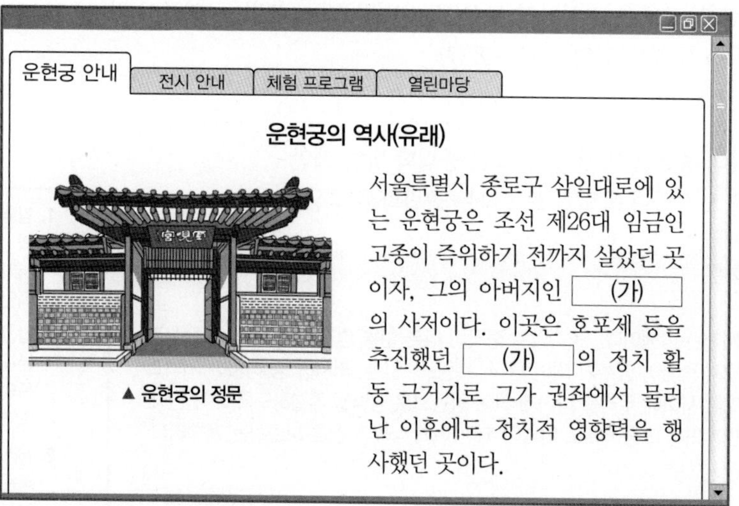

운현궁 안내
전시 안내
체험 프로그램
열린마당
운현궁의 역사(유래)
서울특별시 종로구 삼일대로에 있는 운현궁은 조선 제26대 임금인 고종이 즉위하기 전까지 살았던 곳이자, 그의 아버지인 (가) 의 사저이다. 이곳은 호포제 등을 추진했던 (가) 의 정치 활동 근거지로 그가 권좌에서 물러난 이후에도 정치적 영향력을 행사했던 곳이다.

▲ 운현궁의 정문

① 경복궁을 중건하였다.
② 장용영을 설치하였다.
③ 쌍성총관부를 공격하였다.
④ 독서삼품과를 시행하였다.
⑤ 새마을 운동을 실시하였다.

자료 탐구 갑신정변

1단계 자료 분석

(가) 하나, 우정총국 만찬회에는 외교단을 주빈(主賓)으로 하고, 전영사 한규직, 후영사 윤태준, 좌영사 이조연, 우영사 민영익을 배빈(陪賓)으로 초대한다.
둘, 안국동 별궁에 방화한다. 이 일은 이인종, 이규완 등이 맡되, 인접한 서광범의 집에서 별궁으로 침입한다.
셋, 별궁에 화재가 나면 네 영사는 직책상 현장으로 급히 달려갈 것이다. 그 기회를 노려서 우정총국 밖 노상에 행동대를 매복시켰다가 암살을 실행한다.

……

일곱, 안국동 별궁의 실화와 동시에 일본 공사관에서 병력 30명을 파견해서 금호문과 경우궁 사이의 노상에서 경계한다.

–『갑신일록』–

(나) 10월 17일, 우정총국 연회가 이날 밤에 있었다. 우리 당의 무사들은 각각 밀약을 받고 모두 극히 경계하며 신중히 있었다. 박 군(박영효)이 또 다케조에를 찾아가서 결코 서로 저버리지 말자고 다짐하자 다케조에는 웃으며 "명을 받들겠습니다."라고 하였다. 오후 4시, 나(김옥균)는 전동 우정총국으로 가서 연회 준비 상태를 보았다. …… 민영익이 밖에서 들어왔는데 유혈이 온몸에 낭자했다. 바깥에서 요란하게 싸우는 소리가 들끓었다.

–『갑신일록』–

(가)는 갑신정변에 대한 세부 계획을 담은 자료이다. 자료를 통해 우정총국 개국 축하연에 참석하는 사람들의 명단과 정변의 구체적인 논의와 준비가 있었음을 알 수 있다. (나)는 갑신정변이 일어난 당일의 상황을 묘사한 자료이다. 우정총국 개국 축하연을 준비하는 과정에서 급진 개화파가 다케조에 공사를 찾아가 서로 협의하는 내용 등을 통해 일본 측의 지원을 약속받았던 사실을 알 수 있다.

2단계 문항 연습

정답과 해설 15쪽

[25013-0061]

2 다음 자료를 활용한 탐구 주제로 가장 적절한 것은?

우의정 심순택이 청의 관리에게 보낸 문서

이번 달 17일 밤에 간신 김옥균 등이 궁중에 난리가 났다고 거짓 핑계를 댄 후, 몰래 일본 공사 다케조에 신이치로를 불러들여 군대를 이끌고 호위하게 했습니다. 그리고 왕을 핍박해 궁을 옮기시게 하고는 출입을 금지해서 내외가 단절됐습니다. 지금까지 3일 동안 소식이 통하지 않았는데, 이제 들으니 재신 6명과 내관 1명이 무고하게 살해당하고, 우리 왕께서는 갇혀 계신다고 합니다. …… 이에 대인들께 급히 파병을 요청하는 바입니다.

① 갑신정변의 전개
② 북벌 운동의 추진
③ 한국 독립군의 활동
④ 물산 장려 운동의 목적
⑤ 무신 집권기 하층민의 봉기

대표 기출 확인하기

[2025학년도 수능 9월 모의평가]

1 (가) 사건 당시에 있었던 사실로 옳은 것은?

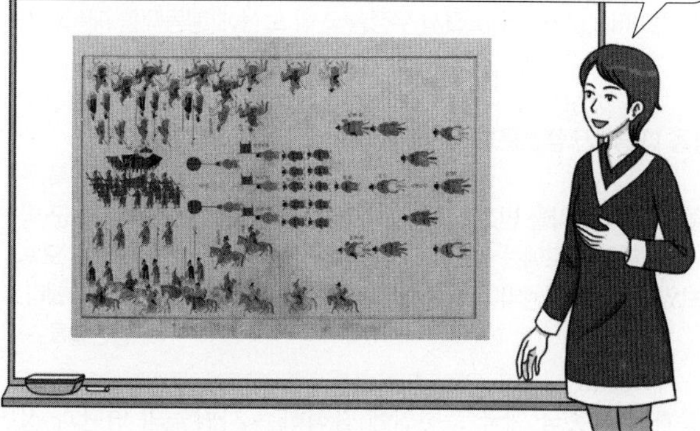

이것은 영조와 정순 왕후의 혼례 절차를 기록한 의궤의 일부입니다. 이 의궤는 본래 외규장각에 보관되어 있었는데 병인박해를 구실로 일어난 (가) 때 약탈당한 후, 2011년 국내로 돌아왔습니다.

① 북로 군정서가 조직되었다.
② 나당 연합군이 결성되었다.
③ 프랑스군이 강화도를 침략하였다.
④ 한미 상호 방위 조약이 체결되었다.
⑤ 이순신이 이끄는 수군이 활약하였다.

정답 및 해설

정답 해설 자료에서 의궤가 외규장각에 보관되어 있었으나 병인박해를 구실로 일어난 사건 때 약탈당했다는 점을 통해 (가) 사건이 1866년에 일어난 병인양요임을 알 수 있다. ③ 병인양요는 프랑스군이 병인박해를 구실로 강화도를 침략한 사건이다.

오답 피하기 ① 북로 군정서는 1919년 만주에서 조직되었다.
② 7세기에 신라는 당과 동맹을 맺어 나당 연합군을 결성하였다.
④ 한미 상호 방위 조약은 6 · 25 전쟁의 정전 협정이 체결된 직후인 1953년 10월에 체결되었다.
⑤ 1592년 발발한 임진왜란 당시 이순신이 이끄는 수군이 활약하였다.

정답 ③

[2025학년도 수능 9월 모의평가]

2 다음 대화의 배경으로 가장 적절한 것은?

자네 소식 들었는가? 영남 유생들이 이만손을 중심으로 개화 정책에 반대하는 만인소를 올렸다는군.

들었네. 미국과도 조약을 체결하게 되면 다른 열강들의 문호 개방 요구를 거절할 명분이 없어질 것이라 우려하고 있다더군.

① 조선책략이 유포되었다.
② 홍범 14조가 반포되었다.
③ 치안 유지법이 시행되었다.
④ 삼별초의 항쟁이 발생하였다.
⑤ 좌우 합작 위원회가 구성되었다.

정답 및 해설

정답 해설 자료에서 영남 유생들이 이만손을 중심으로 개화 정책에 반대하는 만인소를 올렸다는 점, 미국과 조약을 체결하는 것에 대해 우려하고 있다는 점 등을 통해 제시된 대화가 이루어진 시기는 1880년대 초반의 상황임을 알 수 있다. ① 제2차 수신사로 일본에 다녀온 김홍집을 통해 『조선책략』이 소개된 이후, 영남 유생들이 영남 만인소를 올려 『조선책략』을 비판하고 개화 정책에 반대하였다.

오답 피하기 ② 조선 고종은 제2차 갑오개혁 당시 국정 개혁의 기본 방향을 담아 홍범 14조를 반포하였다.
③ 일제는 1925년 천황제와 사유 재산 제도를 부정하는 사상을 탄압하기 위해 치안 유지법을 제정하여 시행하였다.
④ 삼별초는 고려 정부의 개경 환도 결정에 반대하여 강화도에서 봉기한 후 근거지를 옮겨 가며 저항하였다.
⑤ 1946년 제1차 미소 공동 위원회가 무기 휴회된 상황에서 여운형, 김규식 등이 좌우 합작 위원회를 결성하였다.

정답 ①

수능 유형 익히기

정답과 해설 16쪽

[25013-0062]

01 (가) 인물에 대한 설명으로 옳은 것은?

고종의 아버지인 (가) 이/가 집권하고 있던 약 10년 동안 의정부의 정승을 역임한 인물들의 명단입니다. 이를 통해 세도 가문의 영향력을 약화하고자 했던 (가) 이/가 다양한 정치 세력을 등용하고자 했음을 알 수 있습니다.
김좌근(영의정, 노론) 김병학(영의정, 노론)
조두순(영의정, 노론) 유후조(우의정, 남인)
이경재(영의정, 소론) 홍순목(영의정, 노론)
이유원(좌의정, 소론) 한계원(우의정, 남인)
정원용(영의정, 소론)
……

① 녹읍을 폐지하였다.
② 훈요 10조를 남겼다.
③ 호포제를 시행하였다.
④ 규장각을 설치하였다.
⑤ 한인 애국단을 결성하였다.

[25013-0063]

02 다음 자료에 나타난 사건의 배경으로 가장 적절한 것은?

> 대체로 천하의 각국이 서로 전쟁을 벌일 때에는, 반드시 먼저 소상히 실정을 알아보고 분명히 일이 잘못된 이유를 잡은 후에야 비로소 군대를 일으킬 수 있는 법입니다. 그런데 지금 프랑스인들은 우리가 아직 대비가 되어 있지 않은 것을 보고 강화부에 느닷없이 쳐들어와 온 성을 불태우고 재화를 약탈했으니, 이는 약탈을 일삼는 잔학한 도적일 뿐입니다. 통상이라는 것이 과연 이와 같습니까?

① 병인박해가 일어났다.
② 임진왜란이 발발하였다.
③ 무신 정변이 발생하였다.
④ 아관 파천이 단행되었다.
⑤ 애치슨 선언이 발표되었다.

[25013-0064]

03 밑줄 친 '침입'에 대한 설명으로 옳은 것은?

> 광성보에서 중군 이하가 목숨 바쳐 싸운 사실을 이번 장계를 보고서야 비로소 상세히 알았다. 늠름한 충성과 용기가 마치 그 사람들을 직접 눈으로 보는 듯하다. …… 적의 <u>침입</u>에 맞서 싸우다가 죽은 진무 중군 어재연에게 특별히 병조판서와 지삼군부사를 추증하고, 홍문관은 기다릴 것 없이 시호를 의논하도록 하라.

① 개경 환도의 배경이 되었다.
② 동북 9성 축조에 영향을 주었다.
③ 북벌론이 등장하는 원인이 되었다.
④ 제너럴 셔먼호 사건을 구실로 일어났다.
⑤ 고종이 강제 퇴위 당하는 계기가 되었다.

[25013-0065]

04 밑줄 친 '조약'에 대한 설명으로 옳은 것은?

> 작년 9월 일본의 운요호가 강화도 근해에 난입해 오자 수비하던 군사들이 포를 쏘아 다만 방비가 있음을 보였으니, 배는 부서지지 않았고 사람은 다치지 않았습니다. 그러나 저들은 성을 내며 포를 울리면서 영종진성을 불태웠습니다. …… 우리가 강화에서 포를 쏜 것은 실로 깃발을 판별하지 못했기 때문이지 분명 나쁜 뜻에서 한 것은 아니라고 하였습니다. 이에 서로 옛 우의의 두텁고 평안함을 지키고 의심과 혐오를 풀며, 오랜 호의적인 <u>조약</u>을 갖추기로 하였습니다.

① 통감부가 설치되는 근거가 되었다.
② 삼별초가 항쟁하는 배경이 되었다.
③ 미군의 한국 주둔 허용을 명시하였다.
④ 영사 재판권(치외 법권)을 규정하였다.
⑤ 강동 6주 지역을 확보하는 결과를 가져왔다.

[25013-0066]

05 (가) 조약에 대한 탐구 활동으로 가장 적절한 것은?

그동안 (가) 의 체결 장소를 둘러싸고 이견이 분분했으나, 학술 대회와 고증을 통해 인천 자유공원 인근에 표지석을 설치하였습니다. (가) 은/는 1882년 조선의 전권대신 신헌과 미국 전권 대사 슈펠트에 의해 체결된 것으로, 조선이 서양 국가와 맺은 최초의 근대적 조약이라는 의미를 가지고 있습니다.

① 위화도 회군의 결과를 살펴본다.
② 장용영을 설치한 목적을 파악한다.
③ 최혜국 대우 조항의 의미를 알아본다.
④ 묘청이 난을 일으킨 원인을 찾아본다.
⑤ 헤이그 특사가 파견된 배경을 조사한다.

[25013-0067]

06 밑줄 친 '사절단'에 대한 설명으로 옳은 것은?

김윤식과 그 일행의 주요 활동

1881. 9.	김윤식이 이끄는 사절단 출발
1881.10.	책문 도착, 사절단의 행동 규범 등 작성
1881.11.	베이징 도착, 김윤식이 이홍장과 회담
1882. 1.	사절단의 유학생, 기기국 등에서 학습 시작
1882. 7.	김윤식 등 귀국
1882.11.	잔류 유학생 귀국

① 수신사라고 불렸다.
② 조선책략을 조선에 소개하였다.
③ 근대 무기 제조 기술을 습득하였다.
④ 서경 천도와 금 정벌을 주장하였다.
⑤ 을사늑약의 부당함을 알리고자 하였다.

[25013-0068]

07 다음 자료를 활용한 탐구 주제로 가장 적절한 것은?

> 대체로 서양의 학문이 본래 심히 천리를 어지럽히고 인륜을 멸하는 것임은 다시 아뢸 필요도 없거니와, 서양 물건의 태반이 음란함과 욕망을 조장하고 인륜의 도리를 무너뜨려서 귀신과 사람의 경계를 어지럽히고 천지의 구분을 모호하게 합니다. …… 저들의 이른바 "견문을 넓히고 흉금을 틔운다."라는 것이 육예의 과목이 아니고 공자의 방법이 아니니, 이것은 괴이한 도를 행하는 것이요, 상법에 맞지 않는 허황된 것입니다.

① 사화의 발생 원인
② 공인의 성장 배경
③ 새마을 운동의 목적
④ 위정척사 운동의 전개
⑤ 사회주의 사상의 확산

[25013-0069]

08 밑줄 친 '봉기'에 대한 설명으로 옳은 것은?

> 개화가 된 이후 장안의 사람들은 일본인의 이야기만 하면 그들을 죽이려 하였다. 이때 구식 군인들이 봉기하였는데, 별기군의 일본인 교관은 훈련장에서 도주하다가 돌에 맞아 사망하였고, 다른 일본인도 성 안에서 죽은 사람이 7명이나 되었다. …… 일본 공사는 호위병과 함께 밖으로 나갔으나 난병들의 위세에 함부로 접근할 수 없었고, 그는 밤 내내 도주하여 인천으로 갔다.
> −『매천야록』−

① 이자겸과 척준경이 주도하였다.
② 구본신참의 원칙을 표방하였다.
③ 예송이 발생하는 원인이 되었다.
④ 제물포 조약이 체결되는 계기가 되었다.
⑤ 윌슨이 제기한 민족 자결주의의 영향을 받았다.

[25013-0070]

09 (가)에 들어갈 내용으로 가장 적절한 것은?

▪ 학습 주제 : 온건 개화파의 특징
▪ 학습 활동 : 육각형 카드에 온건 개화파에 대한 내용을 적고 관련 있는 카드끼리 분류해 보세요.

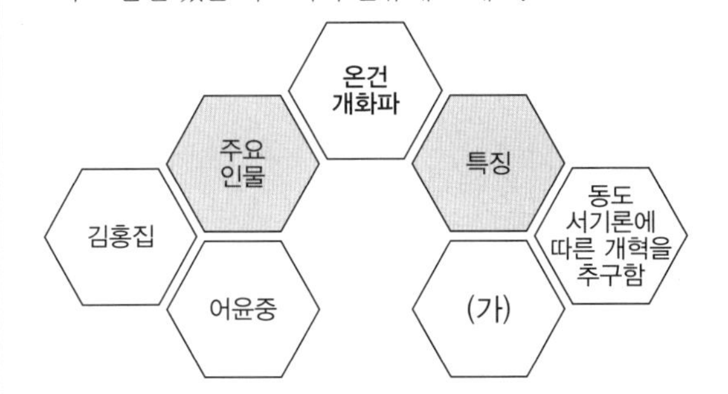

① 화백 회의를 주도함
② 왜양일체론을 주장함
③ 교조 신원 운동을 전개함
④ 교정도감을 통해 권력을 장악함
⑤ 청의 양무운동을 개혁 모델로 삼음

[25013-0071]

10 밑줄 친 '모반'에 대한 설명으로 옳은 것은?

이번 달 17일 밤 우정총국 연회는 간사한 세력이 <u>모반</u>을 일으킨 자리였습니다. 그들은 미워하는 자들을 칼로 찔러서 제거한 후, 다시 이를 빙자해서 임금을 위태로운 말로 위협하였습니다. 심지어 다른 나라의 병사를 부를 것을 청하고 임금을 핍박해서 궁궐을 옮기기까지 했습니다. …… 그런데 귀 공사는 도리어 <u>모반</u>을 일으킨 세력이 왕명을 사칭하여 내린 명령을 믿고, 대번에 군대를 일으켜 궁궐을 침입했으니 …… 어보로 검인한 문서도 없는데 귀 공사는 무엇에 근거해서 군대를 일으킨 것입니까?

① 급진 개화파가 주도하였다.
② 천리장성 축조에 영향을 주었다.
③ 척화비가 건립되는 계기가 되었다.
④ 6·3 시위가 일어나는 배경이 되었다.
⑤ 사회주의 계열이 계획에 참여하였다.

[25013-0072]

11 다음 편지가 작성된 시기를 연표에서 옳게 고른 것은?

영국 영사에게 알립니다. 근래 국내에 전해지는 소문에 의해 귀국이 거문도에 뜻을 두고 있다는 것을 알았습니다. 이 섬은 우리나라에 속한 곳이어서 다른 나라가 점유하는 것을 응낙할 수 없습니다. 만국공법에서도 이러한 이치는 없습니다. …… 귀국이 만일 우의를 중하게 여겨서 신속하게 생각을 고쳐 거문도에서 빨리 물러난다면, 어찌 우리나라에만 다행이겠습니까? 또한 만국이 함께 우러러 칭송할 만한 일이 될 것입니다. 만일 그렇지 않으면 우리나라는 그대로 보고만 있지 않을 것이며, 또한 각 동맹국에 성명을 보내 그 공론을 들을 것입니다.

고종 즉위	(가)	임오군란	(나)	전주 화약 체결	(다)	대한 제국 수립	(라)	러일 전쟁 발발	(마)	국권 피탈

① (가) ② (나) ③ (다) ④ (라) ⑤ (마)

[25013-0073]

12 (가), (나) 시기 사이에 있었던 사실로 옳은 것은?

(가)

한국사 신문

조청 상민 수륙 무역 장정 체결

청이 조선에서의 영사 재판권(치외 법권)을 확보하고, 허가받은 청 상인의 내지 통상을 허용하는 내용을 담은 장정이 발표되었다.

(나)

한국사 신문

부들러, 조선 중립화론 제기

조선 주재 독일 부영사 부들러는 조선의 외아문 독판에게 보낸 문서에서 조선에 청·러시아·일본이 보장하는 영세 중립을 제안하였다.

① 갑신정변이 일어났다.
② 청해진이 설치되었다.
③ 홍경래의 난이 발생하였다.
④ 제1차 수신사가 파견되었다.
⑤ 모스크바 3국 외상 회의가 개최되었다.

06 근대 국가 수립을 위한 노력

1. 동학 농민 운동

(1) 개항 이후 농민의 생활 악화

구분	내용
일본의 경제 침탈	일본 상인의 곡물 유출로 곡물 가격 폭등, 외국산 면직물 유입으로 농촌의 가내 면직물 수공업 타격
정부의 무능과 수탈	일본에 대한 배상금 지불 및 개화 정책을 위한 지출이 늘어나면서 재정 부담 증가, 지방관의 수탈로 전국 각지에서 농민 봉기 발생

(2) 교조 신원 운동

구분	내용
내용	동학교도가 교조 최제우의 신원과 포교의 자유를 요구
전개	삼례 집회, 보은 집회 등을 거치면서 종교 운동에서 점차 정치·사회 운동으로 확대

자료 플러스 교조 신원 운동의 전개

> 지난 경신년 여름 4월에 하늘이 보우하사 경상도 경주의 최제우가 비로소 천명을 받아 사람들을 가르치고 덕을 세상에 폈습니다. 그러나 도를 행하고 덕을 편 지 불과 3년 만에 사람을 속이는 가짜 학문이라는 이름으로 곡해되고, 억울하게도 날조된 비방을 받아서 갑자년 3월 초 10일에 영남의 감영에서 사형을 받았습니다. …… 다른 이들에게 억울한 날조를 당해서 조금도 흠이 없는 자가 만고에 처음 있는 횡액을 만났으니 어찌 기막히지 않겠습니까?
>
> -『천도교 창건사』-

자료는 교조 신원 운동의 전개 과정에서 발표된 것이다. 동학을 창시한 교조 최제우는 백성을 현혹하고 세상을 어지럽힌다는 죄목으로 처형되었다. 이에 제2대 교주가 된 최시형을 비롯한 동학교도는 정부에 최제우의 억울함을 풀어 주고 포교의 자유를 요구하는 교조 신원 운동을 전개하였다.

(3) 동학 농민 운동의 전개(1894)

① 고부 농민 봉기

구분	내용
배경	고부 군수 조병갑이 만석보를 쌓게 하고 수세(물세)를 강제로 징수하는 등 비리와 수탈 자행
경과	전봉준 등을 중심으로 농민들이 고부 관아를 습격, 만석보 파괴 → 정부가 조병갑을 파면하고 새로운 군수 임명, 농민들은 자진 해산

② 동학 농민군의 제1차 봉기

구분	내용
배경	정부에서 파견한 안핵사 이용태가 농민들을 동학교도로 몰아 탄압
경과	전봉준과 손화중이 무장(전북 고창)에서 농민군을 조직하여 대규모 봉기 → 백산으로 이동, 4대 강령과 격문 발표, '보국안민'·'제폭구민'의 구호 → 황토현 전투, 황룡촌 전투에서 동학 농민군 승리 → 전주성 점령

③ 전주 화약 체결

구분	내용
배경	정부의 요청으로 청이 지원병 파병, 일본은 자국민 보호를 구실로 파병
경과	정부와 동학 농민군은 폐정 개혁을 조건으로 전주 화약 체결, 농민군은 자진 해산 후 전라도 각지에 집강소를 설치하고 폐정 개혁 추진

④ 동학 농민군의 제2차 봉기

구분	내용
배경	전주 화약 체결 후 정부는 청과 일본에 군대 철수를 요구 → 일본이 군대 철수 요구를 거부하고 경복궁을 기습 점령, 조선에 내정 개혁을 요구, 청일 전쟁을 일으킴
경과	동학 농민군이 일본군에 맞서 재봉기 → 동학의 남접과 북접 부대가 논산에서 합류하여 서울로 향함 → 공주 우금치 전투에서 관군과 일본군에 농민군 패배 → 전봉준 등 지도부 체포, 농민군 잔여 세력 진압

안핵사
조선 후기 지방에서 사건이 발생하였을 때 이를 처리하기 위해 파견한 임시 관리로, 주로 농민 봉기를 진정시키기 위해 파견되었다.

보국안민과 제폭구민
보국안민(輔國安民)은 나라를 돕고 백성을 편안하게 한다는 뜻이고, 제폭구민(除暴救民)은 폭정을 제거하여 백성을 구한다는 의미이다.

집강소
전주 화약 체결 후 동학 농민군이 전라도 각지에 설치한 자치 기구이다. 행정과 치안을 담당하며 폐정 개혁을 추진하였다.

개념 체크

1. 고부 군수 (　　)의 비리와 수탈에 맞서 전봉준 등이 중심이 되어 농민 봉기를 일으켰다.
2. 전주 화약의 체결 이후 농민군은 전라도 각지에 (　　)를 설치하고 폐정 개혁을 추진하였다.
3. 동학 농민군은 제2차 봉기 당시 공주 (　　) 전투에서 관군과 일본군에 맞섰으나 패배하였다.

정답
1. 조병갑 2. 집강소
3. 우금치

(4) 동학 농민 운동의 성격과 영향

성격	양반 중심의 신분 질서 및 정치·사회 개혁 추구, 일본을 비롯한 외세의 침략과 내정 간섭에 저항
영향	동학 농민군의 요구가 갑오개혁에 일부 반영, 동학 농민군의 잔여 세력이 항일 의병 운동에 참여

자료 플러스 동학 농민군에 대한 판결문

피고는 개국 503년(1894년) 3월 이후 전라도 태인에 사는 농민 전봉준이 주모자가 되어 무리를 모아 고부군의 관아로 들어가서 난리를 일으킬 때 함께하였다. 또한 전봉준의 무리가 정읍·고창 등을 지나 전주에 들어가 초토사 홍재희가 거느린 관군을 대적할 때에도 피고는 전봉준의 팔다리가 되어 처음부터 끝까지 참여하였다. …… 피고의 행위는 『대전회통』 형전 중에, "군복을 입고 말을 타며 관문(官門)에서 변란을 일으킨 자는 때를 기다리지 않고 바로 목을 베라."라고 하는 형률로 처벌할 것이다. 위의 이유로 피고 최영창을 사형에 처한다.

– 최영창 판결 선고서 –

자료는 동학 농민 운동에 참여한 인물 중 한 명인 최영창의 판결 선고서이다. 이 자료에는 동학 농민군이 고부 농민 봉기를 일으키고, 이후 정읍, 고창 등지에서 관군에 맞서 싸운 사실과 전봉준에 적극적으로 협력한 사실 등이 제시되어 있다.

2. 갑오·을미개혁

(1) 개혁 추진 배경 : 동학 농민군의 요구, 전주 화약 체결 후 정부는 교정청 설치

(2) 제1차 갑오개혁

경과	일본군이 경복궁을 무력으로 점령하고 조선 정부에 내정 개혁을 강요 → 김홍집을 중심으로 내각 수립, 군국기무처를 설치하고 개혁 추진	
내용	정치	청의 연호를 폐지하고 개국 기년 사용, 궁내부를 신설하여 왕실 사무와 정부 사무 분리, 6조를 8아문으로 개편, 과거제 폐지, 경무청 설치(경찰 제도 실시)
	경제	탁지아문으로 재정 일원화, 은 본위 화폐 제도 채택
	사회	공·사노비법을 혁파하고 신분제 폐지, 조혼 금지, 과부의 재가 허용, 연좌제 폐지

(3) 제2차 갑오개혁

경과	청일 전쟁에서 승기를 잡은 일본이 개혁에 본격 간섭 → 김홍집·박영효 연립 내각 수립, 군국기무처 폐지 → 고종은 국정 개혁의 기본 강령인 '홍범 14조' 반포	
내용	정치	내각 제도 실시, 8아문을 7부로 개편, 지방 8도를 23부로 개편, 사법권 독립(재판소 설치)
	교육	교육입국 조서 반포, 한성 사범 학교 관제 등 마련

(4) 을미개혁(제3차 갑오개혁)

배경	• 일본이 청일 전쟁에서 승리한 후 청과 시모노세키 조약을 체결하고 랴오둥반도 차지 → 러시아가 주도한 삼국 간섭으로 일본이 랴오둥반도를 청에 반환 • 고종과 명성 황후가 러시아를 이용하여 일본을 견제하려 함 → 일본이 명성 황후 시해(을미사변) → 김홍집 내각 구성, 개혁 추진
내용	태양력 사용, '건양' 연호 사용, 단발령 실시, 종두법 확대 시행
결과	아관 파천(1896) 직후 개혁 중단, 개혁 주도 세력은 피살 또는 망명

➲ 교정청
전주 화약 체결 이후 정부가 개혁을 추진하기 위해 설치한 임시 기구이다. 이후 군국기무처가 설치되면서 폐지되었다.

➲ 개국 기년
조선이 건국된 1392년을 원년으로 삼아 연도를 표기하는 방식으로, 당시까지 써 오던 중국 연호를 버리고 독자적인 연호를 쓰기 시작한 것을 의미한다. 1894년은 개국 503년으로 표기하였다.

➲ 홍범 14조
제2차 갑오개혁 당시 고종이 국정 개혁의 기본 방향을 담아 발표한 강령이다. 청과의 관계 단절과 자주독립의 선언, 왕실 사무와 국정 사무 분리 등의 내용을 담고 있다.

➲ 시모노세키 조약
청일 전쟁의 결과 청과 일본이 체결한 조약이다. 이 조약으로 청은 조선이 자주 독립국임을 인정하였고, 일본은 막대한 배상금과 함께 타이완과 랴오둥반도를 할양받았다.

개념 체크

1. 제1차 갑오개혁은 김홍집과 어윤중 등이 참여한 (　　)를 중심으로 추진되었다.
2. 제2차 갑오개혁 당시 고종은 국정 개혁의 기본 방향을 담은 (　　)를 반포하였다.
3. 을미사변 이후 신변의 위협을 느낀 고종은 처소를 (　　) 공사관으로 옮겼다. 이 사건을 아관 파천이라 부른다.

정답
1. 군국기무처 2. 홍범 14조
3. 러시아

➲ 만민 공동회
1898년 3월부터 개최된 근대적 대중 집회로 다양한 계층이 참여할 수 있었다. 만민 공동회에서는 열강의 이권 침탈 규탄, 교육 진흥, 민권 신장 등을 요구하고 결의하였다.

➲ 관민 공동회
일부 정부 대신과 학생, 시민이 함께 참석하여 개최한 집회로, 국정 개혁의 기본 방향인 헌의 6조를 결의하였다.

➲ 황국 협회
보수 관료 세력의 주도로 독립 협회에 대항하여 조직된 단체이다. 수천 명의 보부상을 회원으로 받아들여 규모가 확대되었으며, 독립 협회와 만민 공동회를 습격하기도 하였다.

자료 플러스 단발령 실시에 대한 반발

> 개화 이후로 선왕의 법제를 모두 바꾸고 오직 왜적의 지휘만을 따라서 중화를 이적으로 만들고 인류를 금수로 만들었으니, 이는 개벽 이래 없었던 큰 변화인데, 머리카락을 깎는 일은 그중에서도 더욱 심한 것입니다. 다행스럽게도 성심을 돌리시어 옷과 갓을 함께 거론하시면서 각자 편한 대로 하라는 분부를 내리셨으니 이는 참 다행이라고 생각됩니다. 그러나 위로부터 명쾌하게 장발의 유지를 내리셨다는 말을 듣지 못해서 한두 신하들 가운데 여태껏 머리를 보존하였던 자들이 도리어 애통한 조서를 내리신 후에 머리를 깎았습니다. 아아! 성심이 어찌 중화를 향하고 오랑캐를 배척하는 일을 잠시나마 늦춰선 안 됨을 모르시겠습니까?
>
> –「면암집」–

자료는 단발령 시행에 대한 반발로 최익현이 올린 상소이다. 을미사변 이후 구성된 김홍집 내각은 태양력 사용, 단발령 실시 등의 개혁을 추진하였다. 이 중 유생들은 성리학적 가치와 질서에 어긋나는 단발령에 크게 반발하였으며 단발령을 취소해 달라는 상소를 올리거나 관직을 사임하는 방법 등으로 항의하였다.

(5) 갑오·을미개혁의 의의와 한계

① 의의 : 갑신정변, 동학 농민 운동 등에서 제기된 개혁 내용이 일부 반영, 신분제 철폐 등 평등 사회의 기틀 마련

② 한계 : 일본의 간섭을 받으며 추진, 민중의 지지 결여, 상공업 진흥 및 국방력 강화 같은 개혁은 소홀

3. 독립 협회의 활동

(1) 아관 파천 직후의 상황 : 한반도를 둘러싼 러시아와 일본의 대립 심화, 러시아의 영향력 확대 및 열강의 이권 침탈 가속화

(2) 독립 협회 창립

① 과정 : 미국에서 귀국한 서재필이 정부의 지원을 받아 독립신문 창간 → 독립 협회 창립 주도(1896. 7.)

② 특징 : 독립문 건립을 위한 모금에 참여하면 누구나 독립 협회 회원으로 수용

(3) 독립 협회의 활동

민중 계몽	강연회와 토론회를 통해 민중 계몽, 민중의 정치의식을 높이려 함
자주 국권 운동	• 독립문 건립 • 고종의 환궁 요구 • 만민 공동회를 열어 러시아의 내정 간섭과 열강의 이권 침탈을 규탄
자유 민권 운동	• 법률과 재판에 의한 신체의 자유권과 재산권 보호 주장 • 언론·출판·집회·결사의 자유 요구
자강 개혁 운동	• 의회 설립 운동 전개 • 관민 공동회를 개최하여 헌의 6조 결의 → 고종의 재가 → 새로운 중추원 관제 반포(중추원을 의회 형태로 개편)

(4) 독립 협회의 해산 : 독립 협회 활동에 위기의식을 느낀 보수 세력이 독립 협회가 공화정 수립을 추진한다고 모함 → 고종은 황국 협회와의 충돌을 구실로 군대를 동원하여 독립 협회를 강제로 해산

개념 체크

1. 미국에서 귀국한 ( )은 정부의 지원을 받아 독립신문을 창간하였다.
2. 독립 협회는 근대적 대중 집회인 ( )를 열어 러시아의 내정 간섭과 열강의 이권 침탈을 규탄하였다.
3. 1898년 관민 공동회에서는 관민이 협력하여 국정을 운영하자는 내용을 담은 ( )가 결의되었다.

정답
1. 서재필 2. 만민 공동회
3. 헌의 6조

(5) 의의와 한계

의의	민중 계몽에 기반을 둔 근대화 운동 전개, 자유 민권 의식 신장에 기여, 열강의 침략으로부터 국권 수호 노력
한계	주로 러시아를 외세 배척 운동의 대상으로 삼고 그 외 열강에 대해서는 우호적인 태도를 보이는 등 열강의 침략성을 제대로 간파하지 못함

자료 플러스 독립 협회의 창립 취지

우리 대조선국 사람들이 무엇 때문에 독립 협회를 만들었는가. 독립이라고 하는 것은 크게 발분해서 그런 것이오, 협회라 이름을 붙인 것도 또한 크게 발분한 데서 나온 것이다. …… 그러나 우리나라의 수많은 백성 가운데 독립이란 말이 귀착하는 취지를 능히 알 수 있는 자는 비교적 몇 사람 없다. 그러니 나머지 수많은 무지자가 그 취지를 알 수 있게 하는 방법으로는 협회를 창시하여 독립이다, 독립이다를 대신 선창하고 날마다 독립이란 글자로 무수히 광고하고 널리 깨우치게 하는 것만 한 것이 없다. …… 그 규례를 요약해 보면 대개 천하의 서적을 가져다 한문 혹은 국문으로 간행하여 읽기에 편리한 방법을 취하고, 농학 · 의학 · 병학 · 기계학 · 정치학 등 모든 분야의 서적을 있는 대로 다 수집하고 참고하여 먼저 수준이 얕은 것에서 시작하여 높은 것으로 나아가 합당함이 있도록 해야 한다는 것이다.

– 『대조선독립협회회보』 제1호 –

자료는 독립 협회의 초대 회장인 안경수가 독립 협회의 설립 목적을 밝힌 글이다. 이 글에서는 독립 의식의 고취와 서양 학문의 체득을 통한 근대화 등을 강조하고 있으며 독립 협회의 설립이 계몽적 성격을 가지고 있음을 알 수 있다. 독립 협회는 언론 · 출판 · 집회 · 결사의 자유를 요구하고, 만민 공동회를 열어 열강의 이권 침탈을 규탄하는 등 민중 계몽과 국권을 수호하기 위한 운동을 전개하였다.

4. 대한 제국과 광무개혁

(1) 대한 제국의 수립(1897)

배경	국가의 자주권을 위협받는 상황에서 고종의 환궁을 요구하는 여론 고조
과정	고종이 경운궁(덕수궁)으로 돌아와 독자적인 연호로 '광무' 제정 → 환구단에서 황제로 즉위, 대한 제국 수립 선포
대한국 국제의 반포(1899)	독립 협회를 강제로 해산시킨 후 반포, 대한 제국이 자주독립 국가이며 황제가 전제 정치를 실시한다는 사실을 명문화

(2) 광무개혁

특징		구본신참(舊本新參)의 원칙에 따른 점진적 개혁을 표방
내용	정치	궁내부를 확대하여 황제권 강화
	군사	원수부를 설치하여 황제가 군대 통수권을 장악
	경제	• 양전 사업 실시 : 재정 수입 확대를 위해 토지 측량 및 소유자 조사 → 토지 소유자에게 지계 발급 • 식산흥업 정책 전개 : 근대적인 회사와 공장 설립 지원 • 근대 시설 도입 : 전화 가설, 전차 · 철도 부설 등 통신 · 교통 시설 확충
	교육	실업 학교 설립, 유학생 파견

(3) 의의와 한계

의의	자주독립과 근대화 지향
한계	황제권 강화에 중점을 두어 민권을 보장하는 개혁에 소홀, 열강의 간섭과 침략으로 개혁 추진에 어려움을 겪음

구본신참

옛것을 근본으로 하고 새로운 것을 참고한다는 뜻으로 광무개혁의 기본 방향이 된 원칙이다.

지계

대한 제국의 지계아문에서 토지 소유자에게 발행한 근대적 토지 소유 증명 문서이다.

개념 체크

1. 경운궁으로 환궁한 고종은 (　　)에서 황제로 즉위하고 대한 제국의 수립을 선포하였다.
2. 광무개혁은 옛것을 근본으로 삼고 새것을 참고한다는 의미의 (　　)을 원칙으로 삼았다.
3. 대한 제국은 양전 사업을 실시하여 토지 소유자에게 근대적 토지 소유 증명 문서인 (　　)를 발급하였다.

정답

1. 환구단 2. 구본신참 3. 지계

자료 탐구 동학 농민 운동

1단계 자료 분석

(가) 이때에 도인들은 선후책을 토의 결정하기 위하여 고부 서부면 죽산리 송두호의 집에 도소(都所)를 정하고 매일 운집하여 순서를 결정하니 그 결의된 내용은 아래와 같다.
1. 고부성을 격파하고 군수 조병갑을 효수할 것.
1. 군기창과 화약고를 점령할 것.
1. 군수에게 아첨하여 인민의 것을 빼앗은 탐관오리를 공격하여 징계할 것.
1. 전주영을 함락하고 경사(京師)로 바로 향할 것.
– 사발통문 –

(나) 무릇 집안의 노비로서 농민군을 따르는 자는 물론이요, 비록 농민군을 따르지 않는 자라 할지라도 모두 지극히 천한 자가 주인을 위협하여 노비 문서를 불사르고 양인이 됨을 강제로 승인케 하거나 …… 노비와 사족 주인이 함께 농민군을 따르는 경우에는 서로 접장(接長)이라 칭하면서 그들의 법을 따랐다.
–『오하기문』–

(다) 피고는 일본 군대가 대궐에 들어갔다는 말을 듣고 반드시 일본인이 우리나라를 삼키려는 뜻이 있는 줄을 알고, 일본군을 쳐서 물리치고 그 거류민을 나라 밖으로 몰아낼 마음으로 다시 군사를 일으킬 것을 모의하였다. …… 은진과 논산을 지나 무리가 10,000여 명이 되었고, 그해 10월 26일쯤에 충청도 공주에 이르렀는데, 일본군이 먼저 공주성을 점거하고 있어 전후 두 차례 싸웠다가 모두 크게 패배하였다.
– 전봉준 판결 선고서 –

(가)는 고부 농민 봉기의 모의 과정을 알 수 있는 자료로, 고부 농민 봉기의 구체적인 봉기 계획 등이 담겨 있다. (나)는 집강소가 설치되었던 시기에 신분제를 부정하고 노비 문서를 소각하는 농민군의 모습을 보여 주고 있다. (다)는 전봉준의 사형 판결문 자료의 일부이다. 이 글에서는 동학 농민군이 제2차 봉기를 일으킨 이유와 함께 일본군과 전투를 벌였던 과정이 제시되어 있다.

2단계 문항 연습

정답과 해설 **18**쪽

[25013-0074]

1 (가) 운동에 대한 설명으로 옳은 것은?

한국사 신문

제△△호 ○○○○년 ○○월 ○○일

황토현 전투에서 농민군이 승리하다!

백산에서 결집한 농민군은 전라 감영이 있는 전주로 향했고, 이 소식을 접한 전라 감사는 감영군을 소집하여 이에 맞섰다. 농민군은 남하했고 전라 감영군이 이를 뒤쫓아 황토현에서 서로 진을 치고 마주 섰다. 도교산에 집결한 농민군은 다음 날 새벽 관군과 맞붙어 대승을 거두었다. 이 전투는 농민군이 (가) 의 과정에서 관군에 최초로 대승을 거둔 것이다.

① 전봉준 등이 주도하였다.
② 대한매일신보의 지원을 받았다.
③ 서경 천도와 금국 정벌을 주장하였다.
④ 윌슨이 제창한 민족 자결주의의 영향을 받았다.
⑤ 안동 김씨 등 세도 가문의 수탈이 주요 원인이었다.

자료 탐구 대한 제국

1단계 자료 분석

(가) 대황제 폐하는 대원수로서 군기(軍機)를 총람하고 육해군을 통솔하며, 황태자 전하는 원수로서 육해군을 일률적으로 통솔한다. 이에 원수부를 설치한다.

제1관

제1조 원수부는 국방과 용병과 군사에 관한 각 항의 명령을 관장하며 특별히 세운 권한을 가지고 군부와 수도 밖의 각 부대를 지휘·감독한다.

제2조 모든 명령은 대원수 폐하가 원수 전하를 경유하여 하달한다.

제3조 원수부는 황궁 내에 설치한다.

-『고종실록』-

(나) 제3조 목·부·군 관리가 지계(地契)와 양지(量地) 사무에 대하여 감리의 지시를 따르되 혹 위반하는 폐가 있으면 본 아문으로 사실을 들어 보고할 것.

제8조 지계 업무를 소관 지방으로 가서 실시하되, 전답·산림·천택·가옥을 모두 조사 측량하여 …… 척량의 적확함, 시주(時主) 및 구권(舊券)의 증거를 반드시 확인한 후 발급하되, 혹여 소송이 발생하거나 시주 및 구권이 근거가 없는 경우에는 현재의 소유자를 본 군 공적(公蹟)에 기재한 후에야 관계(官契)를 발급할 것.

-「지계감리응행사목」-

(가)는 대한 제국 황제 직속의 최고 군통수 기관이었던 원수부의 관제이다. 대한 제국의 수립 이후 고종은 군통수권을 장악하기 위해 원수부를 설치하여 육해군을 통솔하고자 하였다. (나)는 지계아문에서 토지를 조사하는 원칙을 정한「지계감리응행사목」의 내용 중 일부이다. 대한 제국은 양전 사업을 실시한 후 토지 소유자에게 지계를 발급하였다.

2단계 문항 연습

정답과 해설 18쪽

[25013-0075]

2 다음 자료를 활용한 탐구 활동으로 가장 적절한 것은?

> 여러 신하와 백성, 군사와 장사꾼들이 한목소리로 대궐에 호소하면서 수십 차례나 상소를 올려 반드시 황제의 칭호를 올리려고 하였는데, 짐이 누차 사양하다가 끝내 사양할 수 없어서 올해 음력 9월 17일 백악산의 남쪽에서 하늘과 땅에 제사를 지내고 황제의 자리에 올랐다. …… 이 해를 광무 원년(元年)으로 삼으며, 사직의 신위판을 태사(太社)와 태직(太稷)으로 고쳐 썼다. 왕후 민씨를 황후로 책봉하고 왕태자를 황태자로 책봉하였다. 이리하여 밝은 명을 높이 받들어 큰 의식을 비로소 거행하였다. 이에 역대의 고사(故事)를 상고하여 특별히 대사령을 행하노라.

① 훈요 10조의 내용을 분석한다.
② 5·10 총선거의 의의를 알아본다.
③ 대한 제국의 수립 과정을 조사한다.
④ 탕평 정치의 추진 배경을 파악한다.
⑤ 임오군란이 일어난 원인을 찾아본다.

대표 기출 확인하기

[2025학년도 수능 9월 모의평가]

1 밑줄 친 '개혁'의 내용으로 옳은 것은?

> **한국사 신문**
>
> **조선도 태양력을 사용한다**
>
> 다가오는 11월 16일이 올해의 마지막 날이 된다. 을미사변 이후 김홍집, 유길준 등으로 새롭게 구성된 내각이 주도한 개혁의 일환으로 음력을 대신하여 태양력을 채택함에 따라 나타나는 모습이다. 새해부터 건양 연호를 사용하기로 결정되어 11월 16일의 다음날은 11월 17일이 아닌 건양 원년 1월 1일이 된다.

① 태학이 설립되었다.
② 과거제가 실시되었다.
③ 단발령이 시행되었다.
④ 당백전이 발행되었다.
⑤ 원수부가 설치되었다.

정답 및 해설

정답 해설 자료에서 조선도 태양력을 사용한다는 점, 을미사변 이후 구성된 내각이 주도했다는 점, 건양이라는 연호를 사용하기로 결정했다는 점 등을 통해 밑줄 친 '개혁'이 을미개혁임을 알 수 있다. ③ 을미사변 이후 성립된 김홍집 내각은 단발령 등의 개혁을 단행하였다.

오답 피하기 ① 4세기 후반 즉위한 고구려의 소수림왕이 태학을 설립하였다.
② 과거제는 고려 광종 때 처음으로 실시되었으며, 1894년 제1차 갑오개혁 때 폐지되었다.
④ 당백전은 조선 고종 때 경복궁 중건 사업에 필요한 비용 마련을 위해 발행되었다.
⑤ 1897년 수립된 대한 제국은 광무개혁의 일환으로 황제의 군사권 강화를 위해 원수부를 설치하였다.

정답 ③

[2025학년도 수능 6월 모의평가]

2 (가)에 들어갈 내용으로 가장 적절한 것은?

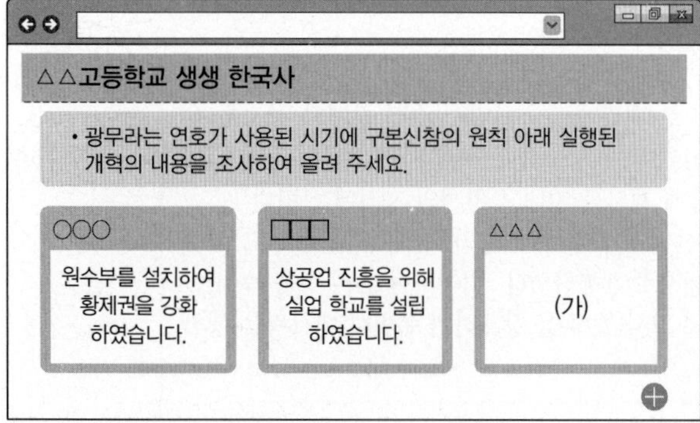

① 노비안검법을 시행하였습니다.
② 새마을 운동을 전개하였습니다.
③ 전민변정도감을 설치하였습니다.
④ 산미 증식 계획을 추진하였습니다.
⑤ 양전을 실시하고 지계를 발급하였습니다.

정답 및 해설

정답 해설 자료에서 광무라는 연호가 사용된 시기이고, 구본신참의 원칙 아래 실행된 개혁의 내용이라고 한 점을 통해 (가)에는 광무개혁의 내용이 들어가야 함을 알 수 있다. ⑤ 대한 제국은 광무개혁 당시 양전을 실시하고 근대적 토지 소유권 증명 문서인 지계를 발급하였다.

오답 피하기 ① 고려 광종은 본래 양인이었으나 불법적으로 노비가 된 사람들을 양인으로 회복시켜 주기 위해 노비안검법을 시행하였다.
② 박정희 정부는 1970년부터 농촌 환경 개선과 소득 증대를 목표로 새마을 운동을 전개하였다.
③ 전민변정도감은 권세가들이 부당하게 빼앗은 토지를 돌려주고, 불법적으로 노비가 된 자를 양인으로 해방하기 위해 고려 후기에 여러 차례 설치되었다. 공민왕 시기에 설치된 것이 대표적이다.
④ 일제는 1920년부터 자국의 부족한 쌀을 보완하기 위해 한국에서 산미 증식 계획을 추진하였다.

정답 ⑤

수능 유형 익히기

정답과 해설 19쪽

[25013-0076]

01 다음 자료를 활용한 탐구 주제로 가장 적절한 것은?

> 지난 경신년 여름 4월에 하늘이 보우하사 경상도 경주의 최제우가 비로소 천명을 받아 사람들을 가르치고 덕을 세상에 폈습니다. 그러나 도를 행하고 덕을 편 지 불과 3년 만에 사람을 속이는 가짜 학문이라는 이름으로 곡해되고, 억울하게도 날조된 비방을 받아서 갑자년 3월 초 10일에 영남의 감영에서 사형을 받았습니다. …… 다른 이들에게 억울한 날조를 당해서 조금도 흠이 없는 자가 만고에 처음 있는 횡액을 만났으니 어찌 기막히지 않겠습니까?

① 붕당의 형성 배경
② 북로 군정서의 활동
③ 물산 장려 운동의 영향
④ 교조 신원 운동의 전개
⑤ 무신 정권기 하층민의 봉기

[25013-0077]

02 (가) 운동의 전개 과정에서 있었던 사실로 옳은 것은?

> **한국사 Q & A**
>
> **Q 궁금합니다.**
>
> 폐정 개혁안이란 무엇인가요?
>
> **A 답변합니다.**
>
> 폐정 개혁안은 (가) 당시 농민군이 초토사 홍계훈에게 화약의 조건으로 제시한 폐정 개혁에 관한 문서입니다. 넓은 의미로는 전주 화약 체결 이전부터 집강소가 활동하던 시기를 포함하여 (가) 의 전 기간에 걸쳐 제시된 개혁안을 모두 일컫습니다. 봉기의 원인이 되었던 탐관오리의 숙청 문제 등 정치 문제부터 농민에 대한 탄압과 차별 철폐, 토지의 균등한 분배, 왜와 통하는 자 엄징 등 반봉건적·반침략적 내용을 담고 있습니다.

① 환국이 발생하였다.
② 청해진이 설치되었다.
③ 척화비가 건립되었다.
④ 황토현 전투가 벌어졌다.
⑤ 이자겸의 난이 일어났다.

[25013-0078]

03 (가) 운동에 대한 설명으로 옳은 것은?

> **문학으로 만나는 한국사**
>
> 때 만나서는 천지도 내 편이더니
> 운 다하니 영웅도 할 수 없구나
> 백성 사랑 올바른 길이 무슨 허물이더냐
> 나라 위한 일편단심 그 누가 알리
>
> 자료는 (가) 을/를 이끈 지도자인 전봉준이 남긴 시이다. (가) 당시 전봉준은 고부 농민 봉기부터 농민군을 이끌었으나 우금치 전투에서 패배한 이후 체포되었다. 이 시에는 사형을 앞둔 전봉준의 심경이 담겨 있다.

① 조선 형평사가 주도하였다.
② 갑오개혁에 영향을 주었다.
③ 천리장성이 축조되는 배경이 되었다.
④ 제너럴 셔먼호 사건을 빌미로 일어났다.
⑤ 신간회가 조사단을 파견하여 지원하였다.

[25013-0079]

04 밑줄 친 '이 기구'가 추진한 개혁의 내용으로 옳은 것은?

> 자료는 김홍집을 총재로 한 이 기구가 결정한 주요 정책을 담은 『의정존안』입니다. 이 책에는 이 기구에서 통과된 공·사노비법 혁파 등이 기록되어 있습니다.

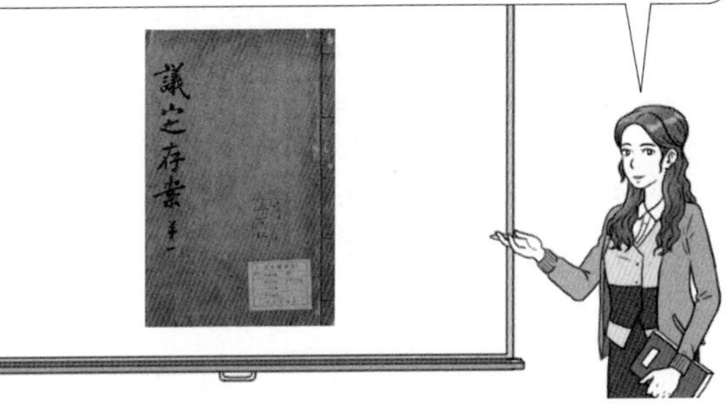

① 불교를 공인하였다.
② 과거제를 폐지하였다.
③ 호포제를 시행하였다.
④ 주자감을 설립하였다.
⑤ 치안 유지법을 제정하였다.

[25013-0080]

05 (가), (나) 시기 사이에 있었던 사실로 옳은 것은?

(가)

한국사 신문

과부의 재가 허용

고종은 백성들의 요구 등을 반영하여 귀천을 막론하고 과부가 재가하는 것을 자신의 의사대로 할 수 있게 의안을 윤허하였다.

(나)

한국사 신문

교육입국 조서 발표

고종은 국가의 부강을 위해서 교육이 필요하다는 것을 느끼고, 새로운 교육의 중요성을 강조한 교육입국 조서를 발표하였다.

① 군국기무처가 폐지되었다.
② 독서삼품과가 실시되었다.
③ 헤이그 특사가 파견되었다.
④ 전민변정도감이 설치되었다.
⑤ 백두산정계비가 건립되었다.

[25013-0081]

06 다음 자료를 활용한 탐구 활동으로 가장 적절한 것은?

이번 사건에는 관련된 자가 상당히 많으며 그 사실을 밝히기가 매우 어렵습니다. 그러나 현재까지의 조사에 의해 확실하다고 판단한 자는 다음과 같습니다. 이 사건의 주모자는 미우라 공사이며 …… 공사관과 영사관 직원 중에 관련된 자는 스기무라 서기관, 영사관 순사 등입니다. 조선의 왕비는 일본인의 손에 의해 살해되었고, 이 살해에 가장 힘을 쏟은 자는 영사관의 순사였습니다. 일본 영사관의 수비대는 전적으로 미우라 공사의 명령을 받들어 행동한 것으로 판단됩니다.

① 조선책략의 내용을 분석한다.
② 삼별초의 이동 경로를 찾아본다.
③ 당백전의 발행 계기를 파악한다.
④ 을미사변의 전개 과정을 알아본다.
⑤ 훈구와 사림의 대립 원인을 조사한다.

[25013-0082]

07 밑줄 친 '이 개혁'의 내용으로 옳은 것은?

[사료로 보는 한국사]

어제 갑자기 내각에서 두 장의 글을 제출하면서 신에게 서명하라고 하였는데, …… 단발에 대한 논의는 더욱 전혀 옳지 않습니다. 신의 어리석은 생각으로는, 우리나라는 단군 이래로 머리를 길게 늘어뜨리던 풍속이 점차 상투를 높이 트는 풍속으로 변하였으며 머리칼을 아끼는 것을 큰일처럼 여겼습니다. 이제 만약 하루아침에 깎아 버린다면, 4천 년 동안 굳어진 풍습은 변화시키기 어렵고 억만 백성의 흉흉해하는 심정을 헤아릴 수 없을 것이니, 어찌 격동시켜 변란의 계기가 되지 않을 줄을 알겠습니까?

[해설] 자료는 학부대신 이도재가 이 개혁의 추진 과정에서 시행된 단발령 등에 반대하며 올린 상소이다. 이를 통해 당시 김홍집 내각이 추진한 단발령 등의 급진적인 이 개혁에 대해 대신들의 반발도 있었음을 알 수 있다.

① 12목을 설치하였다.
② 집현전을 폐지하였다.
③ 대동법을 실시하였다.
④ 별무반을 편성하였다.
⑤ 태양력을 채택하였다.

[25013-0083]

08 다음 서신이 작성된 시기를 연표에서 옳게 고른 것은?

며칠 전 조선의 국왕은 궁궐에서 본인의 입지가 위험해져 러시아 공사관으로 거처를 옮기기로 했다는 뜻을 전달하기 위해 우리를 궁으로 초대했다고 말했습니다. 또한 러시아 공사가 국왕 본인에게 망명처를 제공하고 곤경에 처한 자신을 돕는 일을 우리 영국이 지원하기를 원했습니다. 실(Sill) 공사는 이와 같은 조선 국왕의 이야기를 듣고 국왕의 안전을 확인해서 다행이라는 취지의 대답을 한 뒤 자신의 공감과 헌신을 확인시켰습니다.

	(가)		(나)		(다)		(라)		(마)	
고종 즉위		신미양요		강화도 조약 체결		갑신정변		대한 제국 수립		국권 피탈

① (가) ② (나) ③ (다) ④ (라) ⑤ (마)

[25013-0084]

09 (가) 단체에 대한 설명으로 옳은 것은?

> 공공의 의견으로 (가) 을/를 발기하여 옛 영은문 자리 부근에 독립문을 새로이 세우고, 옛 모화관을 새로 고쳐 독립관이라 하여 옛날의 치욕을 씻고 후인의 표준을 만들고자 함이요. 그 부근의 땅에 독립 공원을 이루어 그 문과 관을 보관코자 하니 성대한 일이라 아니할 수 없는지라. 그 공역이 커서 큰 비용이 될 것이니 합치지 않으면 성취하기를 기약치 못할 것이요. 이에 알리니 보조금을 다소간에 따라 보내고 (가) 의 회원에 참여할 뜻이 있으면 나타내 주기를 바란다.

① 어린이날을 제정하였다.
② 의회 설립 운동을 추진하였다.
③ 광주 학생 항일 운동을 지원하였다.
④ 태극 서관과 자기 회사를 운영하였다.
⑤ 진흥왕 때 국가적 조직으로 정비되었다.

[25013-0085]

10 밑줄 친 '조항'의 영향으로 가장 적절한 것은?

> 그들은 관리들에게 통문을 돌려 모이게 하는가 하면, 자리를 돌아가면서 맡아 서로 모임의 주도자가 되거나 참여자가 되었는데, 이를 관민 공동회라고 이름하였습니다. …… 삼가 바라건대, 폐하께서는 잘 살피시어 천하로 하여금 폐하의 마음이 지극히 공정하다는 것을 환히 알게 하소서. 그리고 저들이 전달한 여섯 가지 조항은 현재의 폐단에 맞지 않는 것이 없으니, 모두 의정부로 하여금 하나하나 속히 시행하도록 하소서.

① 삼정이정청이 설치되었다.
② 제물포 조약이 체결되었다.
③ 중추원 관제가 반포되었다.
④ 강동 6주 지역을 확보하였다.
⑤ 대한민국 임시 정부가 수립되었다.

[25013-0086]

11 (가) 정부 시기에 볼 수 있는 모습으로 가장 적절한 것은?

> 이 석고는 고종의 즉위 40주년 및 51세가 된 것을 기념하기 위해 제작한 것입니다. 본래 고종이 황제로 즉위하고 (가) 의 수립을 선포한 환구단의 석고각에 있었으나, 지금은 황궁우 서쪽에 놓여 있습니다. 석고 몸체에는 황제를 상징하는 용이 화려하게 장식되어 있습니다.

① 지계를 발급하는 관리
② 화백 회의에 참여하는 귀족
③ 팔만대장경판을 만드는 장인
④ 호헌 철폐 구호를 외치는 시민
⑤ 황국 신민 서사를 암송하는 학생

[25013-0087]

12 다음 법령을 제정한 정부에 대한 설명으로 옳은 것은?

> 대황제 폐하는 대원수로서 군기(軍機)를 총람하고 육해군을 통솔하며, 황태자 전하는 원수로서 육해군을 일률적으로 통솔한다. 이에 원수부를 설치한다.
> 제1관
> 제1조 원수부는 국방과 용병과 군사에 관한 각 항의 명령을 관장하며 특별히 세운 권한을 가지고 군부와 수도 밖의 각 부대를 지휘·감독한다.
> 제2조 모든 명령은 대원수 폐하가 원수 전하를 경유하여 하달한다.
> 제3조 원수부는 황궁 내에 설치한다.

① 대한국 국제를 반포하였다.
② 새마을 운동을 전개하였다.
③ 삼청 교육대를 설치하였다.
④ 친명 배금 정책을 추진하였다.
⑤ 3·1 운동의 영향으로 수립되었다.

07 일본의 침략 확대와 국권 수호 운동

1. 일제의 침략과 국권 피탈

(1) 러일 전쟁과 일본의 침략

① 러일 전쟁 발발(1904. 2.) : 한반도와 만주를 둘러싼 러시아와 일본의 대립 격화 → 대한 제국의 국외 중립 선언, 일본이 러시아 함대를 기습 공격하면서 전쟁 시작

② 한일 의정서(1904. 2.) : 일본이 한반도 내에서 군사적 요충지 사용권 확보

③ 제1차 한일 협약(1904. 8.) : 일본이 대한 제국에 외교 고문(스티븐스)과 재정 고문(메가타) 추천 → 대한 제국의 외교와 재정 간섭(고문 정치)

④ 일본의 대한 제국 지배에 대한 열강의 인정

- 가쓰라·태프트 밀약(1905. 7.) : 미국의 필리핀 지배, 일본의 대한 제국 지배를 양국이 서로 인정
- 제2차 영일 동맹(1905. 8.) : 영국의 인도 지배, 일본의 대한 제국 지배를 양국이 서로 인정

⑤ 러일 전쟁 종결 : 포츠머스 조약 체결(1905. 9.) → 일본이 대한 제국에 대한 독점적 지배권 확보

자료 플러스 일본의 대한 제국 지배에 대한 열강의 인정

첫째. 필리핀은 미합중국에 의해서 통치되어야 하며, 일본은 필리핀을 침공할 의도가 없음을 밝힌다.
셋째. 한국은 러일 전쟁의 원인이므로 전쟁의 결과 한반도 문제의 완전한 해결은 매우 중요하다. …… 한국이 일본의 동의 없이 대외 조약을 체결할 수 없다고 요구할 수 있을 정도의 권한을 일본 군대가 가지는 것이 현 전쟁의 논리적 결과이다. – 가쓰라·태프트 밀약(1905. 7.) –

제3조 일본국은 한국에서 정치상·군사상·경제상의 탁월한 이익을 가지고 있으므로 영국은 일본국이 이 이익을 옹호 증진하기 위하여 정당하고 필요하다고 인정하는 지도·감리 및 보호의 조치를 한국에서 취할 권리를 승인한다. – 제2차 영일 동맹(1905. 8.) –

제2조 러시아 제국 정부는 일본국이 한국에서 정치·군사상 및 경제상의 탁월한 이익을 갖는다는 것을 인정하고 일본 제국 정부가 한국에서 필요하다고 인정하는 지도·보호 및 감리의 조치를 하는 데 이를 저지하거나 간섭하지 않을 것을 약정한다. – 포츠머스 조약(1905. 9.) –

일본은 러일 전쟁에서 승기를 잡은 이후 미국과 가쓰라·태프트 밀약을 맺고, 영국과 제2차 영일 동맹을 맺어 대한 제국에 대한 지배권을 인정받았다. 또한 미국의 중재로 러시아와 포츠머스 조약을 체결하여 대한 제국에 대한 독점적 지배권을 국제적으로 보장받았다.

(2) 일제의 국권 침탈

① 을사늑약(1905. 11.)

과정	러일 전쟁 종결 후 일본이 대한 제국 황제와 관리를 무력으로 위협, 강제 체결(→ 공식적인 조약 명칭이 없고 고종의 비준 절차를 거치지 않았기 때문에 무효)
결과 및 대응	일본이 대한 제국의 외교권을 박탈하고 통감부 설치, 초대 통감으로 부임한 이토 히로부미가 내정 장악 → 고종은 조약의 무효 선언, 헤이그 특사 파견(1907)

② 한일 신협약(정미 7조약, 1907. 7.)

- 과정 : 고종을 강제로 퇴위시킨 후 일본의 강요로 체결
- 결과 : 통감의 권한 강화, 비밀 각서(부수 각서)에 따라 행정 각 부에 일본인 차관 임명 및 대한 제국의 군대 해산

③ 한국 병합 조약(1910. 8.) : 일제가 대한 제국의 국권 강탈 → 조선 총독부 설치

국권 피탈 과정

러일 전쟁 발발
↓
한일 의정서
↓
제1차 한일 협약
↓
• 가쓰라·태프트 밀약(일·미)
• 제2차 영일 동맹
• 포츠머스 조약(러·일)
↓
을사늑약
↓
한일 신협약(정미 7조약)
↓
한국 병합 조약

헤이그 특사

고종이 을사늑약의 불법성을 폭로하고 대한 제국의 주권 회복을 열강에 호소하기 위해 1907년 네덜란드의 헤이그에서 개최된 만국 평화 회의에 파견한 특사(이상설, 이준, 이위종)이다. 일제의 방해로 회의에 참여하지는 못하였으나 회의장 밖에서 각국 대표에게 보내는 탄원서를 발표하는 등의 활동을 전개하였다.

개념 체크

1. 일제는 (   )을 통해 대한 제국에 일본 정부가 추천하는 외교 고문과 재정 고문을 두도록 강요하였다.
2. 일제는 을사늑약을 통해 대한 제국의 (   )을 박탈하고 통감부를 설치하였다.
3. 일제는 1907년 고종을 강제로 퇴위시킨 후 (   )의 체결을 강요하였다.

정답
1. 제1차 한일 협약 2. 외교권
3. 한일 신협약(정미 7조약)

2. 항일 의병 운동

(1) 을사늑약에 대한 항거

① 자결 : 민영환 등

② 의거 : 나철 등의 을사오적 암살 시도, 장인환과 전명운의 스티븐스 저격, 안중근의 이토 히로부미 처단(1909)

자료 플러스 민영환의 유서

오호라, 나라의 수치와 백성의 욕됨이 여기에 이르렀으니 우리 인민은 장차 생존 경쟁의 와중에서 모두 없어질 것이다. …… 나 민영환은 다만 한 번 죽음으로써 황제의 은혜에 보답하고 우리 2,000만 동포 형제에게 사죄하려 하노라. 나는 죽되 죽지 아니하고 저승에서라도 제군들을 돕기를 기약하니, 바라건대 우리 동포 형제들은 천만 배 분발하고 힘을 써서 그대들의 뜻과 기개를 굳건히 하여 학문에 힘쓰고, 마음으로 단결하고 힘을 합쳐서 우리의 자유 독립을 회복한다면, 죽은 자가 마땅히 저 어두운 저세상에서 기뻐 웃을 것이다.

– 대한매일신보 –

일제의 강요로 을사늑약이 체결되자, 민영환은 조병세 등과 함께 을사오적을 처단하고 을사늑약을 파기할 것을 요구하는 상소를 올렸다. 그러나 받아들여지지 않자 유서를 남기고 자결하였다. 그의 자결 순국 소식은 대한매일신보 등을 통해 널리 알려지면서 전국적인 항일 분위기 형성에 중요한 기폭제가 되었다.

(2) 의병 항쟁의 전개

구분	내용
을미의병	• 배경 : 을미사변, 단발령 실시(1895) • 주도 : 이소응, 유인석 등 유생층 • 활동 : 친일 관리 처단, 지방 관청과 일본군 공격 • 해산 : 아관 파천 후 고종이 단발령을 철회하고 의병 해산 권고 조칙 발표 → 대부분 활동 중단
을사의병	• 배경 : 을사늑약 체결(1905) • 주도 : 최익현, 신돌석 등 • 활동 : 최익현이 태인에서 거병, 평민 출신 신돌석이 태백산 일대에서 활약
정미의병	• 배경 : 고종의 강제 퇴위, 대한 제국의 군대 해산(1907) • 활동 : 이인영 등이 의병 연합 부대인 13도 창의군 결성 → 서울 진공 작전 전개(1908) → 일본군에 패배 • 특징 : 해산 군인의 가담으로 의병의 전투력 강화, 각국 영사관에 의병을 국제법상 교전 단체로 인정해 줄 것을 요구 → 의병 전쟁으로 발전

자료 플러스 유인석의 을미의병 격문

국모의 원수를 생각하며 이미 이를 갈았는데, 참혹함이 더욱 심해져 임금께서 머리를 깎이시고 의관을 찢기는 지경에 이른 데다가 또 이런 망극한 화를 당하였으니, 천지가 뒤집어져 우리가 각기 하늘에서 부여받은 본성을 보전할 길이 없게 되었다. 우리 부모로부터 받은 몸을 금수로 만드니 이 무슨 일인가. …… 이에 감히 먼저 의병을 일으키고서 마침내 사람들에게 이를 포고하노라. 위로는 공경에서부터 아래로는 백성들에 이르기까지 어느 누가 애통하고 절박한 마음이 없겠는가. 지금은 참으로 위급 존망의 때이니, 각자 거적에서 잠을 자고 창을 베개 삼으면서 모두 끓는 물과 불 속으로 나갈지어다.

–「의암집」–

유인석은 을미사변과 단발령에 반발하여 을미의병을 일으켰다. 그는 격문을 발표하여 일본의 침략을 규탄하고, 8도의 모든 백성이 의병 운동에 동참할 것을 촉구하였다.

(3) 호남 의병의 활약 : 서울 진공 작전 후에도 활발한 활동 지속, 일제의 '남한 대토벌' 작전(1909)으로 위축

나철의 을사오적 암살 시도

을사늑약 체결 이후 나철은 평화적인 방법에 의한 국권 수호의 한계를 느꼈다. 이에 그는 오기호와 함께 자신회라는 단체를 조직하여 을사늑약 체결에 동의한 오적(박제순, 이지용, 이근택, 이완용, 권중현)을 암살하려 하였으나 뜻을 이루지 못하였다.

장인환과 전명운의 스티븐스 저격

대한 제국 정부의 외교 고문으로 활동한 친일 미국인 스티븐스는 1908년 미국에서 '일본의 한국 지배는 한국에 유익하다.'는 제목의 친일 성명서를 발표하였다. 이에 분노한 장인환과 전명운은 샌프란시스코에서 스티븐스를 저격하였다.

남한 대토벌 작전

일제가 1909년 9월부터 대대적으로 벌인 의병 진압 활동이다. 의병의 근거지가 될 만한 곳을 무차별적으로 초토화시켜 의병장 100여 명과 무수한 의병들을 체포하고 학살하였다.

개념 체크

1. (　　)은 1909년 만주 하얼빈에서 이토 히로부미를 처단하였다.
2. 을미사변과 (　　) 실시에 반발하여 이소응, 유인석 등의 유생층이 을미의병을 일으켰다.
3. 정미의병 때 의병 연합 부대인 (　　)이 결성되어 서울 진공 작전을 전개하였다.

정답
1. 안중근 2. 단발령
3. 13도 창의군

3. 애국 계몽 운동

(1) 특징 : 을사늑약 전후로 관료·지식인 등이 점진적 실력 양성을 통한 국권 수호 추구 → 여러 단체의 결성, 교육 활동, 언론 활동, 산업 진흥 활동 등 전개

(2) 애국 계몽 운동 단체

① 보안회 : 일제의 황무지 개간권 요구에 대한 반대 운동 전개 → 일제의 요구를 철회시킴

② 헌정 연구회 : 입헌 정체 수립 추구

③ 대한 자강회

결성	헌정 연구회를 계승하여 설립
활동	교육 진흥과 산업 육성을 통한 국권 수호 운동 전개
해체	고종 강제 퇴위 반대 운동을 전개하다가 일제의 탄압으로 해산

④ 신민회

결성	안창호, 양기탁 등을 중심으로 비밀 결사 형태로 조직
목표	국권 회복과 공화 정체의 근대 국가 건설 지향, 실력 양성 운동을 추진하면서 무장 독립 전쟁 준비
활동	오산 학교와 대성 학교 설립, 태극 서관과 자기 회사 운영, 무장 투쟁 준비를 위한 국외 독립운동 기지 건설(남만주 삼원보에 신흥 강습소 설립)
해체	일제가 날조한 105인 사건으로 와해(1911)

(3) 항일 언론 활동 : 대한매일신보 등이 항일 논조의 기사를 게재하고 국채 보상 운동을 지원하는 등 항일 언론 활동 전개

4. 간도와 독도

(1) 간도

① 귀속 분쟁 : 백두산정계비문의 도문강(토문강) 해석을 두고 조선과 청 사이에 영유권 분쟁 발생

② 대한 제국의 정책 : 이범윤을 간도 관리사로 임명하여 간도 주민들을 직접 관할

③ 간도 협약(1909) : 일제가 남만주 철도 부설권 등을 획득하는 대가로 간도를 청의 영토로 인정

(2) 독도

① 대한 제국 칙령 제41호(1900) : 대한 제국이 울릉도를 울도군으로 승격시키고, 독도를 관할하게 하여 독도가 우리 영토임을 확인

② 일제의 강탈 : 러일 전쟁 중 일본이 시마네현 고시를 통해 독도를 불법적으로 일본 영토에 편입(1905)

자료 플러스 일본의 독도 침탈

울도 군수 심흥택 씨가 내부에 보고하기를, "일본 관원 일행이 본 군에 와서, 본 군 소재 독도를 일본에 속한 땅이라 스스로 칭하고 지역의 넓이, 호구와 농지 면적을 일일이 기록해 갔다."라고 하였다. 내부에서 지령하기를, "…… 독도가 일본에 속한 땅이라고 하는 것은 결코 그럴 이유가 없으니 이번 보고가 매우 놀랍다."라고 하였다고 한다.

– 대한매일신보 –

대한 제국 정부는 1900년에 대한 제국 칙령 제41호를 공포하여 대내외적으로 독도가 우리 영토임을 명백하게 밝혔다. 그러나 1905년 일본은 일방적으로 독도를 자국 영토로 불법 편입하였다. 울도 군수는 1906년 울릉도를 방문한 시마네현 관리들로부터 독도가 일본 영토로 편입되었다는 말을 듣고 이 사실을 강원도 관찰사와 중앙 정부에 보고하였다. 그러나 대한 제국 정부는 을사늑약으로 외교권이 박탈된 상태였기 때문에 아무런 외교적 조치도 취할 수 없었다.

보안회

러일 전쟁 중 일제는 대한 제국에 방대한 면적의 황무지 개간권을 요구하였다. 이에 송수만 등은 1904년 보안회를 조직하고, 반대 운동을 펼쳐 일본의 요구를 좌절시켰다.

105인 사건

일제가 데라우치 총독 암살 미수 사건을 조작해서 수백 명의 애국지사를 검거하고 그중 105명에게 1심에서 유죄 판결을 내린 사건이다. 이 과정에서 비밀 조직인 신민회가 드러나 와해되었다.

개념 체크

1. 보안회는 일제의 (   ) 요구에 대한 반대 운동을 전개하여 이를 철회시켰다.
2. (   )는 고종의 강제 퇴위 반대 운동을 전개하다가 일제의 탄압으로 해산되었다.
3. 대한 제국은 이범윤을 (   ) 관리사로 임명하여 주민들을 직접 관할하였다.

정답
1. 황무지 개간권 2. 대한 자강회 3. 간도

자료 탐구 을사늑약에 대한 항거

1단계 자료 분석

(가) 작년 10월에 저들이 한 행위는 만고에 없었던 일이다. 하룻밤 사이에 종잇조각에 강제로 도장을 찍게 하여, 오백 년 종사가 마침내 망하고 말았으니, 이 때문에 천지의 신명도 놀랐을 것이고 조종의 신령도 통곡하였을 것이다. 우리나라를 통째로 원수에게 준 역적 이지용은 실로 우리나라 만대의 원수요, …… 남의 임금을 범한 이토 히로부미란 놈은 마땅히 천하 열국(列國)이 함께 토벌해야 한다.

– 『면암집』 –

(나) 1905년에 5개 조약이 체결되었으니 이것이 바로 보호 조약인데, 그때 한국의 황제를 비롯해서 한국의 국민은 누구나 모두 일본의 보호를 받고자 한 사실이 없음에도 불구하고, 이토 히로부미는 마치 한국 측에서 희망하여 조약을 체결한 것처럼 말했었다. …… 한국과 일본 두 나라의 친선을 저해하고 동양의 평화를 어지럽힌 장본인은 바로 이토 히로부미이므로, 나는 한국의 의병 중장의 자격으로서 그를 제거한 것이다.

– 안중근의 법정 최후 진술 –

러일 전쟁에서 승리한 일본은 군대로 궁성을 포위하고, 고종과 대신들을 위협하여 을사늑약을 체결하였다. 일본은 을사늑약에 따라 대한 제국의 외교권을 빼앗고 통감부를 설치하였다. 이후 이토 히로부미가 초대 통감으로 부임해 대한 제국의 외교뿐만 아니라 내정까지도 장악하였다. 을사늑약에 항거하여 최익현은 의병 항쟁에 동참을 촉구하는 (가)의 「창의격문」을 발표하고 태인에서 의병을 일으켰다. 안중근은 이토 히로부미를 하얼빈에서 처단하였다(1909). 그는 (나)의 법정 최후 진술에서 “이토 히로부미를 저격한 것은 의병으로서 한 것이며, 따라서 전쟁 포로가 된 것이므로, 국제 공법에 의해 처벌해 줄 것을 희망한다.”라고 주장하였다.

2단계 문항 연습

정답과 해설 21쪽

[25013-0088]

1 밑줄 친 ‘이 조약’이 체결된 결과로 옳은 것은?

[문학으로 배우는 한국사]

푸른 하늘 대낮에 벽력 소리 진동하니
육대주의 많은 사람들 가슴이 뛰놀았다
영웅 한번 성내니 간웅이 거꾸러졌네
독립 만세 3번 부르니 우리 조국 살았다

[해설] 이 작품은 독립운동가 신규식이 안중근의 의거를 칭송하며 지은 시이다. 안중근은 1905년에 강제로 체결된 이 조약에 따라 초대 통감으로 부임한 이토 히로부미를 하얼빈에서 처단하였다. 이 작품에서는 안중근의 총소리를 벼락이 치는 소리처럼 큰 울림으로 비유하였고, 그의 의거로 전 세계인이 깜짝 놀랐음을 표현하였다. 안중근은 영웅으로, 이토 히로부미는 간사한 영웅으로 대비하였으며, 안중근이 러시아 헌병에 사로잡힌 후 외쳤던 ‘코레아 우라(대한 만세)’를 부각하였다.

① 수신사가 파견되었다.
② 척화비가 건립되었다.
③ 삼국 간섭이 일어났다.
④ 강동 6주 지역이 확보되었다.
⑤ 대한 제국의 외교권이 박탈되었다.

대표 기출 확인하기

[2025학년도 수능 9월 모의평가]

1 **(가) 조약에 대한 설명으로 옳은 것은?**

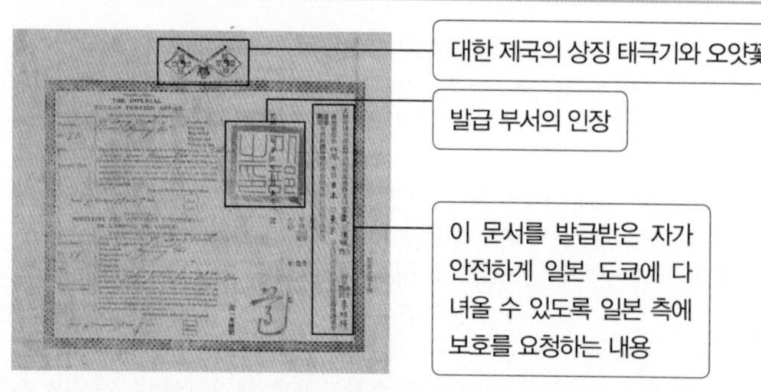

이 문서는 오늘날의 여권 역할을 하던 것으로 한문, 영어, 프랑스어로 작성되었다. 대한 제국 정부는 외국에 나가는 자국민에게 이러한 증명서를 발급하여 소지하도록 하였다. 그러나 일본이 [(가)]의 체결을 강요하여 외교권을 빼앗은 후 통감부령으로 '한국인 외국 여권 규칙'을 공포하면서 이를 더 이상 발급할 수 없게 되었다.

① 삼국 간섭을 초래하였다.
② 북벌론이 대두하는 배경이 되었다.
③ 헤이그에 특사가 파견되는 원인이 되었다.
④ 동학 농민 운동 전개 과정 중에 체결되었다.
⑤ 청일 양국 군대가 조선에서 철수하기로 약속하였다.

정답 및 해설

정답 해설 자료에서 일본이 체결을 강요하여 외교권을 빼앗았다는 내용 등을 통해 (가) 조약은 1905년에 체결된 을사늑약임을 알 수 있다. ③ 1907년 고종은 을사늑약의 부당함을 국제 사회에 알리기 위해 네덜란드 헤이그에서 열린 만국 평화 회의에 이상설, 이준, 이위종을 특사로 파견하였다.

오답 피하기 ① 청일 전쟁에서 승리한 일본이 시모노세키 조약으로 랴오둥반도를 차지하자 1895년 러시아의 주도로 삼국 간섭이 일어났다.
② 병자호란 이후 조선에서 청을 정벌하여 명에 대한 의리를 지키자는 북벌론이 대두하였다.
④ 동학 농민 운동 당시 조선 정부는 전주성을 점령한 동학 농민군과 전주 화약을 체결하였다.
⑤ 갑신정변의 영향으로 청과 일본은 톈진 조약을 체결하였다. 톈진 조약은 청과 일본이 조선에서 군대를 각각 철수하고, 향후 조선에 파병할 경우에는 사전에 서로 알린다는 내용을 담고 있다.

정답 ③

[2024학년도 수능 9월 모의평가]

2 **(가) 단체에 대한 탐구 활동으로 가장 적절한 것은?**

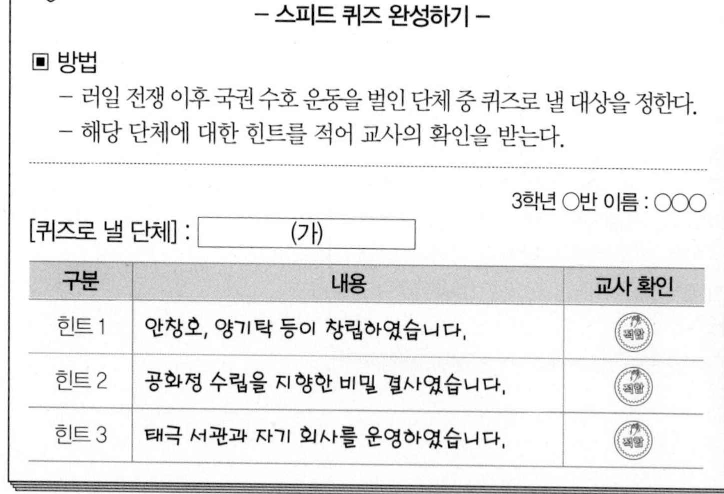

수업 활동지

– 스피드 퀴즈 완성하기 –

▣ 방법
- 러일 전쟁 이후 국권 수호 운동을 벌인 단체 중 퀴즈로 낼 대상을 정한다.
- 해당 단체에 대한 힌트를 적어 교사의 확인을 받는다.

3학년 ○반 이름 : ○○○

[퀴즈로 낼 단체] : [(가)]

구분	내용	교사 확인
힌트 1	안창호, 양기탁 등이 창립하였습니다.	(확인)
힌트 2	공화정 수립을 지향한 비밀 결사였습니다.	(확인)
힌트 3	태극 서관과 자기 회사를 운영하였습니다.	(확인)

① 도병마사의 기능을 찾아본다.
② 제가 회의의 구성원을 분석한다.
③ 대성 학교의 설립 목적을 조사한다.
④ 탕평 정치의 추진 배경을 살펴본다.
⑤ 조사 시찰단의 파견 이유를 알아본다.

정답 및 해설

정답 해설 자료에서 러일 전쟁 이후 국권 수호 운동을 벌인 단체라는 점, 안창호, 양기탁 등이 창립하였다는 점, 공화정 수립을 지향한 비밀 결사였다는 점, 태극 서관과 자기 회사를 운영하였다는 점 등을 통해 (가) 단체는 신민회임을 알 수 있다. ③ 신민회는 민족 교육을 위해 오산 학교와 대성 학교를 설립하였다.

오답 피하기 ① 도병마사는 고려 시대 중서문하성과 중추원의 고위 관리가 모여 국방 문제 등을 논의하던 회의 기구이다.
② 고구려에서는 여러 가들이 모인 제가 회의에서 나라의 중요한 일을 결정하였다.
④ 조선 후기 영조와 정조는 붕당 간의 세력 균형을 도모하고 국왕 중심의 국정 운영을 강화하기 위해 탕평 정치를 추진하였다.
⑤ 조선 고종은 개항 이후 일본의 근대 문물 시찰과 개화 정책에 대한 정보 수집을 목적으로 1881년 일본에 조사 시찰단을 비밀리에 파견하였다.

정답 ③

수능 유형 익히기

정답과 해설 21쪽

[25013-0089]

01 밑줄 친 '협정'이 체결된 시기를 연표에서 옳게 고른 것은?

외교 보고서

지난달 22일에 서울에서는 일본 공사와 한국 정부 사이에 다음과 같은 협정이 맺어졌습니다.
1. 한국 정부는 재정 고문으로 일본 정부가 추천하는 일본인을 고용하며 …….
2. 한국 정부는 대외 업무에 있어서 외교 고문으로 일본 정부가 추천하는 외국인을 고용하며 모든 대외 관련 중요 사안들은 오직 그의 자문을 구한 후 처리하여야 한다. ……
그리고 재정 고문에는 일본 대장성의 주세국장인 메가타가, 외교 고문에는 미국인 스티븐스가 임명되었습니다.

고종 즉위	(가)	강화도 조약 체결	(나)	청일 전쟁 발발	(다)	러일 전쟁 발발	(라)	국권 피탈	(마)	3·1 운동 발생

① (가) ② (나) ③ (다) ④ (라) ⑤ (마)

[25013-0090]

02 밑줄 친 '그들'이 파견된 배경으로 가장 적절한 것은?

그들은 자신들이 만국 평화 회의에 참석하지 못한 것과 일본이 한국의 주권을 침해한 것에 대한 이의를 제기하려고 하였다. 그들 중 한 명인 이위종은 평화 회의에 참석한 사절단에게 서면으로 이러한 이의 사항을 전달했으며, 평화 회의 의장에게 만나달라고 간청하였다. 그러나 의장은 네덜란드 정부가 보낸 공식 안내장을 소유한 사절단만 접견할 수 있다며 청원을 거절하였다.

① 을사늑약이 체결되었다.
② 운요호 사건이 일어났다.
③ 정우회 선언이 발표되었다.
④ 치안 유지법이 제정되었다.
⑤ 고종이 강제 퇴위를 당하였다.

[25013-0091]

03 밑줄 친 '이 조약'에 대한 설명으로 옳은 것은?

이것은 이 조약의 부당함을 고발하며 스스로 목숨을 끊은 민영환의 동상입니다. 고종은 민영환의 충절을 기려 그에게 '충정공'이라는 시호를 내렸는데요. 그의 동상이 세워진 이곳 충정로의 이름은 그의 시호를 따서 지어졌습니다.

① 통감부 설치의 근거가 되었다.
② 조선책략의 영향으로 체결되었다.
③ 미군의 한국 주둔 허용을 명시하였다.
④ 부산 외 2개 항구의 개항을 허용하였다.
⑤ 방곡령 시행을 미리 통지할 것을 규정하였다.

[25013-0092]

04 밑줄 친 '의병'에 대한 설명으로 옳은 것은?

하늘이 돌보지 않아 석 달 전 왕후께서 갑자기 흉한 일을 만나시니, 팔도의 민중들이 모두 통곡하며 원통하게 부르짖었습니다. …… 이어 역적의 무리가 끝까지 흉계를 부려 임금과 신하를 협박하고, 심지어 머리를 깎아 온 나라의 풍속을 바꾸려고 합니다. …… 지금 여러 고을의 의병들이 왜놈들을 엄하게 꾸짖지 않으면 원수를 갚을 수 없다고 하니, 명분이 이미 바르고 말도 순리에 맞습니다.

① 13도 창의군을 결성하였다.
② 한중 연합 작전을 전개하였다.
③ 정부와 전주 화약을 체결하였다.
④ 청산리 전투에서 승리를 거두었다.
⑤ 유인석, 이소응 등 유생층이 주도하였다.

[25013-0093]

05 밑줄 친 '조칙'의 영향으로 가장 적절한 것은?

이달의 독립운동가

이준영(1879~1907)

이준영은 육군 무관 학교 장교 양성 과정 수료 후, 시위대의 장교로 근무하였다. 일제의 압박을 받은 황제가 조칙을 내려 군대를 해산시키자, 시위대 장병들과 함께 명령을 거부하고 일본군과 시가전을 벌이다 순국하였다. 정부는 그의 공훈을 기리어 1990년에 건국훈장 애국장을 추서하였다.

① 윤관이 별무반 편성을 건의하였다.
② 이성계가 위화도 회군을 단행하였다.
③ 구식 군인들이 일본 공사관을 습격하였다.
④ 해산된 군인의 일부가 의병에 가담하였다.
⑤ 독립군이 봉오동 전투에서 일본군에 승리하였다.

[25013-0094]

06 다음 자료를 활용한 탐구 주제로 가장 적절한 것은?

일본 공사가 나가모리 도키치로의 청원에 따라 우리 외부(外部)에 공문을 보내어 황무지 등에 대한 권리를 청구하였습니다. 우리나라는 땅이 좁고 척박하여 현재 국가의 토지 대장에 있는 농토는 100 중에 1, 2도 채워져 있지 않습니다. 사람들은 산림, 강, 평지, 황무지를 이용해 2~3년을 걸러 윤작한 연후에야 먹고살 수 있습니다. 그런데 만일 이를 외국인에게 줘 버린다면 전국의 강토를 모두 빼앗기게 되며 수많은 사람이 참혹한 빈곤에 빠져 구제할 수 없게 될 것입니다.

① 새마을 운동의 추진
② 보안회의 결성과 활동
③ 사회주의 사상의 확산
④ 물산 장려 운동의 전개
⑤ 산미 증식 계획의 결과

[25013-0095]

07 (가) 단체에 대한 설명으로 옳은 것은?

S#31. 1912년 12월, 경성 복심 법원 공개 법정
윤치호 등 105명에 대한 조선 총독 암살 미수 사건에 관하여 판사, 검사 등의 입회하에 심판을 속행하다.

판사 : 피고인은 (가) 에 가입하였는가.
피고인 : 그렇다. 안창호가 권하기에 가입하였다.
판사 : 검사에게 (가) 은/는 동지가 연합하여 국가를 사랑하고 한마음으로 협력하는 비밀 결사라고 진술하였는데, 사실인가.
피고인 : 그렇게 진술하였다.
판사 : 1심 판결에 의하면, 피고인은 재작년 12월에 동지들과 같이 데라우치 총독을 암살코자 하였으나 경계가 엄중하여 그 목적을 달성할 수 없었다는데, 그러한 일이 있었는가.
피고인 : 전혀 없었다.

① 헌의 6조의 결의를 주도하였다.
② 신탁 통치 반대 운동을 전개하였다.
③ 태극 서관과 자기 회사를 운영하였다.
④ 조선 혁명 선언을 활동 지침으로 삼았다.
⑤ 기회주의 일체 부인 등을 강령으로 내세웠다.

[25013-0096]

08 밑줄 친 '이 섬'에 대한 탐구 활동으로 가장 적절한 것은?

이것은 조선 숙종 때의 인물인 안용복이 일본에 건너갔을 때 오키섬의 관리가 그를 조사한 내용을 기록한 문서입니다. 안용복이 울릉도와 이 섬이 조선의 강원도 소속이라고 진술한 것을 확인할 수 있습니다. 하지만 일본은 러일 전쟁 중에 이 섬을 주인이 없는 땅이라며 자국 영토로 불법 편입하였습니다.

① 삼별초가 항쟁한 근거지를 조사한다.
② 백두산정계비가 건립된 배경을 살펴본다.
③ 장보고가 청해진을 설치한 지역을 파악한다.
④ 대한 제국 칙령 제41호(1900)의 내용을 분석한다.
⑤ 영국이 러시아 견제를 구실로 점령한 섬을 찾아본다.

08 개항 이후 경제·사회·문화의 변화

1. 열강의 경제 침탈

(1) 개항 초기의 무역 상황

① 일본 상인의 특권 : 강화도 조약과 부속 조약 등을 통해 각종 특권(영사 재판권, 일본 화폐 사용 등)을 일본 상인에게 부여

② 일본 상인의 활동 범위 제한 : 개항장 10리 이내 → 일본 상인은 조선 상인(객주, 여각, 보부상 등)의 중개로 무역

자료 플러스 강화도 조약의 부속 조약

- 제4관 부산항에서 일본 인민이 통행할 수 있는 도로의 거리는 부두에서 동서남북 각 직경 10리로 정한다.
  제7관 일본 인민은 본국에서 사용하는 여러 화폐로 조선국 인민이 보유하고 있는 물자와 교환할 수 있다.
  – 조일 수호 조규 부록(1876) –
- 제6칙 조선국 항구에 거주하는 일본인은 쌀과 잡곡을 수출, 수입할 수 있다.
  제7칙 (상선을 제외한) 일본국 정부에 속한 모든 선박은 항세를 납부하지 않는다.
  – 조일 무역 규칙(1876) –

강화도 조약에 이어 조선은 일본과 조일 수호 조규 부록과 조일 무역 규칙을 맺었다. 조일 수호 조규 부록에서 일본인들의 활동 범위가 규정되었고, 개항장에서의 일본 화폐 유통이 인정되었다. 조일 무역 규칙에서는 일본으로의 양곡 수출입을 허용하되 양을 제한하지 않았고, 상선을 제외한 일본 정부 선박에 대한 항세 면제를 규정하되 관세 규정을 명시하지 않아 사실상 무관세 무역이 진행될 수 있었다.

(2) 일본과 청의 무역 경쟁

① 배경 : 임오군란 이후 청의 영향력 강화

② 조청 상민 수륙 무역 장정 체결(1882) : 청 상인의 특권 보장(양화진과 한성에 상점 개설 허용, 영사 재판권 인정, 허가를 받은 청 상인의 내지 통상 허용 등) → 청 상인의 본격 진출

③ 조일 통상 장정 체결(1883) : 일본 상품에 관세 부과, 일본에 대한 최혜국 대우 규정 등

④ 결과 : 청·일본 상인 간 상권 경쟁 심화, 조선 상인에게 타격

(3) 열강의 이권 침탈

① 아관 파천을 전후하여 자원·산업 부문에서 최혜국 대우 규정을 내세운 열강의 이권 침탈 심각

② 일본의 금융·재정 장악

- 차관 제공 : 개혁과 시설 개선 등의 명목으로 차관 제공 → 대한 제국 재정의 일본 예속 심화
- 화폐 정리 사업 : 일본인 재정 고문 메가타가 주도, 백동화 등 구화폐를 일본 제일 은행권으로 교환 → 한국인이 설립한 은행과 한국인 상공업자에게 큰 타격

③ 일본의 토지 약탈 : 철도 부지와 군용지 확보를 구실로 대규모 토지 차지

2. 경제적 구국 운동

(1) 방곡령 사건

배경	일본 상인들에 의한 지나친 곡물 유출, 흉년 → 곡물 가격 폭등
경과	함경도와 황해도 등지의 지방관이 방곡령 선포(1889, 1890) → 일본이 조일 통상 장정의 '1개월 전 통지' 규정 위반을 내세우며 방곡령 철회 요구 → 방곡령을 철회하고 배상금 지급

조청 상민 수륙 무역 장정

제4조 조선 상인이 베이징에서 규정에 따라 교역하고, 청의 상인이 조선의 양화진과 한성에 들어가 영업소를 개설한 경우를 제외하고 각종 화물을 내지로 운반하여 상점을 차리고 파는 것을 허가하지 않는다. 양국 상인이 내지로 들어가 토산물을 구입하려고 할 때에는 피차의 상무위원에게 청하고, 지방관의 서명도 받아 허가증을 발급받되, …… 세금은 규정대로 완납해야 한다.

임오군란 직후 조선에서 청의 정치적 영향력이 커지면서 조청 상민 수륙 무역 장정이 체결되었다. 이로써 청 상인은 지방관의 서명을 받은 허가증을 갖추면 개항장을 벗어나 내륙까지 진출할 수 있었다.

방곡령

가뭄, 수해 등의 자연재해나 병란 등으로 식량 결핍이 우려될 때 지방관이 그 지방에서 생산된 곡식이 다른 지방이나 다른 나라로 유출되는 것을 금지한 조치이다.

개념 체크

1. 임오군란 이후 조선이 청과 (　　)을 체결함으로써 청 상인은 양화진과 한성에 상점을 개설할 수 있게 되었다.
2. 1883년 체결된 (　　)에 일본 상품에 대한 관세 부과, 최혜국 대우 규정 등이 포함되었다.
3. 일본인 재정 고문 (　　)의 주도로 백동화 등을 일본 제일 은행권으로 교환하는 화폐 정리 사업이 시행되었다.

정답
1. 조청 상민 수륙 무역 장정
2. 조일 통상 장정 3. 메가타

(2) 상권 수호 운동 및 은행 설립

배경	외국 자본의 내륙 진출
경과	• 시전 상인의 상권 수호 운동 : 외국 상인 철수를 요구하는 시위와 철시 운동 전개, 황국 중앙 총상회 조직(1898) • 상회사 설립(대동 상회, 장통 상회 등), 은행 설립(조선 은행, 대한 천일 은행 등)

(3) 이권 수호 운동

배경	아관 파천 전후 열강의 이권 침탈 심화
경과	• 독립 협회 활동 : 러시아의 절영도 조차 요구 저지, 한러 은행 폐쇄, 프랑스·독일의 광산 채굴권 요구 저지 • 보안회 활동 : 일제의 황무지 개간권 요구에 대한 반대 운동 전개(1904) → 성공

(4) 국채 보상 운동

배경	일본의 강요로 막대한 차관 도입 → 대한 제국 재정의 일본 예속
경과	대구에서 서상돈 등이 금연을 통한 국채 보상 운동 제창 → 서울에서 국채 보상 기성회 조직(1907) → 대한매일신보 등 언론 기관 및 애국 계몽 운동 단체의 호응 → 국채 보상을 위한 모금 운동이 전국으로 확산(금주, 금연, 가락지 모으기 등)
결과	통감부의 탄압과 방해로 실패

자료 플러스 국채 보상 운동

부인 동포에게 고하노라. 우리가 함께 여자 몸으로 규문 안에 있어 삼종지의에 간섭할 일 오랫동안 없었으나, 나라 위하는 마음과 백성된 도리에 어찌 남녀가 다르리오. 듣자 하니 국채를 갚으려고 이천만 동포가 석 달 간 담배를 아니 피우고 금전을 모은다 하니, 족히 사람으로 감동케 할 일이오. …… 그러나 부인은 논하지 말라니 여자는 백성이 아니란 말인가. …… 하지만 큰 산이 흙덩이를 사양치 아니하고 큰 바다가 가는 물을 가리지 아니하기로, 적음으로 큰 것을 도우리오.

– 대한매일신보(1907) –

1907년 대구에서 김광제, 서상돈 등이 국민 성금으로 국채를 갚아 국권을 회복하자는 국채 보상 운동을 벌였다. 이 운동은 대한매일신보 등 언론의 지원을 받으며 전국으로 확산되었고, 서울에는 국채 보상 기성회가 조직되어 모금 운동을 벌였다. 또한 국채 보상 운동에는 각계각층의 사람이 참여하였는데, 특히 여성들은 생활비를 절약하고 비녀와 가락지 등을 팔아 성금을 내는 등 적극적으로 이 운동에 동참하였다.

3. 근대 의식의 확산과 근대 문물의 수용

(1) 사회 구조와 의식의 변화

① 갑신정변, 동학 농민 운동, 갑오·을미개혁 등을 겪으면서 평등 사회의 제도적 기틀 마련
② 독립 협회의 민권 운동 등을 통해 근대 의식 성장, 확산
③ 여권의 성장 : 여성의 교육·사회 진출 확대, 「여권통문」 발표

(2) 의식주의 변화 : 커피 등 서양 음식, 양복·양장, 서양식 건축물 등 보급

(3) 근대 시설의 도입

교통, 통신	전신(국내 및 청, 일본과 연결), 우편(우정총국), 전차(서대문~청량리 구간 등), 철도(경인선, 경부선, 경의선) 등 도입
전기	경복궁에 전등 설치, 한성 전기 회사 설립

대동 상회
1883년 평안도 상인들이 중심이 되어 자금을 출자해 설립한 유통 회사이다. 전국 곳곳에 직원을 보내 쌀이나 쇠가죽을 사고팔았으며, 해외 무역에도 관여하였다.

김광제
1907년 대구에서 출판사인 광문사 사장으로 있으면서 서상돈과 함께 「국채일천삼백만원보상취지서」라는 격문을 전국에 발송하여 국채 보상 운동을 제의하였다. 국권 피탈 이후인 1920년 조선노동대회라는 단체를 조직하여 강연회 개최 등을 통해 노동자의 계몽에 힘썼다.

개념 체크

1. 시전 상인은 1898년 (　　) 를 조직하여 상권 수호 운동을 전개하였다.
2. 러일 전쟁 중 일본은 토지 약탈을 위해 대한 제국에 황무지 개간권을 요구하였다. 이에 (　　)가 조직되어 거국적으로 반대 운동을 펼쳤다.
3. 1907년 대구에서 김광제, 서상돈 등이 일본에 진 대한 제국의 빚을 갚자는 (　　)을 전개하였다.

정답
1. 황국 중앙 총상회 2. 보안회
3. 국채 보상 운동

의료 시설	광혜원(제중원), 대한 의원 등 설립
건축	독립문, 명동 성당, 덕수궁 석조전 건립
의의와 한계	일상생활의 편리, 근대적 시간관념 등 근대 의식의 확산, 외세 침략에 이용되기도 함

자료 플러스 **철도 건설에 따른 문제점**

- 종점이 되는 곳이면 몰라도 중간 장시나 역참이 있는 마을에는 화물이 풍부하지도 않고 탑승객이 많지도 않은데 어찌 20만 평이나 쓰는가? 이는 일제의 식민 계략이니 …… 나라가 정거장 40여 곳을 나열하고 …… 천리의 한복판을 관통하게 한다면 한국인이 …… 미국의 인디언과 같은 꼴이 될 것이다. – 황성신문(1901) –
- 인부를 혹사하여 한시도 쉬는 일이 없고 하루의 공역에 반나절의 품삯도 지급하지 않으니 한국인이 어찌 기뻐하여 공역에 응할 것인가. …… 한국인은 강제 노역을 감당해야 하는가. – 황성신문(1906) –

철도는 열강의 이권 침탈 과정에서 부설되었다. 한국에서 철도 부설권을 노렸던 일본은 미국으로부터 경인선 부설권을 인수하여 철도를 완공하였다. 이후 일본은 프랑스로부터 경의선 부설권을 넘겨받아 경부선과 함께 러일 전쟁 중 군용 철도 명목으로 철도를 부설하였다. 이 과정에서 일본은 한국 농민의 토지를 싼값으로 수용하거나 한국 정부로부터 철도 부지를 무상으로 제공받았고, 한국인을 공사 현장에 강제로 동원하였다.

(4) 근대 교육의 전개

1880년대	원산 학사(함경도 덕원, 근대 학문과 외국어 교육), 동문학(외국어 강습소), 육영 공원(근대적 관립 학교), 배재 학당 · 이화 학당 등 개신교 선교사들이 설립한 사립 학교가 근대 학문을 교육
1890년대	교육입국 조서 반포(1895), 한성 사범 학교 · 소학교 · 외국어 학교 등 각종 관립 학교 설립
1900년대 이후	• 광무개혁으로 각종 기술 교육 기관 설립 • 애국 계몽 운동으로 오산 학교, 대성 학교 등 수많은 학교와 각종 학회가 설립되어 민족 교육 강조 → 일제가 사립 학교령을 통해 탄압

(5) 신문 발행

종류	한성순보(정부가 발행한 최초의 근대적 신문, 박문국 발행), 독립신문(한글판 · 영문판, 최초로 발행된 순 한글 신문), 제국신문, 황성신문, 대한매일신보(양기탁, 베델 등이 운영)
역할	민중 계몽과 민족의식 고취 노력
탄압	일제가 신문지법(1907)을 통해 언론 활동 탄압

(6) 국학 연구

국어	국문 연구소 설립(1907), 주시경의 『국어 문법』 등
역사	• 근대 계몽 사학 : 위인전 간행(『을지문덕전』, 『이순신전』 등), 외국 역사 소개 등을 통해 민족의식 고취 • 신채호가 「독사신론」 발표 : 민족주의 사학의 방향 제시

(7) 종교계의 동향

유교	박은식이 「유교 구신론」 발표
불교	한용운이 일본 불교에 저항
천주교	고아원과 양로원 운영 등 사회사업 추진
개신교	의료 · 교육 활동 전개
천도교	손병희가 동학을 천도교로 개칭, 기관지로 만세보를 간행
대종교	나철 등이 단군 신앙을 바탕으로 창시, 국외 무장 독립 투쟁 전개(만주에서 중광단 조직)

➲ 광혜원
갑신정변 당시 중상을 입은 민영익을 선교사 알렌이 치료한 것을 계기로 설립된 최초의 서양식 관립 병원이다. 건물은 홍영식의 집(지금의 헌법 재판소 자리)을 사용하도록 하였고, 광혜원이라는 명칭은 제중원으로 변경되었다.

➲ 육영 공원
1886년 설립된 학교로 외국인 교사를 초빙하여 관료 및 상류층 자제들을 대상으로 영어, 수학, 지리, 정치, 경제 등 근대 학문을 가르치도록 하였다.

➲ 국문 연구소
1907년 학부 안에 설치된 한글 연구 기관으로 국문 연구 의정안을 작성하였다.

개념 체크

1. 1883년에 함경도 덕원 주민들은 최초의 근대식 학교인 (　　)를 세워 근대 학문과 외국어를 가르쳤다.
2. (　　)에서 발행한 한성순보는 정부가 발행한 최초의 근대적 신문이다.
3. 양기탁이 중심이 된 대한매일신보는 영국인 (　　)을 발행인으로 내세워 창간되었다.

정답
1. 원산 학사 2. 박문국 3. 베델

자료 탐구 경제적 구국 운동

1단계 자료 분석

(가) 우리가 혈심으로 본회를 창립하고 규칙을 내었으니 …… 이름은 황국 중앙 총상회라 하고 …… 전(점포)의 지계를 정하되 동으로 철물교, 서로 송교, 남으로 작은 광교, 북으로 안현까지는 외국 사람들이 장사하는 것은 허락하지 말고 그 지계 밖에 본국 각전은 본회에서 관할할 일이라.

– 독립신문(1898) –

(나) 러시아 공사 스페이에르가 부산 절영도를 조차하여 석탄 창고를 짓고자 하였다. 2월 27일 독립 협회 회원들이 독립관에서 회의를 열었다. 서기 정교가 말하였다. " …… 지금 황제 폐하께서는 자주독립의 권리를 세워 만국과 더불어 나란히 서게 되었거늘, 그 신하된 자들이 만약 한 치 한 자의 땅이라도 다른 나라 사람에게 내어 준다면 이는 황제 폐하에게 반역하는 신하요, 대대의 임금에게는 죄인이며, 우리 대한 이천만 동포 형제에게는 원수가 됩니다."

– 정교, 『대한계년사』 –

(가)의 황국 중앙 총상회는 상권 수호를 위해 조직되었다. 조청 상민 수륙 무역 장정 체결 이후 청과 일본을 비롯한 외국 상인들이 점차 서울에 상점을 설치하고 상권을 확대해 나갔다. 이에 큰 타격을 받은 시전 상인은 외국 상점의 퇴거를 요구하며 철시 투쟁을 전개하였다. 이후 황국 중앙 총상회를 조직하여 외국 상인의 불법적인 상업 활동을 막고 상권을 수호하는 운동에 나섰다. (나)의 독립 협회는 열강의 이권 침탈이 심해지는 상황에서 이권 수호 운동을 활발히 전개하였다. 만민 공동회를 개최하여 러시아의 절영도 조차 요구를 좌절시켰으며, 한러 은행을 폐쇄하는 성과를 거두었다. 또한 프랑스·독일 등의 광산 채굴권 요구도 저지하였다.

2단계 문항 연습

정답과 해설 23쪽

[25013-0097]

1 (가)에 들어갈 내용으로 가장 적절한 것은?

〈서술형 문제〉
※ 다음 글을 읽고 물음에 답하시오.

임오군란 후 청의 영향력이 확대되는 과정에서 조청 상민 수륙 무역 장정의 체결로 청 상인은 한성과 양화진에서 상점을 개설할 수 있게 되었다. 지방관의 허가서를 받으면 개항장 밖의 내지에서도 물건을 구매할 수 있었다. 1883년에는 조일 통상 장정이 체결되어 일본이 최혜국 대우를 획득하였다. 뒤이어 내지 통상을 허용한 조약이 영국과 체결되면서 외국 상인들의 내륙 침투는 더욱 확산되었다.

1. 위와 같은 외국 상인의 침투에 대응하여 시전 상인은 어떤 활동을 벌였는지 쓰시오. (10점)

답 : (가)

① 녹읍을 폐지하였다.
② 서경 천도를 주장하였다.
③ 새마을 운동에 참여하였다.
④ 토지 조사 사업을 시행하였다.
⑤ 황국 중앙 총상회를 조직하였다.

대표 기출 확인하기

[2024학년도 수능]

1 다음 대화의 배경으로 가장 적절한 것은?

> 이보게, 종로에서 거의 날마다 보안회가 주관하는 대중 집회가 열리고 있다고 하네. 수천 명이 모여 한 뼘의 국토도 외국인에게 내줄 수 없다는 주장을 펼친다더군.

> 지방에서는 이러한 주장에 호응하여 이곳저곳에서 보안회에 의연금을 보낸다고 합니다. 서울의 상인들도 가게 문을 닫고 이들의 투쟁을 지원한다더군요.

① 산미 증식 계획이 시행되었다.
② 암태도 소작 쟁의가 발생하였다.
③ 일본이 한국에 황무지 개간권을 요구하였다.
④ 조선 총독부가 토지 조사 사업을 실시하였다.
⑤ 회사 설립을 허가제로 하는 회사령이 제정되었다.

정답 및 해설

정답 해설 자료에서 종로에서 보안회가 주관하는 대중 집회가 열리고 있다는 점, 한 뼘의 국토도 외국인에게 내줄 수 없다는 주장을 펼쳤다는 점 등을 통해 제시된 대화는 일본이 황무지 개간권을 요구하자 이에 반대하는 운동을 전개한 보안회의 활동과 관련된 것임을 알 수 있다. ③ 일본이 대한 제국에 황무지 개간권을 요구하자 이에 대응하여 1904년에 보안회가 결성되었다.

오답 피하기 ① 일제는 자국의 부족한 쌀을 한국에서 확보하기 위해 1920년부터 산미 증식 계획을 시행하였다.
② 1923년에 전라남도 암태도의 농민들이 높은 소작료 등에 저항하며 소작 쟁의를 일으켰다.
④ 조선 총독부는 1910~1918년에 지세의 공정한 부과와 근대적 토지 소유권 확립을 명분으로 토지 조사 사업을 실시하였는데, 그 실상은 식민 통치에 필요한 재정을 확보하는 것이었다.
⑤ 일제는 1910년 한국인의 기업 설립과 민족 자본의 성장을 억제하기 위해 조선 총독의 허가를 받아야만 회사를 설립할 수 있도록 한 회사령을 제정하였다.

정답 ③

[2025학년도 수능 6월 모의평가]

2 밑줄 친 '이 시기'에 볼 수 있는 모습으로 가장 적절한 것은?

탐구 활동 보고서

3학년 ○반 이름 △△△

주제 : 개항 이후 정부가 추진한 개화 정책

1. 조사 내용
개항 이후 정부의 개화 정책이 추진됨에 따라 서구 문물의 영향을 받은 근대 시설이 갖추어지기 시작하였다. 갑오개혁에 앞선 <u>이 시기</u>에는 화폐 발행을 담당한 전환국, 최초의 신문을 발간한 박문국 등이 설치되었고, 서양식 의료 기관인 광혜원(제중원)이 세워져 운영되었다.
2. 관련 사진

[박문국에서 발간한 한성순보]

[한성에 설립된 광혜원(제중원)]

① 황국 신민 서사를 암송하는 아동
② 6·10 만세 운동에 동참하는 학생
③ 5·10 총선거에 참여하여 투표하는 농민
④ 육영 공원에서 영어를 가르치는 외국인 교사
⑤ 경부 고속 국도(도로) 개통식에 참석하는 정부 관료

정답 및 해설

정답 해설 자료에서 갑오개혁에 앞선 시기라는 점, 전환국과 박문국, 광혜원이 설치되었다는 점 등을 통해 밑줄 친 '이 시기'가 개항 이후부터 1894년 이전에 해당하는 시기임을 알 수 있다. ④ 조선 정부는 양반 자제와 관리를 대상으로 근대 학문을 교육하고자 1886년 육영 공원을 설립하였다.

오답 피하기 ① 일제는 1937년 중일 전쟁 발발 이후 한국인의 민족의식을 말살하기 위해 황국 신민 서사 암송을 강요하였다.
② 6·10 만세 운동은 1926년 순종의 인산일을 기해 일어났다.
③ 제헌 국회 의원 선출을 목적으로 1948년 5·10 총선거가 실시되었다.
⑤ 경부 고속 국도(도로)는 박정희 정부 시기인 1970년에 개통되었다.

정답 ④

수능 유형 익히기

[25013-0098]

01 교사의 질문에 대한 학생의 답변으로 가장 적절한 것은?

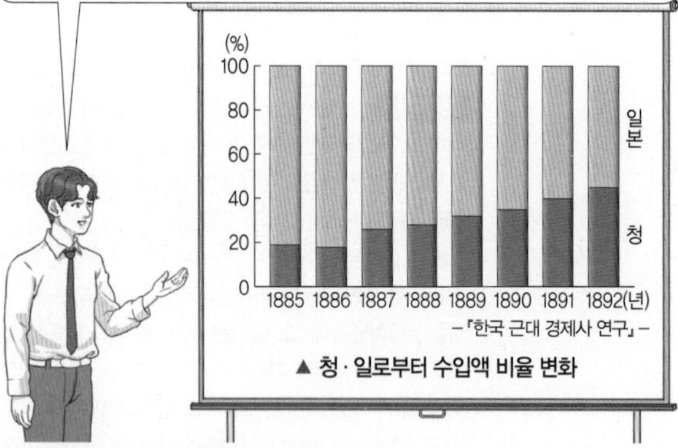
다음 그래프를 보시면 일본이 독점하다시피 했던 조선 시장에서 청의 무역 비중이 높아지고 있음을 알 수 있습니다. 이러한 상황이 나타난 배경을 발표해 볼까요?
(%)
100
80
60
40
20
0
1885 1886 1887 1888 1889 1890 1891 1892(년)
일본
청
-『한국 근대 경제사 연구』-
▲ 청·일로부터 수입액 비율 변화

① 대동법이 시행되었어요.
② 정동행성이 설치되었어요.
③ 새마을 운동이 추진되었어요.
④ 산미 증식 계획이 실시되었어요.
⑤ 조청 상민 수륙 무역 장정이 체결되었어요.

[25013-0099]

02 (가) 장정에 대한 설명으로 옳은 것은?

사료로 보는 한국사

제9관 입항하거나 출항하는 각 화물이 세관을 통과할 때는 응당 본 조약 세칙에 따라 관세를 납부해야 한다.
제37관 조선에서 가뭄과 홍수, 전쟁 등의 일로 인하여 국내에 양식이 결핍할 것을 우려하여 일시 쌀 수출을 금지하려고 할 때는 1개월 전에 지방관이 일본 영사관에게 통지하여야 한다.

자료는 조선과 일본이 체결한 (가) 의 일부이다. 조선 정부는 조일 무역 규칙을 체결한 이후 무관세 무역의 부당성을 인식하고 이를 시정하기 위해 노력하였다. 그리하여 관세권 설정, 방곡령 규정 등 개정된 내용이 포함된 (가) 을/를 1883년에 체결하였다.

① 집강소 설치의 근거가 되었다.
② 임진왜란 발발에 영향을 주었다.
③ 최혜국 대우 규정이 포함되었다.
④ 객주와 여각이 성장하는 계기가 되었다.
⑤ 프랑스가 병인양요를 일으키는 결과를 가져왔다.

[25013-0100]

03 밑줄 친 '이 사업'에 대한 설명으로 옳은 것은?

통화 제도의 수탈적 성격은 이 사업의 핵심인 백동화 정리 과정에서 여실히 나타났다. 특히 문제가 된 것은 백동화와 신화폐의 교환 비율이었는데, 갑종, 을종, 병종의 3등급으로 나뉘어 차등 교환이 이루어졌다. 즉, 품질이 양호한 갑종 백동화는 2전 5리와 교환되었고, 상태가 좋지 않은 을종 백동화는 개당 1전의 가격으로 매수되었다. 또한 형질이 조악하여 병종 백동화로 감정된 것은 교환에서 제외되었다. 이에 따라 백동화를 소지한 한국인의 화폐 재산은 축소될 수밖에 없었다.

① 금난전권을 폐지하는 계기가 되었다.
② 재정 고문 메가타의 주도로 추진되었다.
③ 암태도 소작 쟁의가 일어나는 원인이 되었다.
④ 금융 실명제가 전면 실시 되는 배경이 되었다.
⑤ 경복궁 중건 자금을 마련하기 위해 실시되었다.

[25013-0101]

04 (가)에 들어갈 내용으로 가장 적절한 것은?

다큐멘터리 기획안

◎ 제목 : 외세의 침탈에 맞서 우리의 경제를 지켜라!
◎ 기획 의도 : 개항 이후 일본을 비롯한 외세의 경제적 침략에 맞선 경제적 구국 운동을 조명해 본다.
◎ 구성
- 1부 : 함경도 관찰사 조병식이 방곡령을 선포하다.
- 2부 : 황국 중앙 총상회가 조직되어 상권 수호 운동을 벌이다.
- 3부 : (가)

① 전태일 분신 사건이 일어나다.
② 공민왕이 전민변정도감을 설치하다.
③ 대한민국 임시 정부가 독립 공채를 발행하다.
④ 보안회가 일제의 황무지 개간권 요구에 반대하다.
⑤ 의열단이 조선 혁명 선언을 활동 지침으로 정하다.

[25013-0102]

05 (가) 운동에 대한 설명으로 옳은 것은?

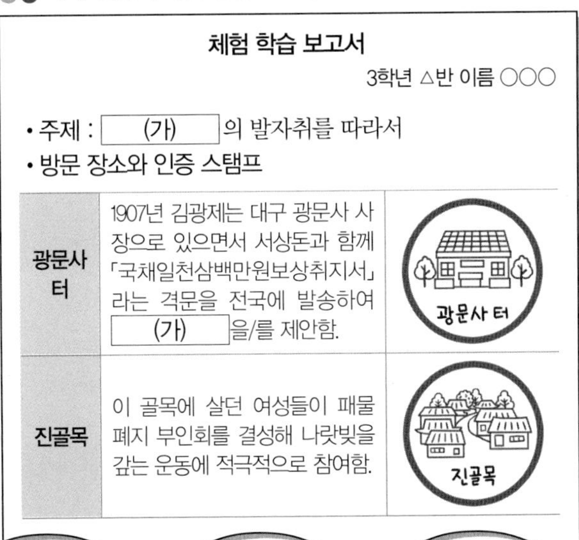

체험 학습 보고서

3학년 △반 이름 ○○○

• 주제 : (가) 의 발자취를 따라서
• 방문 장소와 인증 스탬프

광문사 터	1907년 김광제는 대구 광문사 사장으로 있으면서 서상돈과 함께 「국채일천삼백만원보상취지서」라는 격문을 전국에 발송하여 (가) 을/를 제안함.	광문사 터
진골목	이 골목에 살던 여성들이 패물 폐지 부인회를 결성해 나랏빚을 갚는 운동에 적극적으로 참여함.	진골목

① 서경 천도를 주장하였다.
② YH 무역 사건의 계기가 되었다.
③ 북벌론이 제기되는 배경이 되었다.
④ 대한매일신보 등 언론의 지원을 받았다.
⑤ 미소 공동 위원회가 개최되는 결과를 가져왔다.

[25013-0103]

06 (가)에 들어갈 내용으로 가장 적절한 것은?

학습 주제 : (가)

철도의 경우 경부선, 경의선 등의 부설로 지역 간 교류, 물품 수송 등이 편리해졌어.
하지만 철도 부설 과정에서 많은 토지가 약탈되었고, 농민들이 공사에 동원되었어.
그리고 일제의 철도 부설 목적은 제국주의적 침략에 있었어.

① 근대 문물의 양면성
② 당백전 발행의 필요성
③ 도병마사의 설치 이유
④ 토지 조사 사업의 실상
⑤ 경제 개발 5개년 계획의 추진

[25013-0104]

07 밑줄 친 '이 학교'에 대한 설명으로 옳은 것은?

제2 전시관 대표 전시 : 헐버트 (Homer Bezaleel Hulbert)

헐버트는 1886년에 설립되어 관료와 상류층 자제를 대상으로 영어, 수학 등 근대 학문을 가르쳤던 이 학교의 교사로 초빙되어 국내에 입국하였다. 이후 그는 일본의 국권 침탈이 심각해지자 고종의 요청으로 외교 활동을 하였고, 우리나라의 국권 회복에 힘을 쏟다가 1949년 생을 마감하였다.

① 원산에 위치하였다.
② 정부의 주도로 설립되었다.
③ 흥선 대원군에 의해 철폐되었다.
④ 황국 신민 서사를 암송하게 하였다.
⑤ 교육입국 조서 발표 직후에 설치되었다.

[25013-0105]

08 밑줄 친 '사례'로 가장 적절한 것은?

학교생활 기록부

3학년 ○반 이름 ○○○

과목	세부 능력 및 특기 사항
(한국사) 역사 주제 탐구하기 활동에서 '개항 이후 국권 침탈에 맞선 민족의식 고취 노력'이라는 주제로 활동지를 작성하였음. 다양한 자료를 꼼꼼하게 참고하며 활동지를 성실하게 작성하는 태도가 돋보였으며, 주시경의 『국어 문법』 저술 등 국권 피탈 이전 국어와 역사 연구를 통해 민족의식을 높이고자 했던 여러 사례를 조사한 부분에서 학생의 우수한 탐구력을 확인할 수 있었음.	

① 삼국사기가 편찬되었다.
② 독서삼품과가 마련되었다.
③ 각지에 척화비가 건립되었다.
④ 신채호에 의해 독사신론이 저술되었다.
⑤ 우리말(조선말) 큰사전 편찬 사업이 추진되었다.

09 1910~20년대 일제의 식민지 정책과 3·1 운동, 대한민국 임시 정부

➲ 즉결 심판권

일제는 3개월 이하의 징역, 구류, 과료 등에 해당하는 범죄는 법 절차나 정식 재판을 거치지 않고 재량으로 즉결 처분할 수 있도록 하였다.

1. 일제의 식민지 통치 제도

(1) 조선 총독부

① 특징 : 1910년에 설치, 일제 강점기 식민 통치 최고 기관

② 조선 총독 : 일본 육해군 대장 중 임명, 입법·사법·행정 및 군사권 장악

(2) 중추원 : 조선 총독의 자문 기구, 친일파 등을 임명

➲ 조선 태형령

제1조 3개월 이하의 징역 또는 구류에 처해야 하는 자는 정상에 따라 태형에 처할 수 있다.
제11조 태형은 감옥 또는 즉결 관서에서 비밀리에 집행한다.
제13조 본령은 조선인에 한하여 적용한다.

일제는 조선 태형령을 제정하여 한국인에게만 태형(笞刑)을 가할 수 있도록 공인하였다. 이는 일제의 무단 통치 수단으로 활용되었다.

2. 일제의 무단 통치와 경제 수탈

(1) 무단 통치

① 헌병 경찰 제도 : 헌병이 일반 경찰 업무 수행, 헌병 경찰은 정식 재판 없이 즉결 심판권 행사

② 조선 태형령 제정(1912) : 한국인에게만 태형 적용

③ 공포 분위기 조성 : 관리와 교원이 제복을 입고 칼을 착용

④ 기본권 박탈 : 한국인의 언론·집회·출판·결사의 자유 제한, 한국인이 발행하는 신문 등을 폐간

⑤ 식민지 교육 실시 : 보통 교육·실업 교육 위주(고등 교육 제한), 일본어 교육 중시, 민족 교육 탄압

자료 플러스 경찰범 처벌 규칙

제1조 다음 각 호 중 하나에 해당하는 자는 구류 또는 과료에 처한다.
19. 함부로 대중을 모아 관공서에 청원 또는 진정을 하는 자
20. 불온한 연설을 하거나 불온한 문서, 도서, 시가의 게시·반포·낭독 또는 큰 소리로 읊는 자
32. 경찰 관서에서 특별히 지시 또는 명령한 사항을 위반하는 자 -「조선 총독부 관보」-

경찰범 처벌 규칙은 1912년에 제정되어 한국인의 일상생활을 세밀하게 감시하고 처벌하는 데 활용되었다. 위반 행위에 해당하는 항목이 87가지에 이르며 위반한 자는 주로 태형에 처해졌다.

개념 체크

1. 일제는 대한 제국을 강점한 후 식민 통치 최고 기관으로 (　　)를 설치하였다.
2. 일제의 무단 통치 시기에 (　　)이 일반 경찰 업무를 맡았다.
3. (　　)이 공포되어 조선 총독이 회사 설립 허가권 및 해산권을 행사하면서 한국인의 경제 활동은 제한되었다.

정답
1. 조선 총독부 2. 헌병
3. 회사령

(2) 경제 수탈

① 토지 조사 사업(1910~1918)

목적	지세의 공정한 부과와 근대적 토지 소유권 확립이라는 명분, 실상은 식민 통치에 필요한 재정 확보
전개	임시 토지 조사국 설치(1910), 토지 조사령 공포(1912) → 토지 소유자가 필요한 서류를 준비하여 기일 안에 신고하면 조사 후 소유권 인정
결과	• 조선 총독부 소유로 편입된 토지(소유권이 불분명한 토지와 국·공유지)는 동양 척식 주식회사에 헐값으로 팔림 • 지주의 소유권만 인정하고 농민의 관습적 경작권 부정, 많은 농민이 기한부 계약에 의한 소작농으로 전락하거나 만주·연해주 등지로 이주

② 국내 산업 침탈

• 회사령 공포(1910) : 조선 총독에게 회사 설립 허가권 및 해산권 부여

• 자원 통제 : 어업령·삼림령·조선 광업령 등 공포

3. 일제의 민족 분열 통치와 경제 수탈

(1) 민족 분열 통치(이른바 문화 통치)

① 목적 : 3·1 운동(1919) 이후 한국인의 반발 무마, 친일파 양성을 통한 민족 분열 도모

② 내용과 실상

내용		실상
조선 총독에 문관 출신도 임명 가능	⇨	실제 임명된 문관 출신 총독 없음
헌병 경찰 제도 및 조선 태형령 폐지, 보통 경찰 제도 실시	⇨	경찰 인원·경찰 관서 증가, 치안 유지법 제정(1925) → 감시와 탄압 강화
언론·집회·출판·결사의 자유 제한적 허용, 한국인에게 신문(조선일보·동아일보 등) 발행 허용	⇨	식민 통치를 인정하는 범위 내에서 허용, 신문에 대한 검열 강화로 기사 삭제 또는 정간 조치 등 실시
도 평의회, 부·면 협의회를 통해 한국인을 지방 행정에 참여하게 하겠다고 선전	⇨	실제 의결권이 없는 자문 기구에 불과

자료 플러스 **조선 총독 사이토 마코토의 식민 정책(이른바 문화 통치)**

귀족, 양반, 유생, 실업가, 교육가, 종교가 등 각기 계급 및 사정에 따라 각종의 친일적 단체를 조직하게 해서 이에 상당한 편의와 원조를 제공하여 충분히 활동하도록 한다. …… 조선 문제 해결의 핵심은 친일 인물을 많이 얻는 데 있다. —「사이토 마코토 문서」—

일제는 이른바 문화 통치를 표방하면서도 실제로는 각계각층에서 친일 세력을 양성하고자 하였다. 이를 통해 한국인을 분열시켜 독립운동을 약화하고, 식민지 지배 체제를 공고히 하고자 하였다.

(2) 경제 수탈

① 산미 증식 계획(1920~1934)

목적	일본의 공업화 진전에 따른 식량 부족 → 한국에서 쌀을 확보하여 해결
전개	토지 개량 및 개간, 품종 개량, 수리 시설 확충(수리 조합 조직)
결과	• 증산량 이상의 쌀이 일본으로 유출(국내 식량 사정 악화 → 만주에서 잡곡 수입) • 수리 조합비 등 증산 비용 농민 부담(농민 생활 피폐)

② 회사령 폐지(1920) : 허가제를 신고제로 전환, 일본 기업이 본격적으로 한국에 침투

③ 일본 상품에 대한 관세 폐지(1923)

4. 1910년대 국내외 민족 운동

(1) 국내의 민족 운동

① 특징 : 비밀 결사 형태로 전개

② 주요 단체

단체명	특징
독립 의군부	• 의병장 출신 임병찬 등이 고종의 밀명을 받아 조직(1912) • 일제에 국권 반환 요구서 제출 추진, 복벽주의 추구
대한 광복회	• 박상진 등이 군대식 조직으로 결성(1915) • 군자금 모집, 만주에 무관 학교 설립 추진 • 국권 회복 후 공화정 형태의 근대 국가 건설 추구

➲ 치안 유지법

제1조 국체를 변혁하거나 사유 재산 제도를 부인하는 것을 목적으로 결사를 조직하거나 또는 사정을 알고 이에 가입한 자는 10년 이하의 징역 또는 금고에 처한다.
제7조 이 법은 누구를 막론하고 이 법의 시행 구역 외에서 죄를 범한 자에게도 적용된다.

일제는 일본에서 제정된 치안 유지법을 한국, 타이완 등지에 적용하여, 사회주의자와 독립 운동가 등을 탄압하였다.

➲ 수리 조합

물을 이용하기 위한 수리 시설을 만들고 관리하기 위해 조직한 것이다. 지주가 부담해야 하는 건설비와 수리 조합비가 소작농에게 전가되는 경우가 많았다.

➲ 복벽주의

'복벽(復辟)'이란 물러났던 임금이 다시 왕위에 오른다는 뜻이다. 복벽주의는 일제로부터 국권을 되찾은 후에 군주정을 회복하겠다는 목표를 내세운 이념이다.

개념 체크

1. 일제는 1919년 (　　) 이후 통치 방식을 무단 통치에서 이른바 문화 통치로 바꾸었다.
2. 일제는 자국의 식량 문제를 해결하기 위해 한국을 식량 공급지로 만드는 (　　)을 1920년부터 실시하였다.
3. 의병장 출신 (　　)은 고종의 밀명을 받아 1912년 독립 의군부를 조직하였다.

정답
1. 3·1 운동 2. 산미 증식 계획
3. 임병찬

➲ 중광단
중광단은 1911년 대종교 계열의 인사들이 항일 무장 활동을 위해 조직하였으며 왕칭에 본부를 두었다. 3·1 운동 발생 이후 중광단은 다른 단체와 함께 북로 군정서로 개편되었다.

➲ 대한인 국민회
미주의 한인 단체를 통합하여 결성되었다. 공개적으로 민주 공화국 수립을 주장하였으며 동포 사회의 권익 보호, 독립군의 군자금 지원 등에 힘썼다.

➲ 민족 자결주의
각 민족은 자신의 정치적 운명을 스스로 결정할 권리가 있다는 주장이다. 그렇지만 이 주장은 제1차 세계 대전 패전국의 식민지에만 적용되는 원칙이었고, 승전국인 일본의 식민 지배를 받고 있던 한국에는 적용되지 않았다.

개념 체크

1. (   )은 1911년 대종교 계열의 인사들이 항일 무장 활동을 위해 조직한 단체이다.
2. 장인환과 전명운의 의거를 계기로 미주에서 한인 단체를 통합한 (   )가 결성되었다.
3. 미국 대통령 윌슨이 제창한 (   )는 3·1 운동이 일어나는 데 영향을 주었다.

정답
1. 중광단 2. 대한인 국민회
3. 민족 자결주의

(2) 국외의 민족 운동

지역		활동
중국	북간도	• 중광단 결성(→ 북로 군정서로 발전) • 명동 학교 운영
	서간도(남만주)	• 삼원보 중심 • 경학사 조직, 서로 군정서 결성 • 신흥 강습소 설립(→ 신흥 무관 학교로 개편)
	상하이	신한청년당 결성
연해주		신한촌 건설, 권업회 조직 → 대한 광복군 정부 수립
미주		• 대한인 국민회 : 장인환·전명운 의거를 계기로 결성(1910) • 대조선 국민 군단 : 박용만 등이 하와이에서 결성

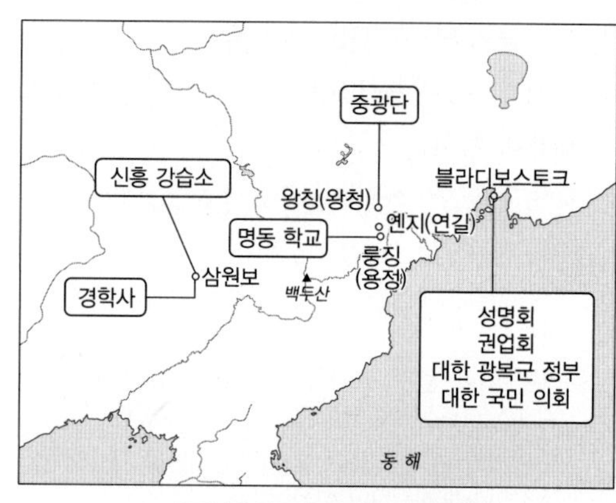

▲ 1910년대 만주와 연해주의 독립운동

5. 3·1 운동

(1) 배경

① 국내 : 일제의 무단 통치와 수탈에 대한 반발, 고종의 서거

② 국외 : 민족 자결주의 대두(제1차 세계 대전의 전후 처리 논의 과정에서 미국 대통령 윌슨이 제창), 국외 민족 운동의 전개(신한청년당이 파리 강화 회의에 김규식을 대표로 파견, 일본 도쿄에서 한국인 유학생들이 2·8 독립 선언 발표)

(2) 경과

① 시작 : 종교계(천도교, 기독교, 불교) 및 학생 중심으로 준비 → 민족 대표는 태화관, 학생과 시민들은 탑골 공원에서 독립 선언 → 비폭력 만세 시위 전개

자료 플러스 3·1 운동의 준비와 실행

> 모의는 운동 본부에서 매우 신중하고 면밀하게 시작되었다. 때문에 거행 시기와 집회 장소는 오직 각 단체의 우두머리와 각 학교의 대표들에 의해 결정되었으며, 다수의 학생과 각 단체의 회원들에게는 알리지 않았다. …… 거사할 시각에 이르자 약속하지 않고도 모인 학생이 이미 천여 명이나 되었다. 이리하여 9년간 그림자조차 볼 수 없었던 태극기가 서울 한가운데 나타나 하늘 높이 바람에 휘날렸다. 한 사람이 몸을 던지듯이 단상에 올라가 독립 선언서를 낭독하였다. 낭독이 끝나기도 전에 만세 소리가 우레와 같이 우렁차게 울려 퍼졌다.
> –『한국독립운동지혈사』–

종교계(천도교, 기독교, 불교) 주요 인사들과 학생들은 고종의 장례일 무렵에 맞추어 독립 선언과 만세 시위를 추진하였다. 천도교가 운영하는 인쇄소에서 비밀리에 인쇄된 독립 선언서는 서울, 평양, 원산 등지로 배포되었고, 3월 1일 학생들은 탑골 공원에서 만세를 외치며 시위를 시작하였다.

② 전개
- 서울, 평양, 원산 등에서 독립 선언과 만세 시위가 시작되어 전국에 확산
- 농촌 시위는 주로 장날을 이용하여 전개, 식민 통치 기관 습격
- 일제의 가혹한 진압 : 제암리 학살 사건 등
- 국외로 확산 : 간도, 연해주, 일본, 미주 등

(3) 의의 및 영향

① 국내

- 일제 강점기 최대 규모의 항일 운동 : 독립의 의지를 세계에 알림
- 대한민국 임시 정부 수립의 계기 : 독립운동의 구심점이 필요함을 인식
- 항일 운동의 활성화 : 무장 투쟁, 노동·농민 운동 등 다양한 민족 운동의 활성화
- 일제 통치 방식의 변화 : 무단 통치에서 이른바 문화 통치로 전환

② 국외 : 중국 5·4 운동 등에 영향

6. 대한민국 임시 정부의 수립과 활동

(1) 대한민국 임시 정부의 수립

배경	3·1 운동 이후 독립운동의 역량을 결집할 필요성 대두
과정	• 각지의 임시 정부 수립 : 대한 국민 의회(연해주), 대한민국 임시 정부(상하이), 한성 정부(서울) • 통합 : 한성 정부의 정통성 계승 → 상하이에 통합된 대한민국 임시 정부 수립
조직	• 삼권 분립에 입각한 민주 공화정 : 임시 의정원(입법), 국무원(행정), 법원(사법) • 대통령 이승만, 국무총리 이동휘 등으로 지도부 구성

(2) 대한민국 임시 정부의 활동

① 연통제와 교통국 등 운영

② 독립 공채 발행 등을 통한 자금 모집

③ 국제회의에 대표를 파견하여 독립 호소, 미국에 구미 위원부 설치(이승만 중심)

④ 기관지로 독립신문 발간

자료 플러스 연통제를 활용한 독립운동 자금 조달

> 내가 맡게 된 임무는 자금 조달이었으며 상하이 출발에서부터 국내 잠입, 상하이 귀환의 모든 경로 및 절차는 대한민국 임시 정부의 지시에 따르도록 되어 있었다. …… 나는 3월 초순에 상하이를 출발했다. 국내 잠입 경로는 연통제를 따랐다. …… 상하이에서 안동현까지는 이륭 양행의 배편을 이용하였다. …… 신의주에 넘어와서는 역시 비밀 연락소인 시내의 세창 양복점을 찾아갔다. 양복점 주인이자 재단사인 이세창 씨는 내 신분을 확인하자 안전하게 서울까지 갈 수 있는 모든 편의를 봐주었다. – 정정화, 『장강일기』 –

대한민국 임시 정부의 독립운동 자금을 구하기 위해 여러 차례 국내에 잠입하였던 정정화의 기록이다. 상하이를 출발한 후 비밀 조직인 연통제를 활용하여 국내에 잠입했던 경험이 담겨 있다.

(3) 국민 대표 회의(1923)

배경	연통제와 교통국 조직 발각, 민족 운동의 방법을 둘러싼 논쟁(무장 투쟁론, 외교론, 실력 양성론 등)
과정	민족 운동의 새로운 방향 모색 → 논의 과정에서 창조파와 개조파 대립
조직	회의 결렬, 독립운동가 다수 이탈 → 대한민국 임시 정부 활동 침체

(4) 대한민국 임시 정부의 변화 : 이승만 탄핵 → 박은식이 제2대 대통령으로 선출된 후 국무령제로 체제 개편

연통제
대한민국 임시 정부의 비밀 행정 조직이다. 서울에 총판, 도에 독판을 두고 그 아래 군감, 면감을 두어 정보 수집, 군자금 조달 등을 추진하였다.

교통국
대한민국 임시 정부의 통신 기관으로 정보 수집과 분석, 연락 등의 역할을 담당하였다. 여러 교통국 중 무역 회사인 이륭 양행에 사무소를 둔 안동(단둥) 교통국의 활약이 두드러졌다.

창조파와 개조파
창조파는 대한민국 임시 정부를 대신하여 새로운 독립운동 조직을 만들자고 주장하였다. 개조파는 대한민국 임시 정부의 체제를 개편하여 계속 유지할 것을 주장하였다.

개념 체크

1. 대한민국 임시 정부는 삼권 분립의 원칙에 따라 입법 기관인 (　　), 행정 기관인 국무원, 사법 기관인 법원으로 구성되었다.
2. 대한민국 임시 정부는 독립운동 자금을 마련하기 위하여 (　　)를 발행하였다.
3. 대한민국 임시 정부는 미국에 (　　)를 설치하여 외교 활동을 하였다.

정답
1. 임시 의정원 2. 독립 공채
3. 구미 위원부

자료 탐구 일제의 경제 침탈

1단계 자료 분석

(가) 제1조 토지의 조사 및 측량은 본령에 의한다.
제4조 토지의 소유자는 조선 총독이 정하는 기간 내에 그 주소, 성명·명칭 및 소유지의 소재, 지목, 자번호, 사표, 등급, 지적, 결수를 임시 토지 조사 국장에게 신고하여야 한다. -『조선 총독부 관보』(1912. 8. 14.)-

(나) 동양 척식 주식회사가 설립된 이래 …… 다수의 국유지를 출자 또는 대부라는 명목으로 점령한 후 조선에서 하는 일은 매년 근 천 호의 일본 이민을 이주시키는 것이라. …… 전답의 소작권을 잃고 부모와 처자가 서로 손목을 맞잡고 슬픈 눈물을 뿌리며 서북간도 혹은 러시아 등지로 정처 없이 떠나가는 불쌍한 사람들이 매년 수천 명이다. - 동아일보(1922. 10. 23.) -

(다) 제1조 회사의 설립은 조선 총독의 허가를 받아야 한다.
제5조 회사가 본령 혹은 본령에 기초해 발표된 명령 및 허가의 조건을 위반하거나 공공의 질서 및 선량한 풍속에 반하는 행위를 한 경우에는 조선 총독은 사업의 정지·금지, 지점의 폐쇄 또는 회사의 해산을 명령할 수 있다.
-『조선 총독부 관보』(1910. 12. 30.) -

(가)는 1912년에 제정된 토지 조사령이다. 일제는 식민 지배에 필요한 재정을 확보하기 위하여 강점 직후 임시 토지 조사국을 설치하였다. 또한 토지 조사령을 제정하여 토지 소유자가 소유권을 인정받으려면 정해진 기간 내에 신고하도록 하였다. 미신고 토지나 국·공유지는 조선 총독부가 차지하였고, 그중 일부는 동양 척식 주식회사에 넘겨졌다.
(나)는 동양 척식 주식회사가 토지를 차지하고 일본 이민을 이주시키고 있는 상황과 수많은 한국의 농민이 소작권을 잃고 국외로 이주하게 된 상황을 보도한 기사이다.
(다)는 1910년에 제정된 회사령이다. 일제는 한국인의 민족 자본 성장을 억누르기 위하여 회사 설립은 조선 총독의 허가를 받게 하였다. 그뿐 아니라 이미 설립된 회사도 조선 총독의 권한으로 해산할 수 있게 하였다.

2단계 문항 연습

정답과 해설 26쪽

[25013-0106]

1 (가) 정책에 대한 설명으로 옳은 것은?

자료는 (가) 이/가 종료된 후 정책 담당자가 말한 내용입니다. 이 내용을 통해 토지 소유권을 조사한 일제의 목적을 알 수 있습니다. 실제로 이 사업을 실시하면서 조선 총독부의 지세 수입과 소유지가 증가하였습니다. 그렇지만 한국의 많은 농민은 기한부 계약에 의한 소작농으로 전락하였습니다.

(가) 은/는 통치의 기초이며 그 효과는 첫째, 토지 소유 제도의 완성이다. 둘째, 재정의 기초 수립이다.

① 군국기무처에서 담당하였다.
② 무상 몰수·무상 분배의 원칙에 따라 실시되었다.
③ 기한 내 신고한 토지에 한하여 소유권을 인정하였다.
④ 육의전을 제외한 시전 상인의 금난전권을 폐지하였다.
⑤ 가구당 농지 소유 면적의 상한을 3정보로 제한하였다.

자료 탐구 대한민국 임시 정부의 수립

1단계 자료 분석

(가) 1. 상하이와 노령(러시아령)에서 설립한 정부들을 일절 없애고 오직 국내에서 13도 대표가 창설한 한성 정부를 계승할 것이니 국내의 13도 대표가 민족 전체의 대표인 것을 인정한다.
2. 정부의 위치는 아직 상하이에 둘 것이니 각지에 연락이 비교적 편리한 까닭이다.
4. 정부의 명칭은 대한민국 임시 정부라 할 것이니 독립 선언 이후에 각지를 원만히 대표하여 설립된 정부의 역사적 사실을 살리기 위함이다.
－『한민족독립운동사』－

(나) 제1조 대한민국은 대한인민으로 조직함.
제2조 대한민국의 주권은 대한인민 전체에 있음.
제3조 대한민국의 강토는 구(舊) 한국의 판도로 정함.
제4조 대한민국의 인민은 일체 평등함.
제5조 대한민국의 입법권은 의정원이, 행정권은 국무원이, 사법권은 법원이 행사함.
－『대한민국 임시 헌법』(1919. 9.)－

(가)는 각지에 설립된 임시 정부의 통합 과정에서 제시된 의결 사항이다. 한성 정부의 법통을 계승하며 정부의 위치는 상하이에 두고 명칭은 대한민국 임시 정부로 한다는 내용이 나타나 있다.
(나)는 1919년 9월에 제정된 『대한민국 임시 헌법』이다. 대한민국의 주권은 국민 전체에게 있으며, 대한민국 임시 정부는 삼권 분립 원칙에 따라 구성된 민주 공화제 정부라는 사실을 명시하였다.

2단계 문항 연습

정답과 해설 **26**쪽

[25013-0107]

2 밑줄 친 '정부'에 대한 설명으로 옳은 것은?

> 발신 : ○○○
> 수신 : 이승만
>
> □□□□ 임시 의정원은 새로운 헌법을 채택하고 당신을 임시 대통령으로 선출하였소. 정부 관리들은 이를 진심으로 축하하오.
> 국무총리 이동휘, 내무 총장 이동녕 …… 노동국 총판 안창호

① 별기군을 창설하였다.
② 진단 학보를 간행하였다.
③ 구미 위원부를 설치하였다.
④ 대한국 국제를 반포하였다.
⑤ 정우회 선언을 계기로 성립하였다.

대표 기출 확인하기

[2025학년도 수능 6월 모의평가]

1 다음 상황이 나타난 시기에 있었던 사실로 옳은 것은?

오늘 신문을 보니 두 한국인이 서로 싸웠다는 이유로 순사에게 볼기를 맞았다는군. 우리 한국인에게만 차별적으로 태형을 집행하다니 너무 하지 않나.

말도 말게. 회사령에 따라 회사 설립 허가를 받으러 총독부에 갔던 한국인도 결국 허가를 받지 못했다고 하네.

① 균역법이 제정되었다.
② 도병마사가 설치되었다.
③ 홍범 14조가 반포되었다.
④ 헌병 경찰제가 실시되었다.
⑤ 삼청 교육대가 운영되었다.

정답 및 해설

정답 해설 자료에서 한국인에게만 차별적으로 태형을 집행한다는 점, 회사령에 따라 허가를 받으러 총독부에 갔다는 점 등을 통해 해당 시기는 일제의 무단 통치가 실시된 1910년대임을 알 수 있다. ④ 이 시기에 일제는 헌병 경찰제를 실시하여 한국인을 감시, 억압하였다.

오답 피하기 ① 조선 후기 영조는 백성의 군역 부담을 줄이기 위하여 균역법을 실시하였다.
② 도병마사는 고려 시대 중서문하성과 중추원의 고위 관리가 모여 국방 문제 등을 논의하던 회의 기구이다.
③ 조선 고종은 제2차 갑오개혁 당시 국정 개혁의 기본 강령이라 할 수 있는 홍범 14조를 반포하였다.
⑤ 전두환 등 신군부 세력은 1980년부터 1981년까지 사회 정화를 명목으로 삼청 교육대를 운영하였다.

정답 ④

[2025학년도 수능 9월 모의평가]

2 밑줄 친 '이 운동'에 대한 설명으로 옳은 것은?

『조선독립신문』 특별전

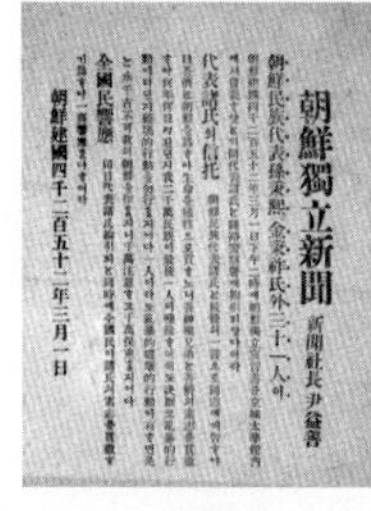

朝鮮獨立新聞

제1호

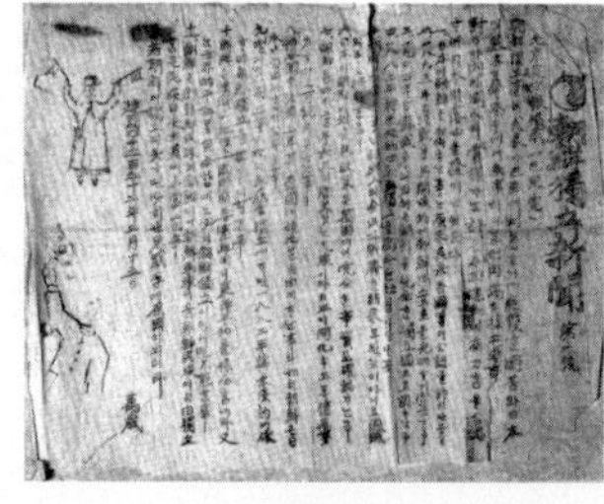

제6호

『조선독립신문』은 이종일 등이 1919년 3월 1일에 창간한 신문입니다. 제1호는 민족 대표들이 태화관에서 독립 선언서를 발표하고 체포되었다는 내용을 싣는 등 일제 강점기 최대 규모의 민족 운동인 <u>이 운동</u>을 보도하고 있습니다. 신문은 이종일이 체포된 이후에도 일제의 눈을 피해 계속 발행되었는데, 같은 해 3월 15일에 발간된 제6호에는 태극기를 들고 만세를 부르는 사람들의 모습이 그려져 있습니다.

① 서경 천도를 주장하였다.
② 메가타의 주도로 추진되었다.
③ 대통령 직선제 개헌의 결과를 가져왔다.
④ 대한민국 임시 정부 수립에 영향을 주었다.
⑤ 전국 각지에 척화비가 건립되는 계기가 되었다.

정답 및 해설

정답 해설 자료에서 태극기를 들고 만세를 부르는 사람들의 모습이 그려진 점, 민족 대표들이 태화관에서 독립 선언서를 발표하고 체포된 내용이 『조선독립신문』에 실린 점, 일제 강점기 최대 규모의 민족 운동이라는 점 등을 통해 밑줄 친 '이 운동'이 3·1 운동임을 알 수 있다. ④ 3·1 운동은 대한민국 임시 정부가 수립되는 데 영향을 주었다.

오답 피하기 ① 고려 인종 때 묘청과 정지상 등은 풍수지리설을 바탕으로 서경 천도를 주장하였다.
② 제1차 한일 협약(1904)으로 파견된 재정 고문 메가타의 주도로 백동화 등을 일본 제일 은행권으로 교환하도록 한 화폐 정리 사업이 시행되었다.
③ 6월 민주 항쟁으로 6·29 민주화 선언이 발표되었으며, 이에 따라 여야 합의로 5년 단임의 대통령 직선제 개헌안이 마련되었다.
⑤ 신미양요 이후 흥선 대원군은 전국 각지에 척화비를 세워 통상 수교 거부 의지를 알렸다.

정답 ④

수능 유형 익히기

정답과 해설 26쪽

[25013-0108]

01 (가) 기관에 대한 설명으로 옳은 것은?

[사료로 보는 한국사]

- (가) 에 조선 총독을 두어 위임의 범위 내에서 육군과 해군을 통솔하며 일체의 정무를 통할하게 한다.
- 통감부 및 그 소속 관서는 당분간 이를 존속하고 조선 총독의 직무는 통감으로 하여금 하게 한다.

[해설] 1910년 8월 29일에 공포된 법령의 일부이다. 일제가 식민 통치의 최고 기관으로 한국에 (가) 을/를 설치한다는 내용이다. 그렇지만 그 전에 을사늑약으로 설치된 통감부 등도 당분간 존속시켰음을 알 수 있다.

① 별무반을 편성하였다.
② 회사령을 시행하였다.
③ 6조 직계제를 실시하였다.
④ 관민 공동회를 개최하였다.
⑤ 제1차 갑오개혁을 주도하였다.

[25013-0109]

02 밑줄 친 '이 법률'이 적용된 시기에 볼 수 있는 모습으로 가장 적절한 것은?

> 가장 흔한 처벌은 이 법률에 따라 시행되는 태형인데, 일본인이나 외국인 외에 오직 한국인만을 구타하였다. …… 이 법률에 따르면 여자나 60세를 넘은 남자, 15세 이하의 남자에게 태형을 집행할 수 없지만, 경찰은 무차별적으로 구타하였다.

① 한성순보를 발간하는 관원
② 칼을 차고 제복을 입은 교원
③ 원산 총파업에 참여하는 노동자
④ 브나로드 운동에 참여하는 학생
⑤ 신간회 지회 모임에서 강연하는 학자

[25013-0110]

03 (가) 정책에 대한 설명으로 옳은 것은?

(가) 이/가 실시되면서 저는 그동안 농사짓던 토지의 경작권을 인정받지 못하게 되었습니다. 앞으로 어떻게 살아야 할지 걱정입니다.
제가 농사짓던 소작지가 동양 척식 주식회사를 통해 일본인 소유로 넘어갔습니다. 저는 기한부 계약에 따른 소작농이 되었는데 소작료가 높아서 생계가 어렵습니다.
역할극으로 이해하는 일제 강점기 (가)
농민 1
농민 2

① 구본신참을 표방하였다.
② 신고주의를 원칙으로 하였다.
③ 동도서기론을 바탕으로 하였다.
④ 보국안민, 제폭구민의 구호를 제시하였다.
⑤ 유상 매수·유상 분배의 방법으로 추진되었다.

[25013-0111]

04 밑줄 친 ㉠의 사례로 가장 적절한 것은?

〈탐구 활동 보고서〉

주제 : 19△△년대 신문 기사로 보는 일제의 식민지 정책

- 자료
  - 본보는 불의의 정간 처분을 당하여 50일 가까이 묵묵히 지냈다. 그뿐 아니라 설상가상으로 국장으로 인해 당국이 집회를 금지하였다.
  - 기미년 삼일 운동이 일어난 후 금년까지 8개년 동안 경찰비로 지출한 총액은 일억 육천여만 원이라는 거액이다.
- 내용 : 일제는 3·1 운동 이후 한국인의 반발을 무마하기 위해 유화적인 통치 방식을 내세웠지만, 실제로는 ㉠감시와 탄압을 강화하였다는 점을 알 수 있다.

① 보안회가 조직되었다.
② 별기군이 창설되었다.
③ 정동행성이 설치되었다.
④ 치안 유지법이 제정되었다.
⑤ 대한 자강회가 해산되었다.

[25013-0112]

05 (가) 정책의 결과로 옳은 것은?

○ 사이토 총독은 지난 1년 동안 기타 산업 기관의 개선을 실시했다고 하였다. 그러나 이 역시 일본의 식량 부족을 구제하려는 경제적 식민 정책의 일단으로 (가) 을/를 실시한 것 외에는 어떠한 개선도 듣지 못하였다.
○ 조선 농민은 빈곤하여 쌀을 먹지 못한 채 팔고, 값이 저렴한 좁쌀을 먹게 되었다. (가) 에 따라 큰 비용을 들여 쌀 생산을 늘렸으면서, 자기 가정에서 일상적으로 먹는 식량은 만주에서 구해 들여온 것이다.

① 녹읍이 폐지되었다.
② 삼정이정청이 설치되었다.
③ 동양 척식 주식회사가 설립되었다.
④ 수리 조합비 등 농민의 부담이 증가하였다.
⑤ 제분·제당·면방직의 삼백 산업이 발달하였다.

[25013-0113]

06 (가) 단체에 대한 설명으로 옳은 것은?

이달의 독립운동가
임병찬(1851~1916)

일제의 국권 침탈에 맞서 1906년 최익현과 함께 의병을 일으켜 활약하다가 순창에서 체포되어 쓰시마섬으로 유배되었다. 이듬해 귀국하였으나 1910년 국권 피탈 이후 은거하던 중 1912년에 (가) 을/를 조직하였다. (가) 을/를 이끌던 임병찬은 복벽주의를 추구하였으며, 일제에 국권 반환 요구서 제출을 추진하던 중 발각되어 체포되었다. 이후 거문도에 유배되어 순국하였다.

① 고종의 밀명을 받아 조직되었다.
② 이봉창, 윤봉길 등이 소속되었다.
③ 오산 학교와 대성 학교를 설립하였다.
④ 신채호의 조선 혁명 선언을 활동 지침으로 삼았다.
⑤ 사회주의 세력과 비타협적 민족주의 세력의 연합으로 결성되었다.

[25013-0114]

07 밑줄 친 '비밀 결사'에 대한 설명으로 옳은 것은?

경상 남북도·충청남도·경성 등의 부호 앞으로 이 <u>비밀 결사</u>의 명의로 된 국권 회복 운동 자금 제공을 요구하는 통고문이 자주 우송되어 경찰부에서 수사 중이었다. …… 이 사건을 주도한 총사령 박상진은 몇 대에 걸쳐 고위 관직에 올랐던 덕망 높은 양반 출신이다. …… 그는 부호에게 협박문을 보내 군자금을 징수하고 …… 겉으로는 잡화상을 개업하여 그 이익으로 국권 회복 자금을 충당함과 동시에 무기 구입을 도모하며 우선 이 <u>비밀 결사</u>를 조직하기로 결정한 것이다.

① 공화정 수립을 추구하였다.
② 광주 학생 항일 운동을 지원하였다.
③ 태극 서관과 자기 회사를 운영하였다.
④ 김상옥, 나석주 등의 의거를 계획하였다.
⑤ 일제의 황무지 개간권 요구를 철회시켰다.

[25013-0115]

08 다음 상황이 나타난 시기를 연표에서 옳게 고른 것은?

집을 떠난 지 닷새 만에 아버지는 서울 소식을 가지고 돌아오셨다. 아직 독립이 된 것은 아니며 이제부터 독립하겠다고 만세를 불렀다는 것, 서울뿐 아니라 조선 천지 어디서나 만세를 불러야 독립이 된다는 것, 서울에서는 벌써 수천 명이 헌병대에 잡혀가고 죽은 사람도 많다는 것. 서울 소식을 들으려고 사랑방에 모여든 사람들에게 아버지가 하는 말씀을 나는 들었다. …… 선언서를 다 읽고 나신 아버지의 얼굴에는 분명 눈물이 흐르고 있었다. 다른 두어 사람도 눈물을 닦았다. 한참 동안 모두 아무 말이 없었다. 이들은 약 10년 전 나라가 망하던 때를 생각하는 것이었다.

통리 기무아문 설치	(가)	대한국 국제 반포	(나)	제1차 한일 협약 체결	(다)	한인 애국단 결성	(라)	국가 총동원법 공포	(마)	5·10 총선거 실시

① (가) ② (나) ③ (다) ④ (라) ⑤ (마)

[25013-0116]

09 (가) 민족 운동에 대한 설명으로 옳은 것은?

저는 지금 독립운동가 이종일의 동상 앞에 있습니다. (가) 을/를 추진했던 민족 대표 33인 중 한 명이기도 한 그는 보성사에서 기미 독립 선언서를 비밀리에 인쇄하였습니다. 보성사 터는 바로 이 동상 근처에 있습니다.

① 순종의 장례일에 맞추어 일어났다.
② 척화비가 건립되는 결과를 가져왔다.
③ 집강소를 통해 폐정 개혁을 추진하였다.
④ 헤이그 특사가 파견되는 배경이 되었다.
⑤ 윌슨이 제창한 민족 자결주의의 영향을 받았다.

[25013-0117]

10 밑줄 친 '이 지역'에서 있었던 사실로 옳은 것은?

국내외에서 수립된 임시 정부들은 곧바로 통합 운동을 시작하였다. 협의 끝에 통합된 정부는 국내 13도 대표가 모여 선포한 한성 정부의 법통을 계승한다는 점과 그 명칭은 대한민국 임시 정부로 하는 것이 결정되었다. 또한 정부의 위치는 서구 열강의 조계 지역이 많아 외교 활동을 펼치기에 유리하고, 각지에 연락하는 것이 비교적 편리한 이 지역에 두기로 하였다.

① 병인양요가 일어났다.
② 권업회가 조직되었다.
③ 신한청년당이 결성되었다.
④ 신흥 강습소가 설립되었다.
⑤ 안중근이 이토 히로부미를 처단하였다.

[25013-0118]

11 (가)의 활동으로 옳은 것은?

〈한국사 수업 활동지〉

3학년 ○반 이름 ○○○

◎ 주제 : (가) 에서 활동한 주요 인물을 선정하여 조사한다.

〈조사한 인물〉

 박은식	(가) 의 초대 대통령이었던 이승만이 탄핵된 후 제2대 대통령으로 선출되어 국무령제로 체제를 개편하였다.

① 수신사를 파견하였다.
② 의열단을 조직하였다.
③ 독립 공채를 발행하였다.
④ 조선 의용대를 창설하였다.
⑤ 좌우 합작 7원칙을 발표하였다.

[25013-0119]

12 (가) 회의에 대한 설명으로 옳은 것은?

○ (가) 의 전 의장 김동삼 씨와 부의장 안창호 씨는 "이번 회의가 마침내 결렬된 것에 대하여 그 애통함을 어떻다고 말할 수 없습니다. …… 우리의 책임을 이행하지 못한 것을 동포 앞에 사과할 뿐이며 다른 방면에 대하여는 옳고 그름을 말하고자 아니합니다."라고 하였다.
○ (가) 은/는 개조파 대표 50여 인이 불참한 대로 창조파 대표 40여 인만 프랑스 조계 모처에서 7일 오후 1시에 계속 개회하여 국무 위원으로 윤해 씨 등 33인을 선정하고 …… 집행 위원은 내무 위원으로 신숙, 외교 위원으로 김규식, 재무 위원 윤덕보, 경제 위원 김응섭을 추천하였다.

① 군국기무처의 주도로 추진되었다.
② 헌의 6조가 결의되는 결과를 가져왔다.
③ 대한민국 임시 정부의 진로를 논의하였다.
④ 신탁 통치 반대 운동이 일어나는 배경이 되었다.
⑤ 반민족 행위 특별 조사 위원회가 조직되는 계기가 되었다.

10 다양한 민족 운동의 전개

➲ 자유시
러시아 아무르주의 도시이다. 러시아어 명칭은 자유를 뜻하는 '스보보드니'이다.

1. 1920년대의 항일 무장 독립 투쟁

(1) 봉오동 전투와 청산리 대첩

① 배경

- 독립군 부대의 조직 : 3·1 운동 전후 만주를 중심으로 서로 군정서, 대한 독립군, 북로 군정서 등 여러 독립군 부대 조직
- 국내 진공 작전 : 독립군 부대들이 압록강과 두만강을 넘어 국내에 들어와 식민 통치 기관을 습격

② 봉오동 전투와 청산리 대첩

봉오동 전투 (1920)	• 배경 : 북간도 지역 독립군이 국내 진공 작전 전개 • 전개 : 일본군이 두만강을 건너 공격 → 홍범도가 이끄는 대한 독립군 등 독립군 연합 부대가 봉오동 일대에서 일본군을 기습하여 격파
청산리 대첩 (1920)	• 배경 : 봉오동 전투에서 패배한 일제가 대규모 병력을 동원하여 독립군 추격 • 전개 : 대한 독립군, 북로 군정서(김좌진) 등 독립군 연합 부대가 청산리 일대에서 일본군을 크게 격파

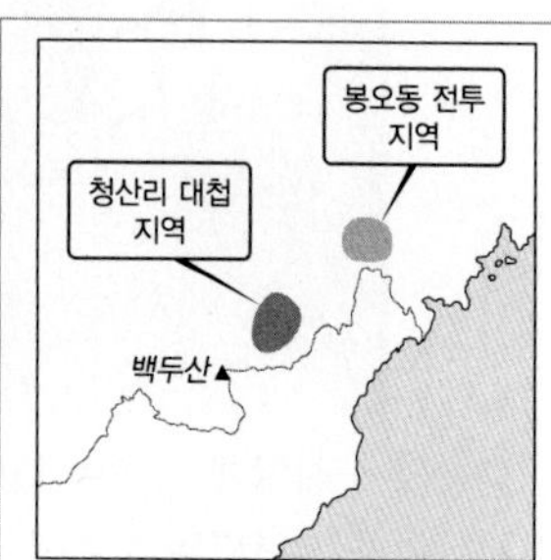

▲ 봉오동 전투와 청산리 대첩

자료 플러스 청산리 대첩

이때 적은 아군이 퇴각하는 줄로 알고 21일 상오 8시경 청산리를 출발하여 진격하려 하므로 아군도 항전하기로 하고 작전 계획을 다음과 같이 하였다. 제1연대장 홍범도는 부하 연대(6중대원)를 인솔하고 완루구 중앙 산기슭에, 제2연대장 김좌진은 부하 연대(2대대원)를 이도구 왼쪽 고지에, 제3연대장 최진동은 부하 연대(6중대원)를 인솔하고 이도구 오른쪽 고지에 은폐 잠복하였다. 우리 후병이 항전하다가 거짓 퇴각하면 적은 반드시 추격할 것이니 기회를 잃지 말고 사격하게 하였다. …… 좋은 기회를 맞이하여 맹렬히 사격한 지 약 20여 분간 1명도 남김없이 적의 전위 중대를 전멸시키니 그 수는 약 200여 명이었다.

– 독립신문 –

1920년 12월, 독립신문에 실린 청산리 대첩 기사이다. 홍범도, 김좌진, 최진동 등이 이끄는 독립군 연합 부대가 청산리 일대에서 유리한 지점을 차지하고 일본군에 반격하여 승리한 내용을 보도하였다.

개념 체크

1. 두만강을 건너 독립군을 추격한 일본군은 (　　)가 이끄는 대한 독립군 등 독립군 연합 부대에 봉오동에서 크게 패하였다.
2. (　　)은 대한 독립군, 북로 군정서 등 독립군 연합 부대가 일본군을 상대로 거둔 큰 승리이다.
3. (　　)은 독립군 부대 내부의 주도권 분쟁과 러시아 혁명군에 의한 무장 해제 과정에서 많은 독립군이 희생된 사건이다.

정답
1. 홍범도 2. 청산리 대첩
3. 자유시 참변

(2) 독립군의 시련

간도 참변	• 내용 : 일제가 청산리 대첩을 전후하여 독립군의 근거지를 없앤다는 구실로 무고한 간도의 한인들에 대한 무차별 학살 자행 • 영향 : 독립군 부대가 일본군을 피해 북만주로 이동
자유시 참변 (1921)	• 배경 : 북만주로 이동한 독립군 부대가 러시아 혁명군(적군)의 지원을 기대하고 자유시로 이동 • 내용 : 독립군 부대 내부의 주도권 분쟁과 러시아 혁명군에 의한 무장 해제 과정에서 많은 독립군이 희생 → 일부 독립군이 만주로 귀환

(3) 독립군 부대의 재정비

① 배경 : 만주로 귀환한 독립군 부대 등이 전열을 재정비하기 위해 노력

② 3부의 결성

- 조직 : 참의부, 정의부, 신민부
- 특징 : 민정 조직과 군정 조직을 갖춘 자치 정부의 성격

③ 일제의 탄압 : 만주 군벌과 미쓰야 협정 체결(1925) → 독립군 부대의 활동 위축

(4) 3부의 통합 운동

배경	국내외에서 민족주의 세력과 사회주의 세력의 통합을 이루려는 움직임 확산
전개	3부를 중심으로 독립운동 단체의 통합 운동을 전개하였으나 완전한 통합에는 실패
결과	• 북만주 : 혁신 의회 성립 → 해체 후 한국 독립당과 한국 독립군 조직 • 남만주 : 국민부 성립 → 조선 혁명당과 조선 혁명군 조직

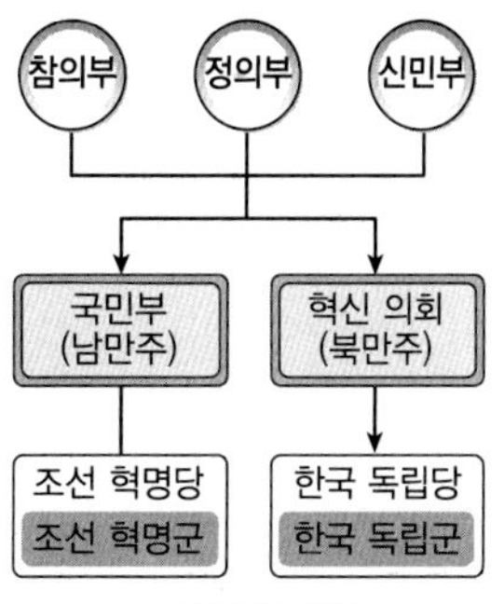

▲ 3부 통합 운동

2. 의열 투쟁

(1) 의열단

결성	3·1 운동 이후 만주 지역에서 김원봉을 중심으로 조직(1919)
지침	신채호의 「조선 혁명 선언」을 지침으로 삼아 활동
목표	일제 요인, 친일파 등 침략 원흉 처단, 식민 통치 기관 파괴
주요 활동	김익상(조선 총독부에 폭탄 투척), 김상옥(종로 경찰서에 폭탄 투척), 나석주(동양 척식 주식회사에 폭탄 투척) 등의 의거
변화	의열 투쟁의 한계를 인식하고 조직적인 항일 투쟁을 위해 1920년대 후반 중국의 황푸 군관 학교에 들어가 군사 훈련을 받음

(2) 한인 애국단

결성	대한민국 임시 정부에 활기를 불어넣기 위해 김구가 조직(1931)
주요 활동	이봉창의 일왕 암살 시도(1932), 윤봉길의 상하이 훙커우 공원 의거(1932)
영향	중국 국민당 정부가 대한민국 임시 정부를 지원하는 계기가 됨

자료 플러스 한인 애국단원 이봉창의 의거

> 일본이 침략 정책을 진행하고 있는 이때, 한국 지사 이봉창이 단신으로 삼엄한 경비망을 뚫고 일왕을 저격하는 사건이 발생하였다. 비록 일왕에게는 아무런 피해도 입히지 못하였지만, 이봉창 지사의 의거는 세상을 몹시 놀라게 할 대사건이다. 사건이 발생하자 경악한 일본인들은 모두 두려움에 떨고 있으며 …… 반면 의거 소식에 자극받은 세계 각 약소민족의 뜻있는 인사들은 민족 혁명의 뜻을 굳건히 다지면서 이봉창 지사의 안위를 걱정하는 전보를 보내오고 있다. – 중앙일보 –

1932년 1월, 중국의 신문에 보도된 이봉창 의거 관련 기사이다. 이 거사는 비록 실패하였지만 일본에 큰 충격을 주었고, 한국인의 독립 의지를 세계에 알리는 데 기여하였다.

➲ 미쓰야 협정

조선 총독부 경무국장 미쓰야 미야마쓰와 만주 군벌이 맺은 것이다. 중국 관헌이 한국인 독립운동 세력을 체포하여 일제에 넘긴다는 내용을 담고 있다. 이로 인해 만주 일대의 독립운동가들은 일본 군경뿐 아니라 만주 군벌 등의 감시와 탄압을 받게 되었다.

➲ 의열단의 거사 대상(일부)

파괴 대상
- 조선 총독부
- 동양 척식 주식회사
- 매일신보사
- 각 경찰서

암살 대상
- 조선 총독 이하 고관
- 군부 수뇌
- 친일파 거두
- 밀정
- 반민족적 악덕 지방 유지

의열단은 식민 통치 기구 파괴나 일제의 주요 인물 및 친일파 처단을 목표로 하였다.

➲ 황푸 군관 학교

중국 국민당 정부가 장교를 양성하기 위해 설립한 군사 학교이다.

개념 체크

1. 1925년 일제가 만주 군벌과 체결한 (　　) 협정으로 만주 일대의 독립군에 대한 감시와 탄압이 가중되었다.
2. 김원봉 등이 주도하여 결성한 (　　)은 신채호의 「조선 혁명 선언」을 활동 지침으로 삼았다.
3. (　　)은 대한민국 임시 정부에 활기를 불어넣기 위해 김구가 조직한 단체로, 이봉창과 윤봉길 등이 소속되었다.

정답
1. 미쓰야 2. 의열단
3. 한인 애국단

➜ 물산 장려 운동 포스터

평양 조선 물산 장려회의 토산품 애용에 관한 포스터이다.

➜ **민립 대학 설립 운동의 결과**

조선 민립 대학 기성회에서 추진한 모금 운동은 지속된 가뭄과 홍수 등으로 모금 실적이 저조하였다. 더구나 일제가 정치 운동이라는 구실로 탄압하여 대학 설립의 목표를 달성하지 못하였다.

➜ **자치론**

일본의 식민 지배를 인정하고 허용되는 범위 내에서 한국인의 정치적 권리를 확보해야 한다는 주장이다. 그러나 별다른 성과 없이 일제의 민족 분열 정책에 이용되었다.

3. 실력 양성 운동

(1) 물산 장려 운동

구분	내용
배경	3·1 운동 이후 회사령 폐지, 일본 상품에 대한 관세 철폐 움직임
전개	• 평양에서 조만식 등이 시작 → 전국으로 확산 • '내 살림 내 것으로', '조선 사람 조선 것' 등의 구호를 앞세워 토산품 애용 주장, 절약 생활 강조
한계	수요 증가 등으로 토산품 가격 폭등 → 사회주의 계열에서 자본가 계급의 이기적인 계급 운동이라고 비판 제기

자료 플러스 조선 물산 장려회 취지서

산업적 기초가 파괴되면 그 생활, 그 생명, 그 인격이 따라 파괴되는 것은 필연한 사실이다. …… 우리 조선 사람의 물산을 장려하기 위하여 조선 물산 장려회를 조직하고, 첫째 조선 사람은 조선 사람이 지은 것을 사서 쓰고 둘째, 조선 사람은 단결하여 그 쓰는 물건을 스스로 제작하여 공급하기를 목적하노라. 이와 같은 각오와 노력 없이 어찌 조선 사람이 그 생활을 유지하고 그 사회를 발전시킬 수 있겠는가. – 동아일보 –

1923년 1월 서울에서 설립된 조선 물산 장려회의 취지서이다. 의복, 음식, 일용품은 한국인이 생산한 물품으로 사용할 것을 주장하였다. 조선 물산 장려회는 강연회, 거리 행진, 『산업계』·『조선 물산 장려 회보』 등 회지를 발행하며 토산품 애용을 장려하였다.

(2) 민립 대학 설립 운동

① 목적 : 한국인의 힘으로 고등 교육 기관을 설립하여 인재 육성

② 전개 : 이상재, 이승훈 등의 주도로 조선 민립 대학 기성회 조직 → 민립 대학 설립에 필요한 1천만 원을 모으기 위해 전국적인 모금 운동 실시

(3) 문맹 퇴치 운동

① 목적 : 농민 등을 대상으로 문자 보급과 민중 계몽을 도모

② 전개

- 문자 보급 운동 : 조선일보사 주도, 한글 교재를 제작하여 보급
- 브나로드 운동 : 동아일보사 주도, '배우자, 가르치자, 다 함께 브나로드'라는 구호 제시

개념 체크

1. 1920년 평양에서 조만식 등이 시작한 (　　)은 '조선 사람 조선 것' 등의 구호를 내세웠다.
2. 1920년대 초 이상재, 이승훈 등은 (　　) 설립을 위한 1천만 원을 모으기 위해 전국적인 모금 운동을 실시하였다.
3. 1926년 (　　)의 장례일에 맞춰 민족주의 계열, 사회주의 계열, 학생들이 만세 시위를 계획하였다.

정답
1. 물산 장려 운동 2. 민립 대학 3. 순종

4. 민족 협동 전선 운동의 전개

(1) 배경

① 사회주의 사상의 확산

- 과정 : 러시아 혁명 이후 레닌이 약소민족의 해방 운동 지원 약속 → 3·1 운동 이후 사회주의 사상의 국내 확산 → 조선 공산당 결성
- 영향 : 국내 민족 운동이 민족주의 계열과 사회주의 계열로 분화
- 일제의 대응 : 치안 유지법을 제정하여 사회주의 운동 탄압

② 자치 운동의 대두

- 내용 : 민족주의 세력 중 일부가 일제의 식민 지배를 인정하고 자치권을 얻자는 자치론 주장
- 영향 : 민족주의 세력이 타협적 민족주의와 비타협적 민족주의로 분화

(2) 6·10 만세 운동(1926)

① 전개 : 순종의 서거 이후 민족주의 계열인 천도교와 사회주의 계열, 학생들이 순종의 장례일에 맞춰 만세 시위 계획 → 지도부가 일제에 의해 검거 → 학생들이 예정대로 시위 전개

② 영향
- 민족 협동 전선의 토대 마련
- 동맹 휴학이 전개되는 등 항일 학생 운동 성장

(3) 신간회의 결성(1927)

① 배경
- 국내외에서 민족 유일당 운동 전개
- 비타협적 민족주의 세력이 자치론을 주장하는 타협적 민족주의 세력을 비판하며 사회주의 세력과 연대 모색
- 정우회 선언(1926) : 사회주의 계열의 정우회가 비타협적 민족주의 세력과의 연대 주장

② 결성
- 창립 : 비타협적 민족주의 세력과 사회주의 세력의 연합으로 신간회 창립(1927) → 이후 약 4만 명의 회원을 가진 대규모 단체로 성장
- 강령 : 정치적 · 경제적 각성 촉진, 공고한 단결, 기회주의 일체 부인

③ 활동
- 순회 강연회 개최, 농민 · 노동 운동과 학생 · 여성 운동 등 여러 사회 운동과 연계
- 광주 학생 항일 운동 당시 진상 조사단을 파견하고 민중 대회 계획

자료 플러스 신간회의 활동

1927년 9월 4일 경성 신간회 간부 안재홍이 상주 지회 설립 기념 강연회에서 말한 신간회의 취지는 아래와 같은데 …… 조선 통치의 근본을 찌르는 점이 있다.
- 1919년 독립운동은 실패하였지만, 정신적으로 우리 민족에게 준 교훈은 컸으며 장차 전민족이 단결하여 실제 행동으로 나아갈 필요가 있다는 것.
- 현재와 같은 교육 제도는 조선혼(朝鮮魂)을 소멸시키는 것이므로 조선인에 대해서는 조선인 본위의 교육을 할 필요가 있다는 것.
- 산업 · 교통의 모든 정책은 어느 것이나 일본인 본위이고 조선인에게 이익이 되는 바는 조금도 없으며 우리를 사멸로 인도하고 있다는 것.

– 『국역 고등 경찰 요사』 –

일제가 신간회의 활동을 감시하였던 사실을 보여주는 기록이다. 신간회는 지회를 중심으로 활발하게 활동하며 일제의 정책을 비판하고 한국인의 사회적 · 경제적 권리를 옹호하였다.

④ 해소

배경	• 민중 대회 준비 중 지도부 체포 → 새로 구성된 지도부가 온건한 활동 방향 모색 • 코민테른의 방침 변화 : 계급 투쟁을 강조하며 민족 통일 전선에 부정적
과정	사회주의 세력이 신간회의 해소 주장 → 전체 대회에서 통과(1931)

(4) 광주 학생 항일 운동(1929)

① 배경 : 6 · 10 만세 운동 이후 학생들이 독서회 등을 결성하고 동맹 휴학 전개 → 식민지 교육 철폐 등 주장

② 발단 : 나주역에서 한국인 학생과 일본인 학생 간의 충돌 발생

③ 전개 : 경찰 등이 한국인 학생 탄압 → 민족 차별에 분노한 광주 지역 학생들이 대규모 시위 전개 → 전국으로 확대

신간회 회원들의 직업 분포

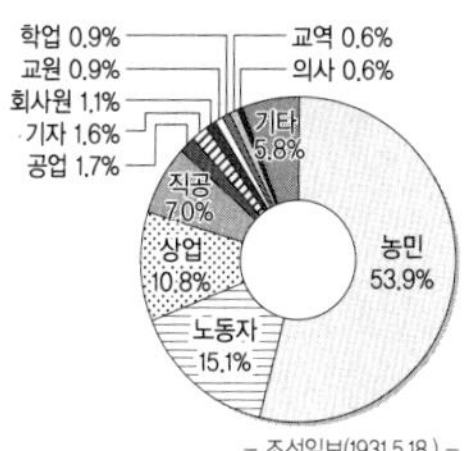

– 조선일보(1931.5.18.) –

신간회에 다양한 계층이 회원으로 참여했으며 그중 농민과 노동자의 비중이 높았음을 알 수 있다.

코민테른

1919년 3월 레닌의 주도하에 모스크바에서 결성된 국제 공산당 조직의 연합체이다. 코민테른의 결정은 각국의 공산주의 운동에 많은 영향을 끼쳤다.

개념 체크

1. 신간회는 비타협적 민족주의 세력과 (   ) 세력의 연합으로 1927년에 창립되었다.
2. 신간회는 강령으로 '정치적 · 경제적 각성 촉진, 공고한 단결, (   ) 일체 부인'을 내세웠다.
3. 나주역에서 한국인 학생과 일본인 학생이 충돌한 것을 계기로 (   )이 일어났다.

정답
1. 사회주의 2. 기회주의
3. 광주 학생 항일 운동

자료 탐구 문맹 퇴치 운동

1단계 자료 분석

(가) "아는 것이 힘", "배워야 산다."라는 본사 문자 보급 운동은 …… 본사 분지국원이 총출동하고 그 외 남녀 학생과 각지 지방 유지의 원조를 얻어 음력 정초 농한기를 이용하여 겨울철 문자 보급반을 개설하였다. 그 교과서로 『한글 원본』 20만 부를 배부한다는 것은 이미 보도하였고 …… 각 군면의 교원들은 물론 지식 계급 청년이며 관공리들까지도 자원 신청하고 있다.

– 조선일보 –

(나) 학생 여러분, 여러분은 여름 휴가의 일부, 1주일간을 고향의 동포를 위해 공헌하지 않으렵니까? 글을 모르는 이에게 글을 주고, 위생 지식이 없는 이에게 위생 지식을 주는 일을 아니 하렵니까? …… 문자 보급과 민족 보건 운동의 철저, 이것은 조선의 중대한 일인 동시에 학생 여러분의 공헌을 열망하는 바입니다. …… 남녀 학생 여러분은 '학생 하기(여름) 브나로드'로 오라!

– 동아일보 –

(가)는 1931년 조선일보에 실린 문자 보급 운동의 기사이다. 조선일보사는 '아는 것이 힘, 배워야 산다.'라는 구호와 함께 1929년부터 문자 보급 운동을 전개하여 한글 교재를 보급하고 전국 순회강연을 개최하였다.

(나)는 1931년 동아일보의 제1회 학생 하기 브나로드 운동 모집글이다. 브나로드는 러시아어로 '민중 속으로'라는 의미이다. 동아일보사는 '배우자, 가르치자, 다함께 브나로드'라는 구호를 내세우며 학생들을 모집하여 농촌 계몽 운동을 전개하였다.

2단계 문항 연습

정답과 해설 29쪽

[25013-0120]

1 밑줄 친 '이 운동'의 구호로 가장 적절한 것은?

> **○○ 신문** 2011년 △월 △일
>
> **문자 보급 교재, 문화재로 등록**
>
> 어제 『한글공부』의 문화재 등록이 결정되었다. 조선어 학회의 회원인 이윤재가 편찬한 『한글공부』는 매우 과학적이고 내용도 그해 10월에 나온 '한글 맞춤법 통일안'과 거의 비슷하여 한글 학습에 큰 도움이 되었을 것으로 평가받았다. 이 교재는 당시 동아일보사에서 추진한 이 운동에 널리 활용되었다.

① 내 살림 내 것으로
② 소작료를 인하하라
③ 제폭구민, 보국안민
④ 우리는 기회주의를 일체 부인함
⑤ 배우자, 가르치자, 다함께 브나로드

자료 탐구 6 · 10 만세 운동과 광주 학생 항일 운동

1단계 자료 분석

(가) • 오전 8시 30분 종로 삼정목(三丁目)에 있는 단성사 앞에서 (순종의) 국장 행렬이 통과한 뒤에 중앙고등보통학교 학생 약 30~40명이 만세를 높이 외치며 격문 약 1천여 장을 뿌렸다. …… 중앙고등보통학교 학생 이선호 외 다섯 학생이 협의하여 격문 6천 장과 태극기 30여 개를 만들어 동지들에게 나누어주었다.

• 당일 오후 1시 45분경에 고양군 숭인면 신설리에서 (순종의) 대여(大轝)가 고무 회사 앞을 지나갈 때, 어떤 학생이 격문 100여 장을 뿌렸다.

– 조선일보(1926. 6. 12.) –

(나) 장엄한 학생 대중이여! 최후까지 우리의 슬로건을 지지하자! 그리고 궐기하자, 싸우자, 강력하게 싸우자!

검거자를 즉시 우리의 힘으로 탈환하자.
교내에 경찰 침입을 절대 방지하자.
언론 · 집회 · 결사 · 출판의 자유를 획득하자.
조선인 본위의 교육 제도를 확립하자.
식민지 노예 교육 제도를 철폐하자.
사회 과학 연구의 자유를 획득하자.

–『전라남도 광주에서의 내선인 생도 투쟁 사건의 진상과 조선 내 여러 학교에 미친 영향』–

(가)는 6 · 10 만세 운동 당시 학생들이 순종의 장례 행렬이 지나가는 곳곳에서 격문을 뿌리고 만세를 외친 사실을 보여준다. 원래 순종의 장례일에 맞춰 조선 공산당 등 사회주의 계열과 천도교, 학생 단체가 함께 대규모 만세 시위를 준비하였다. 그러나 일제 경찰에게 사회주의자와 천도교 간부들이 사전에 검거되었고, 학생들이 예정대로 시위를 전개하였다.

(나)는 광주 학생 항일 운동 당시 배포된 격문 중 일부이다. 학생들은 대규모 가두 시위를 펼쳤으며, 검거된 학생 석방, 조선인 본위의 교육 실시 등을 요구하였다. 시민과 노동자도 시위에 가세하였으며, 항일 시위는 전국으로 확대되어 이듬해 봄까지 이어졌다.

2단계 문항 연습

정답과 해설 29쪽

[25013-0121]

2 (가) 민족 운동에 대한 설명으로 옳은 것은?

청천벽력 같은 대한 독립 만세 소리가 다시 일어나니 이것이 곧 (가) 이다. 융희 황제(순종)의 장례일이었다. 침통한 기상이 전국에 가득한 때에 떠나가는 그의 길에 한줄기 눈물이라도 뿌리려고 각처에서 모여든 군중이 수십만에 가까웠다. …… 국가의 최후 주권자의 마지막 길을 조문하는 것뿐이며 20년 가까운 긴 세월에 쌓인 망국한(亡國恨)을 못 잊어 통곡하던 것뿐이다. 반면 3 · 1 운동으로 인하여 놀랐던 왜적은 크게 불안과 공포를 느껴 장검으로 군중을 철통같이 포위하고 만일을 경계하였다.

① 신간회의 지원을 받았다.
② 학생의 주도로 전개되었다.
③ 집강소가 설치되는 계기가 되었다.
④ 조선 태형령의 폐지에 영향을 주었다.
⑤ 대구에서 서상돈 등의 제창으로 시작되었다.

대표 기출 확인하기

[2025학년도 수능 6월 모의평가]

1 밑줄 친 '한국인'에 대한 설명으로 옳은 것은?

> 제 목 : 홍커우 사건 요지
> 발신일 : ○○○○년 5월 1일
> 발신자 : 중국 주재 프랑스 전권 공사
> 수신자 : 프랑스 외무부 장관
>
> 그제 오전 일왕의 생일을 축하하기 위해 개최된 기념식에서 폭탄 투척 사건이 일어났습니다. 일본 공사 및 군 고위 인사들이 상하이 홍커우 공원에서 약 1만 명의 군사를 사열하고 연설을 하기 위해 단상에 모여 있었습니다. 일본 공사 시게미쓰가 연설하기 직전에 한 한국인이 고위 인사들 사이로 폭탄을 던졌습니다. 시라카와 대장을 비롯한 많은 인사들이 쓰러졌으며 크고 작은 부상을 입었습니다.

① 수선사 결사를 주도하였다.
② 조선 혁명 선언을 작성하였다.
③ 한인 애국단의 단원으로 활약하였다.
④ 만국 평화 회의에 특사로 파견되었다.
⑤ 평양에서 열린 남북 협상에 참가하였다.

정답 및 해설

정답 해설 자료에서 일왕의 생일을 축하하기 위해 개최된 기념식에서 폭탄 투척 사건이 일어났다는 점, 장소가 상하이 홍커우 공원이었다는 점 등을 통해 밑줄 친 '한국인'은 윤봉길임을 알 수 있다. ③ 윤봉길은 김구가 조직한 한인 애국단의 단원이었다.

오답 피하기 ① 고려 시대의 승려인 지눌은 불교 개혁 운동의 일환으로 수선사 결사 운동을 전개하였다.
② 「조선 혁명 선언」은 1923년 신채호가 작성한 것으로 의열단의 활동 지침이 되었다.
④ 이상설, 이준, 이위종은 을사늑약의 부당함을 세계에 알리기 위해 네덜란드 헤이그에서 열린 만국 평화 회의에 고종의 특사로 파견되었다.
⑤ 1948년 김구와 김규식 등은 단독 정부 수립을 막기 위해 평양을 방문하여 남북 협상을 추진하였다.

정답 ③

[2025학년도 수능 6월 모의평가]

2 밑줄 친 '이 단체'에 대한 설명으로 옳은 것은?

기념물로 보는 근 · 현대사 – 월남 이상재 선생 동상

史 한국사 알림이 채널

이상재 선생은 인재 양성과 민족의 독립을 위해 평생을 바친 분입니다. 그는 1927년 비타협적 민족주의 진영과 사회주의 진영이 함께 민족 유일당 운동의 일환으로 조직한 이 단체의 초대 회장으로 추대되었습니다. 이 단체는 '기회주의를 일체 부인함.' 등의 강령을 내걸고 활발한 활동을 전개하였습니다.

① 북학론을 제기하였다.
② 어린이날을 제정하였다.
③ 광주 학생 항일 운동을 지원하였다.
④ 3·1 민주 구국 선언을 발표하였다.
⑤ 조선책략의 유포에 반발하여 영남 만인소를 올렸다.

정답 및 해설

정답 해설 자료에서 비타협적 민족주의 진영과 사회주의 진영이 민족 유일당 운동의 일환으로 조직하였다는 점, 이상재가 초대 회장으로 추대되었다는 점 등을 통해 밑줄 친 '이 단체'는 1927년에 조직된 신간회임을 알 수 있다. ③ 신간회는 1929년에 일어난 광주 학생 항일 운동의 진상을 규명하기 위해 현지에 조사단을 파견하였고, 민중 대회를 계획하여 광주 학생 항일 운동을 전국적으로 확산시키기 위해 노력하였다.

오답 피하기 ① 북학론은 청의 문물을 배우자는 주장으로 조선 후기 실학자인 박제가 등이 제기하였다.
② 천도교 소년회 활동을 주도한 방정환 등은 어린이날을 제정하였다.
④ 1976년 재야인사 등은 명동 성당에 모여 유신 체제를 비판하는 3·1 민주 구국 선언을 발표하였다.
⑤ 제2차 수신사로 파견된 김홍집이 들여온 『조선책략』이 유포되자, 이에 반발하여 1881년 이만손 등이 영남 만인소를 올렸다.

정답 ③

수능 유형 익히기

정답과 해설 29쪽

[25013-0122]

01 (가) 인물에 대한 설명으로 옳은 것은?

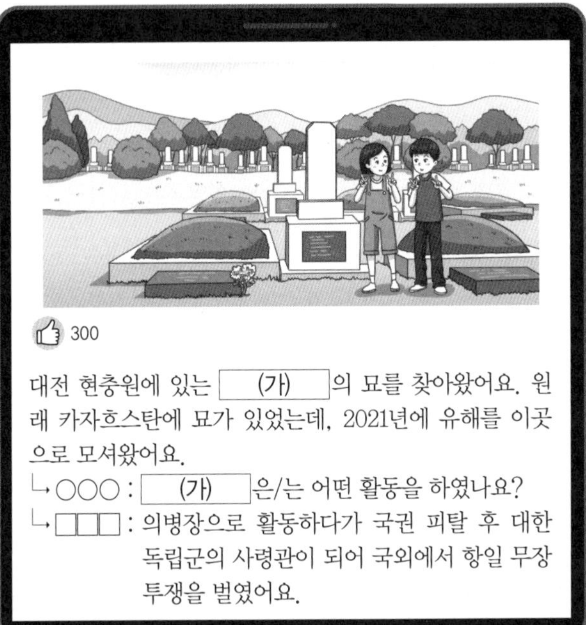

대전 현충원에 있는 (가) 의 묘를 찾아왔어요. 원래 카자흐스탄에 묘가 있었는데, 2021년에 유해를 이곳으로 모셔왔어요.

↳○○○ : (가) 은/는 어떤 활동을 하였나요?

↳□□□ : 의병장으로 활동하다가 국권 피탈 후 대한 독립군의 사령관이 되어 국외에서 항일 무장 투쟁을 벌였어요.

① 별무반을 이끌었다.
② 한국통사를 저술하였다.
③ 독립 의군부를 조직하였다.
④ 봉오동 전투에서 승리하였다.
⑤ 조선 건국 준비 위원회 결성을 주도하였다.

[25013-0123]

02 다음 자료를 활용한 탐구 활동으로 가장 적절한 것은?

훈춘 · 옌지 · 허룽 · 왕칭에는 70~80만의 한인들이 살고 있는데 그중 독립군으로 몰래 활약하는 사람도 있다. 일제는 이를 우려하여 제거하려 하였다. …… 비적이 훈춘의 일본 영사관에 불 지르고 일본인을 다치게 한 일이 발생하자, 일제는 이 사건을 구실로 군대를 진주시키려 하였다. …… 진주한 일본군은 마을과 산골짜기로 들어가 독립군을 수색하였다. 독립군은 피신하였는데 무고한 한인들이 화를 당하고 있다. 왕칭의 한 마을에서 피살된 한인은 1천 명을 넘었으며, 그 외 알려지지 않은 경우도 얼마든지 있다고 한다.

① 한일 의정서의 내용을 분석한다.
② 청일 전쟁의 전개 과정을 정리한다.
③ 간도 참변이 벌어진 배경을 조사한다.
④ 일본이 운요호 사건을 일으킨 목적을 파악한다.
⑤ 연해주 한인들이 강제로 이주된 지역을 찾아본다.

[25013-0124]

03 (가)에 들어갈 내용으로 가장 적절한 것은?

〈한국사 활동지〉

3학년 ○반 ○○○

◎ 주제 : 항일 무장 투쟁
◎ 내용 : 주제와 관련하여 기념주화 도안을 그린 후 설명 글 작성하기

교사 확인 | 적합

김좌진 장군의 모습과 태극기를 그렸습니다. 그는 북로 군정서의 총사령관으로서 다른 독립군 부대와 연합하여 (가)

① 위화도 회군을 단행하였습니다.
② 13도 창의군을 결성하였습니다.
③ 우금치 전투에 참여하였습니다.
④ 인천 상륙 작전을 전개하였습니다.
⑤ 청산리 전투의 승리에 기여하였습니다.

[25013-0125]

04 밑줄 친 '각서'의 영향으로 가장 적절한 것은?

펑톈성 경무처장 위전과 조선 총독부 경무국장 미쓰야는 만주를 근거지로 활동하는 조선인 무장단의 국경 침입에 관하여 여러 차례 만나서 상의한 결과 전문 7개조로 된 <u>각서</u>를 서로 교환하였다. 미쓰야 경무국장은 <u>각서</u>의 내용은 비밀이라 발표할 수 없다고 하면서, 다만 조선인도 중국인과 같이 호구를 조사할 것과 무장단 단속을 잘하도록 분명히 말했을 뿐이라고 하였다.

① 영선사가 파견되었다.
② 삼국 간섭이 발생하였다.
③ 백두산정계비가 건립되었다.
④ 독립군 부대의 활동이 위축되었다.
⑤ 신탁 통치 반대 운동이 전개되었다.

[25013-0126]

05 다음 자료를 활용한 탐구 주제로 가장 적절한 것은?

[사료로 보는 한국사]

1. 기관 명칭 : 신민부라 함.
2. 제도 : 위원제로 하고 중앙 · 지방 · 구로 정함.
4. 군사 : 의무제를 실시할 것.
5. 재정 : 의무금 및 모연금으로 충용할 것.

[해설] 신민부가 조직된 후 채택된 결의안의 일부이다. 여러 독립운동 단체가 통합하여 결성된 신민부는 북만주 일대의 한인들을 위의 결의안에 따라 관할하며 항일 활동을 전개하였다.

① 3부의 성립과 특징
② 집강소 설치와 폐정 개혁안 실시
③ 관민 공동회 개최와 헌의 6조 결의
④ 유신 헌법 공포와 통일 주체 국민 회의 설치
⑤ 삼균주의와 대한민국 임시 정부의 건국 강령

[25013-0127]

06 (가) 인물에 대한 설명으로 옳은 것은?

중국 신문들은 도쿄에서 발생한 폭탄 투척 사건을 크게 보도하였다. 만주 사변이 있은 직후 중국인의 대일 감정이 극히 나빴던 시기였으므로, 기사의 내용은 이번 일이 실패로 돌아간 것을 아쉬워하는 눈치였다. 어느 신문은 심지어 "한인 (가) 이/가 일왕을 저격했는데 불행히도 맞지 않았다."라는 제목까지 붙였고, 이 기사가 보도된 직후 상하이의 일본 교민들이 그 신문사에 몰려가 사옥을 파괴하는 사건이 뒤따라 일어났다.

① 갑신정변을 주도하였다.
② 한인 애국단 소속이었다.
③ 대한 광복회를 결성하였다.
④ 이토 히로부미를 처단하였다.
⑤ 파리 강화 회의에 파견되었다.

[25013-0128]

07 (가) 단체에 대한 설명으로 옳은 것은?

김익상은 작년 6월경에 자신이 근무하던 광성연초공사에서 펑톈으로 전근하게 된 것을 기회로 상하이, 톈진 등지로 돌아다니다가 베이징으로 향하였다. 그곳에 있는 (가) 의 단장 김원봉의 부하가 되어 …… 작년 9월에 베이징을 출발하여 폭탄 두 개를 가지고 경성에 돌아왔다. …… 같은 달 12일 아침 일찍 집을 떠나 조선 총독부에서 공사를 하느라 분주히 출입하는 인부들 사이에 섞여 조선 총독부 통용문으로 들어가서 폭탄을 던졌다.

① 105인 사건으로 와해되었다.
② 좌우 합작 7원칙을 발표하였다.
③ 연통제와 교통국을 운영하였다.
④ 조선 건국 동맹을 기반으로 결성되었다.
⑤ 조선 혁명 선언을 활동 지침으로 삼았다.

[25013-0129]

08 밑줄 친 '거사'의 영향으로 가장 적절한 것은?

4월 29일 이른 아침 나는 우리 청년 동지 윤봉길 군을 불러서 내가 제작한 폭탄 2개를 그에게 주었다. 1개는 우리의 적인 일본 군벌을 살해하기 위해–다만 일본인 이외 어떤 사람도 다치지 않도록 세심한 주의를 기울여–다른 1개는 <u>거사</u>가 끝난 후 자결하기 위해. 그는 내 명령을 수행할 것을 엄숙히 약속하였다. …… 나는 자동차를 빌려 그를 훙커우 공원으로 보냈다.

① 아관 파천이 단행되었다.
② 삼정이정청이 설치되었다.
③ 국민 대표 회의가 개최되었다.
④ 유엔 한국 임시 위원단 파견이 결정되었다.
⑤ 중국 국민당 정부가 대한민국 임시 정부를 지원하였다.

[25013-0130]

09 **(가) 운동에 대한 설명으로 옳은 것은?**

> 조선에서 난 물건만 사고, 조선의 자녀 노릇을 하겠다던, 그 눈물이 흐르고 가슴 아프게 부르짖던 (가) 이/가 어찌하여 1년이 안 된 오늘날 적막하게 되었는가. …… 그것은 표면에 드러난 현상이요, 조선 사람의 가슴에 새긴 결심은 사라지지 않았다. …… 그 증거로 경성 방직 회사에서 만든 광목이 시장에서 불같이 환영받아 미처 만들자마자 번쩍 팔린다는 것이다. 그 회사에서 짜는 광목은 일본에서 짜는 광목보다 조금도 못할 것이 없다.

① 사회주의 계열로부터 비판받았다.
② 방납의 폐단을 개선하고자 하였다.
③ 두 차례의 석유 파동으로 위기를 겪었다.
④ 전태일의 분신 사건을 계기로 본격화되었다.
⑤ 대구에서 서상돈 등이 제안하며 시작되었다.

[25013-0131]

10 **다음 주장에 따라 전개된 민족 운동에 대한 설명으로 옳은 것은?**

> 지식의 기갈*과 교육의 낙오는 이천만이 공감하는 최대 문제라고 생각한다. 그러나 우리 사회의 기갈한 지식을 구할 기관이 어디 있으며, 낙오된 교육을 진흥할 방침이 어디 있는가. …… 동포 전체에 고백하노니 형제여, 형제여, 높은 태산도 토양이 모인 것이며 깊은 바다도 시냇물이 합쳐진 것 아닌가. 이천만의 힘을 모아 1개 대학을 설립하는 데 1원씩을 내는 회원을 모집해도 아득히 멀다. 동포여 자성하자!
> *기갈 : 배고픔과 목마름

① 통감부의 탄압으로 실패하였다.
② 과거제가 폐지되는 계기가 되었다.
③ 이상재 등을 중심으로 추진되었다.
④ 신흥 강습소가 설립되는 배경이 되었다.
⑤ 교육입국 조서의 반포에 영향을 주었다.

[25013-0132]

11 **밑줄 친 '이 운동'에 대한 설명으로 옳은 것은?**

> 방학이 돌아오면 40여 일의 장구한 시일을 무엇으로써 참되게 이용할까? …… 학생 문자 보급반원 모집! 여기에 원동력을 얻은 우리 학생들의 "옳다! 아는 것이 힘이다! 가르쳐주는 것이 우리의 의무다!"라는 함성이 자못 높았습니다. 우리 서흥도 이 운동에 빠지지 않고 …… 서흥 유학생 문자 보급반을 조직하여 읍내의 집들을 찾아다니며 생도를 모집하였습니다. 그러저럭 시일이 지나 8월 5일에 개학하였는데 조수같이 밀려드는 문맹의 생도가 실로 200여 명이었습니다.

① 왜양일체론을 주장하였다.
② 조선일보사의 주도로 전개되었다.
③ 농촌 진흥 운동의 일환으로 시작되었다.
④ 오산 학교, 대성 학교 설립의 배경이 되었다.
⑤ 여운형과 김규식 등 중도 세력을 중심으로 추진되었다.

[25013-0133]

12 **밑줄 친 '주장'이 끼친 영향으로 가장 적절한 것은?**

자네 최근 신문에 실린 이광수의 글을 읽어보았나? 조선 내에 허용되는 범위 안에서 일대 정치적 결사를 조직하자는 주장을 펼쳤더군.

나도 읽어봤네. 그런데 그의 주장은 결국 일제의 지배를 인정하고 타협하자는 것 아닌가? 또한 일제가 과연 한국인의 정치 활동을 허용할 것인지 의문이군.

① 척화비가 건립되었다.
② 조선 형평사가 창립되었다.
③ 새마을 운동이 시작되었다.
④ 민족주의 세력이 분화되었다.
⑤ 일제가 이른바 문화 통치를 내세웠다.

[25013-0134]

13 다음 자료에 나타난 민족 운동이 일어난 시기를 연표에서 옳게 고른 것은?

> 발신자 : 도순사 ○○○ 외 1명
> 수신자 : 경성 동대문 경찰서장 도경시 △△△△
>
> …… 홍종현은 언문으로 "대한국 독립 만세, 우리 형제의 자유를 위하여 피를 흘려 싸우자."라고 혈서하고 10일 오후 1시 20분경 경성부 숭인동 83번지 도로에서 이왕(순종) 전하의 상여가 통과할 때 뒤에 와서 도열하고 있는 군중을 헤치고 대나무 장대에 잡아맨 종이 기(旗)를 높이 흔들며 독립 만세를 소리 높여 외치고 있었으므로 체포하고, 종이 기를 첨부하여 동행하고 보고함.

	(가)		(나)		(다)		(라)		(마)	
보안회 조직		국권 피탈		대한민국 임시 정부 수립		민족 혁명당 결성		한국광복군 창설		모스크바 3국 외상 회의 개최

① (가) ② (나) ③ (다) ④ (라) ⑤ (마)

[25013-0135]

14 (가) 운동에 대한 설명으로 옳은 것은?

> **○○ 신문**
>
> **이달의 독립운동가에 (가) 의 주역 선정**
>
> 국가보훈처는 (가) 을/를 기획하고 참여한 주요 인물을 이달의 독립운동가로 선정하였다.
> - 권오설은 조선 공산당의 주요 인물로 만세 시위의 계획에 주도적인 역할을 하였으나 사전에 발각되어 체포되었다.
> - 박래원은 천도교 계통과 협력하며 격문 인쇄 및 지방 조직과 연락을 담당하였으나 역시 사전에 계획이 발각되어 체포되었다.
> - 이선호, 이동환은 국장일에 예정대로 학생들과 격문을 배포하고 만세 시위를 벌였다. 이후 체포되어 옥고를 치렀다.

① 4·13 호헌 조치 철폐를 요구하였다.
② 고종의 해산 권고 조칙으로 중단되었다.
③ 일제의 황무지 개간권 요구를 철회시켰다.
④ 중국의 5·4 운동이 일어나는 데 영향을 주었다.
⑤ 민족주의 계열과 사회주의 계열이 연대하는 계기가 되었다.

[25013-0136]

15 (가) 단체에 대한 설명으로 옳은 것은?

> (가) 은/는 조선 민족 운동의 중추 기관이 되려는 사명을 갖고 조선에 창립되었는데, 그동안 직간접적으로 많은 수난을 겪으며 기구한 길을 걸어왔다. 오늘 전체 대회를 열게 되었는데 대표 회원의 자격으로 참석하는 지방 지회의 인사들이 5, 60명이다. 140여 개의 지회에 회원 약 4만 명이라는 숫자에 비하면 성황이라고 할 수는 없다. …… 간신히 열리는 이번 전체 대회의 최대 의안은 (가) 의 해소 문제이다.

① 독립문을 건립하였다.
② 진단 학보를 발행하였다.
③ 구미 위원부를 설치하였다.
④ 한글 맞춤법 통일안을 제정하였다.
⑤ 기회주의를 일체 부인한다는 강령을 내세웠다.

[25013-0137]

16 (가) 운동의 전개 과정에서 볼 수 있는 모습으로 가장 적절한 것은?

학생회에서 학생 독립 운동 기념일인 11월 3일에 행사를 하는 건 어떨까?
좋아. 그런데 학생 독립운동 기념일은 왜 11월 3일이지?
한·일 학생들의 충돌을 계기로 시작되어 전국으로 확산된 (가) 에서 유래되었어.

① 거문도에 주둔하고 있는 영국 군인
② 황국 신민 서사 암송을 강요하는 관리
③ 조선책략 유포에 반대 상소를 올리는 유생
④ 광주에 진상 조사단으로 파견되는 신간회 회원
⑤ 사무실에 출근하는 반민족 행위 특별 조사 위원

11 사회·문화의 변화와 사회 운동

1. 사회 모습의 변화

(1) 도시화

① 배경
- 개항 이후 근대 문물의 도입과 인구 증가 → 도시화 진행
- 철도, 전차 등 교통수단의 발달과 식민지 공업화의 추진

② 내용
- 경성 등 근대 도시 증가, 도시 인구 팽창, 근대적 시간관념 등 확산
- 식민지 도시의 차별적인 모습 : 일본인과 한국인 거주지의 분리, 일본인 거주지 중심으로 도시 발전, 도시 변두리에서는 도시 빈민층인 토막민 증가 → 일본인과 일부 부유한 한국인만 근대 문물의 혜택 독점

(2) 일상생활의 변화

의식주	서양식 복장과 서양식 음식 등 유행
대중문화	• 백화점으로 대표되는 자본주의적 소비문화 확산, 신문·잡지 등을 통해 대중문화 확산 • 모던 보이와 모던 걸 : 양복·양장을 즐기는 자본주의적 소비 계층 • 축음기, 레코드, 극장 등을 통해 대중가요와 나운규가 만든 「아리랑」 등 영화 유행

➲ 식민지 도시의 양면적인 모습

경성의 일본인 거주지 남촌(상)의 번화한 모습과 도시 주변에 형성된 한국인 토막민 거주지(하)의 열악한 모습이 공존하였다.

➲ 모던 걸과 모던 보이

『별건곤』(1927. 7.)에 실린 풍자화이다. 서양식 옷차림에 쇼핑과 외식을 즐기는 젊은이들은 당시에 모던 걸, 모던 보이라고 불렀다.

2. 농민 운동과 노동 운동

(1) 농민 운동

① 배경 : 토지 조사 사업과 산미 증식 계획으로 소작농 증가, 높은 소작료와 수리 조합비 부담으로 어려움 가중 → 화전민, 도시 빈민(토막민), 해외 이주민 증가

② 전개
- 소작인 조합 등을 결성하여 소작료 인하와 소작권 이동 반대 등 요구 → 1930년대 이후 혁명적 농민 조합을 결성하여 항일 투쟁 전개
- 암태도 소작 쟁의(1923~1924) : 지주의 수탈에 맞서 소작료 인하 요구 관철

자료 플러스 ⊕ 암태도 소작 쟁의

> 지주 문재철과 소작 쟁의 중인 전남 암태도 소작인 남녀 500여 명은 지난 8일 오후 6시경에 범선 9척을 나누어 타고 또다시 목포로 건너와서 광주 지방 법원 목포지청에 몰려들어 왔는데 …… 이 문제가 해결될 때까지 동맹하기 위하여 지금까지 혈서에 참가한 자가 수십 명에 달하였다 하며, 이번 운동의 결과를 얻지 못할 경우 아사 동맹을 결속하고 자기들의 집에서 떠날 때부터 지금까지 식사를 폐지하였다고 한다.
>
> – 동아일보(1924. 7. 12.) –

전남 암태도의 소작 농민들은 고액의 소작료를 징수하던 지주에게 소작료를 40% 정도로 낮춰줄 것을 요구하였다. 그러나 이러한 요구가 거절되자 추수 거부, 소작료 불납 동맹으로 지주에게 맞섰다. 이들은 목포까지 가서 단식 투쟁을 벌이는 등 1년여간 투쟁하여 소작료를 40% 정도로 낮추는 등의 성과를 거두었다. 암태도 소작 쟁의는 전국 각지의 소작 쟁의를 자극하는 계기가 되었다.

개념 체크

1. 일제 강점기에 자본주의 소비문화를 즐기는 (　　), 모던 걸이 등장하였다.
2. 일제 강점기에 (　　)가 제작한 영화 「아리랑」이 유행하는 등 대중문화가 발달하였다.
3. 1923년부터 시작된 전라도 (　　) 소작 쟁의는 지주의 수탈에 맞서 소작료 인하 등의 성과를 거두었다.

정답
1. 모던 보이 2. 나운규
3. 암태도

➊ 원산 총파업
라이징 선 석유 회사에서 일본인 감독이 한국인 노동자를 구타한 사건을 계기로 1929년 1월 원산 노동자들이 총파업하였다. 일제의 탄압에도 불구하고 노동자들은 수개월 동안 투쟁을 계속하였다.

➋ 어린이날 포스터

천도교 소년회의 활동을 주도한 방정환은 잡지 『어린이』를 간행하였다. 또한 5월 1일을 어린이날로 정하고 기념행사를 개최하였다.

➌ 근우회 기관지 『근우』

'조선 여자의 공고한 단결을 도모함, 조선 여자의 지위 향상을 도모함'을 내세운 근우회는 여성계의 민족 협동 전선 단체로, 신간회의 자매단체라 할 수 있다.

개념 체크

1. 일본인 감독이 한국인 노동자를 구타한 사건을 계기로 1929년 (　　)에서 총파업이 전개되었다.
2. (　　)에 대한 사회적 차별 철폐를 주장하며 1923년 진주에서 조선 형평사가 결성되었다.
3. (　　)은 국혼을 중시하였고, 『한국통사』와 『한국독립운동지혈사』를 저술하였다.

정답
1. 원산 2. 백정 3. 박은식

(2) 노동 운동

① 배경 : 식민지 공업화에 따른 도시 노동자 수 증가 → 저임금, 장시간 노동, 민족 차별 등 열악한 노동 환경

② 전개

- 노동조합을 결성하여 임금 인상, 노동 조건 개선 등 요구 → 1930년대 이후 혁명적 노동조합을 결성하여 항일 투쟁 전개
- 원산 총파업(1929) : 원산의 석유 회사에서 벌어진 한국인 노동자 구타 사건을 계기로 발생 → 수개월 동안 투쟁 지속 → 일제의 탄압으로 실패

3. 다양한 분야의 사회 운동

(1) 청년 운동 : 조선 청년 총동맹(1924) 등 각종 청년 단체 결성

(2) 소년 운동 : 방정환이 주도한 천도교 소년회 중심, 어린이날 제정

(3) 여성 운동 : 여성 단체의 민족 협동 전선으로 근우회 결성(1927) → 순회 강연회 등 여성 계몽 활동 전개

(4) 형평 운동

① 배경 : 신분제가 폐지되었지만 백정에 대한 사회적 차별 잔존

② 조선 형평사 결성(1923) : 진주에서 결성, 평등 사회의 실현 추구

자료 플러스 조선 형평사 설립 취지문(1923)

> 비천하고 가난하고 열악하고 약하여 굴종하는 사람은 누구인가? 아아 우리의 백정이 아닌가? 그런데 이러한 비극에 대한 이 사회의 태도는 어떠한가? 소위 지식계급에서는 압박과 멸시만 하였다. 이 사회에서 우리 백정의 연혁을 아는가? 결단코 천대받을 우리가 아니다. 직업의 구별이 있다고 하면 짐승의 생명을 빼앗는 사람은 우리 백정뿐만이 아니다. 본사는 시대의 요구보다도 사회의 실정에 따라 창립되었을 뿐 아니라 우리도 조선 민족의 일원이다.
> – 조선일보(1923. 4. 30.) –

1894년에 단행된 갑오개혁으로 법제상의 신분 차별은 폐지되었지만 백정에 대한 사회적 차별은 없어지지 않았다. 게다가 일제는 호적에 붉은 점을 찍어 백정의 신분이 드러나게 하였다. 이에 백정 등은 차별을 없애 저울처럼 평등한 세상을 만들겠다는 목적으로 진주에서 조선 형평사를 설립하였다.

4. 민족 문화 수호 운동

(1) 조선어 학회 : 조선어 연구회에서 확대 개편됨(1931), 한글 맞춤법 통일안 제정, 우리말(조선말) 큰사전 편찬 사업 추진 → 조선어 학회 사건(1942)으로 타격

(2) 한국사 연구

① 일제의 역사 왜곡 : 조선사 편수회를 통해 식민 사관(정체성론, 타율성론, 당파성론 등)을 유포하여 식민 통치 정당화 시도

② 민족주의 사학 : 한국사의 독자성과 주체성 및 민족정신 강조

- 박은식 : 국혼 중시, 『한국통사』와 『한국독립운동지혈사』 저술
- 신채호 : 『조선사연구초』와 『조선상고사』 저술
- 정인보 등에게 계승 → 조선학 운동 전개

③ 사회 경제 사학 : 백남운이 『조선사회경제사』를 통해 한국사가 세계사의 보편적인 발전 법칙에 따라 발전하였다고 주장

자료 탐구 일제 강점기 민족 문화 수호 운동

1단계 자료 분석

(가) 본 건 조선어 학회는 …… 1931년 이래로 피고인 이극로를 중심으로 하여 문화 운동 중 그 기초적 중심이 되는 위에서 말한 바 어문 운동의 방법을 취하여, 그 이념으로써 지도 이념을 삼아, 겉으로 문화 운동의 가면을 쓰고, 조선 독립을 목적한 실력 배양 단체로서 본 건이 검거되기까지 10여 년이나 오랫동안, 조선 민족에 대하여 조선 어문 운동을 전개하여 온 것이니, …… 그중 조선어 사전의 편찬 사업 같은 것은 전례가 없는 민족적 대사업으로 촉망되었던 것이다. – 한글 학회, 『한글 학회 50년사』 –

(나) 역사란 무엇인가? 인류 사회의 아(我)와 비아(非我)의 투쟁이 시간부터 발전하며 공간까지 확대되는 정신적 활동 상태의 기록이니 …… 조선사라 하면 조선 민족이 그리되어 온 상태의 기록이다. – 신채호, 『조선상고사』 –

(다) 우리 조선의 역사적 발전의 전 과정은 가령 지리적 조건, 인종학적 골상, 문화 형태의 외형적 특징 등 다소의 차이는 인정되더라도, 외관적인 소위 특수성은 다른 문화 민족의 역사적 발전 법칙과 구별되어야 하는 독자적인 것이 아니며, 세계사적 · 일원론적인 역사 법칙에 의하여 다른 제 민족과 거의 동일한 발전 과정을 거쳐 온 것이다. – 백남운, 『조선사회경제사』 –

(가)는 일제가 조선어 학회 회원들을 공판에 회부하면서 제시한 이유서이다. 일제는 국어 운동을 독립을 위한 실력 양성 운동으로 파악하고, 그 중심에 조선어 학회가 있다고 보았다. 이런 이유로 일제는 조선어 학회를 독립운동 단체로 간주하고 그 회원들을 치안 유지법 위반 혐의를 적용하여 구속하였는데, 이를 조선어 학회 사건이라고 한다. (나)는 민족주의 사학, (다)는 사회 경제 사학과 관련된 자료이다. 박은식과 신채호 등 민족주의 사학자들은 우리 민족 고유의 정신과 문화적 전통, 그리고 자주적 역사관을 강조하였다. 유물 사관의 영향을 받은 백남운 등 사회 경제 사학자들은 우리 역사가 세계사의 보편적인 발전 법칙에 따라 발전하였음을 강조하여 식민 사관의 정체성론을 비판하였다.

2단계 문항 연습

정답과 해설 33쪽

[25013-0138]

1 (가) 인물에 대한 설명으로 옳은 것은?

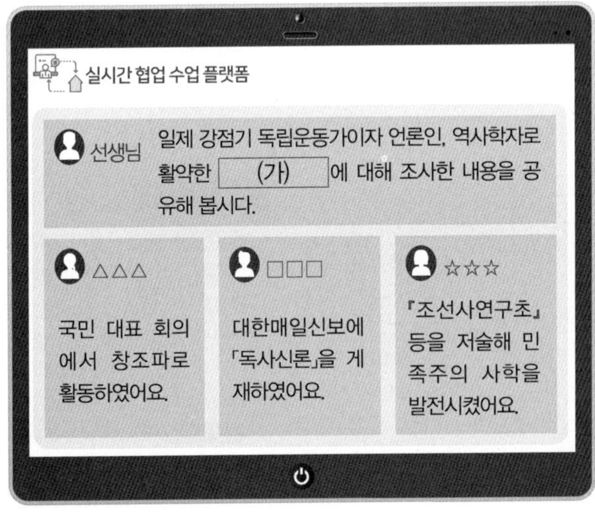

① 실증 사학이 반영된 진단 학보를 발간하였다.
② 의열 활동을 벌인 한인 애국단을 결성하였다.
③ 유물 사관에 근거하여 정체성론을 비판하였다.
④ 대한민국 임시 정부의 초대 대통령에 취임하였다.
⑤ 고대사 연구에 주력하여 조선상고사를 저술하였다.

대표 기출 확인하기

[2024학년도 수능]

1 다음 자료를 활용한 탐구 활동으로 가장 적절한 것은?

> 귀영이가 서울 간 지 3년 만에, 한 장의 편지가 그의 아버지께 왔다. “아버지 그만 두소, 백정 노릇 마소.” 하고 몇 마디 눈물로 섞어 쓴 편지였다. 그것은 귀영이가 고향 학생 친목회에서 ‘백정의 딸이라’고 쫓겨나던 날 쓴 것이었다. …… 약한 자의 부르짖음, 서러운 이의 목 놓는 울음! 평안치 않은 곳에는 봉화를 든다.
>
> –「봉화가 켜질 때에」, 『개벽』, 1925 –

① 도병마사의 기능을 찾아본다.
② 당백전의 발행 계기를 알아본다.
③ 새마을 운동의 성과를 분석한다.
④ 형평 운동의 전개 과정을 살펴본다.
⑤ 5·18 민주화 운동의 영향을 조사한다.

정답 및 해설

정답 해설 자료에서 1925년경 백정의 딸이 사회적 차별을 받는 상황을 통해 형평 운동과 관련된 내용임을 알 수 있다. ④ 갑오개혁으로 신분제는 폐지되었으나, 호적 표시와 학교에서의 생활 등에서 백정에 대한 사회적 차별은 잔존하였다. 이와 같은 차별에 항의하여 1923년 백정 등이 조선 형평사를 창립하고 형평 운동을 전개하였다.

오답 피하기 ① 도병마사는 고려 시대 중서문하성과 중추원의 고위 관리가 모여 국방 문제 등을 논의하던 회의 기구이다.
② 당백전은 경복궁 중건에 필요한 재원을 마련하기 위해 19세기 후반 흥선 대원군 집권 시기에 발행되었다.
③ 박정희 정부는 농촌 환경 개선과 소득 증대를 목표로 1970년부터 새마을 운동을 추진하였다.
⑤ 5·18 민주화 운동(1980)은 1980년대 이후 전개된 민주화 운동의 원동력이 되었다.

정답 ④

[2025학년도 수능 6월 모의평가]

2 다음 자료를 활용한 탐구 활동으로 가장 적절한 것은?

> 지금 한국의 형체는 허물어졌으나 오직 정신만은 남아 있을 수 없는 것일까. 이것이 한국통사를 저술하는 까닭이다. …… 오늘날 우리 민족은 모두 조상의 피로써 신체를 이루고, 조상의 혼으로써 정신을 삼고 있다. 우리 조상은 신성한 교화가 있고 신성한 학문과 무공을 가졌으니, 우리 민족이 어찌 다른 데에서 구해야만 하겠는가. 무릇 우리 형제는 늘 생각하고 잊지 말 것이며, 형체와 정신을 전멸시키지 말 것을 간절히 바라노라.

① 평양 천도의 배경을 살펴본다.
② 민족주의 사학의 내용을 알아본다.
③ 좌우 합작 위원회의 활동을 정리한다.
④ 홍경래가 난을 일으킨 원인을 찾아본다.
⑤ 진보당 사건으로 탄압받은 인물을 조사한다.

정답 및 해설

정답 해설 자료에서 『한국통사』를 저술했다는 점, 조상의 혼으로써 정신을 삼고 있다고 한 점, 형체와 정신을 전멸시키지 말 것을 주장한 점 등을 통해 박은식과 관련된 내용임을 알 수 있다. ② 박은식은 민족주의 사학자로서 일제 식민 사관의 역사 왜곡에 맞서 국혼을 강조하였으며, 『한국통사』 등을 저술하였다.

오답 피하기 ① 고구려는 5세기 전반 장수왕 때 남진 정책의 일환으로 국내성에서 평양으로 천도하였다.
③ 좌우 합작 위원회는 1946년에 민주주의 임시 정부 수립, 미소 공동 위원회의 속개 등의 내용을 담은 좌우 합작 7원칙을 발표하였다.
④ 홍경래의 난은 1811년 평안도 지방에 대한 차별과 세도 정치의 폐단에 반발하여 일어났다.
⑤ 이승만 정부는 1958년 간첩 혐의로 조봉암 및 진보당 관계자를 체포하고, 다음 해에 조봉암을 처형하였다.

정답 ②

수능 유형 익히기

정답과 해설 33쪽

[25013-0139]

01 밑줄 친 '당시'에 볼 수 있는 모습으로 가장 적절한 것은?

왼쪽 그림은 잡지 『별건곤』에 소개된 신식 여성과 남성을 나타낸 풍자화이다. 이들처럼 단발머리와 양장, 양복 차림으로 한껏 멋을 부리고 쇼핑과 외식을 즐겼던 젊은이들을 당시 '모던 걸, 모던 보이'라고 불렀다. 그렇지만 많은 한국인들은 한복을 입거나 한복을 개량하여 착용하기도 하였다. 한편 이 풍자화가 잡지에 실린 당시로부터 약 10년 후에 중일 전쟁이 일어나고, 일제의 침략 전쟁이 확대되면서 국방색의 국민복과 '몸뻬' 착용이 강요되었다.

① 국채 보상 운동에 참여하는 여성
② 토막집에서 생활하는 도시 빈민
③ 육영 공원에서 영어를 가르치는 교사
④ 한성순보 창간 소식에 기뻐하는 유생
⑤ 경부선 개통 기념식에 참석하는 관리

[25013-0140]

02 다음 상황이 나타난 시기에 있었던 사실로 옳은 것은?

전남 암태소작회 간부 13명은 현재 광주 지방 법원 목포지청에서 예심(豫審)을 받으며 목포 형무소에 수감되어 있다. 이 소작회의 회원 400명은 목포에 수감되어 있는 간부들의 방면 운동을 하고 있는데 만일 방면되지 않으면 이 사건이 해결되기까지 계속 운동을 할 결심이라고 한다. …… 계속하여 면민(面民)들도 이 사건으로 수감된 소작 간부를 방면하기 위한 운동을 벌이고 있는데, 이 사건은 지주 문재철과의 소작료 문제로 발생하였다.

① 전시과 제도가 마련되었다.
② 남면북양 정책이 시행되었다.
③ 산미 증식 계획이 실시되었다.
④ 관료전이 지급되고 녹읍이 폐지되었다.
⑤ 근대적 토지 소유 증명서인 지계가 발급되었다.

[25013-0141]

03 밑줄 친 '파업'에 대한 설명으로 옳은 것은?

친애하는 전 조선 노동자 여러분!
함경남도 원산의 3천여 명은 라이징 선 석유 공장에서 쟁의가 시작되자 파업을 단행하였다. 이후 흉포무도한 일본 관헌, 군대, 폭력단 등의 야만적인 탄압에도 오직 맹렬한 투쟁을 계속하여 그 여파는 지금 전 조선으로 확대되고 있다.

① 통감부의 탄압을 받았다.
② 황국 중앙 총상회의 지원을 받았다.
③ 금난전권을 폐지하는 통공 정책으로 이어졌다.
④ 한국인 노동자 구타 사건을 계기로 시작되었다.
⑤ 전태일 분신 사건이 일어나는 데 영향을 주었다.

[25013-0142]

04 (가) 인물에 대한 설명으로 옳은 것은?

위 자료는 (가) 의 주도로 발행한 잡지 『어린이』의 창간을 알리는 신문 광고이다. 이 잡지는 동화와 동시, 미담, 소설, 생활 상식과 특집 기사, 퀴즈 등으로 구성되었고, 벽 그림, 말판 등의 부록이 있었다. 이후 색동회를 조직한 (가) 은/는 어린이날이 제정되는 데 큰 기여를 하였다.

① 독서삼품과를 마련하였다.
② 교육입국 조서를 반포하였다.
③ 한글 맞춤법 통일안을 제정하였다.
④ 천도교 소년회 활동을 주도하였다.
⑤ 오산 학교와 대성 학교를 설립하였다.

[25013-0143]

05 (가) 단체에 대한 설명으로 옳은 것은?

[사료로 보는 한국사]

1. 여성에 대한 사회적 · 법률적인 일체의 차별 철폐
2. 일체의 봉건적인 인습과 미신 타파
3. 조혼 폐지 및 결혼의 자유

……

6. 부인 노동의 임금 차별 철폐 및 산전 산후 임금 지불
7. 부인과 소년공(少年工)의 위험 노동 및 야근 폐지

[해설] (가) 에서 발표한 행동 강령으로 여성의 지위와 권리 향상을 위한 내용을 담고 있다. 신간회의 자매단체로 결성된 (가) 은/는 '조선 여자의 공고한 단결을 도모함', '조선 여자의 지위 향상을 도모함'을 목표로 순회 강연회를 비롯하여 다양한 활동을 전개하였다.

① 관민 공동회를 개최하였다.
② 105인 사건으로 와해되었다.
③ 브나로드 운동을 주도하였다.
④ 좌우 합작 7원칙을 발표하였다.
⑤ 민족 협동 전선으로 결성되었다.

[25013-0144]

06 밑줄 친 '이 운동'에 대한 탐구 활동으로 가장 적절한 것은?

이 기념탑은 진주에서 시작된 이 운동을 기념하기 위해 1996년 1,500여 명의 시민들이 성금을 모아 건립한 것입니다. 여기에는 "멸시와 천대에 시달리던 백정들과 그들의 처지에 공감한 분들이 힘을 모아 펼친 이 운동은 수천 년에 걸친 신분 차별의 고질을 없애려는 우리나라 인권 운동의 금자탑이다."라고 쓰여 있습니다.

① 운요호 사건의 현장을 답사한다.
② 조선 형평사의 활동을 찾아본다.
③ 별무반이 편성된 목적을 알아본다.
④ 대한 제국 칙령 제41호(1900)의 내용을 분석한다.
⑤ 통리기무아문이 추진한 정책의 성격을 파악한다.

[25013-0145]

07 (가)에 들어갈 내용으로 가장 적절한 것은?

일본 경찰이 압수한 함흥 영생 여자 고등 보통학교 학생의 일기에 "국어(일본어)를 사용하는 자를 처벌하였다."라는 글이 서술되어 있었다. 이를 트집 잡아 일본 경찰은 이 학교에서 근무했던 교사 정태진을 연행하여 취조하였다. 그는 당시 『우리말(조선말) 큰사전』 편찬 작업을 하고 있었는데, 일제는 이를 독립운동으로 간주하여 한글 학자인 이윤재, 한징, 이극로, 최현배, 정인승 등을 구속하였다. 그 결과 (가)

① 경향신문이 폐간되었다.
② 만민 공동회가 개최되었다.
③ 영남 유생들이 만인소를 올렸다.
④ 조선어 학회 활동이 위축되었다.
⑤ 민립 대학 설립 운동이 중단되었다.

[25013-0146]

08 (가) 인물에 대한 설명으로 옳은 것은?

월간 | **이달의 추천 도서**

『한국통사』

○ 저자 : (가)
○ 내용 소개 : 민족정신으로 '국혼'을 강조한 저자가 우리나라 근대사를 종합적으로 정리한 역사서이다. 대한민국 임시 정부의 제2대 대통령을 역임한 저자의 대표적인 역사서이다.

① 수선사 결사를 제창하였다.
② 헤이그에 특사로 파견되었다.
③ 조선 혁명 선언을 작성하였다.
④ 한국독립운동지혈사를 저술하였다.
⑤ 유물 사관을 토대로 정체성론을 비판하였다.

12 전시 동원 체제와 광복을 위한 노력

1. 일제의 민족 말살 통치

(1) 황국 신민화 정책

① 배경 : 대공황 이후 일제가 만주 사변(1931), 중일 전쟁(1937), 태평양 전쟁(1941)을 일으킴

② 목적 : 일제가 침략 전쟁을 확대함에 따라 한국인을 전쟁에 동원하기 위하여 한국인의 민족 의식을 말살

③ 내용

- 내선일체와 일선동조론 강조
- 황국 신민 서사 암송, 신사 참배, 궁성 요배, 일본식 성명 사용 등을 강요
- 한국어 교육을 사실상 금지, 일본어 사용 강요
- 소학교의 명칭을 국민학교로 개칭(1941)

(2) 언론과 학문 활동 탄압

① 조선일보와 동아일보 폐간(1940)

② 조선어 학회 사건(1942) : 우리말(조선말) 큰사전 편찬을 준비하고 있던 조선어 학회 회원들을 치안 유지법 위반으로 구속하여 탄압

2. 전시 동원 체제와 수탈

(1) 남면북양 정책

① 목적 : 대공황 이후 일본 방직 산업의 원료 확보

② 내용 : 한반도 남부에 면화 재배, 북부에 양 사육 강요

(2) 병참 기지화 정책

목적	식민지 공업화 정책 추진, 전쟁에 필요한 물자의 원활한 공급
내용	북부 지방에 중화학 공업 집중 육성, 군수 산업 중심으로 개편
결과	• 소비재 생산 위축에 따른 산업 간 불균형 • 공업 시설의 북부 지방 편중에 따른 지역 간 불균형

(3) 인적·물적 자원의 수탈

① 국가 총동원법(1938) : 중일 전쟁 이후 인력과 물자를 동원하기 위해 공포

자료 플러스 국가 총동원법

제1조 국가 총동원이란 전시(전시에 준할 경우도 포함)에 국방의 목적을 달성하기 위해 국가의 전력(全力)을 가장 유효하게 발휘하도록 인적 및 물적 자원을 통제 운용하는 것을 말한다.

제4조 정부는 전시에 국가 총동원상 필요한 경우에는 칙령이 정하는 바에 따라 제국신민(帝國臣民)을 징용하여 총동원 업무에 종사시킬 수 있다. 단, 병역법의 적용을 방해하지 않도록 한다.

제8조 정부는 전시에 국가 총동원상 필요할 때에는 칙령이 정하는 바에 따라 총동원 물자의 생산·수리·배급·양도, 기타의 처분, 사용·소비·소지 및 이동에 관해 필요한 명령을 내릴 수 있다.

중일 전쟁을 일으킨 일제는 물자와 노동력을 동원할 수 있는 국가 총동원법을 제정하였고, 이를 한국에도 적용하여 인력과 물자를 수탈하였다. 일제는 국가 총동원법 제정 이후 지원병제, 징병제 등의 형태로 우리 청년들을 전쟁터에 동원하였고, 징용이라는 이름으로 청장년들을 탄광, 군수 공장 등에 끌고 가 강제 노역에 동원하였다.

➲ 내선일체

일본과 한국이 한 몸과 같다는 뜻이다.

➲ 일선동조론

일본인과 한국인이 같은 뿌리에서 나왔다는 이론이다.

➲ 황국 신민 서사(아동용)

1. 우리들은 대일본 제국의 신민입니다.
2. 우리들은 마음을 합하여 천황 폐하에게 충의를 다합니다.
3. 우리들은 인고단련하여 훌륭하고 강한 국민이 되겠습니다.

일제는 한국인의 민족성을 말살하기 위해 관공서뿐 아니라 학교나 직장에서도 황국 신민 서사를 강제로 외우게 하였다.

➲ 국민학교

'황국 신민의 학교'를 줄인 말로 일제가 한국인을 '천황'에게 충성하도록 교육하겠다는 의도를 담고 있다.

개념 체크

1. 일제는 황국 신민화 정책의 일환으로 소학교의 명칭을 (　　)로 바꾸었다.
2. 대공황 이후 일제는 방직 산업의 원료를 확보하기 위해 한국에서 면화 재배와 양 사육을 강요하는 (　　) 정책을 실시하였다.
3. 일제는 1938년 (　　)법을 제정한 이후 본격적인 인적·물적 자원 수탈에 나섰다.

정답
1. 국민학교 2. 남면북양
3. 국가 총동원

② 인적 자원의 수탈
- 지원병제, 학도 지원병제, 징병제 실시 : 청년들을 침략 전쟁에 동원
- 국민 징용령·여자 정신 근로령 공포 : 전쟁에 필요한 노동력 수탈
- 일본군 '위안부' 동원 : 여성을 강제로 동원하여 성노예 생활 강요

③ 물적 자원의 수탈
- 식량 배급제 실시, 공출제 실시(미곡 공출, 금속류 공출)

3. 1930년대 국외 민족 운동

(1) 만주에서의 항일 투쟁

① 한중 연합 작전

배경	만주 사변 발발 → 중국 내 항일 감정 고조 → 항일 연합 전선 형성
중국군과 연합	• 지청천이 이끄는 한국 독립군(북만주) : 쌍성보·대전자령 전투 등에서 승리 • 양세봉이 이끄는 조선 혁명군(남만주) : 영릉가·흥경성 전투 등에서 승리

② 항일 유격 투쟁
- 동북 항일 연군 : 한인 사회주의자들이 참여하여 항일 유격 투쟁 전개
- 조국 광복회 : 동북 항일 연군 내의 한인들이 결성

자료 플러스 한중 연합 작전

- 조선 혁명군 총사령 양세봉, 참모장 김학규 등은 일부 병력을 이끌고 중국 의용군 왕동헌, 양석복 부대 등과 합세하였다. …… 전세가 불리하게 돌아가자 일본군은 여러 구의 시체와 마필·무기를 버려두고 황급히 퇴각하였다. 아군은 승세를 몰아 적들을 30여 화리(華里)* 정도 추격한 끝에 당일 오후 3시경 신빈성 서쪽의 영릉가성을 점령하였다. -『광복』-

  *화리(華里) : 1화리 = 0.5km
- 대전자령은 태평령이라고도 하는데, 일본군이 왕칭 쪽으로 가기 위해서는 반드시 지나가야 하는 지점이었다. 이곳은 기다란 협곡으로서 험준한 절벽과 울창한 산림 지대로 되어 있었다. 지청천이 이끄는 한국 독립군은 이곳에 매복하여 일본군이 통과하기를 기다렸다. …… 마침내 일본군이 나타나자 일제히 사격을 가하였고, 4~5시간에 걸쳐 치열하게 전투가 전개되었다. -『청천 장군의 혁명투쟁사』-

1931년 일제는 만주 사변을 일으켜 이듬해 만주국을 수립하였다. 이에 조선 혁명군과 한국 독립군은 각각 중국인 부대와 연합하여 항일 투쟁을 전개하였다. 양세봉이 이끄는 조선 혁명군은 중국 의용군과 함께 한중 연합군을 편성하여 영릉가 전투와 흥경성 전투에서 일본군을 격파하였다. 한국 독립군은 지청천의 지휘하에 중국 호로군과 연합하여 쌍성보, 대전자령 등지에서 대승을 거두었다.

(2) 중국 관내의 항일 투쟁

① 민족 혁명당 : 난징에서 김원봉 등의 주도로 중국 관내 통일 전선 정당으로 조직(1935) → 이후 민족주의 세력 이탈 → 조선 민족 전선 연맹 결성

② 조선 의용대

창설(1938)	• 중일 전쟁 발발 이후 김원봉 등이 중국 국민당 정부의 지원으로 창설 • 조선 민족 전선 연맹의 산하 무장 조직
활동	정보 수집과 포로 심문 등 후방 공작 활동
분화	• 화북 이동 세력 : 조선 의용대 화북 지대 → 조선 의용군으로 개편 • 잔류 세력 : 김원봉의 지휘로 한국광복군에 합류(1942)

금속 공출

일제는 무기 등 군수 물자를 만드는 데 필요한 원료인 구리와 고철 등의 금속류를 강제로 거두는 공출제를 실시하였다.

중국 관내

중국인들이 자민족의 영토로 여겼던 만리장성 남쪽의 지역을 의미한다.

조선 의용대의 분화

조선 의용대는 주로 중국 군대를 도와 포로 심문, 후방 교란, 선전전 등의 첩보 임무를 담당하였다. 하지만 이러한 소극적 투쟁에 불만이 많았던 조선 의용대원의 일부는 적극적인 항일 투쟁을 전개하기 위하여 화북 지방으로 이동하였다. 김원봉을 비롯한 잔류 세력은 한국광복군에 합류하였다.

개념 체크

1. (　　)이 일어나자 중국 내에서 항일 감정이 높아져 독립군이 중국인 부대와 연합하는 한중 연합 작전이 전개되었다.
2. 지청천이 이끄는 (　　)은 중국군과 연합하여 쌍성보 전투, 대전자령 전투 등에서 승리하였다.
3. 중국 관내에서는 김원봉 등이 통일 전선 정당으로 1935년에 (　　)을 결성하였다.

정답
1. 만주 사변 2. 한국 독립군 3. 민족 혁명당

자료 플러스 **조선 의용대 성립 선언(1938)**

우리들 재중국 조선 혁명당원들은 이 정의의 전쟁에 참여하고 이 전쟁 중에 조국의 독립을 쟁취해야 할 것이다. 우리들은 우선 「조선 민족 전선 연맹」의 기치 아래 일치단결하고, …… 조선 의용대를 조직한 것이다. …… 우리는 조선 의용대의 깃발을 내걸고 필승의 신념으로 정의의 항일전에 참가하여 이 신성한 임무를 관철하지 않으면 안 된다.

중일 전쟁 이후 중국 국민당 정부의 지원을 받아 조선 민족 전선 연맹의 산하에 조선 의용대가 창설되었다. 조선 의용대는 중국 관내에서 조직된 최초의 한인 부대였는데, 소극적인 투쟁 방식에 한계를 느낀 일부 대원들은 중국 공산당과 일제가 맞서고 있던 화북으로 이동하였다. 이들은 조선 의용대 화북 지대를 결성하여 중국 공산당의 팔로군과 함께 호가장 전투와 반소탕전에서 활약하였다.

➲ 삼균주의
대한민국 임시 정부의 국무 위원인 조소앙이 독립 국가 수립의 지침으로 내세운 사상이다. 삼균주의는 정치, 경제, 교육의 균등을 확립하고, 개인과 개인, 민족과 민족, 국가와 국가 간의 호혜 평등을 실현하여 민주 국가를 건설하려는 이념이다.

4. 건국을 위한 노력

(1) 대한민국 임시 정부의 재정비

① 체제 정비 : 김구, 지청천, 조소앙 등이 한국 독립당 결성(1940)
② 조직 개편 : 충칭에 정착(1940), 주석제 마련(김구를 주석으로 선출)
③ 대한민국 건국 강령 발표(1941) : 삼균주의 반영, 민주 공화국 지향, 보통 선거·토지 국유화·무상 교육 등 주장
④ 대일 선전 포고 : 태평양 전쟁 발발 직후 대일 선전 성명서 발표
⑤ 한국광복군
- 창설(1940) : 충칭에서 중국 국민당 정부의 지원을 받아 창설, 총사령관 지청천
- 전력 강화 : 김원봉이 이끄는 조선 의용대 일부 병력 합류
- 활동

연합 작전	인도·미얀마 전선에 투입 → 영국군과 연합하여 선전 활동 및 포로 심문 등 전개
국내 진공 작전	미국 전략 정보국[OSS]과 협력하여 국내 정진군 훈련 → 일제의 패망으로 실행하지 못함

➲ 국내 진공 작전
대한민국 임시 정부는 독립을 우리의 손으로 이루려고 노력하였다. 미국 전략 정보국[OSS]의 지원으로 특수 부대의 훈련을 마치고 국내 침투 준비를 끝냈으나, 일제의 갑작스러운 항복으로 작전이 실행되지 못하였다.

자료 플러스 **한국광복군 선언과 대한민국 임시 정부의 대일 선전 성명서**

- 대한민국 임시 정부는 대한민국 원년(1919)에 정부가 공포한 군사 조직법에 의거하여 …… 중화민국 영토 내에서 광복군을 조직하고 …… 공동의 적인 일본 제국주의자들을 타도하기 위해 연합군의 일원으로 항전을 계속한다. …… 우리들은 한중 연합 전선에서 우리 스스로의 계속 부단한 투쟁을 감행하여 극동 및 아시아 인민 중에서 자유 평등을 쟁취할 것을 약속하는 바이다.
- 우리는 3천만 한국 인민과 정부를 대표하여 중국, 영국, 미국, 네덜란드, 캐나다 등의 대일 선전이 일본을 패배하게 하고 동아시아를 재건하는 가장 유효한 수단이 됨을 축하한다. 이에 다음과 같이 성명한다.
  1. 한국 전 인민은 현재 이미 반침략 전선에 참가하였으니, 한 개의 전투 단위로서 추축국*을 상대로 선전한다.
  2. 1910년 병합 조약과 일체의 불평등 조약의 무효를 거듭 선포한다.

*추축국 : 독일, 이탈리아, 일본 등 제2차 세계 대전을 일으킨 진영을 의미한다.

첫 번째 자료는 대한민국 임시 정부가 항일 무장 투쟁을 본격적으로 전개하기 위해 창설한 한국광복군 선언이며, 두 번째 자료는 한국광복군이 태평양 전쟁 발발 직후 대한민국 임시 정부 명의로 발표한 대일 선전 성명서이다. 두 자료에는 한국광복군이 연합군의 일원으로 항일전에 참전해 승리함으로써 조국의 독립을 달성하려는 의지가 잘 나타나 있다.

개념 체크

1. 중일 전쟁 발발 이후 김원봉 등은 중국 국민당 정부의 지원을 받아 1938년에 (　　)를 창설하였다.
2. 대한민국 임시 정부는 1940년 중국 (　　)에 정착하였다.
3. (　　)은 인도·미얀마 전선에서 영국군을 도와 선전 활동과 포로 심문 등의 활동을 하였다.

정답
1. 조선 의용대 2. 충칭
3. 한국광복군

◎ 조선 독립 동맹
중국 공산당과 함께 항일 운동을 하던 한국인들이 모여 화북 조선 청년 연합회를 조직하였다. 이후 조직을 강화하기 위하여 명칭을 조선 독립 동맹으로 바꾸었다.

(2) 조선 독립 동맹

결성	화북 지역의 사회주의자들을 중심으로 결성(1942), 김두봉 주도
활동	• 조선 의용군 : 조선 의용대 화북 지대가 개편, 중국 공산당의 팔로군과 연합하여 항일 무장 투쟁 전개 • 강령 발표 : 민주 공화국 건설, 토지 분배 및 의무 교육 등의 내용

(3) 조선 건국 동맹

결성	여운형의 주도로 국내에서 사회주의자와 민족주의자가 연합하여 비밀리에 결성(1944)
활동	대한민국 임시 정부, 조선 독립 동맹 등 해외 독립운동 세력과 연계 모색

5. 국제 사회의 한국 독립 약속

(1) 카이로 회담(1943)

참여	미국, 영국, 중국 대표
주요 내용	적당한 시기에 한국을 독립시킬 것을 최초로 결의

◎ 관동 대지진
1923년에 일본에서 일어난 지진으로 많은 인명과 재산 피해가 발생하였다. 일본은 이로 인한 민심 동요와 사회 불안의 원인을 한국인 탓으로 돌렸다. 이런 혼란 속에서 일본 군대, 경찰 및 민간인 등에 의해 수천 명의 한국인이 학살당하였다.

(2) 얄타 회담(1945)

참여	미국, 영국, 소련 대표
주요 내용	소련이 일본과의 전쟁에 참여할 것을 결의

(3) 포츠담 선언(1945)

참여	미국, 영국, 중국 대표가 서명(소련은 8월에 동의)
주요 내용	일본에 무조건 항복 요구, 한국의 독립 재확인

자료 플러스 카이로 선언

세 연합국(미국, 영국, 중국)은 일본에 대한 장래의 군사 행동을 합의하였다. …… 세 연합국은 일본의 침략을 제지하고 이를 벌하기 위하여 이 전쟁을 수행하고 있다. …… 세 연합국은 한국 인민의 노예 상태에 유의하여, 한국이 적당한 시기에 자유롭고 독립한 상태가 될 것을 결의한다. 이를 위해 세 위대한 연합국은 일본과 교전 중인 여러 국가와 협조하여 일본의 무조건적인 항복을 받기에 필요한 중요한 작전을 장기적으로 계속 수행할 것이다.

1943년 11월 미국, 영국, 중국의 대표들은 이집트 카이로에서 회담을 열었는데, 이 자리에서 각국 정상들은 한국의 독립 문제를 최초로 논의하였다. 연합국 정상들은 회담 후 대일전에 상호 협력하고, 제1차 세계 대전 이후 일본이 차지한 영토를 회수하며, 적당한 시기에 한국을 독립시킨다는 내용 등이 포함된 카이로 선언을 발표하였다.

개념 체크

1. 여운형 등은 1944년 국내 좌우 세력을 망라하여 (　　)을 비밀리에 결성하였다.
2. (　　)은 미국, 영국, 중국의 대표가 참여하였으며, 한국의 독립을 최초로 결의하였다.
3. 연해주에 거주하던 한인들은 중일 전쟁 이후 소련에 의해 (　　)로 강제 이주당하였다.

정답
1. 조선 건국 동맹 2. 카이로 회담 3. 중앙아시아

6. 해외 이주 동포의 삶

만주	• 19세기 후반부터 한인들이 본격적으로 이주 • 간도 참변으로 다수의 한인들이 피해
연해주	• 러시아가 한인 이주 권장 → 신한촌 건설 • 중일 전쟁 발발 이후 소련에 의해 한인들이 중앙아시아로 강제 이주(1937)
일본	• 초기 유학생 중심 → 노동 이민 증가 • 관동 대지진으로 다수의 한인들이 학살당함(1923)
미주	• 1900년대 초 하와이로 노동 이민 시작 • 독립 공채 구입, 의연금 모집 등 독립운동 활동 자금 지원

자료 탐구 1930년대 후반 이후 일제의 식민 통치

1단계 자료 분석

(가) 총독 미나미 지로의 훈시(1938)
통치의 목표는 반드시 일본화 즉 내선일체의 구현에 있다. 일시동인(一視同仁)의 성지(聖旨)를 받들어 온 조선 통치가 저 구미 제국의 식민 지배와는 이념에서도 실적에서도 그 근본에 있어서 절대로 출발점을 달리하고 있는 것이다. …… 이와 같은 이상과 목적을 달성하기 위하여 두 가지 중요한 시설을 이루려고 한다. 그 하나는 조선인의 지원병 제도의 실시이고, 그 둘째는 교육의 개혁과 확충이다.

(나) 애국일 행사의 시행 절차(1939)
1. 신사의 참배(없을 경우에는 생략한다.)
2. 황궁 요배
3. 국기 게양(간단한 설비라도 상관 없다.)
4. 국가 제창(제창이 곤란한 경우에는 생략한다.)
5. 강연(매회 할 필요는 없다.)
6. 황국 신민 서사 제창
7. 천황 폐하 만세 삼창

(가)는 1938년에 조선 총독이 도지사 회의에서 행한 훈시 내용의 일부이다. 당시 조선 총독은 내선일체를 달성하기 위해 지원병 제도의 실시와 교육 제도의 개편을 강조하였다. 이에 따라 일제는 1938년부터 지원병제를 실시해 한국인을 침략 전쟁에 동원하였으며, 제3차 조선 교육령을 시행하여 한국인에 대해 한국어와 한국사 교육을 사실상 금지하고 일본어 사용을 강요하였다. (나)는 1939년에 국민 정신 총동원 충청남도 연맹이 작성한 애국일 행사 시행 절차를 보여 주고 있다. 일제는 중일 전쟁을 일으킨 후 한국인을 침략 전쟁에 동원하기 위해 황국 신민화 정책을 본격화하였다. 특히 내선일체를 강조하여 한국인의 민족의식을 말살하고 일본 국왕에게 충성하는 백성으로 동화시키려는 정신 운동을 강조하였는데, 이를 위해 애국일 행사를 거행하고 황국 신민 서사의 암송을 강요하였다.

2단계 문항 연습

정답과 해설 35쪽

[25013-0147]

1 **자료의 상황이 나타난 시기에 볼 수 있는 모습으로 가장 적절한 것은?**

○○ 고등 여학교 학생들은 해군 지원병 모집 감사 음악회를 갖도록 강요받았습니다. 이후 교련 교과가 강화되고, 여학생들은 여성 무술이라 하여 전쟁 의식 고취를 위한 '나기나타(막대기 끝에 칼을 꽂은 창) 훈련'도 받았습니다. 전쟁이 막바지로 몰리면서 전사자가 늘어가자 학생들은 소위 전사자들의 '무언의 귀향'을 맞이하는 행사에 동원되었으며, 가마니 짜기, 새끼 꼬기 등에 전교생이 100여 일 동안 강제로 동원되었습니다.
– 『○○학원 100년사』 –

① 황국 신민 서사를 암송하는 학생
② 국채 보상 운동에 성금을 납부하는 상인
③ 보빙사로 선발되어 미국으로 향하는 관리
④ 신탁 통치를 반대하는 시위에 참가하는 학생
⑤ 봉오동 전투에서 일본군과 격전을 벌이는 독립군

자료 탐구 한중 연합 작전의 전개

1단계 자료 분석

〈한국 독립군과 중국 호로군의 합의(1931)〉
1. 한중 양군은 어떤 불리한 상황에 처하더라도 장기간 항전할 것을 맹세한다.
2. 중동 철도를 경계선으로 서부 전선은 중국군이 맡고, 동부 전선은 한국군이 맡는다.
3. 전시의 후방 전투 훈련은 한국 장교가 맡고, 한국군에 필요한 모든 물자는 중국군이 공급한다.

– 한국광복군 사령부, 『광복 2』 –

〈조선 혁명군과 중국 의용군의 합의(1932)〉
중국과 한국 양국의 군민은 한마음 한뜻으로 일제에 대항하여 싸우고, 인력과 물자는 서로 나누어 쓰며, 합작의 원칙 아래 국적과 관계없이 그 능력에 따라 항일 공작을 나누어 맡는다.

– 한국광복군 사령부, 『광복 4』 –

1931년 일제가 만주 사변을 일으키고 이듬해 만주국을 세우면서, 만주 일대는 사실상 일제의 점령 지역이 되었다. 이에 따라 중국 내 항일 감정이 높아져 각지에서 일본에 대항하는 봉기가 일어났다. 이러한 가운데 한국 독립군과 조선 혁명군은 각각 중국인 부대와 연합하여 항일 무장 투쟁을 전개하였다.
북만주 일대에서는 지청천이 이끄는 한국 독립군이 중국 호로군과 연합하여 쌍성보 전투, 사도하자 전투, 대전자령 전투 등에서 일본군에 승리하였다. 남만주 일대에서는 양세봉이 이끄는 조선 혁명군이 중국 의용군과 연합하여 영릉가 전투, 흥경성 전투 등에서 일본군을 격퇴하였다. 그러나 일제가 만주를 장악하고 거세게 공격해 오면서 중국군의 활동이 위축되었고, 독립군의 활동도 점차 어려워졌다.

2단계 문항 연습

정답과 해설 35쪽

[25013-0148]

2 다음 두 인물의 공통점으로 옳은 것은?

나는 한국 독립군의 총사령관입니다. 우리 부대는 대전자령 전투 등에서 승리를 거두었습니다.

나는 조선 혁명군의 총사령입니다. 우리 부대는 영릉가 전투, 흥경성 전투 등에서 일본군을 격퇴하였습니다.

① 영남 만인소 사건을 주도하였다.
② 집강소를 통해 개혁을 추진하였다.
③ 한인 애국단의 결성을 주도하였다.
④ 만주 사변 이후 한중 연합 작전을 전개하였다.
⑤ 고종의 명에 따라 헤이그에 특사로 파견되었다.

대표 기출 확인하기

[2024학년도 수능 9월 모의평가]

1 밑줄 친 '이 시기'에 있었던 사실로 옳은 것은?

이 사진은 금속류 공출식을 하고 있는 모습입니다. 일제는 중일 전쟁을 일으키고 침략 전쟁을 확대하던 이 시기에 전쟁 물자를 확보하기 위해 공출 제도를 실시하였습니다. 쌀에 대한 공출과 함께 무기 제조를 목적으로 온갖 놋그릇, 쇠붙이를 수탈하였습니다.

① 균역법이 실시되었다.
② 독서삼품과가 시행되었다.
③ 제물포 조약이 체결되었다.
④ 제너럴 셔먼호 사건이 발생하였다.
⑤ 황국 신민 서사 암송이 강요되었다.

정답 및 해설

정답 해설 자료에서 금속류 공출식, 일제가 중일 전쟁을 일으키고 침략 전쟁을 확대했다는 점, 공출 제도를 실시했다는 점, 쌀에 대한 공출, 놋그릇과 쇠붙이를 수탈했다는 점 등을 통해 밑줄 친 '이 시기'는 1937년 중일 전쟁 발발 이후 일제가 침략 전쟁을 확대하던 시기임을 알 수 있다. ⑤ 일제는 중일 전쟁 발발 이후 황국 신민화 정책의 일환으로 황국 신민 서사를 암송하도록 하였다.

오답 피하기 ① 조선 영조는 백성의 군역 부담을 줄이려는 목적으로 균역법을 실시하였다.
② 통일 신라 원성왕은 유교 경전의 이해 수준을 시험하여 관리 등용에 활용하고자 독서삼품과를 마련하였다.
③ 임오군란(1882)의 영향으로 조선과 일본은 일본 공사관에 경비병 주둔을 허용하는 제물포 조약을 체결하였다.
④ 1866년 미국인 소유 상선 제너럴 셔먼호가 대동강을 거슬러 올라가 통상을 요구하며 횡포를 부리자 평양 관민이 제너럴 셔먼호를 불태웠다(제너럴 셔먼호 사건).

정답 ⑤

[2025학년도 수능 9월 모의평가]

2 (가) 군사 조직에 대한 설명으로 옳은 것은?

선생님은 항일 운동을 하시다가, 지청천 총사령이 이끄는 (가) 에 입대하셨는데 어떤 역할을 하셨나요?

(가) 이/가 미국 전략 정보국[OSS]과 협력하여 계획한 국내 진공 작전 수행을 위해 통신병으로 훈련을 받았습니다.

① 청산리 일대에서 일본군을 격파하였다.
② 인도 · 미얀마 전선에 투입되었다.
③ 고종의 밀명을 받아 조직되었다.
④ 대마도(쓰시마섬)를 정벌하였다.
⑤ 영릉가 전투에서 승리하였다.

정답 및 해설

정답 해설 자료에서 지청천 총사령이 이끌었다는 점, 미국 전략 정보국[OSS]과 협력하여 국내 진공 작전을 계획하였다는 점 등을 통해 (가) 군사 조직은 한국광복군임을 알 수 있다. ② 1940년 충칭에서 창설된 한국광복군은 영국군의 요청에 따라 일부가 연합군의 일원으로 인도 · 미얀마 전선에 투입되었다.

오답 피하기 ① 1920년 김좌진이 이끄는 북로 군정서를 비롯한 독립군 연합 부대가 청산리 일대에서 일본군에 대승을 거두었다(청산리 대첩).
③ 임병찬 등은 1912년 고종의 밀명을 받아 독립 의군부를 조직하였다.
④ 왜구의 소굴인 대마도(쓰시마섬) 정벌은 고려 말과 조선 초에 이루어졌다. 조선 세종 때는 이종무가 대마도(쓰시마섬)를 정벌하였다.
⑤ 양세봉이 이끄는 조선 혁명군은 중국군과 연합하여 영릉가 전투에서 일본군을 물리쳤다.

정답 ②

수능 유형 익히기

[25013-0149]

01 밑줄 친 '이 시기'에 일제가 실시한 정책으로 옳은 것은?

사진 속 비석은 2019년 대전 ○○ 고등학교 건물 신축 과정에서 발견된 것이다. 비석에는 "우리 황국 신민은 인고단련의 힘을 키워서 황도를 선양하자."라는 글 등이 새겨져 있어 '황국 신민 서사비'로 불리고 있다. 일제는 중일 전쟁을 일으키는 등 침략 전쟁을 확대한 이 시기에 내선일체를 도모한다는 명목으로 이와 같은 비석을 학교 정문 옆에 세워 오가는 이들에게 맹세문을 낭송하게 했다.

① 삼별초를 조직하였다.
② 새마을 운동을 추진하였다.
③ 조선 태형령을 제정하였다.
④ 통리기무아문을 설치하였다.
⑤ 일본식 성명 사용을 강요하였다.

[25013-0150]

02 자료의 상황이 나타난 시기에 볼 수 있는 모습으로 가장 적절한 것은?

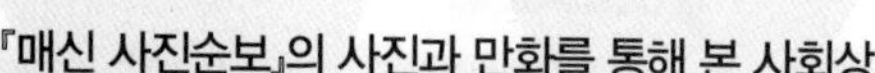

『매신 사진순보』의 사진과 만화를 통해 본 사회상

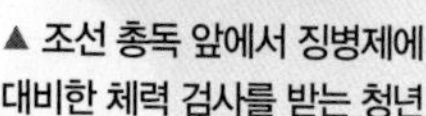

▲ 조선 총독 앞에서 징병제에 대비한 체력 검사를 받는 청년

▲ 해군 특별 지원병 제도 실시를 소개하는 만화

① 신사 참배에 강제 동원되는 학생
② 일본 공사관을 습격하는 구식 군인
③ 물산 장려 운동을 시작하는 기업가
④ 경인선 철도 개통식을 구경하는 청년
⑤ 천리장성 공사에서 돌을 나르는 농민

[25013-0151]

03 다음 포스터가 제작된 시기에 있었던 사실로 옳은 것은?

우리들 대화(大和) 협력의 힘이 전쟁을 이겨 내는 원동력이다. 한 알의 쌀이라도 더 많이 나라에 바쳐서 미국과 영국을 때려 부숴 버리자! 공출미는 우리 마을의 공동 책임이니 하루라도 빨리 공동 출하를 합시다.

어린 아이들은 공동 탁아소에 맡겼으니 안심됩니다.

공출 때는 지주들이 큰 도움을 주니 고맙습니다. 자, 빨리 빨리 힘냅시다.

① 토지 조사령이 발표되었다.
② 식량 배급제가 시행되었다.
③ 농지 개혁법이 제정되었다.
④ 화폐 정리 사업이 추진되었다.
⑤ 제1차 경제 개발 5개년 계획이 실시되었다.

[25013-0152]

04 다음 상황이 나타난 시기에 있었던 사실로 옳은 것은?

부대원들은 이달 말 목적지에 도착하여 중국 호로군 사령관 겸 길림자위군 총사령관 정초 등을 만나 상의했는데 그 형세가 심히 흡족하였다. 이 소식을 듣고 지청천이 최악, 오광선 등과 함께 그곳으로 가서 연합의 구체적인 조건을 논의하여 다음과 같이 결정하였다.

- 한중 양군은 어떤 불리한 상황에 처하더라도 장기간 항전할 것을 맹세한다.
- 중동 철도를 경계선으로 서부 전선은 중국군이 맡고, 동부 전선은 한국군이 맡는다.
- 전시의 후방 전투 훈련은 한국 장교가 맡고, 한국군에 필요한 모든 물자는 중국군이 공급한다.

① 4군 6진 지역이 개척되었다.
② 일제가 간도 참변을 일으켰다.
③ 관군이 쌍성총관부를 공격하였다.
④ 신민회가 신흥 강습소를 설립하였다.
⑤ 북만주에서 한국 독립군이 활동하였다.

[25013-0153]

05 (가) 군사 조직에 대한 설명으로 옳은 것은?

한국사 신문

특집 : 남북의 묘지에 함께 안장된 인물 소개(1편)

사진은 국립 서울 현충원 애국지사 묘역에 있는 '순국선열 양세봉'의 묘비와 봉분이다. 그는 1920년대 정의부, 국민부 등에서 활동하였고, 1930년대 초반 국민부 산하의 무장 단체였던 (가) 의 총사령을 역임한 인물이다. 한중 연합 작전을 주도한 그의 묘비 하단에는 아무런 글귀도 새겨져 있지 않다. 시신이 없는 허묘(墟墓)이기 때문이다. 양세봉 묘비 뒷면에는 양세봉의 간단한 이력이 다음과 같이 쓰여 있다.
"1896년 6월 5일 평북 철산에서 출생. 1934년 8월 12일 중국 태탑지구에서 순국 ……."

① 영릉가 전투에서 승리하였다.
② 고종의 밀명을 받아 조직되었다.
③ 자유시 참변으로 세력이 약화되었다.
④ 청산리 전투에서 일본군을 격퇴하였다.
⑤ 상하이 훙커우 공원 의거를 감행하였다.

[25013-0154]

06 (가) 인물에 대한 설명으로 옳은 것은?

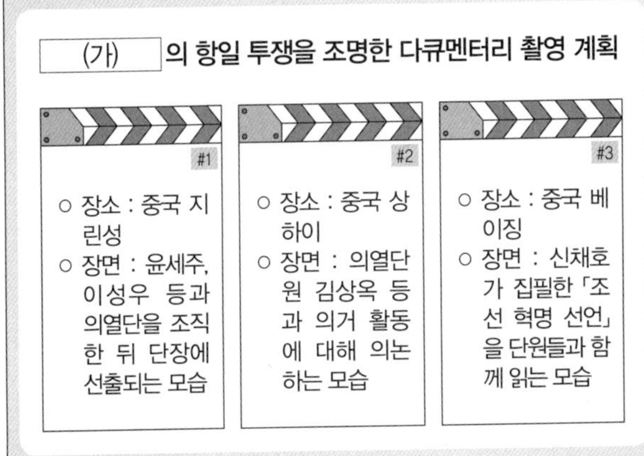

(가) 의 항일 투쟁을 조명한 다큐멘터리 촬영 계획

#1	#2	#3
○ 장소 : 중국 지린성 ○ 장면 : 윤세주, 이성우 등과 의열단을 조직한 뒤 단장에 선출되는 모습	○ 장소 : 중국 상하이 ○ 장면 : 의열단원 김상옥 등과 의거 활동에 대해 의논하는 모습	○ 장소 : 중국 베이징 ○ 장면 : 신채호가 집필한 「조선 혁명 선언」을 단원들과 함께 읽는 모습

① 위화도 회군을 단행하였다.
② 대한인 국민회를 결성하였다.
③ 좌우 합작 7원칙을 발표하였다.
④ 조선 의용대 창설을 주도하였다.
⑤ 한국독립운동지혈사를 저술하였다.

[25013-0155]

07 (가) 군사 조직에 대한 학생들의 발표 내용으로 옳은 것은?

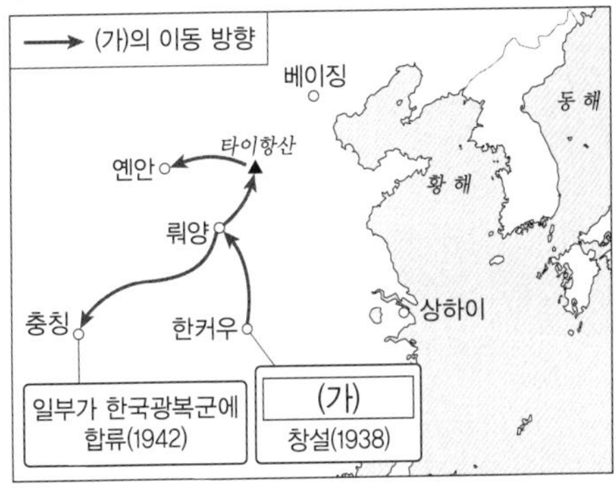

① 윤관의 건의로 편성되었어요.
② 황룡촌 전투에서 승리를 거두었어요.
③ 홍경성 전투에서 일본군을 격퇴하였어요.
④ 쌍성보에서 한중 연합 작전을 전개하였어요.
⑤ 중국 국민당 정부의 지원을 받아 창설되었어요.

[25013-0156]

08 (가)에 대한 설명으로 옳은 것은?

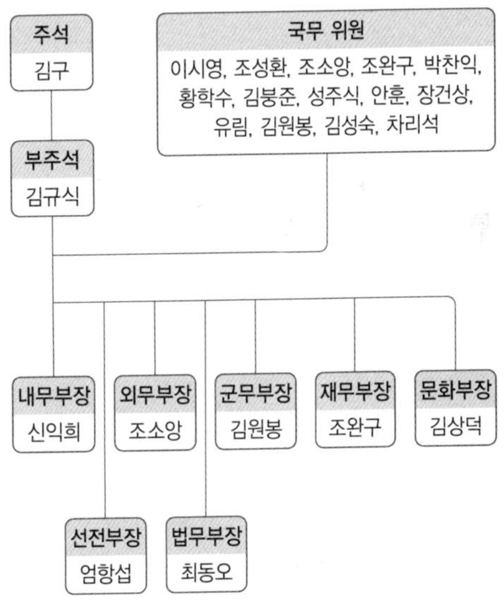

① 군국기무처를 설치하였다.
② 대한국 국제를 반포하였다.
③ 삼균주의를 반영한 건국 강령을 발표하였다.
④ 광주 학생 항일 운동에 진상 조사단을 파견하였다.
⑤ 유상 매수·유상 분배 방식의 농지 개혁을 실시하였다.

[25013-0157]

09 (가), (나) 시기 사이에 있었던 사실로 옳은 것은?

(가) 나는 정부 국무 회의에서 한인 애국단을 조직하여 암살 파괴 등 공작을 실행하되, 금전 여하 인물을 사용하든지 전권 하되, 성공과 실패의 결과를 보고하라는 특권을 득하였다.

(나) 드디어 3개월간 실시된 제1기생 50명의 미국 전략 정보국[OSS] 특수 공작 훈련이 끝났다. 나는 무전 기술 등의 시험에서 괜찮은 성적을 받았고 국내로 침투하여 모든 공작을 훌륭하게 수행할 수 있는 자신감을 얻었다.

① 미쓰야 협정이 체결되었다.
② 13도 창의군이 결성되었다.
③ 전민변정도감이 설치되었다.
④ 대일 선전 성명서가 발표되었다.
⑤ 제1차 미소 공동 위원회가 개최되었다.

[25013-0158]

10 (가) 군사 조직에 대한 설명으로 옳은 것은?

(가) (으)로 활동한 부녀(父女) 독립운동가

▲ 지청천

▲ 지복영

1940년 대한민국 임시 정부의 산하 군대인 (가) 이/가 창설될 때 지청천은 총사령관에 취임하였다. 지복영도 오광심, 김정숙, 조순옥 등과 함께 여성 대원으로 (가) 에 입대한 후 주로 총사령부의 비서 업무와 선전 사업 분야에서 활동하였다.

① 서울 진공 작전을 전개하였다.
② 우금치에서 일본군과 전투를 벌였다.
③ 정족산성에서 프랑스군을 격퇴하였다.
④ 유엔군과 함께 인천 상륙 작전을 성공시켰다.
⑤ 영국군의 요청으로 인도·미얀마 전선에 투입되었다.

[25013-0159]

11 (가) 단체에 대한 설명으로 옳은 것은?

[사료로 보는 한국사]

1. 각인 각파를 대동단결하여 거국일치로 일본 제국주의의 모든 세력을 몰아내고 조선 민족의 자유와 독립을 회복할 것
2. 반추축 제국(연합국)과 협력하여 대일 연합 전선을 형성하고 조선의 완전한 독립을 저해하는 일체 반동 세력을 박멸할 것
3. 건설 부면에 있어서 모든 시행을 민주주의적 원칙에 의거하고, 특히 노농 대중의 해방에 치중할 것

[해설] 1944년 여운형의 주도로 비밀리에 결성된 (가) 의 강령이다. 이 단체는 일제 타도를 위한 대동단결, 민주주의 원칙에 의한 국가 건설을 목표로 일제의 징용과 징병, 전쟁 물자 수송을 방해하는 등의 활동을 하면서 광복을 준비하였다.

① 복벽주의를 내세웠다.
② 진단 학보를 발행하였다.
③ 연통제와 교통국을 운영하였다.
④ 일본의 황무지 개간권 요구를 철회시켰다.
⑤ 민족주의자와 사회주의자의 연합으로 결성되었다.

[25013-0160]

12 다음 대화가 이루어진 시기를 연표에서 옳게 고른 것은?

몇 달 후 영국, 미국 대표와 전후 처리를 논의할 예정입니다만 한국의 완전한 독립을 실현하는 과정은 쉽지 않을 것입니다. 그러나 한국 혁명 동지들이 진심으로 단결하고 협조하여 함께 노력한다면 독립의 뜻을 이룰 수 있을 것입니다.
네. 이집트 카이로에서 열리는 회의 때 우리의 독립 주장이 이루어질 수 있도록 중국이 지지해 주기를 희망합니다.

임오 군란	(가)	황토현 전투	(나)	봉오동 전투	(다)	만주 사변	(라)	태평양 전쟁 발발	(마)	6·25 전쟁 발발

① (가) ② (나) ③ (다) ④ (라) ⑤ (마)

13 대한민국 정부 수립과 6·25 전쟁

1. 8 · 15 광복과 분단

(1) 8 · 15 광복(1945) : 우리 민족의 끊임없는 독립운동 전개, 한국의 독립을 약속한 연합국의 전쟁 승리 등을 배경으로 식민 지배에서 벗어남

(2) 38도선의 설정과 남북 분단

경과	미국 제안으로 미 · 소 양군이 북위 38도선 경계로 한반도 분할 점령
내용	• 미군 : 38도선 이남 지역에서 군정 실시, 대한민국 임시 정부 · 조선 인민 공화국 등 부인, 일제의 식민 통치 기구(조선 총독부의 관료와 경찰 조직) 활용 • 소련군 : 38도선 이북 지역 간접 통치, 인민 위원회에 행정권 이양 등 → 사회주의 세력의 정권 장악 지원

(3) 광복 직후의 정치 상황

① 조선 건국 준비 위원회 : 조선 건국 동맹 세력 기반, 여운형과 안재홍 중심으로 결성 → 전국에 지부 설치, 치안대 조직 → 좌익 세력의 주도권 장악에 우익 세력 이탈 → 조선 인민 공화국 수립 선포(1945. 9.)

② 정치 세력의 움직임 : 송진우 · 김성수 등의 우익 세력이 한국 민주당 조직, 이승만이 미국에서 귀국 후 정치 활동 전개, 김구 등 대한민국 임시 정부 요인들은 개인 자격으로 귀국, 박헌영 등 좌익 세력도 활동(조선 공산당 기반)

(4) 모스크바 3국 외상 회의(1945. 12.) : 미국 · 영국 · 소련 외무 장관들이 한반도 문제 등 논의

결정 사항	• 한반도에 민주주의 임시 정부 수립과 이를 위한 미소 공동 위원회 설치 • 최고 5년 기한의 4개국(미, 소, 영, 중) 한반도 신탁 통치에 관한 협약 작성
영향	• 김구 · 이승만 등의 우익은 신탁 통치 반대 운동 전개 • 좌익은 신탁 통치 반대에서 모스크바 3국 외상 회의 결정 지지로 입장 변화

자료 플러스 모스크바 3국 외상 회의 결정에 대한 좌우익 반응

(가) 카이로 · 포츠담 선언과 국제 헌장으로 세계에 공약한 한국의 독립 부여는 이번에 모스크바에서 열린 3국 외상 회의의 신탁 관리 결의로 수포로 돌아갔으니, …… 3천만의 총역량을 발휘하여 신탁 관리제를 배격하는 …… 항쟁 개시를 선언함.
– 신탁 통치 반대 국민 총동원 위원회 –

(나) 모스크바 3상 회의의 결정을 신중히 검토한 결과 …… 금일 조선을 위해 가장 정당한 것이라 우리는 인정한다. 문제의 5년 기한은 그 책임이 3국 회의에 있는 것이 아니라 사실은 우리 민족 자체의 결점(장구한 일제 지배의 해독과 민족적 분열 등)에 있다고 우리는 반성하지 않으면 안 된다.
– 조선 공산당 중앙 위원회 –

(가)는 우익의 입장이고, (나)는 좌익의 입장이다. 모스크바 3국 외상 회의의 결정 내용이 국내에 알려지자 우익은 반탁 운동을 전개하며 반대 입장을 분명히 하였다. 이에 반해 좌익은 처음에는 반탁을 주장하다가 임시 정부 수립에 초점을 맞추자며 회의 결정 사항을 지지하는 쪽으로 입장을 바꿨고, 그 결과 좌우익의 대립이 격화되었다.

2. 통일 정부 수립을 위한 노력

(1) 제1차 미소 공동 위원회(1946. 3.~5.)

① 내용 : 민주주의 임시 정부 수립 협의에 참여할 한국인 정치 · 사회단체의 대상 범위 논의

② 경과 : 소련은 모스크바 3국 외상 회의 결정 지지 세력으로 한정할 것을 주장, 미국은 참여를 원하는 모든 단체 수용 주장 → 협의 결렬 → 무기 휴회

조선 건국 준비 위원회의 강령

• 우리는 완전한 독립 국가의 건설을 기함.
• 우리는 전 민족의 정치적 · 경제적 · 사회적 기본 요구를 실현할 수 있는 민주주의적 정권의 수립을 기함.
• 우리는 일시적 과도기에 있어 국내 질서를 자주적으로 유지하며 대중 생활의 확보를 기함.

광복 직후에 결성된 조선 건국 준비 위원회가 발표한 강령으로 민주주의에 기반한 독립 국가 건설을 목표로 내세웠으며, 일제의 지배가 끝나면서 발생하는 치안의 공백 등에 대응하고자 하였음을 알 수 있다.

조선 인민 공화국

1945년 9월 미군 선발대가 서울에 도착하자 여운형 등이 조선 건국 준비 위원회를 중심으로 조선 인민 공화국의 수립을 선포하였다. 이후 미군정에 의해 조선 인민 공화국이 부정되면서 점차 와해되었다.

개념 체크

1. 광복 직후 북위 (　　)을 경계로 미국과 소련이 한반도를 분할 점령하였다.
2. 광복 직후 여운형, 안재홍 등은 좌우익이 참여한 (　　)를 조직하였다
3. (　　)에서 민주주의 임시 정부 수립, 미소 공동 위원회 설치, 최고 5년 기한의 신탁 통치에 관한 협약 작성 등이 결의되었다.

정답
1. 38도선
2. 조선 건국 준비 위원회
3. 모스크바 3국 외상 회의

(2) 좌우 합작 운동(1946~1947)

배경	제1차 미소 공동 위원회의 무기 휴회, 이승만의 정읍 발언 등
경과	여운형과 김규식 등의 중도 세력이 주도하여 좌우 합작 위원회 결성 → 좌우 합작 7원칙 발표(1946. 10.) → 미군정의 지원 철회, 좌우익 세력의 외면, 여운형 암살 등으로 활동 중단

자료 플러스 이승만의 정읍 발언

이제 우리는 무기 휴회 된 공위가 재개될 기색도 보이지 않으며 통일 정부를 고대하나 여의케 되지 않으니 남방만이라도 임시 정부 혹은 위원회 같은 것을 조직하여 38도선 이북에서 소련이 철퇴하도록 세계 공론에 호소하여야 될 것이니 여러분도 결심하여야 될 것이다. 그리고 민족 통일 기관 설치에 대하여 지금까지 노력하여 왔으나 이번에는 우리 민족의 대표적 통일 기관을 귀경한 후 즉시 설치하게 되었으니 각 지방에 있어서도 중앙의 지시에 순응하여 조직적으로 활동하여 주기 바란다. – 자유신문(1946. 6.) –

제1차 미소 공동 위원회가 무기 휴회 된 상황에서 이승만은 정읍 발언에서 한반도의 남쪽만이라도 먼저 정부를 수립하자고 주장하였는데, 이는 단독 정부 수립 주장으로 여겨지고 있다.

(3) 한반도 문제의 유엔 상정

배경	제2차 미소 공동 위원회가 개최되었으나(1947. 5.~10.) 별다른 성과를 거두지 못하자 미국이 한반도 문제를 유엔에 상정
경과	유엔 총회에서 남북 인구 비례에 따른 총선거 실시 결의 → 유엔 한국 임시 위원단 파견 → 소련이 유엔 한국 임시 위원단의 입북 거부 → 유엔 소총회에서 유엔 한국 임시 위원단이 접근 가능한 지역(남한에 해당)의 총선거 실시 결의

(4) 남북 협상(1948)

배경	남북 인구 비례에 따른 총선거 실시 무산으로 분단 위기 고조
경과	김구와 김규식이 평양을 방문하여 북한 지도자들과 회담 개최 → 단독 정부 수립 반대, 미·소 양군의 철수 요구 등을 담은 공동 성명서 채택 → 남한 단독 총선거 진행, 북한의 독자적인 정권 수립 추진 등으로 실패

(5) 단독 정부 수립 반대 운동

① 제주 4·3 사건(1948) : 1947년 3·1절 기념식 후 군중과 경찰의 충돌로 사상자 발생, 제주도민의 규탄 시위를 경찰이 탄압 → 좌익 세력 등이 5·10 총선거를 앞두고 무장봉기(1948. 4. 3.) → 제주 3개 선거구 중 2곳에서 선거 무효, 진압 과정에서 수많은 제주도민 희생

② 여수·순천 10·19 사건(1948) : 대한민국 정부 수립 후 이승만 정부가 제주 4·3 사건 진압을 위해 여수 주둔 군대에 출동 명령 → 군대 내 좌익 세력 등이 반발하며 봉기

3. 대한민국 정부 수립

(1) 5·10 총선거와 대한민국 정부 수립

5·10 총선거 (1948)	우리 역사상 최초의 민주적 선거, 제헌 국회 의원 선출, 김구·김규식 등 남북 협상 참가 세력과 좌익 세력은 선거 불참
제헌 헌법 공포 (1948. 7. 17.)	대한민국 임시 정부의 법통을 계승한 민주 공화국 표방, 삼권 분립과 대통령 중심제 채택, 국회에서 정·부통령 선출 규정(임기 4년, 1회 중임 가능)
대한민국 정부 수립 (1948. 8. 15.)	제헌 국회에서 대통령 이승만, 부통령 이시영 선출 → 대내외에 정부 수립 선포 → 유엔 총회에서 대한민국 정부가 유엔 감시하의 선거로 수립된 유일한 합법 정부임을 승인받음

(2) 북한의 정치 상황과 북한 정권 수립

① 정치 상황 : 북조선 임시 인민 위원회가 토지 개혁과 주요 산업·자원 국유화 실시

좌우 합작 7원칙

모스크바 3국 외상 회의 결정에 따른 민주주의 임시 정부 수립, 토지 개혁, 반민족 행위자 처벌 등의 내용을 담고 있다.

제주 4·3 사건

1947년 3·1절 기념 대회 발포 사건 이후 1948년 4월 3일부터 1954년 9월 21일까지 제주도에서 발생한 무력 충돌과 진압 과정에서 수많은 주민들이 희생당한 사건이다. 이 사건 당시 단독 선거 반대 등이 제기되었으며, 5·10 총선거에서 투표율이 과반수를 넘지 못했던 제주도의 2개 선거구는 1949년에 선거가 실시되었다.

5·10 총선거 포스터

1948년 5월 10일에 우리 역사 최초의 민주주의 선거가 실시되었다. 각종 포스터 등을 통해 선거 참여를 독려하였다.

개념 체크

1. 여운형과 김규식 등 중도 세력은 1946년 (　　) 위원회를 결성하였다.
2. 1948년 김구와 김규식은 분단의 가능성이 높아지자 평양을 방문하여 (　　)을 추진하였다.
3. 이승만 정부가 (　　) 사건 진압을 위해 군대를 동원하는 과정에서 여수·순천 10·19 사건이 일어났다.

정답
1. 좌우 합작 2. 남북 협상 3. 제주 4·3

② 북한 정권 수립 : 최고 인민 회의 구성·개최 → 헌법 제정, 김일성을 수상으로 선출 → 북한 정권 수립 선포(1948. 9.)

4. 친일파 청산 노력과 농지 개혁 추진

(1) 친일파 청산 노력

경과	제헌 국회가 반민족 행위 처벌법 제정(1948. 9.), 반민족 행위 특별 조사 위원회(반민 특위) 조직 → 친일 혐의자 체포·조사
결과	이승만 정부의 비협조·방해, 경찰의 반민 특위 습격, 국회 프락치 사건 발생, 법 개정으로 인한 반민 특위 활동 기간 축소와 반민족 행위자 범위 축소 등 반민 특위 활동 제약 → 반민 특위 해체, 친일파 청산 좌절

(2) 농지 개혁 : 광복 이후 국민 대다수가 토지 개혁 요구 → 이승만 정부 수립 후 농지 개혁법 제정(1949, 유상 매수·유상 분배 원칙, 가구당 농지 소유 면적의 상한을 3정보로 제한, 지가 증권 발급) → 농민 중심 농지 소유 확립에 기여

자료 플러스 농지 개혁법(1949)

제5조 정부는 다음에 의하여 농지를 취득한다.
2. 다음의 농지는 적당한 보상으로 정부가 매수한다.
(가) 농가가 아닌 자의 농지
(나) 자경하지 않는 자의 농지
(다) 본 법 규정의 한도를 초과하는 부분의 농지

–『관보(1949. 6. 21.)』–

– 한국농촌경제연구원, 『농지 개혁사 연구』, 1989

▲ 농지 개혁 실시 전후의 자·소작지 면적 변화

농지 개혁법 실시 결과 1945년 말 농지 면적의 35% 정도에 불과하던 자작지가 1951년 말에는 92% 가량으로 증가하였다. 또한 소작지는 크게 감소하였다. 농지 개혁으로 지주·소작제가 거의 사라지고 대부분 농민이 자기 소유의 농지를 갖게 되었다.

5. 6·25 전쟁

(1) 배경 : 미·소 양군의 한반도 철수, 38도선 일대에서 소규모 군사 충돌 발생, 북한의 전쟁 준비(소련, 중국의 지원), 미국의 애치슨 선언 발표(1950. 1.)

(2) 전개 과정

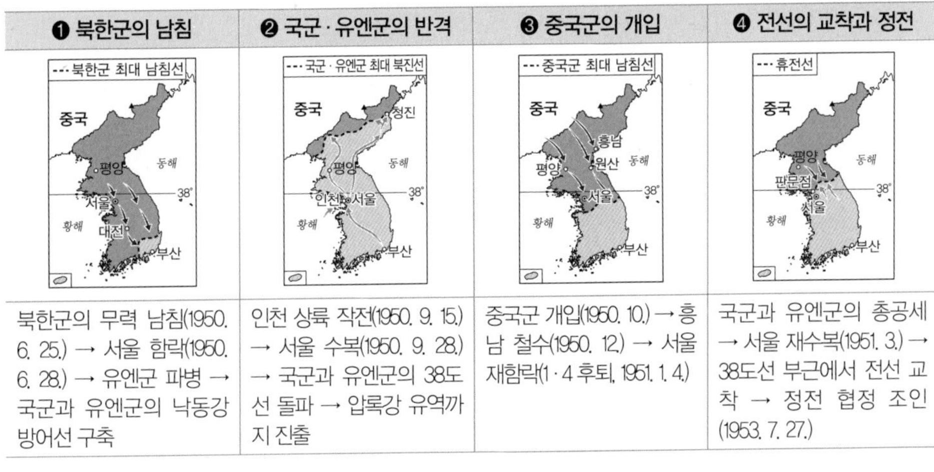

❶ 북한군의 남침	❷ 국군·유엔군의 반격	❸ 중국군의 개입	❹ 전선의 교착과 정전
북한군의 무력 남침(1950. 6. 25.) → 서울 함락(1950. 6. 28.) → 유엔군 파병 → 국군과 유엔군의 낙동강 방어선 구축	인천 상륙 작전(1950. 9. 15.) → 서울 수복(1950. 9. 28.) → 국군과 유엔군의 38도선 돌파 → 압록강 유역까지 진출	중국군 개입(1950. 10.) → 흥남 철수(1950. 12.) → 서울 재함락(1·4 후퇴, 1951. 1. 4.)	국군과 유엔군의 총공세 → 서울 재수복(1951. 3.) → 38도선 부근에서 전선 교착 → 정전 협정 조인(1953. 7. 27.)

➲ 국회 프락치 사건
1949년 5월부터 1950년 3월까지 국회 의원 10여 명이 북한과 내통한 간첩 혐의로 검거되고 기소된 사건이다. 구속된 국회 의원들 상당수가 반민 특위에서 활동하였는데, 이들이 유죄 판결을 받음에 따라 반민 특위 활동이 크게 위축되었다.

➲ 지가 증권
농지 개혁법에 따라 정부가 농지를 매입하는 대가로 지급하였다. 지가 증권에는 보상 기간, 지급액, 지급 기일 등이 기재되어 있었다.

➲ 애치슨 선언

1950년 1월 미국 국무장관 애치슨이 '알류샨 열도–일본과 오키나와–필리핀 군도'로 이어지는 태평양 방위선을 발표한 사실을 가리킨다. 이에 따라 한국과 타이완은 미국의 극동 방위선에서 제외되었다.

개념 체크

1. 1948년 (　　) 국회가 반민족 행위 처벌법을 제정하였다.
2. 이승만 정부는 (　　) 매수, 유상 분배 원칙의 농지 개혁을 추진하였다.
3. 1950년 9월 국군과 유엔군의 (　　)으로 전세가 역전되면서 서울 수복이 이루어졌다.

정답
1. 제헌 2. 유상
3. 인천 상륙 작전

(3) 정전 협정(1953. 7. 27.)

① 경과 : 소련의 제안으로 정전 회담 시작(1951. 7.) → 군사 분계선 설정, 포로 교환 방식 등으로 갈등 → 이승만 정부의 정전 반대, 반공 포로 석방 → 정전 협정 조인

② 내용 : 군사 분계선(휴전선) 확정, 비무장 지대 설치 등 규정

(4) 전쟁의 영향

① 피해 : 많은 인명 사상(다수의 민간인 희생 사건), 이산가족 발생, 산업 시설 및 경제 기반 파괴

② 정세 변화 : 한미 상호 방위 조약 체결(1953. 10.)로 한미 동맹 강화, 남북 분단 체제 고착화, 남북한 정권의 독재 체제 강화

6. 전후 남북한의 상황

(1) 이승만 정부의 장기 집권 시도

① 발췌 개헌(1952)

- 배경 : 제2대 국회 의원 선거(1950. 5.) 결과 이승만 정부에 비판적인 세력 증가 → 간선제로 이승만의 재선 가능성 희박
- 경과 : 이승만이 전쟁 중 임시 수도 부산에서 자유당 창당 → 비상계엄 선포와 야당 국회 의원 연행 → 대통령 직선제를 주요 내용으로 하는 개헌안 통과
- 결과 : 대통령 직선제 실시 → 이승만이 제2대 대통령으로 당선

② 사사오입 개헌(1954)

배경	이승만의 장기 집권을 위해 개헌 당시의 대통령에 한해 중임 제한 철폐 추진
경과	자유당의 개헌안 제출 → 정족수 미달로 개헌안 부결 → 자유당의 사사오입(반올림) 논리로 개헌안 통과
결과	개헌 당시의 대통령(이승만)에 한해 중임 제한 조항 미적용 → 이승만이 제3대 대통령에 당선

③ 독재 체제 강화 : 1956년 정·부통령 선거에서 조봉암의 선전과 민주당 장면의 부통령 당선 → 진보당 사건 발생, 정부에 비판적인 경향신문 강제 폐간

(2) 이승만 정부의 전후 경제 복구

① 배경 : 전쟁의 영향으로 대부분의 생산 시설 파괴, 생활필수품 부족, 실업자 증가, 물가 폭등

② 전개

- 귀속 재산 처리 : 한국 내에 있던 일본인 소유 재산을 민간 기업 등에 매각하여 복구 자금 마련
- 미국의 원조 : 잉여 농산물 등 소비재 물자 원조 → 식량 문제 다소 해결, 국내 농산물 가격 폭락, 정부가 민간 기업에 헐값에 처분한 물자를 원료로 한 삼백 산업 발달 → 무상 원조에서 1950년대 후반부터 유상 차관으로 전환

(3) 전후 사회의 변화

① 도시화의 진행 : 전쟁 중 피란민 발생, 전후 도시 중심의 복구 추진 → 도시의 인구 집중 심화 → 주거·생활 환경·취업·교육 등 다양한 도시 문제 발생

② 가족의 변화와 여성의 지위 향상 : 전쟁으로 남성 사상자 발생에 따라 가정·사회에서 여성의 역할 증대(가족 생계를 위한 경제 활동 등)

(4) 북한의 정치와 경제

① 정치 : 전후 김일성 1인 독재 체제 확립(반대파 숙청, 개인숭배 강화 등)

② 경제 : 전후 복구 과정에서 중공업 발전, 소련·중국의 원조 → 1950~1960년대 생산력 증대를 위해 천리마 운동 추진, 농지는 협동농장 소유로 전환 → 사회주의 경제 체제 확립

반공 포로 석방
정전 회담 과정에서 북송을 거부하는 반공 포로는 중립국 송환 위원회에 넘겨 처리하기로 합의가 되어 가고 있었으나, 이승만은 유엔이나 미국과 상의 없이 일방적으로 반공 포로를 석방하였다.

한미 상호 방위 조약
6·25 전쟁 정전 협정이 체결된 직후 한국과 미국이 체결한 조약이다. 주요 내용으로는 한국의 독자적 군사력 사용 금지, 외부 침략에 대한 양국의 공동 대응, 미군의 한국 주둔 허용 등이 있다.

진보당 사건
1958년 이승만 정부가 평화 통일론을 주장하던 조봉암과 진보당 간부들을 간첩 혐의로 탄압한 사건이다. 재판 결과 조봉암이 사형당하였고 진보당이 와해되었으나, 2011년 대법원은 조봉암에게 무죄를 선고하였다.

개념 체크

1. 1952년 (　　) 개헌을 통해 대통령 선출 방식이 직선제로 바뀌었다.
2. 이승만 정부는 (　　) 사건을 통해 조봉암을 간첩 혐의로 처형하였다.
3. 농산물 등 미국의 원조 물자를 기반으로 1950년대에 (　　) 산업이 발달하였다.

정답
1. 발췌 2. 진보당 3. 삼백

자료 탐구 좌우 합작 7원칙

1단계 자료 분석

본 위원회의 목적(민주주의 임시 정부를 수립하여 조국의 완전 독립을 촉성할 것)을 달성하기 위하여 기본 원칙을 아래와 같이 정함.

1. 조선의 민주 독립을 보장한 3상 회의 결정에 의하여 남북을 통한 좌우 합작으로 민주주의 임시 정부를 수립할 것.
2. 미소 공동 위원회 속개를 요청하는 공동 성명을 발표할 것.
3. 토지 개혁에 있어 몰수, 유조건 몰수, 체감 매상 등으로 토지를 농민에게 무상으로 분여하며 …… 중요 산업을 국유화하여 사회 노동 법령과 정치적 자유를 기본으로 지방 자치제의 확립을 속히 실시하며, 통화 및 민생 문제 등을 급속히 처리하여 민주주의 건국 과업 완수에 매진할 것.
4. 친일파 민족 반역자를 처리할 조례를 본 합작 위원회에서 입법 기구에 제안하여 입법 기구로 하여금 심리 결정하여 실시하게 할 것.
5. 남북을 통하여 현 정권하에 검거된 정치 운동자의 석방에 노력하고 아울러 남북 좌우의 테러적 행동을 일체 즉시로 제지토록 노력할 것.
6. 입법 기구에 있어서는 일체 그 권능과 구성 방법 운영 등에 관한 대안을 본 합작 위원회에서 작성하여 적극적으로 실행을 기도할 것.
7. 전국적으로 언론, 집회, 결사, 출판, 교통, 투표 등의 자유가 절대 보장되도록 노력할 것.

– 동아일보(1946. 10. 8.) –

제1차 미소 공동 위원회가 미국과 소련의 갈등으로 무기한 휴회되고 좌익과 우익의 대립이 심해지자 한반도가 분단될 수 있다는 우려가 확산되었다. 여기에 이승만이 정읍 발언을 통하여 남한만의 단독 정부 수립을 주장하자, 여운형과 김규식을 중심으로 한 중도 세력은 좌우 합작 운동을 전개하였고 그 과정에서 좌우 합작 7원칙이 발표되었다. 좌우 합작 7원칙에 대해 이승만은 미온적인 태도를 보였으며, 한국 민주당도 토지의 무상 분배, 친일 반민족 행위 처벌 문제 등을 이유로 반대하였다. 조선 공산당은 무상 몰수·무상 분배의 토지 개혁과 친일파 즉각 청산을 요구하며 반대하였다. 그러던 중 냉전 체제가 격화되자 미군정은 좌우 합작 운동에 대한 지원을 철회하였고, 운동을 이끌던 여운형이 암살된 이후 좌우 합작 위원회의 활동은 중단되었다.

2단계 문항 연습

정답과 해설 38쪽

[25013-0161]

1 밑줄 친 '이 운동'에 대한 탐구 활동으로 가장 적절한 것은?

그림은 여운형, 김규식으로 대표되는 중도 세력이 한반도 통일 정부 수립을 위해 전개한 이 운동을 소재로 그려진 만평이다. 손을 잡고 있는 여운형과 김규식을 양 끝에서 극좌 세력과 극우 세력이 잡아당기고 있는 모습이 나타나 있다. 결국 이 운동은 좌우익 세력의 외면, 미군정의 지원 철회, 여운형의 암살 등으로 인해 실패하고 말았다.

① 신간회가 해소된 배경을 살펴본다.
② 홍범 14조의 주요 내용을 분석한다.
③ 이승만의 정읍 발언이 끼친 영향을 파악한다.
④ 국가 보위 비상 대책 위원회가 설치된 과정을 조사한다.
⑤ 헤이그 만국 평화 회의에 특사가 파견된 목적을 알아본다.

자료 탐구 친일파 청산을 위한 노력과 좌절

1단계 자료 분석

(가) 제헌 헌법의 친일파 처리 규정

제101조 이 헌법을 제정한 국회는 단기 4278년(1945년) 8월 15일 이전의 악질적인 반민족 행위를 처벌하는 특별법을 제정할 수 있다.

(나) 반민족 행위 처벌법(1948)

제1조 일본 정부와 통모하여 한일 합병에 적극 협력한 자, 한국의 주권을 침해하는 조약 또는 문서에 조인한 자와 모의한 자는 사형 또는 무기 징역에 처하고 그 재산과 유산의 전부 혹은 2분지 1 이상을 몰수한다.

제3조 일본 치하 독립운동자나 그 가족을 악의로 살상 박해한 자 또는 이를 지휘한 자는 사형, 무기 또는 5년 이상의 징역에 처하고 그 재산의 전부 혹은 일부를 몰수한다.

제9조 반민족 행위를 예비 조사하기 위하여 특별 조사 위원회를 설치한다.

(다) 반민족 행위자 처벌에 관한 이승만 대통령의 담화

국회에서는 대통령이 친일파를 옹호한다고 말하며 민심을 선동하고 있다. 이 세상에서 무근한 말로 타인을 괴롭히는 것이 공산당이 취하는 방식이다. …… 우리가 공산당과 싸우는 것은 그들이 조국을 남의 나라에 예속시키려는 반역 행위를 하기 때문이다.

– 서울신문(1949. 2. 19.) –

광복 이후 각 정치 단체는 일제 강점기의 친일 반민족 행위자를 처벌하기 위하여 미군정 당국에 이들에 대한 제재를 요구하였다. 그러나 미군정은 이들 중 상당수가 미군정청에서 일하고 있는 형편이었으므로 처벌에 소극적이었다. 정부 수립 후 제헌 국회는 (가)와 같이 제헌 헌법에 근거하여 (나)의 반민족 행위 처벌법을 제정하였다. 이어서 반민족 행위 특별 조사 위원회(반민 특위)를 구성하여 1949년 1월부터 활동에 들어갔다. 하지만 이승만 정부는 (다)와 같이 반공을 명분으로 반민 특위 활동에 비협조적이었다. 대표적인 친일 경찰이 체포되자 이승만 대통령은 "반민 특위 활동이 치안 활동과 국민 통합에 지장을 주고 있기 때문에 과도한 활동을 금지시킨다."라는 담화를 발표하였다. 이후 일부 반민 특위 활동에 참여하던 일부 국회 의원이 공산당과 내통한다는 구실로 구속되었고, 친일 경력이 있던 고위급 경찰이 체포된 뒤 경찰 중 일부가 반민 특위 사무실을 습격하는 사건도 발생하였다. 이러한 과정을 거치며 반민 특위 활동은 사실상 중단되었다.

2단계 문항 연습

정답과 해설 38쪽

[25013-0162]

2 (가) 위원회에 대한 설명으로 옳은 것은?

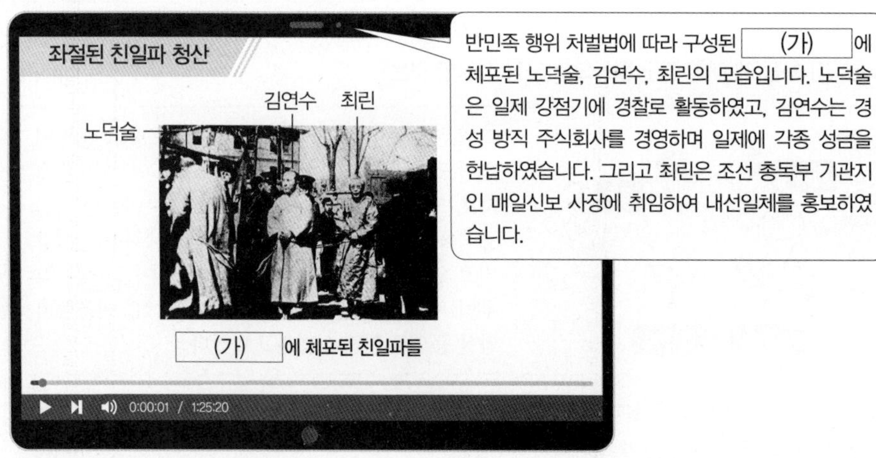

좌절된 친일파 청산
김연수
최린
노덕술
(가) 에 체포된 친일파들
0:00:01 / 1:25:20
반민족 행위 처벌법에 따라 구성된 (가) 에 체포된 노덕술, 김연수, 최린의 모습입니다. 노덕술은 일제 강점기에 경찰로 활동하였고, 김연수는 경성 방직 주식회사를 경영하며 일제에 각종 성금을 헌납하였습니다. 그리고 최린은 조선 총독부 기관지인 매일신보 사장에 취임하여 내선일체를 홍보하였습니다.

① 대한국 국제를 반포하였다.
② 통리기무아문을 설치하였다.
③ 105인 사건으로 와해되었다.
④ 제헌 국회에 의하여 구성되었다.
⑤ 광복 후 여운형과 안재홍 등을 중심으로 결성되었다.

대표 기출 확인하기

[2025학년도 수능 6월 모의평가]

1 밑줄 친 '당시 정부' 시기에 있었던 사실로 옳은 것은?

위 자료는 농지 개혁법에 따라 발급된 상환 증서이다. 이 증서에는 농지를 분배받은 농민의 이름과 분배 농지의 면적, 상환액, 상환 기간 등이 기입되어 있다. 당시 정부는 3정보를 초과한 농지를 소유한 지주에게서 초과분의 농지를 유상 매입하는 한편, 농민에게는 상환 증서를 발급하고 유상으로 농지를 분배하였다.

① 6·25 전쟁이 발발하였다.
② 만민 공동회가 개최되었다.
③ 조선 형평사가 조직되었다.
④ 국채 보상 운동이 전개되었다.
⑤ 영국이 거문도를 불법 점령하였다.

정답 및 해설

정답 해설 자료에서 농지 개혁법에 따라 발급된 상환 증서, 3정보를 초과한 농지를 소유한 지주에게서 초과분의 농지를 유상으로 매입하였다는 점, 농민에게 상환 증서를 발급하고 유상으로 농지를 분배하였다는 점 등을 통해 밑줄 친 '당시 정부'는 이승만 정부임을 알 수 있다. ① 6·25 전쟁은 이승만 정부 시기인 1950년에 발발하였다.

오답 피하기 ② 독립 협회는 자주 국권을 수호하고 자유 민권을 신장시키며 자강 개혁을 실현하기 위해 1898년에 만민 공동회를 개최하였다.
③ 1923년 백정에 대한 사회적 차별 철폐를 주장하며 백정 등이 주도하여 진주에서 조선 형평사를 조직하였다.
④ 1907년 대구에서 시작된 국채 보상 운동은 대한매일신보 등 언론의 지원을 받아 전국으로 확산되었다.
⑤ 영국은 러시아 견제를 구실로 1885년부터 1887년까지 조선의 거문도를 불법으로 점령하였다.

정답 ①

[2025학년도 수능 9월 모의평가]

2 (가) 전쟁 중에 있었던 사실로 옳은 것은?

휴전선 나그네

[가사]
삼백 리 임진강에 울고 가는 저 물새야
송악산의 보초병은 오늘도 서 있더냐
서울도 고향이요 평양도 고향인데
철조망이 웬 말이냐 휴전선아 가거라

달 밝은 임진강에 노를 젓는 뱃사공아
가로막힌 저 산맥은 누구를 원망하나
다 같은 핏줄이요 다 같은 자손인데
국경선이 웬 말이냐 휴전선아 가거라

대중 가요로 보는 한국 현대사

[해설]
이 곡에는 휴전선(군사 분계선)을 경계로 남북한이 대치하는 상황에서 자유롭게 왕래할 수 없는 분단의 아픔이 담겨 있다. 휴전선은 북한의 남침으로 인해 발발한 (가) 의 정전 협정에 따라 설정된 것이다.

① 홍경래의 난이 일어났다.
② 미쓰야 협정이 체결되었다.
③ 자유시 참변이 발생하였다.
④ 인천 상륙 작전이 전개되었다.
⑤ 통일 주체 국민 회의가 개최되었다.

정답 및 해설

정답 해설 자료에서 휴전선(군사 분계선)을 경계로 남북한이 대치하는 상황, 분단의 아픔, 북한의 남침으로 인해 발발하였다는 점, 정전 협정에 따라 휴전선이 설정되었다는 점 등을 통해 (가) 전쟁은 6·25 전쟁임을 알 수 있다. ④ 1950년에 일어난 6·25 전쟁 당시 국군과 유엔군이 인천 상륙 작전에 성공하여 전세를 역전시켰다.

오답 피하기 ① 홍경래의 난은 1811년 평안도 지방에 대한 차별과 세도 정치의 폐단에 반발하여 일어났다.
② 일제는 1925년 만주 군벌과 중국 관헌이 한국의 독립운동가를 체포하여 일본에 넘겨주도록 하는 미쓰야 협정을 체결하였다.
③ 자유시 참변은 자유시로 이동한 독립군이 내부의 주도권 분쟁과 러시아 혁명군에 의한 무장 해제 과정에서 희생된 사건이다(1921).
⑤ 통일 주체 국민 회의는 1972년에 제정된 유신 헌법에 근거하여 설치되었다.

정답 ④

수능 유형 익히기

[25013-0163]

01 다음 자료를 활용한 탐구 주제로 가장 적절한 것은?

- 조선 인민들이여! 붉은 군대와 연합국 군대들은 조선에서 일본 약탈자들을 구축하였다. 조선은 자유국이 되었다. …… 공장·제조소 및 공작소 주인들과 상업가 또는 기업가들이여! 왜놈들이 파괴한 공장과 제조소를 회복시켜라!
- 1. 북위 38도 이남의 조선 영토와 조선 인민에 대한 통치의 전 권한은 당분간 본관의 권한하에서 시행된다.
  2. …… 중요한 사업에 종사하는 자는 별도의 명령이 있을 때까지 종래의 정상적인 기능과 의무를 수행하고 모든 기록과 재산을 보존·보호하여야 한다.

① 북방 외교의 성과
② 좌우 합작 운동의 전개
③ 헤이그 특사 파견의 목적
④ 8·15 광복과 분단 과정
⑤ 국가 보위 비상 대책 위원회 조직

[25013-0164]

02 (가) 단체에 대한 설명으로 옳은 것은?

사진은 조선 건국 동맹 세력을 기반으로 결성된 (가) 에서 배포한 전단입니다. 전단에 적힌 글을 통해 광복 직후 이 단체가 치안 유지를 위해 한국인의 자중과 안정을 요청하였음을 알 수 있습니다.

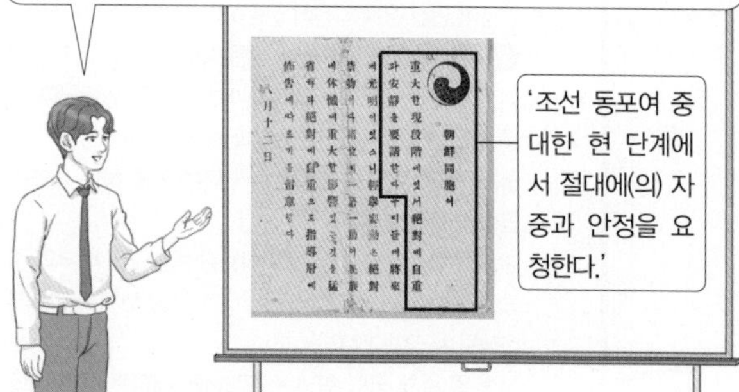

① 독립 공채를 발행하였다.
② 고종의 강제 퇴위를 반대하였다.
③ 여운형 등의 주도로 결성되었다.
④ 오산 학교와 대성 학교를 설립하였다.
⑤ 상하이 훙커우 공원 의거를 감행하였다.

[25013-0165]

03 (가) 위원회가 개최된 시기를 연표에서 옳게 고른 것은?

3월 20일 오후 1시, 덕수궁에서 대대적인 환영 행사와 함께 (가) 의 막이 열렸다. …… 미군정을 이끌고 있던 하지, 소련 측 대표 스티코프, 미국 측 대표 아놀드는 덕수궁에서 미군 경비대를 사열했다. …… 4월 3일 미국과 소련 대표들 사이에 의견이 완전히 충돌하였다. 소련은 모스크바 3국 외상 회의의 결정을 완전히 지지하고 결정 사항의 이행을 위해 위원회에 협조하는 단체들과만 협상해야 한다고 주장하였다. 이러한 소련의 기준에 대해 미국은 모스크바 결정의 지지를 요구하는 조항에 반대하였다. 나아가 만약 (가) 이/가 모스크바 합의에 (신탁 통치에 대항해) 반대의 목소리를 내지 않는 정당들하고만 협의하겠다고 결정한다면 남한에서는 협의할 대상이 아예 없을 것이라고 주장하였다.

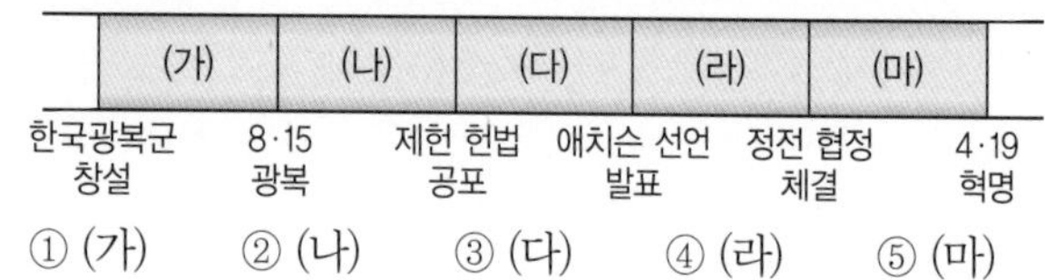

① (가) ② (나) ③ (다) ④ (라) ⑤ (마)

[25013-0166]

04 밑줄 친 '이 단체'가 결성된 배경으로 가장 적절한 것은?

2025년 ○○월 ○○일
김규식 등 중도 세력이 결성한 이 단체에 대해 알려줘.
갑
한국사 챗봇
한반도 통일 정부 수립을 위해 노력한 단체로 민주주의 임시 정부 수립, 토지 개혁, 반민족 행위자 처벌 등을 포함하는 7가지 원칙을 발표하였습니다. 그러나 미군정의 지원 철회와 여운형의 암살 등으로 인해 활동이 중단되었습니다.

① 6·25 전쟁이 발발하였다.
② 정우회 선언이 발표되었다.
③ 남북 조절 위원회가 설치되었다.
④ 최초로 남북 정상 회담이 개최되었다.
⑤ 제1차 미소 공동 위원회가 무기 휴회되었다.

[25013-0167]

05 (가) 사건에 대한 설명으로 옳은 것은?

그래프로 살펴보는 제주도의 5·10 총선거

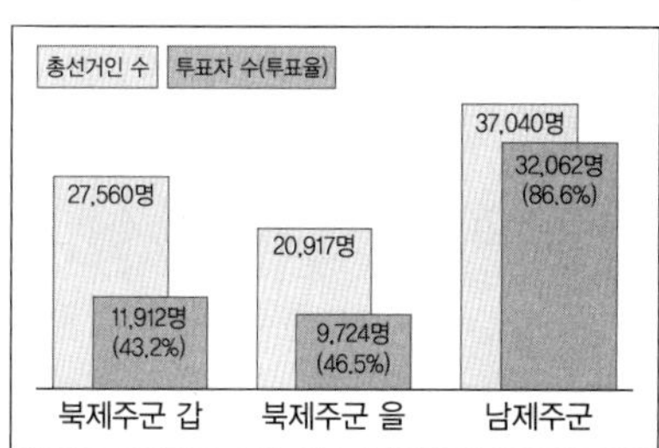

19△△년 5월 10일 전국 200개 선거구에서 일제히 선거가 실시되었지만, (가) 의 영향으로 북제주군 갑구와 을구의 투표율이 그래프에 제시된 것처럼 과반수에 미치지 못하였다. 이에 미군정은 북제주군 갑구와 을구에 선거 무효를 선언하였다. 결국 2개 선거구는 1년 뒤에 선거를 치르고 국회 의원을 선출하였다.

① 치안 유지법에 의해 탄압을 받았다.
② 을사늑약 체결에 반발하여 일어났다.
③ 전국에 척화비가 건립되는 계기가 되었다.
④ 7·4 남북 공동 성명이 발표되는 결과를 가져왔다.
⑤ 여수·순천 10·19 사건이 일어나는 데 영향을 끼쳤다.

[25013-0168]

06 (가) 국회에 대한 설명으로 옳은 것은?

① 헌의 6조를 채택하였다.
② 대한국 국제를 반포하였다.
③ 베트남 파병을 추진하였다.
④ 이승만을 대통령으로 선출하였다.
⑤ 대통령의 3회 연임을 허용하는 개헌안을 통과시켰다.

[25013-0169]

07 밑줄 친 '이 법'에 따라 구성된 위원회에 대한 설명으로 옳은 것은?

> 민족정기를 바로잡기 위해 반역자를 숙청하는 <u>이 법</u>이 공포된 지 3개월이 지난 오늘 드디어 추상같은 반역자 처단의 막이 열렸다. …… 일제의 앞잡이로 조국과 동족을 좀먹던 친일파 민족 반역자에 대한 불타는 원한과 울분을 이제 태극기가 날리는 하늘 아래 우리 소리쳐 푸는 날이 돌아왔다. …… 비록 군정 3년간의 후덕으로 이들 친일파 반역자들이 뼈를 깎는 듯한 참회 대신 간교한 변명을 일삼고 대로를 활보하는 양을 주먹을 쳐가면서 보아왔으나 …… 우리 등에 채찍을 내리고 주검의 터전으로 우리를 몰아내던 이들 매국 도배를 조국과 민족의 이름으로써 우리 손으로 심판, 처단하는 날이 왔다.

① 전주 화약을 체결하였다.
② 교육입국 조서를 반포하였다.
③ 정부의 방해로 활동에 어려움을 겪었다.
④ 미국과 소련의 의견 차이로 결렬되었다.
⑤ 조선 혁명 선언을 활동 지침으로 삼았다.

[25013-0170]

08 다음 법령에 대한 설명으로 옳은 것은?

> 제5조 정부는 다음에 의하여 농지를 취득한다.
> ……
> 2. 다음의 농지는 적당한 보상으로 정부가 매수한다.
> (가) 농가가 아닌 자의 농지
> (나) 자경하지 않는 자의 농지
> (다) 본 법 규정의 한도를 초과하는 부분의 농지
> (라) 과수원, 종묘포, 상전 등 숙근성 작물 재배 토지를 3정보 이상 자영하는 자의 소유인 숙근성 작물 재배 이외의 농지

① 광무개혁 때 실시되었다.
② 경기도에서 먼저 시행되었다.
③ 통일 주체 국민 회의에서 제정되었다.
④ 풍흉에 관계없이 전세를 징수하게 하였다.
⑤ 농민 중심의 농지 소유 확립에 기여하였다.

[25013-0171]

09 밑줄 친 '이 정부' 시기의 경제 상황으로 옳은 것은?

사진은 이 정부 시기 미국의 원조를 바탕으로 전후 복구 사업이 추진되었음을 보여주는 포스터이다. 미국의 원조 물자는 식료품, 의복 등 생활필수품과 밀가루 등 소비재 원료에 집중되었다. 그 결과 식량 문제는 다소 해결되었으나 국내 농산물 가격이 하락하는 등의 문제가 발생하기도 하였다. 이후 미국의 무상 원조는 유상 차관으로 전환되어 갔다.

① 당백전이 발행되었다.
② 삼백 산업이 발달하였다.
③ 제2차 석유 파동이 발생하였다.
④ 저유가, 저금리, 저달러의 3저 호황이 이어졌다.
⑤ 국제 통화 기금[IMF]의 관리 체제를 조기에 극복하였다.

[25013-0172]

10 밑줄 친 '이 전쟁' 중에 있었던 사실로 옳은 것은?

눈보라가 휘날리는 바람 찬 흥남 부두에 목을 놓아 불러 봤다 찾아를 봤다. 금순아 어디로 가고 길을 잃고 헤매였더냐. 피눈물을 흘리면서 1·4 이후 나 홀로 왔다.
저 노래 속 가사는 어떤 의미가 담겨 있나요?
이 전쟁 당시 국군과 유엔군의 흥남 철수 작전, 1·4 후퇴 등으로 발생한 이산가족의 슬픔을 담고 있단다.

① 아관 파천이 단행되었다.
② 13도 창의군이 결성되었다.
③ 수도가 강화도로 옮겨졌다.
④ 통리기무아문이 설치되었다.
⑤ 인천 상륙 작전이 전개되었다.

[25013-0173]

11 (가)에 대한 설명으로 옳은 것은?

한국사를 바꾼 역사의 한 장면

대한민국 헌정 사상 첫 번째 헌법 개정이 국회 의원들의 거수와 기립 투표로 통과되는 장면이다. 당시 정부는 경찰과 군인을 동원하여 국회를 포위하는 등 공포 분위기 속에서 (가) 을/를 단행하였다. 이때 통과된 개정 헌법의 내용은 이전에 정부가 제출했던 직선제 개헌안 등에서 핵심 내용을 발췌하고, 당시 많은 국회 의원들이 별도로 제출했던 내각 책임제 개헌에서 일부 조항을 발췌해 만들었다.

① 군국기무처에서 논의되었다.
② 6·25 전쟁 중에 공포되었다.
③ 장면 정부 시기에 추진되었다.
④ 6·3 시위가 일어나는 배경이 되었다.
⑤ 대통령에게 긴급 조치권을 부여하였다.

[25013-0174]

12 밑줄 친 '개헌안'에 대한 설명으로 옳은 것은?

11월 27일 …… 개헌안을 표결하는 무기명 비밀 투표가 실시되었고, 투표 결과는 총투표수 202표 중 가 135표, 부 60표, 기권 7표로서 개헌안 통과선에 1표가 부족하여 최순주 부의장은 부결을 선포하였다. 자유당은 개헌안이 부결된 다음 날인 11월 28일 긴급 의원 총회를 소집하여 개헌안 부결에 따른 대책을 논의한 끝에 재적 의원 203명의 3분의 2는 135.333…이 되므로 사사오입을 하면 통과된 것이라고 하고, 11월 29일 제91차 본회의를 다시 개의하여 재석 203명의 3분의 2는 135표로서 통과됨이 정당하므로 헌법 개정안은 …… 가결되었다고 선포하였다.

① 관민 공동회에서 결의되었다.
② 대통령의 임기를 5년 단임으로 하였다.
③ 농지 개혁법을 제정한 국회에서 통과되었다.
④ 내각 책임제와 양원제 국회 구성을 명시하였다.
⑤ 개헌 당시 대통령에 한해 중임 제한을 적용하지 않았다.

14 민주화를 위한 노력과 경제 성장

1. 4·19 혁명과 장면 정부

(1) 4·19 혁명(1960)

배경	이승만 정부의 독재와 부정부패, 경기 침체로 국민 불만 증폭
발단	1960년 정·부통령 선거 전에 야당 대통령 후보 사망 → 이승만의 대통령 당선이 확실시되면서 부통령 선거에 관심 집중 → 자유당과 이승만 정부가 부통령에 이기붕을 당선시키기 위해 3·15 부정 선거 자행
과정	전국에서 3·15 부정 선거 규탄 시위 발생, 정부는 강경 대응 → 마산에서 시위 중 실종된 김주열 학생의 시신 발견(4. 11.) → 전국으로 시위 확산 → 고려대학교 학생들이 시위 후 귀교 중 피습(4. 18.) → 경찰이 시위대에 발포하여 다수의 사상자 발생, 정부는 비상계엄 선포(4. 19.) → 대학교수단이 시국 선언문 발표 및 시위 → 이승만 대통령이 대통령직 사임 성명 발표(4. 26.)
결과	허정 과도 정부 수립 → 내각 책임제와 양원제 국회 구성을 골자로 한 개헌 단행
의의	학생과 시민의 힘으로 독재 정권을 무너뜨린 민주주의 혁명

자료 플러스 서울대학교 문리대 4·19 선언문(1960)

상아의 진리탑을 박차고 거리에 나선 우리는 …… 이성과 진리 그리고 자유의 대학 정신을 현실의 참담한 박토(薄土)에 뿌리려 하는 바이다. …… 중립적 권력체인 관료와 경찰은 민주를 위장한 가부장적 전제 권력의 하수인으로 발 벗었다. 민주주의 이념의 최저 공리인 선거권마저 권력의 마수 앞에 농단되었다. …… 사상의 자유의 불빛은 무식한 전제 권력의 악랄한 발악으로 하여 깜박이던 빛조차 사라졌다. 긴 칠흑 같은 밤의 계속이다. 나이 어린 학생 김주열의 참혹한 시신을 보라!

마산 시위에서 실종되었던 김주열 군이 시체로 발견되었고 이에 다시 시위가 일어났다. 이승만 대통령은 마산 시위의 배후에 공산주의 세력이 있다고 발표하여 이를 무마하려 하였으나 시위의 열기는 계속되었다. 4월 18일 시위를 마치고 돌아가던 고려대학교 학생들이 정치 폭력배의 습격을 받아 다치는 사건이 일어났다. 이 소식에 분노한 학생과 시민들은 4월 19일 전국에서 대규모 시위를 전개하였는데, 당일 오전 국회의사당 앞에서 농성하던 서울대 학생이 위에 제시된 4·19 선언문을 낭독하였다.

(2) 장면 정부

① 성립 : 새 헌법에 따라 치른 총선에서 민주당 승리 → 국회에서 대통령으로 윤보선 선출 → 윤보선이 지명한 장면이 국회의 인준을 받아 국무총리에 취임(1960. 8.)

② 정책

- 민주주의 진전 : 지방 자치제 실시, 국민의 기본권 보장 → 학생·노동 운동 등 활발
- 경제 개발 노력 : 경제 개발 계획 마련 등

③ 한계 : 각계각층의 다양한 요구를 수용하지 못함, 부정 선거 책임자·부정 축재자 처벌에 소극적, 민주당 내 구파와 신파의 갈등

2. 5·16 군사 정변과 박정희 정부

(1) 5·16 군사 정변(1961)

① 발생 : 박정희를 중심으로 일부 군인들이 정변을 일으켜 정권 장악

② 군정 실시 : 국가 재건 최고 회의 설치

정치	정치인의 활동 금지, 부패한 공직자 처벌, 중앙정보부 설치
경제	제1차 경제 개발 5개년 계획 추진
개헌	대통령 중심제와 단원제 국회 구성을 골자로 하는 개헌 단행

3·15 부정 선거

1960년 3월 15일 정·부통령 선거에서 자유당은 대통령에 이승만, 부통령에 이기붕을 내세웠다. 80대의 고령인 이승만에게 건강상의 문제가 생겨 국정 운영이 어려워질 경우 부통령이 대통령직을 승계해야 했기 때문에 자유당과 이승만 정부는 이기붕을 부통령으로 당선시키기 위해 대대적인 부정 선거를 벌였다.

내각 책임제와 양원제 국회

내각 책임제는 국회에서 다수 의석을 차지한 정당이 행정부 구성권을 가지는 정치 제도이며, 양원제는 국회를 두 개의 의회로 구성하는 제도이다. 우리나라에서는 4·19 혁명 직후 개정된 헌법(제3차 개헌)에 따라 민의원과 참의원이 선출되어 양원제 국회가 구성되었다.

개념 체크

1. 1960년 정·부통령 선거에서 자유당과 이승만 정부는 부통령에 이기붕을 당선시키기 위해 ( )를 자행하였다.
2. ( )이 이끄는 과도 정부는 내각 책임제와 양원제 국회 구성을 골자로 한 개헌을 단행하였다.
3. 5·16 군사 정변을 주도한 박정희를 비롯한 군인들은 ( )를 구성하고 군정을 실시하였다.

정답
1. 3·15 부정 선거 2. 허정
3. 국가 재건 최고 회의

(2) 박정희 정부

① 성립 : 1963년 대통령 선거에서 민주 공화당 후보 박정희의 당선

② 한일 국교 정상화

배경	• 한·미·일 안보 체제 강화를 위해 미국이 한일 국교 수립 요구 • 박정희 정부는 경제 개발 정책 추진에 사용할 자금 확보 필요
경과	김종필·오히라의 비밀 회담 → 한일 회담 반대 시위 전개(6·3 시위, 1964) → 박정희 정부의 비상계엄 선포와 시위 진압 → 한일 협정 체결(1965)

③ 베트남 파병(1964~1973)

명분	미국의 요청 → 자유 민주주의 수호를 내세워 베트남 파병 단행
영향	• 브라운 각서(1966)를 통해 미국의 군사적·경제적 지원을 약속받음 • 베트남 특수로 경제 성장 • 고엽제 피해, 라이따이한 문제 등 전쟁 후유증 발생

④ 3선 개헌(1969)

- 구실 : 북한의 도발에 대한 대응과 지속적인 경제 성장 추진
- 과정 : 대통령의 계속 재임을 3기까지 할 수 있도록 한 개헌안을 편법으로 통과시킴
- 결과 : 개정된 헌법에 따라 치러진 대통령 선거에서 박정희 당선(1971)

자료 플러스 3선 개헌 헌법

제1조 ① 대한민국은 민주 공화국이다.
② 대한민국의 주권은 국민에게 있고, 모든 권력은 국민으로부터 나온다.
제64조 ① 대통령은 국민의 보통·평등·직접·비밀 선거에 의하여 선출한다.
제69조 ① 대통령의 임기는 4년으로 한다.
③ 대통령의 계속 재임은 3기에 한한다.

1968년 북한이 보낸 무장 게릴라가 청와대 습격을 시도하는 등의 도발로 남한과 북한 사이에 긴장이 고조되었다. 박정희 정부는 이러한 위기 상황을 극복하고 지속적인 경제 성장을 추진한다는 명분을 내세워 대통령의 3회 연임을 허용하는 3선 개헌을 추진하였다. 야당 의원들과 학생들을 중심으로 3선 개헌을 반대하는 시위가 이어졌지만, 여당계 의원들이 따로 모여 편법적으로 개헌안을 통과시켰다.

3. 유신 체제의 성립과 붕괴

(1) 유신 체제의 성립(1972)

배경	닉슨 독트린 발표 이후 냉전 체제 완화, 경제 침체에 따른 국민 불만 고조
과정	비상계엄 선포와 국회 해산 → 비상 국무 회의에서 헌법 개정안(유신 헌법) 의결·공고 → 국민 투표로 확정 → 통일 주체 국민 회의에서 박정희를 대통령으로 선출
유신 헌법	• 대통령은 통일 주체 국민 회의에서 간접 선거로 선출 • 대통령 임기는 6년, 중임 제한 조항 삭제 → 영구 집권 가능 • 대통령에게 긴급 조치권·국회 해산권·국회 의원 3분의 1 추천권 등 부여

(2) 유신 헌법에 대한 저항과 탄압

① 저항 : 광범위한 계층 참여, 대학생들의 유신 철폐 시위, 3·1 민주 구국 선언(1976) 등

② 탄압 : 정부는 긴급 조치권을 발동하여 유신 체제 반대 활동 금지, 민청학련 사건·제2차 인혁당 사건(1974) 등

➲ 김종필·오히라 비밀 회담
5·16 군사 정변 세력은 군정 기간부터 일본과 국교 정상화를 위한 비밀 회담을 진행하였다. 중앙정보부장 김종필과 일본 외무 장관 오히라는 일본 정부가 박정희 정부에 무상으로 3억 달러, 정부 차관으로 2억 달러, 상업 차관으로 1억 달러 이상을 제공할 것을 비밀리에 합의하였다.

➲ 브라운 각서
한국군을 베트남에 추가 파병하는 조건으로 1966년 3월 미국 정부가 주한 미국 대사 브라운을 통해 한국 정부에 전달한 문서이다. 이 각서에는 한국에 대한 미국의 군사·경제적 지원 약속이 담겨 있다.

➲ 긴급 조치권
유신 헌법에 규정된 긴급 조치권은 대통령의 행정 명령만으로 국민의 자유와 권리에 대해 무제한의 제약을 가할 수 있는 초헌법적 권한이다.

개념 체크

1. 박정희 정부는 한일 회담 반대 시위를 무력으로 진압하고 1965년 (　　)을 체결하였다.
2. 박정희 정부는 자유 민주주의 수호를 명분으로 (　　) 전쟁에 국군을 파병하였다.
3. (　　) 공포로 대통령의 임기가 6년으로 늘어났고, 대통령은 통일 주체 국민 회의에서 선출되었다.

정답
1. 한일 협정 2. 베트남
3. 유신 헌법

자료 플러스 3·1 민주 구국 선언

> 이 나라는 민주주의 기반 위에 서야 한다. 민주주의는 대한민국의 국시다. 따라서 대한민국의 정통성은 민주주의에 있다. 그러므로 어떤 구실로도 민주주의가 위축되어서는 안 된다. …… 그러므로 민주주의는 '국민을 위해서'보다는 '국민에게서'가 앞서야 한다. 무엇이 나라와 겨레를 '위해서' 좋으냐는 판단이 '국민에게서' 나와야 한다는 말이다. …… 우리는 국민의 자유를 억압하는 긴급 조치를 곧 철폐하고 민주주의를 요구하다가 투옥된 민주 인사들과 학생들을 석방하라고 요구한다. 국민의 의사가 자유로이 표명될 수 있도록 언론·집회·출판의 자유를 국민에게 돌리라고 요구한다.

1976년 3월 1일, 서울 명동 성당에서 열린 3·1절 기념 미사에서 재야인사들이 모여 유신 체제와 경제 발전 논리를 정면으로 비판하는 내용의 반정부 선언을 발표하였다. 이 선언서에는 긴급 조치 철폐, 구속 인사 석방, 언론·집회·출판의 자유 보장, 국회의 기능 회복, 사법부의 독립과 함께 박정희 정권의 퇴진을 요구하는 내용이 담겨 있다.

(3) 유신 체제의 붕괴

배경	국회 의원 선거에서 야당이 선전, 제2차 석유 파동으로 경제 위기 고조, YH 무역 사건을 계기로 박정희 정부를 강하게 비판하던 김영삼을 국회 의원직에서 제명 → 부마 민주 항쟁 발생
붕괴	박정희 대통령 피살(10·26 사태, 1979)로 사실상 붕괴

4. 5·18 민주화 운동과 신군부의 집권

(1) 신군부 세력의 등장

① 12·12 사태(12·12 군사 반란, 1979) : 전두환 등의 신군부 세력이 군사권 장악

② 서울의 봄(1980) : 시민과 학생들이 신군부 세력의 퇴진과 유신 헌법 폐지 요구 → 신군부 세력이 비상계엄을 전국으로 확대

(2) 5·18 민주화 운동(1980)

전개	광주의 학생과 시민들이 신군부 세력 퇴진과 비상계엄 철회를 요구하며 시위 → 계엄군의 발포와 폭력적 진압 → 학생과 시민들이 시민군 조직 → 계엄군이 시민군을 무력으로 진압
영향	이후 민주화 운동의 기반이 됨, 5·18 민주화 운동 기록물이 유네스코 세계 기록 유산으로 등재됨(2011)

(3) 전두환 정부

성립	국가 보위 비상 대책 위원회 설치 → 통일 주체 국민 회의에서 전두환을 대통령으로 선출(1980. 8.) → 7년 단임의 대통령을 대통령 선거인단에서 선출하는 내용의 개헌 단행 → 대통령 선거인단에서 전두환을 대통령으로 선출(1981. 2.)
정책	• 강압 정치 : 삼청 교육대 운영, 언론 통제, 민주화 운동 탄압 • 유화 정책 : 야간 통행금지 해제, 중고생의 두발과 교복 자율화, 해외여행 자유화, 프로 스포츠 육성

5. 경제 성장과 사회·문화의 변화

(1) 산업화와 경제 성장

① 경제 개발 5개년 계획 추진

제1, 2차 경제 개발 5개년 계획 (1962~1971)	• 경공업 육성, 노동 집약적 산업 중심, 수출 주도형 성장, 베트남 특수에 힘입어 고도성장 • 경부 고속 국도(도로) 개통(1970) 등 사회 간접 자본 확대 • 1960년대 말 외채 상환 시기가 도래하면서 위기를 맞음

부마 민주 항쟁
신민당 총재였던 김영삼이 YH 무역 사건이 벌어진 것에 대해 강력하게 비판하자, 박정희 정부와 여당은 그를 국회 의원직에서 제명하였다. 이에 유신 체제에 대한 국민의 불만이 폭발하면서 부산과 마산에서는 대규모 반정부 시위가 격렬하게 전개되었다.

신군부
1979년에 일어난 12·12 사태를 통해 정권을 장악한 전두환 등 군인 집단을 가리키는 말로, 5·16 군사 정변을 일으킨 군부와 구분하기 위해 붙여진 명칭이다.

국가 보위 비상 대책 위원회
5·18 민주화 운동을 무력으로 제압한 신군부는 국가 보위 비상 대책 위원회를 설치하여 권력을 장악하였다. 신군부는 국가 보위 비상 대책 위원회를 통해 정치인의 정치 활동 규제 등을 단행하였다. 또한 사회 정화를 명분으로 민간인을 삼청 교육대로 끌고 가 가혹한 군사 훈련과 노동을 강요하였다.

개념 체크

1. (   ) 사건에 항의하던 김영삼이 국회 의원직에서 제명된 것을 계기로 부마 민주 항쟁이 일어났다.
2. 신군부 세력의 권력 장악에 맞서 1980년 광주에서 (   )이 일어났다.
3. 1981년 대통령 선거인단에서 전두환은 임기 (   ) 단임인 대통령으로 선출되었다.

정답
1. YH 무역 2. 5·18 민주화 운동 3. 7년

제3, 4차 경제 개발 5개년 계획 (1972~1981)	• 중화학 공업 육성, 자본 집약적 산업 중심 → 수출액 100억 달러 달성(1977) 등의 성과를 올림 • 제1차 석유 파동 → 서아시아(중동) 건설 사업에 진출, 오일 달러를 벌어들여 위기 극복 • 제2차 석유 파동, 중화학 공업 중복 투자 등으로 경제 악화
의의와 한계	• 의의 : '한강의 기적'이라 불리는 경제 성장 달성, 1인당 국민 소득 증대 • 한계 : 저임금·저곡가 정책으로 노동자와 농민의 희생 강요, 도시와 농촌 간 소득 격차 발생, 경제의 대외 의존도 심화

② 1980년대 경제 변화와 시장 개방
- 부실 기업 정리, 중화학 공업에 대한 중복 투자 조정 등 추진
- 저유가, 저금리, 저달러의 '3저 호황' 속에서 자동차, 철강 산업 등 발전
- 세계적으로 후발 자본주의 국가에 대한 시장 개방 압력 증가 → 자유 무역 촉진을 위한 우루과이 라운드 발표(1986) → 다국적 기업·금융 자본의 국내 진출

③ 경제 성장 과정의 문제점 : 정경 유착 심화, 재벌 형성

(2) 경제 성장에 따른 사회 변화

도시와 농촌의 변화	• 도시 : 경제 성장 속에 급속한 도시화 진행 → 주택, 교통, 도시 빈민 등 도시 문제 심화 • 농촌 : 도시와 농촌의 소득 격차 심화, 농촌 인구 감소와 고령화 문제 발생
새마을 운동	박정희 정부가 1970년부터 시작, 농촌 환경 개선과 소득 증대 목표 → 유신 체제 유지에 이용되었다는 비판 제기
노동 문제	산업화에 따른 노동자 증가, 정부의 저임금 정책 → 저임금·장시간 노동 등 열악한 노동 환경 문제 발생 → 전태일 분신 사건(1970) 이후 노동 운동 본격화

(3) 교육·언론의 변화와 대중문화의 성장

교육	국민학교 의무 교육(1950년대), 중학교 무시험 진학 제도(1969년), 고교 평준화 제도(1970년대) 실시
언론	• 이승만 정부 : 정부에 비판적인 경향신문 폐간 • 박정희 정부 : 언론 규제 강화 → 동아일보 기자들이 자유 언론 실천 선언 발표(1974) • 전두환 정부 : 언론사 통폐합, 보도 지침을 통해 언론 통제
대중문화	• 1960년대 : 라디오 보급 확대, 가요·영화 등 대중문화 확산 • 1970년대 : 텔레비전 보급 확대, 박정희 정부의 문화·예술에 대한 통제 강화(금서와 금지곡 지정 등), 영화 관람 전에 홍보용 「대한 뉴스」 상영, 청년 문화 확산(장발, 청바지, 통기타 등) • 1980년대 : 프로 야구 등 상업 스포츠 시대 열림, 민중 문화 활동 활발

자료 플러스 자유 언론 실천 선언(1974)

1. 신문·방송·잡지에 대한 어떠한 외부 간섭도 우리의 일치된 단결로 강력히 배제한다.
2. 기관원의 출입을 엄격히 거부한다.
3. 언론인의 불법 연행을 일체 거부한다. 만약 어떠한 명목으로라도 불법 연행이 자행되는 경우 그가 귀사할 때까지 퇴근하지 않기로 한다.

박정희 정부는 유신 체제 성립 이후 비판적 언론인들을 구속·해직하고, 기자 등록제인 프레스 카드제를 실시하여 정부에 대해 비판적인 언론 활동을 제한하였다. 이러한 언론 통제에 대항하여 동아일보 기자들이 자유 언론 실천 선언을 발표하면서 언론 자유 운동이 확산되었다.

3저 호황
1980년대 중반 이후 국제 경기가 저유가, 저금리, 저달러 상태로 돌아서면서 물가가 안정되고 경제가 호황을 누렸다.

다국적 기업
여러 나라에 계열 회사를 거느리고 세계적 규모로 생산, 판매하는 대기업을 말한다.

보도 지침
전두환 정부는 기사 통제를 목적으로 날마다 각 언론사에 기사 게재 여부와 편집 방향에 대한 지침을 만들어 보냈다.

개념 체크

1. 1980년대 저유가, 저금리, 저달러의 ( ) 속에서 자동차, 철강 산업 등이 발전하였다.
2. ( ) 정부는 농촌 환경 개선과 소득 증대를 목표로 1970년부터 새마을 운동을 시작하였다.
3. ( ) 정부는 언론사를 통폐합하고 보도 지침을 내려 언론을 통제하였다.

정답
1. 3저 호황 2. 박정희 3. 전두환

자료 탐구 장면 정부

1단계 자료 분석

> 내각 책임제 정치하에서 행정부에 부과된 책무를 유감없이 수행하기 위해서는 무엇보다 먼저 행정부 내의 기강 확립에 주안점을 두지 않아서는 안 될 것이다. …… 경제 제일주의를 지표로 삼는 행정부의 시책을 완수하기 위해서는 부득이 전 국민의 굳은 결의와 일부 특수층의 자숙을 강조치 않을 수 없는 형편이다. …… 내무 및 법무 행정에 있어서는 법질서의 확립으로 국민의 권리와 자유를 보장하고, 3·15 부정 선거 관련자의 처단과 부정 축재 처리에 있어서는 혁명 정신에 입각하여 현행법을 적정히 활용하여 왔으며, 부정 선거 원흉의 처단은 이미 공소 제기와 구형을 한 터이므로 법원의 엄정한 판결이 있을 것을 기대하는 바이다. …… 신정부가 기도하는 바는 첫째로 과거 부패 정권이 취해 온 관권 경제와 불균형한 산업 구조 등을 지양하는 것이 급선무이다.
>
> – 장면 총리 민의원 시정 연설(1960) –

4·19 혁명 당시 외무부 장관이었던 허정은 이승만의 사퇴로 과도 정부의 수반이 되었다. 허정 과도 정부는 내각 책임제와 국회 양원제의 개헌안을 통과시켰다. 이후 새롭게 실시된 총선거에서 민주당이 압승을 거두고 국회에서 윤보선을 대통령으로 선출하였다. 이후 윤보선이 지명한 장면이 국회의 인준을 받아 국무총리에 취임하면서 장면 정부가 출범하였다. 장면 정부는 면의원, 면장부터 도지사와 서울특별시장까지 주민이 직접 뽑는 지방 자치제를 시행하였다. 공무원 공개 채용 제도도 시행하고 부정한 경찰을 대대적으로 숙청하였다. 또한 경제 제일주의를 내세우며 경제 개발 5개년 계획안을 마련하는 등 경제 개발에 힘을 기울였다.

2단계 문항 연습

정답과 해설 41쪽

[25013-0175]

1 밑줄 친 '새 정부' 시기에 있었던 사실로 옳은 것은?

> 다음 자료는 윤보선의 요청으로 실시된 국무총리 인준 투표 결과입니다. 이승만 정권의 붕괴로 들어선 과도 정부는 내각 책임제 등의 내용이 포함된 개헌안을 통과시켰고, 새롭게 실시된 총선거에서 민주당이 압승하였습니다. 이후 윤보선이 대통령으로 선출되었고, 보시는 것처럼 윤보선이 지명한 인물이 새 정부의 국무총리로 국회의 인준을 받았습니다.

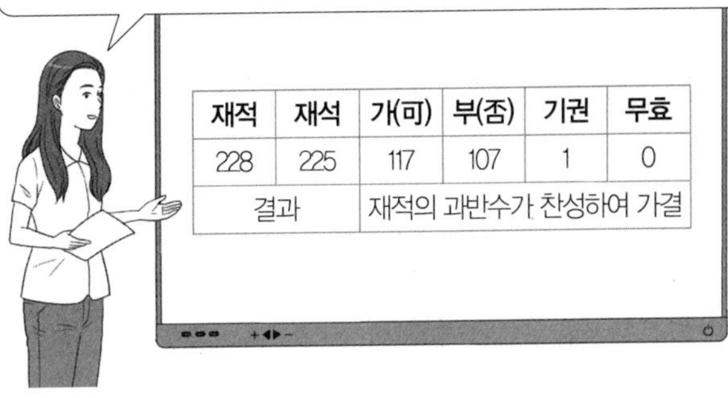

재적	재석	가(可)	부(否)	기권	무효
228	225	117	107	1	0
결과		재적의 과반수가 찬성하여 가결			

① 지계가 발급되었다.
② 원산 총파업이 일어났다.
③ 중서문하성이 설치되었다.
④ 국회가 양원제로 운영되었다.
⑤ 모스크바 3국 외상 회의가 개최되었다.

자료 탐구 유신 헌법

1단계 자료 분석

> 제40조 ① 통일 주체 국민 회의는 국회 의원 정수의 3분의 1에 해당하는 수의 국회 의원을 선거한다.
> ② 제1항의 국회 의원 후보자는 대통령이 일괄 추천하며, 후보자 전체에 대한 찬반을 투표에 부쳐 …… 당선을 결정한다.
> 제47조 대통령의 임기는 6년으로 한다.
> 제53조 ① 대통령은 …… 국가의 안전 보장 또는 공공의 안녕질서가 중대한 위협을 받거나 받을 우려가 있어, 신속한 조치를 할 필요가 있다고 판단할 때에는 …… 국정 전반에 걸쳐 필요한 긴급 조치를 할 수 있다.
> ② 대통령은 제1항의 경우에 필요하다고 인정할 때에는 이 헌법에 규정되어 있는 국민의 자유와 권리를 잠정적으로 정지하는 긴급 조치를 할 수 있고, 정부나 법원의 권한에 관하여 긴급 조치를 할 수 있다.
> 제59조 ① 대통령은 국회를 해산할 수 있다.
> – 대한민국 관보 제6337호 –

박정희 정부는 1972년 비상계엄을 선포하고, 안보와 통일 등을 내세워 유신 헌법을 제정하였다. 유신 헌법은 국민 투표를 거쳐 확정되었고, 박정희가 제8대 대통령에 취임하면서 유신 체제가 성립하였다. 이 헌법에서 대통령 임기는 6년으로 늘어났고, 연임 횟수 제한도 없어졌다. 특히 대통령을 통일 주체 국민 회의에서 선출하기 때문에 장기 집권이 가능하였다. 대통령은 국회 의원의 3분의 1을 사실상 임명할 수 있었고, 국회 해산권도 가졌다. 또한 국민의 기본권을 제한하는 긴급 조치를 발동하여 반대 세력을 억압할 수 있었다.

2단계 문항 연습

정답과 해설 41쪽

[25013-0176]

2 밑줄 친 '헌법'이 적용된 시기에 있었던 사실로 옳은 것은?

이번에 소개할 것은 통일 주체 국민 회의입니다. 이 기구는 비상계엄 상황에서 선포된 새로운 <u>헌법</u>에 따라 설치되었는데, 대통령 선출권과 함께 국회 의원 정원의 3분의 1에 해당하는 인원을 뽑을 수 있는 권한을 가졌습니다. 제8대 대통령 선거에 단독으로 출마한 박정희는 이 기구에서 대의원 약 99.9%의 지지를 받아 대통령으로 당선되었습니다.

① 교정청이 설치되었다.
② 보빙사가 파견되었다.
③ 갑신정변이 일어났다.
④ 부마 민주 항쟁이 전개되었다.
⑤ 남북 기본 합의서가 채택되었다.

대표 기출 확인하기

[2024학년도 수능]

1 밑줄 친 '시위'에 대한 설명으로 옳은 것은?

절망적인 위기에 봉착했던 우리나라의 민주주의를 구하고자 4월 19일 청소년 학도들은 총궐기했습니다. 이날 민권 수호 운동의 주동이 되어 시위한 서울의 대학생들은 3·15 부정 선거를 비롯해서 12년에 걸친 독재 정부의 반민주적인 행위를 규탄했습니다.

① 3·1 민주 구국 선언을 발표하였다.
② 4·13 호헌 조치의 철폐를 주장하였다.
③ 신군부 세력의 권력 장악에 저항하였다.
④ 6·10 만세 운동이 일어나는 결과를 가져왔다.
⑤ 내각 책임제를 골자로 하는 개헌의 계기가 되었다.

정답 및 해설

정답 해설 자료에서 4월 19일 청소년 학도들이 총궐기하였다는 점, 3·15 부정 선거를 비롯해서 12년에 걸친 독재 정부의 반민주적인 행위를 규탄하였다는 점 등을 통해 밑줄 친 '시위'가 1960년에 일어난 4·19 혁명임을 알 수 있다. ⑤ 4·19 혁명으로 이승만 정부가 붕괴된 후 내각 책임제를 골자로 하는 개헌이 단행되었다.

오답 피하기 ① 1976년 재야인사 등이 유신 체제를 비판하는 3·1 민주 구국 선언을 발표하였다.
② 전두환 정부 시기인 1987년에 4·13 호헌 조치 철폐 등을 요구하는 6월 민주 항쟁이 일어났다.
③ 신군부 세력의 권력 장악에 저항하여 1980년 5·18 민주화 운동이 일어났다.
④ 1926년 순종의 장례일을 기해 6·10 만세 운동이 일어났다.

정답 ⑤

[2024학년도 수능 9월 모의평가]

2 다음 자료를 활용한 탐구 활동으로 가장 적절한 것은?

지금 광주에서 일어나고 있는 모든 참상은 여러분들이 상상조차 할 수 없는 사실입니다. 지난 18일 이후 공수 특전단들이 선량한 시민들과 지성인들을 상대로 무자비한 진압을 하고 있습니다. …… 계엄 사령부가 양심의 소리에 따라 행동한 학생, 교수, 시민을 폭도로 몰아 또다시 학살을 감행하리라는 것은 자명한 사실입니다. …… 고립된 우리 광주 시민들에게는 무엇보다도 한시가 절박합니다. …… 우리의 삶을 위해 일어섭시다!

– ○○ 대학교 교수 일동 –

① 임오군란의 영향을 살펴본다.
② 물산 장려 운동의 배경을 알아본다.
③ 모스크바 3국 외상 회의 결과를 분석한다.
④ 신군부에 저항한 민주화 운동의 사례를 조사한다.
⑤ 경제 협력 개발 기구[OECD]에 가입한 이유를 파악한다.

정답 및 해설

정답 해설 자료에서 광주에서 일어난 사건이라는 점, 공수 특전단들이 선량한 시민들과 지성인들을 무자비하게 진압하고 있다는 점, 계엄 사령부가 학생, 교수, 시민을 폭도로 몰고 있다는 점 등을 통해 자료가 1980년에 일어난 5·18 민주화 운동과 관련된 것임을 알 수 있다. ④ 광주의 학생과 시민들은 신군부의 퇴진과 계엄령 철회를 요구하며 5·18 민주화 운동을 전개하였는데, 전두환 등 신군부 세력은 계엄군을 동원하여 무력으로 이를 진압하였다.

오답 피하기 ① 임오군란 이후 조선에 대한 청의 내정 간섭이 심화되었으며, 이에 김옥균 등 급진 개화파는 청에 대한 사대 종속 관계를 청산하고 근대 국가를 수립하기 위해 1884년 갑신정변을 일으켰다.
② 일제의 회사령 철폐와 관세 폐지 움직임에 따라 한국 시장과 산업에 위기가 닥칠 것이라는 생각에 조선 물산 장려회가 결성되고 물산 장려 운동이 전개되었다.
③ 1945년 모스크바 3국 외상 회의에서 최고 5년 기한 4개국에 의한 한반도 신탁 통치에 관한 협약 작성 등이 결의되었다. 이 내용이 국내에 알려진 이후 신탁 통치 반대 운동이 전개되었다.
⑤ 김영삼 정부는 1996년 경제 협력 개발 기구[OECD]에 가입하여 선진국 대열에 들어서고자 하였다.

정답 ④

수능 유형 익히기

[25013-0177]

01 (가) 민주화 운동에 대한 설명으로 옳은 것은?

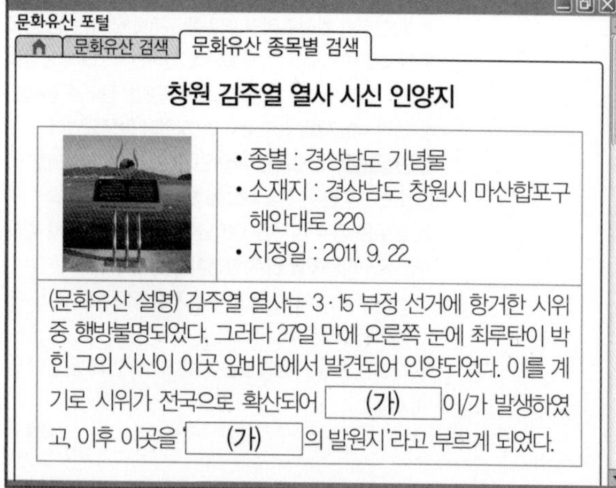
문화유산 포털

문화유산 검색 | 문화유산 종목별 검색

창원 김주열 열사 시신 인양지

- 종별 : 경상남도 기념물
- 소재지 : 경상남도 창원시 마산합포구 해안대로 220
- 지정일 : 2011. 9. 22.

(문화유산 설명) 김주열 열사는 3·15 부정 선거에 항거한 시위 중 행방불명되었다. 그러다 27일 만에 오른쪽 눈에 최루탄이 박힌 그의 시신이 이곳 앞바다에서 발견되어 인양되었다. 이를 계기로 시위가 전국으로 확산되어 (가) 이/가 발생하였고, 이후 이곳을 '(가) 의 발원지'라고 부르게 되었다.

① 치안 유지법에 의해 탄압받았다.
② 대통령이 사임하는 결과를 가져왔다.
③ 대한국 국제가 반포되는 원인이 되었다.
④ 이승만의 정읍 발언이 나오는 배경이 되었다.
⑤ 신간회가 진상 조사단을 파견하여 지원하였다.

[25013-0178]

02 밑줄 친 '새로운 정부' 시기에 볼 수 있는 모습으로 가장 적절한 것은?

대한민국의 국무총리

○○
(1899~1966)

▲ 총리로 인준된 직후 윤보선 대통령(왼쪽)과 악수하는 모습

그는 초대 주미 대사를 거쳐 제2대 국무총리로 임명되었다. 그러다 건강 등의 이유로 1952년 4월 사퇴하였다. 그후 허정을 중심으로 하는 과도 정부가 헌법을 개정한 뒤 치른 제5대 총선에서 민주당이 압승하자, 윤보선의 지명으로 국회에서 제7대 국무총리로 인준받았다. 이로써 내각 책임제하에서 그는 <u>새로운 정부</u>를 이끌게 되었다.

① 양원제로 구성된 국회
② 재신과 추밀이 참여한 도병마사
③ 외교 활동을 벌이는 구미 위원부
④ 개화 정책을 논의하는 통리기무아문
⑤ 국민 대회를 준비하는 민주 헌법 쟁취 국민운동 본부

[25013-0179]

03 밑줄 친 '세력'에 대한 설명으로 옳은 것은?

군사 정변을 주도한 <u>세력</u>은 국가 통제력 강화를 통한 권력 유지를 위해 미국의 중앙정보국[CIA]을 모방한 중앙정보부를 창설하였다. 이 기구는 중앙정보부법(법률 제619호)에 기초하여 창설되었다. 주요 업무는 국외 정보 및 국내 보안 정보의 수집 작성 및 배포, 국가 기밀에 속하는 문서 및 시설에 대한 보안 업무, 형법 중 내란의 죄, 외환의 죄, 군형법 중 반란의 죄, 국가 보안법 및 반공법에 규정된 범죄의 수사 등으로 구성되었다. 정보와 수사의 두 기능을 모두 갖춘 막강한 권력 조직인 것이다.

① 한성순보를 발행하였다.
② 국민 대표 회의를 개최하였다.
③ 좌우 합작 운동을 전개하였다.
④ 국가 재건 최고 회의를 구성하였다.
⑤ 자유시 참변으로 세력이 약화되었다.

[25013-0180]

04 밑줄 친 '정부'에 대한 설명으로 옳은 것은?

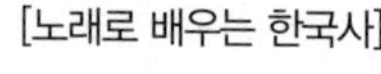
[노래로 배우는 한국사]

맹호들은 간다

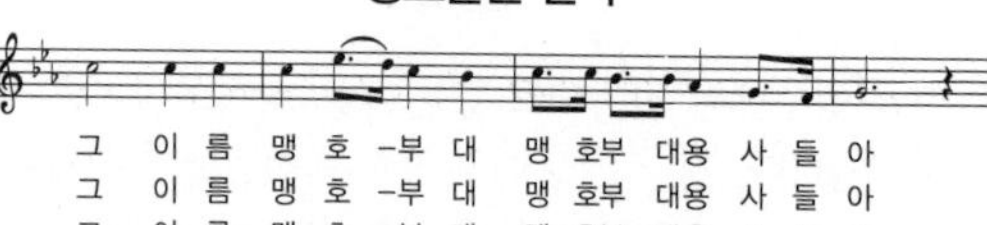
그 이 름 맹 호 -부 대 맹 호부 대용 사 들 아
그 이 름 맹 호 -부 대 맹 호부 대용 사 들 아
그 이 름 맹 호 -부 대 맹 호부 대용 사 들 아

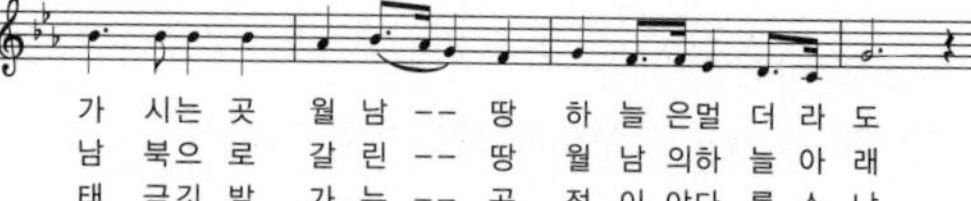
가 시는 곳 월 남 -- 땅 하 늘 은멀 더 라 도
남 북으 로 갈 린 -- 땅 월 남 의하 늘 아 래
태 극깃 발 가 는 -- 곳 적 이 야다 를 소 냐

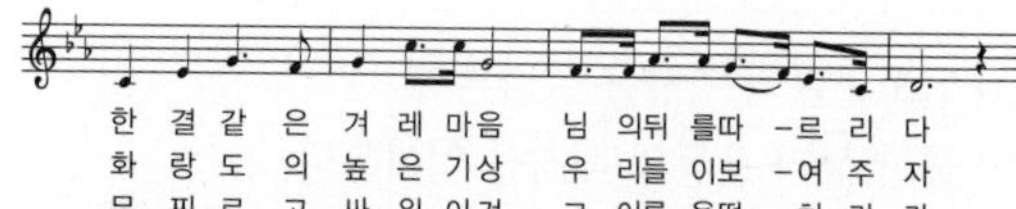
한 결 같 은 겨 레 마음 님 의뒤 를따 -르 리 다
화 랑 도 의 높 은 기상 우 리들 이보 -여 주 자
무 찌 르 고 싸 워 이겨 그 이름 을떨 -치 리 라

위 노래는 「맹호부대가」의 일부로, 맹호부대는 베트남 전쟁에 파병되었다. 베트남 전쟁이 본격화되자 미국으로부터 파병 요청을 받은 당시 <u>정부</u>는 야당과 일부 여론의 반대에도 불구하고 맹호부대, 백마부대 등을 베트남에 파견하였다.

① 6·3 시위를 탄압하였다.
② 아관 파천을 단행하였다.
③ 한국광복군을 창설하였다.
④ 브나로드 운동을 추진하였다.
⑤ 금융 실명제를 전면 시행하였다.

[25013-0181]

05 (가), (나) 회의록이 작성된 시기 사이에 있었던 사실로 옳은 것은?

(가)

국가 재건 최고 회의 회의록
제29호

종무처장 지금으로부터 제29차 최고 회의를 개최하겠습니다. ……

○○○ 의원 첫째 …… 내년도가 제1차 연도가 되는 제1차 경제 개발 5개년 계획안 자체도 역시 의장 각하의 미국 방문 계획과 꼭 연결되고 있는 것으로 알고 있습니다.

(나)

제72회 국회 회의록
제1호

국회의장 : 다음 의사일정 제2항 헌법 개정안을 상정합니다.

헌법 개정안
(□□□ 의원 외 121인)

헌법 중 다음과 같이 개정한다. …… 제69조 제3항 '대통령은 1차에 한하여 중임할 수 있다'를 '대통령의 계속 재임은 3기에 한한다'로 한다.

① 연통제가 운영되었다.
② 105인 사건이 일어났다.
③ 한일 협정이 체결되었다.
④ 평창 동계 올림픽 대회가 열렸다.
⑤ 제1차 미소 공동 위원회가 개최되었다.

[25013-0182]

06 밑줄 친 '헌법 개정안'에 대한 설명으로 옳은 것은?

[역사 속 오늘]

박정희 대통령, 10 · 17 비상조치를 단행하다

19○○년 오늘, 박정희 대통령은 안보 위기와 남북 대화를 구실로 초헌법적 비상조치를 내려 국회 해산 및 정당·정치 활동의 중지 등 헌법의 일부 조항 효력을 정지시켰다. 10월 27일에는 <u>헌법 개정안</u>이 비상 국무 회의에서 의결되었고, 이후 개헌에 따라 통일 주체 국민 회의에서 박정희가 제8대 대통령으로 당선되었다.

① 관민 공동회에서 결의되었다.
② 사사오입의 논리로 통과되었다.
③ 통감부가 설치되는 계기가 되었다.
④ 대통령의 임기를 6년으로 규정하였다.
⑤ 3당 합당으로 민주 자유당이 창당되는 결과를 가져왔다.

[25013-0183]

07 다음 문서가 작성된 시기를 연표에서 옳게 고른 것은?

키신저 국무장관님 …… 저 조지 맥거번은 18명의 종교 지도자와 정치인들이 현직 대통령을 비판하였다는 이유로 재판을 받게 된 한국의 상황을 이야기하고자 합니다. …… 재판을 받게 된 이들 중에는 김대중 전 대통령 후보, 윤보선 전 대통령, 이태영 변호사 등이 있습니다. 저는 이 재판이 크게 우려되는데, 그 이유는 우리 나라가 한국 대통령을 지원하여 왔기에 이 재판이 가져올 미국의 민주주의에 대한 영향력 감소가 걱정되기 때문입니다. …… 지난해 내려진 대통령의 긴급 조치는 한국에서 언론의 자유를 종결시켰습니다. 뉴스 매체는 정부에 의해 완전히 통제당하고 있습니다.

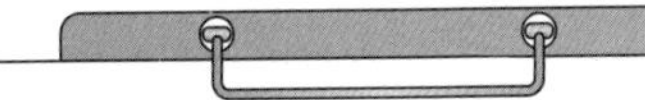

대한민국 정부 수립 | 6·25 전쟁 발발 | 3·15 부정 선거 | 5·16 군사 정변 | 12·12 사태 (12·12 군사 반란) | 6월 민주 항쟁

① (가) ② (나) ③ (다) ④ (라) ⑤ (마)

[25013-0184]

08 (가)에 들어갈 내용으로 가장 적절한 것은?

제1회 역사 만화 그리기 공모전 입상 결과

○○고등학교 제1회 역사 만화 그리기 공모전에 많은 학생들이 참여해 주셔서 감사합니다. 이번 공모전의 주제인 '유신 체제의 붕괴 배경'을 가장 잘 표현한 입선작들을 아래와 같이 소개합니다.

■ 입선작

석유 파동이 일어나다.
(가)
부마 민주 항쟁이 전개되다.

① YH 무역 사건이 일어나다.
② 수선사 결사 운동이 전개되다.
③ 서울 올림픽 대회가 개최되다.
④ 혁신 의회와 국민부가 성립되다.
⑤ G20 정상 회담이 서울에서 열리다.

[25013-0185]

09 (가) 민주화 운동에 대한 설명으로 옳은 것은?

[일기로 보는 한국사]

> 이 사태를 직접 보지 않은 사람은 이 사태를 이야기할 수 없다. 계엄군(공수 부대)의 잔악성을 보았는가? 쓰러져 가는 많은 시민들을 보았는가? 시민군대에 호응하는 모든 광주 시민들을 보았는가? 그 많은 수가 먹을 것에 구애받지 않을 만큼 시민들의 호응이 컸다는 것을 아는가? 잠깐 사이 모금함에 85만 5천 원이 걷힌 사실을 아는가?

[해설] 이 자료는 (가) 당시 광주의 한 여고생이 쓴 일기의 일부로, 유네스코 세계 기록 유산에도 등재되었다. 계엄군이 투입되어 광주에서 일어난 시위를 진압하면서 유혈 사태가 벌어졌고, 이에 시민들도 무장하여 저항하였다. 그러나 결국 (가) 은/는 수많은 사상자를 내면서 진압되었다.

① 급진 개화파의 주도로 일어났다.
② 신군부 세력의 권력 장악에 저항하였다.
③ 한반도에 대한 신탁 통치 결정에 반대하였다.
④ 6·29 민주화 선언이 발표되는 결과를 낳았다.
⑤ 대한민국 임시 정부가 수립되는 데 영향을 주었다.

[25013-0186]

10 밑줄 친 '이 시기'에 볼 수 있는 모습으로 가장 적절한 것은?

다음 영상은 경부 고속 국도(도로) 개통식의 모습을 보여주고 있습니다. 많은 예산 소요 등의 문제로 반대를 겪었지만 정부는 제2차 경제 개발 5개년 계획이 시행되던 <u>이 시기</u>에 경부 고속 국도(도로)를 완공하였습니다. 이 도로는 전국이 일일생활권으로 연결되었다는 긍정적인 평가도 있지만, 지역 간 불균형 발전을 초래하였다는 비판도 있습니다.

① 원산 총파업에 가담하는 노동자
② 국채 보상 운동에 참여하는 여성
③ 회사령 제정 소식을 접하는 상공업자
④ 전태일 분신 사건을 취재하는 신문 기자
⑤ 반민족 행위 처벌법을 제정하는 국회 의원

[25013-0187]

11 (가) 운동에 대한 설명으로 옳은 것은?

구술 인터뷰 기록

면담자 : (가) 에 참여하시게 된 동기는 무엇인가요?
구술자 : 당시 농촌은 매우 가난하였습니다. 그래서 제 목표가 농촌 운동을 통해 농민의 소득을 높이는 것이었습니다.
면담자 : 1970년에 시작된 이 운동을 받아들이는 마을의 분위기는 어떠하였나요?
구술자 : 이 운동의 기본 이념인 근면·자조·협동을 바탕으로 일심단결하여 열심히 일하면 잘살 수 있다는 말에 모든 주민이 고무되었습니다.
면담자 : 주로 추진하셨던 일들은 무엇입니까?
구술자 : 이 운동을 성공시키기 위해서는 마을의 소득을 높여야 할 것 같아서 마을 주민들과 합의하에 제일 먼저 시작된 것이 육계 사업이었습니다.

① 군국기무처의 주도로 추진되었다.
② 대한매일신보 등 언론의 지원을 받았다.
③ '내 살림 내 것으로'라는 구호를 내걸었다.
④ 유신 체제 유지에 이용되었다는 비판을 받았다.
⑤ 윌슨이 제기한 민족 자결주의에 영향을 받았다.

[25013-0188]

12 (가)에 들어갈 내용으로 가장 적절한 것은?

역사 드라마 계획서 쓰기 선생님 확인

3학년 △반 ○○○

○ 드라마의 배경 및 줄거리 : 드라마는 국가 보위 비상 대책 위원회가 설립된 시기부터 제12대 대통령이 7년 단임의 임기를 마치는 시기까지 주인공 □□□이 사회의 민주화를 위해 노력한 이야기를 담는다.
○ 역사 드라마 극본에 반영될 내용

• 민주 정의당 소속의 국회 의원이 등장한다.
• 삼청 교육대가 운영되는 장면을 포함한다.
• (가)

① 신민회 회원인 양기탁이 등장한다.
② 미쓰야 협정 체결 소식이 알려진다.
③ 조선 혁명 선언의 작성 과정을 반영한다.
④ 애치슨 선언 발표를 시간적 배경으로 제시한다.
⑤ 보도 지침으로 언론을 통제하는 상황이 설정된다.

15 6월 민주 항쟁 이후 사회와 동아시아 평화를 위한 노력

1. 6월 민주 항쟁과 민주주의의 발전

(1) 6월 민주 항쟁(1987)

① 배경 : 전두환 정부의 강압적 통치, 시민들의 대통령 직선제 개헌 요구

② 전개 : 박종철 고문치사 사건 → 전두환 정부의 4·13 호헌 조치 발표 → 호헌 반대 시위 전개, 민주 헌법 쟁취 국민운동 본부 결성, 이한열 학생이 경찰이 쏜 최루탄에 맞아 의식 불명에 빠짐 → 호헌 철폐를 요구하며 6·10 국민 대회 개최, 시위 확산 → 노태우가 대통령 직선제 개헌 요구를 수용한 6·29 민주화 선언 발표

③ 결과 : 5년 단임의 대통령 직선제를 주요 내용으로 하는 개헌 단행

자료 플러스 **6·29 민주화 선언의 주요 내용**

1. 대통령 직선제로 개헌하고 1988년 2월 평화적으로 정부를 이양한다.
2. 대통령 선거법을 개정하여 자유로운 출마와 공정한 경쟁을 보장한다.
3. 국민의 화해와 대단결을 도모하기 위해 김대중 등을 사면, 복권하고, 극소수를 제외한 시국 사범을 석방한다.
4. 인간의 존엄성을 존중하기 위해 개헌안에 기본권 강화 조항을 보완한다.
5. 언론 관련 제도와 관행을 개선하고 언론의 자율성을 최대한 보장한다.
6. 지방 자치, 대학의 자율화와 교육 자치를 조속히 실현한다.
7. 정당의 건전한 활동을 보장하는 가운데, 대화와 타협의 정치 풍토를 조성한다.

전두환 대통령이 4·13 호헌 조치를 발표하자, 이에 반대하는 시위가 잇따랐다. 또한 이한열이 경찰이 쏜 최루탄에 맞아 의식 불명에 빠지자 국민들은 6월 10일 호헌 철폐와 독재 타도를 외치며 대대적인 시위를 전개하였다. 결국 전두환 정부는 국민의 민주화 요구에 굴복하여 여당 대통령 후보인 노태우를 통해 대통령 직선제 개헌, 기본권 보장 등을 주요 내용으로 하는 6·29 민주화 선언을 발표하였다.

(2) 민주주의의 진전

노태우 정부	• 성립 : 야권 분열로 여당 후보 노태우가 대통령에 당선 • 1988년 총선 결과 여소야대 국회 형성 → 전두환 정부의 비리와 5·18 민주화 운동의 진상 규명을 위한 청문회 개최 → 여소야대 정국 극복을 위한 3당 합당(민주 자유당 창당, 1990) • 소련, 중국 등 공산권 국가와 수교하는 북방 외교 추진
김영삼 정부	• 고위 공직자 재산 공개 의무화, 금융 실명제 전면 실시, 지방 자치제 전면 시행 • '역사 바로 세우기' 추진 : 전두환·노태우 두 전직 대통령을 내란 및 반란 혐의로 구속, 조선 총독부 건물 철거 등 일제 잔재 청산

(3) 민주적인 정권 교체

김대중 정부	• 선거를 통한 최초의 여야 간 평화적 정권 교체, 외환 위기 극복 • 최초의 남북 정상 회담 개최
노무현 정부	과거사 정리 사업 추진(진실·화해를 위한 과거사 정리 위원회 출범)
이명박 정부	G20 정상 회담 개최
박근혜 정부	대한민국 최초의 여성 대통령 당선, 헌정 사상 최초로 파면(탄핵 인용)
문재인 정부	제19대 대통령 선거로 출범

4·13 호헌 조치
호헌이란 현행 헌법을 유지한다는 뜻으로, 1987년 4월 13일 전두환 대통령이 대통령 직선제 개헌 등 국민들의 민주화 요구를 거부하고 개헌 논의를 중단시킨 조치이다.

여소야대
국회에서 여당보다 야당이 더 많은 의석을 확보하게 된 상황을 가리킨다.

3당 합당
1988년에 시행된 제13대 국회 의원 선거에서 여당인 민주 정의당보다 야당인 평화 민주당, 통일 민주당, 신민주 공화당의 의석수가 더 많은 여소야대 상황이 만들어졌다. 이에 노태우 정부는 여소야대 정국을 극복하기 위해 1990년 민주 정의당, 통일 민주당, 신민주 공화당을 합당하여 거대 여당인 민주 자유당을 창당하였다.

개념 체크

1. 1987년 (　　) 조치가 발표되자, 대통령 직선제 개헌을 요구하는 시위가 확산되었다.
2. 6월 민주 항쟁의 결과 대통령 직선제 개헌 요구를 수용한 (　　)이 발표되었다.
3. (　　) 정부는 고위 공직자 재산 공개 의무화, 금융 실명제 전면 실시 등의 정책을 시행하였다.

정답
1. 4·13 호헌
2. 6·29 민주화 선언 3. 김영삼

신자유주의
정부의 시장 개입을 줄이고 시장의 기능을 중시하는 새로운 움직임을 말한다. 정부의 규제 완화, 복지 예산 감축, 노동 시장의 유연성 강화, 무역 규제의 완화, 공기업 민영화 등을 특징으로 한다.

국제 통화 기금[IMF]
환율과 국제 수지를 안정시켜 국제 유동성을 확대하려는 목적으로 설립된 유엔의 전문 기구이다. 회원국의 요청이 있을 때에는 기술 및 금융 지원을 직접 제공한다.

남북한 유엔 동시 가입
1991년 8월 유엔 안전 보장 이사회는 남북한 유엔 가입 결의안을 만장일치로 채택하였다. 가입 순서는 국명 표기 알파벳 순서에 따라 북한(D.P.R.K.)이 160번째, 한국(R.O.K.)이 161번째였다.

개념 체크

1. 외환 보유고 고갈과 기업들의 부도로 김영삼 정부는 (　　)에 구제 금융을 요청하였다.
2. 노태우 정부 때 남북한은 (　　)에 동시 가입하였다.
3. (　　) 정부는 최초로 남북 정상 회담을 개최하고 6·15 남북 공동 선언을 발표하였다.

정답
1. 국제 통화 기금[IMF]
2. 국제 연합[UN] 3. 김대중

2. 외환 위기와 사회·경제적 변화

(1) 신자유주의 경제 정책의 확산

① 배경 : 선진 자본주의 국가들이 전면적 시장 개방에 합의, 신자유주의 정책과 자유 무역 강조 → 세계 무역 기구[WTO] 출범(1995)

② 신자유주의 정책 추진 : 공기업 민영화, 금융 규제 완화, 경제 협력 개발 기구[OECD] 가입(1996) 등

(2) 외환 위기 발생과 극복

① 발생 : 외환 및 금융 불안으로 외국 투자자들이 자금 회수 → 외환 보유고 고갈, 기업들의 부도 → 김영삼 정부가 국제 통화 기금[IMF]에 구제 금융 요청(1997)

② 극복 : 김대중 정부의 강도 높은 구조 조정 실시 및 외국 자본 유치 노력, 국민의 금 모으기 운동 등 → 지원금 조기 상환을 통해 국제 통화 기금[IMF]의 관리 체제 극복(2001)

(3) 외환 위기 이후의 한국 경제

① 2000년대 이후 경제 성장 : 여러 나라와 자유 무역 협정[FTA] 체결, 첨단 산업 발달 등

② 경제 성장에 따른 문제점 : 대외 무역 의존도 심화, 사회 계층 간 격차 심화 등

(4) 사회 변화와 시민 사회의 성장

① 사회 변화 : 고령화 사회·다문화 사회 진입, 사회 양극화 심화(비정규직 문제 등)

② 시민 사회의 성장 : 경제 정의 실천 시민 연합·참여 연대 등 시민 단체 성장, 시민의 촛불 집회, 인터넷과 누리 소통망 서비스[SNS]의 대중화로 시민의 정치 참여 촉진

③ 인권 증진 : 호주제 폐지, 국가 인권 위원회 설치

④ 사회 보장 제도 확충 : 국민연금 제도 마련, 국민 기초 생활 보장법 제정

3. 남북 화해와 동아시아 평화를 위한 노력

(1) 북한의 변화

① 3대 권력 세습 : 김일성(주체사상 강조, 사회주의 헌법 제정) → 김정일(선군 정치) → 김정은으로 권력 세습

② 경제 모습 : 1980~1990년대 경제난 극복을 위해 부분적인 개방 정책 추진(합작 회사 경영법 제정) → 2000년대 이후 시장 경제 요소의 제한적 도입

③ 사회 모습 : 집단주의에 기초한 사회주의적 생활 양식 유지

(2) 남북 화해·협력을 위한 노력

박정희 정부	남북 적십자 회담 개최, 7·4 남북 공동 성명 발표(1972, 자주적·평화적·민족적 대단결의 통일 원칙 합의)
전두환 정부	남북 이산가족 상봉, 예술 공연단 교환 방문
노태우 정부	남북한이 국제 연합[UN]에 동시 가입(1991), 남북 기본 합의서 채택(1991)
김대중 정부	대북 화해 협력 정책(햇볕 정책) 추진, 금강산 관광 사업 시작(1998), 제1차 남북 정상 회담(2000, 6·15 남북 공동 선언 발표) → 개성 공단 건설 사업 추진 등
노무현 정부	제2차 남북 정상 회담(2007, 10·4 남북 공동 선언 채택)
문재인 정부	남북 정상 회담 → 한반도의 평화와 번영, 통일을 위한 판문점 선언(2018)

(3) 동아시아 역사 갈등

① 일본의 역사 왜곡 : 왜곡된 역사 교과서 발간, 일본군 '위안부'에 대한 정부의 공식 사과와 배상 거부, 독도 영유권 주장

② 중국의 역사 왜곡 : 동북공정을 통해 고조선, 고구려, 발해를 자국의 역사로 편입 시도

자료 탐구 김영삼 정부의 정책

1단계 자료 분석

(가) 친애하는 국민 여러분. 드디어 우리는 금융 실명제를 실시합니다. 이 시간 이후 모든 금융 거래는 실명으로만 이루어집니다. 금융 실명제가 실시되지 않고는 이 땅의 부정부패를 원천적으로 봉쇄할 수가 없습니다. …… 금융 실명제는 신한국의 건설을 위해서 그 어느 것보다도 중요한 제도 개혁입니다.

– 「김영삼 대통령 담화문」(1993) –

(나) 광역 및 기초 단체장과 의원을 함께 뽑는 이번 선거를 계기로, 우리나라는 전면적인 지방 자치를 실시하게 됩니다. …… 지방 자치는 지역 주민이 주체가 되어 삶의 질을 향상시키고 지역 발전을 이룩하는 '주민 자치'입니다. 지방 자치는 주민 개개인의 건설적 에너지가 지역 발전으로 수렴되고, 나아가서 국가 발전으로 이어지게 하는 데 참뜻이 있습니다.

– 「김영삼 대통령 담화문」(1995) –

1992년 12월에 치러진 제14대 대통령 선거에서 민주 자유당의 김영삼이 대통령에 당선되었다. 김영삼 정부는 사회 정의 실현과 경제 활성화를 내세웠다. 김영삼 대통령은 (가)에서 제시된 것처럼 1993년 금융 실명제 실시를 위한 대통령 긴급 재정 경제 명령을 발표하였다. 은행의 계좌를 모두 실명으로 바꾸는 조치가 시행됨으로써 경제는 물론 정치적·사회적으로 투명성을 높이는 계기가 되었다. 또한 그는 1995년에 (나)에서 제시된 담화문을 발표하였고, 이후 지방 자치 단체장 선거를 실시하여 전면적인 지방 자치 시대를 열었다.

2단계 문항 연습

정답과 해설 44쪽

[25013-0189]

1 (가)에 들어갈 내용으로 가장 적절한 것은?

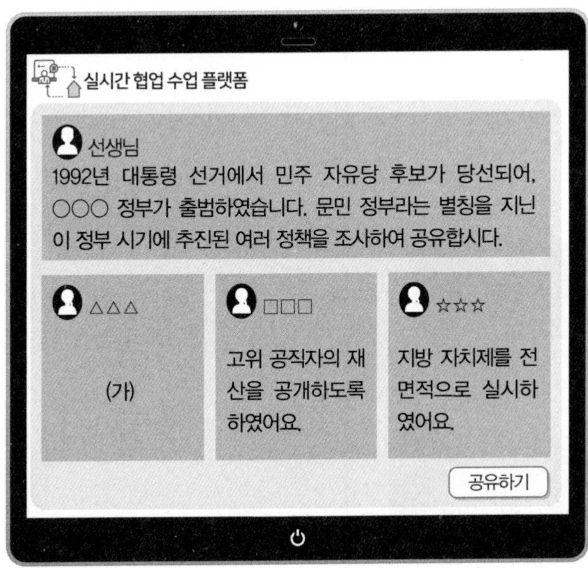

① 형평 운동을 추진하였어요.
② 금융 실명제를 전면 시행하였어요.
③ 7·4 남북 공동 성명을 발표하였어요.
④ 신탁 통치 반대 운동을 전개하였어요.
⑤ 한일 협정으로 일본과 국교를 수립하였어요.

자료 탐구 남북 기본 합의서 채택

1단계 자료 분석

남과 북은 분단된 조국의 평화적 통일을 염원하는 온 겨레의 뜻에 따라, '7·4 남북 공동 성명'에서 천명된 조국 통일 3대 원칙을 재확인하고, 정치·군사적 대결 상태를 해소하여 민족적 화해를 이룩하고, 무력에 의한 침략과 충돌을 막고 긴장 완화와 평화를 보장하며, 다각적인 교류·협력을 실현하여 민족 공동의 이익과 번영을 도모하며, 쌍방 사이의 관계가 나라와 나라 사이의 관계가 아닌 통일을 지향하는 과정에서 잠정적으로 형성되는 특수 관계라는 것을 인정하고, 평화 통일을 성취하기 위한 공동의 노력을 경주할 것을 다짐하면서 다음과 같이 합의하였다.

제1조 남과 북은 서로 상대방의 체제를 인정하고 존중한다.

제9조 남과 북은 상대방에 대하여 무력을 사용하지 않으며 상대방을 무력으로 침략하지 아니한다.

제15조 남과 북은 민족 경제의 통일적이며 균형적인 발전과 민족 전체의 복리 향상을 도모하기 위하여 자원의 공동 개발, 민족 내부 교류로서의 물자 교류, 합작 투자 등 경제 교류와 협력을 실시한다.

– 대한민국 관보 제12060호 –

노태우 정부 시기는 탈냉전이라는 국제 정세의 변동 속에서 이른바 '북방 정책'을 적극적으로 추진하여 소련 및 동유럽, 중국과 관계 개선을 위해 노력하였다. 이러한 분위기 속에서 1990년에는 여러 차례 남북 고위급 회담이 개최되었으며, 1991년에는 남북한이 동시에 유엔에 가입하였다. 이후 남북 사이의 화해와 불가침 및 교류·협력에 관한 합의서(남북 기본 합의서)를 채택하였다. 이 합의서는 통일 이전의 남북 관계를 '잠정적 특수 관계'로 규정하였고, 남북 화해·남북 불가침·남북 교류 협력에 관하여 향후 남북한이 실천해야 할 사항을 포함하고 있다.

2단계 문항 연습

정답과 해설 **44**쪽

[25013-0190]

2 (가) 정부 시기에 있었던 사실로 옳은 것은?

〈학생 활동지〉

모둠명 : ○○○

지난 시간에 학습한 (가) 의 외교 정책 및 남북한 통일 노력을 그림으로 표현해 봅시다.

❶ 헝가리와 수교하다.

❷ 소련과 수교하다.

❸ 남북한이 동시에 국제 연합[UN]에 가입하다.

❹ 남북한이 남북 기본 합의서를 채택하다.

① 지계가 발급되었다.
② 홍범 14조가 반포되었다.
③ 베트남 전쟁에 국군이 파병되었다.
④ 제2차 미소 공동 위원회가 결렬되었다.
⑤ 3당 합당으로 민주 자유당이 창당되었다.

대표 기출 확인하기

[2025학년도 수능 6월 모의평가]

1 다음 자료에 나타난 민주화 운동의 결과로 가장 적절한 것은?

> **6·10 국민 대회에 즈음하여 국민께 드리는 말씀**
>
> 이 정부는 박종철 군을 고문으로 죽이고 그 범인마저 은폐·조작하였으며, 4·13 호헌 조치를 발표하여 온 국민과 함께 약속한 민주 개헌을 얼토당토않은 이유로 일방적으로 파기하였습니다. 우리는 이러한 정부의 부도덕성과 기만성을 엄중히 규탄하고 독재 권력의 영구 집권에 대한 단호한 국민적 거부를 다짐하기 위해 6월 10일 민주 헌법 쟁취 국민 대회를 개최하기로 하였습니다.

① 유신 체제가 붕괴되었다.
② 제주 4·3 사건이 발생하였다.
③ 5·16 군사 정변이 발발하였다.
④ 내각 책임제 정부가 출범하였다.
⑤ 대통령 직선제로 개헌이 이루어졌다.

정답 및 해설

정답 해설 자료에서 6·10 국민 대회, 박종철 군을 고문으로 죽이고 그 범인마저 은폐·조작, 4·13 호헌 조치 등의 내용을 통해 자료의 민주화 운동이 1987년 6월 민주 항쟁임을 알 수 있다. ⑤ 6월 민주 항쟁으로 6·29 민주화 선언이 발표되었고, 이에 따라 대통령 직선제 개헌이 이루어졌다.

오답 피하기 ① 1979년 박정희 대통령이 피살당한 10·26 사태로 유신 체제가 사실상 붕괴되었다.
② 제주 4·3 사건은 1947년 3월 1일을 기점으로 1948년 4월 3일 발생한 소요 사태 및 1954년 9월 21일까지 제주도에서 발생한 무력 충돌과 그 진압 과정에서 주민들이 희생당한 사건을 말한다.
③ 5·16 군사 정변은 1961년에 박정희를 비롯한 군부 세력이 정변을 일으켜 권력을 장악한 사건이다.
④ 4·19 혁명 이후 내각 책임제와 양원제 국회 구성을 주요 내용으로 하는 헌법 개정이 이루어졌고, 개정된 헌법에 따라 치러진 총선에서 민주당이 승리하면서 장면 정부가 출범하였다.

정답 ⑤

[2024학년도 수능]

2 밑줄 친 '이 성명'이 발표된 시기를 연표에서 옳게 고른 것은?

남과 북 사이에 대화의 길이 트이기 시작했습니다. 우리나라의 자주적인 평화 통일을 추구하는 이 성명이 서울과 평양에서 동시에 발표됐습니다. 중앙정보부장은 자주·평화·민족 대단결의 통일 원칙과 남북 조절 위원회 구성 등 7개 항에 합의했다고 밝혔습니다.

8·15 광복	(가)	6·25 전쟁 발발	(나)	5·16 군사 정변	(다)	유신 헌법 공포	(라)	남북한 유엔 동시 가입	(마)	6·15 남북 공동 선언

① (가)　② (나)　③ (다)　④ (라)　⑤ (마)

정답 및 해설

정답 해설 자료에서 서울과 평양에서 동시에 발표되었다는 점, 자주·평화·민족 대단결의 통일 원칙과 남북 조절 위원회 구성 등에 합의하였다는 점 등을 통해 밑줄 친 '이 성명'이 1972년에 발표된 7·4 남북 공동 성명임을 알 수 있다. ③ 5·16 군사 정변은 1961년에 일어났고, 유신 헌법은 1972년에 공포되었다.

정답 ③

수능 유형 익히기

[25013-0191]

01 (가), (나) 발표 시기 사이에 있었던 사실로 옳은 것은?

(가)

국가적 상황을 종합적으로 볼 때 임기 중 개헌이 불가능하다고 판단하고 현행 헌법에 따라 후임자에게 정부를 이양할 것을 천명하는 바입니다.

(나)

여당 대표인 저는 사회적 혼란을 극복하고 국민적 화해를 이끌어내기 위해서는 대통령 직선제를 택해야 한다는 결론에 이르게 되었습니다.

① 4·19 혁명이 일어났다.
② 갑신정변이 발발하였다.
③ 국가 재건 최고 회의가 설치되었다.
④ 국회에서 발췌 개헌안이 통과되었다.
⑤ 대학생 이한열이 시위 중 최루탄에 피격되었다.

[25013-0192]

02 밑줄 친 '합당'이 이루어진 배경으로 가장 적절한 것은?

선생님, 이것은 어떤 정당의 로고인가요?

이것은 민주 자유당의 창당 로고란다. 노태우 정부 시기 치러진 제13대 국회 의원 선거 이후 민주 정의당, 통일 민주당 등 3당이 <u>합당</u>하여 이 정당을 창당하였지.

① 별무반이 편성되었다.
② 한인 애국단이 조직되었다.
③ 여소야대의 국회가 운영되었다.
④ 여수·순천 10·19 사건이 일어났다.
⑤ 세계 무역 기구[WTO]가 출범하였다.

[25013-0193]

03 밑줄 친 '이 정부'에 대한 설명으로 옳은 것은?

친애하는 국민 여러분! <u>이 정부</u>가 출범한 지 올해로 만 4년이 되었습니다. 우리는 문민 시대를 열어 정치, 경제, 사회, 문화 모든 분야에서 민주화를 이룩했습니다. 정치 개혁 입법과 지방 자치제의 완전 실시 그리고 군과 정보 기관의 개혁 등으로 참된 민주 국가의 초석을 놓았습니다. 또한 지난 4년은 정의와 법을 바로 세운 기간이었습니다. 금융 실명제와 부동산 실명제를 통해 정경유착과 검은 돈의 거래가 발붙이지 못하게 되었습니다.

① G20 정상 회의를 개최하였다.
② 경부 고속 국도(도로)를 개통하였다.
③ 파리 강화 회의에 김규식을 파견하였다.
④ 경제 협력 개발 기구[OECD]에 가입하였다.
⑤ 유상 매수·유상 분배의 농지 개혁을 시행하였다.

[25013-0194]

04 다음 문서가 작성된 시기를 연표에서 옳게 고른 것은?

○ 최근 한국 경제는 성장, 물가, 국제 수지 등 기초 경제 여건이 비교적 건실함에도 불구하고 경제의 구조 조정 과정에서 발생한 대기업 연쇄 부도에 따른 금융 기관의 거액 부실 채권 발생과 동남아 국가의 통화 위기에 따른 세계 금융 시장의 불안으로 인하여 대외 신인도가 하락함.
○ 최근 금융 기관의 외화 차입이 날로 어려워져 유동성 부족 문제가 우려되고 있으며 외환 시장 안정을 위해 조기에 국제 통화 기금[IMF]에 지원 요청을 하여야 한다는 우방국의 권고도 있어 11월 21일 IMF에 유동성 조절 자금을 지원해 줄 것을 요청.
○ IMF는 극히 예외적으로 양측 간에 합의된 정책 운용 방향에 관한 기본 합의서 내용만을 바탕으로 이사회에 자금 지원 요청안을 상정하기로 하고 이사회 의결이 이루어지는 즉시 자금을 공급하기로 합의.

– IMF 대기성 차관 협약을 위한 양해 각서(안) –

	(가)		(나)		(다)		(라)		(마)	
대한민국 정부 수립		한일 협정 체결		전태일 분신 사건		국가 보위 비상 대책 위원회 설치		서울 올림픽 대회 개최		6·15 남북 공동 선언

① (가) ② (나) ③ (다) ④ (라) ⑤ (마)

[25013-0195]

05 (가) 성명에 대한 설명으로 옳은 것은?

e영상 역사관

0:00:01 / 1:25:20

「대한 뉴스」 제887호 주요 내용
- (가) 이/가 서울과 평양에서 동시에 발표되었는데, 이후락 중앙정보부장이 기자 회견을 통해 성명을 냄.
- (가) 은/는 군사적 충돌 방지, 서울에서 평양 간 직통 전화 설치, 남북 조절 위원회 구성 등 7개항으로 구성되어 있음.

① 유신 헌법 공포 이후에 채택되었다.
② 국가 총동원법이 제정되는 결과를 가져왔다.
③ 미소 공동 위원회가 설치되는 계기가 되었다.
④ 삼균주의를 바탕으로 한 건국 강령을 포함하였다.
⑤ 자주적 · 평화적 · 민족적 대단결의 통일 원칙을 표방하였다.

[25013-0196]

06 밑줄 친 '이 정부' 시기에 있었던 사실로 옳은 것은?

이 정부는 탈냉전이라는 국제 정세의 변동 속에서 공산권 국가와 외교 관계를 수립하는 이른바 '북방 정책'을 적극적으로 추진하였다. 그 결과 공산권 국가로는 처음으로 헝가리와 국교를 수립하였고, 폴란드 등의 국가와도 국교를 맺었다. 이 정부 시기에 남북 관계에서도 변화가 있었다. 남북 고위급 회담 본회담이 열렸고, 남북 통일 축구 대회 등 체육 경기를 통한 교류가 이루어졌다. 특히 제5차 남북 고위급 본회담에서 '남북 사이의 화해와 불가침 및 교류 · 협력에 관한 합의서(남북 기본 합의서)'가 채택되었다.

① 영선사가 파견되었다.
② 12 · 12 사태가 일어났다.
③ 암태도 소작 쟁의가 발생하였다.
④ 남북한이 유엔에 동시 가입하였다.
⑤ 김구와 김규식이 남북 협상에 참여하였다.

[25013-0197]

07 밑줄 친 '회담'을 추진한 정부에 대한 설명으로 옳은 것은?

회담에 대한 각계 여론 동향

정책1 담당관실

〈사회 · 문화계〉
- 햇볕 정책의 꾸준한 실천이 낳은 결과라고 보며 민족이 하나로 되는 교두보가 되었으면 하는 바람. - ○○○ -
- 역사상 처음으로 남북 정상이 만난다니 기대가 크며 동북아시아의 국제 정세를 고려하더라도 이 회담은 평화 구축과 이산가족 재회 등에 상당한 전기를 마련하게 될 것. - □□□ -
- 고무적인 일임에 틀림이 없으나 이에 따른 구체적인 성과가 나와야 하며 이를 계기로 내실 있는 교류가 이루어져야 할 것. - △△△ -

① 헤이그 특사를 파견하였다.
② 남면북양 정책을 시행하였다.
③ 연통제와 교통국을 운영하였다.
④ 개성 공단 조성 사업을 추진하였다.
⑤ 한미 상호 방위 조약을 체결하였다.

[25013-0198]

08 밑줄 친 '갈등'에 대한 탐구 활동으로 가장 적절한 것은?

"아시아 3개국의 하모니, 한국, 중국, 일본 더 이상의 불협화음은 없습니다." 이는 동북아 역사 재단 주최 대학생 광고 공모전에서 수상한 포스터에 실린 문구이다. 우리나라와 주변의 동아시아 국가들은 서로 협력하여 발전하고 있지만, 제2차 세계 대전 이후 각국이 독립하는 과정에서 나타난 영토 문제와 역사 인식 문제 등으로 서로 갈등을 빚고 있다.

① 대동법의 시행 목적을 살펴본다.
② 동북공정의 문제점을 파악한다.
③ 외규장각 도서의 약탈 과정을 알아본다.
④ 조선 혁명 선언의 작성 배경을 조사한다.
⑤ 통일 주체 국민 회의가 설치된 이유를 분석한다.

수능 유형 마스터 1회

[25013-0199]

1 (가) 국가에 대한 설명으로 옳은 것은?

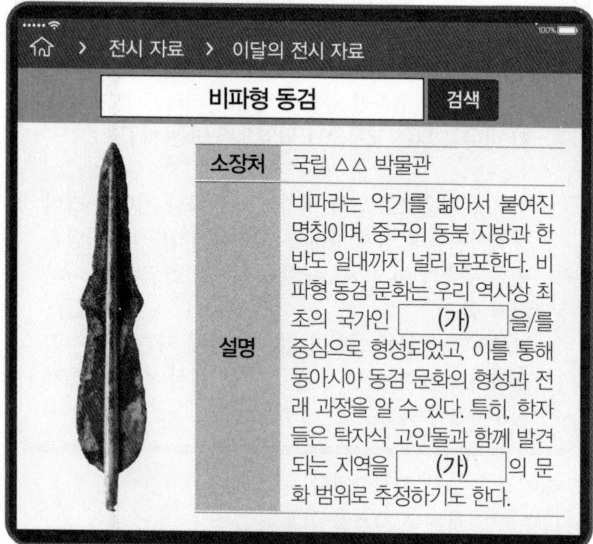

전시 자료 > 이달의 전시 자료
비파형 동검
검색
소장처
국립 △△ 박물관
설명
비파라는 악기를 닮아서 붙여진 명칭이며, 중국의 동북 지방과 한반도 일대까지 널리 분포한다. 비파형 동검 문화는 우리 역사상 최초의 국가인 (가) 을/를 중심으로 형성되었고, 이를 통해 동아시아 동검 문화의 형성과 전래 과정을 알 수 있다. 특히, 학자들은 탁자식 고인돌과 함께 발견되는 지역을 (가) 의 문화 범위로 추정하기도 한다.

① 읍군, 삼로라는 군장이 다스렸다.
② 청동기 문화를 배경으로 세워졌다.
③ 중국으로부터 해동성국으로 불렸다.
④ 여러 가들이 별도로 사출도를 관장하였다.
⑤ 정사암 회의에서 국가 중대사를 결정하였다.

[25013-0200]

2 밑줄 친 '천도'가 끼친 영향으로 가장 적절한 것은?

국왕께서 <u>천도</u>한 이유를 좀 더 구체적으로 말씀해 주시겠어요?

국내성이 너무 좁아서 대동강 유역의 넓은 평야가 있는 평양으로 옮긴 것이오. 그리고 국내성 일대에 기반을 가진 귀족의 세력을 약하게 만들어야겠다는 생각도 있었지만, 남쪽으로 세력을 확장하려는 목적도 있소.

① 북벌론이 대두되었다.
② 신라가 우산국을 복속시켰다.
③ 백두산정계비가 건립되었다.
④ 산미 증식 계획이 마련되었다.
⑤ 백제의 수도 한성이 함락되었다.

[25013-0201]

3 밑줄 친 '이 나라'에 대한 설명으로 옳은 것은?

문왕 때 <u>이 나라</u>는 3성 6부의 중앙 정치 제도와 경(京)-부(府)-주(州)의 지방 통치 제도의 기초를 마련하였다. 일본에 파견한 사신의 경우는 무왕 때 무관을 파견했던 것과 달리 약홀주 도독·현도주 자사 등의 지방관과 정당성 좌윤 등의 중앙 관료로 바뀌었다. 문왕 때 상경과 동경 등 5경 제도가 갖추어졌고, <u>이 나라</u>의 사신이 남해부에서 일본을 향해 출발한 기록으로 보아 경 아래에 부가 있었음을 알 수 있다. 다만 5경 아래 15부 62주가 완비된 것은 9세기 선왕 이후였다.

① 4군 6진 지역을 개척하였다.
② 영고라는 제천 행사를 열었다.
③ 도병마사와 식목도감을 두었다.
④ 고구려 유민이 건국을 주도하였다.
⑤ 골품제라는 신분 제도를 운영하였다.

[25013-0202]

4 밑줄 친 '정책'으로 옳은 것은? [3점]

개경 환도 이후 새로운 지배 세력이 출현하였는데, 고려 후기의 지배층이 된 이들은 주로 원과의 관계를 배경으로 출세한 사람이었습니다. 이들은 대규모 농장을 경영하였는데, 그 과정에서 정당한 개간이나 매입 이외에 다른 사람의 토지를 함부로 빼앗는 등의 불법 행위를 하게 되죠. 게다가 일반 양민을 억압하여 노비로 만들기도 했답니다. 그럼, 이러한 문제점을 해결하기 위해 어떤 <u>정책</u>을 실시하였을까요?

① 녹읍을 폐지하였다.
② 원납전을 징수하였다.
③ 전민변정도감을 설치하였다.
④ 최승로의 시무 28조를 수용하였다.
⑤ 공납을 쌀, 베 등으로 징수하였다.

[25013-0203]

5 (가) 전쟁에 대한 설명으로 옳은 것은?

① 풍수지리설의 영향을 받았다.
② 매소성과 기벌포에서 격전이 벌어졌다.
③ 강동 6주 지역을 확보하는 성과를 거두었다.
④ 청과 군신 관계를 체결하는 결과를 가져왔다.
⑤ 일본의 도자기 문화가 발달하는 배경이 되었다.

[25013-0204]

6 (가) 정치가 전개되던 시기의 상황으로 가장 적절한 것은? [3점]

한국사 정보 검색 시스템

○○ ○○

조맹을 시조로 하는 성씨. 여러 개의 파로 이루어져 있는데, 그중 회양공파에서 많은 고관이 나왔다. 특정 외척 가문이 권력을 독점하였던 (가) 시기에 안동 김씨와 함께 정권을 장악한 대표적인 가문이다. 순조 때에는 안동 김씨 가문이 권력을 장악하였고, 조만영의 외손인 헌종이 즉위하면서 이들이 막강한 세력을 휘두르게 되었다. 그러나 철종이 즉위하면서 다시 안동 김씨가 독점적인 권력을 누렸다.

① 삼정의 문란이 심하였다.
② 헌병 경찰 제도가 시행되었다.
③ 묘청 등이 금 정벌을 주장하였다.
④ 영국이 거문도를 불법 점령하였다.
⑤ 홍건적과 왜구의 침략이 계속되었다.

[25013-0205]

7 (가) 사건이 끼친 영향으로 가장 적절한 것은? [3점]

(가) 에 대한 역사 신문 기사 제목

– 1모둠 : 조선과 미국 간의 처음이자 마지막 전투
– 2모둠 : 일본에 통했던 미국의 '포함 외교', 조선에는 안 통해
– 3모둠 : 광성보에서 어재연 장군을 비롯한 조선군의 격렬한 저항
– 4모둠 : 조선이 거둔 승리 같지 않은 승리?

① 천리장성이 축조되었다.
② 전국에 척화비가 세워졌다.
③ 삼별초의 항쟁이 전개되었다.
④ 고종이 강제 퇴위를 당하였다.
⑤ 대한민국 임시 정부가 수립되었다.

[25013-0206]

8 밑줄 친 '변란'에 대한 설명으로 옳은 것은?

이홍장이 아뢰기를, "이번의 <u>변란</u>은 조선의 군인들이 식량을 찾는 것이었으나, 난군이 이하응(흥선 대원군)에게 가서 호소하였을 때에 만일 바른말로 잘 이끌어 나갔다면, 어떻게 갑자기 큰 <u>변란</u>까지 이르렀겠습니까. …… 난군이 궁궐을 공격하여 왕비가 피신하게 되고, 대신이 해를 입게 되었으니 흉하게 타오르는 불길을 이미 잡을 수가 없었던 것입니다. …… 하물며 이러한 위기를 틈타 그가 권력을 탈취한 지가 한 달이 넘었습니다."라고 하였다. –『청사고』–

① 사회주의 사상의 영향을 받았다.
② 교정도감이 설치되는 계기가 되었다.
③ 제너럴 셔먼호 사건을 구실로 발생하였다.
④ 김부식이 이끄는 관군에 의해 진압되었다.
⑤ 조청 상민 수륙 무역 장정이 체결되는 배경이 되었다.

[25013-0207]

9 밑줄 친 '고시'가 끼친 영향으로 가장 적절한 것은? [3점]

> 이제 단발은 건강하게 오래 사는 데 유익하고 일하는 데 편리하기 때문에, 우리 성상 폐하가 정치 개혁과 나라의 부강을 도모하며 앞장서서 먼저 표준을 보인 것이다. 무릇 우리 대조선국 인민은 이러한 성상의 뜻을 우러러 받들되 의관 제도는 다음과 같이 고시함.
>
> 1. 나라에 상사가 있으니 의관은 복상 기한에는 전례대로 흰색을 이용함.
> 1. 망건은 폐지함.
> 1. 의복 제도는 외국 제도를 채용하여도 무방함.

① 을미의병이 일어났다.
② 이자겸이 난을 일으켰다.
③ 애치슨 선언이 발표되었다.
④ 통상 개화론이 대두하였다.
⑤ 모스크바 3국 외상 회의가 개최되었다.

[25013-0208]

10 밑줄 친 '계약'이 이루어진 시기를 연표에서 옳게 고른 것은? [3점]

> 메가타 고문은 화폐 조례를 실시하여 일본과 동일한 금화 본위제를 확립하는 동시에 구 은화·구 백동화·구 동화를 회수하여 시장에서 그 자취를 차단시키고, …… 대한국 정부는 화폐 정리에 관해 주식회사 제일 은행과 다음과 같이 계약한다.
>
> 제1조 대한국 정부는 별도로 정한 대한국 현행 화폐 정리 예산의 범위에서 화폐 정리에 관한 사무를 제일 은행으로 하여금 집행하게 한다.
>
> ……
>
> 제4조 대한국 정부는 화폐 정리에 필요한 일체의 비용에 충당하기 위해 화폐 정리 자금으로서 금 300만 엔을 제일 은행에 교부한다.

병인양요	(가)	갑신정변	(나)	아관파천	(다)	러일 전쟁 발발	(라)	국권 피탈	(마)	3·1 운동

① (가) ② (나) ③ (다) ④ (라) ⑤ (마)

[25013-0209]

11 (가) 조약의 내용으로 옳은 것은? [3점]

> 이달의 독립운동가
>
> **홍만식(1842~1905)**
>
> 국가보훈부는 이토 히로부미가 군대를 동원하고 고종을 협박하여 강압적으로 (가) 을/를 체결하자 스스로 목숨을 끊어 일제의 부당함을 알린 홍만식 선생 등 4명을 '11월의 독립운동가'로 선정하였다. 선생은 "통분한 마음을 금할 길이 없다."라고 하면서 독약을 삼켜 일생을 마감하였다.

① 궁궐 안에 원수부를 설치한다.
② 일본 공사관에 경비병을 주둔시킨다.
③ 교원에게 칼과 제복을 착용하게 한다.
④ 임시 경계선으로 북위 38도선을 설정한다.
⑤ 외교에 관한 사항을 관리하는 통감을 둔다.

[25013-0210]

12 다음 상황이 전개된 지역을 지도에서 옳게 고른 것은?

> ○ 6월 6일 일본군 제19사단에서 보낸 월강 추격대대가 두만강을 건넜다는 소식을 입수했다. 적군은 보병에 기관총 부대까지 갖추고 있어, 우리가 적을 유인해 공격해야만 승산이 있다. 일본군의 진입에 앞서, 우리는 봉오동 3개 마을 주민을 대피시켰다.
> ○ 6월 7일 아군은 적의 추격대를 봉오동 계곡으로 유인했다. 일본군이 포위망에 들어서자 매복해 있던 아군 부대가 집중 사격을 시작했다. 오후 3시경 갑작스런 폭우가 쏟아지며 사격을 중단했다가 날이 개자 반격을 시도하여 적을 사살했다.

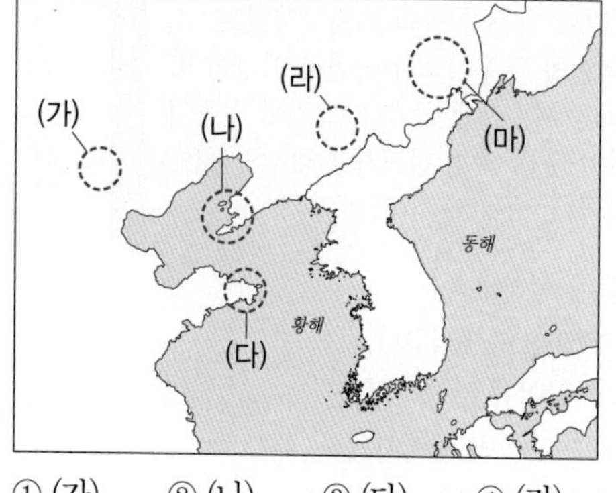

① (가) ② (나) ③ (다) ④ (라) ⑤ (마)

[25013-0211]

13 **(가)에 대한 설명으로 옳은 것은? [3점]**

함경남도에서 (가) 이/가 운영하던 연통제가 왜에게 발각되면서 각 조직이 파괴되었으니 비밀 사명을 가지고 갔다가 체포된 자가 부지기수였다. 처음에는 열성으로 큰 뜻을 품고 상하이로 온 청년들도 점점 경제난으로 취직하거나 행상 노릇을 하였다. 이로 인해 한때 상하이의 우리 독립운동가가 천여 명이던 것이 차차 그 수가 줄어들었다. 이러니 독립운동의 최고 기관인 (가) 의 처지를 충분히 짐작할 수 있는 일이다.

① 105인 사건으로 와해되었다.
② 제1차 갑오개혁을 추진하였다.
③ 국채 보상 운동을 전개하였다.
④ 만민 공동회의 개최를 주도하였다.
⑤ 삼권 분립에 입각한 체제를 갖추었다.

[25013-0212]

14 **(가), (나) 시기 사이에 일어난 사실로 옳은 것은? [3점]**

(가) 순종이 사망하자, 천도교를 중심으로 하는 민족주의 세력과 조선 공산당을 중심으로 하는 사회주의 세력이 만세 시위를 계획하였다. 계획은 사전에 일제에 발각돼 조선 공산당 세력이 검거되었다. 그러나 발각되지 않았던 학생 단체를 중심으로 6월 10일 학생들이 격문을 뿌리고 만세 시위를 벌였다.
(나) 나주역에서 발생한 한국인 학생과 일본인 학생 간의 충돌을 처리하는 과정에서 경찰이 한국인 학생들을 탄압하자, 분노한 광주 지역 학생들이 대규모 시위를 벌였다. 광주 지역의 독서회 중앙 본부는 학생들을 조직적으로 동원하여 시위를 전개하였다.

① 신간회가 결성되었다.
② 장용영이 설치되었다.
③ 전주 화약이 체결되었다.
④ 대한국 국제가 반포되었다.
⑤ 대한 광복군 정부가 수립되었다.

[25013-0213]

15 **(가) 단체의 활동으로 옳은 것은?**

여러분이 보고 계시는 이 탑은 (가) 사건으로 희생된 이윤재, 최현배 등 33인을 기리고 기념하기 위해 광화문 공원에 건립되었습니다. 일제는 (가) 사건을 일으켜 한글 연구를 한 회원 33인을 민족의식을 고양시켰다는 죄목으로 투옥하였습니다. 이 탑에는 투옥된 33인의 이름과 우리말과 글 수호 투쟁기, 옥중 고문기 등이 새겨져 있습니다.

① 구미 위원부를 설치하였다.
② 신흥 무관 학교를 설립하였다.
③ 민립 대학 설립 운동을 주도하였다.
④ 조선 혁명 선언을 활동 지침으로 삼았다.
⑤ 우리말(조선말) 큰사전 편찬을 추진하였다.

[25013-0214]

16 **밑줄 친 '당시' 볼 수 있는 모습으로 가장 적절한 것은?**

중학교에 다니던 시기의 기억나는 사실을 이야기해 주세요.

당시에는 매일 아침 조회 시간에 황국 신민 서사를 크게 외치며 일본어를 늘 사용하도록 강요당했었죠. 우리끼리 누가 우리말을 사용하나 감시하도록 했으니 한심한 일이었죠. 2학년 때는 창씨개명이라는 참을 수 없는 모욕을 당하기도 했지만 어쩔 수 없었어요. 우리 학교는 학생들끼리 단결하는 걸 꺼려해서 자치회 활동도 없었고, 심지어 교가도 부를 수 없었어요.

① 대한매일신보를 발행하는 직원
② 조선책략 유포를 반대하는 유생
③ 회사령을 공포하는 총독부 관리
④ 제사용 놋그릇을 공출당하는 여성
⑤ 지계아문에서 지계를 발급받는 농민

[25013-0215]

17 (가) 대통령이 집권한 시기에 있었던 사실로 옳은 것은? [3점]

한국사 신문

대한민국 정부 수립 국민 축하식 거행

일찍이 일제 침략의 아성이었던 옛 조선 총독부 건물 앞 광장에서, 비록 국토는 양단되어 남북이 외국인 양 갈리어 있으되, 당당한 국호 아래 세상을 향하여 주권을 찾고 완전 독립을 선포하는 국민 축하식이 열렸다. 애국가 합창과 개회사에 이어 (가) 의 기념사에 계속하여 연합 합창단의 합창이 있었다. 이후 맥아더 장군과 하지 중장, 유엔 한국 위원단 대표 등의 축사가 있은 후, 식을 마쳤다.

① 군국기무처가 설치되었다.
② 브나로드 운동이 전개되었다.
③ 부마 민주 항쟁이 발생하였다.
④ 4·13 호헌 조치가 발표되었다.
⑤ 반민족 행위 처벌법이 공포되었다.

[25013-0216]

18 밑줄 친 '이 선거'에 대한 탐구 활동으로 가장 적절한 것은? [3점]

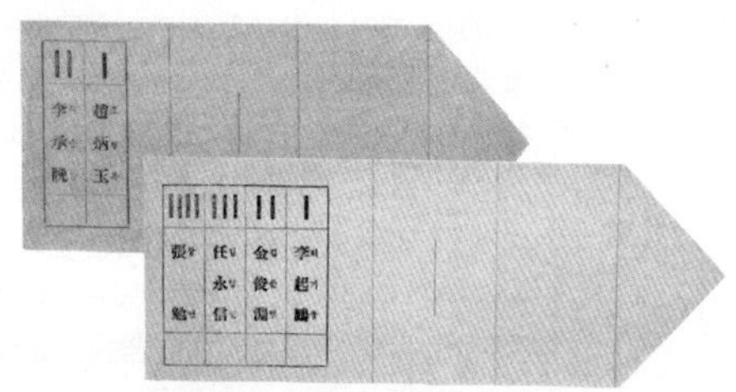

제4대 대통령·제5대 부통령 선출에 사용되었던 투표용지이다. 대통령 후보인 이승만과 조병옥, 부통령 후보인 이기붕과 장면 등의 이름이 보인다. 내무부는 극비리에 4할 사전 투표, 3인조 5인조 공개 투표, 완장 부대 활용 등의 방법을 지시하여 이 선거에서 자유당 후보의 득표율을 85%까지 올리려 계획하였다.

① 훈요 10조의 내용을 분석한다.
② 한인 애국단의 활동을 조사한다.
③ 김주열이 사망한 배경을 알아본다.
④ 좌우 합작 위원회의 설립 시기를 찾아본다.
⑤ 6·29 민주화 선언의 주요 내용을 정리한다.

[25013-0217]

19 (가) 민주화 운동에 대한 설명으로 옳은 것은?

(가) 관련 정보 콘텐츠 현황 분석

제목	기록 유형			내용
	사진	동영상	문서	
그날의 기억 그리고 기록	○		○	'계엄 포고문' 등 다수의 문서와 사진
서울의 봄, 그리고 광주	○	○		서울의 봄부터 전남대학교 학생과 공수 부대 대원의 첫 충돌까지의 내용
가자, 전남 도청으로	○		○	시민이 촬영한 사진과 당시 상황을 기록한 문서
시민군의 등장과 활동	○	○		계엄군의 진압에 맞서 등장한 시민군의 모습과 활동 사진

① 헌의 6조를 결의하였다.
② 대통령 직선제 개헌을 이끌어 냈다.
③ 내각 책임제 정부의 수립으로 이어졌다.
④ 신군부 세력의 권력 장악에 반대하였다.
⑤ 박영효 등의 급진 개화파가 주도하였다.

[25013-0218]

20 다음 상황이 전개된 결과로 옳은 것은?

서울에서 평양까지는 참으로 가까운 거리였다. 그때, 일행 가운데 누군가가 외쳤다.
"김정일 위원장이 보인다!"
비행기 창문 밖에는, 선글라스를 낀 김정일 국방 위원장이 갈색 인민복 차림으로 서 있는 게 보였다. 그 모습을 바라보던 김 대통령의 표정은 고요했다. 공군 1호기에서 내린 김 대통령이 마중 나온 김 위원장에게 다가가 악수를 청했다.
"반갑습니다. 만나고 싶었습니다."
"힘들고 두려운, 무서운 길을 걸어오셨습니다."

① 국민 대표 회의가 개최되었다.
② 남북한이 유엔에 동시 가입하였다.
③ 조사 시찰단이 비밀리에 파견되었다.
④ 6·15 남북 공동 선언이 발표되었다.
⑤ 경제 협력 개발 기구[OECD]의 회원국이 되었다.

[25013-0219]

1 **밑줄 친 '이 시대'의 사회 모습으로 가장 적절한 것은?**

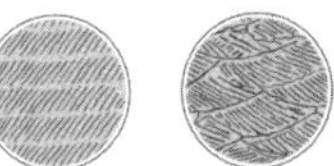

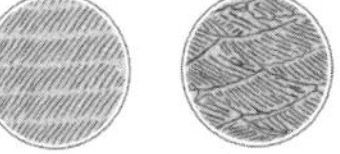

〈빗금무늬〉 〈새 날개무늬〉

농경과 목축이 시작된 이 시대에 널리 사용된 빗살무늬 토기에는 여러 종류의 무늬가 장식되어 있다. 무늬는 기본적으로 눌러 찍거나 그어 기하학적으로 만들었으며, 빗살, 원, 삼각형, 네모, 마름모, 새 날개무늬 등이 있다.

① 비파형 동검을 제작하였다.
② 영고라는 제천 행사를 열었다.
③ 철제 농기구로 농사를 지었다.
④ 갈돌과 갈판 등 간석기를 사용하였다.
⑤ 제가 회의에서 국가 중대사를 결정하였다.

[25013-0220]

2 **(가) 왕의 업적으로 옳은 것은? [3점]**

파일(F) 편집(E) 보기(V) 즐겨찾기(A) 도구(T) 도움말(H)

[개봉 예정 영화] **평양성 전투**

개봉일 2025년 개봉 예정
등급 15세 이상 관람가

줄거리

때는 4세기경, 백제의 (가) 이/가 태자와 함께 정예 군사 3만 명을 거느리고 고구려의 평양성을 공격하였다. 고구려의 고국원왕은 일전을 다짐하며 직접 전쟁을 지휘한다. 양쪽 군사는 치열한 전투를 치르고, 결국 고국원왕은 화살에 맞아 전사하는데 …….

① 우산국을 정복하였다.
② 과거제를 시행하였다.
③ 쌍성총관부를 공격하였다.
④ 6조 직계제를 실시하였다.
⑤ 마한의 여러 소국을 복속시켰다.

[25013-0221]

3 **밑줄 친 '그'에 대한 설명으로 옳은 것은? [3점]**

오늘의 마지막 문제입니다. 다음 설명하는 인물이 누구인지 라디오 게시판에 남겨 주세요. 그는 고려의 승려로 풍수지리설을 앞세워 서경 천도를 추진하였습니다. 그러나 개경 세력의 반대로 서경 천도가 좌절되자 반란을 일으켰습니다.

① 금 정벌을 주장하였다.
② 삼국유사를 저술하였다.
③ 불교 대중화에 기여하였다.
④ 수선사 결사를 제창하였다.
⑤ 왕오천축국전을 집필하였다.

[25013-0222]

4 **(가) 국가의 문화에 대한 설명으로 옳은 것은?**

한국사 수행 평가

3학년 △반 이름 : ○○○

• 주제 : 한국의 문화유산을 활용하여 실용성을 갖춘 문화 상품 기획하기

• 활용한 문화유산 : 팔만대장경
• 기획 의도 : 부처의 힘으로 몽골의 침입을 막고자 하는 염원을 담아 (가) 에서 제작한 팔만대장경을 활용하여 향을 피웠을 때 불안감과 스트레스를 완화하는 데 도움을 주기 위해 인센스 홀더(향꽂이)를 제작함.
• 디자인 도안

① 삼국사기가 편찬되었다.
② 육영 공원이 설립되었다.
③ 수원 화성이 건설되었다.
④ 광개토 대왕릉비가 건립되었다.
⑤ 경주 석굴암 본존 불상이 제작되었다.

[25013-0223]

5 (가) 왕의 재위 기간에 있었던 사실로 옳은 것은?

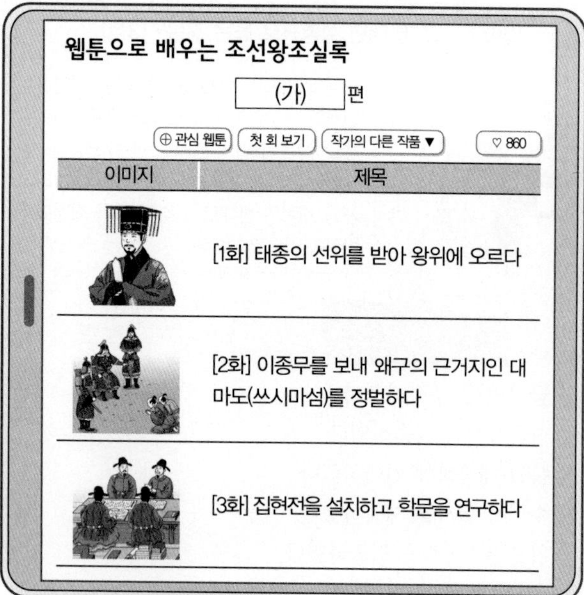

웹툰으로 배우는 조선왕조실록
(가) 편
⊕ 관심 웹툰
첫 회 보기
작가의 다른 작품 ▼
♡ 860
이미지
제목
[1화] 태종의 선위를 받아 왕위에 오르다
[2화] 이종무를 보내 왜구의 근거지인 대마도(쓰시마섬)를 정벌하다
[3화] 집현전을 설치하고 학문을 연구하다

① 균역법이 제정되었다.
② 교정도감이 설치되었다.
③ 노비안검법이 시행되었다.
④ 4군 6진 지역이 개척되었다.
⑤ 22담로에 왕족이 파견되었다.

[25013-0224]

6 다음 자료에 나타난 사건에 대한 설명으로 옳은 것은? [3점]

홍경래가 이끄는 도적들이 정주성을 점거하였다. 관군이 이들을 공격하여 4개월이 지났으나 항복하지 않자 최후에는 성을 뒤흔드는 방법을 썼다. 굴을 파서 성 밑으로 통하여 화포를 땅속에 매설하고 화약을 터뜨린 후에야 겨우 성공하였다. 성안에 죽은 자는 거의 삼천 명이었다.

① 조선책략의 유포에 반발하였다.
② 대한매일신보 등 언론의 지원을 받았다.
③ 평안도 지역에 대한 차별에 저항하였다.
④ 우정총국 개국 축하연을 이용하여 일어났다.
⑤ 6·29 민주화 선언이 발표되는 결과를 가져왔다.

[25013-0225]

7 다음 자료를 활용한 탐구 활동으로 가장 적절한 것은?

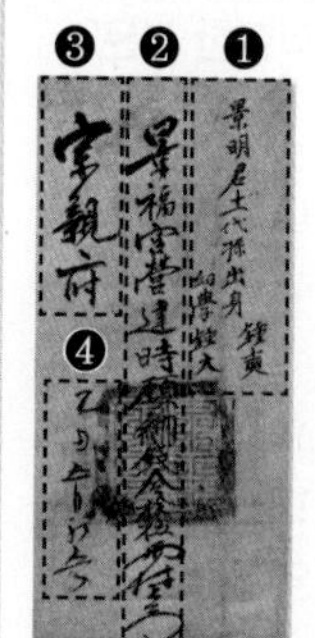

❶ 영수증 수취인
: 경명군의 11대손 출신 ○○, 유학 △△
❷ 영수증 내용
: 경복궁 중건 시 원납전 15냥을 납부함.
❸ 영수증 발행 관청 : 종친부
❹ 영수증 발행 날짜 : 을축년 5월 초5일

① 당백전의 발행 계기를 알아본다.
② 3저 호황이 끼친 영향을 파악한다.
③ 국채 보상 운동의 배경을 조사한다.
④ 브나로드 운동의 전개 과정을 살펴본다.
⑤ 집강소에서 추진한 폐정 개혁의 내용을 분석한다.

[25013-0226]

8 밑줄 친 '변란'의 영향으로 옳은 것은? [3점]

너는 도봉소에서 밀린 급료를 나눠줄 때 소란을 피워 감옥에 갇혔다가, 결국 탈옥하였다. 이후 동료 군인들과 합세해 민가를 부수고 궁궐을 침범하였다. 거기다 일본으로 피신하기 위해 제물포로 향하던 일본 공사와 일본인을 뒤쫓아 습격하였으니 네가 주도한 <u>변란</u>의 죄가 매우 크다.

① 무신 정권이 성립하였다.
② 아관 파천이 단행되었다.
③ 북벌 운동이 추진되었다.
④ 전국 각지에 척화비가 건립되었다.
⑤ 조청 상민 수륙 무역 장정이 체결되었다.

[25013-0227]

9 (가) 단체의 활동으로 옳은 것은? [3점]

(가) 이/가 개최한 만민 공동회에서 홍정후 등이 재정권과 군사권은 타인에게 넘겨줄 수 없다는 내용의 연설을 하였다. 많은 백성이 박수를 보내며 옳다고 하지 않는 사람이 없었다. (가) 은/는 곧바로 정부에 편지를 보냈다. 정부는 "백성의 여론이 이와 같다."라고 문장을 만들어 러시아 공사에게 공문을 보냈다. 러시아 공사는 이 내용을 제 나라 정부에 전보로 전달하였다. 러시아 정부에서 답하기를, "한국민의 여론이 이와 같으니, 탁지부 고문관과 군부 교련 사관을 해임하여 돌아오게 하는 것이 좋겠다."라고 하였다.

① 의회 설립 운동을 주도하였다.
② 좌우 합작 7원칙을 발표하였다.
③ 오산 학교, 대성 학교를 설립하였다.
④ 우리말(조선말) 큰사전 편찬을 추진하였다.
⑤ 광주 학생 항일 운동 당시 진상 조사단을 파견하였다.

[25013-0228]

10 (가) 섬에 대한 설명으로 옳은 것은?

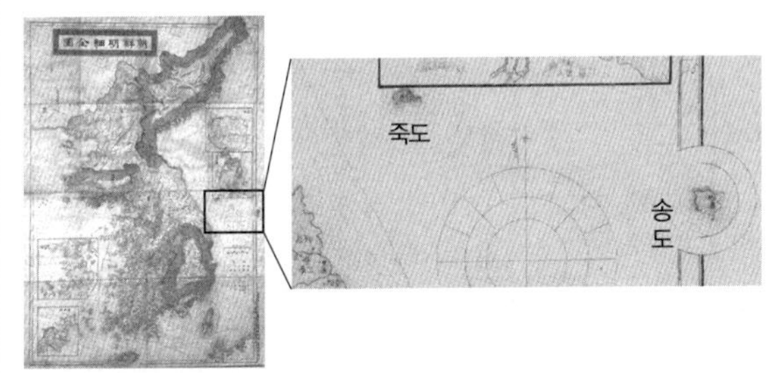

이것은 조선 8도를 그린 지도로, 1894년에 일본에서 제작하였다. 지도의 오른쪽에는 '죽도'라고 쓰인 울릉도와 '송도'라고 표기된 (가) 이/가 그려져 있다. 대마도(쓰시마섬)가 일본 규슈와 마찬가지로 아무 색도 칠해져 있지 않은 반면, 울릉도와 (가) 은/는 조선의 강원도와 같은 색으로 칠해져 있다. 이 지도를 통해 당시 일본이 울릉도와 (가) 을/를 조선의 영토로 인식하고 있었음을 알 수 있다.

① 백두산정계비가 세워진 장소이다.
② 병인양요 때 프랑스군의 침략을 받았다.
③ 삼별초가 대몽 항쟁을 벌인 근거지이다.
④ 러일 전쟁 중 일본이 자국 영토로 불법 편입하였다.
⑤ 영국군이 러시아 견제를 구실로 불법 점령한 곳이다.

[25013-0229]

11 다음 자료에 나타난 의병 운동에 대한 설명으로 옳은 것은? [3점]

왕비의 거처를 바라보니 8월의 변고가 생겼으며, 금수의 무리가 궁궐을 짓밟아 심한 농간을 부리고 조정 안팎을 호령하고 속이고 있으며, 심지어 머리를 깎고 옷섶을 왼편으로 하는 야만스러운 행동이 이미 임금의 주변에 가해졌습니다. …… 이 몸이 한번 죽으면 오히려 의로운 귀신이 될 것이나 이 머리는 한번 깎이면 영원토록 오랑캐가 되는 것이니 각자 마음에 맹세하여 대의를 붙잡기를 바랍니다.

① 인천 상륙 작전을 전개하였다.
② 대한 제국의 해산된 군인이 합류하였다.
③ 조선 혁명 선언을 활동 지침으로 삼았다.
④ 유인석, 이소응 등 유생층이 주도하였다.
⑤ 영릉가 전투에서 일본군을 상대로 승리하였다.

[25013-0230]

12 (가) 도시에서 있었던 사실로 옳은 것은?

신한청년당의 강령은 대한 독립, 사회 개조, 세계 대동의 3가지이며, …… 김규식, 여운형 등의 주창으로 (가) 에서 성립하였다. 작년에 김규식을 파리 평화 회의로 파견하고 이후 4월 말까지 (가) 에서 독립운동의 자금과 중요 임무를 담당한 단체는 실로 신한청년당이라.

① 신흥 강습소가 설립되었다.
② 조선 형평사가 결성되었다.
③ 2·8 독립 선언이 발표되었다.
④ 제너럴 셔먼호 사건이 발생하였다.
⑤ 대한민국 임시 정부가 수립되었다.

[25013-0231]

13 (가) 법이 제정된 당시에 볼 수 있는 모습으로 가장 적절한 것은? [3점]

[사료로 보는 한국사]

> 피고 ○○○, △△△은 모두 공산주의 선전으로 조선에서 정치의 변혁을 기도하여 …… 사유 재산 제도를 부인하는 것을 목적으로 한 고려 공산당의 조직 실현에 관하여 진력을 다해 애씀으로써 안녕과 질서를 방해하려고 하였다. 이에 다이쇼 8년 제령 제7호 및 (가) 제1조, 형법 제6조를 적용하여 처단해야 할 것으로 인정된다.

[해설] 자료는 '고려 공산당 창당 준비 위원회 사건'에 대한 경성 지방 법원 예심 종결서의 일부이다. 사회주의 사상이 확산하자 일제는 (가) 을/를 제정하고, 이를 한국에도 적용하여 사회주의자와 독립운동가를 탄압하였다. 이 사건은 일제가 (가) 을/를 적용하여 한국의 사회주의 운동을 탄압하였음을 보여주는 사례이다.

① 만적과 함께 봉기를 모의하는 노비
② 4·13 호헌 조치 철폐를 요구하는 시민
③ 회사령 공포 소식을 듣고 놀라는 자본가
④ 군국기무처에서 개혁안을 논의하는 관리
⑤ 검열로 기사가 삭제된 한글 신문을 읽는 지식인

[25013-0232]

14 다음 자료의 상황이 나타난 시기를 연표에서 옳게 고른 것은? [3점]

> 아직 날이 밝기 전 우리 중대가 청산리 일대의 천수평에서 숙영 중인 일본군을 포위하고 장차 습격하려 할 때, 우리 후방 부대에서 수발의 총성이 일어났다. 일본군이 놀라서 도보 혹은 말을 타고 도망하는 것을 우리 북로 군정서가 일시에 사격하여 어랑촌 방면으로 탈출한 4명의 기마병 외에는 전부를 멸하였다.

청일 전쟁 발발		러일 전쟁 발발		국권 피탈		봉오동 전투		윤봉길 의거		8·15 광복
	(가)		(나)		(다)		(라)		(마)	

① (가) ② (나) ③ (다) ④ (라) ⑤ (마)

[25013-0233]

15 다음 자료에 나타난 민족 운동에 대한 설명으로 옳은 것은?

> 머리로부터 발끝까지 남의 것으로만 살아가던 우리도 우리의 생산을 조장하고 장려하며 무엇이나 제조 발명하기로 목적하였다. 협흥사에서는 조선 물산 장려회가 생긴 후 전심 노력으로 조선 무명을 가지고 대대적으로 신사모와 학생모 등을 제조하여 겨우 1원의 값으로 우리네 사회에 전파하려는 중이다. 모자 모양과 제조 방법은 남의 것보다도 수수하게 보이고 또한 아름답기도 하다.

① 공인이 성장하는 계기가 되었다.
② 삼백 산업이 발달하는 토대가 되었다.
③ 조만식 등의 주도로 평양에서 시작되었다.
④ 일본에서 도입한 차관을 갚기 위해 전개되었다.
⑤ 일본의 쌀 부족 문제를 해결하기 위해 실시되었다.

[25013-0234]

16 밑줄 친 '만세 운동'에 대한 설명으로 옳은 것은?

> 내가 순종 황제의 인산일에 <u>만세 운동</u>을 벌인 것은 사람이 많이 모인 기회를 이용한 것이오. 태극기를 들고 격문서 등을 살포한 것은 우리의 사상을 일반에게 고취하고자 함이었으며 그 목적은 정치상으로나 경제상으로나 조선 독립을 하기 위함이다.

① 유신 체제를 비판하였다.
② 학생들의 주도로 전개되었다.
③ 일본의 황무지 개간권 요구를 철회시켰다.
④ 전봉준 등 지도자들의 체포로 실패하였다.
⑤ 신군부의 비상계엄 확대 조치에 반대하였다.

[25013-0235]

17 (가) 군사 조직에 대한 설명으로 옳은 것은? [3점]

(가) 은/는 쌍성보 전투를 비롯해 여러 차례 크고 작은 전투를 치르면서 많은 전과를 올렸다. …… 지청천은 일본군과의 대전자령 전투에 앞서 (가) 장병들에게 다음과 같이 훈시하였다. "대전자령의 공격은 2천만 대한 인민을 위하여 원한의 복수를 하는 것이다. 총알 한 개 한 개가 우리 조상의 수천, 수만의 영혼이 보호하고 도와주는 피의 사자이니 제군은 단군의 아들로 굳세게 용감히 모든 것을 희생하고 만대 자손을 위하여 최후까지 싸우라."

① 매소성 전투에서 승리하였다.
② 한중 연합 작전을 전개하였다.
③ 인도 · 미얀마 전선에 파견되었다.
④ 자유시 참변으로 세력이 약화하였다.
⑤ 공주 우금치에서 일본군과 교전하였다.

[25013-0236]

18 다음 담화문이 발표된 배경으로 가장 적절한 것은? [3점]

조선이 연합국에 의하여 해방된 것은 감사한 사실이나 현재 조선이 다소 불통일의 인상을 주게 되는 것은 주로 미 · 소의 남북 양단 점령에 의한 악조건에 의한 것으로 우리 조선의 책임이 아니다. 5개년 운운의 신탁 통치라는 것은 최악의 국제 과오로서 우리 3천만 대중이 도저히 승인할 수 없는 바이다. …… 이 인내할 수 없는 과오의 처지에는 3천만이 한 사람의 이의도 없이 초당파적으로 결속하여 최후까지 반대하고 단연 독립을 쟁취하여야 한다.

① 6월 민주 항쟁이 일어났다.
② 일본이 대한 제국의 외교권을 박탈하였다.
③ 이승만이 국제 연맹의 위임 통치를 청원하였다.
④ 김홍집이 가져온 조선책략이 국내에 유포되었다.
⑤ 모스크바 3국 외상 회의의 결정 사항이 보도되었다.

[25013-0237]

19 밑줄 친 '이 정부'에 대한 설명으로 옳은 것은?

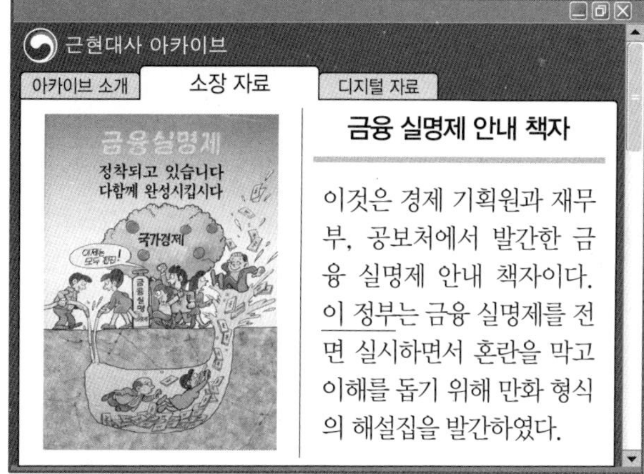

① 대한국 국제를 반포하였다.
② 연통제와 교통국을 운영하였다.
③ '역사 바로 세우기'를 추진하였다.
④ 베트남 전쟁에 국군을 파병하였다.
⑤ 한미 상호 방위 조약을 체결하였다.

[25013-0238]

20 밑줄 친 '대통령'의 재임 기간에 있었던 사실로 옳은 것은?

대통령께서는 재임 4년을 어떻게 평가하십니까?

지난 4년이라는 기간은 우리나라의 모습이 바뀌고 국제적으로 한국의 위상이 높아진 역사적인 전환기였습니다. 우리는 민주주의 시대를 열었고 서울 올림픽 대회를 치렀습니다. 또 북방 정책으로 세계의 모든 나라와 교류 협력하는 길을 열었으며, 유엔에도 가입하여 국제 사회에서 당당한 발언권을 갖게 되었습니다.

① 한일 협정이 체결되었다.
② 교육입국 조서가 반포되었다.
③ 남북 기본 합의서가 채택되었다.
④ 반민족 행위 처벌법이 제정되었다.
⑤ 제1차 남북 정상 회담이 개최되었다.

수능 유형 마스터 3회

[25013-0239]

1 밑줄 친 '이 나라'에 대한 설명으로 옳은 것은?

화면에 보이는 장소는 <u>이 나라</u>가 수도인 국내성의 방어를 위해 쌓았던 환도산성입니다. 주몽이 졸본 지역에 세운 <u>이 나라</u>는 유리왕 때 국내성으로 수도를 옮겼습니다.

① 주자감을 설치하였다.
② 9주 5소경 체제를 정비하였다.
③ 영고라는 제천 행사를 거행하였다.
④ 3성 6부의 중앙 관제를 마련하였다.
⑤ 제가 회의에서 국가 중대사를 결정하였다.

[25013-0240]

2 (가) 왕의 업적으로 옳은 것은?

한국사 활동지

◎ 주제 : 한강 유역을 둘러싼 삼국의 경쟁
◎ 활동 내용
1. 한강 유역을 차지하기 위해 다음 두 왕이 어떤 활동을 하였는지 정리해 보자.

★참★ 잘했어요!

성왕	(가)
– 사비로 천도하여 중흥의 발판 마련 – 신라와 연합하여 고구려를 공격한 후 한강 하류 지역을 일시적으로 차지	– 백제와 연합하여 한강 상류 지역 확보 – 백제군을 몰아내고 한강 하류 지역을 차지

① 우산국을 정복하였다.
② 천리장성을 축조하였다.
③ 삼국 통일을 완성하였다.
④ 4군 6진 지역을 개척하였다.
⑤ 영토를 확대하고 순수비를 세웠다.

[25013-0241]

3 (가) 국가에 대한 설명으로 옳은 것은?

우리 문화유산에 담긴 수학

(가) 이/가 남긴 대표적인 불교 문화유산인 경주 석굴암은 토함산 중턱에 조성되었다. 이는 당시 사람들의 종교적 열정과 과학, 수학 기술이 빚어낸 예술이다. 모든 공간은 가로와 세로 또는 세로와 가로의 비율이 1:2인 직사각형이며 둥근 천장의 원호는 정확히 10등분을 할 수 있다.

① 국학을 설립하였다.
② 삼국사기를 편찬하였다.
③ 훈민정음을 창제하였다.
④ 육영 공원을 설치하였다.
⑤ 팔만대장경을 조판하였다.

[25013-0242]

4 (가), (나) 시기 사이에 있었던 사실로 옳은 것은? [3점]

(가) 재추가 옛 수도 개경으로 다시 옮길 것을 회의하고 결정한 날짜를 게시하였다. 그러나 삼별초가 다른 마음을 품고 따르지 않으면서 함부로 부고(府庫)를 개방하였다.
(나) 기철의 모반을 밀고하는 자가 있었는데 쌍성총관부의 관리가 이와 관련 있다고 하였다. …… 왕은 5월에 기철을 평정하였는데, 유인우에게 쌍성총관부로 가서 잔당을 토벌하게 하였다.

① 정동행성이 설치되었다.
② 노비안검법이 시행되었다.
③ 22담로에 왕족이 파견되었다.
④ 망이·망소이의 봉기가 일어났다.
⑤ 일본에 부산포, 제포, 염포가 개방되었다.

[25013-0243]

5 (가) 왕이 재위하던 시기의 정치 상황으로 옳은 것은?

독서 기록장

3학년 ○반 □□□

◎ 도서명/저자 : 『계축일기』 / 저자 미상

◎ 책 소개와 소감 : 선조의 계비인 인목 대비가 ((가))에 의하여 서궁에 10년간 유폐되어 겪은 수난에 대한 내용이다. 인조반정으로 ((가)) 이/가 왕위에서 쫓겨나고 인목 대비의 유폐 생활이 끝나는 시기까지 기록되어 있다. 이 책을 읽으면서 당시의 정치 상황을 비롯하여 관점에 따라 역사적 인물에 대한 평가가 다를 수 있다는 사실을 알게 되었다.

① 사화가 발생하였다.
② 탕평파가 육성되었다.
③ 북인이 정국을 주도하였다.
④ 교정도감이 최고 권력 기구가 되었다.
⑤ 진골 귀족들이 왕위 쟁탈전을 벌였다.

[25013-0244]

6 다음 질문에 대한 답으로 (가)~(마) 중 가장 적절한 것은? [3점]

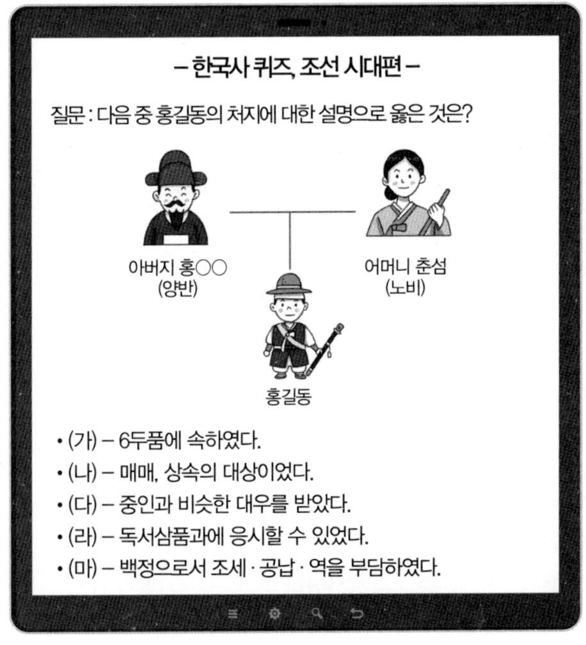

– 한국사 퀴즈, 조선 시대편 –
질문 : 다음 중 홍길동의 처지에 대한 설명으로 옳은 것은?
아버지 홍○○
(양반)
어머니 춘섬
(노비)
홍길동
• (가) – 6두품에 속하였다.
• (나) – 매매, 상속의 대상이었다.
• (다) – 중인과 비슷한 대우를 받았다.
• (라) – 독서삼품과에 응시할 수 있었다.
• (마) – 백정으로서 조세 · 공납 · 역을 부담하였다.

① (가) ② (나) ③ (다) ④ (라) ⑤ (마)

[25013-0245]

7 다음 자료를 활용한 탐구 활동으로 가장 적절한 것은? [3점]

예조(禮曹)에 바치는 대리공사 하나부사 요시모토의 편지 내용은 다음과 같습니다. "귀국의 관리가 인천 개항에 대해서는 온 나라가 곤란하게 여기므로 다시 다른 곳을 선택하기를 바란다고 하였습니다. 본관은 이렇게 생각합니다. 우리 정부에서 해마다 측량선을 보내 충청, 전라, 경기 세 도의 해안을 탐색하였으나 적당한 곳이 없었습니다. …… 그러나 양국이 이미 친목하기로 약속을 맺었으니 서울 가까운 곳을 개항하면 사무는 쉽게 처리될 것입니다."

① 강화도 조약의 내용을 분석한다.
② 삼백 산업의 발달 상황을 정리한다.
③ 삼정이정청이 설치된 배경을 파악한다.
④ 인천 상륙 작전이 끼친 영향을 조사한다.
⑤ 영국이 불법 점령한 거문도의 위치를 찾아본다.

[25013-0246]

8 자료에 나타난 사건에 대한 설명으로 옳은 것은? [3점]

○ 임금께서 경우궁으로 거처를 옮기자 왕비를 비롯하여 궁궐 사람들도 황급히 도보로 따라갔다. 김옥균 등이 왕명을 통해 일본 공사에게 지원해줄 것을 요구하자, 밤이 깊어서 일본 공사가 병사를 거느리고 와서 호위하였다.

○ 홍영식이 국정 개혁안을 정했다. 그 대강은 국권을 확장하는 일, 각국과 대등한 외교관계를 맺는 일, 청과 관계를 끊는 일, 평민의 농업 · 공업 · 상업상의 이권을 신장시킬 일, 인재를 등용하는 일이었다.

① 서경 천도를 주장하였다.
② 청일 전쟁 중에 일어났다.
③ 급진 개화파가 주도하였다.
④ 무신 정권이 수립되는 결과를 가져왔다.
⑤ 전국에 척화비가 건립되는 계기가 되었다.

[25013-0247]

9 (가) 운동의 전개 과정에서 있었던 사실로 옳은 것은?

(가) 기념 포스터 공모

보국 안민

(가)의 기록물이 유네스코 세계 기록 유산에 등재된 것을 기념하는 포스터를 공모합니다. 부패한 지배층에 저항하여 봉기하고, 집강소를 통해 폐정 개혁을 실천하였던 당시 민중의 활동을 표현한 포스터를 출품해 주시기 바랍니다.

ㅇ 주관 : □□ 기념 사업회
ㅇ 접수 방법 : 우편 또는 방문 접수

① 독립문이 건립되었다.
② 황토현 전투가 벌어졌다.
③ 러일 전쟁이 발발하였다.
④ 13도 창의군이 결성되었다.
⑤ 모스크바 3국 외상 회의가 개최되었다.

[25013-0248]

10 밑줄 친 '개혁'의 내용으로 옳은 것은? [3점]

[사료로 보는 한국사]

ㅇ 공무가 아닌 일로 대궐에 함부로 들어오는 것과 수직자 명단에 없는 사람이 대궐 안에서 유숙하는 것을 엄금하며 만일 드러나는 일이 있으면 법무아문이나 혹은 경무청에 넘겨 징계할 것입니다.
ㅇ 경무청을 설치했으니 각 군영에서 순찰하는 것은 그만두게 하며 범죄에 속하는 것은 액정서* 소속이라도 직접 체포할 것입니다.

*액정서 : 왕명 전달, 궁궐 관리 등을 맡아 보던 관서

[해설] 대궐 출입 통제 및 경무청의 순찰 업무 등에 관하여 군국기무처에서 올린 내용이다. 경무청은 당시 추진된 <u>개혁</u>에 따라 마련된 관청으로 경찰 업무를 담당하였다.

① 과거제가 폐지되었다.
② 대전회통이 편찬되었다.
③ 6조 직계제가 실시되었다.
④ 전민변정도감이 설치되었다.
⑤ 한글 맞춤법 통일안이 제정되었다.

[25013-0249]

11 (가) 정부 시기에 볼 수 있는 모습으로 가장 적절한 것은?

역사 동아리 답사 안내

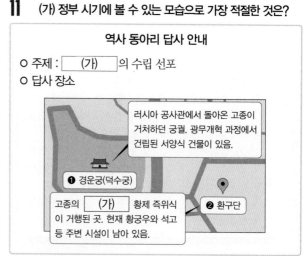

ㅇ 주제 : (가)의 수립 선포
ㅇ 답사 장소

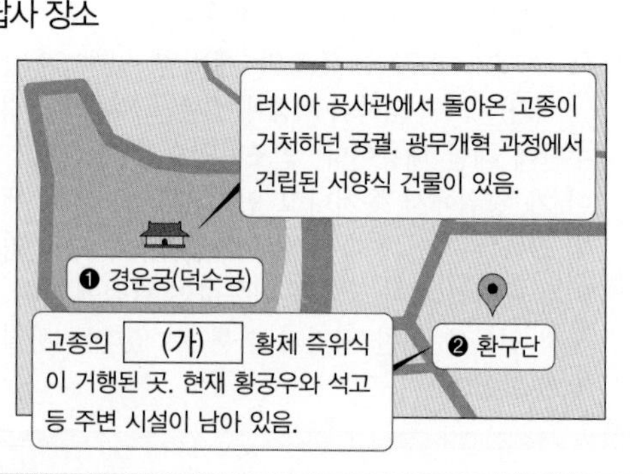

러시아 공사관에서 돌아온 고종이 거처하던 궁궐. 광무개혁 과정에서 건립된 서양식 건물이 있음.
❶ 경운궁(덕수궁)
고종의 (가) 황제 즉위식이 거행된 곳. 현재 황궁우와 석고 등 주변 시설이 남아 있음.
❷ 환구단

① 훈련받는 별무반 군사
② 지계를 발급하는 관리
③ 진단 학보를 읽는 학자
④ 독립 공채를 구입하는 상인
⑤ 강연 준비를 하는 근우회 회원

[25013-0250]

12 (가) 신문에 대한 설명으로 옳은 것은? [3점]

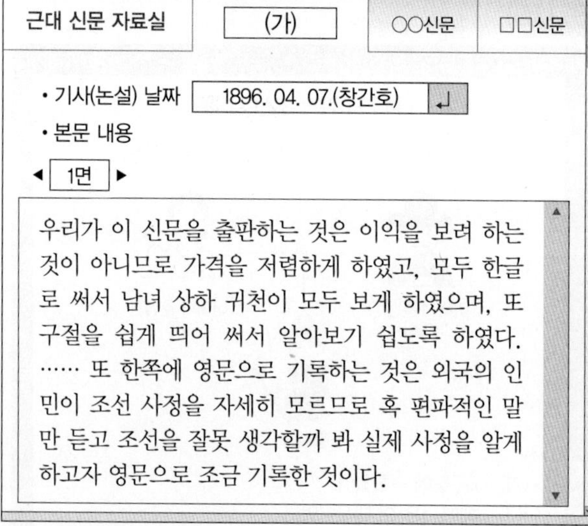
근대 신문 자료실 | (가) | ○○신문 | □□신문

• 기사(논설) 날짜 1896. 04. 07.(창간호)
• 본문 내용
1면

우리가 이 신문을 출판하는 것은 이익을 보려 하는 것이 아니므로 가격을 저렴하게 하였고, 모두 한글로 써서 남녀 상하 귀천이 모두 보게 하였으며, 또 구절을 쉽게 띄어 써서 알아보기 쉽도록 하였다. …… 또 한쪽에 영문으로 기록하는 것은 외국의 인민이 조선 사정을 자세히 모르므로 혹 편파적인 말만 듣고 조선을 잘못 생각할까 봐 실제 사정을 알게 하고자 영문으로 조금 기록한 것이다.

① 박문국에서 발행하였다.
② 서재필 등이 창간하였다.
③ 브나로드 운동을 추진하였다.
④ 국채 보상 운동을 지원하였다.
⑤ 을사늑약을 비판하는 논설을 실었다.

[25013-0251]

13 밑줄 친 '당시'에 볼 수 있는 모습으로 가장 적절한 것은? [3점]

이 자료는 경찰범 처벌 규칙의 일부입니다. 이 법이 공포된 당시 일제는 헌병 경찰제를 실시하여 한국인을 철저히 감시하고 통제하였습니다. 또한 아래 내용에 해당되는 자는 구류, 또는 과료에 처한다고 규정하였는데, 이 법과 같은 해에 공포된 조선 태형령에 따라 한국인에게는 주로 태형이 집행되었습니다.

○ 일정한 주거나 생업 없이 배회하는 자
○ 단체 가입을 강요한 자
○ 함부로 대중을 모아 관공서에 청원 또는 진정을 한 자
○ 경찰 관서에서 특별히 지시 또는 명령한 사항을 위반한 자
○ 전선 가까이에 연을 날린 자

① 시험을 치르는 국민학교 학생
② 원산 총파업에 참여한 노동자
③ 일본으로 파견되는 수신사 일행
④ 통리기무아문에서 회의를 하는 관리
⑤ 회사 설립 허가를 받으러 관청에 가는 상인

[25013-0252]

14 자료에 나타난 민족 운동에 대한 설명으로 옳은 것은?

민족 대표 33인 중 독립 선언서에 서명한 순서는 천도교 지도자인 손병희가 맨 먼저였고, 그다음이 길선주 목사였다. 서명자들의 대다수가 서울에서 체포되었을 때 공원에서는 독립 선언서가 낭독되고 시위가 벌어졌다. 군중은 거리에서 질서 있게 시위하며 만세를 불렀다. 이틀 뒤에는 황제의 장례식이 있었는데, 많은 학생이 시위에 참여하느라 등교하지 않았다.

① 순종의 서거를 계기로 일어났다.
② 동아일보사 등 언론의 후원을 받았다.
③ 대한민국 임시 정부 수립에 영향을 주었다.
④ 이만손 등이 영남 만인소를 올리는 배경이 되었다.
⑤ 신채호의 조선 혁명 선언을 활동 지침으로 삼았다.

[25013-0253]

15 다음 전투가 벌어진 시기를 연표에서 옳게 고른 것은? [3점]

일본군이 내보낸 전위 중대는 이화일이 이끄는 독립군 분대와 싸우다가 참패하여 퇴각하였다. 이에 일본군은 몇 시간 후 다시 전열을 정비하여 봉오동 골짜기 안으로 진입하기 시작하였다. …… 이미 3면에 매복하고 있던 독립군은 홍범도의 공격 신호 총성에 따라 일본군을 향해 맹렬하게 집중 사격을 가하였다. 일본군은 포위망 속에서 사상자가 급증하자 결국 버티지 못하고 퇴각하였다.

	(가)	(나)	(다)	(라)	(마)	
별기군 조직	청일 전쟁 발발	청산리 대첩	만주 사변 발생	중일 전쟁 발발	한국광복군 창설	

① (가) ② (나) ③ (다) ④ (라) ⑤ (마)

[25013-0254]

16 (가) 운동에 대한 설명으로 옳은 것은?

여기는 옛 나주역입니다. 평소 통학 기차를 함께 타고 다니던 한·일 학생들 사이에 갈등이 있었는데 이곳에서 충돌이 일어났습니다. 이를 계기로 평소 식민지 교육과 민족 차별에 분노하고 있던 한국의 학생들이 11월 3일에 시위를 시작하면서 (가) 이/가 일어났습니다.

① 통감부의 탄압으로 실패하였다.
② 구본신참의 원칙에 따라 전개되었다.
③ 광주에서 일어나 전국으로 확대되었다.
④ 관민 공동회에서 헌의 6조를 결의하였다.
⑤ 김규식이 파리 강화 회의에 파견되는 배경이 되었다.

[25013-0255]

17 (가) 단체에 대한 설명으로 옳은 것은?

○○ 일보 1928. △. △△.

2월 15일은 (가) 의 창립 1주년 기념일이므로 경성에서는 (가) 의 본부와 경성 지회의 공동 주최로 창립 기념식을 거행한다고 한다. …… 정치적·경제적 각성 촉진, 기회주의 일체 부인 등을 강령으로 내세우며 작년에 창립된 (가) 은/는 그해 연말에 지회가 1백 개를 돌파하고, 회원이 만 수천 명에 이르게 된 것을 자축하였다. 현재 지회 수는 123개, 회원 수는 2만 명에 이르는 상황이다.

① 좌우 합작 7원칙을 발표하였다.
② 김상옥, 나석주 등이 소속되었다.
③ 고종의 밀명으로 임병찬 등이 조직하였다.
④ 우리말(조선말) 큰사전 편찬을 추진하였다.
⑤ 비타협적 민족주의 세력과 사회주의 세력이 연대하였다.

[25013-0256]

18 밑줄 친 '국회'가 활동한 시기에 있었던 사실로 옳은 것은? [3점]

이승만을 초대 대통령으로 선출한 <u>국회</u>는 20일 오후 2시부터 제33차 본회의를 신익희 부의장 사회로 속회하였다. 먼저 이승만 대통령의 부통령 추천 발언이 있었고, 투표 및 개표 감시원 임명 후 의석순으로 투표를 시작하였다. 투표 결과 2/3 이상의 찬성 득표가 없었으므로 재투표를 하였다. 그 결과 이시영 씨가 133표를 얻어 초대 부통령에 당선되었고, 오후 4시에 폐회하였다.

① 한일 협정이 체결되었다.
② 장면이 국무총리에 취임하였다.
③ 미소 공동 위원회가 개최되었다.
④ 대한민국 정부 수립이 선포되었다.
⑤ 통일 주체 국민 회의가 설치되었다.

[25013-0257]

19 (가) 민주화 운동에 대한 설명으로 옳은 것은?

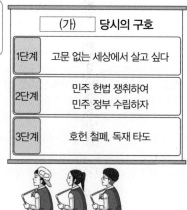

마지막 힌트까지 공개되었군요. (가) 은/는 무엇일까요?
(가) 당시의 구호
1단계 고문 없는 세상에서 살고 싶다
2단계 민주 헌법 쟁취하여 민주 정부 수립하자
3단계 호헌 철폐, 독재 타도

① 유신 헌법 폐지를 요구하였다.
② 3·15 부정 선거를 규탄하였다.
③ 대통령 직선제 개헌을 이끌어 냈다.
④ 정우회 선언이 발표되는 배경이 되었다.
⑤ 시민군을 조직하여 계엄군에 저항하였다.

[25013-0258]

20 (가) 성명을 발표한 정부 시기에 있었던 사실로 옳은 것은? [3점]

분단 이후 첫 남북 당국 간 합의인 (가) 을/를 도출하기까지의 비밀 접촉 과정을 보여주는 남북 회담 사료가 최근 공개되었습니다. 실무자와 고위급의 교환 방문이 여러 번 이루어졌고, 이를 통해 합의된 (가) 이/가 그해 서울과 평양에서 동시에 발표된 사실을 알 수 있습니다. 이 성명을 통해 남북은 자주적·평화적·민족적 대단결의 3대 통일 원칙에 합의하였습니다.

① 민족 혁명당이 결성되었다.
② 남북 적십자 회담이 열렸다.
③ 국민 대표 회의가 개최되었다.
④ 금강산 관광 사업이 시작되었다.
⑤ 남북 기본 합의서가 채택되었다.

수능 유형 마스터 4회

[25013-0259]

1 밑줄 친 '이 시대'의 사회 모습으로 옳은 것은?

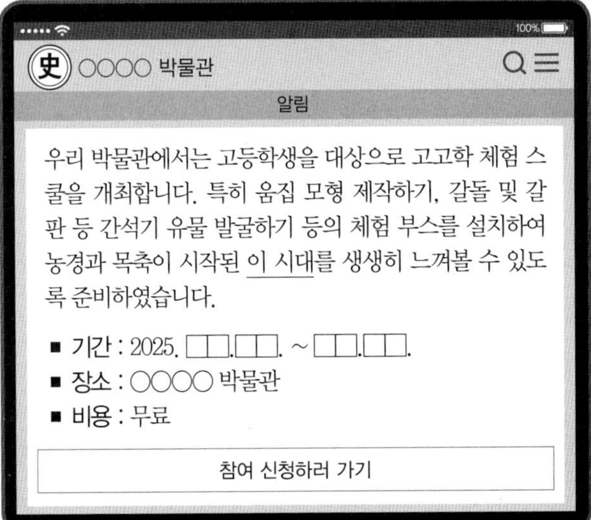

① 고인돌을 축조하였다.
② 상평통보를 발행하였다.
③ 8조법을 만들어 시행하였다.
④ 빗살무늬 토기를 사용하였다.
⑤ 무천이라는 제천 행사를 개최하였다.

[25013-0260]

2 (가) 왕에 대한 설명으로 옳은 것은? [3점]

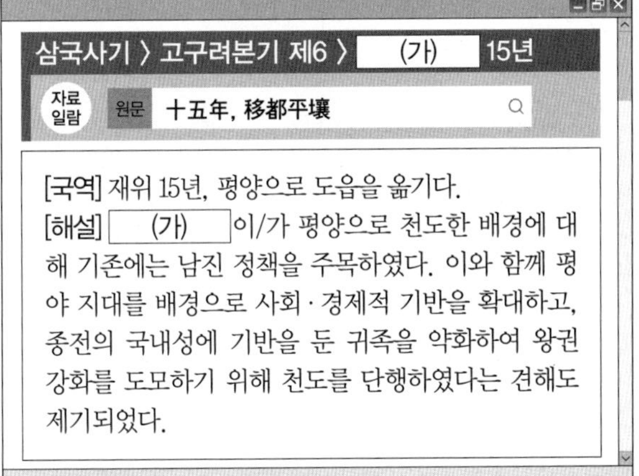

① 균역법을 시행하였다.
② 한강 유역을 장악하였다.
③ 독서삼품과를 마련하였다.
④ 마한의 여러 소국을 복속시켰다.
⑤ 최승로의 시무 28조를 수용하였다.

[25013-0261]

3 (가) 국가에 대한 설명으로 옳은 것은? [3점]

교외 체험 학습 결과 보고서

3학년 △반 이름 : ○○○

1. 체험 학습 1일 차(2025. □□. □□.)
가. 방문 장소 : 청해진 유적지

사진	방문 경로 (완도 터미널 → 청해진 유적지)

내용 : 청해진은 (가) 의 장보고가 설치한 해군기지로, 전라남도 완도군 장도 일대에 있다. 당시 이곳은 9주 5소경 체제에서 무주에 속한 곳으로, 당, (가) , 일본을 잇는 해상 무역의 중요한 길목으로 번영을 누렸다. 나는 이곳에서 장보고의 활약상에 대해 다시 한번 생각해 보게 되었다.

① 골품제를 운영하였다.
② 삼정이정청을 설치하였다.
③ 대한국 국제를 반포하였다.
④ 통리기무아문을 설립하였다.
⑤ 주자감에서 인재를 양성하였다.

[25013-0262]

4 밑줄 친 '이 인물'에 대한 설명으로 옳은 것은?

한국사 퀴즈 대회 대본

○번 문제입니다. 왕건의 넷째 아들인 이 인물은 고려 제4대 왕으로 즉위하였습니다. 즉위한 이후 왕권을 강화하려고 노력하였는데, 대표적인 정책으로 호족과 공신들의 경제력을 약화하고자 시행했던 노비안검법이 있습니다. 이 인물은 누구일까요?

① 과거제를 시행하였다.
② 우산국을 정복하였다.
③ 위화도 회군을 단행하였다.
④ 정동행성 이문소를 폐지하였다.
⑤ 경복궁 중건 사업을 추진하였다.

[25013-0263]

5 (가)에 들어갈 내용으로 가장 적절한 것은? [3점]

수업 활동지

선생님 확인 ★참★ 잘했어요!

3학년 ○반 ○○○

○ 개요 : ○○의 왕과 신료들의 정치 활동을 소재로 하는 역사 다큐멘터리를 제작함

○ 다큐멘터리의 시간적 배경 : 『경국대전』 편찬이 완성된 후부터 임진왜란 발발 이전까지 시기를 배경으로 함

○ 다큐멘터리에 포함될 장면
- 호조 관원이 재정 문제를 보고하는 장면
- 사헌부 관원이 비리 관리의 파직을 청하는 장면
- (가)

① 왕족이 22담로에 파견되어 활동하는 장면
② 비밀 요원이 정보를 교통국에 보고하는 장면
③ 군인이 국가 재건 최고 회의에 참여하는 장면
④ 재신이 도병마사에서 국방 문제를 논의하는 장면
⑤ 승정원 관원이 왕명을 해당 관청에 전달하는 장면

[25013-0264]

6 밑줄 친 '이 제도'가 끼친 영향으로 가장 적절한 것은?

[사료로 보는 한국사]

선혜청을 설치하였다. 전에 영의정 이원익이 의논하기를, "각 고을에서 진상하는 공물이 각사의 방납인들에 의해 중간에서 막혀 물건 하나의 가격이 몇 배 또는 몇십 배, 몇백 배가 되어 그 폐단이 이미 고질화되었는데, …… 별도로 하나의 청을 설치하여 매년 봄, 가을에 백성들에게 쌀을 거두십시오. ……"라고 하니 왕이 따랐다.

[해설] 이 글은 『광해군일기』의 일부로, 선혜청 설치에 관한 내용을 보여주고 있다. 광해군은 선혜청을 설치하고 이 제도를 경기도에 처음 시행하였는데, 집집마다 토산물로 부과하던 공납을 토지 결수에 따라 쌀, 무명 등으로 거두었다.

① 공인이 성장하였다.
② 녹읍이 폐지되었다.
③ 보안회가 결성되었다.
④ 삼백 산업이 발달하였다.
⑤ 동양 척식 주식회사가 설립되었다.

[25013-0265]

7 다음 자료에 나타난 사건에 대한 설명으로 옳은 것은?

1871년 6월 10일 미군은 초지진을 점령하였고, 상륙에 시간을 오래 보내 초지진 부근에서 숙영하였다. 초지진에서 후퇴하였던 조선군이 한밤중에 미군을 공격했으나 큰 타격을 주지는 못하였다. 그다음 날 미군은 덕진진을 점령하였고, 바로 이동하여 진격하였다. 오전 11시경 광성보 인근 언덕을 점령하자, 이에 맞추어 모노카시호가 광성보에 함포를 사격하였다. 사격 직후 광성보 공격이 시작되었다. 미국의 집계에 의하면 이 광성보 전투에서 미군은 3명이 전사하였고, 조선군은 익사한 이를 제외하고 243명이 사망하였다.

① 서희의 외교 담판으로 종결되었다.
② 곽재우, 조헌 등 의병이 활약하였다.
③ 제너럴 셔먼호 사건을 빌미로 일어났다.
④ 조선 의용대가 창설되는 결과를 가져왔다.
⑤ 임술 농민 봉기가 일어나는 데 영향을 주었다.

[25013-0266]

8 밑줄 친 '이 사건'에 대한 설명으로 옳은 것은? [3점]

한국사 신문

명성 황후 수십 일간의 행적 밝혀지다!

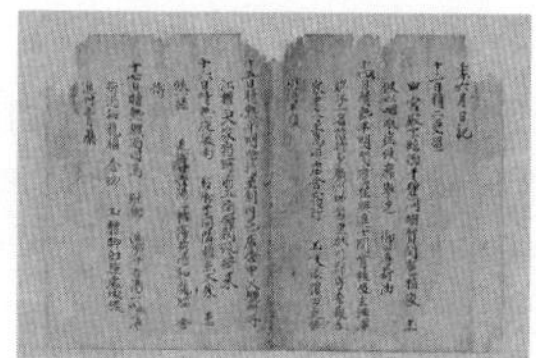

▲ 특별전에서 소개되는 「○○유월일기」

□□역사박물관에서는 특별전을 통해 「○○유월일기」를 대중에게 공개한다. 이 일기는 명성 황후의 곁을 지킨 민응식이 남긴 것으로, 이 사건이 일어나자 명성 황후가 피란을 시작하여 환궁할 때까지 수십 일간의 기록을 담고 있다. 이 사건은 별기군에 비해 차별 대우를 받던 구식 군인들이 밀린 급료로 받은 쌀에 겨와 모래가 섞여 있자 불만이 폭발하여 일어났다. 분노한 군인들은 일본 공사관을 습격하였고, 궁궐에까지 난입하여 고관들을 살해하기도 하였다.

① 청군의 개입으로 진압되었다.
② 대한매일신보의 지원을 받았다.
③ 보국안민과 제폭구민을 구호로 내세웠다.
④ 강화도 조약이 체결되는 결과를 가져왔다.
⑤ 통일 주체 국민 회의를 설치하는 계기가 되었다.

[25013-0267]

9 (가) 단체의 활동으로 옳은 것은?

저는 가상으로 만든 30,000원 권 화폐 도안에 (가) 의 주요 활동과 관련한 소재를 활용하였습니다. 화폐의 왼쪽에는 이 단체가 개최한 만민 공동회의 모습을 담았습니다. 또한 오른쪽에는 자주독립의 상징으로 이 단체가 세운 독립문을 도안하여 넣었습니다.
교내 화폐 도안 만들기 대회 우수작 발표회

① 북학론을 제기하였다.
② 의회 설립을 추진하였다.
③ 위정척사 운동을 주도하였다.
④ 서울 진공 작전을 전개하였다.
⑤ 한글 맞춤법 통일안을 제정하였다.

[25013-0268]

10 밑줄 친 '이 섬'에 대한 설명으로 옳은 것은? [3점]

개항 이후 일본 어민들의 불법 어로 활동이 늘어나자, 대한 제국 정부는 1900년에 칙령 제41호를 공포하고, 이를 국가 공식 기관지인 『관보』에 실었다. 특히 칙령 제1조에는 울릉도를 울도군으로 승격시킨다는 내용이 있고, 제2조에는 울도군수가 울릉 전역, 죽도 및 이 섬을 관할한다는 내용이 있다. 이처럼 대한 제국이 이 섬을 우리 영토로 명확하게 밝혔음에도 불구하고 일본은 무주지임을 내세워 영유권을 주장하였다.

① 이범윤이 관리사로 임명되었다.
② 진흥왕이 순수비를 건립하였다.
③ 삼별초 항쟁의 근거지가 되었다.
④ 병인양요 때 프랑스군의 침공을 받았다.
⑤ 러일 전쟁 중 일본 영토로 불법 편입되었다.

[25013-0269]

11 (가) 단체에 대한 탐구 활동으로 가장 적절한 것은?

판결문으로 보는 한국사

서간도(남만주)로 집단 이주하려고 기도하고, 조선 본토에서 재력이 상당한 사람들을 그곳에 이주시켜 토지를 사들이고 촌락을 세워 새 영토로 삼고 …… 학교 및 교회를 세우고 나아가 무관 학교를 설립하여 …… 독립 전쟁을 일으키고자 하였다.

이 글은 「105인 사건 판결문」의 일부이다. 을사늑약 이후 안창호와 양기탁의 주도로 비밀 결사인 (가) 이/가 조직되었다. 이 단체에 속한 이들은 대성 학교, 오산 학교 등을 운영하였고, 국외 독립운동 기지 건설에도 나섰다. 하지만 이 단체는 105인 사건을 계기로 와해되었다.

① 제가 회의의 구성원을 분석한다.
② 탕평 정치의 추진 배경을 알아본다.
③ 태극 서관의 운영 목적을 조사한다.
④ 조사 시찰단의 파견 시기를 살펴본다.
⑤ 국가 보위 비상 대책 위원회의 설립 과정을 찾아본다.

[25013-0270]

12 밑줄 친 '이 사업'이 시행된 시기에 볼 수 있는 모습으로 가장 적절한 것은? [3점]

저 관리가 우리 동네 토지를 여기저기 측량하고 다니고 있네. 주변에 물어보니 모두 이 사업과 관련된 것이라는군.
맞네! 그리고 이 사업에서는 조선 총독이 정한 기한 내에 소유지를 신고하도록 되어 있다네. 자네 혹시 조그마한 땅이라도 있다면 어서 신고하시게.

① 집강소를 설치하는 농민군
② 태형을 집행하는 헌병 경찰
③ 새마을 운동을 홍보하는 관리
④ 쌍성총관부 공격을 명령하는 국왕
⑤ 5·10 총선거에서 투표권을 행사하는 시민

[25013-0271]

13 (가)에 대한 설명으로 옳은 것은? [3점]

보도 자료

독립기념관은 삼일절을 맞아 특별 자료 공개 행사를 개최한다. 이번 행사에서는 미주 대한인 국민회 총회관으로부터 대여된 자료 가운데 국제 사회에 한국의 독립을 호소한 자료들을 선정하여 국내 최초로 그 실물을 공개한다. 그중 (가) 산하의 구미 위원부 관련 자료는 국제 사회를 향한 외교적 노력과 그 결과를 확인할 수 있는 중요 자료들이다. 구미 위원부에서 작성된 공포문에는 중국과 한국의 긴밀한 관계를 강조하며 중국인들도 한국의 독립을 위해 독립 공채를 적극 구입할 것을 권고하고 있다.

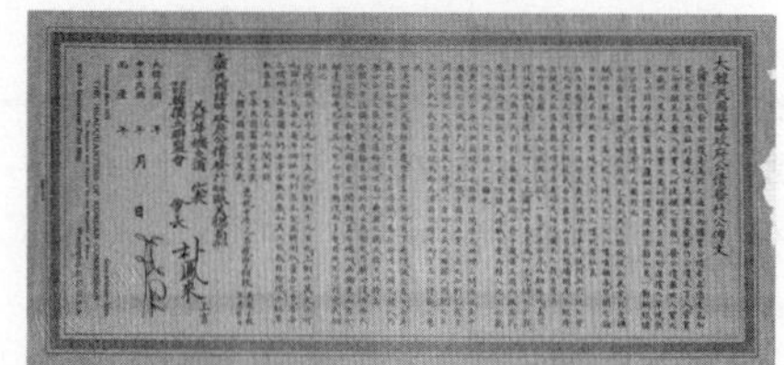

▲ (가) 의 구미 위원부가 미주 지역의 화교들을 대상으로 공채금을 모집하기 위해 발행한 공포문

① 진단 학보를 간행하였다.
② 헌의 6조 결의를 주도하였다.
③ 충칭에서 한국광복군을 창설하였다.
④ 고종 강제 퇴위 반대 운동을 전개하였다.
⑤ 일제의 황무지 개간권 요구를 철회시켰다.

[25013-0272]

14 밑줄 친 '이 운동'에 대한 설명으로 옳은 것은?

제2차 조선 교육령에 따라 보통학교의 증설과 대학 설립이 가능해졌다. 그러나 고등 교육에 대한 대책은 거의 마련되지 않았고, 한국인 학생들이 대학에 진학하려면 외국으로 유학을 가야 하였다. 이러한 상황에서 조선 민립 대학 기성 준비회가 조직되어 본격적으로 <u>이 운동</u>이 전개되었다. 조선 민립 대학 기성회 창립총회는 1923년 3월 29일 개최되었고, 결의안 제1호를 통해 조직의 목적 및 사업에 관한 안을 제출하였다. 특히 이 결의안에는 목표 자본 총액이 천만 원으로 설정되었다.

① 서원 철폐를 추진하였다.
② 육영 공원 설립에 영향을 주었다.
③ 대구에서 시작되어 전국으로 확산되었다.
④ 교육입국 조서가 반포되는 계기가 되었다.
⑤ 이상재 등을 중심으로 모금 운동을 벌였다.

[25013-0273]

15 교사의 질문에 대한 학생의 답변으로 가장 적절한 것은?

이 자료는 정우회 선언의 일부입니다. 사회주의 단체인 정우회는 이 선언을 통해 비타협적 민족주의 세력과의 제휴를 주장하였습니다. 이 선언이 어떤 결과를 가져왔는지 발표해 볼까요?

우리 운동은 현재 부진한 상태에 빠져 있고 위태로운 때를 당하였다. …… 이 같은 때를 맞아 정우회 집행 위원회는 다음과 같은 운동 방침을 세웠다. …… 과거의 무의미한 분열 정신은 그 마지막 잔재까지 완전히 매장해 버려야 할 것이다. 그러므로 우선 사상 단체의 통일부터 주장한다.

① 신간회가 창립되었어요.
② 장용영이 설치되었어요.
③ 자유시 참변이 발생하였어요.
④ 조선사 편수회가 조직되었어요.
⑤ 반민족 행위 처벌법이 제정되었어요.

[25013-0274]

16 (가) 단체에 대한 설명으로 옳은 것은? [3점]

안녕하세요? 저는 (가) 의 활동을 주제로 영상을 보여드리고 있는데, 지금 보시는 것은 이 단체의 단원인 나석주의 동상입니다. 그는 조선 식산 은행과 동양 척식 주식회사에 폭탄을 투척했으나 불발로 그쳤고 일제 경찰과 총격전을 벌이다 순국하였습니다. 다음은 (가) 의 또 다른 단원인 김상옥이 의거 활동을 벌였던 장소로 이동하겠습니다.

① 한국으로 집권하였다.
② 임병찬 등의 주도로 결성되었다.
③ 수선사를 중심으로 결사 운동을 벌였다.
④ 조선 혁명 선언을 활동 지침으로 삼았다.
⑤ 광주 학생 항일 운동 당시 진상 조사단을 파견하였다.

[25013-0275]

17 밑줄 친 '이 운동'에 대한 설명으로 옳은 것은? [3점]

> 5월 25일의 예비회담 이후 7월 말 좌익 측이 합작의 5원칙을, 우익 측이 8원칙을 제시하며 이 운동이 본격적으로 추진되었다. 메우기 어려운 양측 입장의 간격에도 불구하고 좌우 합작 7원칙이란 타협안이 10월 7일 발표될 수 있었다. 이 7원칙은 한반도에 민주주의 임시 정부의 수립을 최우선 과제로 삼았으며, 유상 매수·무상 분배 원칙에 따른 토지 개혁과 민족 반역자 처단 등의 내용이 포함되었다. 하지만 이 운동은 김구, 이승만, 조선 공산당 등이 참여하지 않았고, 미군정이 지원을 철회하면서 성과를 거두지 못하였다.

① 군국기무처를 통해 개혁을 추진하였다.
② 신군부 세력의 권력 장악에 저항하였다.
③ 국가 총동원법의 공포에 영향을 끼쳤다.
④ 러시아가 주도하는 삼국 간섭을 초래하였다.
⑤ 여운형, 김규식 등 중도 세력이 주도하였다.

[25013-0276]

18 밑줄 친 '이 전쟁' 중에 있었던 사실로 옳은 것은?

> 이 사진은 메러디스 빅토리호의 모습을 담고 있다. 화물선으로 정원이 약 60명인 빅토리호는 이 전쟁 시기 흥남 철수 작전에 동원되어 14,000여 명의 피란민을 구출하였고, 이에 미국 교통부로부터 '인류 역사상 가장 위대한 구출을 한 기적의 배'라고 명명되었다. 이 전쟁에서 국군과 유엔군이 38도선을 돌파하여 압록강 부근에 이르자 중국은 대규모 파병을 결행하였다. 중국군의 공세에 밀려 흥남에 고립된 국군과 유엔군은 선박을 이용하여 해상으로 철수를 단행하였다.

① 비변사가 설치되었다.
② 수도가 강화도로 옮겨졌다.
③ 인천 상륙 작전이 전개되었다.
④ 윤관의 건의로 별무반이 편성되었다.
⑤ 조선 건국 준비 위원회가 결성되었다.

[25013-0277]

19 (가) 대통령의 재임 기간에 있었던 사실로 옳은 것은? [3점]

선거 벽보로 보는 현대사

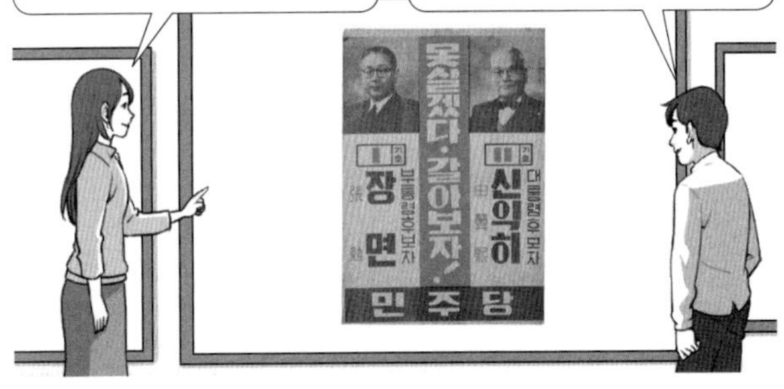

이것은 제3대 대통령·제4대 부통령 선거에서 민주당 후보인 신익희, 장면의 선거 벽보야.
그래 맞아. 하지만 사사오입 개헌으로 선거에 출마할 수 있게 된 (가) 이/가 대통령에 당선되었지.
못살겠다 갈아보자!
대통령후보자 신익희
부통령후보자 장면
민주당

① 13도 창의군이 결성되었다.
② 진보당 사건이 발생하였다.
③ 경부 고속 국도가 개통되었다.
④ 모스크바 3국 외상 회의가 개최되었다.
⑤ 여소야대 정국 극복을 위해 3당 합당이 이루어졌다.

[25013-0278]

20 (가) 정부 시기에 있었던 사실로 옳은 것은?

〈역대 남북 정상 회담 현황〉

	(가)	노무현 정부	문재인 정부
일자	6월 13일~15일	10월 2일~4일	4월 27일
장소	평양 백화원 영빈관	평양 백화원 영빈관	평화의 집 (판문점)
남북 합의서	6·15 남북 공동 선언	남북 관계 발전과 평화 번영을 위한 선언 (10·4 남북 공동 선언)	한반도의 평화와 번영, 통일을 위한 판문점 선언 (판문점 선언)
북측 대표	김정일 (국방 위원장)	김정일 (국방 위원장)	김정은 (국무 위원장)

① 교정청이 설치되었다.
② 헤이그 특사가 파견되었다.
③ 금강산 관광 사업이 추진되었다.
④ 한미 상호 방위 조약이 체결되었다.
⑤ 남북한 유엔 동시 가입이 이루어졌다.

수능 유형 마스터 5회

[25013-0279]

1 (가) 시대에 대한 설명으로 옳은 것은?

> (가) 시대 문화 축제
>
> 농경과 목축을 시작했던 (가) 시대 사람들의 생활 모습을 체험해 볼 수 있는 축제에 여러분을 초대합니다.
>
> ▎행사 기간 : 2025. 10. ○○. ~ ○○.
> ▎행사 장소 : 서울 암사동 유적 일대
> ▎주요 프로그램 : 움집 점등식, 빗살무늬 토기 제작 체험 등
>
> ○○ 구청

① 간석기가 사용되었다.
② 고인돌이 축조되었다.
③ 팔관회가 개최되었다.
④ 상평통보가 유통되었다.
⑤ 철제 농기구가 제작되었다.

[25013-0280]

2 (가) 국가에 대한 설명으로 옳은 것은?

> ○ 겨울에 (가) 의 근초고왕이 태자와 정예 군사 30,000명을 이끌고 고구려를 공격하였다. 평양성을 공격하니 고구려왕 사유가 힘껏 싸우며 막다가 날아오는 화살에 맞아 죽었다.
> ○ 정관 16년 (가) 의 의자왕이 군사를 일으켜 신라의 40여 성을 빼앗고 군대를 보내어 지켰다. 이어 고구려와 화친을 맺고 신라로부터 당항성을 빼앗았으며, 신라가 조공하는 길을 끊고자 하였다.

① 왕건이 건국하였다.
② 8조법을 마련하였다.
③ 웅진으로 천도하였다.
④ 골품제를 운영하였다.
⑤ 비변사를 설치하였다.

[25013-0281]

3 밑줄 친 '이 시기'에 볼 수 있는 모습으로 가장 적절한 것은? [3점]

> 지금 보시는 남원 실상사 편운화상 승탑에는 '정개(正開)'라는 연호가 새겨져 있습니다. '정개'는 지방 호족들이 스스로 성주 또는 장군을 칭하며 세력을 확대하던 이 시기에 건국된 후백제의 연호입니다.

① 경국대전을 편찬하는 학자
② 무령왕릉을 축조하는 장인
③ 시무 28조를 건의하는 관리
④ 진골 귀족을 비판하는 6두품
⑤ 인천 상륙 작전에 참여하는 군인

[25013-0282]

4 밑줄 친 '조서'가 내려진 시기를 연표에서 옳게 고른 것은? [3점]

> 원의 황제가 조서를 내려 세자 왕심이 작위를 계승하도록 하였으니, "고려 국왕의 종족 및 대소 관원과 백성에게 이르노니 국왕 왕식은 살아있는 동안 누차 세자 왕심이 왕의 역할을 이어받을 만하다고 하였다. 오늘날 세자 왕심에게 명하여 고려 국왕이 담당하는 일을 물려받도록 하니, 무릇 속한 곳에서는 모두 다스림을 받도록 하라."라고 하였다.

고려 건국		귀주 대첩		이자겸의 난		무신 정변		위화도 회군		조선 건국
	(가)		(나)		(다)		(라)		(마)	

① (가) ② (나) ③ (다) ④ (라) ⑤ (마)

[25013-0283]

5 (가) 국가의 통치 체제에 대한 설명으로 옳은 것은?

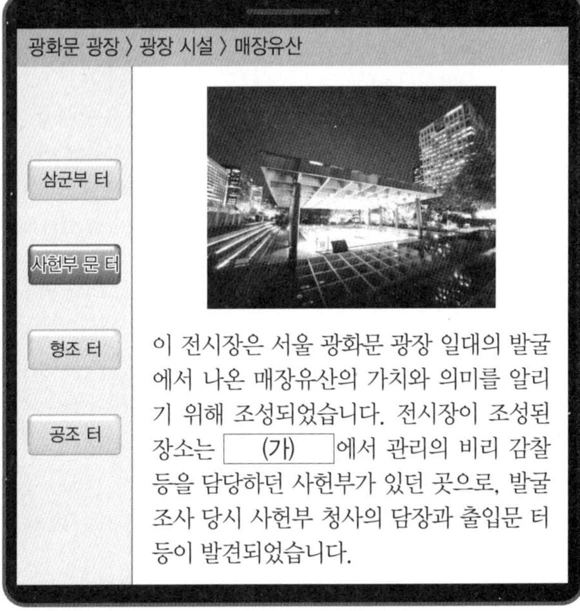

이 전시장은 서울 광화문 광장 일대의 발굴에서 나온 매장유산의 가치와 의미를 알리기 위해 조성되었습니다. 전시장이 조성된 장소는 (가) 에서 관리의 비리 감찰 등을 담당하던 사헌부가 있던 곳으로, 발굴 조사 당시 사헌부 청사의 담장과 출입문 터 등이 발견되었습니다.

① 전국을 8도로 나누었다.
② 22담로에 왕족을 파견하였다.
③ 지방 요충지에 5소경을 설치하였다.
④ 중서문하성에서 국정을 총괄하였다.
⑤ 중앙 교육 기관으로 주자감을 두었다.

[25013-0284]

6 밑줄 친 '전하'에 대한 설명으로 옳은 것은?

전하께서 처음 즉위하셨을 때 창덕궁의 금원(禁苑) 북쪽에 규장각을 세우고, 영조 대왕의 어제*를 봉안하셨습니다. 그러고 나서 신하들에게 하교하기를, "이 각에 선왕의 어제를 봉안하였으니, 이전에 다른 관서에 있던 여러 선왕의 어제 등을 옮겨 와서 함께 봉안해야 나의 마음에 부합하고 일에도 편리할 것이다."라고 하였습니다.

* 어제(御製) : 임금이 몸소 짓거나 만든 글이나 물건

① 훈요 10조를 남겼다.
② 훈민정음을 반포하였다.
③ 탕평 정치를 실시하였다.
④ 노비안검법을 시행하였다.
⑤ 광개토 대왕릉비를 건립하였다.

[25013-0285]

7 밑줄 친 '조약'에 대한 설명으로 옳은 것은? [3점]

우리나라는 바다의 한쪽 구석에 치우쳐 있어서 외국과 교섭한 일이 없으므로 견문이 넓지 못한 것이 오백 년이 되었는데, 근년 이래로 천하의 대세가 과거와는 크게 달라졌다. …… 우리나라는 지난 병자년 봄에 일본과 조약을 맺어서 부산 등 세 곳의 개항을 허락하고, 이제 또 미국, 영국, 독일 등 여러 나라와 화약(和約)을 정하였다. 이는 처음 하는 일이라 백성들이 의심하고 비방하더라도 이상할 것이 없다. 그러나 교제의 예는 모두 평등한 것이니, 의리로 헤아려 보면 장애될 것이 없다.

① 갑신정변을 계기로 체결되었다.
② 천리장성 축조에 영향을 주었다.
③ 최혜국 대우 조항을 포함하였다.
④ 통감부가 설치되는 근거가 되었다.
⑤ 일본에 영사 재판권을 허용하였다.

[25013-0286]

8 다음 주장이 등장한 배경으로 가장 적절한 것은? [3점]

청의 외교관이 '연미국(聯美國)'이라 하였다. 지금 천하 각국이 합종하여 러시아의 위세를 저지하고 있다. 하물며 우리나라는 해로의 요충에 자리 잡고 있지만, 고립되어 아무런 기댈 곳이 없으니 그들과 연합하는 것이 좋은 계책이 아닌 것은 아니다. 그러나 우리나라가 예로부터 통교하지 않았을 뿐만 아니라, 수만 리나 떨어져 있어서 소식도 닿지 않는 땅인데, 지금 어찌 우리가 먼저 통보하여 교류하고 도움을 받을 수 있겠는가.

① 러일 전쟁이 발발하였다.
② 홍경래의 난이 발생하였다.
③ 4군 6진 지역이 개척되었다.
④ 조선책략이 국내에 소개되었다.
⑤ 미소 공동 위원회가 개최되었다.

[25013-0287]

9 (가) 정부에 대한 설명으로 옳은 것은? [3점]

자료는 1900년 파리 만국 박람회에 설치된 한국관의 모습이 실린 신문의 일부입니다. 고종이 황제로 즉위하면서 수립된 (가) 은/는 국제 사회의 일원임을 알리고자 박람회에 참여하였습니다. 주 전시관은 경복궁 근정전을 모델로 하여 만들었으며, 내부에는 생활용품과 악기 등을 전시하였습니다.

① 과전법을 실시하였다.
② 대한국 국제를 반포하였다.
③ 전민변정도감을 설치하였다.
④ 경부 고속 국도(도로)를 개통하였다.
⑤ 3·1 운동의 영향을 받아 수립되었다.

[25013-0288]

10 (가) 섬에 대한 설명으로 옳은 것은?

울릉도 앞바다에서 동쪽으로 100리의 거리에 섬이 하나 있다. 이 섬을 (가) (이)라고 한다. 이 섬은 예부터 울릉도에 속했으나, 일본인들이 억지로 그들의 영토라고 하며 조사를 하고 돌아갔다. -『매천야록』-

① 장보고가 청해진을 설치한 지역이다.
② 운요호 사건으로 피해를 입은 곳이다.
③ 삼별초가 대몽 항쟁을 벌인 근거지이다.
④ 러일 전쟁 중 일본 영토로 불법 편입되었다.
⑤ 영국이 러시아 견제를 빌미로 강제 점령한 장소이다.

[25013-0289]

11 밑줄 친 '이 신문'에 대한 설명으로 옳은 것은?

수신 : 도쿄 가츠라 대신
발신 : 하야시 공사
이 신문의 발행인인 영국인 베델은 전쟁 전까지 고베에서 영세 상업을 하던 자였는데, 개전 후 영자 신문의 전쟁 통신원으로 이곳에 와서 우리 군대의 행동에 대하여 악평을 시도하고 우리의 한국 경영에 관한 사실을 날조하여 한국인을 선동하고 구미인을 기만하는 보도를 하고 있습니다. …… 몇십 일 전부터는 영자 신문 외에 한글 신문을 매일 발간하여 한층 강한 어조로 내외인을 선동하는 데 힘쓰고 있습니다.

① 박문국에서 발간하였다.
② 브나로드 운동을 전개하였다.
③ 국채 보상 운동을 지원하였다.
④ 이승만 정부 시기에 폐간되었다.
⑤ 순 한글로 발행된 최초의 신문이다.

[25013-0290]

12 (가), (나) 사건이 일어난 시기 사이에 있었던 사실로 옳은 것은? [3점]

(가)	(나)
한국사 신문 **봉오동에서 독립군 승리** 일본군의 선봉 부대가 봉오동에 도착하였다. 홍범도가 이끄는 대한 독립군 등의 독립군 연합 부대는 적의 본대가 포위망에 들어왔을 때 일제 사격을 가하여 큰 타격을 입혔다.	한국사 신문 **독립군, 자유시에서 큰 희생** 자유시에 집결한 독립군 부대 내의 주도권 분쟁과 러시아 혁명군에 의한 독립군의 무장 해제 과정에서 많은 독립군이 희생되는 사건이 발생하였다.

① 윤관의 건의로 별무반이 조직되었다.
② 곽재우, 조헌 등의 의병이 활약하였다.
③ 황토현 전투와 황룡촌 전투가 벌어졌다.
④ 한국 독립군이 쌍성보 전투에서 승리하였다.
⑤ 독립군 연합 부대가 청산리 전투에서 적을 물리쳤다.

[25013-0291]

13 (가)에 대한 설명으로 옳은 것은?

우리 선열들께서는 실낱같은 희망조차 보이지 않던 그 엄혹한 일제 강점기에도 독립 만세 운동, 항일 무장 투쟁, 외교 운동, 의열 투쟁을 통해서 줄기차게 독립운동을 전개하셨습니다. 이 모든 독립운동의 중심에는 한민족 최초의 민주 정부인 (가) 이/가 있었습니다. 3·1 만세 운동의 그 뜨거운 민족혼을 담아 중국 상하이에 세워진 (가) 을/를 통해서 우리는 마침내 자주독립, 광복의 역사를 쟁취해 냈습니다.

① 한국광복군을 창설하였다.
② 각지에 척화비를 건립하였다.
③ 고종의 밀명을 받아 조직되었다.
④ 반민족 행위 처벌법을 제정하였다.
⑤ 베트남 전쟁에 국군을 파병하였다.

[25013-0292]

14 다음 자료를 활용한 탐구 활동으로 가장 적절한 것은? [3점]

북풍회, 화요회 등 사상 단체가 합동하여 조직된 정우회에서는 15일 오후 7시부터 집행 위원회를 개최하여 선언서를 발표하고, 강연회를 열기로 하였다. 발표된 선언서의 요지를 소개하면 종래 조선의 운동 전선은 항상 분열된 상태에 있어 계급적 운동 전선의 이익을 위한 지도 운동에 적지 아니한 지장이 있었으므로 이것을 거울삼아 …… 민족 운동 단체가 대중을 배경으로 하였으면 적극적으로 제휴하여 대중의 이익을 위해 반동 단체와 분연히 싸워야 하겠다는 것과 만일 목적과 주의가 같은 운동 단체일 것 같으면 합동에 주저하지 않고 어떠한 양보도 사양치 않겠다는 것이었다.

① 유신 체제에 저항한 사례를 정리한다.
② 105인 사건이 끼친 영향을 알아본다.
③ 신간회가 결성되는 과정을 조사한다.
④ 토지 조사 사업의 추진 목적을 파악한다.
⑤ 일제의 황무지 개간권 요구에 맞선 단체를 찾아본다.

[25013-0293]

15 밑줄 친 '파업'에 대한 설명으로 옳은 것은? [3점]

원산에서 일어난 파업에 대처하기 위해 원산 상업 회의소 측은 새로 노동자를 모집하여 취업시키려 하였으나 파업단의 위협으로 불가능하게 되었다. 이에 상업 회의소는 국수회 원산지부에 교섭하여 새로 모집한 노동자를 국수회에서 통솔하여 줄 것을 의뢰하였다. 이에 노동 연합회 측은 전 회원과 그 가족 1만여 명의 2개월간 식량을 소비조합 창고에 비축하여 놓고 다시 만주에 식량을 긴급 주문함으로써 5개월간 유지할 수 있는 양곡을 준비하여 장기 투쟁에 대비하였다.

① 황국 중앙 총상회의 지원을 받았다.
② 전태일 분신 사건의 원인이 되었다.
③ 삼정이정청이 설치되는 배경이 되었다.
④ 해산 군인들의 가담으로 규모가 확대되었다.
⑤ 한국인 노동자가 구타당한 사건을 계기로 시작되었다.

[25013-0294]

16 밑줄 친 '당시'의 상황으로 가장 적절한 것은?

[사료로 보는 한국사]

성전 3주년. 나는 아무것도 한 것이 없습니다. 나이 50이니 출정이나 종군도 못하고 집안이 가난하니, 전쟁의 후방에서 봉사도 한 것이 없습니다. …… 지원병을 많이 가야 합니다. 소학교를 졸업한 사람은 전부 지원병 검사를 받도록 하여야 할 것입니다. 이리하여 조선에 징병 제도가 하루바삐 실시되도록 촉진하여야 할 것입니다.

[해설] 자료는 이광수가 중일 전쟁 발발 3년을 맞아 잡지 『삼천리』에 실은 글이다. 이 글에서는 당시 실시되던 지원병제에 참여를 독려하는 이광수의 친일 행각이 드러나 있다.

① 초계문신제가 시행되었다.
② 조선 태형령이 제정되었다.
③ 통리기무아문이 설치되었다.
④ 국가 총동원법이 적용되었다.
⑤ 제1차 경제 개발 5개년 계획이 실시되었다.

[25013-0295]

17 (가) 단체에 대한 설명으로 옳은 것은? [3점]

• 도서명 : 『도왜실기(屠倭實記)』
• 저자 : 김구
• 번역 : 엄항섭
• 설명 : 중국 상하이에서 1931년 조직된 (가) 의 의열 활동을 중국인에게 알리기 위해 김구가 중국어로 간행한 책이다. (가) 이/가 주도한 이봉창의 도쿄 의거, 항일을 위한 한중 연합 전선의 필요성 등의 내용이 담겨 있다.

① 만민 공동회를 개최하였다.
② 윤봉길이 단원으로 활동하였다.
③ 좌우 합작 7원칙을 발표하였다.
④ 고종 강제 퇴위 반대 운동을 펼쳤다.
⑤ 오산 학교와 대성 학교를 설립하였다.

[25013-0296]

18 (가) 사건에 대한 설명으로 옳은 것은?

이것은 (가) 이후 발행된 달력이에요. (가) 을/를 주도한 결과 국가 재건 최고 회의의 의장이 된 박정희의 사진과 통일을 위해 공산주의에 맞서야 함을 강조하는 문구를 통해 당시의 시대적 상황을 짐작할 수 있어요.

① 10 · 26 사태의 영향을 받았다.
② 군인들이 정권을 장악하게 되었다.
③ 군국기무처가 설치되는 계기가 되었다.
④ 한일 국교 정상화에 반대하여 일어났다.
⑤ 헤이그 특사가 파견되는 배경이 되었다.

[25013-0297]

19 (가) 민주화 운동에 대한 설명으로 옳은 것은? [3점]

민주화 운동 아카이브 〉 사료 컬렉션

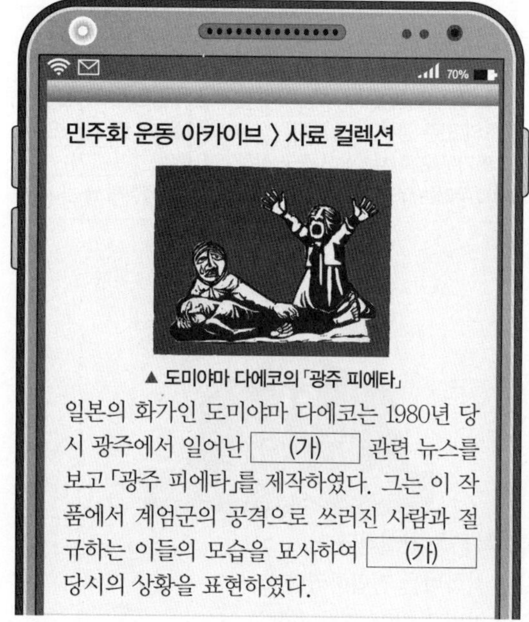

▲ 도미야마 다에코의 「광주 피에타」

일본의 화가인 도미야마 다에코는 1980년 당시 광주에서 일어난 (가) 관련 뉴스를 보고 「광주 피에타」를 제작하였다. 그는 이 작품에서 계엄군의 공격으로 쓰러진 사람과 절규하는 이들의 모습을 묘사하여 (가) 당시의 상황을 표현하였다.

① 3 · 15 부정 선거에 항의하였다.
② 신군부 세력의 퇴진을 요구하였다.
③ 한 · 일 학생 간의 충돌로 시작되었다.
④ 제주 4 · 3 사건의 진압을 거부하며 일어났다.
⑤ 6 · 29 민주화 선언이 발표되는 결과를 가져왔다.

[25013-0298]

20 밑줄 친 '성명'에 대한 설명으로 옳은 것은?

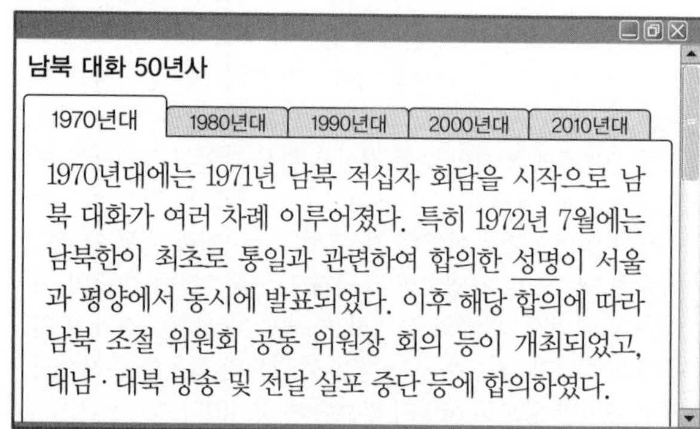

남북 대화 50년사

1970년대	1980년대	1990년대	2000년대	2010년대

1970년대에는 1971년 남북 적십자 회담을 시작으로 남북 대화가 여러 차례 이루어졌다. 특히 1972년 7월에는 남북한이 최초로 통일과 관련하여 합의한 성명이 서울과 평양에서 동시에 발표되었다. 이후 해당 합의에 따라 남북 조절 위원회 공동 위원장 회의 등이 개최되었고, 대남 · 대북 방송 및 전단 살포 중단 등에 합의하였다.

① 한반도 비핵화에 대한 합의를 담았다.
② 금강산 관광이 시작되는 계기가 되었다.
③ 남북한 유엔 동시 가입의 영향을 받았다.
④ 최초의 남북 정상 회담을 통해 합의되었다.
⑤ 자주적 · 평화적 · 민족적 대단결의 통일 원칙을 표방하였다.

[25013-0299]

1 밑줄 친 '이 나라'에 대한 설명으로 옳은 것은?

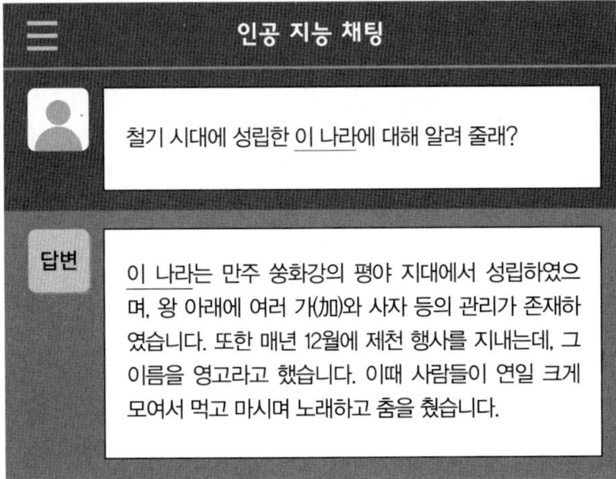

인공 지능 채팅
철기 시대에 성립한 이 나라에 대해 알려 줄래?
답변
이 나라는 만주 쑹화강의 평야 지대에서 성립하였으며, 왕 아래에 여러 가(加)와 사자 등의 관리가 존재하였습니다. 또한 매년 12월에 제천 행사를 지내는데, 그 이름을 영고라고 했습니다. 이때 사람들이 연일 크게 모여서 먹고 마시며 노래하고 춤을 췄습니다.

① 홍범 14조를 반포하였다.
② 22담로에 왕족을 파견하였다.
③ 제가들이 사출도를 다스렸다.
④ 중국으로부터 해동성국으로 불렸다.
⑤ 화백 회의에서 국가 중대사를 결정하였다.

[25013-0300]

2 (가), (나) 비석이 건립된 시기 사이에 있었던 사실로 옳은 것은? [3점]

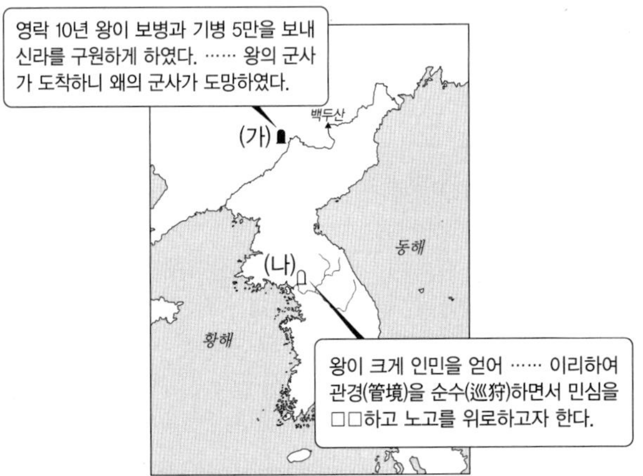

영락 10년 왕이 보병과 기병 5만을 보내 신라를 구원하게 하였다. …… 왕의 군사가 도착하니 왜의 군사가 도망하였다.
백두산
(가)
(나)
동해
황해
왕이 크게 인민을 얻어 …… 이리하여 관경(管境)을 순수(巡狩)하면서 민심을 □□하고 노고를 위로하고자 한다.

① 광종이 과거제를 도입하였다.
② 소수림왕이 태학을 설립하였다.
③ 태조가 기인 제도를 시행하였다.
④ 진흥왕이 한강 유역을 장악하였다.
⑤ 숙종이 백두산정계비를 건립하였다.

[25013-0301]

3 (가) 국가에서 볼 수 있는 모습으로 가장 적절한 것은?

(가) 에서 제작된 금동 대향로의 모습을 담은 배지입니다. 부여 능산리 고분군 근처에서 발견된 이 향로에는 용이 뻗어 올라가는 형태의 향로 받침 위에 연꽃 모양의 몸체가 얹혀 있고, 뚜껑에는 신선이 산다는 봉래산이 표현되어 있어 불교와 도교 사상이 반영되어 있음을 알 수 있습니다.

① 한성순보를 읽고 있는 유생
② 웅진 천도를 단행하는 국왕
③ 팔만대장경을 조판하는 장인
④ 수선사 결사를 제창하는 승려
⑤ 독서삼품과 실시를 환영하는 학생

[25013-0302]

4 밑줄 친 '국왕'에 대한 설명으로 옳은 것은? [3점]

지금 보시는 사당은 기철 등 친원 세력을 제거하고, 인사권을 장악한 정방을 폐지하는 등의 개혁을 추진한 고려 제31대 국왕에게 제사 지내기 위해 만들어졌다고 전합니다. 이 왕은 홍건적의 2차 침입으로 개경에서 안동으로 피란을 온 후 이곳 청량산 일대에 산성을 쌓고 군사 훈련을 했는데, 당시 안동에 있는 백성들이 이 사당은 물론 그의 부인 노국 공주의 사당도 지었습니다.

① 훈요 10조를 남겼다.
② 대동법을 시행하였다.
③ 쌍성총관부를 공격하였다.
④ 사심관 제도를 실시하였다.
⑤ 마한의 여러 소국을 복속시켰다.

[25013-0303]

5 (가) 국가에서 있었던 사실로 옳은 것은? [3점]

이 건물의 현판에 씌어 있는 '옥당(玉堂)'은 '옥과 같은 선비들이 있는 곳'이라는 뜻으로 홍문관의 별칭이었다. 이 건물은 (가) 의 제9대 임금 때 설치된 홍문관이 사용한 곳이다. 홍문관은 왕실 서적이나 문서를 관리하고 정책을 연구하여 국왕의 국정 운영에 자문하는 역할을 하였는데, 사헌부, 사간원과 함께 3사라고도 불린 언론 기구였다.

① 주자감이 설립되었다.
② 교정도감이 설치되었다.
③ 수원 화성이 건설되었다.
④ 임신서기석이 제작되었다.
⑤ 노비안검법이 시행되었다.

[25013-0304]

6 다음 자료를 활용한 탐구 주제로 가장 적절한 것은?

- 농사를 짓는 사람에게는 토지를 갖게 하고 농사를 짓지 않는 사람에게는 토지를 갖지 못하게 하려면 여전제를 실시하여야 한다. …… 무릇 1여의 토지는 1여의 인민이 공동으로 경작하도록 한다. …… 여장은 매일 개개인의 노동량을 장부에 기록해 두었다가 가을이 되면 오곡의 수확물을 모두 여장의 집에 가져온 다음에 분배한다.
- 대체로 재물은 비유하건대 샘과 같은 것이다. 퍼내면 차고, 버려두면 말라 버린다. 그러므로 비단옷을 입지 않아서 나라에 비단 짜는 사람이 없게 되면 여공(옷감 짜는 일)이 쇠퇴하고, 쭈그러진 그릇을 싫어하지 않고 기교를 숭상하지 않아서 수공업자가 기술을 익히지 않게 되면 기예가 사라지게 된다.

① 신라 말 선종의 유행
② 고려 전기 전시과 제도의 마련
③ 고려 말 과전법의 시행
④ 조선 후기 실학의 발달
⑤ 대한 제국 시기 광무개혁의 추진

[25013-0305]

7 (가) 인물이 추진한 정책으로 옳은 것은?

〈수장고 속 왕실 유물 이야기〉

오개삽입인(五個插入印)

이 유물은 (가) 의 개인용 인장(印章)으로 국립 고궁 박물관 수장고에 보관되어 있다가 공개되었다. 고종의 친부인 (가) 은/는 경복궁 중건, 서원 철폐 등의 정책을 추진한 정치가로 잘 알려져 있지만 글씨와 그림에 능한 예술가로도 유명하였다. 그는 자신의 작품에 다양한 인장을 찍었는데, '오개삽입인'도 그중의 일부이다. 이 인장들은 한 면이 뚫린 정육면체 모양인데 크기순으로 포개지도록 만들어졌다.

① 별무반을 편성하였다.
② 호포제를 시행하였다.
③ 삼정이정청을 설치하였다.
④ 위화도 회군을 단행하였다.
⑤ 정동행성 이문소를 폐지하였다.

[25013-0306]

8 (가) 기구에 대한 설명으로 옳은 것은? [3점]

[사료로 살펴보는 한국사]

> 아문의 호칭은 (가) (으)로 한다. 이미 설치한 아문은 기무에 관계되므로 구별해서 살피지 않아서는 안 되니, 당상(堂上)과 낭청(郎廳)에게 그 일을 담당하게 한다. …… 사대사는 교린사를 겸임하고 군무사는 변정사를 겸임하며 선함사는 기연사를 겸임하고 군물사는 기계사를 겸임하며 전선사는 어학사를 겸임하고 통상사는 전임한다.

[해설] 위 사료는 (가) 의 산하에 설치된 12사(司)의 역할을 소개하고 있다. 조선은 1880년에 (가) 을/를 설치하고 그 아래에 사대사, 교린사, 군무사 등 12사를 두어 사무를 분담하게 하였는데, 이후 임오군란 때 폐지되었다.

① 금난전권을 폐지하였다.
② 개화 정책을 총괄하였다.
③ 도평의사사로 명칭이 바뀌었다.
④ 6조 직계제의 실시로 권한이 약화되었다.
⑤ 국왕의 비서 기구로 왕명 출납을 담당하였다.

[25013-0307]

9 (가) 개혁에 대한 설명으로 옳은 것은? [3점]

한국사 카드 뉴스

3학년 △반 ○○○

* 주제 : (가) 의 주요 내용

정부는 의정부 아래 8아문을 두고 국가 재정을 탁지아문에서 모두 관할하게 하였다.	정부는 과거제, 노비제를 폐지하였으며, 과부의 재가를 허용하였다.

① 녹읍을 폐지하였다.
② 집강소를 설치하였다.
③ 군국기무처의 주도로 실시되었다.
④ 한글 맞춤법 통일안을 제정하였다.
⑤ 영남 만인소 사건이 일어나는 배경이 되었다.

[25013-0308]

10 (가) 단체에 대한 설명으로 옳은 것은?

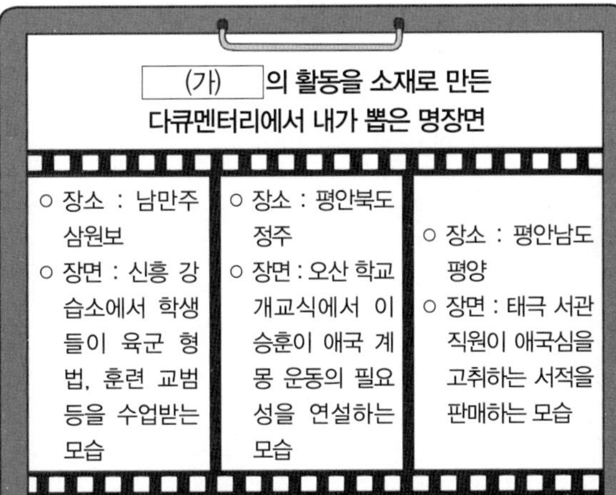

(가) 의 활동을 소재로 만든
다큐멘터리에서 내가 뽑은 명장면
○ 장소 : 남만주 삼원보
○ 장면 : 신흥 강습소에서 학생들이 육군 형법, 훈련 교범 등을 수업받는 모습
○ 장소 : 평안북도 정주
○ 장면 : 오산 학교 개교식에서 이승훈이 애국 계몽 운동의 필요성을 연설하는 모습
○ 장소 : 평안남도 평양
○ 장면 : 태극 서관 직원이 애국심을 고취하는 서적을 판매하는 모습

① 독립 공채를 발행하였다.
② 관민 공동회를 개최하였다.
③ 105인 사건으로 와해되었다.
④ 상하이 훙커우 공원 의거를 감행하였다.
⑤ 조선 혁명 선언을 활동 지침으로 삼았다.

[25013-0309]

11 밑줄 친 '의병'이 일어난 배경으로 가장 적절한 것은? [3점]

> 허위는 연천, 철원 등지에서 재차 의병을 일으켰으며, 통감부에 다음과 같은 강경한 요구 조건을 제시하였다. 허위가 통감부에 요구한 30개조는 다음과 같다.
> 1. 고종 황제를 복위시킬 것
> 2. 한국의 외교권을 환원할 것
> 3. 통감부를 철거할 것
> ……
> 30. 현재 일본에 체류하고 있는 친일 망명객을 조속히 체포할 것
> 허위는 이어 전국 13도 의병장을 총동원하는 대대적인 서울 탈환을 계획하고 작전 참모의 중책을 맡았다.

① 아관 파천이 단행되었다.
② 조선 태형령이 제정되었다.
③ 대한 제국의 군대가 해산되었다.
④ 일본군이 경복궁을 기습 점령하였다.
⑤ 서인의 주도로 인조반정이 일어났다.

[25013-0310]

12 밑줄 친 '이 신문'에 대한 설명으로 옳은 것은?

> 이달의 독립운동가
>
> 
>
> **베델**(1872~1909)
> ■ 훈격 : 대통령장
> ■ 서훈 연도 : 1950년
> ■ 주요 공적
> 영국 『데일리 크로니클』의 특파원으로 대한 제국을 방문한 그는 한국인의 독립 의지를 확인한 후 양기탁과 함께 이 신문을 창간하였다. 이 신문은 순한글, 국한문, 영문 등 세 종류로 발행되었는데, 일제의 국권 침탈을 비판하고 항일 의병 투쟁을 호의적으로 보도하여 큰 인기를 끌었다. 이에 일본은 영국 정부에 베델을 한반도에서 추방할 것을 요청하였고, 결국 베델은 영국 정부로부터 3주간의 금고형에 처해졌다. 이후 심신이 쇠약해진 그는 37세의 젊은 나이에 생을 마치게 되었으며, 그의 시신은 양화진 외국인 묘지에 묻혔다.

① 브나로드 운동을 주도하였다.
② 최초로 순한글로 발간되었다.
③ 국채 보상 운동을 지원하였다.
④ 근우회의 기관지로 간행되었다.
⑤ 이승만 정부에 의해 폐간되었다.

[25013-0311]

13 (가) 운동에 대한 설명으로 옳은 것은? [3점]

숫자와 경과로 살펴보는 (가)

준비	33 : 독립 선언을 준비한 민족 대표 인원
	21,000 : 보성 인쇄소에서 인쇄된 독립 선언서 숫자
전개	130 : 시위를 시작한 날 헌병 경찰들에 의해 주동자로 지목되어 체포·구금된 인원
	7 : 사전 계획에 따라 만세 시위가 전개된 도시(서울과 평양, 의주, 선천, 안주, 원산, 진남포)
결과	1,542 : 일제가 축소하여 발표한 만세 시위 수
	2,023,289 : 일제가 축소하여 발표한 만세 시위 참여 인원
	70,418 : 일제의 무력 진압으로 피해를 입은 한국인 사상자 수

(출처 : 독립기념관)

① 유신 헌법의 철폐를 요구하였다.
② 순종의 장례일을 기하여 일어났다.
③ 대한국 국제가 반포되는 배경이 되었다.
④ 대한매일신보 등 언론의 지원을 받았다.
⑤ 대한민국 임시 정부가 수립되는 데 영향을 주었다.

[25013-0312]

14 밑줄 친 '이 단체'에 대한 탐구 활동으로 가장 적절한 것은?

진주 백정 이학찬 등이 중심이 되어 백정에 대한 사회적 차별 철폐를 목적으로 <u>이 단체</u>를 결성하였다. <u>이 단체</u>가 개최한 제3회 전국 대회에서 논의된 안건은 다음과 같다.
- 차별 문제 : ① 관공리의 차별 대우에 관한 건, ② 일반 무식자의 모욕과 구박에 관한 건
- 교육 문제 : ① 우리의 자녀 교육 보급의 건, ② 먼 시골 폐풍 악습에 무르녹은 교원이나 학생이 우리 학생을 구박하는 건
- 생활 문제 : ① 도수장에 관한 건, ② 수육 판매에 관한 건, ③ 우육 건조에 관한 건, ④ 도부 요금에 관한 건

① 형평 운동의 전개 과정을 살펴본다.
② 정우회 선언이 끼친 영향을 파악한다.
③ 전민변정도감의 설치 목적을 알아본다.
④ 홍경래가 봉기를 일으킨 이유를 찾아본다.
⑤ 좌우 합작 7원칙이 발표된 계기를 조사한다.

[25013-0313]

15 (가) 인물에 대한 설명으로 옳은 것은? [3점]

독서 기록장

3학년 △반 ○○○

- 도서명 : 『조선사회경제사』
- 저자 : (가)
- 소개 : 한국사가 세계사의 보편적인 발전 법칙에 따라 노예제 사회에서 아시아적 봉건 사회로, 나아가 세계사적 규모의 자본주의 사회로 이행하였음을 제시하였다.
- 기억에 남는 구절 : 조선 민족의 발전사는 아시아적인 면이 있다 해도 사회 구성 내면의 발전 법칙 그 자체는 오로지 세계사적인 것이다. 삼국 시대의 노예제 사회, 신라 통일기 이후의 동양적 봉건 사회, 이식 자본주의 사회는 오늘날에 이르기까지 조선 역사의 기록적 발전 단계를 나타내는 보편사적인 특징이다.

① 묘청의 난을 진압하였다.
② 식민 사관을 비판하였다.
③ 청의 문물 수용을 주장하였다.
④ 진보당 사건으로 탄압을 받았다.
⑤ 민족정신으로서 국혼을 강조하였다.

[25013-0314]

16 (가)에 대한 설명으로 옳은 것은?

(가) 은/는 행정부가 강력한 지도력을 발휘할 수 있도록 ○○○○ 임시 약헌 개정안을 마련하여 임시 의정원에 제출하였고, 이 안은 임시 의정원 회의에서 통과되었다. 개정된 임시 약헌의 핵심은 종전의 국무 위원제를 주석제로 전환한 것이다. 주석은 곧 국가 원수와 같은 존재로서, 주석이 정부의 행정권을 장악하여 강력한 지도력을 발휘할 수 있도록 한 것이다. 그리고 임시 의정원 회의에서는 김구를 주석으로 선임하였다.

① 독립문을 건립하였다.
② 수신사를 파견하였다.
③ 초계문신제를 시행하였다.
④ 대일 선전 성명서를 발표하였다.
⑤ 일본의 황무지 개간권 요구를 철회시켰다.

[25013-0315]

17 (가) 군사 조직에 대한 설명으로 옳은 것은? [3점]

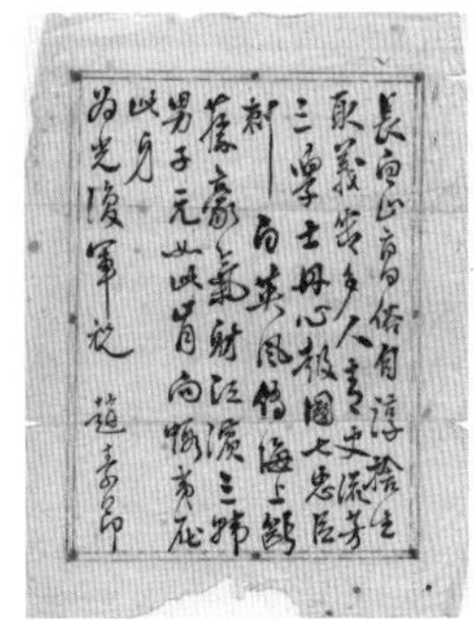

청나라 역사에 꽃다운 이름을 떨친 이는 삼학사(병자호란 당시 척화파 신하 3인)요, 정성스러운 마음으로 나라에 충성을 다한 자는 일곱 충신(을사늑약 당시 자결한 7인)이다. …… 삼한의 남아들은 원래 이러하거늘 어찌 압록강 이남의 침략 오랑캐를 향하여 이 몸 굽힐 것인가. – 조소앙 –

항일 의지를 담고 있는 이 글은 중국 충칭에서 (가) 이/가 창설될 때 대한민국 임시 정부의 외무부장 조소앙이 지은 축하시로 알려져 있다. 창설 당시 (가) 의 주요 지휘관으로는 총사령관 지청천, 참모장 이범석 등이 선임되었다.

① 서울 진공 작전을 전개하였다.
② 인천 상륙 작전을 단행하였다.
③ 봉오동 전투에서 일본군을 격퇴하였다.
④ 고종의 해산 권고 조칙으로 대부분 해산하였다.
⑤ 영국군의 요청으로 인도·미얀마 전선에 파견되었다.

[25013-0316]

18 밑줄 친 '새로운 개헌안'이 통과된 시기에 볼 수 있는 모습으로 가장 적절한 것은?

5월 25일 부산 일대에 계엄령이 선포되었고, 다음 날부터 헌병대는 이승만에게 비판적인 국회 의원들을 국제 공산당이라는 혐의로 체포하기 시작하였다. 이른바 부산 정치 파동이 일어난 것이다. 결국 국회는 이승만과 타협해 이승만 정부가 이전에 제출했던 개헌안에서 직선제 등 핵심 내용을 발췌하고, 당시 많은 국회 의원이 별도로 제출했던 내각 책임제 개헌안에서 일부 조항을 발췌해 <u>새로운 개헌안</u>을 만들었다. 7월 4일 국회는 이를 거의 만장일치로 통과시켰다.

① 베트남에서 전투 중인 국군
② 일본 공사관을 습격하는 구식 군인
③ 북한군과 전투를 벌이는 국군과 유엔군
④ 쌍성보에서 한중 연합 작전을 벌이는 독립군
⑤ 치안 유지법 위반 혐의로 체포되는 조선어 학회 회원

[25013-0317]

19 다음의 헌법 개정을 이끌어 낸 민주화 운동에 대한 설명으로 옳은 것은? [3점]

유구한 역사와 전통에 빛나는 우리 대한국민은 3·1 운동으로 건립된 대한민국 임시 정부의 법통과 불의에 항거한 4·19 민주이념을 계승하고, 조국의 민주개혁과 평화적 통일의 사명에 입각하여 …… 8차에 걸쳐 개정된 헌법을 이제 국회의 의결을 거쳐 국민투표에 의하여 개정한다.

……

제67조 ① 대통령은 국민의 보통·평등·직접·비밀 선거에 의하여 선출한다.

……

제70조 대통령의 임기는 5년으로 하며, 중임할 수 없다.

① 헌의 6조를 결의하였다.
② 4·13 호헌 조치에 반발하였다.
③ 3·15 부정 선거로 촉발되었다.
④ 신군부에 의해 무력 진압되었다.
⑤ 급진 개화파의 주도로 일어났다.

[25013-0318]

20 다음 연설을 한 대통령의 재임 시기에 있었던 사실로 옳은 것은?

존경하는 국회 의장, 그리고 존경하는 국회 의원 여러분! …… 국민의 정부가 출범한 지 4년째가 되는 해입니다. 그동안 민족사적으로 매우 중요한 시기에 국정의 책임을 맡은 국민의 정부가 외환 위기를 극복하고 새로운 도약의 자신감과 희망을 키워갈 수 있게 된 것은 오로지 우리 국민의 단합된 의지와 적극적인 협력의 덕분이라고 생각하며 깊이 감사드려 마지않습니다. …… 지금 남북 관계는 평화와 교류 협력의 새로운 시대로 접어들고 있습니다. 지난 6월의 역사적인 남북 정상 회담을 계기로 남과 북이 서로 화해하고 협력하는 새로운 민족사를 써 나가고 있는 것입니다.

① 금강산 관광 사업이 시작되었다.
② 남북한이 유엔에 동시 가입하였다.
③ 한미 상호 방위 조약이 체결되었다.
④ 7·4 남북 공동 성명이 발표되었다.
⑤ 두 차례의 미소 공동 위원회가 개최되었다.

memo

문제를 사진 찍고
해설 강의 보기
Google Play | App Store

EBS*i* 사이트
무료 강의 제공

수능특강

정답과 해설

2026학년도
수능 연계교재

Lucky Box!

한국교육과정평가원
감 수
본 교재는 2026학년도 수능 연계교재로서 한국교육과정평가원이 감수하였습니다.

한국사영역
한국사

본 교재는 대학수학능력시험을 준비하는 데 도움을 드리고자 사회과 교육과정을 토대로 제작된 교재입니다.
학교에서 선생님과 함께 교과서의 기본 개념을 충분히 익힌 후 활용하시면 더 큰 학습 효과를 얻을 수 있습니다.

한눈에 보는 정답

01 고대 국가의 정치·사회와 문화

본문 11~17쪽

자료탐구 1 ① 2 ②

수능 유형 익히기

01 ④	02 ②	03 ③	04 ⑤
05 ③	06 ①	07 ④	08 ③
09 ③	10 ②	11 ③	12 ①
13 ④	14 ②	15 ②	16 ②

02 고려의 정치·사회와 문화

본문 23~29쪽

자료탐구 1 ② 2 ③

수능 유형 익히기

01 ①	02 ③	03 ①	04 ③
05 ④	06 ⑤	07 ①	08 ④
09 ③	10 ①	11 ④	12 ②
13 ②	14 ④	15 ②	16 ③

03 조선 시대 정치 운영과 세계관의 변화

본문 34~38쪽

자료탐구 1 ⑤

수능 유형 익히기

01 ①	02 ④	03 ②	04 ③
05 ④	06 ③	07 ③	08 ⑤
09 ②	10 ⑤	11 ④	12 ②

04 양반 신분제 사회와 상품 화폐 경제

본문 42~46쪽

자료탐구 1 ④ 2 ①

수능 유형 익히기

01 ③	02 ③	03 ②	04 ①
05 ④	06 ⑤	07 ⑤	08 ③

05 흥선 대원군의 정책과 개항 이후 근대적 개혁의 추진

본문 52~57쪽

자료탐구 1 ① 2 ①

수능 유형 익히기

01 ③	02 ①	03 ④	04 ④
05 ③	06 ③	07 ④	08 ④
09 ⑤	10 ①	11 ②	12 ①

06 근대 국가 수립을 위한 노력

본문 62~67쪽

자료탐구 1 ① 2 ③

수능 유형 익히기

01 ④	02 ④	03 ②	04 ②
05 ①	06 ④	07 ⑤	08 ④
09 ②	10 ③	11 ①	12 ①

07 일본의 침략 확대와 국권 수호 운동

본문 71~74쪽

자료탐구 1 ⑤

수능 유형 익히기

01 ④	02 ①	03 ①	04 ⑤
05 ④	06 ②	07 ③	08 ④

08 개항 이후 경제·사회·문화의 변화

본문 78~81쪽

자료탐구 1 ⑤

수능 유형 익히기

01 ⑤	02 ③	03 ②	04 ④
05 ④	06 ①	07 ②	08 ④

09 1910~20년대 일제의 식민지 정책과 3·1 운동, 대한민국 임시 정부

본문 86~91쪽

자료탐구 1 ③ 2 ③

수능 유형 익히기

01 ②	02 ②	03 ②	04 ④
05 ④	06 ①	07 ①	08 ③
09 ⑤	10 ③	11 ③	12 ③

10 다양한 민족 운동의 전개

본문 96~102쪽

자료 탐구 1 ⑤ 2 ②

수능 유형 익히기

01 ④ 02 ③ 03 ⑤ 04 ④
05 ① 06 ② 07 ⑤ 08 ⑤
09 ① 10 ③ 11 ② 12 ④
13 ③ 14 ⑤ 15 ⑤ 16 ④

11 사회 · 문화의 변화와 사회 운동

본문 105~108쪽

자료 탐구 1 ⑤

수능 유형 익히기

01 ② 02 ③ 03 ④ 04 ④
05 ⑤ 06 ② 07 ④ 08 ④

12 전시 동원 체제와 광복을 위한 노력

본문 113~118쪽

자료 탐구 1 ① 2 ④

수능 유형 익히기

01 ⑤ 02 ① 03 ② 04 ⑤
05 ① 06 ④ 07 ⑤ 08 ③
09 ④ 10 ⑤ 11 ⑤ 12 ⑤

13 대한민국 정부 수립과 6 · 25 전쟁

본문 123~128쪽

자료 탐구 1 ③ 2 ④

수능 유형 익히기

01 ④ 02 ③ 03 ② 04 ⑤
05 ⑤ 06 ④ 07 ③ 08 ⑤
09 ② 10 ⑤ 11 ② 12 ⑤

14 민주화를 위한 노력과 경제 성장

본문 133~138쪽

자료 탐구 1 ④ 2 ④

수능 유형 익히기

01 ② 02 ① 03 ④ 04 ①
05 ③ 06 ④ 07 ④ 08 ①
09 ② 10 ④ 11 ④ 12 ⑤

15 6월 민주 항쟁 이후 사회와 동아시아 평화를 위한 노력

본문 141~145쪽

자료 탐구 1 ② 2 ⑤

수능 유형 익히기

01 ⑤ 02 ③ 03 ④ 04 ⑤
05 ⑤ 06 ④ 07 ④ 08 ②

수능 유형 마스터

본문 146~175쪽

회	1	2	3	4	5	6	7	8	9	10
1회	②	⑤	④	③	④	①	②	⑤	①	④
	11	12	13	14	15	16	17	18	19	20
	⑤	⑤	⑤	①	⑤	④	⑤	③	④	④
	1	2	3	4	5	6	7	8	9	10
2회	④	⑤	①	①	④	③	①	⑤	①	④
	11	12	13	14	15	16	17	18	19	20
	④	⑤	⑤	④	③	②	②	⑤	③	③
	1	2	3	4	5	6	7	8	9	10
3회	⑤	⑤	①	①	③	③	①	③	②	①
	11	12	13	14	15	16	17	18	19	20
	②	②	⑤	③	②	③	⑤	④	③	②
	1	2	3	4	5	6	7	8	9	10
4회	④	②	①	①	⑤	①	③	①	②	⑤
	11	12	13	14	15	16	17	18	19	20
	③	②	③	⑤	①	④	⑤	③	②	③
	1	2	3	4	5	6	7	8	9	10
5회	①	③	④	④	①	③	⑤	④	②	④
	11	12	13	14	15	16	17	18	19	20
	③	⑤	①	③	⑤	④	②	②	②	⑤
	1	2	3	4	5	6	7	8	9	10
6회	③	④	②	③	③	④	②	②	③	③
	11	12	13	14	15	16	17	18	19	20
	③	③	⑤	①	②	④	⑤	③	②	①

01 고대 국가의 정치·사회와 문화

자료 탐구 본문 11~12쪽

1 ① 2 ②

1 후백제의 성립 파악

문제 분석 자료에서 후삼국 시대가 전개되었다는 설명과 함께 제시된 지도 등을 통해 (가) 국가는 후백제임을 알 수 있다. ① 신라 말의 혼란한 상황에서 견훤은 호족 세력의 지지를 바탕으로 백제의 옛 땅에 완산주(전주)를 도읍으로 후백제를 건국하였다.

오답 피하기 ② 발해는 9세기 선왕 이후 당으로부터 해동성국으로 불렸다.

③ 고조선은 8조법으로 사회 질서를 유지하였는데, 현재는 그중 3개 조항만 전한다.

④ 신라는 귀족들이 화백 회의를 통해 국가 중대사를 결정하였다.

⑤ 백제는 고구려 장수왕의 침략을 받아 수도 한성을 빼앗기고, 웅진으로 천도하였다.

2 의상의 활동 파악

문제 분석 자료에서 불교 대중화에 기여하였다는 것, 관음 신앙을 널리 전파하였다는 것, 부석사 등 사찰을 건립하였다는 것 등을 통해 (가)에는 의상의 활동이 들어가야 함을 알 수 있다. ② 의상은 당에서 유학하고 돌아와 화엄 사상을 바탕으로 신라 화엄종을 개창하여 신라 사회의 갈등과 분열을 극복하려 하였다.

오답 피하기 ① 『삼국유사』는 고려 충렬왕 때 승려 일연이 저술한 역사서이다. 단군의 건국 이야기를 수록하는 등 자주 의식이 반영되어 있다.

③ 신라의 원광은 화랑이 지켜야 할 다섯 가지 덕목인 세속 5계를 제시하였다.

④ 고려 인종 때 묘청 등은 풍수지리설을 내세워 서경으로 천도할 것을 주장하였다.

⑤ 고려 공민왕은 권문세족이 불법으로 빼앗은 토지와 노비를 바로잡기 위해 전민변정도감을 설치하고 승려 신돈을 책임자로 임명하였다.

수능 유형 익히기 본문 14~17쪽

01 ④	02 ②	03 ③	04 ⑤
05 ③	06 ①	07 ④	08 ③
09 ③	10 ②	11 ③	12 ①
13 ④	14 ②	15 ②	16 ②

01 신석기 시대의 모습 파악

문제 분석 자료의 움집 사진과 농경과 목축을 시작하면서 강가나 바닷가에 정착하여 움집을 짓고 살았다는 것을 통해 (가)에는 신석기 시대의 생활 모습이 들어가야 함을 알 수 있다. ④ 신석기 시대에는 빗살무늬 토기가 제작되어 음식을 조리하거나 보관하는 등의 용도로 사용되었다.

오답 피하기 ① 고려 후기 원 간섭기에 많은 여성이 공녀로 원에 끌려갔다.

② 조선 후기에는 상공업이 발달하면서 상평통보가 널리 유통되었다.

③ 고려의 승려 지눌은 수선사 결사를 중심으로 노동과 수행을 강조하는 개혁 운동을 전개하여 개혁적인 승려와 지방민으로부터 많은 호응을 얻었다.

⑤ 고려 광종 때 본래 양인이었으나 불법으로 노비가 된 사람들을 조사하여 신분을 회복시켜 주는 노비안검법이 시행되었다.

02 고조선의 특징 파악

문제 분석 자료에서 단군이 건국한 국가라는 것, 해마다 건국한 것을 기리는 개천절에 제천 행사가 열린다는 것 등을 통해 (가) 국가는 고조선임을 알 수 있다. ② 고조선은 청동기 문화를 배경으로 건국된 우리 역사상 최초의 국가이다.

오답 피하기 ① 고려는 전국을 5도와 양계, 그리고 경기로 편성하였다. 일반 행정 구역인 5도에는 안찰사를 파견하였고, 양계에는 군정과 민정을 총괄하는 병마사를 파견하였다.

③ 부여에서는 12월에 영고라는 제천 행사를 열었다.

④ 신라는 내물왕 때부터 마립간이라는 왕호를 사용하였다.

⑤ 고려는 최고 교육 기관으로 국자감을 설치·운영하였다.

03 고조선의 변천 이해

문제 분석 자료에서 진·한이 교체되는 혼란한 상황에서 유이민이 고조선으로 이주해 왔다는 것, 고조선이 철기를 본격적으로 수용하여 중계 무역으로 성장하였다는 것 등을 통해 (가)에는 위만 등 중국의 유이민이 고조선에 이주해 온 결과가 들어가야 함을 알 수 있다. ③ 위만은 진·한 교체기에 1천여 명을 이끌고 고조선으로 이주하여 기원전 194년 준왕을 몰아내고 왕위에 올랐다.

오답 피하기 ① 김씨의 왕위 세습이 이루어졌던 나라는 신라이다.

② 고구려, 백제, 신라는 중앙 집권적 고대 국가의 기틀을 마련하는 과정에서 율령을 반포하고 불교를 수용하였다.

④ 고구려는 10월에 동맹이라는 제천 행사를 거행하였다.

⑤ 삼한에는 신지와 읍차 등의 정치적 지배자가 존재하였다.

04 옥저와 동예의 공통점 파악

문제 분석 자료의 지도에 표시된 위치와 읍군, 삼로가 통치하였으며 (가)에는 민며느리제가 있었다는 것, (나)에는 무천이라는 제천 행사가 있었다는 것을 통해 (가)는 옥저, (나)는 동예임을 알 수 있다. ⑤ 옥저와 동예는 철기 문화를 기반으로 한반도에 세워졌다.

오답 피하기 ① 고려 후기에 신진 사대부가 성리학을 적극 수용하였다.

② 고려 시대에는 특수 행정 구역으로 향·부곡·소가 널리 분포하였다.

③ 부여에서는 제가들이 별도로 사출도를 다스렸다.

④ 소도는 삼한에 존재하였던 신성 지역으로 정치적 지배자의 권력이 닿지 않았다.

05 초기 국가의 특징 파악

문제 분석 자료에서 중앙에 왕이 존재하였으나 왕의 권력이 미약하였다는 것, 각 정치 집단의 대표가 자체적으로 자신의 영역과 주민을 다스렸다는 것 등을 통해 밑줄 친 '초기 국가'는 여러 정치 집단이 연합하여 함께 국정을 운영하였음을 알 수 있다. ③ 연맹체 국가였던 초기 고구려는 여러 가들이 모인 제가 회의에서 국가의 중요한 일을 결정하였다.

오답 피하기 ① 발해는 정당성 아래에 좌사정과 우사정을 두어 각기 3부씩 관할하게 하였다.

② 백제는 지방 통제를 강화하기 위해 22담로에 왕족을 파견하였다.

④ 고려의 도병마사와 식목도감은 고위 관리들이 모여 국가의 중요한 일을 논의하던 회의 기구이다.

⑤ 비변사는 조선 중종 때 왜구와 여진의 침입에 대비하여 설치된 임시 기구였으나 임진왜란을 거치며 최고 기구가 되었다.

06 신라의 특징 파악

문제 분석 자료에서 왕의 친족을 제1골(성골)과 제2골(진골)로 구별한다는 것, 제1골끼리 결혼한다는 것, 관리는 모두 17등급이 있다는 것 등을 통해 밑줄 친 '이 나라'는 신라임을 알 수 있다. ① 신라는 귀족들이 참가하는 화백 회의에서 국가의 중요한 일을 결정하였다.

오답 피하기 ② 조선 전기에 태종과 세조는 국왕의 국정 주도권을 강화하기 위해 6조 직계제를 채택하였다.

③ 조선 고종 때인 1894년 김홍집 내각은 군국기무처를 설치하고 제1차 갑오개혁을 추진하였다.

④ 발해는 10세기에 거란의 침입을 받아 멸망하였다.

⑤ 고구려는 장수왕 때 광개토 대왕릉비를 건립하였다.

07 백제 근초고왕의 활동 이해

문제 분석 자료에서 고구려의 평양성을 공격하였다는 것, 동진 및 왜와 교류하였다는 것 등을 통해 밑줄 친 '이 왕'은 백제 근초고왕임을 알 수 있다. ④ 근초고왕은 남으로 마한의 여러 소국을 복속시키면서 세력을 확장해 나갔다.

오답 피하기 ① 조선의 법전인 『경국대전』은 세조 때 편찬되기 시작하여 성종 때 완성되었다.

② 고려 후기 공민왕은 쌍성총관부를 공격하여 영토를 수복하였다.

③ 조선 고종 때 운요호 사건을 계기로 1876년 강화도 조약이 체결되었다.

⑤ 신라 진흥왕은 화랑도를 국가적인 조직으로 개편하였다.

08 삼국의 발전 과정 이해

문제 분석 자료 (가)는 고구려왕이 한성을 포위하였다는 것, 고구려 사람들이 추격하여 왕을 살해하였다는 것 등을 통해 장수왕의 침략으로 개로왕이 사망한 5세기의 사실임을 알 수 있다. 자료 (나)는 왕이 신라를 습격하다 신라군에게 살해되었다는 것, 시호를 성(聖)이라 하였다는 것 등을 통해 6세기 성왕 때의 사실임을 알 수 있다. ③ (가), (나) 시기 사이에 한성을 고구려에 빼앗긴 백제는 도읍을 웅진으로 옮겼다.

오답 피하기 ① 홍경래의 난은 평안도 지역에 대한 차별과 지배층의 수탈 등에 반발하여 세도 정치 시기인 1811년에 일어났다.

② 통일 신라 신문왕은 통치 체제를 정비하는 과정에서 관료전을 지급하고 녹읍을 폐지하여 귀족의 경제력을 약화시키고자 하였다.

④ 고구려군은 645년 안시성 전투에서 당군을 물리쳤다.

⑤ 변한 지역에서 성장한 가야는 3세기경 김해의 금관가야를 중심으로 연맹을 이루었다.

09 진흥왕의 활동 파악

문제 분석 자료에서 북한산에 세워져 있었으나 현재 국립 중앙 박물관 신라실에 전시되어 있다는 것, 순수비로 확정되었다는 것, 비문 앞부분에 '태왕'이라는 글자가 보인다는 것 등을 통해 제시된 비석은 서울 북한산 신라 진흥왕 순수비이며, (가) 왕은 진흥왕임을 알 수 있다. ③ 진흥왕은 백제 성왕과 함께 고구려로부터 한강 유역을 빼앗은 후, 백제를 물리치고 한강 유역을 장악하였다.

오답 피하기 ① 신라 법흥왕이 이차돈의 순교를 계기로 불교를 공인하였다.

② 고려 광종은 쌍기의 건의로 과거제를 도입하여 인재를 선발하였다.

④ 통신사는 개항 이전 조선이 일본에 파견한 사절단으로 조선의 문화를 일본에 전하여 일본 문화 발전에 큰 영향을 주었다.

⑤ 고려 성종은 최승로의 시무 28조를 수용하여 유교 이념을 바탕으로 국가를 운영하였다.

10 삼국 통일의 평가 이해

문제 분석 자료에서 국가의 위기를 극복하기 위해 김춘추를 보내 당과 연합하였다는 것, 당군을 물리쳤다는 것, 대동강 이남 지역의 영토만 확보하였다는 점 등을 통해 (가)에는 신라의 삼국 통일과 관련된 내용이 들어가야 함을 알 수 있다. ② 신라의 삼국 통일은 외세의 지원을 받았다는 점에서 한계가 있다는 지적을 받지만, 당시 신라의 입장에서 당과의 연합은 불가피한 선택이었다는 견해도 있다.

오답 피하기 ① 고구려는 612년 살수에서 수의 침략을 물리쳤고, 645년 안시성 전투에서 당의 침략을 물리쳤다.
③ 고려는 몽골의 침략을 받아 강화도로 천도하며 저항하였지만 몽골과 강화하고 1270년에 개경으로 환도하였다.
④ 조선은 흥선 대원군이 집권하여 서양 세력의 통상 수교 요구에 맞서 통상 수교 거부 정책을 추진하였다.
⑤ 일제는 러일 전쟁 시기부터 본격적으로 대한 제국의 국권을 침탈하였고, 결국 1910년 국권을 강탈하였다.

11 신라 촌락 문서의 이해

문제 분석 자료 중 일본에서 발견된 신라의 지방 행정 문서라는 것, 서원경에 속한 촌을 비롯한 4개 촌락의 인구, 토지, 가축 등을 조사한 문서라는 것 등을 통해 (가) 문서는 신라 촌락 문서임을 알 수 있다. ③ 신라 촌락 문서는 조세 수취와 노동력 동원을 위해 촌주가 3년마다 작성하였다.

오답 피하기 ① 개국 기년은 조선이 건국된 1392년을 원년으로 하여 연도를 표기하는 방법으로 제1차 갑오개혁 때 사용하였다.
② 대한 제국은 광무개혁의 일환으로 지계아문을 설치하고 토지 소유자에게 근대적 토지 소유 증명 문서인 지계를 발급하였다.
④ 고부 농민 봉기 등에 활용된 사발통문은 주모자가 누군지 모르게 하기 위해 사발을 엎어놓고 기록한 문서이다.
⑤ 독도가 우리 고유의 영토라는 근거는 대한 제국이 1900년 10월에 발표한 칙령 제41호와 일본의 태정관 문서가 대표적이다.

12 발해의 특징 파악

문제 분석 자료에서 조영이 나라를 창건하였다는 것, 조영이 죽으니 시호를 고왕이라고 하였다는 것, 해동성국이 되어 5경 15부 62주를 두었다는 것 등을 통해 (가) 국가는 발해임을 알 수 있다. ① 발해는 중앙 교육 기관인 주자감을 설립하여 인재를 양성하였다.

오답 피하기 ② 신라는 매소성 전투와 기벌포 해전에서 당군을 격퇴하고 676년에 삼국 통일을 완성하였다.
③ 고려 시대에는 양계(북계와 동계)에 군정과 민정을 총괄하는 병마사를 파견하였다.
④ 천리장성은 고구려와 고려 시대에 각각 축조되었다. 고구려는 당의 침략에 대비하여, 고려는 거란과 여진의 침략에 대비하여 천리장성을 축조하였다.
⑤ 조선 시대 서원은 선현에 대한 제사와 교육을 담당하였던 사설 교육 기관이다.

13 신라 말의 상황 이해

문제 분석 자료에서 중앙의 통제력이 약화된 틈을 타 지방에서 호족이 성장하였다는 것, 당에 유학한 일부 6두품 세력이 호족과 손잡고 새로운 사회를 건설하려 하였다는 것 등을 통해 밑줄 친 '이 시기'는 신라 말임을 알 수 있다. ④ 발해 건국은 698년, 후삼국 통일은 936년이다.

14 원효의 활동 이해

문제 분석 자료에서 불교의 대중화, 종파 간의 대립 완화, 『금강삼매경론』과 『대승기신론소』를 저술하였다는 것 등을 통해 제시된 뇌 구조에 해당하는 인물은 신라 승려인 원효이며, (가)에는 원효의 활동이 들어가야 함을 알 수 있다. ② 원효는 '나무아미타불'을 외우면 극락에 갈 수 있다는 아미타 신앙을 전파하여 불교 대중화에 기여하였다.

오답 피하기 ① 고려 의천은 교관겸수를 내세워 교종을 중심으로 선종을 통합하려 하였다.
③ 9세기 전반 신라 장보고는 지금의 완도군 장도 일대에 군사·무역 기지인 청해진을 설치하였다.
④ 고려 후기 요세는 백련사 결사를 조직하였다.
⑤ 신라 혜초는 『왕오천축국전』을 저술하였다.

15 백제 금동 대향로의 특징 파악

문제 분석 자료에서 부여 능산리 고분군과 사비성의 나성 터 사이에서 출토되었다는 것, 금동으로 만들어졌다는 것 등을 통해 제시된 유물은 백제 금동 대향로임을 알 수 있다. ② 연꽃과 신선을 상징하는 듯한 인물 등이 표현된 이 향로는 불교와 도교 사상을 반영하고 있으며, 백제의 뛰어난 금속 공예 기술을 보여주는 문화유산이다.

오답 피하기 ① 백제 금동 대향로는 충청남도 부여군에서 발견된 유물로 백제에서 제작되었다.
③ 삼국의 금동 미륵보살 반가 사유상과 일본 고류사의 목조 미륵보살 반가 사유상이 유사하다는 것 등을 통해 고대 문화가 일본에 전파되었음을 알 수 있다.
④ 고려는 몽골과의 전쟁 중에 부처의 힘으로 외적을 물리치려는 염원을 담아 팔만대장경을 조판하였다.
⑤ 발해의 문화유산 중 고구려의 영향을 받은 것은 굴식 돌방무덤, 온돌 장치, 발해 석등과 이불 병좌상 등이다.

16 신라 유학의 발전 이해

문제 분석 첫 번째 자료는 임신년에 두 사람이 충과 도를 체득하고 과실이 없기를 맹세하였다는 것 등을 통해 임신서기석의 내용임을 알 수 있다. 두 번째 자료는 독서의 정도에 따라 상품과 중품, 하품으로 구분하였다는 것 등을 통해 독서삼품과에 대한 것임을 알 수 있다. ② 삼국은 중국과 교류하면서 유학을 수용하였으며 인재를 양성하기 위해 유학 교육을 장려하였다. 고구려의 태학과 경당 설치, 백제의 오경박사와 신라의 임신서기석 등을 통해 그 사실을 알 수 있다. 삼국을 통일한 이후 신라는 신문왕 때 유학 교육 기관으로 국학을 설치하였다. 또한 원성왕 때는 유교 경전 독해 능력을 시험하는 독서삼품과를 마련하여 관리 선발에 활용하고자 하였다.

오답 피하기 ① 고구려는 시조인 주몽을 하늘의 자손으로 표현하고, 백제와 신라를 자신들의 조공국으로 인식하는 등 독자적인 천하관을 가지고 있었다.

③ 풍수지리설은 산이나 물, 땅의 모양을 살펴 도읍, 주거지, 묘지 등을 정하는 이론으로 신라 말부터 유행하였다.

④ 고려 후기에 신진 사대부는 고려 사회를 개혁하기 위해 성리학을 적극 수용하여 사상적 기반으로 삼았다.

⑤ 조선 후기 현종 때 서인과 남인은 효종과 효종비의 국장을 치르는 과정에서 자의 대비의 상복 문제로 예송을 전개하였다.

02 고려의 정치·사회와 문화

자료 탐구 본문 23~24쪽

1 ② 2 ③

1 묘청의 서경 천도 운동 이해

문제 분석 자료에서 서경으로 도읍을 옮기자는 주장이 제기된 이유를 묻는 것, 묘청의 주장을 지지한 세력을 묻는 것 등을 통해 (가) 사건은 묘청의 서경 천도 운동임을 알 수 있다. ② 고려 인종 때 묘청과 정지상 등은 풍수지리설을 바탕으로 서경 천도를 주장하였다.

오답 피하기 ① 조선에서는 천주교가 사교로 규정되어 박해받았는데, 1866년 흥선 대원군 집권 시기에 있었던 병인박해가 대표적이다.

③ 구식 군인들은 신식 군대인 별기군과의 차별 대우와 개화 정책에 반발하여 일본 공사관과 궁궐을 습격하는 등 봉기를 일으켰다(임오군란, 1882).

④ 홍경래의 난은 1811년 평안도 지역에 대한 차별과 세도 정치의 폐단에 반발하여 일어났다.

⑤ 1884년에 일어난 갑신정변은 우정총국 개국 축하연을 이용하여 일어났다.

2 공민왕의 개혁 정치 이해

문제 분석 왕이 원 연호의 사용을 중지하고 교서를 내렸다는 것, 기철 등을 처단하였다는 것, 동북면 병마사 유인우가 쌍성을 함락시켰다는 것, 함주 이북을 모두 수복하였다는 것 등을 통해 제시된 자료는 공민왕과 관련된 것임을 알 수 있다. ③ 14세기 중엽 원의 쇠퇴를 계기로 공민왕은 반원 개혁 정책을 추진하였다. 몽골식 풍습과 제도를 폐지하였으며, 기철 등 친원 세력을 제거하였고, 쌍성총관부를 공격하여 철령 이북의 땅을 되찾았다.

오답 피하기 ① 조선 영조는 탕평파를 중심으로 정국을 운영하고, 붕당의 근원인 서원을 대폭 정리하는 등 탕평 정치를 펼쳤다.

② 조선 전기에 태종과 세조는 국왕의 국정 주도권을 강화하기 위해 6조 직계제를 실시하였다.

④ 5세기 전반 고구려 장수왕은 국내성에서 평양으로 천도하면서 본격적으로 남진 정책을 추진하였다.

⑤ 통일 신라 신문왕은 왕권을 강화하고 귀족의 경제 기반을 약화하기 위해 관료전을 지급하고 녹읍을 폐지하였다.

수능 유형 익히기 본문 26~29쪽

01 ①	02 ③	03 ①	04 ③
05 ④	06 ⑤	07 ①	08 ④
09 ③	10 ①	11 ④	12 ②
13 ②	14 ④	15 ②	16 ③

01 태조의 정책 이해

문제 분석 자료에서 정략결혼으로 6명의 왕후와 부인 23명을 두었다는 것, 왕실의 안정과 통치 철학을 담아 훈요 10조를 남겼다는 것 등을 통해 제시된 정책을 시행한 왕은 고려 태조임을 알 수 있다. ① 고려 태조 왕건은 935년 신라의 항복을 받고, 936년에 후백제를 공격하여 후삼국을 통일하였다.

오답 피하기 ② 조선 정조는 규장각을 정치 기구로 육성하였다.
③ 조선 고종은 제2차 갑오개혁 당시 국정 개혁의 기본 강령이라 할 수 있는 홍범 14조를 반포하였다.
④ 통일 신라 원성왕은 유교 경전의 이해 수준을 시험하여 관리 등용에 활용하고자 독서삼품과를 마련하였다.
⑤ 전민변정도감은 권세가들이 부당하게 빼앗은 토지를 본래 소유주에게 돌려주고 불법적으로 노비가 된 자를 양인으로 해방하기 위해 고려 후기 여러 차례 설치되었다. 공민왕 때 설치된 것이 대표적이다.

02 광종의 정책 이해

문제 분석 자료에서 황제라 칭하고 연호를 사용하였다는 것, 왕건의 아들로 제4대 왕이 되었다는 것, 쌍기의 건의로 과거제를 도입하였다는 것 등을 통해 (가) 왕은 고려 광종임을 알 수 있다. ③ 고려 광종은 본래 양인이었으나 불법적으로 노비가 된 사람들을 양인 신분으로 회복시켜 주는 노비안검법을 시행하여 공신과 호족의 세력을 약화시켰다.

오답 피하기 ① 『경국대전』은 조선 왕조의 기본 법전으로 세조 때부터 편찬되기 시작하여 성종 때 완성·반포되었다.
② 5세기 전반 고구려 장수왕은 국내성에서 평양으로 천도하면서 본격적으로 남진 정책을 추진하였다.
④ 조선 세종 등은 의정부 재상들이 6조의 업무를 먼저 심의한 후 국왕에게 보고하고, 국왕의 지시를 6조에 전달하여 시행하는 의정부 서사제를 실시하였다.
⑤ 신라는 통일 이후 신문왕 때 전국을 9주 5소경 체제로 정비하였다.

03 최승로의 시무 28조 파악

문제 분석 자료에서 불교 행사의 폐단을 시정할 것을 건의하였다는 것, 성종이 받아들여 전국에 12목을 설치하여 지방관을 파견하였다는 것 등을 통해 (가)는 최승로의 시무 28조임을 알 수 있다.
① 고려 성종 때 최승로는 시무 28조를 올려 유교 이념을 바탕으로 국가를 운영할 것을 주장하였다.

오답 피하기 ② 일본이 운요호 사건을 일으켜 조선에 문호 개방을 요구하자 최익현은 왜양일체론을 주장하며 강화도 조약 체결에 반대하였다.
③ 1860년대 이항로와 기정진 등은 열강의 통상 요구와 침략에 맞서 싸우자는 척화주전론을 주장하여 흥선 대원군의 통상 수교 거부 정책을 뒷받침하였다.
④ 1880년대 이만손 등 유생들은 영남 만인소를 올려 수신사 김홍집이 들여온 『조선책략』을 비판하며 개화 정책에 반대하였다.
⑤ 박은식은 개항 이후 새로운 시대에 유교를 전승·보급하기 위해서는 교화 활동과 실천적인 유교 정신이 중요함을 강조하는 「유교 구신론」을 발표하였다.

04 고려의 정치 체제 파악

문제 분석 자료에서 전국을 5도와 양계, 그리고 경기로 구분하였다는 것, 수도가 개경이라는 것 등을 통해 (가) 국가는 고려임을 알 수 있다. ③ 고려는 국정을 총괄하는 중서문하성, 정책을 집행하는 상서성과 6부를 두어 2성 6부의 중앙 통치 제도를 갖추었다.

오답 피하기 ① 1897년에 수립된 대한 제국은 황제권 강화를 위해 원수부를 설치하였다.
② 사헌부, 사간원, 홍문관을 일컫는 3사는 조선 시대 언론 기구로 권력의 독점을 견제하는 기능을 맡았다. 고려 시대의 삼사는 곡식과 화폐의 출납을 관리하였다.
④ 신라의 집사부는 기밀 사무를 관장하고 왕명을 수행하는 기구였다.
⑤ 고구려에서는 제가 회의에서 나라의 중요한 일을 결정하였다.

05 귀주 대첩의 이해

문제 분석 자료에서 강동 6주의 반환 등을 요구하며 고려를 침입한 소배압이 이끄는 10만 대군을 맞아 귀주에서 열심히 싸우는 모습을 표현하였다는 것을 통해 (가) 전투는 귀주 대첩임을 알 수 있다. ④ 고려는 11세기 초 거란의 3차 침입 때 강감찬의 활약으로 귀주에서 큰 승리를 거두었다.

오답 피하기 ① 명은 임진왜란 때 일본의 중국 침략을 우려하여 조선에 지원군을 보냈다.
② 병자호란 당시 인조는 남한산성으로 피란하여 청에 항전하였다.
③ 을사늑약이 체결되자 최익현, 신돌석 등이 을사의병을 일으켰다.
⑤ 고려 말 홍건적과 왜구를 격퇴하는 과정에서 신흥 무인 세력인 이성계 등이 성장하였다.

06 고려의 여진에 대한 외교 정책 이해

문제 분석 자료에서 9성을 설치하여 유랑민들이 의지할 곳이 없어졌다는 것, 9성을 돌려달라고 간청하는 것 등을 통해 밑줄 친 '우리'는 여진임을 알 수 있다. ⑤ 고려 숙종은 윤관의 건의를 받아들여 여진 정벌을 위한 특수 부대인 별무반을 편성하였다. 윤관은 별무반을 이끌고 동북 9성을 쌓았다. 그러나 지속적인 방어가 어려웠고 여진이 조공을 약속하며 9성의 반환을 요청하자 1년여 만에 돌려주었다.

오답 피하기 ① 통신사는 개항 이전 조선이 일본에 파견한 사절단으로 조선의 문화를 일본에 전하여 일본 문화 발전에 큰 영향을 주었다.

② 신미양요 이후 흥선 대원군은 전국 각지에 척화비를 세워 통상 수교 거부 의지를 알렸다.

③ 조선은 개화 정책을 추진하기 위해 1880년에 통리기무아문을 설치하였다.

④ 조선 전기 세종 때 일본의 요청에 따라 부산포, 제포, 염포의 3포를 개방하고 제한적인 교역을 허용하였다.

07 묘청의 서경 천도 운동 파악

문제 분석 정지상 등이 개경은 왕업이 쇠하였으나 서경은 왕기가 있어 서경으로 수도를 옮기는 것이 마땅하다고 주장한 것, 김부식이 참모를 서경으로 보냈다는 것, 서경 사람들이 주모자의 머리를 베어 바치고 죄를 청하였다는 것 등을 통해 제시된 자료는 묘청 등이 주도한 서경 천도 운동의 전개 과정임을 알 수 있다. ① (가) 시기에 묘청 등은 서경 천도를 주장하였으나 뜻대로 되지 않자 국호를 대위, 연호를 천개라 하고 서경을 근거지로 난을 일으켰다. 그러나 (나) 시기에 김부식의 군대에 의해 난이 진압되면서 서경 천도 운동은 실패로 끝났다.

오답 피하기 ② 임술 농민 봉기는 세도 정치의 폐단으로 정치 기강이 문란해지고 지배층의 수탈이 심화되는 상황에서 1862년에 일어났다.

③ 9세기 전반 통일 신라의 장보고가 지금의 완도군 장도 일대에 군사·무역 기지인 청해진을 설치하였다.

④ 1866년에 미국인 소유의 상선인 제너럴 셔먼호가 평양 관민과 충돌하여 불태워진 사건이 일어났다.

⑤ 신라 말기에는 김헌창의 난을 비롯한 진골 귀족들의 왕위 쟁탈전이 빈번하게 일어났다.

08 문벌 사회의 동요 이해

문제 분석 자료에서 이자겸이 권세와 총애를 나누는 것을 두려워하여 세 번째 딸과 네 번째 딸을 왕비로 들였다는 것, 새 궁궐인 대화궁을 창건하여 나라의 중흥을 기대하며 여러 차례 서경을 순행하였다는 것 등을 통해 첫 번째 자료는 이자겸의 권력 장악, 두 번째 자료는 묘청의 서경 천도 운동과 관련된 것임을 알 수 있다. ④ 고려 전기에 신진 세력과 문벌, 또는 문벌 간의 대립이 발생하면서 문벌 사회가 동요하였는데, 이자겸의 난, 묘청의 서경 천도 운동 등이 대표적이다.

오답 피하기 ① 정미의병 당시 의병 연합 부대인 13도 창의군이 결성되었고, 1908년에 서울 진공 작전을 추진하였다.

② 개화파는 임오군란을 전후하여 개혁의 방법과 속도 등을 둘러싸고 온건 개화파와 급진 개화파로 나뉘었다.

③ 신라는 7세기에 당과 연합하여 백제와 고구려를 차례로 멸망시킨 후, 당군을 물리쳐 삼국 통일을 완성하였다.

⑤ 1866년 병인양요를 일으킨 프랑스군은 강화도에서 철수하면서 외규장각 도서를 약탈해 갔다.

09 무신 정변의 이해

문제 분석 자료에서 고려의 무신이 문신에 비해 업신여김을 당했고, 높은 관직에 오르지 못하는 등의 차별 대우를 더 이상 참을 수 없었다는 것 등을 통해 (가) 사건은 무신 정변임을 알 수 있다. ③ 1170년 정중부, 이의방 등이 무신 정변을 일으켜 많은 문신을 죽이고 왕을 교체하였다.

오답 피하기 ① 제1차~제3차 갑오개혁은 김홍집 내각 시기에 추진되었다.

② 3·1 운동은 미국 대통령 윌슨이 제창한 민족 자결주의 등에 영향을 받아 1919년에 일어났다.

④ 6·10 만세 운동은 1926년 순종의 장례일을 기해 일어났다.

⑤ 삼정이정청은 1862년에 일어난 임술 농민 봉기의 원인 중 하나인 삼정의 문란을 해결하고자 조선 철종 때 설치되었다.

10 대몽 항쟁의 이해

문제 분석 자료에서 몽골 사신이 돌아가다 피살당하자 고려를 의심하여 국교를 단절하고 개경을 포위하였다는 것을 통해 몽골의 침입이 시작되었으며, 태자를 몽골에 보내 항복을 청하였다는 것을 통해 (가)에는 고려의 대몽 항쟁 사실이 들어가야 함을 알 수 있다. ① 몽골의 침입 당시 실권자였던 최우가 강화도 천도를 단행하여 장기 항전을 준비하였다.

오답 피하기 ② 을지문덕은 7세기 수 양제가 고구려를 침략했을 때 살수에서 수의 군대와 싸워 큰 승리를 거두었다(살수 대첩).

③ 조선 세종은 왜구의 침략이 계속되자 이종무 등을 보내 왜구의 근거지인 대마도(쓰시마섬)를 정벌하였다.

④ 홍범도가 지휘한 대한 독립군 등 독립군 연합 부대가 1920년 봉오동 전투를 승리로 이끌었다.

⑤ 고려 성종 때 서희는 거란의 침략을 외교 담판으로 막아 내고 강동 6주 지역을 확보하였다.

11 공민왕의 정책 이해

문제 분석 자료에서 추밀원부사 유인우와 우리 환조(이성계의 아버지)를 보내 쌍성총관부를 공격하고, 화주 등을 수복하였다는 것 등을 통해 (가) 왕은 고려 공민왕임을 알 수 있다. ④ 고려 공민왕은 14세기 중엽 원이 쇠퇴하자 친원 세력을 제거하고 고려의 내정을 간섭하던 정동행성 이문소를 철폐하는 등 반원 개혁 정치를 실시하였다.

오답 피하기 ① 조선 정조는 자신의 정치적 이상 실현을 위해 수원 화성을 축조하였다.
② 대한 제국의 고종 황제는 1899년 황제권을 강화하기 위해 대한국 국제를 반포하였다.
③ 조선 세종은 압록강과 두만강 유역의 여진을 몰아내고 4군 6진 지역을 개척하였다.
⑤ 백제 근초고왕은 마한의 여러 소국을 복속시켜 영토를 확장하였다.

12 고려의 신분 제도 이해

문제 분석 자료에서 문무 관리 및 농민(백정), 상인, 수공업자 등과 함께 양인에 속하였다는 것 등을 통해 (가)는 고려의 중간 계층임을 알 수 있다. ② 중간 계층은 중앙과 지방 통치 기구의 말단 행정 실무를 주로 담당하였는데, 중앙 관청에 속한 서리, 궁중 업무를 담당한 남반, 지방 행정을 담당한 향리, 하급 장교 등으로 구성되었다.

오답 피하기 ① 향·부곡·소는 고려 시대의 특수 행정 구역으로 이곳에 거주하는 사람들은 일반 군현민에 비해 세금의 부담이 컸고, 과거에 응시할 수 없었다.
③ 문벌은 왕실이나 다른 문벌 가문과 혼인하여 권력을 독점하였고, 과거, 음서 등으로 관직에 진출하여 여러 대에 걸쳐 고위 관료를 배출하였다.
④ 조선 전기에 사림 세력은 여러 차례의 사화에도 불구하고 서원과 향약을 통하여 향촌 사회에서 세력을 확대해 나갔다.
⑤ 공·사노비는 재산으로 취급되어 매매와 상속의 대상이 되었다.

13 고려 시대 신분 변동의 이해

문제 분석 이의민이 천민 신분이었으나 의종의 총애와 정중부의 난 때 공을 세워 승진하였다는 것, 유청신은 고이부곡 사람이며 선조가 부곡리(部曲吏)를 지냈으나 몽골어를 익혀 3품까지 승진을 허락받았다는 것 등을 통해 제시된 자료는 고려 시대 신분의 변동과 관련된 것임을 알 수 있다. ② 고려는 엄격한 신분제 사회였지만, 제한적이나마 지위와 신분을 상승시킬 수 있는 가능성이 열려 있었다. 고려 시대에는 향리의 자제가 과거를 통해 고위 관리가 되기도 하였고, 하층민이 공을 세워 지배층으로 성장하거나 이의민과 같이 최고 권력자가 되는 경우도 있었다. 또한, 향·부곡·소 등 특수 행정 구역이 일반 군현으로 승격하는 사례도 있었다.

오답 피하기 ① 신라는 골품에 따라 개인의 사회 활동과 정치 활동의 범위까지 제한하였다. 신라 말 일부 6두품은 골품제를 비판하면서 반신라적 성향을 보였다.
③ 양 난 이후 조선 정부는 국가 재정을 확충하기 위해 곡식을 바치는 대가로 공명첩을 발행하였다. 이를 통해 경제력을 갖춘 상민 등이 양반 신분을 취득하였고, 이는 신분제의 동요로 이어졌다.
④ 동학 농민 운동은 1894년 보국안민과 제폭구민을 구호로 내세워 일어났다.
⑤ 형평 운동은 백정에 대한 사회적 차별을 폐지하여 평등한 세상을 만들겠다는 신념하에 전개한 것으로, 진주에서 조직된 조선 형평사가 주도하였다.

14 의천의 활동 파악

문제 분석 자료에서 종파 간의 분열을 극복하기 위해 노력하였다는 것, 문종의 넷째 아들로 태어나 11세에 출가하였다는 것, 해동 천태종을 창시하여 불교 통합 운동을 벌였다는 것 등을 통해 (가) 인물은 고려 의천임을 알 수 있다. ④ 의천은 교관겸수를 내세워 교종을 중심으로 선종을 통합하려 하였다.

오답 피하기 ① 고려 최씨 무신 정권 시기에 최충헌이 교정도감을 설치하였다. 교정도감은 최고 권력 기구로 최씨 무신 정권의 유지에 기여하였다.
② 신라 원광이 세속 5계를 제시하였다.
③ 조선 광해군 때 허준이 『동의보감』을 편찬하였다.
⑤ 고려 요세는 백련사 결사를 조직하였다.

15 삼국사기의 편찬 시기 파악

문제 분석 자료에서 김부식이 아뢴다는 것, 삼국의 역사를 책으로 기록해야 해서 왕이 명을 내렸다는 것 등을 통해 밑줄 친 '편찬'은 『삼국사기』 편찬을 가리키는 것임을 알 수 있다. 『삼국사기』는 인종의 명에 따라 편찬된 역사서로 유교적 합리주의 사관에 기초하여 기전체 방식으로 구성되었다. ② 『삼국사기』는 고려 전기인 1145년에 편찬되었다. 후삼국 통일은 936년, 무신 정변은 1170년의 일이다.

16 제왕운기의 특징 파악

문제 분석 자료에서 고려 후기에 이승휴가 저술한 역사서라는 것을 통해 퀴즈의 정답은 『제왕운기』임을 알 수 있다. ③ 몽골의 침략 등을 거치며 자주 의식을 강조한 역사서가 편찬되었다. 일연의 『삼국유사』와 이승휴의 『제왕운기』 등이 대표적인데, 두 권 모두 우리 역사의 시작을 단군으로 서술하였다.

오답 피하기 ① 박은식은 민족주의 사학자로서 일제 식민 사관의 역사 왜곡에 맞서 국혼을 강조하였으며, 『한국통사』, 『한국독립운동지혈사』 등을 저술하였다.
② 조선 후기 실학자 박제가는 『북학의』에서, 박지원은 『열하일기』에서 발달한 청의 문물을 적극적으로 수용할 것을 주장하였다.
④ 김부식의 『삼국사기』는 유교적 합리주의 사관에 입각하여 기전체 형식으로 편찬되었다.
⑤ 고려 후기에 편찬된 이제현의 『사략』은 성리학의 유행으로 정통과 대의명분을 강조하였다.

03 조선 시대 정치 운영과 세계관의 변화

자료 탐구 본문 34쪽

1 ⑤

1 임진왜란의 전개 과정 이해

문제 분석 자료에서 이순신과 함께 한산도 해전을 승리로 이끈다는 내용 등을 통해 밑줄 친 '이 전쟁'이 임진왜란임을 알 수 있다. 임진왜란 당시 이순신이 이끄는 수군은 한산도 해전 등에서 크게 승리하여 조선이 전세를 역전시킬 수 있는 발판을 마련하였다. ⑤ 임진왜란 당시 권율이 이끄는 조선군은 행주산성에서 일본군을 크게 격파하였다.

오답 피하기 ① 도병마사는 고려 시대 중서문하성과 중추원의 고위 관리가 모여 국방 문제 등을 논의하던 회의 기구이다.
② 천리장성은 고구려와 고려 시대에 각각 축조되었다. 고구려는 당의 침략에 대비하여, 고려는 거란과 여진의 침략에 대비하여 천리장성을 축조하였다.
③ 별기군은 1881년에 창설된 신식 군대로, 일본인 교관으로부터 훈련을 받았다.
④ 1894년 동학 농민 운동 당시에 전주성을 점령한 동학 농민군은 정부와 전주 화약을 체결한 뒤 전라도 각지에 집강소를 설치하여 폐정 개혁을 추진하였다.

수능 유형 익히기 본문 36~38쪽

01 ①	02 ④	03 ②	04 ③
05 ④	06 ③	07 ③	08 ⑤
09 ②	10 ⑤	11 ④	12 ②

01 이성계의 활동 파악

문제 분석 자료에서 우왕과 최영이 요동 정벌을 단행하자 이에 반대하여 위화도에서 군대를 돌렸다는 내용 등을 통해 (가) 인물이 이성계임을 알 수 있다. ① 위화도 회군 이후 정치적 실권을 장악한 이성계는 정도전 등 급진 개혁파 신진 사대부와 함께 조선을 건국하였다.

오답 피하기 ② 고려의 태조 왕건이 후삼국을 통일하였다.
③ 조선 고종은 제2차 갑오개혁을 추진하는 과정에서 교육입국 조서를 반포하였다.
④ 백제 성왕은 백제의 중흥을 꾀하며 웅진에서 사비로 천도하였다.
⑤ 백제는 4세기 근초고왕 때 마한의 여러 소국을 복속시키면서 세력을 확장해 나갔다.

02 조선 시대 3사의 언론 활동 파악

문제 분석 자료에서 사헌부의 관원인 감찰이 부정을 적발하고 비위 사실을 밝혀냈으며, 사간원에서 여러 관아와 각 도의 공사에 대해 타당하지 않은 것은 반박해서 도로 반환하였다는 내용 등을 통해 자료가 언론 활동에 대한 것임을 알 수 있다. ④ 사헌부, 사간원, 홍문관의 3사는 조선 시대의 언론 기구였다. 이들은 관리를 감찰하고 정치의 잘잘못을 논하는 등 권력 독점을 견제하였다.

오답 피하기 ① 삼국 통일 이후 신라는 전국을 9주로 나누고, 주요 지역에 5소경을 설치하는 등 통치 체제를 정비하였다.

② 고려 광종은 노비안검법과 과거제 등을 시행하여 호족과 공신 세력을 약화하고 왕권을 강화하려 하였다.

③ 원 간섭기에는 도병마사가 도평의사사로 개편되는 등 관제 개편이 이루어졌다.

⑤ 대한 제국 시기 황제의 군 통수권을 강화하기 위해 원수부가 설치되었다.

03 조선의 통치 체제 이해

문제 분석 자료에서 전국을 8도로 나누고 관찰사를 파견하였으며, 모든 군현에 수령을 파견하고, 유향소 설치를 허용하였다는 내용 등을 통해 (가) 국가가 조선임을 알 수 있다. ② 조선은 성종 때 『경국대전』을 완성·반포함으로써 성문법에 근거한 통치 질서를 확립하였다.

오답 피하기 ① 발해는 9세기 선왕 이후 중국으로부터 해동성국으로 불렸다.

③ 백제는 22담로에 왕족을 파견하여 지방 통제를 강화하였다.

④ 중서문하성은 고려 시대에 국정을 총괄하는 최고 기구였다.

⑤ 부여의 마가, 우가, 저가, 구가 등 제가가 별도로 사출도를 다스렸다.

04 조선의 과거 제도 이해

문제 분석 자료에서 조선의 관리 등용 제도로 문과, 무과, 잡과로 구분되었다는 내용 등을 통해 (가) 제도가 과거임을 알 수 있다. ③ 조선은 법적으로 양인 이상이면 과거에 응시할 수 있었다.

오답 피하기 ① 통일 신라 원성왕은 유교 경전의 이해 정도를 평가하여 관리 선발에 활용하고자 독서삼품과를 마련하였다.

② 골품제는 신라의 신분 제도로, 6두품 등은 진골에 비해 관등 승진의 제한이 있어 고위 관직에 오르지 못하였다. 이에 신라 말 일부 6두품은 골품제를 비판하면서 반신라적 성향을 보였다.

④ 고려 태조 왕건은 불교를 숭상하고 서경을 중시할 것 등의 내용을 담은 훈요 10조를 후손들에게 남겼다.

⑤ 조선 태종과 세조 때 6조 직계제가 채택되어 왕권이 강화되고 의정부의 권한이 약화되었다.

05 조선 시대 사림 이해

문제 분석 자료에서 동인과 서인으로 나뉜 뒤로 당파의 색목이 형성되었다는 내용 등을 통해 (가) 정치 세력이 사림임을 알 수 있다. ④ 사림은 여러 차례에 걸친 사화로 피해를 입었지만, 서원과 향약을 바탕으로 향촌 사회에서 영향력을 꾸준히 확대해 나갔다.

오답 피하기 ① 개화파는 임오군란을 전후하여 개화의 방법과 속도 등을 둘러싸고 온건 개화파와 급진 개화파로 분화되었다.

② 신라 말에는 지방 호족 세력이 성장하여 스스로 성주 또는 장군이라 칭하였다.

③ 박규수, 오경석, 유홍기 등의 통상 개화론자들이 북학파 실학자들의 사상을 계승하였다.

⑤ 신라의 귀족들이 화백 회의에서 국가의 중요한 일을 결정하였다.

06 조선 정조의 탕평 정치 파악

문제 분석 자료에서 규장각을 설치하였고, 초계문신에게 부지런히 공부하도록 장려하였다는 내용 등을 통해 밑줄 친 '전하'는 조선 정조임을 알 수 있다. ③ 정조는 붕당 정치의 폐단을 해소하고 국왕 중심의 국정 운영을 강화하기 위해 탕평 정치를 실시하였다.

오답 피하기 ① 통일 신라 신문왕은 귀족의 경제 기반을 약화시키기 위해 관료전을 지급하고 녹읍을 폐지하였다.

② 조선 세종은 유교의 덕치와 민본 사상을 바탕으로 훈민정음을 창제하여 반포하였다.

④ 조선 고종은 제2차 갑오개혁 당시 국정 개혁의 기본 강령이라 할 수 있는 홍범 14조를 반포하였다.

⑤ 전민변정도감은 권세가들이 부당하게 빼앗은 토지를 본래 소유주에게 돌려주고, 불법적으로 노비가 된 자를 양인으로 해방시키기 위해 고려 후기에 여러 차례 설치되었다. 공민왕 때 설치된 것이 대표적이다.

07 세도 정치의 전개 과정 파악

문제 분석 자료에서 김씨와 조씨가 권세를 마음대로 휘둘렀으며, 순조에서 철종까지 60여 년간 이어졌다는 내용 등을 통해 자료가 세도 정치에 대한 것임을 알 수 있다. ③ 조선 후기 정조 사후 3대(순조~철종)에 걸쳐 안동 김씨, 풍양 조씨 등 외척 가문이 비변사의 고위 관직을 차지하고 권력을 독점하는 세도 정치가 전개되었다.

오답 피하기 ① 1919년 김원봉 등의 주도로 만주에서 조직된 의열단은 일제의 식민 통치 기관을 파괴하고 침략 원흉을 응징하는 의열 투쟁을 전개하였다.

② 고려 후기 권문세족은 대개 원과의 관계를 배경으로 성장하여 권력을 장악하였다. 권문세족은 도평의사사를 장악하고, 농장과 노비의 소유를 확대하여 부를 축적하였다.

④ 1170년 고려 무신들이 자신들에 대한 차별과 문벌의 권력 독점에 맞서 무신 정변을 일으켜 권력을 장악하였다.

⑤ 1880년대 이만손 등 유생들은 영남 만인소를 올려 수신사 김홍집이 들여온 『조선책략』을 비판하며 개화 정책에 반대하였다.

08 조선 전기 일본과의 관계 이해

문제 분석 자료에서 도요토미 히데요시가 임진년에 여러 장수를 협박해 군사를 일으켰다는 내용 등을 통해 (가) 국가가 일본임을 알 수 있다. 전국 시대의 혼란을 수습한 도요토미 히데요시는 자신에게 불만을 가진 세력의 관심을 밖으로 돌리고 대륙 침략의 야욕을 채우기 위한 목적 등으로 임진왜란을 일으켰다. ⑤ 조선은 일본과 교린 관계를 맺고 회유책과 강경책을 함께 펼쳤다. 왜구의 약탈이 계속되자 세종 때 이종무를 보내 왜구의 소굴인 대마도(쓰시마섬)를 정벌하는 한편, 일본의 교역 요청에 따라 3포(부산포, 제포, 염포)를 개방하여 제한적인 무역을 허용하기도 하였다.

오답 피하기 ① 조선 정부는 1881년 청의 근대식 무기 제조법과 군사 훈련법 습득 등을 목적으로 영선사를 파견하였다.

② 고구려는 당의 침입, 고려는 거란과 여진의 침입에 대비하기 위하여 각각 천리장성을 축조하였다.

③ 조선은 세종 때 압록강과 두만강 유역의 여진을 몰아내고 4군 6진 지역을 개척하였다.

④ 고려 성종 때 서희는 거란의 장수 소손녕과 외교 담판을 벌여 강동 6주 지역을 확보하였다.

09 임진왜란의 전개 과정 파악

문제 분석 자료에서 임금이 서쪽으로 가서 나라 안이 텅 비고 적병으로 가득 찼을 때 곽재우, 조헌 등이 의병을 일으켜 왜적을 무찔렀다는 내용 등을 통해 밑줄 친 '전쟁'은 임진왜란임을 알 수 있다. ② 임진왜란 초기에 선조는 의주로 피란하면서 명에 지원군을 요청하였다. 조선은 일본군에 밀려 한성은 물론 평양성까지 빼앗겼으나 수군과 의병의 활약, 명군의 지원 등으로 전세가 역전되었다. 조명 연합군은 본격적인 반격에 나서 1593년 1월에 평양성을 탈환하였다.

오답 피하기 ① 고려 숙종은 윤관의 건의를 받아들여 여진 정벌을 위한 특수 부대인 별무반을 편성하였다.

③ 을지문덕이 이끄는 고구려군이 612년 살수에서 수의 대군을 물리쳤다.

④ 고려 무신 정권 시기에 조직된 삼별초는 1270년 고려 정부의 개경 환도 결정에 반발하여 강화도에서 봉기하였다. 삼별초는 이후 진도, 제주도로 이동하면서 항쟁하였으나 결국 진압되었다.

⑤ 정미의병 때 의병 연합 부대인 13도 창의군이 결성되어 1908년에 서울 진공 작전을 전개하였다.

10 정묘호란의 결과 파악

문제 분석 자료에서 적이 반정으로 정권을 잡은 서인의 외교 정책을 명분으로 침입하였으며, 국왕이 강화도로 조정을 옮겨 장기전에 대비하였다는 내용 등을 통해 밑줄 친 '침입'이 후금의 침략으로 발발한 정묘호란임을 알 수 있다. ⑤ 정묘호란 당시 조선은 화의를 받아들여 후금과 형제 관계를 맺었다.

오답 피하기 ① 비변사는 조선 중종 때 왜구와 여진의 침입에 대비하여 설치된 임시 기구이다. 임진왜란을 거치면서 기능이 강화되어 조선 후기에 국정 전반을 관장하게 되었다.

② 1866년 병인양요를 일으킨 프랑스군이 강화도에서 철수하면서 외규장각 도서를 약탈해 갔다.

③ 1894년에 발발한 청일 전쟁에서 승리한 일본이 시모노세키 조약으로 랴오둥반도를 차지하자 러시아의 주도로 삼국 간섭이 일어났다(1895).

④ 임오군란의 결과 조선은 청과 조청 상민 수륙 무역 장정을 체결하였다. 이 장정에 따라 청 상인은 허가를 받으면 개항장을 벗어나 내지 통상을 할 수 있게 되었다.

11 병자호란의 시기 파악

문제 분석 자료에서 청의 황제가 조선 국왕에게 내린 조서로 군주와 대신으로 사는 신의와 규례를 정하였으며, 명과의 관계를 확실히 끊고, 장자 등을 인질로 데려간다는 내용 등을 통해 문서가 작성된 시기가 병자호란(1636~1637) 당시임을 알 수 있다. 병자호란 당시 청에 맞서 항전하던 조선은 결국 항복하고 청과 군신 관계를 맺었다. 이에 조선은 명과 외교 관계를 끊고 청에 조공을 바쳤다. 또한 소현 세자와 봉림 대군을 비롯하여 수많은 신하와 백성이 청에 인질로 끌려갔다. ④ 정묘호란 발발은 1627년, 홍경래의 난 발생은 1811년의 사실이다.

12 병자호란의 영향 파악

문제 분석 자료에서 남한산성에서 국가의 운명이 걸린 47일간의 이야기, 척화파와 주화파의 대립 속에서 갈등하는 인조의 고뇌 등의 내용을 통해 (가) 전쟁은 병자호란임을 알 수 있다. ② 병자호란 이후 조선은 명에 대한 의리를 지키고 청에 대한 치욕을 씻기 위해 청을 정벌하자는 북벌 운동을 추진하였다.

오답 피하기 ① 1875년 일본이 일으킨 운요호 사건을 계기로 이듬해인 1876년 조선은 일본과 강화도 조약을 체결하였다.

③ 고려는 11세기 초 거란의 3차 침입 때 강감찬의 활약으로 귀주에서 큰 승리를 거두었다.

④ 신미양요 이후 흥선 대원군은 전국에 척화비를 세워 통상 수교 거부 의지를 알렸다.

⑤ 6·25 전쟁 당시 낙동강 전선까지 밀려났던 국군과 유엔군은 인천 상륙 작전을 성공시켜 전세를 역전시켰다.

04 양반 신분제 사회와 상품 화폐 경제

자료 탐구 본문 42~43쪽

1 ④ 2 ①

1 대동법의 내용 파악

문제 분석 자료는 공납의 폐단을 보여 준다. 방납하는 상인이 있어 10배의 값을 내지 않으면 공물을 바칠 수 없다는 내용 등을 통해 이를 알 수 있다. ④ 조선 정부는 방납의 폐단을 해결하기 위해 토산물 대신 토지 결수에 따라 쌀, 무명이나 베, 동전 등으로 공물을 납부하게 하는 대동법을 시행하였다.

오답 피하기 ① 전민변정도감은 권세가들이 부당하게 빼앗은 토지를 본래 소유주에게 돌려주고 불법적으로 노비가 된 자를 양인으로 해방하기 위해 고려 후기 여러 차례 설치되었다. 공민왕 때 설치된 것이 대표적이다.

② 흥선 대원군 집권 시기에 군정의 문란을 시정하기 위해 호포제를 시행하면서 양반에게도 군포가 부과되었다.

③ 통일 신라 신문왕은 문무 관료에게 관료전을 지급하고 녹읍을 폐지하여 귀족들의 경제력을 약화하고자 하였다.

⑤ 조선 정조는 육의전을 제외한 시전 상인의 금난전권을 폐지하여 사상들의 상업 활동을 보장하는 통공 정책을 시행하였다.

2 임술 농민 봉기의 이해

문제 분석 자료에서 임술년에 삼남 지방의 읍민들이 일으켰으며, 환곡·군정·전정이 문란한 것이 원인이라 하여 이정청을 설치하였다는 내용 등을 통해 밑줄 친 '소요'가 임술 농민 봉기임을 알 수 있다. ① 임술 농민 봉기는 세도 정치의 폐단으로 정치 기강이 문란해지고 삼정의 문란이 심화되는 상황에서 1862년에 일어났다.

오답 피하기 ② 일제는 1925년 국가 체제나 사유 재산 제도를 부정하는 사상을 탄압하기 위해 치안 유지법을 제정하였다.

③ 물산 장려 운동은 일부 사회주의 계열로부터 자본가와 상인의 이익만을 추구하는 이기적인 운동이라고 비판을 받았다.

④ 곽재우, 조헌 등은 임진왜란 당시 의병장으로 활약하였다.

⑤ 1880년대 이만손 등 유생들은 영남 만인소를 올려 수신사 김홍집이 들여온 『조선책략』을 비판하며 개화 정책에 반대하였다.

수능 유형 익히기 본문 45~46쪽

01 ③	02 ③	03 ②	04 ①
05 ④	06 ⑤	07 ⑤	08 ③

01 조선 시대 노비의 특징 이해

문제 분석 자료에서 상속받은 사람이 관청에 신고하여 확인서를 받는다는 내용 등을 통해 (가) 신분이 노비임을 알 수 있다. ③ 노비는 재산으로 간주되어 매매·상속·증여의 대상이 되었다.

오답 피하기 ① 조선 시대에 양반의 첩에게서 태어난 자식을 일컬었던 서얼은 관직 진출에 제한을 받아 문과에 응시할 수 없었다.

② 백정의 '백'은 '없다', '정'은 '직역'을 의미한다. 고려 시대에는 직역이 없던 양인 농민층을 백정이라고 불렀다.

④ 조선 시대 중인은 양반과 상민의 중간 신분으로 주로 역관, 의관, 율관 등의 전문 기술직이나 행정 실무를 담당하였다.

⑤ 골품제는 신라의 신분 제도로, 골품에 따라 관등이나 관직 승진에 제한을 두었다. 진골은 최고 신분으로 주요 관직을 독점하였고, 6두품 세력은 17관등 중 6관등인 아찬까지만 승진할 수 있었다.

02 대동법의 영향 파악

문제 분석 자료에서 경기와 강원도에 이미 시행하였고, 1결마다 면포 1필과 쌀 2말씩 내면 진상하는 공물의 값 등이 모두 그 속에 포함된다는 점, 방납의 폐단에서 백성을 구제하는 좋은 방법이라는 내용 등을 통해 (가) 제도가 대동법임을 알 수 있다. ③ 대동법 시행 이후 공인이 시장에서 대량으로 물품을 구매하고 수공업자들에게 물품 생산을 주문하면서 상품 화폐 경제가 발달하게 되었다.

오답 피하기 ① 노비안검법은 고려 광종이 공신과 호족의 경제적·군사적 기반을 약화하고 국가 재정을 강화하려는 의도에서 실시하였다.

② 조선 정조는 육의전을 제외한 시전 상인의 금난전권을 폐지하는 통공 정책을 시행하였다.

④ 흥선 대원군은 환곡의 폐단을 바로잡기 위해 사창제를 실시하였다.

⑤ 이승만 정부 시기에 제정된 농지 개혁법에 따라 가구당 농지 소유 면적의 상한이 3정보로 제한되었다.

03 균역법 실시의 배경 이해

문제 분석 자료에서 영조가 군포 부담에 대한 백성의 고충을 들었다는 내용을 통해 (가)에는 백성의 군포 부담을 줄이려는 목적에서 시행된 정책이 들어가야 함을 알 수 있다. ② 조선 후기 농민들에게 군포 부담이 집중되자, 영조는 군포 부담을 1필로 줄이는 균역법을 실시하였다.

오답 피하기 ① 신라는 삼국을 통일한 이후 백제·고구려의 유민도 중앙군인 9서당에 편성하는 등 민족 융합 정책을 실시하였다.

③ 대한 제국 시기에 고종은 광무개혁의 일환으로 황제 직속의 최고 군 통수 기관인 원수부를 설치하였다.

④ 별기군은 1881년에 조직된 신식 군대로, 일본인 교관을 초빙하여 군사 훈련을 시행하였다.

⑤ 임시 기구로 설치되었던 비변사는 임진왜란을 거치면서 구성원이 확대되고 국정을 총괄하는 역할을 담당하였다. 이에 왕권이 약화되는 등의 폐단이 발생하자 흥선 대원군은 비변사의 기능을 축소하고 이후 폐지하였다.

04 모내기법의 영향 파악

문제 분석 자료에서 노동력 절감 및 벼와 보리의 이모작을 통한 농업 생산력의 증대를 가져왔다는 내용 등을 통해 밑줄 친 '이 농법'이 모내기법임을 알 수 있다. ① 조선 후기에는 모내기법이 확산되면서 김매기에 필요한 노동력이 줄어들고 농업 생산력이 높아졌다. 이로써 한 사람이 경작할 수 있는 면적이 늘어나면서 광작이 유행하게 되었다.

오답 피하기 ② 고려 시대에는 관리 등에게 전지와 시지를 지급하는 전시과 제도가 운영되었다.

③ 박정희 정부는 농촌 환경 개선과 소득 증대를 목표로 1970년부터 새마을 운동을 추진하였다.

④ 전민변정도감은 권세가들이 부당하게 빼앗은 토지를 본래 소유주에게 돌려주고 불법적으로 노비가 된 자를 양인으로 해방하기 위해 고려 후기 여러 차례 설치되었다. 공민왕 때 설치된 것이 대표적이다.

⑤ 일제는 자국의 부족한 쌀을 한국에서 확보하기 위해 1920년부터 산미 증식 계획을 추진하였다.

05 조선 후기 상품 화폐 경제의 발달 이해

문제 분석 자료에서 상업적 농업이 발달하면서 채소 등의 상품 작물을 재배하여 높은 소득을 올리는 농민이 생겨났으며, 문학 작품의 저자가 박지원이라는 내용 등을 통해 밑줄 친 '이 시기'가 상품 작물 재배가 확대되던 조선 후기임을 알 수 있다. ④ 조선 후기 상공업이 발달하면서 금속 화폐인 상평통보가 전국적으로 유통되었다.

오답 피하기 ① 대한 제국은 광무개혁을 추진하면서 양전 사업을 실시하고 근대적 토지 소유 증명 문서인 지계를 발급하였다.

② 고려는 전국을 5도와 양계, 경기로 편성하였다. 도 아래에 설치한 군현에는 지방관이 파견된 주현과 파견되지 않은 속현이 있었으며, 특수 행정 구역으로 향·부곡·소 등이 있었다. 속현과 특수 행정 구역은 주현에 파견된 지방관이 향리의 도움을 받아 다스렸다.

③ 원산 총파업은 석유 회사의 일본인 감독이 한국인 노동자를 구타한 사건을 계기로 1929년에 일어났다.

⑤ 일제는 1910년 조선 총독의 허가를 받아야만 회사를 설립할 수 있도록 규정한 회사령을 제정하였다. 이후 1920년에 회사 설립을 허가제에서 신고제로 바꾸었다.

06 조선 후기 상업의 발달 이해

문제 분석 자료에서 송상과 만상들이 수달의 가죽을 몰래 독점적으로 거두어들여 연경(베이징)의 시장에서 매매한다는 내용 등을 통해 자료에 나타난 시기가 조선 후기임을 알 수 있다. 조선 후기에 송상, 만상 등 일부 사상들은 독점적 도매상인인 도고로 성장하여 상업 자본을 축적하였고, 대규모 자본을 바탕으로 매점매석을 통해 이윤을 극대화하였다. ⑤ 조선 후기에는 수로를 이용한 상품 운송이 늘어나면서 교통의 요지인 포구가 상업 중심지로 발전하였다.

오답 피하기 ① 통일 신라 신문왕은 귀족의 경제 기반을 약화시키기 위해 관료전을 지급하고 녹읍을 폐지하였다.

② 6·25 전쟁 후 미국의 경제 원조에 따라 밀(제분), 사탕수수(제당), 면화(면방직)를 원료로 하는 삼백 산업이 발달하였다.

③ 일제는 1930년대에 남면북양 정책을 실시하여 남부 지방에서는 면화를 재배하고, 북부 지방에서는 양을 기르도록 강요하였다.

④ 물산 장려 운동은 1920년대에 전개된 일본 상품 배격과 토산품 애용 운동으로 '내 살림 내 것으로', '조선 사람 조선 것' 등의 구호를 내걸었다.

07 조선 후기 신분제 동요 상황 파악

문제 분석 자료에서 표충사 수리 비용 조달을 위해 공명첩을 배당하였고, 가선대부 공명첩을 구입한 김택지에게 군역을 즉시 면제한다는 내용 등을 통해 자료가 신분제가 동요하던 조선 후기의 상황임을 알 수 있다. ⑤ 조선 정부는 양 난 이후 궁핍한 재정을 보충하기 위해 국가에 곡식을 바치는 대가로 공명첩을 발행하였다. 이를 통해 경제력을 갖춘 상민 등이 양반 신분을 취득하였고, 이는 신분제의 동요로 이어졌다.

오답 피하기 ① 신라 말 일부 6두품은 골품제를 비판하면서 반신라적 성향을 보였다.

② 고려 성종 이후 중앙 집권적인 국가 체제가 확립됨에 따라 지방 호족 출신으로 중앙 관료가 된 계열과 신라 6두품 계통의 유학자들을 중심으로 문벌 사회가 형성되었다.

③ 고려 후기 신진 사대부가 공민왕의 개혁 정치를 배경으로 중앙 정치 무대에서 성장하였다.

④ 조선 전기 사림은 동인과 서인으로 분화하였다.

08 홍경래의 난 파악

문제 분석 자료에서 홍경래가 이끄는 봉기군이 청천강 북쪽 일대를 대부분 장악했다는 내용 등을 통해 밑줄 친 '봉기'가 홍경래의 난임을 알 수 있다. ③ 홍경래의 난은 평안도 지역에 대한 차별과 세도 정권의 수탈에 반발하여 1811년에 평안도 가산에서 일어났다.

오답 피하기 ① 임오군란, 갑신정변 등이 청군의 개입으로 실패하였다.
② 1907년부터 시작된 국채 보상 운동은 대한매일신보 등 언론의 지원을 받아 전국으로 확산되었다.
④ 1907년 대한 제국 군대가 강제 해산 되자 일부 해산 군인들이 정미의병에 가담하면서 의병의 전투력이 강화되었다.
⑤ 고려 인종 때 묘청과 정지상 등은 풍수지리설을 바탕으로 서경 천도를 주장하였다.

05 흥선 대원군의 정책과 개항 이후 근대적 개혁의 추진

자료 탐구 본문 52~53쪽
1 ① 2 ①

1 흥선 대원군의 정책 파악

문제 분석 자료에서 조선 제26대 임금인 고종의 아버지라는 점, 호포제를 추진하였다는 점 등을 통해 (가) 인물이 흥선 대원군임을 알 수 있다. ① 흥선 대원군은 왕실의 권위 회복을 위하여 경복궁 중건을 추진하였다.
오답 피하기 ② 조선 정조는 왕권 강화를 위해 국왕 친위 부대인 장용영을 설치하였다.
③ 고려 공민왕은 쌍성총관부를 공격하여 원에 빼앗겼던 영토를 회복하였다.
④ 통일 신라 원성왕은 유교 경전에 대한 이해 정도를 관리 선발에 참고하고자 독서삼품과를 마련하였다.
⑤ 새마을 운동은 박정희 정부가 1970년부터 농촌 환경 개선과 소득 증대를 목표로 실시하였다.

2 갑신정변의 전개 과정 이해

문제 분석 자료에서 조선의 우의정이 청에 파병을 요청한다는 점, 간신 김옥균 등이 궁중에 난리가 났다고 거짓 핑계를 댔다는 점, 3일 동안 소식이 통하지 않았다는 점 등을 통해 자료의 상황이 1884년에 일어난 갑신정변에 대한 것임을 알 수 있다. ① 김옥균 등의 급진 개화파는 우정총국 개국 축하연을 계기로 정변을 일으켰으나, 청의 개입으로 인해 3일 만에 실패로 끝이 났다.
오답 피하기 ② 병자호란 이후 조선의 효종은 송시열 등을 중용해 청에 당한 치욕을 씻겠다는 북벌 운동을 추진하였다.
③ 만주 사변 이후 지청천이 이끄는 한국 독립군은 한중 연합 작전을 전개하여 쌍성보 전투, 대전자령 전투 등에서 승리를 거두었다.
④ 조선 물산 장려회는 1920년대에 토산품 애용을 통한 민족 산업 보호를 목적으로 물산 장려 운동을 추진하였다.
⑤ 고려 무신 정권기에는 망이·망소이의 봉기, 전주 관노의 봉기 등 하층민의 봉기가 발생하였다.

수능 유형 익히기

본문 55~57쪽

01 ③	02 ①	03 ④	04 ④
05 ③	06 ③	07 ④	08 ④
09 ⑤	10 ①	11 ②	12 ①

01 흥선 대원군의 정책 파악

문제 분석 자료에서 고종의 아버지라고 제시되었고, 세도 가문의 영향력을 약화하고, 다양한 정치 세력을 등용하고자 했다는 점 등을 통해 (가) 인물이 흥선 대원군임을 알 수 있다. ③ 흥선 대원군은 군정의 폐단을 시정하고자 가호를 기준으로 군포를 부과하는 호포제를 시행하였다.

오답 피하기 ① 통일 신라의 신문왕은 문무 관료에게 관료전을 지급하고 녹읍을 폐지하여 귀족들의 경제력을 약화하고자 하였다.
② 고려 태조는 후손들에게 훈요 10조를 남겨 고려 왕조의 나아갈 방향을 제시하였다.
④ 조선 정조는 왕권을 강화하고 정책을 뒷받침하기 위해 규장각을 정치 기구로 육성하였다.
⑤ 김구 등은 대한민국 임시 정부의 침체를 극복하기 위해 1931년 한인 애국단을 조직하였다.

02 병인양요의 배경 이해

문제 분석 자료에서 프랑스인들이 강화부에 쳐들어왔다는 점을 통해 해당 사건이 1866년에 일어난 병인양요에 대한 것임을 알 수 있다. ① 병인양요는 흥선 대원군이 프랑스 선교사를 비롯한 천주교도를 처형한 병인박해를 구실로 1866년 프랑스가 강화도를 침략한 사건이다.

오답 피하기 ② 일본의 도요토미 히데요시는 자신에게 불만을 가진 세력의 관심을 밖으로 돌리고, 대륙 침략의 야욕을 채우기 위한 목적 등으로 임진왜란을 일으켰다.
③ 무신 정변은 고려 때 무신에 대한 차별과 이에 따른 불만 등으로 인해 1170년에 발생하였다.
④ 삼국 간섭 이후 일본이 명성 황후를 시해하는 을미사변을 일으키자, 신변에 위협을 느낀 고종이 1896년에 아관 파천을 단행하였다.
⑤ 애치슨 선언은 1950년 1월 미국의 국무 장관인 애치슨이 미국의 태평양 지역 방위선을 발표한 것이다.

03 신미양요의 배경 이해

문제 분석 자료에서 광성보에서 중군 이하가 목숨 바쳐 싸웠다는 점, 적의 침입에 맞서 싸우다가 어재연이 죽었다는 점을 통해 밑줄 친 '침입'이 1871년에 일어난 신미양요임을 알 수 있다. ④ 미국이 제너럴 셔먼호 사건을 구실로 1871년에 강화도를 침략하여 신미양요가 일어났다.

오답 피하기 ① 13세기 고려 정부는 몽골과 강화를 맺은 뒤 강화도에서 개경으로 환도하였다.
② 고려 시대 윤관은 별무반을 이끌고 여진을 정벌한 뒤 동북 9성을 축조하였다.
③ 병자호란 이후 조선에서는 청에 당한 치욕을 씻고 명에 대한 의리를 지키자는 북벌론이 등장하였다.
⑤ 일제는 1907년 헤이그 특사 사건 등을 구실로 하여 고종을 강제 퇴위시켰다.

04 강화도 조약의 내용 이해

문제 분석 자료에서 일본의 운요호가 강화도 근해에 난입해 들어왔다는 점, 이에 서로 옛 우의의 두텁고 평안함을 지키고 오랜 호의적인 조약을 갖추기로 했다는 점 등을 통해 밑줄 친 '조약'이 1876년에 체결된 강화도 조약임을 알 수 있다. ④ 강화도 조약은 해안 측량권과 영사 재판권(치외 법권) 등이 허용된 불평등 조약이었다.

오답 피하기 ① 을사늑약에 따라 1906년에 통감부가 설치되었다.
② 고려 정부의 개경 환도 결정에 반발하여 삼별초는 근거지를 옮기며 항전하였다.
③ 1953년 체결된 한미 상호 방위 조약에 미군의 한국 주둔 허용이 명시되었다.
⑤ 고려 성종 때 서희는 거란의 침략을 외교 담판으로 막아 내고 강동 6주 지역을 확보하였다.

05 조미 수호 통상 조약의 특징 이해

문제 분석 자료에서 1882년 조선의 전권대신 신헌과 미국의 전권대사 슈펠트에 의해 체결되었다는 점, 조선이 서양 국가와 맺은 최초의 근대적 조약이라는 점 등을 통해 (가) 조약이 조미 수호 통상 조약임을 알 수 있다. ③ 조미 수호 통상 조약에는 조약을 맺은 한 나라가 제3국에 부여한 가장 유리한 대우를 조약 상대국에도 부여하는 최혜국 대우 조항이 포함되어 있다.

오답 피하기 ① 고려 말 요동 정벌에 나섰던 이성계는 위화도 회군을 단행하였고, 이를 계기로 권력을 장악하여 정도전 등 급진 개혁파 신진 사대부와 함께 조선을 건국하였다.
② 조선 정조는 왕권 강화를 위해 친위 부대인 장용영을 설치하였다.
④ 묘청 등은 풍수지리설을 내세워 서경 천도를 추진하였으나 받아들여지지 않자 서경을 근거지로 하여 난을 일으켰다.
⑤ 고종은 을사늑약의 부당함을 알리기 위해 네덜란드 헤이그에서 열리는 만국 평화 회의에 이준, 이위종, 이상설을 특사로 파견하였다.

06 영선사의 특징 이해

문제 분석 자료에서 1881년 김윤식이 이끄는 사절단이 출발하였다는 점, 베이징에 도착하였고, 기기국 등에서 학습을 시작하였다는 점 등을 통해 밑줄 친 '사절단'이 영선사 김윤식이 이끈 사절단임을 알 수 있다. ③ 조선은 영선사 김윤식이 이끄는 유학생과 기술자를 청에 파견하여 근대 무기 제조법과 군사 훈련법을 익히게 하였다. 이들은 귀국 후 조선에서 기기창이 설치되는 데 기여하였다.

오답 피하기 ① 조선은 1876년 강화도 조약을 체결한 이후 일본에 수신사라는 외교 사절을 파견하였다.

② 청의 외교관인 황준헌이 쓴『조선책략』은 제2차 수신사였던 김홍집이 국내에 소개하여 유포되었다.

④ 묘청 등 서경 세력은 풍수지리설을 바탕으로 하여 서경 천도를 추진하고, 칭제건원과 금 정벌 등을 주장하였다.

⑤ 고종은 을사늑약의 부당함을 알리기 위해 1907년 네덜란드 헤이그에서 열린 만국 평화 회의에 이상설, 이준, 이위종을 특사로 파견하였다.

07 위정척사 운동의 주장 이해

문제 분석 자료에서 서양의 학문이 천리를 어지럽히고, 인륜을 멸하는 것임을 언급한 점, 서양 물건의 태반이 인륜의 도리를 무너뜨린다고 비판하는 점, 견문을 넓힌다는 것이 공자의 방법이 아니라는 점 등을 통해 해당 주장이 위정척사 세력의 주장임을 알 수 있다. 위정척사 세력은 성리학과 성리학적 사회 질서를 지키고 서양의 학문 등은 배척하였다. ④ 개항을 전후하여 보수적 유생층을 중심으로 서양과의 통상 및 개화 정책 등에 반대하는 위정척사 운동이 전개되었다.

오답 피하기 ① 조선 전기에 사림과 훈구 세력의 대립 과정에서 여러 차례 사화가 발생하였다.

② 조선 후기 대동법의 시행으로 국가에 필요한 물품을 관청에 납품하는 공인이 성장하였다.

③ 새마을 운동은 박정희 정부 때인 1970년부터 농촌 환경 개선과 소득 증대를 목표로 실시되었다.

⑤ 사회주의 사상은 1919년 3·1 운동 이후 본격적으로 국내에 확산되었다.

08 임오군란의 영향 파악

문제 분석 자료에서 구식 군인들이 봉기하였고, 일본인 교관이 돌에 맞아 사망하였다는 점 등을 통해 밑줄 친 '봉기'가 임오군란임을 알 수 있다. ④ 임오군란(1882)의 영향으로 조선에 대한 청의 내정 간섭이 심화되었으며, 일본 공사관에 경비병 주둔을 허용하는 내용 등을 담은 제물포 조약이 체결되었다.

오답 피하기 ① 고려 시대 이자겸과 척준경의 주도로 이자겸의 난이 일어났다.

② 대한 제국은 구본신참을 원칙으로 삼아 광무개혁을 추진하였다.

③ 조선 현종 때 효종과 효종비의 장례와 관련하여 자의 대비의 상복 입는 기간을 둘러싸고 두 차례의 예송이 발생하였다.

⑤ 미국 대통령 윌슨이 제기한 민족 자결주의는 1919년 3·1 운동이 일어나는 데 영향을 주었다.

09 온건 개화파의 특징 이해

문제 분석 자료에서 온건 개화파에 대한 카드가 제시되어 있고, 특징에 빈칸이 제시되어 있으므로 (가)에는 온건 개화파의 특징에 대한 내용이 들어가야 함을 알 수 있다. 개화파는 임오군란을 전후한 시기에 개화의 방법과 속도, 외교 정책 등을 둘러싸고 온건 개화파와 급진 개화파로 분화되었다. ⑤ 온건 개화파는 청의 양무운동을 개혁 모델로 삼았으며, 동도서기론에 따른 점진적인 개혁을 추구하였다.

오답 피하기 ① 신라는 귀족들이 참가하는 화백 회의에서 국가의 중요한 일을 결정하였다.

② 1870년대 최익현 등의 위정척사 세력이 왜양일체론을 주장하며 개항 반대 운동을 전개하였다.

③ 동학교도들은 교조 최제우의 억울함을 풀어줄 것과 포교의 자유를 요구하며 교조 신원 운동을 전개하였다.

④ 교정도감은 고려 무신 정권 시기에 최충헌이 설치하였다.

10 갑신정변의 특징 파악

문제 분석 자료에서 우정총국 연회에서 일어났다는 점, 임금을 핍박하여 궁궐을 옮겼다는 점 등을 통해 밑줄 친 '모반'이 갑신정변임을 알 수 있다. ① 김옥균 등의 급진 개화파는 1884년 우정총국 개국 축하연을 계기로 갑신정변을 일으켜 급진적인 개혁을 추진하였다.

오답 피하기 ② 천리장성은 외침을 막기 위해 고구려와 고려 시대에 각각 축조되었다.

③ 흥선 대원군은 신미양요 이후 서양과의 통상 수교 거부 의지를 알리기 위해 전국 각지에 척화비를 세웠다.

④ 박정희 정부가 한일 국교 정상화를 위한 회담을 진행하는 것에 반발하여 1964년에 6·3 시위가 일어났다.

⑤ 1926년 순종이 서거하면서 민족주의 계열인 천도교와 사회주의 계열, 학생들이 만세 시위를 계획하였다.

11 거문도 사건의 시기 파악

문제 분석 자료에서 영국 영사에게 보낸 글이라는 점, 영국이 거문도에 뜻을 두고 있다는 것을 알고 있으며, 이곳을 다른 나라가 점유하는 것을 응낙할 수 없다는 점, 거문도에서 빨리 물러나길 바라고 있다는 점 등을 통해 영국이 거문도를 불법 점령하고 있던 시기(1885~1887)에 작성된 것임을 알 수 있다. ② 갑신정변 이후 청의 내정 간섭을 견제하기 위해 조선 정부가 러시아와 비밀 협약을 체결하고자 하였다. 이러한 상황에서 영국은 러시아를 견제한다는 구실로 1885년 조선의 거문도를 불법 점령하였다가 1887년 청의 중재로 철수하였다. 임오군란은 1882년, 전주 화약 체결은 1894년에 일어난 사실이다.

12 1880년대의 정치적 변화 파악

문제 분석 자료에서 (가)는 조청 상민 수륙 무역 장정이 체결되었다는 점을 통해 1882년의 사실임을 알 수 있고, (나)는 조선 주재 독일 부영사 부들러가 조선에 영세 중립을 제안하였다는 점을 통해 1885년의 사실임을 알 수 있다. ① 갑신정변은 1884년 김옥균 등의 급진 개화파가 일으킨 사건이다.

오답 피하기 ② 9세기 전반 장보고는 지금의 완도군 장도 일대에 청해진을 설치하였다.

③ 1811년 평안도 지역에 대한 차별 대우 등을 배경으로 홍경래의 난이 일어났다.

④ 조선은 1876년 강화도 조약을 체결한 이후 일본에 제1차 수신사를 파견하였다.

⑤ 1945년 12월 모스크바에서 한반도 문제 등을 논의하기 위해 미국·영국·소련의 3국 외상 회의가 개최되었다.

06 근대 국가 수립을 위한 노력

자료 탐구 본문 62~63쪽

1 ① **2** ③

1 동학 농민 운동의 특징 이해

문제 분석 자료에서 백산에서 결집한 농민군이 전주로 향했다는 점, 황토현 전투가 농민군 최초의 승리로 언급된 점 등을 통해 (가) 운동이 동학 농민 운동임을 알 수 있다. ① 동학 농민 운동은 전봉준, 김개남 등의 지도자들이 주도하였다.

오답 피하기 ② 1907년 대구에서 시작된 국채 보상 운동은 대한매일신보 등 언론의 지원을 받아 전국으로 확산되었다.

③ 묘청 등 서경 세력은 풍수지리설을 바탕으로 하여 서경 천도를 추진하고, 칭제건원과 금국 정벌을 주장하였다.

④ 1919년 일어난 3·1 운동은 미국 대통령 윌슨이 제창한 민족자결주의의 영향을 받았다.

⑤ 세도 가문의 수탈로 인해 일어난 대표적인 봉기로는 홍경래의 난과 임술 농민 봉기 등이 있다.

2 대한 제국의 수립 과정 이해

문제 분석 자료에서 여러 신하와 백성 등이 황제의 칭호를 올리려고 했다는 점, 황제의 자리에 오르고 이 해를 광무 원년으로 삼았다는 점 등을 통해 자료가 대한 제국의 수립에 대한 것임을 알 수 있다. ③ 고종은 러시아 공사관에서 경운궁으로 환궁한 이후 환구단에서 황제로 즉위하였고, 대한 제국의 수립을 선포하였다.

오답 피하기 ① 고려 태조는 후손들에게 고려 왕조의 나아갈 방향을 담은 훈요 10조를 남겼다.

② 1948년 2월 유엔 소총회의 결의에 따라 5월에 남한만의 단독 선거인 5·10 총선거가 치러졌고, 제헌 국회가 구성되었다.

④ 조선의 영조와 정조 등은 붕당 정치의 폐단을 해소하고 국왕 중심의 정치 운영을 강화하기 위해 탕평 정치를 실시하였다.

⑤ 구식 군인들은 신식 군대인 별기군과의 차별 대우 등에 반발하여 1882년 임오군란을 일으켰다.

수능 유형 익히기 본문 65~67쪽

01 ④	02 ④	03 ②	04 ②
05 ①	06 ④	07 ⑤	08 ④
09 ②	10 ③	11 ①	12 ①

01 교조 신원 운동의 내용 이해

문제 분석 자료에서 최제우가 억울하게도 날조된 비방을 받아서 사형을 받았다고 하는 점 등의 내용을 통해 교조 최제우의 억울함을 풀어줄 것을 요구하는 교조 신원 운동에 대한 것임을 알 수 있다. ④ 동학교도는 교조 최제우의 억울함을 풀어줄 것과 포교의 자유를 요구하며 삼례, 보은 등에서 교조 신원 운동을 전개하였다.

오답 피하기 ① 조선 선조 때 사림은 척신 정치 청산과 이조 전랑 임명 문제를 둘러싸고 동인과 서인으로 분화되어 붕당을 형성하였다.

② 1920년 김좌진이 이끄는 북로 군정서 등 독립군 연합 부대는 청산리 전투에서 일본군에 대승을 거두었다.

③ 조선 물산 장려회는 1920년대에 토산품 애용을 통해 민족 산업을 보호하기 위한 물산 장려 운동을 주도하였다.

⑤ 고려 무신 정권기에는 망이·망소이의 봉기, 전주 관노의 봉기 등 하층민의 봉기가 발생하였다.

02 동학 농민 운동의 전개 과정 파악

문제 분석 자료에서 폐정 개혁안이 제시된 점, 전주 화약 체결 이전부터 집강소가 활동하던 시기를 포함하여 전 기간에 걸쳐 제시된 개혁안이라는 점 등을 통해 (가) 운동이 1894년에 전개된 동학 농민 운동임을 알 수 있다. ④ 황토현 전투는 동학 농민군의 제1차 봉기 당시 전라도 고부의 황토현에서 있었던 전투이다.

오답 피하기 ① 조선 숙종 대에 여러 차례 환국이 발생하여 집권 붕당이 급격하게 바뀌는 상황이 나타났다.

② 9세기 전반 장보고는 지금의 완도군 장도 일대에 청해진을 설치하고 황해와 남해의 해상 무역권을 장악하였다.

③ 척화비는 신미양요 직후 흥선 대원군이 통상 수교 거부 의지를 널리 알리기 위해 전국에 건립하였다.

⑤ 이자겸의 난은 고려 인종 때 국왕과 측근 세력이 권력을 독점한 이자겸을 몰아내려고 하자, 이자겸과 척준경 등이 일으킨 사건이다.

03 동학 농민 운동의 특징 이해

문제 분석 자료에서 전봉준이 이끌었다는 점, 체포된 전봉준이 사형을 앞두었다는 점 등을 통해 (가) 운동이 동학 농민 운동임을 알 수 있다. ② 동학 농민 운동 당시 농민군의 요구 사항 중 일부는 갑오개혁에 반영되었다.

오답 피하기 ① 1923년 조직된 조선 형평사는 백정에 대한 사회적 차별을 철폐하기 위한 형평 운동을 전개하였다.

③ 천리장성은 외침에 대비하기 위해 고구려와 고려 시대에 각각 축조되었다.

④ 미국이 제너럴 셔먼호 사건을 빌미로 강화도를 공격하면서 신미양요가 일어났다.

⑤ 1929년 광주 학생 항일 운동이 일어나자 신간회는 이를 지원하기 위해 현지에 진상 조사단을 파견하고, 민중 대회를 계획하였다.

04 제1차 갑오개혁의 내용 파악

문제 분석 자료에서 김홍집을 총재로 한다는 점, 공·사노비법 혁파 등을 통과시켰다는 점 등을 통해 밑줄 친 '이 기구'가 제1차 갑오개혁을 주도한 군국기무처임을 알 수 있다. ② 군국기무처는 과거제를 폐지하고, 조혼을 금지하였으며, 과부의 재가를 허용하는 등의 개혁을 단행하였다.

오답 피하기 ① 신라 법흥왕은 이차돈의 순교를 계기로 불교를 공인하였다.

③ 흥선 대원군은 군정의 문란을 시정하고자 가호를 기준으로 군포를 부과하는 호포제를 시행하였다.

④ 주자감은 발해에서 설치한 유학 교육 기관이다.

⑤ 일제는 1925년에 사유 재산 제도를 부정하는 사회주의 운동 등을 탄압하기 위해 치안 유지법을 제정하였다.

05 제1, 2차 갑오개혁의 추진 과정 파악

문제 분석 자료에서 (가)는 과부의 재가 허용 내용이 제시된 것으로 보아 1894년에 있었던 제1차 갑오개혁 당시의 상황임을 알 수 있고, (나)는 교육입국 조서를 발표했다는 내용을 통해 제2차 갑오개혁이 추진되는 상황임을 알 수 있다. ① (가), (나) 시기 사이에 청일 전쟁에서 승기를 잡은 일본이 조선의 개혁에 본격적으로 간섭하며 김홍집·박영효 연립 내각이 수립되었고, 군국기무처가 폐지되었다. 이후 고종은 제2차 갑오개혁 시기에 교육에 대한 기본 방향을 담아 교육입국 조서를 발표하였다.

오답 피하기 ② 통일 신라 원성왕은 유교 경전의 이해 수준을 시험하여 관리 선발에 활용하고자 독서삼품과를 마련하였다.

③ 고종은 을사늑약의 부당함을 알리기 위해 네덜란드 헤이그에서 열리는 만국 평화 회의에 이상설, 이준, 이위종을 특사로 파견하였다.

④ 전민변정도감은 권세가들이 부당하게 빼앗은 토지를 본래 소유주에게 돌려주고 불법적으로 노비가 된 자를 양인으로 해방하기 위해 설치되었다. 공민왕 때 설치된 사례가 대표적이다.

⑤ 조선 숙종 때 조선과 청은 양국의 대표를 파견하여 국경을 확정하고 백두산정계비를 세웠다.

06 을미사변의 배경 파악

문제 분석 자료에서 조선의 왕비가 일본인의 손에 의해 살해되었다는 점을 통해 해당 상황이 1895년에 일어난 을미사변에 대한 것임을 알 수 있다. ④ 1895년 삼국 간섭 이후 조선에서 친러 세력이 대두하자 일본은 이를 막기 위해 명성 황후를 시해하는 을미사변을 일으켰다.

오답 피하기 ① 청의 외교관인 황준헌이 쓴『조선책략』에는 러시아를 막기 위해 조선이 청, 일본, 미국과 연합해야 한다는 내용이 담겨 있다.

② 13세기 고려 정부가 개경 환도를 결정하자 삼별초는 이에 반발하여 강화도에서 봉기해 진도와 제주도로 근거지를 옮기며 대몽 항쟁을 전개하였다.

③ 조선 고종 때 흥선 대원군은 경복궁 중건에 필요한 재원을 마련하기 위해 당백전을 발행하였다.

⑤ 조선 전기 훈구와 사림의 대립 과정에서 여러 차례에 걸쳐 사화가 발생하였다.

07 을미개혁(제3차 갑오개혁)의 내용 이해

문제 분석 자료에서 단발령에 반발하며 올린 상소라는 점, 김홍집 내각이 추진한 단발령 등의 급진적인 개혁이 언급된 점 등을 통해 밑줄 친 '이 개혁'이 을미개혁임을 알 수 있다. ⑤ 을미개혁에서는 태양력 사용과 '건양' 연호 사용 등의 개혁이 이루어졌다.

오답 피하기 ① 고려 성종은 최승로의 건의를 수용하여 주요 지역에 12목을 설치하고 지방관을 파견하였다.

② 학문 연구 기관인 집현전은 조선 세조 때 폐지되었다.

③ 대동법은 공납의 운영 과정에서 발생한 방납의 폐단을 해결하기 위해 광해군 때 경기도에서 처음으로 실시되었다.

④ 고려 숙종은 윤관의 건의를 받아들여 여진 정벌을 위해 별무반을 편성하였다.

08 아관 파천의 시기 파악

문제 분석 자료에서 조선의 국왕이 궁궐에서 본인의 입지가 위험해져 러시아 공사관으로 거처를 옮기기로 했다는 점, 러시아 공사가 국왕 본인에게 망명처를 제공한다는 점 등을 통해 해당 서신이 아관 파천 직전에 작성된 것임을 알 수 있다. ④ 1895년에 일어난 을미사변으로 신변에 위협을 느낀 고종은 1896년 처소를 러시아 공사관으로 옮기는 아관 파천을 단행하였다. 갑신정변은 1884년에 일어난 사건이며, 대한 제국 수립은 1897년의 사실이다.

09 독립 협회의 활동 이해

문제 분석 자료에서 옛 영은문 자리 부근에 독립문을 새로이 세운다는 점, 모화관을 고쳐 독립관이라고 한 점 등을 통해 (가) 단체가 독립 협회임을 알 수 있다. ② 독립 협회는 국민 참정권 실현을 위해 의회 설립 운동을 전개하였고, 그 결과 중추원을 의회식으로 개편한 중추원 관제가 반포되었다.

오답 피하기 ① 천도교 소년회 활동을 주도한 방정환 등은 어린이날을 제정하였다.

③ 신간회는 1929년 광주 학생 항일 운동이 일어나자 진상 조사단을 파견하였다.

④ 애국 계몽 운동 단체인 신민회는 태극 서관과 자기 회사를 운영하였다.

⑤ 신라 진흥왕은 화랑도를 국가적인 조직으로 개편하였다.

10 헌의 6조의 영향 파악

문제 분석 자료에서 관민 공동회가 개최되었다는 점, 관민 공동회가 여섯 가지 조항을 전달하였다는 점 등을 통해 밑줄 친 '조항'이 헌의 6조임을 알 수 있다. ③ 독립 협회는 관민 공동회를 개최하여 헌의 6조의 결의를 주도하였다. 고종은 이를 재가하고 중추원을 의회 형태로 개편하는 새로운 중추원 관제를 반포하였다.

오답 피하기 ① 1862년에 일어난 임술 농민 봉기에 대한 대책으로 삼정이정청이 설치되었으나 큰 성과를 거두지 못하였다.

② 임오군란 이후 조선과 일본 사이에 일본 공사관 경비를 위한 일본군 주둔 허용 등의 내용을 담은 제물포 조약이 체결되었다.

④ 고려는 거란의 1차 침입 당시 서희의 외교 담판을 통해 강동 6주 지역을 확보하였다.

⑤ 3·1 운동 이후 독립운동의 구심점이 필요해지자 각지에 수립된 임시 정부를 통합하여 상하이에 대한민국 임시 정부가 수립되었다.

11 대한 제국 시기의 사실 이해

문제 분석 자료에서 고종이 황제로 즉위하고 수립하였다는 점, 환구단과 황궁우가 언급된 점 등을 통해 (가) 정부가 대한 제국임을 알 수 있다. ① 대한 제국은 양전 사업을 실시하고 근대적 토지 소유권 확립을 위해 토지 소유 증명 문서인 지계를 발급하였다.

오답 피하기 ② 신라는 귀족들이 참가하는 화백 회의에서 국가의 중요한 일을 결정하였다.

③ 고려는 몽골과의 전쟁 중에 부처의 힘으로 외적을 물리치려는 염원을 담아 팔만대장경판을 제작하였다.

④ 1987년에 일어난 6월 민주 항쟁 당시 시민들은 4·13 호헌 조치에 맞서 호헌 철폐의 구호를 외쳤다.

⑤ 일제는 중일 전쟁 발발 이후 황국 신민화 정책의 일환으로 황국 신민 서사를 암송하도록 하였다.

12 대한 제국의 활동 이해

문제 분석 자료에서 대황제 폐하가 대원수로 육해군을 통솔한다는 점, 원수부를 설치한다는 점 등을 통해 해당 내용이 대한 제국이 제정한 법령임을 알 수 있다. ① 대한 제국은 1899년 황제권을 강화하기 위해 대한국 국제를 반포하였다.

오답 피하기 ② 박정희 정부는 농촌 환경 개선과 소득 증대를 목표로 1970년부터 새마을 운동을 추진하였다.

③ 전두환 등 신군부 세력은 1980년부터 1981년까지 사회 정화를 명목으로 삼청 교육대를 운영하였다.

④ 인조반정을 일으킨 서인 세력은 친명 배금 정책을 추진하였다.

⑤ 대한민국 임시 정부는 3·1 운동의 영향을 받아 각지에 수립된 임시 정부를 통합하여 상하이에 수립되었다.

07 일본의 침략 확대와 국권 수호 운동

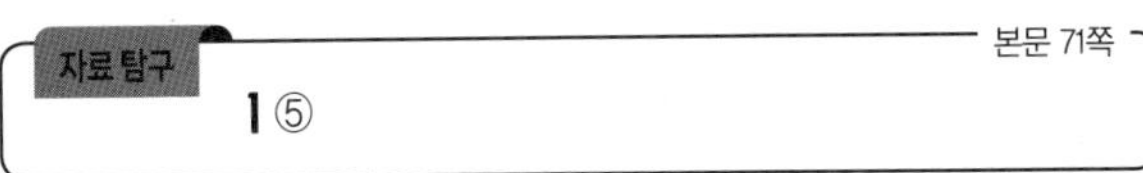

자료 탐구 본문 71쪽

1 ⑤

1 을사늑약의 결과 파악

문제 분석 자료에서 1905년에 강제로 체결되었으며, 초대 통감으로 이토 히로부미가 부임하였다는 내용 등을 통해 밑줄 친 '이 조약'이 1905년에 체결된 을사늑약임을 알 수 있다. ⑤ 을사늑약의 결과 일제는 대한 제국의 외교권을 박탈하였고, 외교권을 관할한다는 명목으로 통감부를 설치하였다.

오답 피하기 ① 조선은 1876년 강화도 조약을 체결한 이후 일본에 수신사를 파견하였다.

② 신미양요 이후 흥선 대원군은 전국 각지에 척화비를 세워 통상 수교 거부 의지를 알렸다.

③ 1894년에 발발한 청일 전쟁에서 승리한 일본이 시모노세키 조약으로 랴오둥반도를 차지하자 러시아의 주도로 삼국 간섭이 일어났다(1895).

④ 고려는 거란의 1차 침입 당시 서희의 외교 담판을 통해 강동 6주 지역을 확보하였다.

수능 유형 익히기 본문 73~74쪽

01 ④	02 ①	03 ①	04 ⑤
05 ④	06 ②	07 ③	08 ④

01 제1차 한일 협약의 체결 시기 파악

문제 분석 자료에서 지난달에 일본 공사와 한국 정부 사이에 협정이 맺어졌으며, 일본 정부가 추천하는 일본인 메가타와 미국인 스티븐스가 각각 재정 고문과 외교 고문으로 임명되었다는 내용 등을 통해 밑줄 친 '협정'은 제1차 한일 협약임을 알 수 있다. 제1차 한일 협약은 러일 전쟁 중인 1904년 대한 제국과 일본 간에 체결되었다. ④ 러일 전쟁 발발은 1904년, 국권 피탈은 1910년의 사실이다.

02 헤이그 특사의 파견 배경 이해

문제 분석 자료에서 만국 평화 회의에 참석하지 못한 것과 일본이 한국의 주권을 침해한 것에 대해 이의를 제기하려고 하였으며, 한 명이 이위종이라는 내용 등을 통해 밑줄 친 '그들'이 1907년에 파견된 헤이그 특사임을 알 수 있다. ① 1905년 일제가 대한 제국에 을사늑약을 강요해 외교권을 빼앗자, 고종은 그 부당함을 세계에 알리기 위해 네덜란드 헤이그에서 열린 만국 평화 회의에 이상설, 이준, 이위종을 특사로 파견하였다.

오답 피하기 ② 1875년에 일본 군함 운요호가 강화도에 접근하자 조선이 경고 포격을 가하였고, 이를 구실로 운요호가 초지진과 영종도를 공격한 운요호 사건이 일어났다.

③ 1926년 6·10 만세 운동 이후 사회주의 계열인 정우회는 비타협적 민족주의 진영과의 연대를 주장하는 정우회 선언을 발표하였다. 이를 계기로 1927년에 사회주의 세력과 비타협적 민족주의 세력이 연대하여 신간회를 결성하였다.

④ 일제는 1925년 치안 유지법을 제정하여 사회주의 운동과 독립운동을 탄압하였다.

⑤ 일제는 1907년 헤이그 특사 사건을 구실로 고종을 강제 퇴위시켰다.

03 을사늑약의 내용 파악

문제 분석 자료에서 민영환이 조약의 부당함을 고발하며 스스로 목숨을 끊었다는 내용 등을 통해 밑줄 친 '이 조약'이 1905년에 강제 체결된 을사늑약임을 알 수 있다. ① 통감부는 을사늑약에 따라 설치되어 대한 제국의 외교와 내정을 간섭하였다.

오답 피하기 ② 『조선책략』은 러시아를 방어하기 위해 조선이 중국, 일본, 미국과 우호적 관계를 맺을 것을 주장하는 내용으로, 조미 수호 통상 조약 체결에 영향을 끼쳤다.

③ 6·25 전쟁의 정전 협정이 조인된 직후인 1953년에 체결된 한미 상호 방위 조약은 미군의 한국 주둔 허용 등을 명시하였다.

④ 1876년에 체결된 강화도 조약에 따라 부산 외에 원산, 인천이 개항되었다.

⑤ 1883년에 체결된 조일 통상 장정은 방곡령 시행 1개월 전 일본 영사관에 미리 통지할 것을 규정하였다.

04 을미의병의 특징 이해

문제 분석 자료에서 석 달 전 왕후께서 갑자기 흉한 일을 만나시고, 역적의 무리가 머리를 깎아 온 나라의 풍속을 바꾸려고 한다는 내용 등을 통해 밑줄 친 '의병'이 을미의병임을 알 수 있다. ⑤ 을미사변과 단발령에 반발하여 유인석, 이소응 등 유생층이 을미의병을 일으켰다. 을미의병은 아관 파천 후 고종이 단발령을 철회하고 의병 해산 권고 조칙을 내리자 대부분 해산하였다.

오답 피하기 ① 정미의병 시기에 의병 연합 부대인 13도 창의군이 결성되어 1908년 서울 진공 작전을 전개하였다.

② 1931년 만주 사변이 일어난 이후 중국 내에서 항일 감정이 고조되면서 만주에서는 독립군이 중국군과 한중 연합 작전을 전개하였다.

③ 동학 농민군은 제1차 봉기 때 정부와 전주 화약을 맺고 폐정 개혁을 추진하기 위한 자치 기구로 전라도 각지에 집강소를 설치하였다.

④ 1920년 김좌진이 이끄는 북로 군정서와 홍범도가 이끄는 대한 독립군 등 독립군 연합 부대가 청산리 전투에서 일본군을 물리쳤다.

05 군대 해산 조칙의 영향 파악

문제 분석 자료에서 일제의 압박을 받은 황제가 조칙을 내려 군대를 해산시켰다는 내용을 통해 밑줄 친 '조칙'이 대한 제국의 군대 해산에 대한 것임을 알 수 있다. ④ 1907년 한일 신협약을 체결한 후 일제는 순종 황제를 압박하여 대한 제국의 군대를 해산하는 조칙을 내리게 하였다. 대한 제국 군대가 강제 해산되자 일부 해산 군인이 각지의 의병과 합류하여 정미의병으로 활약하였다.

오답 피하기 ① 별무반은 윤관의 건의에 따라 고려가 여진을 상대하기 위해 편성한 부대이다. 별무반은 여진을 정벌하고 동북 9성을 설치하는 데 기여하였다.

② 고려 말 이성계 등은 1388년에 위화도 회군을 단행하여 정치적 실권을 장악하였다.

③ 구식 군인들은 별기군과의 차별 대우와 개화 정책에 반발하여 일본 공사관과 궁궐을 습격하는 등 봉기를 일으켰다(임오군란, 1882).

⑤ 홍범도가 지휘한 대한 독립군 등 독립군 연합 부대가 1920년 봉오동 전투를 승리로 이끌었다.

06 보안회의 활동 이해

문제 분석 자료에서 일본 공사가 황무지에 대한 권리를 청구하였고, 황무지를 외국인에게 줘 버린다면 전국의 강토를 모두 빼앗기게 될 것이라는 내용 등을 통해 황무지 개간권 요구 반대 운동에 대한 것임을 알 수 있다. ② 일제가 황무지 개간권을 요구하며 토지를 약탈하려 하자, 1904년에 결성된 보안회는 반대 운동을 전개하여 이를 철회시켰다.

오답 피하기 ① 박정희 정부는 농촌 환경 개선과 소득 증대를 목표로 하여 1970년부터 새마을 운동을 추진하였다.

③ 사회주의 사상은 1919년 3·1 운동 이후 본격적으로 국내에 확산되었다. 이러한 상황 속에서 일제는 1925년 치안 유지법을 제정하여 사회주의 운동과 독립운동을 탄압하였다.

④ 1920년대에 시작된 물산 장려 운동은 일본 상품 배격과 토산품 애용 운동으로 '내 살림 내 것으로', '조선 사람 조선 것' 등의 구호를 내걸었다.

⑤ 일제는 자국의 부족한 쌀을 한국에서 확보하기 위해 1920년부터 산미 증식 계획을 실시하였다. 품종 개량, 수리 시설 확충 등을 통해 쌀의 생산량을 증가시켰으나, 증산량보다 일본으로의 유출량이 많아 한국의 식량 사정이 나빠졌다.

07 신민회의 활동 이해

문제 분석 자료에서 윤치호 등 105명이 조선 총독 데라우치 암살 미수 혐의로 재판을 받고 있고, 안창호가 가입을 권유한 비밀 결사라는 내용 등을 통해 (가) 단체가 신민회임을 알 수 있다. ③ 신민회는 국권 회복과 근대 국가 수립을 목표로 안창호, 양기탁 등이 조직한 항일 비밀 결사이다. 오산 학교와 대성 학교를 설립하는 등 민족 교육을 실시하고, 태극 서관과 자기 회사를 운영하는 등 민족 산업 육성을 위해서도 노력하였다. 그러나 일제가 데라우치 총독 암살 미수 사건을 날조하여 수백 명의 애국지사를 검거하고 그중 105명에게 1심에서 유죄 판결을 내린 이른바 105인 사건(1911)으로 사실상 와해되었다.

오답 피하기 ① 독립 협회는 1898년 관민 공동회를 열고 헌의 6조의 결의를 주도하였다.

② 1945년 12월 개최된 모스크바 3국 외상 회의의 결정 사항이 국내에 알려진 이후 한국 독립당, 한국 민주당 등 우익은 신탁 통치 반대 운동을 전개하였다. 조선 공산당 등 좌익은 초기에는 반대하였다가 모스크바 3국 외상 회의 결정 지지로 입장이 변화하였다.

④ 의열단은 1923년 신채호가 작성한 「조선 혁명 선언」을 활동 지침으로 삼았다.

⑤ 신간회는 정치적·경제적 각성 촉진, 공고한 단결, 기회주의 일체 부인 등의 강령을 내세웠다.

08 독도의 역사 파악

문제 분석 자료에서 일본이 러일 전쟁 중에 자국 영토로 불법 편입하였다는 내용 등을 통해 밑줄 친 '이 섬'이 독도임을 알 수 있다. ④ 대한 제국은 1900년에 칙령 제41호를 선포하여 울릉도를 울도군으로 승격하고 독도를 관할하게 함으로써 독도가 우리 영토임을 천명하였다.

오답 피하기 ① 삼별초는 고려 정부의 개경 환도 결정에 반대하여 강화도에서 봉기한 후 진도, 제주도로 근거지를 옮겨 가며 저항하였다.

② 조선 숙종 때 조선과 청의 대표가 백두산 일대를 답사하고 경계를 확정하여 백두산정계비를 세웠다.

③ 9세기 전반 통일 신라의 장보고가 지금의 완도군 장도 일대에 군사·무역 기지인 청해진을 설치하였다.

⑤ 영국은 러시아 견제를 구실로 1885년부터 1887년까지 조선의 거문도를 불법 점령하였다.

08 개항 이후 경제·사회·문화의 변화

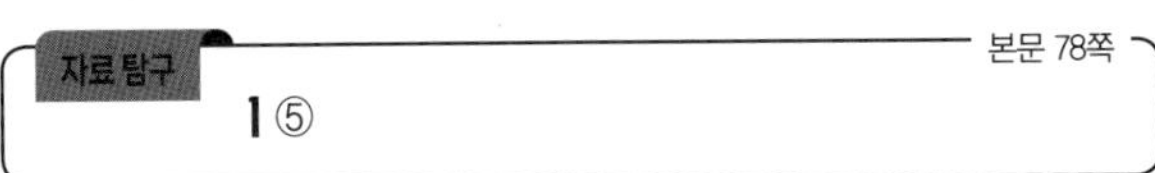

자료 탐구 본문 78쪽

1 ⑤

1 상권 수호 운동의 이해

문제 분석 자료에서 조청 상민 수륙 무역 장정의 체결로 청 상인이 한성과 양화진에 상점을 개설할 수 있게 되었다는 점, 조일 통상 장정이 체결되어 일본이 최혜국 대우를 획득하였다는 점, 내지 통상을 허용한 조약이 영국과 체결되었다는 점 등을 통해 (가)에는 외국 상인의 침투에 대응하여 시전 상인이 황국 중앙 총상회를 조직하고 상권 수호 운동을 벌였다는 내용이 들어가야 함을 알 수 있다. ⑤ 개항 이후 외국 상인들의 상권 침탈이 심화되는 가운데 시전 상인들은 상권 수호 운동의 일환으로 황국 중앙 총상회를 결성하였다.

오답 피하기 ① 통일 신라 신문왕은 문무 관료에게 관료전을 지급하고 녹읍을 폐지하여 귀족들의 경제력을 약화하고자 하였다.

② 12세기 전반 묘청과 정지상 등이 서경 천도와 금 정벌 등을 주장하였다.

③ 박정희 정부는 농촌 환경 개선과 소득 증대를 목표로 1970년부터 새마을 운동을 추진하였다.

④ 일제는 무단 통치를 실시하던 1910년대에 토지 조사 사업을 시행하였다.

수능 유형 익히기 본문 80~81쪽

01 ⑤	02 ③	03 ②	04 ④
05 ④	06 ①	07 ②	08 ④

01 조청 상민 수륙 무역 장정의 영향 이해

문제 분석 자료에서 조선 시장에서 청의 무역 비중이 높아지고 있다는 점, 조선의 수입액 그래프에서 청의 비중이 1880년대에 커지고 있다는 점 등을 통해 자료의 상황이 나타난 배경이 조청 상민 수륙 무역 장정 체결과 관련이 있다는 것을 알 수 있다. ⑤ 임오군란 이후 조선은 청과 조청 상민 수륙 무역 장정을 체결하였는데, 이 장정에 따라 청 상인은 사실상 개항장을 벗어나 내지 통상을 할 수 있게 되었다. 이후 조선의 상권을 둘러싸고 청과 일본 상인의 경쟁이 치열해졌고, 1890년대 초반에는 조선이 청과 일본에서 수입한 총액이 거의 비슷해지기도 하였다.

오답 피하기 ① 대동법은 조선 후기 광해군 때 방납의 폐단을 해결하기 위해 경기도에서 먼저 실시되었고, 이후 시행 지역이 점차 확대되었다.
② 정동행성은 원이 고려와 강화를 맺은 후 일본 원정을 위해 설치한 기구이다.
③ 박정희 정부는 1970년부터 새마을 운동을 추진하였다.
④ 일제는 자국의 부족한 쌀을 한국에서 확보하기 위해 1920년부터 산미 증식 계획을 실시하였다.

02 조일 통상 장정의 내용 이해

문제 분석 자료에서 조선 정부가 조일 무역 규칙을 체결한 이후 무관세 무역의 부당성을 인식하고 이를 시정하기 위해 노력하였다는 점, 관세권의 설정, 방곡령 규정 등 개정된 내용이 포함되었다는 점, 1883년에 체결되었다는 점 등을 통해 (가) 장정이 조일 통상 장정임을 알 수 있다. ③ 조일 통상 장정은 임오군란 이후 조선에서 청의 영향력이 커진 상황에서 1883년에 체결되었으며, 일본에 최혜국 대우를 인정하는 규정이 담겼다.

오답 피하기 ① 동학 농민 운동 과정에서 체결된 전주 화약은 동학 농민군이 집강소를 설치하는 근거가 되었다.
② 전국 시대의 혼란을 수습한 도요토미 히데요시는 자신에게 불만을 가진 세력의 관심을 밖으로 돌리고 대륙 침략의 야욕을 채우기 위한 목적 등으로 임진왜란을 일으켰다.
④ 1883년 조선과 일본이 체결한 조일 통상 장정에는 최혜국 대우가 규정되어 있어 일본 상인도 내륙 진출이 가능해졌다. 이에 객주, 여각, 보부상 등 조선의 중개 상인이 피해를 입었다.
⑤ 병인양요(1866)는 흥선 대원군이 천주교 신부와 신자들을 처형한 병인박해를 구실로 프랑스가 강화도를 침략한 사건이다.

03 화폐 정리 사업의 이해

문제 분석 자료에서 통화 제도의 수탈성이 백동화 정리 과정에서 나타났다는 점, 백동화가 갑종, 을종, 병종의 3등급으로 나뉘어 차등 교환이 이루어졌다는 점, 형질이 조악한 병종 백동화는 교환에서 제외되었다는 점, 백동화를 소지한 한국인의 화폐 재산이 축소될 수밖에 없었다는 점 등을 통해 밑줄 친 '이 사업'이 화폐 정리 사업임을 알 수 있다. ② 제1차 한일 협약(1904)으로 파견된 재정 고문 메가타의 주도로 백동화 등을 일본 제일 은행권으로 교환하도록 한 화폐 정리 사업이 시행되었다.

오답 피하기 ① 조선의 시전 상인은 금난전권을 행사하여 사상을 억압하였다. 그러나 정조는 육의전을 제외한 시전 상인의 금난전권을 폐지하였다.
③ 고율의 소작료를 징수하는 지주의 횡포에 대한 반발로 1923년에 암태도 소작 쟁의가 발발하였다.
④ 김영삼 정부는 투명한 금융 거래 정착과 부당한 정치 자금 근절을 위해 금융 실명제를 전면적으로 시행하였다.
⑤ 조선 고종 때 흥선 대원군은 실추된 왕실의 권위를 높이기 위해 경복궁을 중건하였다. 그 과정에서 공사비 마련을 위해 원납전이라는 기부금을 징수하였고, 당백전이라는 고액 화폐를 발행하였다.

04 경제적 구국 운동의 이해

문제 분석 자료에서 개항 이후 일본의 경제적 침략에 맞선 경제적 구국 운동의 움직임을 조명한다는 점, 방곡령 선포, 상권 수호 운동이 언급된 점 등을 통해 (가)에는 보안회가 황무지 개간권 반대 운동을 전개하였다는 내용이 들어가야 함을 알 수 있다. ④ 일제가 황무지 개간권을 요구하자 1904년에 결성된 보안회가 반대 운동을 전개하여 이를 철회시켰다.

오답 피하기 ① 1960년대 급속한 산업화 과정에서 노동자의 수가 크게 증가하였으나, 노동자들은 저임금과 장시간 노동 환경 속에서 근무하였다. 이러한 상황에서 1970년 전태일은 근로 기준법에 명시된 노동자의 권리를 요구하며 분신하였다.
② 고려 공민왕은 신돈을 등용하여 전민변정도감을 설치하였다.
③ 대한민국 임시 정부는 독립운동 자금을 마련하기 위해 독립 공채를 발행하였다.
⑤ 「조선 혁명 선언」은 1923년 신채호가 작성한 것으로 의열단의 활동 지침이 되었다.

05 국채 보상 운동의 이해

문제 분석 자료에서 1907년 김광제가 서상돈과 함께 「국채일천삼백만원보상취지서」라는 격문을 전국에 발송하였다는 점, 여성들이 패물 폐지 부인회를 결성하여 나랏빚을 갚는 운동에 참여하였다는 점 등을 통해 (가) 운동이 국채 보상 운동임을 알 수 있다. ④ 1907년 대구에서 시작된 국채 보상 운동은 대한매일신보 등 언론의 지원을 받으며 전국으로 확산되었다.

오답 피하기 ① 고려 인종 때 묘청과 정지상 등은 풍수지리설을 바탕으로 서경 천도를 주장하였다.
② YH 무역 사건은 1979년 YH 무역 회사의 여성 생산직 노동자들이 회사 폐업 조치에 항의하여 야당인 신민당 당사에서 농성 시위를 벌인 사건이다. 경찰이 강제로 해산하는 과정에서 여성 노동자가 사망하였다.
③ 병자호란 이후 조선에서는 송시열 등이 오랑캐에 당한 치욕을 씻고 명에 대한 의리를 지키자는 북벌론을 주장하였다.
⑤ 1945년에 개최된 모스크바 3국 외상 회의의 결과 한반도에 민주주의 임시 정부 수립이 결정되자 이를 논의하기 위해 미소 공동 위원회가 1946년, 1947년에 개최되었다.

06 근대 문물 수용의 양면성 파악

문제 분석 자료에서 철도의 경우 경부선, 경의선 등의 부설로 지역 간 교류가 편리해졌다는 점, 철도 부설 과정에서 많은 토지가 약탈되었고 농민들이 공사에 동원되었다는 점, 일제의 제국주의적 침략 목적이 있었다는 점 등을 통해 (가)에는 근대 문물의 양면성이 들어가야 함을 알 수 있다. ① 철도, 통신 등의 근대 문물은 일부 계층에게는 생활상의 편리함을 제공하는 유용한 도구가 되었으나, 외세 침략과 수탈의 도구로 활용되었다는 한계를 지닌다.

오답 피하기 ② 조선 고종 때 흥선 대원군은 경복궁 중건에 필요한 재원을 마련하기 위해 당백전을 발행하였다.
③ 도병마사는 고려 시대 중서문하성과 중추원의 고위 관료가 모여 주로 국방 문제를 논의하던 회의 기구이다.
④ 토지 조사 사업은 조선 총독부가 지세의 공정한 부과와 근대적 토지 소유권 확립을 명분으로 실시하였는데, 그 실상은 식민 통치에 필요한 재정을 확보하는 것이었다.
⑤ 박정희 정부는 경제 개발 5개년 계획을 통해 성장 위주의 경제 정책을 추진하였다.

07 육영 공원의 이해

문제 분석 자료에서 1886년 설립되었다는 점, 관료와 상류층 자제들을 대상으로 근대 학문을 가르쳤다는 점, 헐버트가 교사로 초빙되었다는 점 등을 통해 밑줄 친 '이 학교'가 육영 공원임을 알 수 있다. ② 육영 공원은 1886년에 조선 정부가 외국어와 근대 학문을 교육하기 위해 설립한 학교이다. 그러나 1894년 운영이 어렵게 되어 폐교하였다.

오답 피하기 ① 원산에서는 최초의 근대적 교육 기관인 원산 학사가 설립되었다.
③ 고종의 즉위로 정치적 실권을 잡은 흥선 대원군은 삼정의 문란을 바로잡고 민생을 안정시키려 하였다. 이를 위해 붕당의 근거지로 인식되어 온 서원을 47개소만 남기고 철폐하였다.
④ 일제는 중일 전쟁 발발 이후 황국 신민화 정책의 일환으로 황국 신민 서사를 암송하도록 하였다.
⑤ 교육입국 조서는 제2차 갑오개혁 시기인 1895년에 고종이 반포하였다.

08 국학 연구의 이해

문제 분석 자료에서 '개항 이후 국권 침탈에 맞선 민족의식 고취 노력'이라는 주제로 활동지를 작성하였다는 점, 주시경의 『국어문법』 저술 등 국권 피탈 이전 국어와 역사 연구를 통해 민족의식을 높이고자 한 부분을 조사하였다는 점 등을 통해 밑줄 친 '사례'에는 국권 피탈 이전의 국학 연구 사례가 제시되어야 함을 알 수 있다. ④ 민족과 국가의 운명을 개척하고 국권을 수호하기 위해 역사 연구가 중요하다고 여긴 신채호는 1908년 대한매일신보에 「독사신론」을 연재하였다.

오답 피하기 ① 고려 인종 때 왕명을 받은 김부식 등이 유교적 합리주의에 기초하여 『삼국사기』 편찬을 주도하였다.
② 통일 신라 원성왕은 유교 경전의 이해 수준을 시험하여 관리 선발에 활용하고자 독서삼품과를 마련하였다.
③ 신미양요 이후 흥선 대원군은 전국 각지에 척화비를 세워 통상 수교 거부 의지를 알렸다.
⑤ 조선어 학회는 우리말(조선말) 큰사전 편찬을 시도하였다. 그러나 1942년 일제가 일으킨 조선어 학회 사건으로 많은 학자들이 투옥되는 등 큰 타격을 입었다.

09 1910~20년대 일제의 식민지 정책과 3·1운동, 대한민국 임시 정부

자료 탐구 본문 86~87쪽

1 ③ 2 ③

1 토지 조사 사업의 내용 파악

문제 분석 자료에서 일제가 토지 소유권을 조사하였다고 한 점, 사업을 실시한 결과 조선 총독부의 지세 수입과 소유지가 늘어난 반면 한국의 많은 농민이 기한부 계약에 의한 소작농으로 전락하였다는 점 등을 통해 (가) 정책이 토지 조사 사업임을 알 수 있다. ③ 토지 조사 사업에 따르면 토지 소유자가 기한 내 토지를 신고해야 그 소유권을 인정받았다.

오답 피하기 ① 군국기무처는 제1차 갑오개혁을 주도한 기구로 1894년에 설치되었다.

② 북조선 임시 인민 위원회에서 무상 몰수·무상 분배의 원칙에 따라 토지 개혁을 실시하였다.

④ 조선 정조는 육의전을 제외한 시전 상인의 금난전권을 폐지하여 사상들의 상업 활동을 보장하는 통공 정책을 시행하였다.

⑤ 광복 이후 제헌 국회에서는 농지 개혁법을 제정하여 가구당 농지 소유 면적의 상한을 3정보로 제한하였다.

2 대한민국 임시 정부의 특징 이해

문제 분석 자료에서 임시 의정원이 새로운 헌법을 채택하고 이승만을 임시 대통령으로 선출하였다는 점, 국무총리가 이동휘라는 점 등을 통해 밑줄 친 '정부'는 각 임시 정부들의 통합으로 수립된 대한민국 임시 정부임을 알 수 있다. ③ 대한민국 임시 정부는 외교 활동을 위해 미국에 구미 위원부를 설치하였다.

오답 피하기 ① 신식 군대인 별기군은 조선 정부의 개화 정책에 따라 1881년에 설치되었다.

② 진단 학회는 실증 사학의 입장에서 한국사를 연구하고 『진단 학보』를 간행하였다.

④ 대한 제국은 1899년 황제권을 강화하기 위해 대한국 국제를 반포하였다.

⑤ 1926년 사회주의 계열에서 정우회 선언을 발표하여 비타협적 민족주의 세력과의 제휴를 주장하였고, 이는 1927년 신간회 창립으로 이어졌다.

수능 유형 익히기 본문 89~91쪽

01 ②	02 ②	03 ②	04 ④
05 ④	06 ①	07 ①	08 ③
09 ⑤	10 ③	11 ③	12 ③

01 조선 총독부의 정책 이해

문제 분석 자료에서 조선 총독을 두어 육군과 해군을 통솔하고 정무를 통할하게 한 점, 1910년 8월 29일에 공포된 내용으로 일제가 식민 통치의 최고 기관으로 설치하였다는 점 등을 통해 (가) 기관이 조선 총독부임을 알 수 있다. ② 조선 총독부는 1910년 회사령을 시행하여 회사 설립 시 조선 총독의 허가를 받도록 하였다.

오답 피하기 ① 별무반은 고려 숙종 시기 여진의 침입에 대응하기 위하여 윤관의 건의에 따라 편성된 부대이다.

③ 조선 전기에 태종과 세조는 국왕의 국정 주도권을 강화하기 위해 6조 직계제를 실시하였다.

④ 독립 협회는 1898년에 대한 제국 정부 대신들과 민중이 함께 참석한 관민 공동회를 개최하였다.

⑤ 1894년 군국기무처에서 제1차 갑오개혁을 주도하였다.

02 조선 태형령 시행 시기의 사실 이해

문제 분석 자료에서 한국인에게만 태형이 집행되었다는 점 등을 통해 밑줄 친 '이 법률'은 조선 태형령임을 알 수 있다. 일제가 한국인에게만 적용한 조선 태형령은 1912년에 제정되어 1920년에 폐지되었다. ② 1910년대 일제는 관리와 교원에게 칼을 차고 제복을 입도록 하였다.

오답 피하기 ① 1883년부터 1884년까지 박문국에서 한성순보를 발간하여 조선의 개화 정책을 홍보하였다.

③ 원산 총파업(1929)은 라이징 선 석유 회사에서 일본인 현장 감독이 한국인 노동자를 구타한 사건을 계기로 일본인 감독 파면, 열악한 노동 조건 개선 등을 요구하면서 전개되었다.

④ 브나로드 운동은 1930년대 전반 동아일보사 주도로 전개된 농촌 계몽 운동이었다.

⑤ 신간회는 비타협적 민족주의 세력과 사회주의 세력이 연대하여 1927년에 창립한 단체이다. 각 지역에 지회와 회원을 거느린 전국적인 단체로 성장하였다.

03 토지 조사 사업의 특징 이해

문제 분석 자료에서 농민이 토지의 경작권을 인정받지 못하게 되었다는 점, 농사를 짓던 소작지가 동양 척식 주식회사를 통해 일본인 소유로 넘어갔으며, 농민이 기한부 계약에 따른 소작농이 되었다는 점 등을 통해 (가) 정책은 토지 조사 사업임을 알 수 있다. ② 토지 조사 사업은 토지 조사령에 따라 신고주의 원칙으로 추진되었다.

오답 피하기 ① 대한 제국은 '옛것을 근본으로 하고 새로운 것을 참고한다.'는 구본신참을 개혁의 기본 방향으로 삼아 광무개혁을 추진하였다.

③ 동도서기론은 조선의 전통적 유교 질서를 유지하면서 서양의 근대 기술을 받아들이자는 주장이다. 온건 개화파는 동도서기론을 바탕으로 한 점진적 개혁을 추구하였다.

④ 동학 농민 운동 당시 동학 농민군은 '나라를 돕고 백성을 편안하게 한다.'는 '보국안민', '폭정을 없애고 백성을 구한다.'는 '제폭구민'의 구호를 내세웠다.

⑤ 제헌 국회가 제정한 농지 개혁법에 따라 유상 매수·유상 분배의 방법으로 농지 개혁이 추진되었다.

04 1920년대 일제의 식민 통치 이해

문제 분석 자료에서 본보가 정간 처분을 당하였다는 점, 국장으로 인해 집회를 금지하였다는 점, 기미년 삼일 운동이 일어난 후 금년까지 8개년 동안 경찰비로 거액이 지출되었다는 점 등을 통해 자료의 시기는 1920년대이며, 밑줄 친 ㉠의 사례는 이른바 문화 통치의 기만성을 보여주는 것이어야 함을 알 수 있다. ④ 1925년 일제는 치안 유지법을 제정하여 사회주의 운동과 독립운동을 탄압하였다.

오답 피하기 ① 1904년에 결성된 보안회는 일제의 황무지 개간권 요구를 반대하는 운동을 전개하여 이를 철회시켰다.

② 조선은 개항 이후 개화 정책의 일환으로 신식 군대인 별기군을 창설하였다.

③ 정동행성은 원이 일본 원정을 위해 고려에 설치한 기관으로 일본 원정 실패 이후에도 유지되어 고려의 내정을 간섭하였다.

⑤ 대한 자강회는 1907년 고종의 강제 퇴위 반대 운동을 전개하다가 일제의 탄압으로 해산당하였다.

05 산미 증식 계획의 결과 이해

문제 분석 자료에서 일본의 식량 부족을 구제하려는 경제적 식민 정책으로 실시되었다는 점, 조선의 농민은 빈곤하여 쌀을 먹지 못하며 큰 비용을 들여 쌀 생산을 늘렸으나, 만주에서 들여온 것을 먹는다는 점 등을 통해 (가) 정책은 산미 증식 계획임을 알 수 있다. ④ 1920년부터 일제가 추진한 산미 증식 계획이 진행되면서 수리 조합비 등 증산 비용으로 인한 농민의 부담이 증가하였다.

오답 피하기 ① 통일 신라 신문왕은 귀족의 경제 기반을 약화하기 위해 녹읍을 폐지하였다.

② 1862년 임술 농민 봉기가 일어나자 조선 정부는 삼정의 문란을 개선하기 위해 삼정이정청을 설치하였다.

③ 일제는 대한 제국에 대한 경제적 침략을 강화하기 위해 1908년 동양 척식 주식회사를 설립하였다.

⑤ 이승만 정부 시기에 미국의 경제 원조를 바탕으로 밀가루(제분), 설탕(제당), 면직물(면방직)을 생산하는 삼백 산업이 발달하였다.

06 독립 의군부의 특징 파악

문제 분석 자료에서 임병찬이 조직하였으며 복벽주의를 추구하였다는 점, 일제에 국권 반환 요구서 제출을 추진하던 중 발각되었다는 점 등을 통해 (가) 단체는 독립 의군부임을 알 수 있다. ① 임병찬 등은 1912년 고종의 밀명을 받아 독립 의군부를 조직하였다.

오답 피하기 ② 이봉창, 윤봉길은 1931년 김구가 조직한 한인 애국단 소속이다.

③ 신민회는 민족 교육을 실시하기 위해 오산 학교와 대성 학교를 설립하였다.

④ 김원봉이 주도한 의열단은 신채호가 작성한 「조선 혁명 선언」을 활동 지침으로 삼았다.

⑤ 신간회는 1927년에 사회주의 세력과 비타협적 민족주의 세력의 연합으로 결성되었다.

07 대한 광복회의 특징 파악

문제 분석 자료에서 비밀 결사이며 박상진이 총사령이었다는 점, 군자금을 모집하였다는 점 등을 통해 밑줄 친 '비밀 결사'가 대한 광복회임을 알 수 있다. ① 1915년에 박상진 등이 조직한 대한 광복회는 국권 회복과 공화정 형태의 근대 국가 수립을 추구하였다.

오답 피하기 ② 신간회는 광주 학생 항일 운동에 진상 조사단을 파견하고 대규모 민중 대회를 계획하였다.

③ 안창호, 양기탁 등이 비밀리에 조직한 신민회는 태극 서관과 자기 회사를 운영하였다.

④ 의열단은 1919년에 만주에서 결성된 비밀 결사로 김상옥, 나석주 등이 주요 단원으로 활동하였다.

⑤ 일제가 황무지 개간권을 요구하자 1904년 결성된 보안회가 반대 운동을 전개하여 이를 철회시켰다.

08 3·1 운동의 시기 파악

문제 분석 자료에서 사람들이 만세를 부르다가 헌병대에 잡혀간 것, 아버지와 다른 사람들이 약 10년 전 나라가 망하던 때를 생각하였다는 것 등을 통해 1919년 3·1 운동이 전개되던 시기의 상황임을 알 수 있다. ③ 제1차 한일 협약은 러일 전쟁 발발 후 1904년 8월에 체결되었다. 김구 등은 대한민국 임시 정부의 침체를 극복하기 위해 1931년 한인 애국단을 결성하였다.

09 3·1 운동의 배경 이해

문제 분석 자료에서 민족 대표 33인이 추진하였다는 점, 보성사에서 기미 독립 선언서를 인쇄하였다는 점 등을 통해 (가) 민족 운동은 3·1 운동임을 알 수 있다. ⑤ 3·1 운동은 윌슨이 제창한 민족자결주의 등에 영향을 받아 일어났다.

오답 피하기 ① 1926년 순종의 장례일에 맞추어 일어난 운동은 6·10 만세 운동이다.

② 신미양요 이후 흥선 대원군은 전국 각지에 척화비를 세워 통상 수교 거부 의지를 알렸다.

③ 동학 농민 운동의 전개 과정에서 체결된 전주 화약에 따라 농민군이 집강소를 설치하여 폐정 개혁을 추진하였다.

④ 이상설, 이준, 이위종은 을사늑약의 부당함을 세계에 알리기 위해 네덜란드 헤이그에서 열린 만국 평화 회의에 고종의 특사로 파견되었다.

10 상하이에서 전개된 독립운동 파악

문제 분석 자료에서 통합된 대한민국 임시 정부가 위치한 곳이라는 점, 서구 열강의 조계 지역이 많아 외교 활동을 펼치기에 유리하다는 점 등을 통해 밑줄 친 '이 지역'은 상하이임을 알 수 있다. ③ 신규식, 여운형 등은 상하이에서 신한청년당을 조직하였다.

오답 피하기 ① 병인양요(1866)는 흥선 대원군이 천주교 신자들과 프랑스 선교사를 처형한 병인박해를 구실로 프랑스가 강화도를 침략한 사건이다.

② 권업회는 연해주 지역에서 결성되었다.

④ 신흥 강습소는 서간도(남만주) 지역에 설립되었다.

⑤ 안중근은 이토 히로부미를 하얼빈에서 처단하였다.

11 대한민국 임시 정부의 활동 파악

문제 분석 자료에서 이승만이 초대 대통령이었다는 점, 박은식이 제2대 대통령으로 선출되어 국무령제로 체제를 개편하였다는 점 등을 통해 (가)는 대한민국 임시 정부임을 알 수 있다. ③ 대한민국 임시 정부는 독립운동 자금을 마련하기 위해 독립 공채를 발행하였다.

오답 피하기 ① 조선은 1876년 강화도 조약을 체결한 이후 일본에 수신사라는 외교 사절을 파견하였다.

② 의열단은 1919년 만주에서 김원봉 등이 주도하여 조직하였다. 김익상, 김상옥 등이 단원으로 활동하면서 국내에 침투하여 각각 조선 총독부, 종로 경찰서에 폭탄을 투척하였다.

④ 조선 의용대는 1938년 김원봉 등이 중국 국민당 정부의 지원을 받아 조선 민족 전선 연맹 산하의 무장 조직으로 창설하였다.

⑤ 여운형, 김규식 등을 중심으로 조직된 좌우 합작 위원회는 1946년에 민주주의 임시 정부 수립, 미소 공동 위원회의 속개 등의 내용을 담은 좌우 합작 7원칙을 발표하였다.

12 국민 대표 회의의 개최 목적 이해

문제 분석 자료에서 회의가 결렬되었다는 점, 개조파와 창조파가 있었던 점 등을 통해 (가) 회의는 1923년에 개최된 국민 대표 회의임을 알 수 있다. ③ 1920년대 초 연통제와 교통국이 발각되면서 대한민국 임시 정부는 재정난을 겪었다. 또한 민족 운동의 방법을 둘러싼 논쟁 등으로 내부 갈등을 빚었다. 이에 독립운동가들은 대한민국 임시 정부의 새로운 진로와 활로를 모색하기 위해 1923년 상하이에서 국민 대표 회의를 개최하였다.

오답 피하기 ① 1894년 군국기무처의 주도로 제1차 갑오개혁이 추진되었다.

② 헌의 6조는 1898년 독립 협회가 주관한 관민 공동회에서 결의되었다.

④ 1945년 12월 개최된 모스크바 3국 외상 회의의 결정 사항이 국내에 알려진 이후 김구, 이승만 등을 중심으로 신탁 통치 반대 운동이 전개되었다.

⑤ 1948년 제헌 국회에서 반민족 행위 처벌법을 제정하고, 반민족 행위 특별 조사 위원회(반민 특위)를 조직하였다.

10 다양한 민족 운동의 전개

자료 탐구 본문 96~97쪽

1 ⑤ 2 ②

1 브나로드 운동의 내용 이해

문제 분석 자료에서 조선어 학회 회원인 이윤재가 편찬한 『한글공부』가 널리 활용되었다는 점, 동아일보사에서 추진하였다는 점 등을 통해 밑줄 친 '이 운동'은 브나로드 운동임을 알 수 있다. ⑤ 동아일보사는 1930년대 전반에 '배우자, 가르치자, 다 함께 브나로드'라는 구호 아래 농촌 계몽 운동인 브나로드 운동을 전개하였다.

오답 피하기 ① '내 살림 내 것으로'는 물산 장려 운동의 구호이다.
② 농민들은 소작료 인하 등을 요구하며 소작 쟁의를 전개하였다.
③ '제폭구민, 보국안민'은 동학 농민군의 구호이다.
④ '우리는 기회주의를 일체 부인함'은 신간회의 강령 중 하나이다.

2 6·10 만세 운동 이해

문제 분석 자료에서 융희 황제(순종)의 장례일에 대한 독립 만세 소리가 다시 일어났다는 점, 3·1 운동으로 인하여 놀랐던 왜적이 경계를 엄하게 하였다는 점 등을 통해 (가) 민족 운동은 6·10 만세 운동임을 알 수 있다. ② 순종이 사망하자 조선 공산당을 중심으로 한 사회주의 계열과 민족주의 계열인 천도교는 학생 단체와 힘을 합쳐 만세 시위를 준비하였다. 그러나 일제에 의해 조선 공산당 간부들이 체포되었고 천도교에서 준비하던 격문도 압수당하였다. 하지만 학생 조직은 발각되지 않아 학생들은 예정대로 시위를 전개하였다.

오답 피하기 ① 신간회는 광주 학생 항일 운동 당시 진상 조사단을 파견하여 지원하였다.
③ 1894년 동학 농민군의 제1차 봉기 결과 전주 화약이 체결되었고, 농민군은 전라도 각 지역에 집강소를 설치하였다.
④ 조선 태형령은 1912년에 제정되어 3·1 운동 이후인 1920년에 폐지되었다.
⑤ 국민의 성금을 모아 나랏빚을 갚아 국권을 수호하자는 국채 보상 운동은 대구에서 서상돈 등이 제창하며 시작되었다.

수능 유형 익히기 본문 99~102쪽

01 ④	02 ③	03 ⑤	04 ④
05 ①	06 ②	07 ⑤	08 ⑤
09 ①	10 ③	11 ②	12 ④
13 ③	14 ⑤	15 ⑤	16 ④

01 홍범도의 활동 파악

문제 분석 자료에서 의병장으로 활동을 하다가 국권 피탈 후 대한 독립군의 사령관이 되어 항일 무장 투쟁을 전개하였다는 점 등을 통해 (가) 인물이 홍범도임을 알 수 있다. ④ 홍범도가 지휘한 대한 독립군을 비롯한 여러 독립군 부대가 봉오동 전투를 승리로 이끌었다.

오답 피하기 ① 고려 시대 윤관은 별무반을 이끌고 여진을 정벌한 후 동북 9성을 개척하였다.
② 박은식은 민족주의 사학자로서 일제의 역사 왜곡에 맞서 국혼을 강조하며 『한국통사』를 저술하였다.
③ 임병찬 등은 고종의 밀명을 받아 1912년에 독립 의군부를 조직하였다.
⑤ 여운형 등은 조선 건국 동맹 세력을 기반으로 안재홍 등과 함께 좌익과 우익을 규합하여 조선 건국 준비 위원회를 결성하였다.

02 간도 참변 이해

문제 분석 자료에서 훈춘·옌지·허룽·왕칭에 많은 한인이 살고 있었으며 독립군으로 활동하는 경우도 있었다는 점, 일제가 이 지역의 독립군을 제거하려 하였다는 점, 훈춘 사건을 빌미로 진주한 일본군이 한인들을 학살한 점 등을 통해 자료의 내용이 간도 참변임을 알 수 있다. ③ 봉오동 전투에서 패배한 일본군은 독립군의 근거지를 없앤다는 구실로 청산리 대첩을 전후하여 무고한 간도의 한인들에 대한 무차별 학살을 자행하였다(간도 참변).

오답 피하기 ① 러일 전쟁을 일으킨 일제는 한반도 내에서 군사적 요충지를 사용한다는 내용의 한일 의정서를 대한 제국과 강제로 체결하였다.
② 일본군의 기습으로 청일 전쟁이 발발하고 한반도와 만주 일대 등에서 전투가 여러 차례 벌어졌다. 이 전쟁은 일본이 승리하여 청과 시모노세키 조약을 체결하면서 종결되었다.
④ 일본은 조선에 개항을 요구하기 위해 운요호 사건을 일으켰다.
⑤ 연해주의 한인들은 1937년 소련 정부에 의하여 중앙아시아로 강제 이주 되었다.

03 김좌진의 활동 파악

문제 분석 자료에서 김좌진이 북로 군정서의 총사령관으로서 다른 독립군 부대와 연합하였다는 점 등을 통해 (가)에 들어갈 내용으로 가장 적절한 것은 청산리 대첩에 관한 내용임을 알 수 있다. ⑤ 김좌진이 이끄는 북로 군정서와 홍범도가 이끄는 대한 독립군 등 독립군 연합 부대는 1920년 10월 청산리 전투에서 일본군을 크게 물리쳤다.

오답 피하기 ① 고려 말 이성계 등은 1388년에 위화도 회군을 단행하여 정치적 실권을 장악하였다.
② 정미의병 시기에 의병 연합 부대인 13도 창의군이 조직되어 1908년 서울 진공 작전을 전개하였다.
③ 일본군의 경복궁 기습 점령 등을 규탄하며 재봉기한 동학 농민군은 서울로 북상하던 중 우금치 전투에서 일본군 및 관군에 맞서 싸웠으나 패하였다.
④ 1950년에 일어난 6·25 전쟁 당시 국군과 유엔군이 인천 상륙 작전에 성공하여 전세를 역전시켰다.

04 미쓰야 협정 이해

문제 분석 자료에서 펑톈성 경무처장과 조선 총독부 경무국장인 미쓰야가 만주를 근거지로 활동하는 조선인 무장단의 국경 침입에 관하여 상의하였다는 점, 서로 각서를 교환하였다는 점 등을 통해 밑줄 친 '각서'는 1925년 체결된 미쓰야 협정임을 알 수 있다. ④ 미쓰야 협정은 중국 관헌이 한국인 독립운동 세력을 체포하여 일제에 넘긴다는 내용을 담고 있다. 이로 인해 만주 일대의 독립운동가들은 일본 군경뿐 아니라 만주 군벌 등의 감시와 탄압을 받게 되었고, 독립군 부대의 활동이 위축되었다.

오답 피하기 ① 조선 정부는 개화 정책을 추진하면서 근대 무기 제조법 등을 습득하기 위해 영선사 김윤식의 인솔 아래 유학생과 기술자를 청에 파견하였다.
② 1894년에 발발한 청일 전쟁에서 승리한 일본이 시모노세키 조약으로 랴오둥반도를 차지하자 러시아의 주도로 삼국 간섭이 발생하였다(1895).
③ 조선 숙종 때 조선과 청의 대표가 백두산 일대를 답사하고 경계를 확정하여 백두산정계비를 세웠다.
⑤ 1945년 12월 개최된 모스크바 3국 외상 회의에서 한반도에 민주주의 임시 정부 수립, 미소 공동 위원회 설치, 최고 5년 기한 4개국에 의한 한반도 신탁 통치에 관한 협약 작성 등이 결정되었다. 이 내용이 국내에 알려지면서 신탁 통치 반대 운동이 일어났다.

05 3부의 성격 이해

문제 분석 자료에서 신민부가 조직된 후 채택된 결의안이라는 점, 신민부는 여러 독립운동 단체가 통합하여 결성되었으며 북만주 일대의 한인들을 관할하였다는 점 등을 통해 3부에 관한 내용이 가장 적절한 탐구 주제임을 알 수 있다. ① 독립군 부대가 재정비하여 만주에 결성한 참의부, 정의부, 신민부는 민정 조직과 군정 조직을 갖춘 자치 정부의 성격을 지녔다.

오답 피하기 ② 동학 농민 운동의 전개 과정에서 체결된 전주 화약에 따라 농민군이 집강소를 설치하여 폐정 개혁안을 실시하였다.
③ 독립 협회는 1898년 관민 공동회를 열고 헌의 6조의 결의를 주도하였다.
④ 통일 주체 국민 회의는 박정희 정부 때 제정된 유신 헌법에 따라 설치되었다.
⑤ 1941년에 대한민국 임시 정부는 삼균주의를 반영한 대한민국 건국 강령을 발표하였다.

06 이봉창의 활동 파악

문제 분석 자료에서 만주 사변이 있은 직후 중국인의 대일 감정이 나빴던 시기였다는 점, 한인이 일왕을 저격했는데 맞지 않았다는 기사가 보도되었다는 점 등을 통해 (가) 인물은 이봉창임을 알 수 있다. ② 이봉창은 김구가 조직한 한인 애국단 소속으로 1932년에 도쿄에서 일왕 암살을 시도하였다.

오답 피하기 ① 1884년 김옥균, 박영효 등의 급진 개화파가 갑신정변을 주도하였다.
③ 1915년 박상진 등이 대한 광복회를 조직하여 국권 회복과 공화정 형태의 근대 국가 수립을 추구하였다.
④ 안중근은 1909년 하얼빈에서 이토 히로부미를 처단하였다.
⑤ 신한청년당의 김규식은 1919년 파리 강화 회의에 대표로 파견되었다.

07 의열단의 특징 이해

문제 분석 자료에서 단장이 김원봉이었다는 점, 김익상이 조선 총독부에 폭탄을 던졌다는 점 등을 통해 (가) 단체는 의열단임을 알 수 있다. ⑤ 「조선 혁명 선언」은 1923년 신채호가 작성한 것으로 의열단의 활동 지침이 되었다.

오답 피하기 ① 신민회는 1911년 일제가 조작한 105인 사건으로 와해되었다.
② 좌우 합작 위원회는 1946년에 민주주의 임시 정부 수립, 미소 공동 위원회의 속개 등을 요구한 좌우 합작 7원칙을 발표하였다.
③ 대한민국 임시 정부는 독립운동 자금을 안정적으로 확보하고 나라 안팎의 원활한 연락망을 구축하기 위해 연통제와 교통국을 운영하였다.
④ 광복 후 여운형은 조선 건국 동맹 세력을 기반으로 안재홍 등과 함께 좌익과 우익을 규합하여 조선 건국 준비 위원회를 결성하였다.

08 윤봉길 의거의 영향 이해

문제 분석 자료에서 윤봉길이 폭탄 2개를 받았다는 점, 일본 군벌을 살해하는 것이 목적이었다는 점, 훙커우 공원으로 갔다는 점 등을 통해 밑줄 친 '거사'는 윤봉길의 상하이 훙커우 공원 의거임을 알 수 있다. ⑤ 윤봉길은 한인 애국단 소속으로 1932년 상하이

홍커우 공원에서 진행된 일왕의 생일과 상하이 사변의 승전을 자축하는 기념식 단상에 폭탄을 던졌다. 이 일은 중국 국민당 정부가 대한민국 임시 정부를 지원하는 데 영향을 주었다.

오답 피하기 ① 고종은 명성 황후가 시해된 후 신변에 불안을 느끼고 러시아 공사관으로 피신하였다(아관 파천).

② 세도 정치기에 임술 농민 봉기가 일어나자 조선 정부는 삼정의 문란을 개선하기 위하여 삼정이정청을 설치하였다.

③ 국민 대표 회의는 대한민국 임시 정부의 새로운 노선과 활로를 모색하기 위해 1923년 상하이에서 개최되었다.

④ 제2차 미소 공동 위원회가 결렬된 후 미국은 한반도 문제를 유엔에 이관하였다. 유엔 총회에서는 한반도에 통일 정부를 세우기 위해 남북 인구 비례에 의한 총선거와 선거 감시를 위한 유엔 한국 임시 위원단의 파견 등을 결정하였다. 그러나 유엔 한국 임시 위원단이 소련에 의해 입북을 거부당하자, 유엔 소총회에서는 유엔 한국 임시 위원단이 접근 가능한 지역(남한)에서 총선거를 실시할 것을 다시 결의하였다.

09 물산 장려 운동의 이해

문제 분석 자료에서 조선에서 난 물건만 사겠다고 한 점, 경성 방직 회사에서 만든 광목이 조선 사람들에게 잘 팔린다는 점 등을 통해 (가) 운동은 물산 장려 운동임을 알 수 있다. ① 물산 장려 운동은 1920년부터 국내 민족 기업과 자본을 보호·육성하기 위하여 전개되어 전국으로 확산되었다. 하지만 일부 상인의 농간 등으로 상품 가격이 오르는 현상이 나타났고 사회주의 계열로부터 자본가와 상인의 이익만을 추구하는 이기적인 운동이라는 비판을 받았다.

오답 피하기 ② 조선 정부는 방납의 폐단을 해결하기 위해 공물을 토산물 대신 토지 결수에 따라 쌀, 동전 등으로 납부하게 하는 대동법을 시행하였다.

③ 1970년대 국제 유가가 폭등하여 두 차례의 석유 파동이 일어나면서 국내 경제는 위기를 겪었다.

④ 1970년 전태일은 근로 기준법에 명시된 노동자의 권리를 요구하며 분신하였다. 이는 이후 노동 운동이 본격화되는 데 큰 영향을 주었다.

⑤ 국민의 성금을 모아 나랏빚을 갚아 국권을 수호하자는 국채 보상 운동은 대구에서 서상돈 등이 제안하며 시작되었다.

10 민립 대학 설립 운동의 이해

문제 분석 자료에서 이천만의 힘을 모아 1개 대학을 설립하자는 내용, 1원씩 내는 회원을 모집한다는 내용이 제시된 점 등을 통해 제시된 내용이 민립 대학 설립 운동에 관한 것임을 알 수 있다. ③ 1920년대 초반 이상재 등을 중심으로 설립된 조선 민립 대학 기성회는 민립 대학 설립을 위해 전국적인 모금 활동을 펼쳤다.

오답 피하기 ① 통감부는 일제가 강요한 을사늑약에 따라 1906년에 설치되었다. 국권 피탈 이후에는 조선 총독부가 설치되어 식민 통치를 담당하였다.

② 1894년 군국기무처의 주도로 실시된 제1차 갑오개혁에 따라 과거제가 폐지되었다.

④ 신민회는 서간도(남만주) 지역의 삼원보에 신흥 강습소를 세워 민족 교육과 군사 훈련을 실시하였다.

⑤ 조선 고종은 제2차 갑오개혁을 추진하는 과정에서 교육입국 조서를 반포하였다.

11 문자 보급 운동 이해

문제 분석 자료에서 방학을 맞이하여 학생 문자 보급반원을 모집한 점 등을 통해 밑줄 친 '이 운동'은 문자 보급 운동임을 알 수 있다. ② 농촌 계몽의 성격을 띤 문자 보급 운동은 1929년부터 조선일보사의 주도로 전개되었다.

오답 피하기 ① 일본이 운요호 사건을 도발하고 조선의 문호 개방을 요구하자 보수적인 유생들은 왜양일체론을 주장하며 개항 반대 운동을 전개하였다.

③ 일제는 대공황 이후 농민층이 몰락하고 소작 쟁의가 격렬해지자 농촌 진흥 운동을 전개하여 농촌 통제와 식민지 체제 안정을 꾀하였다.

④ 신민회는 민족 교육을 실시하기 위해 오산 학교와 대성 학교를 설립하였다.

⑤ 여운형과 김규식을 중심으로 한 중도 세력은 1946년 좌우 합작 위원회를 구성하고 좌우 합작 운동을 추진하였다.

12 자치론의 영향 파악

문제 분석 자료에서 이광수가 조선 내에 허용되는 범위 안에서 일대 정치적 결사를 조직하자고 주장한 점, 그 주장은 일제의 지배를 인정하고 타협하는 성격을 지녔다는 점 등을 통해 밑줄 친 '주장'은 자치론임을 알 수 있다. ④ 민족주의 세력 중 일부는 일제의 식민 지배를 인정하고 자치권을 얻자는 자치론을 주장하였다. 이는 민족주의 세력이 타협적 민족주의와 비타협적 민족주의로 분화하는 데 영향을 주었다.

오답 피하기 ① 신미양요 이후 흥선 대원군은 전국 각지에 척화비를 세워 통상 수교 거부 의지를 알렸다.

② 1923년 백정에 대한 사회적 차별 철폐를 주장하며 백정 등이 주도하여 진주에서 조선 형평사를 조직하였다.

③ 새마을 운동은 1970년부터 박정희 정부가 농촌 환경 개선과 소득 증대를 목표로 추진하였다.

⑤ 3·1 운동의 영향으로 일제는 무단 통치를 대신하여 이른바 문화 통치를 내세웠다.

13 6·10 만세 운동의 이해

문제 분석 자료에서 순종의 상여가 도로를 통과할 때 독립 만세를 소리 높여 외쳤다는 점 등을 통해 자료의 민족 운동은 1926년에 일어난 6·10 만세 운동임을 알 수 있다. ③ 대한민국 임시 정부는 1919년에 수립되었으며, 민족 혁명당은 통일된 항일 전선을 만들려는 노력에 따라 1935년에 난징에서 결성되었다.

14 6·10 만세 운동의 영향 파악

문제 분석 자료에서 사회주의 계열인 조선 공산당, 민족주의 계열인 천도교 계통에서 만세 시위를 계획하였으나 사전에 발각된 점, 학생들이 국장일에 예정대로 만세 시위를 벌인 점 등을 통해 (가) 운동은 1926년에 일어난 6·10 만세 운동임을 알 수 있다. ⑤ 6·10 만세 운동은 민족주의 세력과 사회주의 세력이 연대하는 계기가 되어 민족 협동 전선 운동으로 이어졌다. 그 결과 1927년에 신간회가 결성되었다.

오답 피하기 ① 6월 민주 항쟁 당시 학생과 시민들은 4·13 호헌 조치 철폐와 대통령 직선제 개헌을 요구하였다.

② 1895년 을미사변과 단발령에 반발하여 일어난 을미의병은 아관 파천 이후 고종이 단발령을 취소하고 의병 해산 권고 조칙을 내리자 대부분 해산하였다.

③ 1904년에 결성된 보안회는 일제의 황무지 개간권 요구를 반대하는 운동을 전개하여 이를 철회시켰다.

④ 3·1 운동은 1919년 중국에서 반제국주의 운동인 5·4 운동이 일어나는 데 영향을 주었다.

15 신간회의 특징 이해

문제 분석 자료에서 140여 개 지회에 회원 약 4만 명이라는 점, 전체 대회의 최대 의안이 해소 문제라는 점 등을 통해 (가) 단체는 신간회임을 알 수 있다. ⑤ 1927년 사회주의 세력과 비타협적 민족주의 세력이 연대하여 조직한 신간회는 정치적·경제적 각성을 촉진하고, 단결을 공고히 하며 기회주의를 일체 부인한다는 강령을 내세웠다.

오답 피하기 ① 서재필과 정부 관료 등이 창립한 독립 협회는 독립문 건립을 주도하였다.

② 진단 학회는 실증 사학의 입장에서 한국사를 연구하고 『진단학보』를 발행하였다.

③ 대한민국 임시 정부는 외교 활동을 위해 미국에 구미 위원부를 설치하였다.

④ 조선어 학회는 한글 맞춤법 통일안을 제정하여 한글의 표준화에 노력하였다.

16 광주 학생 항일 운동의 전개 과정 이해

문제 분석 자료에서 11월 3일이 학생 독립운동 기념일이라는 점, 이날은 한·일 학생들의 충돌을 계기로 시작되어 전국으로 확산된 운동에서 유래되었다는 점 등을 통해 (가) 운동은 광주 학생 항일 운동임을 알 수 있다. ④ 1929년 광주 학생 항일 운동 당시 신간회는 현지에 진상 조사단을 파견하고 민중 대회를 계획하는 등 운동을 지원하였다.

오답 피하기 ① 영국은 러시아 견제를 구실로 1885년부터 1887년까지 조선의 거문도를 불법으로 점령하였다.

② 중일 전쟁 발발 이후 일제는 한국인의 민족의식을 말살시키기 위해 황국 신민 서사 암송을 강요하였다.

③ 1880년대 이만손 등 유생들은 영남 만인소를 올려 수신사 김홍집이 들여온 『조선책략』을 비판하며 개화 정책에 반대하였다.

⑤ 제헌 국회는 대한민국 정부 수립 이후 민족정기를 바로잡고 반민족 행위자를 처벌하기 위하여 1948년 반민족 행위 처벌법을 제정하였으며, 이 법에 따라 반민족 행위 특별 조사 위원회를 설치하였다.

11 사회·문화의 변화와 사회 운동

자료 탐구 본문 105쪽

1 ⑤

1 신채호의 활동 이해

문제 분석 자료에서 국민 대표 회의에서 창조파로 활동, 대한매일신보에 「독사신론」을 게재, 『조선사연구초』 등을 저술 등을 통해 (가) 인물이 신채호임을 알 수 있다. ⑤ 신채호는 『조선사연구초』, 『조선상고사』를 저술하는 등 고대사 연구를 중심으로 민족주의 사학을 정립하였다.

오답 피하기 ① 1930년대에 이병도 등을 중심으로 한 진단 학회는 실증 사학의 입장에서 한국사를 연구하고 『진단 학보』를 발행하였다.
② 한인 애국단은 김구가 대한민국 임시 정부의 침체를 극복하기 위해 상하이에서 1931년에 조직하였다.
③ 백남운은 한국사가 세계사의 보편적인 발전 법칙에 따라 발전하였다고 주장하여 식민 사관의 정체성론을 비판하였다.
④ 이승만은 대한 국민 의회, 대한민국 임시 정부, 한성 정부의 통합으로 수립된 대한민국 임시 정부의 초대 대통령으로 취임하였다.

수능 유형 익히기 본문 107~108쪽

01 ②	02 ③	03 ④	04 ④
05 ⑤	06 ②	07 ④	08 ④

01 일제 강점기 사회 모습 파악

문제 분석 자료에서 풍자화가 실린 당시로부터 약 10년 후에 중일 전쟁이 일어났다는 것 등을 통해 밑줄 친 '당시'가 1920년대임을 알 수 있다. ② 일제 강점기에 농민들은 일제의 식민지 지배 정책으로 살기 어려워지자 농촌을 떠나 도시로 몰려들었다. 이들 중 일부는 도시 외곽에 토막집을 짓고 빈민촌을 형성하였다.

오답 피하기 ① 국채 보상 운동은 국민의 성금을 모아 나랏빚을 갚아 국권을 수호하려는 취지로 전개되었다. 1907년 대구에서 서상돈 등이 시작하였으며, 대한매일신보 등 언론의 후원 속에서 농민, 상인뿐 아니라 부녀자 등에 이르기까지 각계각층이 성금을 냈다.
③ 조선 고종은 1886년 양반 자제와 관리를 대상으로 근대 학문을 교육하고자 육영 공원을 설립하였다.
④ 조선 정부는 개화 정책을 추진하면서 박문국을 세우고 1883년 한성순보를 발간하였다.
⑤ 일본에 의해 경인선(1899)이 개통된 이래 경부선(1905), 경의선(1906)이 개통되었다. 이들 철도 노선은 일본의 한반도 지배와 대륙 침략에 중점을 두고 결정되었으며, 철도 건설 과정에서 일본은 필요한 토지를 약탈하였다.

02 암태도 소작 쟁의 시기 파악

문제 분석 자료에서 전남 암태소작회 간부들이 수감되어 있다는 것, 소작회 회원들이 간부들의 방면 운동을 벌이고 있다는 것 등을 통해 암태도 소작 쟁의가 전개되고 있는 시기임을 알 수 있다. 고율의 소작료 인하 등을 요구한 암태도 소작 쟁의는 1923~1924년에 전개되었다. ③ 일제는 자국의 부족한 쌀을 한국에서 확보하기 위해 1920년부터 산미 증식 계획을 추진하였다.

오답 피하기 ① 고려 전기에 관리 등에게 수조권을 지급하는 전시과 제도가 마련되었다.
② 1930년대 일제는 남면북양 정책을 실시하여 남부 지방에서는 면화를 재배하고, 북부 지방에서는 양을 기르도록 강요하였다.
④ 통일 신라의 신문왕은 문무 관리에게 관료전을 지급하고 이후 녹읍을 폐지하여 귀족 세력의 경제력을 약화시켰다.
⑤ 대한 제국은 광무개혁을 추진하면서 양전 사업을 실시하고 근대적 토지 소유 증명 문서인 지계를 발급하였다.

03 원산 총파업의 특징 이해

문제 분석 자료에서 함경남도 원산의 3천여 명은 라이징 선 석유 공장에서 쟁의가 시작되자 파업을 단행했다는 내용 등을 통해 밑줄 친 '파업'이 원산 총파업임을 알 수 있다. ④ 원산 총파업은 라이징 선이라는 석유 회사에서 일본인 현장 감독이 한국인 노동자를 구타한 사건에서 비롯되었다.

오답 피하기 ① 통감부는 을사늑약에 따라 1906년에 설치되어 대한 제국의 외교와 내정을 장악하였다.
② 대한 제국 시기에 서울의 시전 상인들은 황국 중앙 총상회를 조직하여 상권 수호 운동을 전개하였다.
③ 조선 정조는 육의전 외의 시전 상인들이 가지고 있는 금난전권을 폐지하는 통공 정책을 시행하였다.
⑤ 박정희 정부가 성장 위주 경제 정책을 추진하면서 노동자들은 저임금과 장시간 노동에 시달리는 처지에 놓였다. 이러한 상황에서 1970년 전태일은 노동자의 권리 보장을 요구하며 분신하였다.

04 방정환의 활동 이해

문제 분석 자료에서 『어린이』의 창간을 알리는 신문 광고, 어린이날이 제정되는 데 큰 기여를 하였다는 것 등을 통해 (가) 인물이 방정환임을 알 수 있다. ④ 천도교는 천도교 소년회를 중심으로 소년 운동을 적극 전개하였다. 천도교 소년회 활동을 주도한 방정환 등은 어린이날을 제정하고, 잡지 『어린이』를 간행하였다.

오답 피하기 ① 통일 신라 원성왕은 유교 경전의 이해 수준을 시험하여 관리 등용에 활용하고자 독서삼품과를 마련하였다.

② 조선 고종은 1895년에 국가의 부강은 국민의 교육에 있다는 내용의 교육입국 조서를 반포하였다.
③ 조선어 학회는 한글 맞춤법 통일안을 제정하여 한글 표준화를 위해 노력하였다.
⑤ 애국 계몽 운동 단체인 신민회는 민족 교육을 실시하기 위해 오산 학교와 대성 학교를 설립하였다.

05 근우회의 성격 이해

문제 분석 자료에서 여성에 대한 사회적·법률적인 일체의 차별 철폐, 조혼 폐지 및 결혼의 자유, 신간회의 자매단체, 조선 여자의 공고한 단결과 지위 향상을 목표로 했다는 것 등을 통해 (가) 단체가 근우회임을 알 수 있다. ⑤ 1927년 신간회 창립을 계기로 여성 단체들은 이념을 초월한 민족 협동 전선으로 근우회를 결성하였다.
오답 피하기 ① 독립 협회는 1898년 관민 공동회를 열고 헌의 6조 결의를 주도하였다. 헌의 6조는 관민이 협의하여 국정을 운영하자는 내용을 담고 있었고, 고종의 재가를 받게 되었다. 이후 중추원을 의회식으로 개편한 중추원 관제가 반포되었다.
② 신민회는 1911년 일제가 조작한 105인 사건으로 와해되었다.
③ 1930년대 전반 동아일보사에 의해 추진된 브나로드 운동은 '배우자, 가르치자, 다 함께 브나로드'라는 구호 아래 농촌 계몽의 성격을 띠고 추진되었다.
④ 좌우 합작 위원회는 좌우 합작으로 민주주의 임시 정부 수립, 미소 공동 위원회의 속개를 요청하는 공동 성명 발표 등의 내용을 담은 좌우 합작 7원칙을 1946년에 발표하였다.

06 형평 운동의 내용 파악

문제 분석 자료에서 진주에서 시작, 멸시와 천대에 시달리던 백정들과 그들의 처지에 공감한 분들이 힘을 모아 펼쳤다는 것, 인권 운동 등을 통해 밑줄 친 '이 운동'이 형평 운동임을 알 수 있다. ② 1923년 백정에 대한 사회적 차별 철폐를 주장하며 백정 등이 주도하여 진주에서 조선 형평사를 조직하였다.
오답 피하기 ① 일본은 1875년 운요호를 파견하여 초지진과 영종도를 공격한 운요호 사건을 일으켰다.
③ 고려 숙종은 윤관의 건의를 받아들여 여진 정벌을 위해 별무반을 편성하였다.
④ 대한 제국은 1900년 칙령 제41호를 공포하여 독도가 우리의 영토임을 규정하였다.
⑤ 조선 정부는 1880년에 통리기무아문을 설치하여 개화 정책을 추진하였다.

07 조선어 학회 사건의 영향 파악

문제 분석 자료에서 함흥 영생 여자 고등 보통학교 학생의 일기 중 국어(일본어)를 사용하는 자를 처벌하였다는 내용, 정태진이 『우리말(조선말) 큰사전』 편찬 작업을 하고 있었다는 것, 일제가 한글 학자인 이윤재, 한징, 이극로, 최현배, 정인승 등을 구속했다는 것 등을 통해 (가)에는 조선어 학회 사건과 관련된 내용이 들어가야 한다는 것을 알 수 있다. ④ 조선어 학회는 한글 맞춤법 통일안을 제정하고 우리말(조선말) 큰사전을 편찬하려 하였다. 그러나 1942년 일제가 일으킨 조선어 학회 사건으로 많은 학자들이 투옥되는 등 큰 타격을 입었다.
오답 피하기 ① 이승만 정부는 정부에 비판적이던 경향신문을 강제로 폐간하였다.
② 독립 협회는 1898년 만민 공동회를 개최하여 열강의 이권 침탈 등을 규탄하였다.
③ 이만손 등을 중심으로 한 영남 유생들은 1880년 국내에 유포된 『조선책략』의 내용에 반발하여 이듬해 만인소를 올렸다.
⑤ 민립 대학 설립 운동은 1920년대 초반 이상재, 이승훈 등을 중심으로 설립된 조선 민립 대학 기성회가 주도하였으며 전국적인 모금 활동을 펼쳤다. 그러나 일제의 방해와 탄압, 전국적인 자연재해, 지방 유력자들의 참여 부족 등으로 모금 운동에 어려움을 겪다가 중단되었다.

08 박은식의 활동 파악

문제 분석 자료에서 『한국통사』, 민족정신으로 국혼을 강조했다는 것, 대한민국 임시 정부의 제2대 대통령을 역임했다는 것 등을 통해 (가) 인물이 박은식임을 알 수 있다. ④ 박은식은 민족주의 사학자로서 일제 식민 사관의 역사 왜곡에 맞서 국혼을 강조하였으며, 『한국통사』, 『한국독립운동지혈사』 등을 저술하였다.
오답 피하기 ① 수선사 결사는 고려 무신 정권 시기에 지눌이 불교 개혁 운동을 추진하면서 제창되었다.
② 고종은 을사늑약의 부당함을 국제 사회에 알리기 위해 1907년 네덜란드 헤이그에서 개최된 만국 평화 회의에 이상설, 이준, 이위종을 특사로 파견하였다.
③ 신채호는 김원봉의 요청에 따라 1923년 「조선 혁명 선언」을 작성하여 무력 투쟁에 의한 민중의 직접 혁명을 강조하였다. 이는 의열단의 활동 지침이 되었다.
⑤ 백남운은 사회주의 이론인 유물 사관에 입각하여, 한국의 역사가 세계사의 보편적 발전 법칙에 따라 발전해 왔다고 주장함으로써 식민 사관의 정체성론을 비판하였다.

12 전시 동원 체제와 광복을 위한 노력

자료 탐구 본문 113~114쪽

1 ① 2 ④

1 일제의 전시 동원 체제 파악

문제 분석 자료에서 ○○ 고등 여학교 학생들이 해군 지원병 모집 감사 음악회를 갖도록 강요받았다는 것, 여학생들이 전쟁 의식 고취를 위한 무술 훈련을 받았다는 것, 전교생이 가마니 짜기, 새끼 꼬기 등에 강제 동원되었다는 것 등을 통해 1937년 중일 전쟁 발발 이후 국가 총동원법이 시행되던 시기임을 알 수 있다. ① 일제는 1937년 중일 전쟁 발발 이후 한국인의 민족의식을 말살하기 위해 황국 신민 서사를 암송하도록 강요하였다.

오답 피하기 ② 국채 보상 운동은 국민의 성금을 모아 나랏빚을 갚고 국권을 수호하려는 취지로 전개되었다. 1907년 대구에서 서상돈 등이 시작하였으며, 대한매일신보 등 언론의 후원 속에서 농민, 상인뿐 아니라 부녀자 등에 이르기까지 각계각층이 성금을 냈다.
③ 조미 수호 통상 조약 체결 이후 미국 공사가 부임하자 이에 대한 답례로 조선 정부는 1883년 미국에 보빙사를 파견하였다.
④ 1945년 모스크바 3국 외상 회의의 결정 내용이 국내에 전해지자 신탁 통치 반대 운동이 전개되었다.
⑤ 봉오동 전투는 1920년 홍범도가 이끈 대한 독립군을 비롯한 여러 독립군 부대가 봉오동에서 일본군을 크게 물리친 사건이다.

2 한중 연합 작전의 전개 파악

문제 분석 자료에서 한국 독립군의 총사령관, 대전자령 전투 등에서 승리를 거두었다는 것을 통해 왼쪽 인물은 지청천임을 알 수 있고, 조선 혁명군의 총사령, 영릉가 전투, 흥경성 전투 등에서 일본군을 격퇴하였다는 것을 통해 오른쪽 인물이 양세봉임을 알 수 있다. ④ 1931년 만주 사변이 일어난 이후 중국 내에서 항일 감정이 고조되면서 만주에서는 한국 독립군과 조선 혁명군 등이 중국군과 한중 연합 작전을 전개하였다.

오답 피하기 ① 1880년대 이만손 등 유생들은 영남 만인소를 올려 수신사 김홍집이 들여온 『조선책략』을 비판하며 개화 정책에 반대하였다.
② 1894년 동학 농민군의 제1차 봉기 결과 전주 화약이 체결되었고, 농민군은 전라도 각 지역에 집강소를 설치하였다.
③ 김구 등은 대한민국 임시 정부의 침체를 극복하기 위해 1931년 한인 애국단을 결성하였다.
⑤ 이상설, 이준, 이위종은 을사늑약의 부당함을 세계에 알리기 위해 네덜란드 헤이그에서 열린 만국 평화 회의에 고종의 특사로 파견되었다.

수능 유형 익히기 본문 116~118쪽

01 ⑤	02 ①	03 ②	04 ⑤
05 ①	06 ④	07 ⑤	08 ③
09 ④	10 ⑤	11 ⑤	12 ⑤

01 민족 말살 통치 파악

문제 분석 자료에서 황국 신민 서사비, 중일 전쟁을 일으키는 등 침략 전쟁을 확대, 내선일체를 도모 등을 통해 밑줄 친 '이 시기'는 일제의 민족 말살 통치가 이루어진 시기라는 것을 알 수 있다.
⑤ 일제는 중일 전쟁 발발 이후 민족 말살 통치를 본격적으로 전개하면서 일본식 성명 사용을 강요하였다.

오답 피하기 ① 삼별초는 고려 무신 정권 시기에 조직되었다.
② 새마을 운동은 박정희 정부가 농촌 환경 개선과 소득 증대를 목표로 1970년부터 추진하였다.
③ 일제는 1912년에 조선 태형령을 제정하여 한국인에게만 신체에 고통을 가하는 태형을 적용하였다. 조선 태형령은 1920년에 폐지되었다.
④ 조선 정부는 1880년에 통리기무아문을 설치하여 개화 정책을 추진하였다.

02 전시 동원 체제 파악

문제 분석 자료에서 조선 총독 앞에서 징병제에 대비한 체력 검사를 받는다는 것, 해군 특별 지원병 제도가 실시된다는 것 등을 통해 전시 동원 체제가 강화된 중일 전쟁 발발 이후의 상황임을 알 수 있다. ① 일제는 1937년 중일 전쟁 발발 이후 한국인의 민족의식을 말살하여 침략 전쟁에 동원할 목적으로 민족 말살 정책을 본격적으로 추진하였다. 이 시기 일제는 황국 신민 서사 암송과 신사 참배 등을 강요하였다.

오답 피하기 ② 구식 군인들은 별기군과의 차별 대우와 개화 정책에 반발하여 일본 공사관과 궁궐을 습격하는 등 봉기를 일으켰다(임오군란, 1882).
③ 물산 장려 운동은 1920년 평양에서 시작된 토산품 애용 운동이다. 회사령 폐지, 일본 상품에 대한 관세 철폐 움직임 등으로 위기에 처한 민족 자본을 보호·육성하기 위해 전개되었다.
④ 1899년 노량진에서 제물포를 잇는 경인선이 개통되었다.
⑤ 천리장성은 고구려와 고려 시대에 각각 축조되었다. 고구려는 당의 침략에 대비하여, 고려는 거란과 여진의 침략에 대비하여 천리장성을 축조하였다.

03 전시 동원 체제의 사실 이해

문제 분석 자료에서 미국과 영국을 때려 부숴 버리자, 공출 등을 통해 1941년 일제가 태평양 전쟁을 일으킨 이후의 상황임을 알 수 있다. ② 일제는 중일 전쟁을 일으킨 후 전쟁 수행에 필요한 인력과 물자 동원을 원활하게 할 목적으로 국가 총동원법을 제정하였다. 이후 전시 동원 체제가 강화되면서 식량 배급제가 실시되어 시장에서 쌀을 자유롭게 매매할 수 없었다.

오답 피하기 ① 일제는 토지 조사 사업을 추진하면서 1912년에 토지 조사령을 발표하였다.

③ 1949년에 제정되고 이듬해에 개정된 농지 개혁법에 따라 이승만 정부는 유상 매수·유상 분배 원칙을 적용하여 농민들에게 농지를 분배하였다.

④ 제1차 한일 협약(1904)으로 파견된 재정 고문 메가타는 화폐 정리 사업을 추진하였다.

⑤ 제1차 경제 개발 5개년 계획은 1962~1966년에 실시되었다.

04 한중 연합 작전 이해

문제 분석 자료에서 중국 호로군 사령관 정초 등을 만나 상의했다는 것, 지청천 등이 연합의 구체적인 조건을 논의했다는 것, 한중 양군이 장기 항전할 것을 맹세했다는 것, 전시 후방의 전투 훈련은 한국 장교가 맡고, 한국군에 필요한 모든 물자는 중국군이 공급한다는 것 등을 통해 1930년대 초 한중 연합 작전과 관련된 내용임을 알 수 있다. ⑤ 1931년 만주 사변이 일어나자 남만주의 조선 혁명군과 북만주의 한국 독립군은 중국 항일 무장 세력과 한중 연합 작전을 전개하였다.

오답 피하기 ① 조선 세종은 최윤덕과 김종서 등으로 하여금 여진을 몰아내고 압록강과 두만강 유역에 각각 4군 6진 지역을 개척하게 하였다.

② 간도 참변은 1920년 청산리 대첩을 전후하여 일어났다.

③ 고려 공민왕은 쌍성총관부를 공격하여 원에 빼앗겼던 영토를 회복하였다.

④ 신민회는 장기적인 무장 투쟁을 위해 국외 독립운동 기지 건설을 결정하고 서간도(남만주) 지역의 삼원보에 신흥 강습소를 설립하였다.

05 조선 혁명군의 활동 이해

문제 분석 자료에서 양세봉이 1930년대 초반 국민부 산하 무장 단체의 총사령을 역임했다는 것, 한중 연합 작전을 주도했다는 것 등을 통해 (가) 군사 조직이 조선 혁명군임을 알 수 있다. ① 양세봉이 이끄는 조선 혁명군은 중국 의용군 등과 연합하여 1932년 영릉가 전투에서 승리를 거두었다.

오답 피하기 ② 임병찬 등이 고종의 밀명을 받아 독립 의군부를 조직하였다.

③ 간도 참변을 겪은 후 일제의 탄압을 피해 자유시로 이동한 만주의 독립군은 자유시 참변으로 다수가 희생되어 세력이 약화되었다.

④ 김좌진이 이끄는 북로 군정서와 홍범도가 이끄는 대한 독립군 등 독립군 연합 부대는 1920년 10월 청산리 전투에서 일본군을 크게 물리쳤다.

⑤ 윤봉길은 한인 애국단 소속으로 상하이 홍커우 공원에서 진행된 일왕의 생일과 상하이 사변의 승전을 자축하는 기념식의 단상에 폭탄을 던졌다.

06 김원봉의 활동 파악

문제 분석 자료에서 의열단을 조직한 뒤 단장에 선출되는 모습, 의열단원 김상옥 등과 의거 활동에 대해 의논하는 모습, 신채호가 집필한 「조선 혁명 선언」을 의열단의 단원들과 함께 읽는 모습 등을 통해 (가) 인물이 김원봉임을 알 수 있다. ④ 김원봉이 주도한 조선 민족 전선 연맹은 중국 국민당 정부의 지원을 받아 한커우(우한)에서 조선 의용대를 창설하였다.

오답 피하기 ① 이성계 등은 1388년 위화도 회군을 단행하여 정치적 실권을 장악하였다.

② 미주 지역에서는 장인환·전명운 의거를 계기로 1910년에 안창호 등이 주도하여 대한인 국민회를 결성하였다.

③ 좌우 합작 위원회는 좌우 합작으로 민주주의 임시 정부 수립, 미소 공동 위원회의 속개를 요청하는 공동 성명 발표 등의 내용을 담은 좌우 합작 7원칙을 1946년에 발표하였다.

⑤ 박은식은 민족주의 사학자로 일제 식민 사관의 역사 왜곡에 맞서 국혼을 강조하였으며, 『한국통사』, 『한국독립운동지혈사』 등을 저술하였다.

07 조선 의용대의 활동 이해

문제 분석 지도에서 1938년 창설, 1942년 일부가 한국광복군에 합류 등을 통해 (가) 군사 조직이 조선 의용대임을 알 수 있다. ⑤ 조선 의용대는 1938년 중국 국민당 정부의 지원을 받아 중국 관내에서 창설된 독립군 부대이다. 조선 의용대는 중국 국민당 정부의 대일 전선에 배치되어 정보 수집, 포로 심문 등의 활동을 하며 성과를 올렸다. 그러나 일부 대원들은 적극적인 항일 투쟁을 위해 화북 지역으로 이동하였고, 김원봉은 남은 세력을 이끌고 대한민국 임시 정부 산하 군대인 한국광복군에 합류하였다.

오답 피하기 ① 고려 숙종 때 윤관의 건의를 받아들여 여진의 침입에 대응하기 위해 별무반을 편성하였다.

② 1894년 동학 농민군은 황토현 전투와 황룡촌 전투에서 관군에 승리하였다.

③ 양세봉이 이끄는 조선 혁명군은 중국 의용군 등과 연합하여 1933년 흥경성 전투에서 승리를 거두었다.

④ 1930년대 초 지청천이 이끄는 한국 독립군은 중국 호로군과 연합해 쌍성보, 대전자령 전투 등에서 일본군을 격퇴하였다.

08 대한민국 임시 정부의 활동 이해

문제 분석 자료에서 1944년, 김구 주석, 김규식 부주석, 조소앙 외무부장, 김원봉 군무부장 등을 통해 (가)는 대한민국 임시 정부임을 알 수 있다. ③ 1940년 충칭에 정착한 대한민국 임시 정부는 이듬해 삼균주의를 바탕으로 한 대한민국 건국 강령을 발표하였다.

오답 피하기 ① 군국기무처는 1894년 제1차 갑오개혁 때에 설치되었다가 제2차 갑오개혁이 추진되면서 폐지되었다.

② 1899년 대한 제국은 광무개혁의 일환으로 대한국 국제를 반포하였다.

④ 1929년 광주 학생 항일 운동 당시 신간회는 현지에 진상 조사단을 파견하고 민중 대회를 계획하는 등 운동을 지원하였다.

⑤ 이승만 정부 시기에 제헌 국회는 유상 매수·유상 분배 원칙에 기초한 농지 개혁법을 제정하였다.

09 대한민국 임시 정부의 활동 이해

문제 분석 자료에서 정부 국무 회의에서 회의한 결과 한인 애국단을 조직했다는 것을 통해 (가)는 1931년의 상황임을 알 수 있고, 제1기생 50명이 미국 전략 정보국[OSS] 특수 공작 훈련을 마쳤다는 것을 통해 (나)가 1945년의 상황임을 알 수 있다. ④ 1941년 태평양 전쟁 발발 직후 대한민국 임시 정부는 대일 선전 성명서를 발표하였다.

오답 피하기 ① 1925년 체결된 미쓰야 협정은 만주 군벌과 중국 관헌이 한국의 독립운동가를 체포하여 일본에 넘겨준다는 내용을 담고 있다.

② 정미의병 때인 1907년 의병 연합 부대인 13도 창의군이 조직되어 이듬해에 서울 진공 작전을 전개하였다.

③ 전민변정도감은 권세가들이 부당하게 빼앗은 토지를 본래 소유주에게 돌려주고 불법적으로 노비가 된 자를 양인으로 해방하기 위해 고려 후기 여러 차례 설치되었다. 공민왕 때 설치된 것이 대표적이다.

⑤ 1945년 12월에 열린 모스크바 3국 외상 회의의 결의에 따라 이듬해인 1946년 제1차 미소 공동 위원회가 열렸다. 그러나 미국과 소련의 의견 차이로 무기한 휴회되었다.

10 한국광복군의 활동 파악

문제 분석 자료에서 1940년 중국 충칭에서 대한민국 임시 정부의 산하 군대로 창설되었다는 것, 지청천이 총사령관에 취임하였다는 것 등을 통해 (가) 군사 조직이 한국광복군임을 알 수 있다. ⑤ 한국광복군은 영국군의 요청에 따라 인도·미얀마 전선에 공작대를 파견하여 영국군과 함께 연합 작전을 펼치기도 하였다.

오답 피하기 ① 정미의병 시기에 의병 연합 부대인 13도 창의군이 조직되어 1908년 서울 진공 작전을 전개하였다.

② 1894년 동학 농민 운동의 전개 과정에서 벌어진 우금치 전투에서 농민군은 일본군과 관군에게 패배하였다.

③ 양헌수가 지휘한 조선군은 1866년 병인양요 당시 정족산성에서 프랑스군을 물리쳤다.

④ 1950년에 일어난 6·25 전쟁 당시 국군과 유엔군이 인천 상륙 작전에 성공하여 전세를 역전시켰다.

11 조선 건국 동맹 활동 파악

문제 분석 자료에서 대동단결하여 일본 제국주의의 모든 세력을 몰아내고 조선 민족의 자유와 독립을 회복할 것, 1944년 여운형의 주도로 비밀리에 결성되었다는 것, 광복을 준비했다는 것 등을 통해 (가) 단체는 조선 건국 동맹임을 알 수 있다. ⑤ 여운형을 중심으로 민족주의, 사회주의 계열의 독립운동가들이 1944년 조선 건국 동맹을 조직하였다.

오답 피하기 ① 1912년 임병찬 등을 중심으로 조직된 독립 의군부는 복벽주의를 내세웠다.

② 1934년에 조직된 진단 학회는 실증 사학의 입장에서 한국사를 연구하고 『진단 학보』를 발행하였다.

③ 대한민국 임시 정부는 국내와 연락하여 효과적으로 독립운동을 추진하기 위해 연통제와 교통국을 운영하였다.

④ 1904년 결성된 보안회는 일본의 황무지 개간권 요구를 반대하는 운동을 전개하여 이를 철회시켰다.

12 카이로 회담의 개최 시기 파악

문제 분석 몇 달 후 영국, 미국 대표와 전후 처리를 논의할 예정이라는 것, 한국의 완전한 독립을 실현하는 과정, 이집트 카이로에서 열리는 회의 때 한국의 독립 주장이 이루어질 수 있도록 중국이 지지해 주기를 희망한다는 것 등을 통해 카이로 회담이 개최되기 몇 달 전 시점임을 알 수 있다. 1943년에 카이로 회담이 개최되었는데, 이 회담에 참여한 미국, 영국, 중국의 정상들은 선언문을 통해 적당한 시기에 한국을 독립시킬 것을 처음으로 결의하였다. ⑤ 태평양 전쟁은 1941년에 발발하였고, 6·25 전쟁은 1950년에 발발하였다.

13 대한민국 정부 수립과 6·25 전쟁

자료 탐구 본문 123~124쪽

1 ③ 2 ④

1 좌우 합작 운동의 배경 이해

문제 분석 자료에서 여운형, 김규식으로 대표되는 중도 세력이 한반도 통일 정부 수립을 위해 전개하였다는 것, 양 끝에서 극좌 세력과 극우 세력이 잡아당기고 있는 모습, 좌우익 세력의 외면, 미군정의 지원 철회, 여운형의 암살 등으로 인해 실패했다는 것 등을 통해 밑줄 친 '이 운동'이 좌우 합작 운동임을 알 수 있다. ③ 제1차 미소 공동 위원회가 무기한 휴회되고, 이승만의 정읍 발언 등 단독 정부 수립론이 대두되는 상황에서 여운형과 김규식 등은 좌우 합작 위원회를 결성하여 좌우 합작 운동을 전개하였다.

오답 피하기 ① 신간회의 새로 구성된 지도부가 일제에 타협적인 태도를 보이고, 코민테른의 방침이 민족 협동 전선에 부정적인 방향으로 바뀌었다. 이에 신간회는 1931년 열린 전체 대회에서 해소를 결정하였다.

② 조선 고종은 제2차 갑오개혁 시기에 국정 개혁의 기본 강령이라고 할 수 있는 홍범 14조를 반포하였다.

④ 1979년 12·12 사태로 군사권을 장악한 전두환 등의 신군부 세력은 5·18 민주화 운동을 무력으로 진압하고 국가 보위 비상 대책 위원회를 설치하여 권력을 장악하였다.

⑤ 1907년 고종은 을사늑약의 부당함을 국제 사회에 알리기 위해 네덜란드 헤이그에서 열린 만국 평화 회의에 이상설, 이준, 이위종을 특사로 파견하였다.

2 반민족 행위 특별 조사 위원회(반민 특위)의 활동 파악

문제 분석 자료에서 반민족 행위 처벌법에 따라 구성되었다는 것, 친일 행위를 한 노덕술, 김연수, 최린 등이 체포되었다는 것 등을 통해 (가) 위원회가 반민족 행위 특별 조사 위원회(반민 특위)임을 알 수 있다. ④ 1948년 제헌 국회에서 반민족 행위 처벌법을 제정하고, 반민족 행위 특별 조사 위원회(반민 특위)를 설치하였다.

오답 피하기 ① 대한 제국의 고종은 1899년에 황제의 권한을 강화하는 대한국 국제를 반포하였다.

② 통리기무아문은 1880년에 개화 정책을 총괄하기 위해 설치되었다. 이후 1882년에 일어난 임오군란을 계기로 흥선 대원군이 재집권했을 때 통리기무아문이 폐지되었다.

③ 신민회는 일제가 조작한 105인 사건을 계기로 와해되었다.

⑤ 조선 건국 준비 위원회는 1945년 광복 직후 여운형과 안재홍을 중심으로 좌익 세력과 우익 세력을 통합하여 조직된 단체이다.

수능 유형 익히기 본문 126~128쪽

01 ④	02 ③	03 ②	04 ⑤
05 ⑤	06 ④	07 ③	08 ⑤
09 ②	10 ⑤	11 ②	12 ⑤

01 8·15 광복과 분단 과정 파악

문제 분석 첫 번째 자료는 1945년 광복을 전후한 시기에 발표된 소련 극동군 제25군 사령관인 이반 치스차코프의 포고문이고 두 번째 자료는 태평양 미국 육군 총사령관인 더글러스 맥아더의 포고령이다. ④ 광복 직전 미국의 제안으로 미군과 소련군은 북위 38도선을 경계로 한반도를 분할 점령하기로 약속하였다. 그 결과 북한 지역으로 진입한 소련군이 38도선 이북 지역을 간접 통치하였고, 미국은 38도선 이남 지역에서 군정을 실시하였다.

오답 피하기 ① 노태우 정부는 북방 외교를 펼쳐 소련 등 사회주의 국가들과 수교하였다.

② 좌우 합작 운동은 1946년 제1차 미소 공동 위원회가 무기 휴회되고 이승만의 정읍 발언 등으로 단독 정부 수립론이 대두되는 상황에서 전개되었다.

③ 고종은 을사늑약의 부당함을 국제 사회에 알리기 위해 1907년 네덜란드 헤이그에서 열리는 만국 평화 회의에 이상설, 이준, 이위종을 특사로 파견하였다.

⑤ 1980년 신군부 세력은 5·18 민주화 운동을 무력으로 진압한 후 국가 보위 비상 대책 위원회를 조직하였다.

02 조선 건국 준비 위원회의 활동 파악

문제 분석 자료에서 조선 건국 동맹 세력을 기반으로 결성되었다는 것, 광복 직후 이 단체가 치안 유지를 위해 한국인의 자중과 안정을 요청하였다는 것 등을 통해 (가) 단체가 조선 건국 준비 위원회임을 알 수 있다. ③ 조선 건국 준비 위원회는 조선 건국 동맹을 조직하여 활동하던 여운형이 안재홍 등과 함께 1945년에 결성하였다.

오답 피하기 ① 대한민국 임시 정부는 독립운동 자금을 마련하기 위해 독립 공채를 발행하였다.

② 대한 자강회는 1907년 고종의 강제 퇴위 반대 운동을 전개하다가 일제의 탄압으로 해산당하였다.

④ 신민회는 민족 교육을 실시하기 위해 오산 학교와 대성 학교를 설립하였다.

⑤ 한인 애국단의 윤봉길은 상하이 훙커우 공원에서 의거를 감행하였다.

03 제1차 미소 공동 위원회의 활동 이해

문제 분석 자료에서 덕수궁에서 막이 열렸다는 것, 미군정을 이끌고 있던 하지, 소련 측 대표 스티코프, 미국 측 대표 아놀드가 덕수궁에서 만났다는 것, 참여 단체를 둘러싸고 미국과 소련 대표들의 의견 대립이 있었던 것 등을 통해 (가) 위원회가 1946년에 개최된 제1차 미소 공동 위원회임을 알 수 있다. ② 1945년 12월에 열린 모스크바 3국 외상 회의의 결의에 따라 이듬해인 1946년 제1차 미소 공동 위원회가 열렸다. 그러나 미국과 소련의 의견 차이로 무기한 휴회되었다. 8·15 광복은 1945년 8월, 제헌 헌법 공포는 1948년 7월에 해당한다.

04 좌우 합작 위원회의 결성 이해

문제 분석 자료에서 김규식 등 중도 세력이 결성했다는 것, 한반도 통일 정부 수립을 위해 노력했다는 것, 민주주의 임시 정부 수립, 토지 개혁, 반민족 행위자 처벌 등을 포함하는 7가지 원칙을 발표했다는 것, 미군정의 지원 철회와 여운형의 암살 등으로 인해 활동이 중단되었다는 것을 통해 밑줄 친 '이 단체'가 좌우 합작 위원회임을 알 수 있다. ⑤ 제1차 미소 공동 위원회가 무기한 휴회되고, 이승만의 정읍 발언 등으로 단독 정부 수립론이 대두되는 상황 속에서 여운형과 김규식 등은 좌우 합작 위원회를 조직하였다.

오답 피하기 ① 1950년 북한군의 전면 남침으로 벌어진 6·25 전쟁은 1953년에 정전 협정이 조인되면서 마무리되었다.

② 1926년 사회주의 계열에서 정우회 선언을 발표하여 비타협적 민족주의 세력과의 제휴를 주장하였고, 이는 1927년 신간회의 창립으로 이어졌다.

③ 박정희 정부 때인 1972년에 남북은 7·4 남북 공동 성명을 통해 통일의 3대 원칙(자주적·평화적·민족적 대단결)을 공식화하였고, 남북 조절 위원회를 설치하였다.

④ 김대중 정부 시기인 2000년에 제1차 남북 정상 회담이 개최되었고, 그 결과 6·15 남북 공동 선언이 발표되었다.

05 제주 4·3 사건 이해

문제 분석 자료에서 북제주군 갑구와 을구의 투표율이 과반수에 미치지 못하였다는 것, 미군정이 갑구와 을구에 선거 무효를 선언하였다는 것, 2개 선거구는 1년 뒤에 선거를 치르고 국회 의원을 선출하였다는 것 등을 통해 (가) 사건은 제주 4·3 사건임을 알 수 있다. ⑤ 제주 4·3 사건 진압을 위해 여수 주둔 군대에 출동 명령이 내려지자, 이 명령에 반발하여 군 내부의 좌익 세력 등이 봉기하였다. 이를 여수·순천 10·19 사건이라고 한다.

오답 피하기 ① 일제는 1925년 국가 체제나 사유 재산 제도를 부정하는 사상을 탄압하기 위해 치안 유지법을 제정하였다. 일제는 치안 유지법을 이용하여 항일 민족 운동에 대한 탄압을 강화하였다.

② 1905년에 일본은 을사늑약을 강요하여 대한 제국의 외교권을 박탈하였다. 이에 반발하여 최익현, 신돌석 등이 을사의병을 일으켰다.

③ 조선 고종 때 흥선 대원군은 신미양요 이후 통상 수교를 거부한다는 의지를 널리 알리기 위해 전국 각지에 척화비를 세웠다.

④ 박정희 정부는 냉전 체제가 완화되는 국제 정세의 변화 속에서 1972년 북한과 비밀 회담을 통해 7·4 남북 공동 성명을 발표하였다.

06 제헌 국회의 활동 파악

문제 분석 자료에서 보통·평등·직접·비밀 선거의 원칙에 따라 치러졌다는 점, 우리 역사상 최초의 민주주의 선거라는 점 등을 통해 (가) 국회가 제헌 국회임을 알 수 있다. ④ 제헌 국회는 삼권 분립과 대통령 중심제를 채택하고 대통령에 이승만, 부통령에 이시영을 선출하였다.

오답 피하기 ① 1898년 독립 협회의 주도로 열린 관민 공동회에서 헌의 6조가 채택되었다.

② 대한 제국은 1899년 황제권을 강화하기 위해 대한국 국제를 반포하였다.

③ 박정희 정부는 미국의 요청으로 1964년부터 1973년까지 대한민국 국군을 베트남 전쟁에 파병하였다.

⑤ 3선 개헌은 박정희 정부 시기인 1969년에 대통령의 3회 연임을 허용하는 내용의 개헌안을 여당계 국회 의원들이 따로 모여 통과시킨 개헌이다.

07 반민족 행위 특별 조사 위원회의 활동 파악

문제 분석 자료에서 민족정기를 바로잡기 위한 반역자 숙청, 친일파 민족 반역자에 대한 불타는 원한과 울분을 푸는 날이 돌아왔다는 것, 매국도배를 조국과 민족의 이름으로 심판, 처단하는 날이 왔다는 것 등을 통해 밑줄 친 '이 법'이 반민족 행위 처벌법임을 알 수 있다. 1948년 제헌 국회에서 반민족 행위 처벌법을 제정하고, 반민족 행위 특별 조사 위원회(반민 특위)를 설치하였다. ③ 친일파 처벌보다는 반공을 명분으로 내세운 이승만 정부는 반민 특위 활동을 방해하고 비협조적인 태도를 보였다. 결국 반민족 행위 처벌법이 개정되어 공소 시효가 단축되었고, 반민 특위의 활동도 유명무실해졌다.

오답 피하기 ① 동학 농민 운동의 전개 과정에서 동학 농민군은 전주성을 점령한 이후 정부와 전주 화약을 체결하였다.

② 조선 고종은 제2차 갑오개혁을 추진하는 과정에서 교육입국 조서를 반포하였다.

④ 1946년에 개최된 제1차 미소 공동 위원회, 1947년에 개최된 제2차 미소 공동 위원회는 미국과 소련의 의견 차이로 결국 결렬되었다.

⑤ 의열단은 김원봉 등을 중심으로 1919년에 결성된 비밀 결사로, 신채호가 작성한 「조선 혁명 선언」을 활동 지침으로 삼았다.

08 농지 개혁법의 영향 이해

문제 분석 자료에서 정부가 적당한 보상으로 농지를 매수한다는 것, 3정보 이상 자영하는 자의 소유인 숙근성 작물 재배 이외의 농지를 정부가 매수한다는 내용 등을 통해 제시된 법령은 농지 개혁법임을 알 수 있다. ⑤ 이승만 정부 시기에 농지 개혁이 실시되어 유상 매수·유상 분배의 원칙에 따라 지주들에게는 지가 증권을 발행하였으며, 가구당 농지 소유 면적의 상한을 3정보로 제한하였다. 농지 개혁에 따라 농민 중심의 농지 소유가 확립될 수 있었다.

오답 피하기 ① 대한 제국은 광무개혁을 추진하면서 근대적 소유권인 지계를 발급하였다.
② 대동법은 조선 후기 광해군 때 방납의 폐단을 해결하기 위해 경기도에서 먼저 실시되었고, 이후 시행 지역이 점차 확대되었다.
③ 1972년에 제정된 유신 헌법은 통일 주체 국민 회의에서 대통령을 선출하도록 규정하였다.
④ 영정법은 조선 인조 때 처음 마련되었으며, 풍흉과 관계없이 전세를 1결당 쌀 4~6두로 고정하여 징수하는 제도였다.

09 1950년대 경제 상황 파악

문제 분석 자료에서 미국의 원조, 전후 복구 사업 추진, 미국의 원조 물자는 식료품, 의복 등 생활필수품과 밀가루 등 소비재 원료에 집중되었다는 것, 이후 미국의 무상 원조는 유상 차관으로 전환되었다는 것 등을 통해 밑줄 친 '이 정부'의 시기는 이승만 정부 시기임을 알 수 있다. ② 6·25 전쟁 후 미국의 경제 원조를 바탕으로 밀가루(제분), 설탕(제당), 면직물(면방직)을 생산하는 삼백 산업이 발달하였다.

오답 피하기 ① 조선 고종 때 흥선 대원군은 경복궁 중건에 필요한 재원을 마련하기 위해 당백전을 발행하였다.
③ 1970년대 후반 제2차 석유 파동이 발생하여 중화학 공업에 대한 중복 투자와 대외 의존도 심화로 한국 경제가 침체에 빠졌다.
④ 1980년대 중반 이후에는 저유가, 저금리, 저달러의 3저 호황으로 물가가 안정되고 무역 수지에서 흑자를 기록하는 등 한국 경제가 성장하였다.
⑤ 김대중 정부는 기업의 구조 조정을 비롯한 여러 개혁을 통해 국제 통화 기금[IMF] 지원금을 조기에 상환하고 국제 통화 기금의 관리 체제를 극복하였다.

10 6·25 전쟁의 전개 과정 파악

문제 분석 자료에서 흥남 부두, 1·4 이후 나 홀로 왔다, 국군과 유엔군의 흥남 철수 작전, 1·4 후퇴 등으로 발생한 이산가족의 슬픔을 담고 있다는 것 등을 통해 밑줄 친 '이 전쟁'이 6·25 전쟁임을 알 수 있다. ⑤ 1950년에 일어난 6·25 전쟁 당시 국군과 유엔군이 인천 상륙 작전에 성공하여 전세를 역전시켰고, 이후 서울을 수복하였다.

오답 피하기 ① 1895년 을미사변 이후 생명의 위협을 느낀 고종은 1896년 러시아 공사관으로 피신하는 아관 파천을 단행하였다.
② 1907년 고종이 강제 퇴위 당하고 대한 제국의 군대가 해산된 이후 의병 연합 부대인 13도 창의군이 결성되었다.
③ 고려는 몽골의 침입을 받자 수도를 강화도로 옮겨 저항하였다.
④ 통리기무아문은 1880년에 개화 정책을 총괄하기 위해 설치되었다.

11 발췌 개헌 이해

문제 분석 자료에서 대한민국 헌정 사상 첫 번째 헌법 개정, 국회 의원들의 거수와 기립 투표로 통과되었다는 것, 개정 헌법 내용은 이전에 정부가 제출했던 직선제 개헌안 등에서 핵심 내용을 발췌하고, 국회 의원들이 별도로 제출했던 내각 책임제 개헌에서 일부 조항을 발췌했다는 것 등을 통해 (가)는 발췌 개헌임을 알 수 있다. ② 발췌 개헌은 6·25 전쟁 중이던 1952년 임시 수도 부산에서 공포되었다.

오답 피하기 ① 군국기무처는 1894년 설치된 관청으로, 제1차 갑오개혁을 주도하였다.
③ 1960년 4·19 혁명으로 이승만 정부가 붕괴된 이후 치러진 총선에서 민주당이 승리하면서 장면 정부가 성립되었다.
④ 박정희 정부의 한일 협정 체결 움직임에 반발하여 1964년 6·3 시위가 전개되었다.
⑤ 1972년 박정희 정부가 마련한 유신 헌법은 대통령에게 긴급 조치권을 부여하였다.

12 사사오입 개헌 이해

문제 분석 자료에서 개헌안 통과선에 1표가 부족하여 개헌안의 부결이 선포되었다는 것, 자유당이 사사오입을 하면 개헌안은 통과된 것이라고 하였다는 것, 헌법 개정안이 가결되었다고 선포하였다는 것 등을 통해 밑줄 친 '개헌안'은 사사오입 개헌임을 알 수 있다. ⑤ 1954년 이승만 정부는 장기 집권을 위해 개헌 당시 대통령에 한해 중임 제한을 적용하지 않는다는 내용을 담은 사사오입 개헌을 단행하였다.

오답 피하기 ① 독립 협회는 1898년에 대한 제국 정부 대신들과 민중이 함께 참석한 관민 공동회를 열고 헌의 6조 결의를 주도하였다.
② 6월 민주 항쟁으로 6·29 민주화 선언이 발표되었으며, 이에 따라 여야 합의로 5년 단임의 대통령 직선제 개헌안이 마련되었다.
③ 이승만 정부 시기에 제헌 국회는 유상 매수·유상 분배 원칙에 기초한 농지 개혁법을 제정하였다.
④ 4·19 혁명 직후 마련된 헌법에서 내각 책임제와 양원제 국회 구성을 명시하였다. 이 헌법에 따라 총선거가 실시되어 양원제 국회가 구성되었다.

14 민주화를 위한 노력과 경제 성장

자료 탐구 본문 133~134쪽

1 ④ 2 ④

1 장면 정부 시기 사실 파악

문제 분석 자료에서 이승만 정권의 붕괴로 들어선 과도 정부가 내각 책임제 등의 내용이 포함된 개헌안을 통과시켰다는 점, 총선거에서 민주당이 압승하였다는 점, 윤보선이 지명하였다는 점, 새 정부의 국무총리로 국회의 인준을 받았다는 점 등을 통해 밑줄 친 '새 정부'는 장면 정부임을 알 수 있다. ④ 4·19 혁명 직후 마련된 헌법에서 내각 책임제와 양원제 국회를 채택하였다. 이 헌법에 따라 총선거가 실시되어 양원제 국회가 구성되었다.

오답 피하기 ① 대한 제국은 광무개혁을 추진하면서 양전 사업을 실시하고 근대적 토지 소유 증명 문서인 지계를 발급하였다.
② 원산 총파업은 일제 강점기인 1929년에 전개되었다.
③ 고려는 국정 총괄 기구로 중서문하성을 두었다.
⑤ 모스크바 3국 외상 회의는 1945년에 개최되었다.

2 유신 체제 시기의 사실 이해

문제 분석 자료에서 통일 주체 국민 회의가 설치되었다는 점, 통일 주체 국민 회의가 대통령 선출권과 국회 의원 정원의 3분의 1을 뽑을 수 있는 권한을 가졌다는 점 등을 통해 밑줄 친 '헌법'은 유신 헌법임을 알 수 있다. 박정희 정부는 1972년 안보 위기와 평화 통일에 대비한다는 구실로 10월 유신을 선포하였고, 이후 유신 헌법을 국민 투표로 확정하여 공포하였다. 유신 헌법은 1980년 제8차 개헌 전까지 적용되었다. ④ 1979년에 부산과 마산의 학생과 시민들은 박정희 정부의 유신 체제에 반대하며 부마 민주 항쟁을 전개하였다.

오답 피하기 ① 1894년 전주 화약 체결 이후 조선 정부는 교정청을 설치하여 개혁을 추진하였다.
② 보빙사는 조미 수호 통상 조약이 체결된 이후 미국 공사의 조선 부임에 대한 답례로 1883년에 조선이 미국에 보낸 사절단이다.
③ 1884년 김옥균, 박영효 등 급진 개화파의 주도로 갑신정변이 일어났다.
⑤ 노태우 정부는 남북 고위급 회담을 통해 1991년 남북 기본 합의서를 채택하였다.

수능 유형 익히기 본문 136~138쪽

01 ②	02 ①	03 ④	04 ①
05 ③	06 ④	07 ④	08 ①
09 ②	10 ④	11 ④	12 ⑤

01 4·19 혁명의 이해

문제 분석 자료에서 김주열 열사는 3·15 부정 선거에 항거한 시위 중 행방불명되었다는 점, 김주열의 시신이 발견된 것을 계기로 시위가 전국으로 확산되었다는 점 등을 통해 (가) 민주화 운동이 4·19 혁명임을 알 수 있다. ② 1960년 3·15 부정 선거 등을 계기로 4·19 혁명이 일어나자 이승만이 대통령직을 사임하였다.

오답 피하기 ① 일제는 1925년 국가 체제나 사유 재산 제도를 부정하는 사상을 탄압하기 위해 치안 유지법을 제정하였다. 일제는 치안 유지법을 이용하여 항일 민족 운동에 대한 탄압을 강화하였다.
③ 대한 제국은 1899년 광무개혁의 일환으로 대한국 국제를 반포하였다.
④ 제1차 미소 공동 위원회가 미국과 소련의 갈등으로 무기한 휴회되고 좌익과 우익의 대립이 심해지자 한반도가 분단될 수 있다는 우려가 확산되었다. 이러한 상황에서 이승만은 정읍 발언을 통해 남한만의 단독 정부 수립을 주장하였다.
⑤ 신간회는 광주 학생 항일 운동에 진상 조사단을 파견하고 대규모 민중 대회를 계획하였다.

02 장면 정부 시기 사실 이해

문제 분석 자료에서 허정을 중심으로 하는 과도 정부가 헌법을 개정한 뒤 치른 총선에서 민주당이 승리하였다는 점, 윤보선의 지명으로 국회에서 국무총리로 인준받았다는 점, 내각 책임제하에서 정부를 이끌었다는 점 등을 통해 자료의 인물은 장면이며, 밑줄 친 '새로운 정부'는 장면 정부임을 알 수 있다. ① 장면 정부 시기에 민의원과 참의원으로 구성된 양원제 국회가 운영되었다.

오답 피하기 ② 고려는 중서문하성과 중추원의 고위 관리인 재신과 추밀이 국방과 안보 문제 등을 논의하는 도병마사를 설치하였다.
③ 대한민국 임시 정부는 외교 활동을 위해 미국에 구미 위원부를 설치하였다.
④ 1880년 조선 정부가 개화 정책을 추진하면서 통리기무아문을 설치하였다.
⑤ 민주 헌법 쟁취 국민운동 본부는 1987년 전두환 정부의 4·13 호헌 조치 철회와 대통령 직선제 개헌을 위해 조직되었다.

03 5·16 군사 정변 세력의 이해

문제 분석 자료에서 군사 정변을 주도한 세력이 권력 유지를 위해 중앙정보부를 창설하였다는 내용을 통해 밑줄 친 '세력'은 5·16

군사 정변을 주도한 군부 세력임을 알 수 있다. ④ 1961년 5·16 군사 정변을 주도한 세력은 국가 재건 최고 회의를 설치하여 군정을 실시하였다.

오답 피하기 ① 조선 정부는 개화 정책을 추진하면서 박문국을 세우고 1883년 한성순보를 발간하였다.

② 국민 대표 회의는 대한민국 임시 정부의 새로운 활동 방향을 모색하기 위해 1923년에 개최되었다.

③ 좌우 합작 운동은 1946년 제1차 미소 공동 위원회가 무기한으로 휴회되고 이승만의 정읍 발언 등 단독 정부 수립론이 대두되는 상황에서 전개되었다.

⑤ 자유시로 이동한 만주 지역의 독립군 부대들은 자유시 참변(1921)으로 세력이 약화되었다.

04 박정희 정부의 이해

문제 분석 자료에서 맹호부대가 베트남 전쟁에 파병되었다는 점, 베트남 전쟁이 본격화되자 미국으로부터 파병 요청을 받았다는 점 등을 통해 밑줄 친 '정부'가 박정희 정부임을 알 수 있다. ① 박정희 정부가 한일 회담을 추진한 것에 반발하여 1964년 학생과 시민들이 6·3 시위를 전개하였다. 이에 박정희 정부는 계엄령을 선포하고 시위를 진압하였다.

오답 피하기 ② 1895년 을미사변 이후 신변의 위협을 느낀 고종은 1896년 러시아 공사관으로 피신하는 아관 파천을 단행하였다.

③ 대한민국 임시 정부는 1940년 충칭에서 한국광복군을 창설하였다.

④ 동아일보사는 1930년대 전반에 농촌 계몽 운동인 브나로드 운동을 전개하였다.

⑤ 김영삼 정부 시기에 투명한 금융 거래를 정착시키고 부당한 정치 자금 거래 등을 막기 위해 금융 실명제가 전면 시행되었다.

05 한일 협정 체결 시기 파악

문제 분석 자료에서 국가 재건 최고 회의 회의록이 제시된 점, 제1차 경제 개발 5개년 계획안이 언급된 점 등을 통해 (가) 회의록이 작성된 시기는 1961년 일어난 5·16 군사 정변 이후의 군정 시기임을 알 수 있다. 헌법 개정안 상정이 제시된 점, 대통령의 계속 재임이 3기에 한한다고 언급된 점 등을 통해 (나) 회의록이 작성된 시기는 3선 개헌안이 상정된 1969년임을 알 수 있다. ③ 한일 협정은 박정희 정부 시기인 1965년에 체결되었다.

오답 피하기 ① 대한민국 임시 정부는 독립운동 자금을 안정적으로 확보하고 나라 안팎의 원활한 연락망을 구축하기 위해 연통제와 교통국을 운영하였다.

② 신민회는 1911년 일제가 조작한 105인 사건으로 사실상 와해되었다.

④ 2018년에 평창 동계 올림픽 대회가 열렸다.

⑤ 1946년에 제1차 미소 공동 위원회가 개최되었다.

06 유신 헌법의 특징 이해

문제 분석 자료에서 박정희 대통령이 10·17 비상 조치를 단행하였다는 점, 초헌법적 비상조치를 내려 국회 해산 등 헌법의 일부 조항 효력을 정지시켰다는 점, 통일 주체 국민 회의에서 박정희가 대통령으로 당선되었다는 점 등을 통해 밑줄 친 '헌법 개정안'은 유신 헌법임을 알 수 있다. ④ 유신 헌법에서 대통령 임기는 6년으로 규정되었고 연임 횟수 제한은 없어졌다. 또한 대통령을 통일 주체 국민 회의에서 선출하기 때문에 장기 집권이 가능해졌다.

오답 피하기 ① 독립 협회는 1898년 관민 공동회를 열고 헌의 6조의 결의를 주도하였다.

② 1954년에 이승만 정부는 개헌 당시 대통령에 한해 중임 제한을 적용하지 않는다는 내용을 담은 개헌안을 사사오입의 논리를 내세워 통과시켰다.

③ 일제가 강요한 을사늑약에 따라 이듬해 통감부가 설치되었다.

⑤ 여소야대 상황으로 노태우 정부의 정치적 입지가 좁아진 상황에서 여당인 민주 정의당이 김영삼의 통일 민주당, 김종필의 신민주 공화당과 연합하여 거대 여당인 민주 자유당을 탄생시켰다.

07 유신 체제 시기 파악

문제 분석 자료에서 18명의 종교 지도자와 정치인들이 현직 대통령을 비판하였다는 이유로 재판을 받게 되었다는 점, 김대중 전 대통령 후보, 윤보선 전 대통령 등이 재판을 받게 되었다는 점, 지난해 내려진 긴급 조치로 한국의 언론의 자유가 종결되었다는 점 등을 통해 이 문서가 작성된 시기가 유신 체제 시기임을 알 수 있다. ④ 유신 체제는 1972년에 성립되어 1979년 박정희 대통령의 사망으로 사실상 종식되었다. 5·16 군사 정변은 1961년에 일어났으며, 12·12 사태(12·12 군사 반란)는 1979년에 발생하였다.

08 유신 체제 붕괴 배경 이해

문제 분석 자료에서 공모전의 주제가 '유신 체제의 붕괴 배경'이라는 점, 입선작에서 '석유 파동이 일어나다.', '부마 민주 항쟁이 전개되다.'가 언급되었다는 점 등을 통해 (가)에는 YH 무역 사건이 들어가야 함을 알 수 있다. ① YH 무역 사건은 1979년 YH 무역 회사의 여성 생산직 노동자들이 회사 폐업 조치에 항의하여 야당인 신민당 당사에서 농성 시위를 벌인 사건이다. 경찰이 강제로 해산하는 과정에서 여성 노동자가 사망하였다.

오답 피하기 ② 고려 무신 정권 시기 지눌은 세속화된 불교를 개혁하기 위해 수선사(송광사)를 중심으로 결사 운동을 펼쳤다.

③ 서울 올림픽 대회는 노태우 정부 시기인 1988년에 개최되었다.

④ 1925년 미쓰야 협정의 체결로 인해 만주에서 독립군의 활동은 크게 위축되었다. 이러한 상황에서 3부 통합 운동이 전개되어 혁

신 의회와 국민부가 성립되었다.
⑤ 이명박 정부는 서울에서 G20 정상 회담을 개최하였다.

09 5·18 민주화 운동의 이해

문제 분석 자료에서 계엄군(공수 부대)에 대해 언급한 점, 시민군대에 호응하는 광주 시민들에 대해 언급한 점, 계엄군이 광주에서 일어난 시위를 진압하면서 유혈 사태가 벌어졌고 이에 시민들도 무장하여 저항하였다는 점 등을 통해 (가) 민주화 운동은 5·18 민주화 운동임을 알 수 있다. ② 1980년 전라남도 광주에서 신군부 세력의 권력 장악에 반대하며 민주화를 요구하는 시위가 일어나자 신군부는 계엄군을 투입하여 이를 무력으로 진압하려고 하였다. 이에 광주의 학생과 시민들은 시민군을 조직하여 계엄군에 맞섰다.

오답 피하기 ① 김옥균, 박영효 등의 급진 개화파는 1884년 갑신정변을 일으켰다.
③ 1945년 모스크바 3국 외상 회의의 결정 내용이 국내에 전해지자 신탁 통치 반대 운동이 전개되었다.
④ 6월 민주 항쟁으로 6·29 민주화 선언이 발표되었으며, 이에 따라 여야 합의로 5년 단임의 대통령 직선제 개헌안이 마련되었다.
⑤ 1919년에 일어난 3·1 운동을 계기로 독립운동의 구심점에 대한 필요성이 제기되어 대한민국 임시 정부가 수립되었다.

10 제2차 경제 개발 5개년 계획 시기 사실 이해

문제 분석 자료에서 경부 고속 국도(도로) 개통식이 언급된 점, 제2차 경제 개발 5개년 계획이 시행되던 시기에 경부 고속 국도(도로)를 완공하였다는 점 등을 통해 밑줄 친 '이 시기'는 제2차 경제 개발 5개년 계획이 시행되던 1967~1971년임을 알 수 있다. ④ 1970년 전태일은 근로 기준법에 명시된 노동자의 권리를 요구하며 분신하였다.

오답 피하기 ① 원산 총파업(1929)은 라이징 선 석유 회사에서 일본인 현장 감독이 한국인 노동자를 구타한 사건을 계기로 일본인 감독 파면, 열악한 노동 조건 개선 등을 요구하면서 전개되었다.
② 국채 보상 운동은 일본의 강요로 도입한 차관을 갚아 일본의 경제적 예속에서 벗어나기 위해 일어난 운동으로 1907년 대구에서 시작되어 전국으로 확산되었다.
③ 일제는 1910년 회사령을 공포하여 회사 설립 시 조선 총독의 허가를 받도록 하였다.
⑤ 1948년 제헌 국회에서 반민족 행위 처벌법을 제정하고, 반민족 행위 특별 조사 위원회(반민 특위)를 설치하였다.

11 새마을 운동의 이해

문제 분석 자료에서 농촌의 가난한 현실에서 참여하게 되었다는 점, 1970년에 시작되었다는 점, 운동을 성공시키기 위해서 마을의 소득을 높이고자 했다는 점 등을 통해 (가) 운동이 새마을 운동임을 알 수 있다. ④ 새마을 운동의 결과 농촌의 환경은 많이 개선되었지만, 한편으로 유신 체제 유지에 이용되었다는 비판을 받기도 하였다.

오답 피하기 ① 1894년 김홍집 내각은 군국기무처를 설치하고 제1차 갑오개혁을 추진하였다.
② 대한매일신보는 1907년에 전개된 국채 보상 운동을 후원하여 이 운동이 전국적으로 확산되는 데 기여하였다.
③ '내 살림 내 것으로'라는 구호는 1920년부터 전개된 물산 장려 운동에서 제기되었다.
⑤ 1919년에 일어난 3·1 운동은 미국 대통령 윌슨이 제창한 민족 자결주의의 영향을 받았다.

12 국가 보위 비상 대책 위원회 설립 시기부터 전두환 정부 시기의 사실 이해

문제 분석 자료에서 국가 보위 비상 대책 위원회가 설립된 시기부터 제12대 대통령이 7년 단임의 임기를 마치는 시기까지를 배경으로 한다는 점, 민주 정의당 국회 의원이 등장하고 삼청 교육대가 운영되는 장면이 극본에 반영된다는 점 등을 통해 (가)에는 전두환 정부 시기에 보도 지침으로 언론을 통제하는 상황이 들어가야 함을 알 수 있다. ⑤ 전두환 정부는 보도 지침을 통해 언론을 통제하였다.

오답 피하기 ① 을사늑약 체결 이후 안창호, 양기탁 등이 중심이 되어 비밀 결사 형태로 조직한 신민회는 대표적인 애국 계몽 운동 단체이다. 신민회는 오산 학교와 대성 학교를 설립하는 등 민족 교육을 실시하고, 태극 서관과 자기 회사를 운영하는 등 민족 산업 육성을 위해서도 노력하였다.
② 1925년 체결된 미쓰야 협정은 만주 군벌과 중국 관헌이 한국의 독립운동가를 체포하여 일본에 넘겨준다는 내용을 담고 있다.
③ 신채호는 김원봉의 요청에 따라 1923년 「조선 혁명 선언」을 작성하여 무력 투쟁에 의한 민중의 직접 혁명을 강조하였다. 이는 의열단의 활동 지침이 되었다.
④ 애치슨 선언은 1950년 1월 미국의 국무 장관 애치슨이 미국의 태평양 지역 방위선을 발표한 것으로, 이 선언에 따라 미국의 극동 방위선에서 한국이 제외되었다.

15 6월 민주 항쟁 이후 사회와 동아시아 평화를 위한 노력

자료 탐구 본문 141~142쪽

1 ② 2 ⑤

1 김영삼 정부의 정책 이해

문제 분석 1992년 대통령 선거에서 민주 자유당 후보가 당선되었다는 점, 문민 정부라는 별칭을 지녔다는 점, 고위 공직자의 재산을 공개하도록 하고 지방 자치제를 전면적으로 실시하였다는 점 등을 통해 (가)에는 김영삼 정부가 추진한 정책이 들어가야 함을 알 수 있다. ② 금융 실명제는 투명한 금융 거래를 정착시키고 부당한 정치 자금의 거래 등을 막기 위해 김영삼 정부 시기에 전면 시행되었다.

오답 피하기 ① 1923년 백정에 대한 사회적 차별 철폐를 주장하며 백정 등이 주도하여 진주에서 조선 형평사를 조직하고 형평 운동을 전개하였다.

③ 박정희 정부는 냉전 체제가 완화되는 국제 정세의 변화 속에서 1972년 북한과 비밀 회담을 통해 7·4 남북 공동 성명을 발표하였다.

④ 1945년 12월 모스크바 3국 외상 회의에서 최고 5년 기한 4개국에 의한 한반도 신탁 통치에 관한 협약 작성 등이 결정되었다는 소식이 국내에 알려지자, 신탁 통치 반대 운동이 전개되었다.

⑤ 박정희 정부는 경제 개발에 필요한 자금 마련 등을 위해 1965년 한일 협정을 체결하였다.

2 노태우 정부 시기의 사실 이해

문제 분석 자료에서 헝가리, 소련과 수교하였다는 점, 남북한이 동시에 국제 연합에 가입하였다는 점, 남북 기본 합의서가 채택되었다는 점 등을 통해 (가) 정부는 노태우 정부임을 알 수 있다. ⑤ 노태우 정부는 여소야대 상황으로 정국 운영이 어렵게 되자 이를 타개하기 위해 3당 합당을 단행하였고, 그 결과 민주 자유당이 창당되었다.

오답 피하기 ① 대한 제국은 광무개혁을 추진하면서 양전 사업을 실시하고 근대적 토지 소유 증명 문서인 지계를 발급하였다.

② 홍범 14조는 제2차 갑오개혁 시기에 반포되었으며, 이를 통해 고종은 근대적 개혁으로 국가를 발전시키겠다는 의지를 천명하였다.

③ 박정희 정부 시기 베트남 전쟁에 국군을 파병하였다.

④ 1945년 12월에 열린 모스크바 3국 외상 회의의 결의에 따라 이듬해인 1946년 제1차 미소 공동 위원회가 열렸다. 그러나 미국과 소련의 의견 차이로 무기한 휴회되었다. 1947년 제2차 미소 공동 위원회가 열렸으나 미국과 소련의 의견 차이로 역시 결렬되었다.

수능 유형 익히기 본문 144~145쪽

01 ⑤	02 ③	03 ④	04 ⑤
05 ⑤	06 ④	07 ④	08 ②

01 4·13 호헌 조치 시기와 6·29 민주화 선언 시기 사이 파악

문제 분석 자료에서 임기 중 개헌이 불가능하다고 언급한 점, 4·13 호헌 조치 발표라고 제시한 점 등을 통해 (가)의 시기가 1987년 4·13 호헌 조치가 발표된 때임을 알 수 있다. 자료에서 여당 대표로서 대통령 직선제를 택해야 한다는 결론에 이르렀다고 언급한 점 등을 통해 (나)의 시기가 1987년 6·29 민주화 선언이 발표된 때임을 알 수 있다. ⑤ 1980년대 중반 이후 대통령 직선제 개헌 요구가 거세지고 있었지만 전두환 정부는 간선제로 차기 대통령을 선출하겠다는 4·13 호헌 조치를 발표하였다. 이 무렵 박종철 고문치사 사건의 진상이 드러났고 민주 헌법 쟁취 국민운동 본부가 조직되었다. 민주화 시위가 전국으로 퍼지는 가운데 6월 9일 대학생 이한열이 시위 도중 경찰의 최루탄에 맞아 의식 불명 상태에 빠지는 사건이 발생하였고, 이튿날에는 전국 여러 도시에서 호헌 철폐, 독재 타도, 직선제 개헌 쟁취를 요구하는 시위가 일어났다. 결국 당시 여당이었던 민주 정의당의 대통령 후보 노태우가 대통령 직선제 개헌을 골자로 하는 6·29 민주화 선언을 발표하였다.

오답 피하기 ① 1960년 3·15 부정 선거에 대항하여 4·19 혁명이 일어났다.

② 갑신정변은 1884년 김옥균, 박영효 등의 급진 개화파가 주도하여 일어났다.

③ 1961년 5·16 군사 정변을 주도한 세력은 국가 재건 최고 회의를 설치하여 군정을 실시하였다.

④ 이승만 정부 시기인 1952년에 대통령 직선제 등을 주요 내용으로 하는 발췌 개헌안이 국회에서 통과되었다.

02 3당 합당의 이해

문제 분석 자료에서 민주 자유당의 창당 로고임이 제시된 점, 노태우 정부 시기 치러진 제13대 국회 의원 선거 이후 민주 정의당, 통일 민주당 등 3당이 합당하였다는 점 등을 통해 밑줄 친 '합당'은 노태우 정부 시기 이루어진 3당 합당임을 알 수 있다. ③ 1988년에 치러진 국회 의원 선거 결과 여당인 민주 정의당에 비해 야당이 더 많은 국회 의원을 당선시킴으로써 여소야대 국회가 형성되었다. 여소야대 상황으로 정국 운영이 어렵게 되자 노태우 정부는 이를 타개하기 위해 3당 합당을 단행하였다.

오답 피하기 ① 별무반은 고려 시대 윤관의 건의로 편성되었는데, 윤관은 이를 이끌고 여진을 몰아낸 후 동북 9성을 쌓았다.

② 한인 애국단은 1931년에 대한민국 임시 정부의 침체를 극복하

기 위해 조직되었다.
④ 대한민국 정부 수립 이후 제주 4·3 사건 진압을 위해 여수에 주둔하던 군대에 출동 명령이 내려졌으나, 이 명령에 반발한 군 내부의 일부 세력이 봉기하였다. 이를 여수·순천 10·19 사건이라고 한다.
⑤ 1995년에 세계 무역 기구[WTO]가 출범하였다.

03 김영삼 정부의 이해

문제 분석 자료에서 문민 시대를 열어 모든 분야에서 민주화를 이룩했다고 언급한 점, 지방 자치제의 완전 실시, 금융 실명제가 제시된 점 등을 통해 밑줄 친 '이 정부'가 김영삼 정부임을 알 수 있다. ④ 김영삼 정부 시기인 1996년에 경제 협력 개발 기구[OECD]에 가입하였다.

오답 피하기 ① 이명박 정부 시기에 서울에서 G20 정상 회의가 개최되었다.
② 경부 고속 국도(도로)는 박정희 정부 시기인 1970년에 개통되었다.
③ 신한청년당은 1919년 파리 강화 회의에 김규식을 대표로 파견하였다.
⑤ 이승만 정부 시기에 농지 개혁이 실시되어 유상 매수·유상 분배의 원칙에 따라 지주들에게는 지가 증권을 발행하였으며, 가구당 농지 소유 면적의 상한을 3정보로 제한하였다.

04 외환 위기 시기 파악

문제 분석 자료에서 대기업 연쇄 부도에 따른 금융 기관의 거액 부실 채권 발생과 동남아 국가의 통화 위기에 따른 세계 금융 시장의 불안으로 대외 신인도가 하락했다는 점, 외화 차입이 어려워져 국제 통화 기금[IMF]에 유동성 조절 자금을 지원해 줄 것을 요청했다는 점, IMF는 예외적으로 기본 합의서 내용만을 바탕으로 이사회에 자금 지원 요청안을 상정하기로 했다는 점 등을 통해 자료의 문서가 작성된 시기는 1997년 외환 위기가 발생한 때임을 알 수 있다. ⑤ 서울 올림픽 대회는 1988년에 개최되었으며 6·15 남북 공동 선언은 2000년에 발표되었다.

05 7·4 남북 공동 성명 이해

문제 분석 자료에서 서울과 평양에서 동시에 발표되었다는 점, 이후락 중앙정보부장이 성명을 냈다는 점, 남북 조절 위원회 구성 등 7개항으로 구성되어 있다는 점 등을 통해 (가) 성명이 7·4 남북 공동 성명임을 알 수 있다. ⑤ 박정희 정부 시기인 1972년 남북은 7·4 남북 공동 성명을 통해 통일의 3대 원칙(자주적·평화적·민족적 대단결)을 표방하였다.

오답 피하기 ① 7·4 남북 공동 성명이 발표된 이후 박정희 정부는 안보 위기와 평화 통일에 대비한다는 구실로 10월 유신을 선포하였고, 이후 유신 헌법이 국민 투표로 확정되어 공포되었다.
② 중일 전쟁을 일으킨 일제는 전쟁에 필요한 인적·물적 자원의 수탈을 위해 1938년에 국가 총동원법을 제정하였다.
③ 1945년에 개최된 모스크바 3국 외상 회의의 결과 한반도에 민주주의 임시 정부 수립 등이 결정되자 이를 논의하기 위해 미소 공동 위원회가 1946년, 1947년에 개최되었다.
④ 대한민국 임시 정부는 1941년 삼균주의를 반영한 대한민국 건국 강령을 발표하였다.

06 노태우 정부 시기의 사실 이해

문제 분석 자료에서 탈냉전의 국제 정세 속에서 '북방 정책'을 적극적으로 추진하였다는 점, 헝가리 등 공산권 국가와 국교를 맺었다는 점, 남북 고위급 회담에서 남북 기본 합의서를 채택하였다는 점 등을 통해 밑줄 친 '이 정부'는 노태우 정부임을 알 수 있다. ④ 노태우 정부 시기인 1991년에 남한과 북한이 유엔에 동시 가입하였다.

오답 피하기 ① 영선사는 1881년 조선이 서양 무기 제조술을 배울 유학생들을 청에 파견할 때 이들을 인솔한 사신이다.
② 12·12 사태는 1979년 전두환, 노태우 등의 신군부가 군대를 동원하여 실권을 장악한 군사 반란이다.
③ 일제 강점기인 1923년에 전라남도 암태도의 농민들이 높은 소작료 등에 저항하며 소작 쟁의를 일으켰다.
⑤ 유엔 한국 임시 위원단이 소련에 의해 입북을 거부당하면서 남북 인구 비례에 따른 총선거 실시가 무산되었다. 이에 김구는 김규식과 함께 통일 정부 수립을 위해 남북 협상을 추진하였으나 큰 성과를 거두지 못하였다.

07 김대중 정부의 통일 정책 이해

문제 분석 자료에서 햇볕 정책의 꾸준한 실천이 낳은 결과라고 언급된 점, 역사상 처음으로 남북 정상이 만난다고 제시된 점 등을 통해 밑줄 친 '회담'이 김대중 정부 시기에 이루어진 남북 정상 회담임을 알 수 있다. ④ 2000년 남북 정상 회담 이후 남북 교류와 경제 협력이 활성화되면서 개성 공단 건설이 추진되었다.

오답 피하기 ① 고종은 을사늑약의 부당함을 국제 사회에 알리기 위해 1907년 네덜란드 헤이그에서 열리는 만국 평화 회의에 이상설, 이준, 이위종을 특사로 파견하였다.
② 1930년대 일제는 남면북양 정책을 추진하여 남부 지방에서는 면화를 재배하고, 북부 지방에서는 양을 기르도록 강요하였다.
③ 대한민국 임시 정부는 국내와 연락하여 효과적으로 독립운동을 전개하고자 연통제와 교통국을 운영하였다.
⑤ 1953년 정전 협정 직후 한국과 미국은 한미 상호 방위 조약을 체결하였다.

08 동아시아의 역사 갈등 이해

문제 분석 자료에서 우리나라와 동아시아 국가들이 제2차 세계 대전 이후 각국이 독립하는 과정에서 영토와 역사 인식 문제로 서로 갈등을 빚고 있다는 내용을 통해 밑줄 친 '갈등'이 동아시아 국가들 사이의 영토와 역사 갈등임을 알 수 있다. ② 동북공정은 중국사회과학원 산하 조직에서 추진한 동북 3성 지역의 역사 등에 관한 연구 프로젝트로, 한국의 고구려사 등을 중국 역사로 편입하려 하여 갈등을 빚었다.

오답 피하기 ① 대동법은 조선 후기 광해군 때 방납의 폐단을 해결하기 위해 경기도에서 실시되었고, 이후 시행 지역이 점차 확대되었다.
③ 병인양요 때 프랑스 군대는 강화도에서 철수하면서 외규장각 도서와 각종 문화재 등을 약탈하였다.
④ 의열단은 1919년에 만주에서 결성된 비밀 결사로 김상옥, 나석주, 김익상 등이 주요 단원으로 활동하였다. 의열단은 1923년 신채호가 작성한 「조선 혁명 선언」을 활동 지침으로 삼았다.
⑤ 1972년에 제정된 유신 헌법에 근거하여 통일 주체 국민 회의가 설치되었다.

수능 유형 마스터 1

본문 146~150쪽

1 ②	2 ⑤	3 ④	4 ③
5 ④	6 ①	7 ②	8 ⑤
9 ①	10 ④	11 ⑤	12 ⑤
13 ⑤	14 ①	15 ⑤	16 ④
17 ⑤	18 ③	19 ④	20 ④

1 고조선의 특징 이해

문제 분석 자료에서 우리 역사상 최초의 국가라는 것, 비파형 동검이 탁자식 고인돌과 함께 발견되는 지역을 문화 범위로 추정하기도 한다는 것 등을 통해 (가) 국가는 고조선임을 알 수 있다. ② 고조선은 청동기 문화를 기반으로 세워졌고, 만주와 한반도 지역의 주변 부족을 통합하면서 성장하였다.

오답 피하기 ① 옥저와 동예는 왕이 없고, 읍군과 삼로라는 군장이 통치하였다.
③ 발해는 9세기 선왕 이후 중국으로부터 해동성국으로 불렸다.
④ 부여에서는 마가, 우가, 저가, 구가 등의 제가가 사출도를 관장하였다.
⑤ 백제에서는 정사암 회의라는 귀족 회의에서 국가 중대사를 결정하였다.

2 장수왕의 활동 파악

문제 분석 자료에서 국내성이 너무 좁아 평양으로 도읍을 옮겼다는 것, 국내성 일대에 기반을 가진 귀족의 세력을 약하게 만들어야겠다는 생각이 있었다는 것 등을 통해 밑줄 친 '천도'는 고구려 장수왕이 실시한 평양 천도임을 알 수 있다. ⑤ 5세기 전반 고구려 장수왕은 평양으로 천도한 이후 본격적으로 남진 정책을 추진하였다. 이후 백제를 공격하여 한성을 함락하고 한강 유역을 차지하였다.

오답 피하기 ① 병자호란 이후 조선에서 청을 정벌하여 명에 대한 의리를 지키자는 북벌론이 전개되었다.
② 신라는 6세기 지증왕 때 이사부가 우산국을 복속시켰다.
③ 조선 숙종 때 조선과 청의 대표가 백두산 일대를 답사하고 경계를 확정하여 백두산정계비를 세웠다.
④ 일제는 자국의 부족한 쌀을 한국에서 확보하기 위해 1920년부터 산미 증식 계획을 실시하였다.

3 발해의 특징 파악

문제 분석 자료에서 문왕 때 3성 6부의 중앙 정치 제도를 마련하였다는 것, 문왕 때 상경과 동경 등 5경 제도를 갖추었다는 것, 9세기 선왕 이후 5경 15부 62주를 완비하였다는 것 등을 통해 밑줄 친

'이 나라'는 발해임을 알 수 있다. ④ 고구려 옛 장군 대조영이 고구려인과 말갈인을 이끌고 동모산 부근에서 발해를 건국하였다.

오답 피하기 ① 조선 세종은 압록강과 두만강 유역의 여진을 몰아내고 4군 6진 지역을 개척하였다.
② 부여는 12월에 영고라는 제천 행사를 열었다.
③ 고려는 중서문하성과 중추원의 고관이 참여한 회의 기구인 도병마사와 식목도감을 두었다.
⑤ 신라는 골품제라는 신분 제도를 운영하였다.

4 전민변정도감의 이해

문제 분석 자료에서 고려 후기의 지배층이 되었다는 것, 주로 원과의 관계를 배경으로 출세하였다는 것, 대규모 농장을 경영하면서 다른 사람의 토지를 함부로 빼앗거나 일반 양민을 노비로 만들기도 했다는 것 등을 통해 새로운 지배 세력은 권문세족이며, 밑줄 친 '정책'은 권문세족의 횡포를 해결하기 위한 것임을 알 수 있다. ③ 전민변정도감은 권세가들이 부당하게 빼앗은 토지를 본래 소유주에게 돌려주고 불법적으로 노비가 된 자를 양인으로 해방하기 위해 고려 후기 여러 차례 설치되었다. 공민왕 때 설치된 것이 대표적이다.

오답 피하기 ① 통일 신라 시기에 신문왕은 녹읍을 폐지하여 귀족들의 경제력을 약화하려 하였다.
② 흥선 대원군이 집권한 시기에 경복궁 중건 비용 마련을 위해 원납전의 징수와 당백전 발행 등의 조치가 취해졌다.
④ 고려 성종은 최승로의 시무 28조를 수용하여 유교 정치 이념을 확립하고 통치 체제를 정비하였다.
⑤ 조선 정부는 방납의 폐단을 시정하기 위해 공물을 토산물이 아니라 토지 결수에 따라 쌀, 베 등으로 납부하게 하는 대동법을 시행하였다.

5 병자호란의 이해

문제 분석 자료에서 척화파와 주화파가 대립하였다는 것, 국왕이 남한산성에서 항전한다는 것, 삼전도에서의 굴욕 등을 통해 (가) 전쟁은 병자호란임을 알 수 있다. ④ 조선 인조는 병자호란이 발발하자 남한산성에서 항전하였으나 결국 청에 항복하여 군신 관계를 맺었다.

오답 피하기 ① 고려 인종 때 묘청과 정지상 등은 풍수지리설을 바탕으로 서경 천도를 주장하였다.
② 신라는 7세기 후반 매소성 전투와 기벌포 해전에서 당군을 격퇴하고 삼국 통일을 완성하였다.
③ 고려의 서희는 거란의 1차 침입 당시 외교 담판을 통해 강동 6주 지역을 확보하였다.
⑤ 임진왜란 중에 조선의 도자기 기술자를 납치하여 일본의 도자기 문화가 발달하게 되었다.

6 세도 정치의 이해

문제 분석 자료에서 특정 외척 가문이 권력을 독점하였던 시기에 안동 김씨와 함께 정권을 장악하였다는 것, 조만영의 외손인 헌종이 즉위하면서 막강한 세력을 휘둘렀다는 것 등을 통해 제시된 검색어는 풍양 조씨이며, (가) 정치는 세도 정치임을 알 수 있다. ① 조선 후기 세도 정치 시기에는 매관매직 등으로 정치 기강이 문란해졌고, 백성에 대한 수탈이 심화되어 삼정의 문란이 극심해지는 등 폐단이 발생하였다.

오답 피하기 ② 일제는 1910년대에 한국인의 저항을 억누르기 위해 무단 통치의 일환으로 헌병 경찰 제도를 실시하였다.
③ 고려 인종 때 묘청 등 서경 세력은 풍수지리설을 내세워 서경 천도를 추진하였고, 칭제건원(황제 칭호와 연호 사용)과 금 정벌을 주장하였다.
④ 영국은 러시아 견제를 구실로 1885년부터 1887년까지 조선의 거문도를 불법 점령하였다.
⑤ 고려 말 홍건적과 왜구를 격퇴하며 신흥 무인 세력인 이성계 등이 성장하였다.

7 신미양요의 이해

문제 분석 자료에서 조선과 미국 간의 처음이자 마지막 전투라는 것, 광성보에서 어재연 장군을 비롯한 조선군의 격렬한 저항이 있었다는 것 등을 통해 (가) 사건은 신미양요임을 알 수 있다. ② 신미양요 직후 흥선 대원군은 통상 수교 거부 의지를 널리 알리기 위해 전국에 척화비를 건립하였다.

오답 피하기 ① 천리장성은 고구려와 고려 때 축조되었다. 고구려에서는 당의 침략에 대비하여 축조되었고, 고려에서는 거란의 침략을 물리친 뒤 거란과 여진의 침략에 대비하여 축조되었다.
③ 삼별초는 고려 정부가 개경으로의 환도를 결정하자 이에 반발하여 강화도에서 봉기하였다. 이후 진도, 제주도로 근거지를 옮겨 가며 저항하였으나 고려와 몽골 연합군에 의해 진압되었다.
④ 일제는 1907년 헤이그 특사 사건을 구실로 고종을 강제 퇴위시켰다.
⑤ 3·1 운동을 계기로 독립운동의 구심점에 대한 필요성이 제기되어 대한민국 임시 정부가 수립되었다.

8 임오군란의 이해

문제 분석 자료에서 조선의 군인들이 식량을 찾는 것이었다는 것, 궁궐을 공격하여 왕비가 피신하게 되었다는 것, 이하응이 권력을 장악하였다는 것 등을 통해 밑줄 친 '변란'은 임오군란임을 알 수 있다. ⑤ 임오군란이 진압된 이후 조선에 대한 청의 내정 간섭이 심화되었으며, 조선은 청과 조청 상민 수륙 무역 장정을 체결하였다. 이 장정에 따라 청 상인은 허가를 받으면 사실상 개항장을 벗어나 내지 통상을 할 수 있게 되었다.

오답 피하기 ① 사회주의 사상은 1919년 3·1 운동 이후 본격적으로 국내에 확산되었다.
② 교정도감은 고려 무신 정권기에 최충헌이 설치한 최고 권력 기구이다.
③ 제너럴 셔먼호 사건을 빌미로 조선을 공격해 온 미국은 강화도를 침략하였다(신미양요, 1871).
④ 고려 시대 묘청 등이 서경 천도를 주장하다가 뜻대로 되지 않자 서경을 근거지로 반란을 일으켰다. 그러나 김부식 등이 이끄는 관군에 의해 진압되었다.

9 을미개혁의 파악

문제 분석 자료에서 단발이 유익하고 편리하기 때문에 성상 폐하가 먼저 표준을 보였다는 것 등을 통해 밑줄 친 '고시'는 단발할 것과 의관 제도 변경에 대한 것임을 알 수 있다. ① 을미의병은 1895년의 을미사변과 단발령을 배경으로 일어났다. 당시 이소응, 유인석 등 유생층의 주도로 의병 운동이 전개되었으나, 아관 파천 후 고종이 단발령을 철회하고 의병 해산 권고 조칙을 발표하며 대부분 해산하였다.
오답 피하기 ② 이자겸은 1126년 척준경과 함께 인종을 몰아내고 왕위를 차지하고자 난을 일으켰다.
③ 1950년 1월 미국의 국무장관 애치슨이 미국의 태평양 지역 방위선을 발표하였다. 이에 따라 한국과 타이완은 미국의 극동 방위선에서 제외되었다.
④ 박규수, 오경석, 유홍기 등의 통상 개화론은 개항 이전에 대두하였다.
⑤ 모스크바 3국 외상 회의는 1945년 12월에 개최되었다.

10 화폐 정리 사업의 이해

문제 분석 자료에서 메가타 고문이 화폐 조례를 실시한다는 것, 대한국 정부가 화폐 정리에 관해 제일 은행과 체결하였다는 것 등을 통해 밑줄 친 '계약'은 화폐 정리 사업의 일환으로 이루어졌음을 알 수 있다. ④ 러일 전쟁 중에 체결된 제1차 한일 협약(1904)으로 파견된 재정 고문 메가타의 주도로 백동화 등을 일본 제일 은행권으로 교환하도록 한 화폐 정리 사업이 시행되었다. 러일 전쟁은 1904년에 발발하였고, 국권 피탈은 1910년에 이루어졌다.

11 을사늑약의 내용 파악

문제 분석 자료에서 이토 히로부미가 군대를 동원하고 고종을 협박하여 강압적으로 체결하였다는 것, 홍만식 선생이 자결한 것이 1905년이라는 것 등을 통해 (가) 조약이 을사늑약임을 알 수 있다. ⑤ 일제는 1905년 을사늑약을 통해 대한 제국의 외교권을 박탈하고 황제 밑에 외교에 관한 사항을 관리하는 1명의 통감을 두도록 하였다.

오답 피하기 ① 1897년에 수립된 대한 제국은 광무개혁을 추진하면서 황제권 강화를 위해 원수부를 설치하였다.
② 임오군란 후 조선과 일본 사이에 체결된 제물포 조약에는 일본 공사관에 경비병 주둔을 허용한다는 내용이 포함되어 있다.
③ 일제는 1910년대 무단 통치를 실시하면서 관리와 교사에게 제복을 입고 칼을 차도록 강요하였다.
④ 우리 민족이 광복을 맞이할 무렵 미국과 소련은 북위 38도선의 설정에 합의하였다. 그 결과 미국과 소련이 한반도를 분할 점령하게 되었다.

12 봉오동 전투의 이해

문제 분석 자료에서 일본군 제19사단에서 보낸 월강 추격대대가 두만강을 건넜다는 것, 아군이 적의 추격대를 봉오동 계곡으로 유인했다는 것 등을 통해 제시된 상황이 전개된 지역은 봉오동 일대임을 알 수 있다. ⑤ 봉오동은 중국 지린성 왕칭현에 있으며 (마)에 속해 있다.
오답 피하기 ① (가)는 중국의 베이징 지역에 해당한다.
② (나)는 중국의 랴오둥반도 지역에 해당한다.
③ (다)는 중국의 산둥반도 지역에 해당한다.
④ (라)는 서간도(남만주) 지역에 해당한다.

13 대한민국 임시 정부의 이해

문제 분석 자료에서 함경남도에서 운영하던 연통제가 왜에게 발각되었다는 것, 상하이의 독립운동가 수가 점차 줄어들었다는 것, 독립운동의 최고 기관이라는 것 등을 통해 (가)는 대한민국 임시 정부임을 알 수 있다. ⑤ 대한민국 임시 정부는 1919년 상하이에서 삼권 분립에 입각한 민주 공화정의 형태로 수립되었다.
오답 피하기 ① 신민회는 1911년 일제가 조작한 105인 사건으로 사실상 와해되었다.
② 군국기무처는 1894년에 제1차 갑오개혁을 추진하였다.
③ 국채 보상 운동은 국민의 성금을 모아 나라의 빚을 갚고 국권을 지키자는 운동으로, 1907년부터 전개되었다.
④ 독립 협회는 만민 공동회를 개최하여 열강의 이권 침탈 등을 규탄하였다.

14 1920년대 국내 민족 운동 이해

문제 분석 자료에서 순종이 사망하자 학생 단체를 중심으로 6월 10일 만세 시위를 벌였다는 것을 통해 (가) 시기는 6·10 만세 운동이 일어난 1926년임을 알 수 있다. 또한 나주역에서 발생한 한국인 학생과 일본인 학생 간의 충돌을 처리하는 과정에서 경찰이 한국인 학생들을 탄압하자 분노한 광주 지역 학생들이 대규모 시위를 벌였다는 것 등을 통해 (나) 시기는 광주 학생 항일 운동이 일어난 1929년임을 알 수 있다. ① (가), (나) 시기 사이인 1927년에 신간회가 결성되었다. 신간회는 광주 학생 항일 운동 당시 현지에 진상 조사단을 파견하고 민중 대회를 계획하는 등 운동을 지원하였다.

오답 피하기 ② 조선 정조는 국왕의 친위 부대인 장용영을 설치하였다.

③ 1894년 동학 농민군 제1차 봉기 때 전주성을 점령한 농민군은 정부와 전주 화약을 체결하였다.

④ 대한 제국은 1899년 대한국 국제를 반포하였다.

⑤ 대한 광복군 정부는 1914년에 연해주에서 조직된 독립운동 단체이다.

15 조선어 학회 활동 이해

문제 분석 자료에서 이윤재, 최현배 등이 희생된 것을 기리기 위해 건립한 탑이라는 것, 한글 연구를 한 회원 33인을 민족의식을 고양시켰다는 죄목으로 투옥하였다는 것 등을 통해 (가) 단체는 조선어 학회임을 알 수 있다. 일제는 우리말 사용을 금지하여 한국인의 민족성을 말살하려 하였다. 이에 일제는 1942년 조선어 학회 사건을 일으켜 조선어 학회 회원들을 체포하고 조선어 학회를 강제로 해산하였다. ⑤ 조선어 학회는 우리말(조선말) 큰사전 편찬 작업을 추진하였다.

오답 피하기 ① 대한민국 임시 정부는 외교 활동을 위해 미국에 구미 위원부를 설치하였다.

② 신민회는 국외 독립운동 기지 건설에 힘써, 서간도(남만주) 지역의 삼원보에 신흥 강습소(신흥 무관 학교의 전신)를 세우고, 민족 교육과 군사 훈련을 실시하여 독립군을 양성하려 하였다.

③ 민립 대학 설립 운동은 1920년대에 이상재 등이 조직한 조선 민립 대학 기성회를 중심으로 전개되었다.

④ 「조선 혁명 선언」은 1923년 신채호가 작성한 것으로 의열단의 활동 지침이 되었다.

16 민족 말살 통치의 이해

문제 분석 자료에서 매일 조회 시간에 황국 신민 서사를 크게 외쳤다는 것, 일본어를 늘 사용하도록 강요당하였다는 것, 창씨개명이라는 참을 수 없는 모욕을 당하였다는 것 등을 통해 밑줄 친 '당시'는 일제의 민족 말살 통치가 본격적으로 실시된 1937년 중일 전쟁 발발 이후임을 알 수 있다. ④ 일제는 중일 전쟁을 일으킨 후 군량미와 군수 물자 확보를 위해 미곡과 금속류의 공출제를 시행하였다.

오답 피하기 ① 대한매일신보는 영국인을 발행인으로 내세워 1904년에 창간되어 일제의 탄압 속에서도 민족의 의사를 대변하였다.

② 『조선책략』은 1880년 수신사 김홍집을 통해 국내에 유포되었다.

③ 일제는 1910년 회사령을 공포하여 회사 설립 시 조선 총독의 허가를 받도록 하였다. 회사령은 1920년에 폐지되었다.

⑤ 대한 제국은 광무개혁을 추진하면서 양전 사업을 실시하고 근대적 토지 소유 증명 문서인 지계를 발급하였다.

17 이승만 정부 시기의 사실 파악

문제 분석 자료에서 대한민국 정부 수립 국민 축하식이 거행되었다는 것, 옛 조선 총독부 건물 앞 광장에서 주권을 찾고 완전 독립을 선포하였다는 것 등을 통해 (가) 대통령은 이승만임을 알 수 있다. ⑤ 5·10 총선거로 구성된 제헌 국회는 이승만을 대통령으로 선출하였다. 이승만 정부 시기인 1948년 제헌 국회에서 반민족 행위 처벌법을 제정하고, 반민족 행위 특별 조사 위원회(반민 특위)를 설치하였다.

오답 피하기 ① 군국기무처는 1894년에 설치되어 제1차 갑오개혁을 주도하였다.

② 동아일보사는 1930년대 전반에 브나로드 운동이라는 이름으로 농촌 계몽 운동을 전개하였다.

③ 1979년에 부산과 마산의 학생과 시민들은 박정희 정부의 유신 체제에 반대하며 부마 민주 항쟁을 전개하였다.

④ 대통령 직선제를 요구하는 시민의 요구에 맞서 1987년 전두환 정부는 현행 헌법을 유지하겠다는 4·13 호헌 조치를 발표하였다.

18 3·15 부정 선거의 이해

문제 분석 자료에서 제4대 대통령·제5대 부통령 선출에 사용되었다는 것, 대통령 후보인 이승만과 조병옥, 부통령 후보인 이기붕과 장면 등의 이름이 보인다는 것, 내무부에서 4할 사전 투표, 3인조 5인조 공개 투표 등의 부정 투표를 지시하였다는 것 등을 통해 밑줄 친 '이 선거'는 3·15 부정 선거임을 알 수 있다. ③ 1960년 정·부통령 선거에서 이승만과 이기붕을 당선시키기 위해 3·15 부정 선거가 자행되자, 마산에서 일어난 부정 선거 규탄 시위 도중 경찰의 발포로 수십 명의 사상자가 발생하였다. 4월에는 마산 앞바다에서 마산 시위에 참여하였던 김주열의 시신이 발견되면서 시위가 전국으로 확산되었다.

오답 피하기 ① 고려 태조는 후대 왕들에게 지켜야 할 정책 방향을 담은 훈요 10조를 남겼다.

② 1931년에 김구가 대한민국 임시 정부의 침체를 극복하기 위해 한인 애국단을 결성하였다.

④ 1946년 제1차 미소 공동 위원회가 무기 휴회된 상황에서 여운형, 김규식 등은 한반도에 통일 정부를 수립하기 위해 좌우 합작 위원회를 결성하고 좌우 합작 운동을 전개하였다.

⑤ 1987년 6월 민주 항쟁으로 6·29 민주화 선언이 발표되고 대통령 직선제 개헌이 단행되었다.

19 5·18 민주화 운동의 이해

문제 분석 자료에서 서울의 봄부터 전남대학교 학생과 공수 부대

대원의 첫 충돌까지의 내용을 다루었다는 것, 계엄군의 진압에 맞서 등장한 시민군의 모습과 활동 사진이라는 것 등을 통해 (가) 민주화 운동은 5·18 민주화 운동임을 알 수 있다. ④ 1980년 5·18 민주화 운동 당시 광주의 학생과 시민들은 신군부 퇴진과 계엄령 철회 등을 요구하며 시위를 벌였다.

오답 피하기 ① 헌의 6조는 1898년 관민 공동회에서 결의되었다.
② 1987년에 일어난 6월 민주 항쟁의 결과 대통령 직선제 개헌이 이루어졌다.
③ 1960년 4·19 혁명으로 이승만 정부가 무너지고 헌법이 개정되면서 국무총리를 수반으로 하는 내각 책임제가 실시되었다.
⑤ 김옥균, 박영효 등의 급진 개화파는 1884년 갑신정변을 일으켜 개화당 정부를 수립하고 인민 평등권의 제정을 주장하였다.

20 제1차 남북 정상 회담의 이해

문제 분석 자료에서 김정일 국방위원장이 갈색 인민복 차림으로 마중 나와 서 있었다는 것, 공군 1호기에서 내린 김 대통령이 김 위원장에게 악수를 청했다는 것 등을 통해 제시된 상황은 2000년의 제1차 남북 정상 회담을 위해 평양에 도착한 것임을 알 수 있다. ④ 제1차 남북 정상 회담의 결과 6·15 남북 공동 선언이 발표되었다.

오답 피하기 ① 국민 대표 회의는 대한민국 임시 정부의 새로운 노선과 활로를 모색하기 위해 1923년 상하이에서 개최되었다.
② 노태우 정부 시기인 1991년에 남북한이 유엔에 동시 가입하였다.
③ 조선 고종은 개항 이후 일본의 근대 문물 시찰과 개화 정책에 대한 정보 수집을 위해 1881년 일본에 조사 시찰단을 파견하였다.
⑤ 김영삼 정부 시기인 1996년에 경제 협력 개발 기구[OECD]에 가입하였다.

수능 유형 마스터 2

본문 151~155쪽

1 ④	2 ⑤	3 ①	4 ①
5 ④	6 ③	7 ①	8 ⑤
9 ①	10 ④	11 ④	12 ⑤
13 ⑤	14 ④	15 ③	16 ②
17 ②	18 ⑤	19 ③	20 ③

1 신석기 시대의 사회 모습 파악

문제 분석 자료에 제시된 유물이 빗살무늬 토기이며, 농경과 목축이 시작되었다는 내용을 통해 밑줄 친 '이 시대'는 신석기 시대임을 알 수 있다. ④ 신석기 시대에는 갈돌, 갈판 등 다양한 간석기가 사용되었다.

오답 피하기 ① 비파형 동검은 청동기 시대의 대표적인 유물이다.
② 부여에서는 12월에 영고라는 제천 행사를 열었다. 부여는 철기 시대에 성장한 여러 나라 중 하나이다.
③ 철기 시대부터 철제 농기구를 사용하여 농사를 짓기 시작하였다.
⑤ 고구려에서는 여러 가(加)들이 모인 제가 회의에서 나라의 중요한 일을 결정하였다.

2 백제 근초고왕의 업적 파악

문제 분석 자료에서 태자와 함께 고구려의 평양성을 공격하였고, 전투에서 고국원왕이 전사하였다는 내용을 통해 (가) 왕이 백제의 근초고왕임을 알 수 있다. ⑤ 백제는 근초고왕 때 마한의 여러 소국을 복속시키면서 세력을 확장해 나갔다.

오답 피하기 ① 신라 지증왕 때 이사부가 우산국을 정복하였다.
② 고려 광종은 쌍기를 등용하여 과거제를 시행하였다. 광종은 과거제를 통해 유교적 소양을 갖춘 신진 세력을 등용하였다.
③ 고려 후기에 공민왕은 쌍성총관부를 공격하여 원에 빼앗겼던 영토를 되찾았다.
④ 조선 전기에 태종과 세조는 국왕의 국정 주도권을 강화하기 위해 6조 직계제를 실시하였다.

3 묘청의 활동 파악

문제 분석 자료에서 고려의 승려로 풍수지리설을 앞세워 서경 천도를 추진하였으며, 개경 세력의 반대로 서경 천도가 좌절되자 반란을 일으켰다는 내용을 통해 밑줄 친 '그'가 묘청임을 알 수 있다. ① 고려의 승려 묘청은 서경 천도를 추진하였으며, 황제라 칭하고 연호를 세울 것(칭제건원)과 금 정벌을 주장하였다.

오답 피하기 ② 고려의 승려 일연이 『삼국유사』를 저술하였다.
③ 신라의 승려 원효는 '나무아미타불'을 외우면 극락에 갈 수 있

다는 아미타 신앙을 전파하여 불교 대중화에 기여하였다.
④ 고려의 승려 지눌이 불교 개혁 운동의 일환으로 수선사 결사를 제창하였다.
⑤ 신라의 승려 혜초는 인도와 서역을 순례한 뒤 『왕오천축국전』을 저술하였다.

4 고려의 문화 이해

문제 분석 자료에서 부처의 힘으로 몽골의 침입을 막고자 하는 염원을 담아 팔만대장경을 제작하였다는 내용을 통해 (가) 국가는 고려임을 알 수 있다. ① 고려 인종 때 김부식의 주도로 『삼국사기』가 편찬되었다.

오답 피하기 ② 육영 공원은 개항 후 조선 정부가 외국어와 근대 학문을 교육하기 위해 설립한 학교이다.
③ 조선 정조는 정치적 기능과 군사·상업적 기능을 함께 고려한 수원 화성을 건설하였다.
④ 고구려는 장수왕 때 광개토 대왕의 업적을 기리기 위해 광개토 대왕릉비를 세웠다.
⑤ 경주 석굴암 본존 불상은 신라를 대표하는 문화유산이다.

5 조선 세종의 업적 파악

문제 분석 자료에서 태종의 선위를 받아 왕위에 올랐으며, 이종무를 보내 대마도(쓰시마섬)를 정벌하고, 집현전을 설치하였다는 내용을 통해 (가) 왕이 조선 세종임을 알 수 있다. ④ 조선은 세종 때 여진을 몰아내고 압록강과 두만강 유역에 4군 6진 지역을 개척하였다.

오답 피하기 ① 조선 영조가 균역법을 실시하여 농민들이 1인당 군포 1필을 납부하게 되었다.
② 고려 최씨 무신 정권 시기 최충헌이 교정도감을 설치하였다. 교정도감은 최고 권력 기구로 최씨 무신 정권의 유지에 기여하였다.
③ 고려 광종 때 본래 양인이었으나 불법으로 노비가 된 자 등을 조사하여 양인으로 신분을 회복시켜 주는 노비안검법이 시행되었다.
⑤ 백제는 무령왕 때 지방 통제를 강화하기 위해 22담로에 왕족을 파견하였다.

6 홍경래의 난 파악

문제 분석 홍경래가 이끄는 도적들이 정주성을 점거하였으나 관군에 의해 진압되었다는 내용 등을 통해 자료에 나타난 사건은 홍경래의 난임을 알 수 있다. ③ 홍경래의 난은 1811년 평안도 지역에 대한 차별과 세도 정권의 수탈에 반발하여 일어났다.

오답 피하기 ① 제2차 수신사 김홍집이 들여온 『조선책략』에 반발하여 1881년 이만손 등이 영남 만인소를 제출하였다.
② 대한매일신보는 국채 보상 운동을 지원하여 이를 전국적으로 확산시키는 데 기여하였다.
④ 1884년 우정총국 개국 축하연을 이용하여 김옥균, 홍영식 등 급진 개화파가 갑신정변을 일으켰다.
⑤ 6월 민주 항쟁의 결과 6·29 민주화 선언이 발표되고, 이에 따라 대통령 직선제 개헌이 이루어졌다.

7 흥선 대원군의 정책 파악

문제 분석 자료는 경복궁 중건 시 원납전 15냥을 납부하였다는 내용을 증명하는 영수증이다. ① 흥선 대원군은 왕실의 권위를 회복하기 위해 경복궁을 중건하였는데, 공사비 마련을 위해 원납전이라는 명목의 기부금을 징수하고 고액 화폐인 당백전을 발행하였다.

오답 피하기 ② 1980년대에는 저유가, 저금리, 저달러의 3저 호황에 힘입어 무역 수지에서 흑자를 기록하는 등 한국의 경제가 성장하였다.
③ 국채 보상 운동은 일본의 강요로 도입한 차관을 갚아 일본의 경제적 예속에서 벗어나기 위해 일어난 운동으로 1907년 대구에서 시작되어 전국으로 확산되었다.
④ 동아일보사는 1930년대 전반에 '배우자, 가르치자, 다 함께 브나로드'라는 구호 아래 농촌 계몽 운동인 브나로드 운동을 전개하였다.
⑤ 1894년 동학 농민 운동을 일으킨 동학 농민군은 정부와 전주 화약을 체결한 뒤 전라도 각지에 집강소를 설치하여 폐정 개혁을 추진하였다. 동학 농민군은 폐정 개혁안에서 탐관오리를 모두 몰아낼 것 등의 봉건적인 악습 폐지를 주장하였다.

8 임오군란의 영향 파악

문제 분석 자료에서 밀린 급료를 나눠줄 때 소란을 피웠으며, 동료 군인들과 합세해 궁궐을 침범하고, 일본으로 피신하기 위해 제물포로 향하던 일본 공사와 일본인을 뒤쫓아 습격하였다는 내용을 통해 밑줄 친 '변란'은 1882년에 일어난 임오군란임을 알 수 있다. ⑤ 임오군란의 영향으로 조선은 청과 조청 상민 수륙 무역 장정을 체결하였다. 이 장정에 따라 청 상인은 허가를 받으면 개항장을 벗어나 내지 통상을 할 수 있게 되었다.

오답 피하기 ① 1170년 고려 무신들이 자신들에 대한 차별과 문벌의 권력 독점에 맞서 무신 정변을 일으켜 권력을 장악하면서 무신 정권이 성립하였다.
② 1895년 삼국 간섭 이후 친러 세력이 대두하는 상황에서 일본은 명성 황후를 시해하는 을미사변을 일으켰다. 이에 신변의 위협을 느낀 고종은 1896년 아관 파천을 단행하였다.
③ 병자호란 이후 조선에서는 청에 당한 수모를 씻고 명에 대한 의리를 지키기 위해 청을 정벌하자는 북벌 운동이 추진되었다.
④ 신미양요 이후 흥선 대원군은 통상 수교 거부 의지를 널리 알

리기 위해 전국 각지에 척화비를 건립하였다.

9 독립 협회의 활동 파악

문제 분석 자료에서 만민 공동회를 개최하고, 정부에 편지를 보내 러시아의 탁지부 고문관과 군부 교련 사관을 해임하게 하였다는 내용을 통해 (가) 단체가 독립 협회임을 알 수 있다. ① 독립 협회는 국민 참정권을 실현하기 위해 의회 설립 운동을 전개하였다. 그 결과 중추원을 의회식으로 개편한 관제가 반포되었다.

오답 피하기 ② 여운형, 김규식 등을 중심으로 조직된 좌우 합작 위원회는 1946년에 민주주의 임시 정부 수립, 미소 공동 위원회의 속개 등의 내용을 담은 좌우 합작 7원칙을 발표하였다.

③ 신민회는 민족 교육 실시를 위해 오산 학교와 대성 학교를 설립하였다.

④ 조선어 학회는 우리말(조선말) 큰사전 편찬을 추진하였다. 그러나 1942년 일제가 일으킨 조선어 학회 사건으로 많은 학자들이 투옥되는 등 탄압을 받았다.

⑤ 1929년 광주 학생 항일 운동 당시 신간회는 현지에 진상 조사단을 파견하고 민중 대회를 계획하였다.

10 독도 이해

문제 분석 자료에서 죽도라고 쓰인 울릉도의 오른쪽에 송도라고 표기된 섬이 그려져 있으며, 조선의 강원도와 같은 색으로 칠해져 있고, 일본이 조선의 영토로 인식하고 있었다는 내용을 통해 (가) 섬이 독도임을 알 수 있다. ④ 일제는 러일 전쟁 과정에서 시마네현 고시를 통해 독도를 자국 영토로 불법 편입하였다.

오답 피하기 ① 조선 숙종 때 조선과 청의 대표가 백두산 일대를 답사하고 경계를 확정하여 백두산정계비를 세웠다.

② 프랑스는 병인박해를 구실로 1866년 강화도를 침략하였다(병인양요). 병인양요 때 한성근 부대가 문수산성에서, 양헌수 부대가 정족산성(삼랑성)에서 프랑스 군대에 맞서 싸웠다.

③ 삼별초는 고려 정부의 개경 환도 결정에 반대하여 강화도에서 봉기한 후 진도, 제주도로 근거지를 옮겨 가며 저항하였다.

⑤ 영국은 러시아 견제를 구실로 1885년부터 1887년까지 조선의 거문도를 불법 점령하였다.

11 을미의병의 특징 이해

문제 분석 자료에서 왕비의 거처에 변고가 생겼고, 머리를 깎는 야만스러운 행동이 임금의 주변에 가해진 상황에서 머리를 깎이면 오랑캐가 되는 것이니 각자 마음에 맹세하여 대의를 붙잡으라는 내용을 통해 자료에 나타난 의병 운동이 을미의병임을 알 수 있다. ④ 을미의병은 1895년에 있었던 을미사변과 단발령을 배경으로 일어났다. 당시에는 유인석, 이소응 등 유생층 주도로 의병 운동이 전개되었으나, 아관 파천 후 고종이 단발령을 철회하고 의병 해산 권고 조칙을 내리자 대부분 해산하였다.

오답 피하기 ① 6·25 전쟁 당시 낙동강 전선까지 밀려났던 국군과 유엔군은 인천 상륙 작전을 성공시켜 전세를 역전시켰다.

② 1907년 대한 제국 군대가 강제 해산되자 일부 해산 군인들이 정미의병에 가담하였다.

③ 김원봉이 주도한 의열단은 1923년 신채호가 작성한 「조선 혁명 선언」을 활동 지침으로 삼았다.

⑤ 양세봉이 이끄는 조선 혁명군은 중국 의용군 등과 연합하여 1932년 영릉가 전투에서 승리를 거두었다.

12 상하이에서의 독립운동 이해

문제 분석 자료에서 김규식, 여운형 등이 신한청년당을 성립한 곳이라는 내용 등을 통해 (가) 도시가 상하이임을 알 수 있다. ⑤ 3·1 운동 이후 독립운동의 구심점이 필요해지자 각지에 수립된 임시 정부를 통합하여 상하이에 대한민국 임시 정부가 수립되었다.

오답 피하기 ① 신민회가 남만주(서간도) 지역의 삼원보에 신흥 강습소를 설립하였다.

② 조선 형평사는 백정에 대한 사회적 차별을 폐지하기 위해 1923년에 진주에서 결성되었다.

③ 한국인 유학생들은 일본 도쿄에서 2·8 독립 선언을 발표하였다.

④ 1866년 미국인 소유 상선 제너럴 셔먼호가 대동강을 거슬러 평양에 와서 통상을 요구하며 횡포를 부렸다. 이에 분노한 평양 관민은 제너럴 셔먼호를 불태웠다(제너럴 셔먼호 사건).

13 1920년대의 사회 모습 파악

문제 분석 자료에서 사회주의 사상이 확산하자 일제가 법을 제정하여 사회주의자와 독립운동가 등을 탄압하였다는 내용 등을 통해 (가) 법이 1925년에 제정된 치안 유지법임을 알 수 있다. 일제는 국가 체제나 사유 재산 제도를 부정하는 사상을 탄압하기 위해 치안 유지법을 제정하고, 이를 이용하여 항일 민족 운동에 대한 탄압을 강화하였다. ⑤ 1920년대에 일제는 이른바 문화 통치를 내세우며 한글 신문의 발행을 허용하였으나, 사전 검열을 이용하여 식민 통치에 반대하는 내용의 기사를 삭제하는 등 기만적 행태를 보였다.

오답 피하기 ① 고려 무신 정권기에 노비 만적이 신분 해방을 위해 봉기를 모의하였다.

② 1987년 6월 민주 항쟁 당시 학생과 시민들은 4·13 호헌 조치 철폐와 대통령 직선제 개헌을 요구하였다.

③ 일제는 1910년 회사령을 공포하여 회사 설립 시 조선 총독의 허가를 받도록 하였다. 회사령은 1920년에 폐지되었다.

④ 군국기무처는 1894년에 설치되어 제1차 갑오개혁을 주도하다가 제2차 갑오개혁이 추진되면서 폐지되었다.

14 청산리 대첩의 시기 파악

문제 분석 자료에서 북로 군정서가 일시에 사격하여 청산리 일대의 천수평에서 숙영 중인 일본군을 멸하였다는 내용 등을 통해 자료의 상황이 청산리 대첩임을 알 수 있다. ④ 봉오동 전투에서 패한 일본은 대규모 병력을 동원하여 만주의 독립군을 공격해 왔다. 독립군 부대들은 일본군의 공격을 피해 백두산 부근으로 이동하다가, 김좌진이 이끄는 북로 군정서와 홍범도가 이끄는 대한 독립군 등 독립군 연합 부대가 1920년 10월 백운평, 완루구, 천수평, 어랑촌 등 청산리 일대에서 일본군을 크게 물리쳤다(청산리 대첩). 봉오동 전투는 1920년 6월, 윤봉길 의거는 1932년의 사실이다.

15 물산 장려 운동 이해

문제 분석 자료에서 남의 것으로만 살아가던 우리도 우리의 생산을 조장하고 장려하며 무엇이나 제조 발명하기로 목적하였으며, 조선 물산 장려회가 생긴 후 협흥사에서 조선 무명을 가지고 신사모 등을 제조하고 있다는 내용 등을 통해 자료에 나타난 민족 운동이 물산 장려 운동임을 알 수 있다. ③ 물산 장려 운동은 1920년에 평양에서 조만식 등을 중심으로 시작되어, 이후 전국으로 확산되었다.

오답 피하기 ① 대동법 실시로 관청에 필요한 물품을 공급하는 과정에서 공인이 성장하였다.

② 6·25 전쟁 후 미국의 무상 원조를 바탕으로 밀가루(제분), 설탕(제당), 면직물(면방직)을 생산하는 삼백 산업이 발달하였다.

④ 국채 보상 운동은 일본의 강요로 도입한 차관을 갚아 일본의 경제적 예속에서 벗어나기 위해 일어난 운동으로 1907년 대구에서 시작되어 전국으로 확산되었다.

⑤ 일제는 자국의 쌀 부족 문제를 해결하기 위해 1920년부터 산미 증식 계획을 실시하였다.

16 6·10 만세 운동 이해

문제 분석 자료에서 순종 황제의 인산일에 조선 독립을 목적으로 태극기를 들고 격문서 등을 살포하며 만세 운동을 벌였다는 내용을 통해 밑줄 친 '만세 운동'이 1926년에 일어난 6·10 만세 운동임을 알 수 있다. ② 순종이 사망하자 조선 공산당을 중심으로 한 사회주의 계열과 민족주의 계열인 천교도는 학생 단체와 힘을 합쳐 만세 시위를 준비하였다. 그러나 일제에 의해 조선 공산당 간부들이 체포되었고 천도교에서 준비하던 격문도 압수당하였다. 하지만 발각되지 않은 학생들은 예정대로 시위를 전개하였다.

오답 피하기 ① 유신 체제는 박정희 대통령이 장기 집권을 위해 1972년에 유신 헌법을 마련하면서 시작되었다. 당시 학생과 시민들은 유신 체제를 비판하며 유신 반대 운동을 전개하였다.

③ 1904년 결성된 보안회는 일본의 황무지 개간권 요구를 저지하는 운동을 전개하여 이를 철회시켰다.

④ 동학 농민 운동은 전봉준, 김개남, 손화중 등 동학 농민군 지도자들이 체포되면서 실패로 돌아갔다.

⑤ 신군부 세력이 비상계엄을 전국으로 확대 선포하자 이에 반대하여 1980년 광주의 학생과 시민들은 신군부 퇴진과 계엄령 철회 등을 요구하며 시위를 벌였다(5·18 민주화 운동).

17 한국 독립군의 활동 파악

문제 분석 자료에서 쌍성보 전투 등에서 많은 전과를 올렸으며, 대전자령 전투를 앞두고 지청천이 장병들에게 훈시하였다는 내용 등을 통해 (가) 군사 조직은 한국 독립군임을 알 수 있다. ② 지청천이 이끄는 한국 독립군은 한중 연합 작전을 전개하여 대전자령 전투에서 일본군을 상대로 승리를 거두었다.

오답 피하기 ① 신라는 7세기 후반 매소성 전투와 기벌포 해전에서 당군을 격퇴하고 삼국 통일을 완성하였다.

③ 1940년 충칭에서 창설된 한국광복군은 영국군의 요청에 따라 병력의 일부를 인도·미얀마 전선에 파견하여 영국군과 합동 작전을 전개하였다.

④ 자유시로 이동한 만주 지역의 독립군 부대들은 자유시 참변(1921)으로 세력이 약화하였다.

⑤ 1894년 재봉기한 동학 농민군은 서울로 북상하던 중 공주 우금치 전투에서 일본군과 관군에 패배하였다.

18 모스크바 3국 외상 회의의 결정 사항 파악

문제 분석 자료에서 5개년 운운의 신탁 통치라는 것은 최악의 국제 과오로서 도저히 승인할 수 없으니, 최후까지 반대하고 독립을 쟁취하여야 한다는 내용을 통해 담화문은 모스크바 3국 외상 회의 이후 발표되었음을 알 수 있다. ⑤ 1945년 12월 미국, 영국, 소련의 외무 장관이 모스크바 3국 외상 회의를 개최하여 한국 문제를 논의하였다. 이 회의에서 최고 5년 기한 4개국에 의한 한반도 신탁 통치에 관한 협약 작성 등이 결정되었다는 소식이 국내에 알려지자, 우익은 신탁 통치 협약 작성 결의 등을 비판하며 대대적인 반대 운동을 벌였다. 좌익은 초기에는 반대하였다가 모스크바 3국 외상 회의 결정 지지로 입장이 변화하였다.

오답 피하기 ① 1987년 박종철 고문치사 사건, 4·13 호헌 조치 등을 배경으로 6월 민주 항쟁이 일어났다. 6월 민주 항쟁의 결과 6·29 민주화 선언이 발표되고, 이에 따라 대통령 직선제 개헌이 이루어졌다.

② 대한 제국은 1905년 체결된 을사늑약에 따라 일본에 외교권을 빼앗겼다. 을사늑약이 체결되자 황성신문에 「시일야방성대곡」이 게재되는 등 을사늑약의 부당성을 규탄하는 움직임이 잇달아 일어났다.

③ 1919년 이승만은 장래에 한국의 완전한 독립을 보장한다는 조

건하에 한국을 국제 연맹의 통치 아래에 둘 것을 부탁하는 위임 통치 청원서를 미국 대통령 윌슨에게 제출하였다. 이러한 사실은 대한민국 임시 정부 내 갈등을 심화시켜 1923년 상하이에서 국민 대표 회의가 개최되는 배경 중 하나로 작용하였다.

④『조선책략』은 청의 외교관인 황준헌이 쓴 책으로, 제2차 수신사였던 김홍집이 국내에 소개하여 유포되었다.『조선책략』이 유포되자 1881년 이만손 등은 영남 만인소를 올려 이를 비판하면서 미국과의 수교와 개화 정책을 반대하였다.

19 김영삼 정부의 정책 파악

문제 분석 자료에서 금융 실명제를 전면 실시하였다는 내용을 통해 밑줄 친 '이 정부'가 김영삼 정부임을 알 수 있다. 김영삼 정부는 투명한 금융 거래를 정착시키고 부당한 정치 자금 거래 등을 막기 위해 금융 실명제를 전면 실시하였다. ③ 김영삼 정부는 조선 총독부 건물을 철거하는 등 '역사 바로 세우기'를 추진하였다.

오답 피하기 ① 대한 제국은 1899년 광무개혁의 일환으로 대한국 국제를 반포하였다.

② 대한민국 임시 정부는 국내와 원활한 연락망을 구축하기 위하여 연통제와 교통국을 운영하였다.

④ 박정희 정부는 미국의 요청으로 1964년부터 1973년까지 대한민국 국군을 베트남 전쟁에 파병하였다.

⑤ 이승만 정부 시기인 1953년에 6·25 전쟁의 정전 협정이 체결된 직후 한미 상호 방위 조약이 체결되어 한미 동맹이 강화되었다.

20 노태우 정부 시기의 통일 노력 이해

문제 분석 자료에서 재임 기간에 서울 올림픽 대회를 치르고 유엔에 가입하였다는 내용을 통해 밑줄 친 '대통령'은 노태우 대통령임을 알 수 있다. ③ 노태우 정부는 남북 고위급 회담을 통해 1991년 남북 기본 합의서를 채택하였다.

오답 피하기 ① 박정희 정부 시기인 1965년에 한일 협정이 체결되었다.

② 조선 고종은 제2차 갑오개혁 과정에서 교육입국 조서를 반포하였다.

④ 이승만 정부 시기인 1948년에 친일파를 처벌하기 위한 반민족 행위 처벌법이 제정되었다.

⑤ 김대중 정부 시기인 2000년 평양에서 제1차 남북 정상 회담이 개최되었다.

수능 유형 마스터 3

본문 156~160쪽

1 ⑤	2 ⑤	3 ①	4 ①
5 ③	6 ③	7 ①	8 ③
9 ②	10 ①	11 ②	12 ②
13 ⑤	14 ③	15 ②	16 ③
17 ⑤	18 ④	19 ③	20 ②

1 고구려의 특징 이해

문제 분석 자료에서 주몽에 의하여 졸본 지역에 세워졌다는 점, 유리왕 때 국내성으로 수도를 옮겼다는 점 등을 통해 밑줄 친 '이 나라'가 고구려임을 알 수 있다. ⑤ 고구려는 제가 회의에서 국가 중대사를 결정하였다.

오답 피하기 ① 발해는 중앙 교육 기관인 주자감을 설립하여 인재를 양성하였다.

② 통일 후 신라는 신문왕 때 전국을 9주 5소경 체제로 정비하였다.

③ 부여는 영고라는 제천 행사를 거행하였다.

④ 발해는 당의 문물을 수용하여 통치 체제를 정비하면서 3성 6부의 중앙 관제를 마련하였다.

2 신라 진흥왕의 업적 파악

문제 분석 자료에서 백제군을 몰아내고 한강 하류 지역을 차지하였다는 점 등을 통해 (가) 왕이 신라 진흥왕임을 알 수 있다. ⑤ 6세기에 신라 진흥왕은 영토를 확대하고 북한산 등지에 순수비를 세웠다.

오답 피하기 ① 6세기 신라 지증왕 때 이사부가 우산국을 정복하였다.

② 고구려는 당의 침입, 고려는 거란과 여진의 침입에 대비하기 위하여 각각 천리장성을 쌓았다.

③ 7세기 신라 문무왕 때 당군을 몰아내고 삼국 통일을 완성하였다.

④ 조선은 세종 때 여진을 몰아내고 압록강과 두만강 유역에 4군 6진 지역을 개척하였다.

3 통일 신라의 문화 이해

문제 분석 자료에서 경주 석굴암이 대표적인 불교 문화유산이라는 점 등을 통해 (가) 국가가 신라임을 알 수 있다. 경주 석굴암은 통일 신라 시기 토함산에 조성되었다. ① 신라는 통일 후 신문왕 때 유학 교육 기관으로 국학을 설립하였다.

오답 피하기 ② 고려 인종 때 김부식의 주도로『삼국사기』가 편찬되었다.

③ 조선 세종 때 훈민정음이 창제되었다.

④ 조선 고종은 개항 후 외국어와 근대 학문을 교육하기 위해 1886년에 육영 공원을 설치하였다.

⑤ 고려는 몽골과의 전쟁 중에 부처의 힘으로 외적을 물리치려는 염원을 담아 팔만대장경을 조판하였다.

4 원 간섭기의 사실 파악

문제 분석 자료에서 개경으로 다시 옮길 것을 결정하였으나 삼별초가 따르지 않았다는 점을 통해 (가) 시기는 개경 환도가 결정되고 삼별초가 봉기한 1270년이며, 기철을 평정한 점, 쌍성총관부를 토벌하게 한 점 등을 통해 (나) 시기는 고려 공민왕 시기임을 알 수 있다. ① 고려는 충렬왕 때 원의 일본 원정에 동원되었다. 원이 일본 원정을 위해 설치한 정동행성은 고려의 내정에 간섭하였다.

오답 피하기 ② 고려 광종 때 본래 양인이었으나 불법으로 노비가 된 자들을 조사하여 양인으로 신분을 회복시켜 주는 노비안검법을 시행하였다.
③ 백제는 22담로에 왕족을 파견하여 지방 통제를 강화하였다.
④ 고려 무신 집권기에는 망이·망소이의 봉기 등 하층민의 봉기가 자주 발생하였다.
⑤ 조선 세종 때 일본의 교역 요청에 따라 3포(부산포, 제포, 염포)를 개방하고 제한적인 교역을 허용하였다.

5 붕당 정치의 전개 과정 파악

문제 분석 자료에서 인조반정이 일어나면서 왕위에서 쫓겨났다는 점 등을 통해 (가) 왕이 광해군임을 알 수 있다. ③ 광해군의 재위 시기에 북인이 정국을 주도하였지만 인조반정으로 광해군이 폐위되고 북인도 정치적으로 몰락하였다.

오답 피하기 ① 조선 성종 때부터 사림이 본격적으로 중앙 정계에 진출하여 훈구 세력의 부정과 비리를 비판하였다. 이에 사림과 훈구의 대립이 고조되었고 여러 차례 사화가 발생하였다.
② 조선 후기 영조는 붕당 정치의 폐단을 해소하고 국왕 중심의 국정 운영을 강화하기 위해 탕평책을 실시하면서 탕평파를 육성하였다.
④ 교정도감은 고려 무신 정권기에 최충헌이 설치한 최고 권력 기구이다.
⑤ 신라 말기에 진골 귀족들이 왕위 쟁탈전을 벌였다.

6 조선 시대 신분제의 이해

문제 분석 자료에서 홍길동이 양반 아버지와 노비인 어머니 사이에서 출생한 점을 통해 홍길동은 서얼에 해당한다는 사실을 알 수 있다. ③ 조선 시대에 서얼은 중인과 비슷한 대우를 받았다.

오답 피하기 ① 6두품은 신라의 골품제에서 진골 아래의 신분이다.
② 노비는 재산으로 간주되어 매매, 상속의 대상이었다.
④ 독서삼품과는 통일 신라의 원성왕이 유교 경전의 이해 정도를 관리 선발에 참고하기 위하여 마련한 제도이다.
⑤ 고려 시대의 백정은 직역이 없는 일반 농민으로 조세·공납·역을 부담하였다. 한편 조선 시대의 백정은 주로 도살업, 유기 제조업 등에 종사하는 사람들을 가리키는 말로 의미가 변하였으며 천인에 해당하였다.

7 강화도 조약의 내용 이해

문제 분석 자료에서 일본 관리가 인천 개항을 요구하는 점, 일본 정부에서 해마다 측량선을 보내 조선의 해안을 탐색하였다는 점 등을 통해 강화도 조약과 관련된 내용임을 알 수 있다. ① 운요호 사건을 계기로 1876년에 체결된 강화도 조약에는 부산 외 2개 항구의 개항, 일본에 해안 측량권과 영사 재판권을 허용한다는 내용 등이 포함되었다. 이에 조선은 부산 외에 원산, 인천을 추가로 개항하였다.

오답 피하기 ② 6·25 전쟁 후 미국의 무상 원조를 바탕으로 밀가루(제분), 설탕(제당), 면직물(면방직)을 생산하는 삼백 산업이 발달하였다.
③ 1862년에 일어난 임술 농민 봉기의 배경으로 삼정의 문란이 지목되자 이를 해결하고자 삼정이정청이 설치되었다. 그러나 별다른 성과를 거두지 못하였다.
④ 1950년에 일어난 6·25 전쟁 당시 국군과 유엔군이 인천 상륙 작전에 성공하여 전세를 역전시켰다.
⑤ 영국은 러시아 견제를 구실로 1885년부터 1887년까지 조선의 거문도를 불법 점령하였다.

8 갑신정변의 이해

문제 분석 자료에서 김옥균 등이 왕명을 통해 일본 공사에게 지원을 요구한 점, 홍영식이 국정 개혁안을 정하였고, 그 내용 중에는 청과 관계를 끊는 일, 인재를 등용하는 일 등이 포함된 점을 통해 갑신정변의 상황임을 알 수 있다. ③ 김옥균 등 급진 개화파는 일본으로부터 차관 도입에 실패하여 정치적 입지가 좁아진 상황에서 1884년 갑신정변을 일으켰다.

오답 피하기 ① 고려 인종 때 묘청, 정지상 등 서경 세력이 서경 천도를 주장하였다.
② 1894년 청일 전쟁이 전개되던 중 제1차 갑오개혁이 추진되었고 동학 농민군이 다시 봉기하였다.
④ 1170년 고려의 무신들이 자신들에 대한 차별 등에 반발하여 정변을 일으켰다. 이를 계기로 무신 정권이 성립되었다.
⑤ 신미양요 이후 흥선 대원군은 통상 수교 거부 의지를 담아 전국에 척화비를 건립하도록 하였다.

9 동학 농민 운동의 전개 과정 파악

문제 분석 자료에서 부패한 지배층에 저항하여 봉기하였다는 점, 집강소를 통해 폐정 개혁을 실천하였다는 점 등을 통해 (가) 운동이 동학 농민 운동임을 알 수 있다. ② 조선 후기인 1894년 무장에서 봉기한 동학 농민군은 황토현 전투와 황룡촌 전투에서 승리한 뒤 전주성을 점령하였다.

오답 피하기 ① 서재필과 정부 관료 등이 1896년 독립 협회를 창립하여 독립문 건립을 추진하였다.

③ 만주와 한반도를 둘러싸고 러시아와 일본의 대립이 격화되면서 1904년 러일 전쟁이 발발하였다.

④ 정미의병 때 의병 연합 부대인 13도 창의군이 결성되어 1908년에 서울 진공 작전을 추진하였다.

⑤ 모스크바 3국 외상 회의는 1945년 12월에 개최되었다. 이 회의에서 한반도에 민주주의 임시 정부 수립, 미소 공동 위원회 설치, 최고 5년 기한의 4개국에 의한 한반도 신탁 통치 협약 작성 등이 결의되었다.

10 제1차 갑오개혁의 내용 파악

문제 분석 자료에서 군국기무처에서 경무청의 순찰 업무 등에 대하여 올린 내용이라는 점, 경무청이 경찰 업무를 담당하였다는 점 등을 통해 밑줄 친 '개혁'은 제1차 갑오개혁임을 알 수 있다. ① 군국기무처 주도로 실시된 제1차 갑오개혁 당시 과거제가 폐지되었다.

오답 피하기 ② 『대전회통』은 조선 고종의 재위 초반에 흥선 대원군의 주도로 편찬되었다.

③ 조선 전기에 태종과 세조 등은 국왕의 국정 주도권을 강화하기 위해 6조 직계제를 실시하였다.

④ 전민변정도감은 권세가들이 부당하게 빼앗은 토지를 본래 소유주에게 돌려주고 불법적으로 노비가 된 자를 양인으로 해방하기 위해 고려 후기에 여러 차례 설치되었다. 공민왕 때 설치된 것이 대표적이다.

⑤ 조선어 학회는 1933년 한글 맞춤법 통일안을 제정하여 한글의 표준화에 노력하였다.

11 대한 제국 시기의 사실 파악

문제 분석 자료에서 러시아 공사관에서 돌아온 고종이 경운궁(덕수궁)에 머물렀다는 점, 고종이 환구단에서 황제로 즉위하였다는 점을 통해 (가) 정부는 대한 제국임을 알 수 있다. ② 대한 제국은 광무개혁을 추진하면서 양전 사업을 실시하고 근대적 토지 소유 증명 문서인 지계를 발급하였다.

오답 피하기 ① 고려는 윤관의 건의로 여진의 침입에 대응하기 위하여 별무반을 조직하였다.

③ 1934년에 결성된 진단 학회는 실증 사학의 입장에서 한국사를 연구하고 『진단 학보』를 발행하였다.

④ 대한민국 임시 정부는 독립운동 자금을 마련하기 위해 독립 공채를 발행하였다.

⑤ 1927년 신간회 창립을 계기로 여성 단체들은 이념을 초월한 민족 협동 전선으로 근우회를 결성하였다.

12 독립신문의 특징 파악

문제 분석 자료에서 1896년에 창간된 점, 한글로 써서 남녀 상하 귀천이 모두 보게 하였다는 점, 조선의 사정을 외국인들에게도 알리기 위하여 영문으로도 발행한 점 등을 통해 (가) 신문은 독립신문임을 알 수 있다. ② 1896년 서재필 등이 정부의 지원을 받아 독립신문을 창간하였다.

오답 피하기 ① 한성순보는 1883년 조선 정부가 개화 정책의 일환으로 설립한 박문국에서 발행되었다.

③ 동아일보사는 1930년대 전반에 '배우자, 가르치자, 다 함께 브나로드'라는 구호 아래 농촌 계몽 운동인 브나로드 운동을 추진하였다.

④ 1907년부터 시작된 국채 보상 운동은 대한매일신보 등 언론 기관의 지원을 받아 전국으로 확산되었다.

⑤ 황성신문 등은 을사늑약의 부당함을 규탄한 「시일야방성대곡」을 게재하였다.

13 1910년대 일제 식민 통치의 이해

문제 분석 자료에서 헌병 경찰제가 실시되고 있었다는 점, 경찰범 처벌 규칙이 공포된 해에 조선 태형령도 공포되었다는 점 등을 통해 밑줄 친 '당시'는 일제가 무단 통치를 실시하던 1910년대임을 알 수 있다. 경찰범 처벌 규칙과 조선 태형령은 1912년 3월에 공포되었다. 한편 헌병 경찰 제도와 조선 태형령은 3·1 운동 이후 일제가 이른바 문화 통치를 내세우면서 폐지하였다. ⑤ 일제는 1910년 회사령을 공포하여 회사 설립 시 조선 총독의 허가를 받도록 하였다. 회사령은 1920년에 폐지되었다.

오답 피하기 ① 일제는 1941년 소학교의 명칭을 국민학교로 개칭하였다.

② 원산 총파업(1929)은 라이징 선 석유 회사에서 일본인 현장 감독이 한국인 노동자를 구타한 사건을 계기로 일본인 감독 파면, 열악한 노동 조건 개선 등을 요구하면서 전개되었다.

③ 조선은 1876년 강화도 조약을 체결한 이후 일본에 수신사라는 외교 사절을 파견하였다.

④ 1880년 조선 정부가 개화 정책을 추진하면서 통리기무아문을 설치하였다.

14 3·1 운동의 영향 이해

문제 분석 자료에서 손병희가 체포되었다는 점, 공원에서 독립 선언서가 낭독되고 시위가 벌어졌다는 점, 황제의 장례식이 있었다는 점 등을 통해 자료에 나타난 민족 운동은 3·1 운동임을 알 수 있다. ③ 1919년에 일어난 3·1 운동의 영향으로 대한민국 임시 정부가 수립되었다.

오답 피하기 ① 1926년 순종이 서거하자 장례일에 맞추어 6·10 만세 운동이 일어났다.
② 동아일보는 3·1 운동 이후에 창간되었다. 동아일보사는 1930년대 전반에 농촌 계몽 운동인 브나로드 운동을 추진하였다.
④ 1880년대 국내에 유입된 『조선책략』의 내용에 반발하여 이만손 등을 중심으로 영남 지방 유생들이 만인소를 올렸다.
⑤ 의열단은 김원봉 등을 중심으로 1919년에 결성된 비밀 결사로, 신채호가 작성한 「조선 혁명 선언」을 활동 지침으로 삼았다.

15 봉오동 전투의 시기 파악

문제 분석 자료에서 봉오동 골짜기 안에서 전투가 벌어진 점, 홍범도의 공격 신호에 따라 독립군이 일본군을 공격한 점 등을 통해 자료의 전투는 1920년 6월에 벌어진 봉오동 전투임을 알 수 있다. ② 청일 전쟁은 1894년에 발발하였다. 청산리 대첩은 1920년 10월에 있었던 사실이다.

16 광주 학생 항일 운동의 전개 이해

문제 분석 자료에서 한·일 학생들이 충돌하였다는 점, 식민지 교육과 민족 차별에 분노한 학생들이 11월 3일에 시위를 시작하였다는 점 등을 통해 (가) 운동은 광주 학생 항일 운동임을 알 수 있다. ③ 1929년 나주역에서 있었던 한·일 학생 간의 충돌로 인해 광주 학생 항일 운동이 일어났다. 광주 학생 항일 운동은 신간회 등의 지원을 받으며 전국으로 확대되었다.

오답 피하기 ① 일제가 강요한 을사늑약에 따라 이듬해 통감부가 설치되었다. 국권 피탈 이후에는 조선 총독부가 식민 통치를 담당하였다.
② 대한 제국은 옛것을 근본으로 하고 새것을 참고한다는 구본신참의 원칙에 따라 광무개혁을 추진하였다.
④ 독립 협회는 1898년에 대한 제국 정부 대신들과 민중이 함께 참석한 관민 공동회를 열고 헌의 6조 결의를 주도하였다.
⑤ 1919년 파리 강화 회의가 개최되자 신한청년당은 한국인의 독립 의지를 알리고 열강의 지지를 얻기 위해 김규식을 대표로 파견하였다.

17 신간회의 특징 이해

문제 분석 자료에서 1928년이 창립 1주년이라는 점, 정치적·경제적 각성 촉진, 기회주의 일체 부인 등을 강령으로 내세운 점, 여러 지회와 많은 회원이 있는 점 등을 통해 (가) 단체는 신간회임을 알 수 있다. ⑤ 사회주의 계열에서 발표한 정우회 선언을 계기로 1927년에 비타협적 민족주의 세력과 사회주의 세력이 연대하여 신간회를 결성하였다.

오답 피하기 ① 여운형과 김규식을 중심으로 한 중도 세력은 좌우 합작 위원회를 구성하고 1946년 10월 좌우 합작 7원칙을 발표하였다.
② 의열단은 1919년에 만주에서 결성된 비밀 결사로 김상옥, 나석주 등이 소속되어 활동하였다.
③ 독립 의군부는 1912년 임병찬 등이 고종의 밀명을 받아 조직하였다.
④ 조선어 학회는 우리말(조선말) 큰사전 편찬 작업을 추진하였다.

18 제헌 국회 활동 시기의 사실 파악

문제 분석 자료에서 이승만과 이시영을 각각 초대 대통령과 초대 부통령으로 선출한 점 등을 통해 밑줄 친 '국회'는 제헌 국회임을 알 수 있다. 제헌 국회는 1948년 5·10 총선거로 선출된 국회 의원으로 구성되어 2년간 활동하였다. ④ 제헌 국회는 1948년 7월에 헌법을 공포한 후 초대 대통령과 부통령을 선출하였다. 이후 8월 15일에 대한민국 정부 수립이 선포되었다.

오답 피하기 ① 박정희 정부 시기인 1965년에 한일 협정이 체결되었다.
② 4·19 혁명 이후 내각 책임제와 양원제 국회 구성을 주요 내용으로 하는 헌법 개정이 이루어졌다. 이후 치러진 총선에서 민주당이 승리하였고 장면이 국무총리에 취임하였다.
③ 1945년 12월에 열린 모스크바 3국 외상 회의의 결의에 따라 이듬해인 1946년 제1차 미소 공동 위원회가 열렸다. 그러나 미국과 소련의 의견 차이로 무기한 휴회되었다. 1947년 제2차 미소 공동 위원회가 열렸으나 미국과 소련의 의견 차이로 역시 결렬되었다.
⑤ 1972년에 제정된 유신 헌법에 따라 통일 주체 국민 회의가 설치되었다.

19 6월 민주 항쟁 이해

문제 분석 자료에서 제시된 구호가 '고문 없는 세상에서 살고 싶다.', '민주 헌법 쟁취하여 민주 정부 수립하자.', '호헌 철폐, 독재 타도'인 점을 통해 (가) 민주화 운동은 6월 민주 항쟁임을 알 수 있다. ③ 1987년 박종철 고문치사 사건, 4·13 호헌 조치 등을 배경으로 일어난 6월 민주 항쟁으로 6·29 민주화 선언이 발표되었고, 이에 따라 여야 합의로 5년 단임의 대통령 직선제 개헌안이 마련되었다.

오답 피하기 ① 유신 체제는 박정희 대통령이 장기 집권을 위해 1972년에 유신 헌법을 마련하면서 시작되었다. 이에 3·1 민주 구국 선언, 부마 민주 항쟁, 서울의 봄 등 유신 헌법 폐지를 주장하는 민주화 운동이 전개되었다. 유신 헌법은 1980년 제8차 개헌 전까지 적용되었다.
② 1960년에 실시된 3·15 부정 선거에 대항하여 4·19 혁명이 일어났다.
④ 1926년 6·10 만세 운동 이후 사회주의 계열인 정우회는 비타

협적 민족주의 진영과의 연대를 주장하는 정우회 선언을 발표하였다.
⑤ 1980년 5·18 민주화 운동 당시 신군부 세력이 광주에 계엄군을 투입하여 무력으로 시위 진압에 나서자 학생과 시민들이 시민군을 조직하여 이에 저항하였다.

20 박정희 정부 시기의 남북 관계 이해

문제 분석 자료에서 분단 이후 첫 남북 당국 간 합의라고 한 점, 서울과 평양에서 동시에 발표되었다는 점 등을 통해 (가) 성명은 박정희 정부 시기인 1972년에 발표된 7·4 남북 공동 성명임을 알 수 있다. ② 박정희 정부 시기에 처음 남북 적십자 회담이 개최되었다.

오답 피하기 ① 민족 혁명당은 1935년 난징에서 민족주의 세력과 사회주의 세력이 참여하여 결성되었다.
③ 국민 대표 회의는 1923년 대한민국 임시 정부의 진로와 민족 운동의 새로운 방향을 모색하기 위하여 개최되었다.
④ 김대중 정부 시기인 1998년부터 금강산 관광 사업이 시작되었다.
⑤ 노태우 정부 시기인 1991년 남북 기본 합의서(남북 사이의 화해와 불가침 및 교류·협력에 관한 합의서)가 채택되었다.

수능 유형 마스터 4

본문 161~165쪽

1 ④	2 ②	3 ①	4 ①
5 ⑤	6 ①	7 ③	8 ①
9 ②	10 ⑤	11 ③	12 ②
13 ③	14 ⑤	15 ①	16 ④
17 ⑤	18 ③	19 ②	20 ③

1 신석기 시대의 사회 모습 이해

문제 분석 자료에서 움집 모형 제작하기, 갈돌 및 갈판 등 간석기 유물 발굴하기 등의 체험 부스가 설치된다는 점, 농경과 목축이 시작되었다는 점 등을 통해 밑줄 친 '이 시대'가 신석기 시대임을 알 수 있다. ④ 빗살무늬 토기는 한반도의 신석기 문화를 대표하는 문화유산이다.

오답 피하기 ① 고인돌은 청동기 시대의 대표적인 무덤이다.
② 조선 후기 상공업이 발달하면서 금속 화폐인 상평통보가 발행되어 전국적으로 유통되었다.
③ 고조선은 8조법으로 사회 질서를 유지하였는데, 현재는 그중 3개 조항만 전한다.
⑤ 동예는 10월에 무천이라는 제천 행사를 열었다.

2 고구려 장수왕의 이해

문제 분석 자료에서 『삼국사기』 고구려본기가 제시된 점, 재위 15년에 평양으로 천도하였다는 점 등을 통해 (가) 왕이 고구려의 장수왕임을 알 수 있다. ② 고구려 장수왕은 5세기에 백제를 공격하여 한강 유역을 장악하였다.

오답 피하기 ① 조선 영조는 백성의 군역 부담을 줄이려는 목적으로 균역법을 시행하였다.
③ 신라 원성왕은 유교 경전의 이해 수준을 평가하여 관리 선발에 활용하고자 독서삼품과를 마련하였다.
④ 백제 근초고왕은 마한의 여러 소국을 복속시키면서 세력을 확장해 나갔다.
⑤ 고려 성종은 최승로의 시무 28조를 수용하여 유교 정치 이념을 확립하고 통치 체제를 정비하였다.

3 통일 신라의 특징 이해

문제 분석 자료에서 청해진이 장보고가 설치한 해군 기지라고 제시된 점, 9주 5소경 체제에서 무주에 속한 곳이라는 점, 청해진이 당, 일본을 잇는 해상 무역의 중요한 길목이라는 점 등을 통해 (가) 국가는 신라임을 알 수 있다. ① 신라는 신분 제도인 골품제를 운영하여 골품에 따라 개인의 사회 활동과 정치 활동의 범위를 제한하였다.

오답 피하기 ② 조선 정부는 1862년 임술 농민 봉기의 배경으로 지목된 삼정의 문란을 해결하기 위한 기구로서 삼정이정청을 설치하였다.
③ 고종은 1899년 황제의 전제권을 규정한 대한국 국제를 반포하였다.
④ 조선 정부는 1880년 개화 정책을 총괄하기 위한 기구로 통리기무아문을 설치하였다.
⑤ 발해는 중앙 교육 기관으로 주자감을 설립하였다.

4 광종의 업적 이해

문제 분석 자료에서 왕건의 넷째 아들로 고려 제4대 왕으로 즉위하였다는 점, 대표적인 정책으로 노비안검법이 있다는 점 등을 통해 밑줄 친 '이 인물'은 고려 광종임을 알 수 있다. ① 고려 광종은 쌍기를 등용하여 과거제를 시행하였다.
오답 피하기 ② 신라 지증왕은 이사부로 하여금 우산국을 정벌하게 하여 신라에 복속시켰다.
③ 고려 말 요동 정벌에 나섰던 이성계는 위화도 회군을 단행하여 최영 등을 제거하고 권력을 장악하였다.
④ 14세기 중엽 원이 쇠퇴하는 상황에서 고려 공민왕은 기철 등 친원 세력을 제거하고 고려의 내정을 간섭하던 정동행성 이문소를 폐지하였다.
⑤ 19세기에 흥선 대원군은 왕실의 권위 회복을 위해 경복궁 중건 사업을 추진하였다.

5 조선의 통치 체제 이해

문제 분석 자료에서 『경국대전』 편찬이 완성된 후부터 임진왜란 발발 이전까지를 배경으로 한다는 점, 호조 관원이 재정 문제를 보고한다는 점, 사헌부 관원이 관리의 파직을 청한다는 점 등을 통해 (가)에는 조선 시대의 왕과 신료들의 정치 활동 장면으로 승정원 관원이 왕명을 해당 관청에 전달하는 장면이 들어가야 함을 알 수 있다. ⑤ 조선은 왕명 출납을 담당하는 기관으로 승정원을 두었다.
오답 피하기 ① 백제는 지방 통제를 강화하기 위해 22담로에 왕족을 파견하였다.
② 대한민국 임시 정부는 교통국을 운영하였는데, 교통국은 통신 기관으로서 정보의 수집과 분석, 연락 업무를 맡았다.
③ 1961년 5·16 군사 정변을 일으킨 군부 세력은 국가 재건 최고 회의를 설치하고 군정을 실시하였다.
④ 도병마사는 고려 시대에 중서문하성과 중추원의 고위 관리인 재신과 추밀이 국방과 안보 문제 등을 논의하던 고려의 회의 기구이다.

6 대동법의 이해

문제 분석 자료에서 선혜청이 설치되었다는 점, 각 고을에서 진상하는 공물이 방납인들에 의해 중간에서 막힌다는 점, 광해군이 경기도에 처음 시행하였다는 점, 토산물로 부과하던 공납을 토지 결수에 따라 쌀, 무명으로 거두었다는 점 등을 통해 밑줄 친 '이 제도'는 대동법임을 알 수 있다. ① 조선 후기 대동법의 시행으로 관청에서 필요로 하는 물품을 구입해 납부하는 공인이 성장하였다.
오답 피하기 ② 통일 신라 신문왕은 귀족의 경제 기반을 약화하기 위해 녹읍을 폐지하였다.
③ 일제가 황무지 개간권을 요구하자 1904년 결성된 보안회가 반대 운동을 전개하여 이를 철회시켰다.
④ 6·25 전쟁 후 미국의 경제 원조를 바탕으로 밀가루(제분), 설탕(제당), 면직물(면방직)을 생산하는 삼백 산업이 발달하였다.
⑤ 일제는 1908년 동양 척식 주식회사를 설립하여 조선에 대한 경제적 침략을 강화하였다.

7 신미양요의 이해

문제 분석 자료에서 1871년 6월 10일 미군이 초지진을 점령하였다는 점, 그다음 날 덕진진을 점령하였다는 점, 광성보 전투에서 미군이 전사하였다는 점 등을 통해 자료의 사건은 신미양요임을 알 수 있다. ③ 미국이 제너럴 셔먼호 사건을 빌미로 강화도를 침공하면서 신미양요가 일어났다.
오답 피하기 ① 고려 성종 때 서희는 거란의 침략을 외교 담판으로 막아 내고 강동 6주 지역을 확보하였다.
② 곽재우, 조헌 등은 임진왜란 당시 의병장으로 활약하였다.
④ 중일 전쟁이 발발한 이후 조선 민족 전선 연맹이 결성되었고, 조선 민족 전선 연맹은 중국 국민당 정부의 지원을 받아 조선 의용대를 창설하였다.
⑤ 세도 정치 시기 삼정의 문란 등으로 인해 임술 농민 봉기가 일어났다.

8 임오군란 파악

문제 분석 자료에서 명성 황후가 피란을 하였다는 점, 별기군에 비해 차별 대우를 받던 구식 군인들의 불만이 폭발하여 일어났다는 점, 분노한 군인들이 궁궐에 난입하고 일본 공사관을 공격하였다는 점 등을 통해 밑줄 친 '이 사건'이 임오군란임을 알 수 있다.
① 임오군란이 일어나자 조선 정부는 청에 군대 파견을 요청하였고, 청군은 임오군란을 진압하였다.
오답 피하기 ② 1907년에 시작된 국채 보상 운동은 성금을 모아 나랏빚을 갚고 국권을 수호하자는 운동으로 대한매일신보 등 언론 기관의 지원을 받았다.
③ 동학 농민 운동은 1894년 보국안민과 제폭구민을 구호로 내세워 일어났다.
④ 1875년 일본이 일으킨 운요호 사건을 계기로 이듬해인 1876년 조선은 일본과 강화도 조약을 체결하였다.

⑤ 통일 주체 국민 회의는 박정희 정부 때 제정된 유신 헌법에 따라 설치되었다.

9 독립 협회의 활동 이해

문제 분석 자료에서 만민 공동회를 개최하였다는 점, 독립문을 세웠다는 점 등을 통해 (가) 단체가 독립 협회임을 알 수 있다. ② 독립 협회는 국민 참정권을 실현하기 위해 의회 설립 운동을 추진하였다.

오답 피하기 ① 청의 발전된 모습을 보고 자극을 받은 일부 실학자와 지식인은 청의 문물을 받아들여 조선을 발전시키자는 북학론을 제기하였다.
③ 19세기 후반 위정척사 운동은 보수적인 유생층을 중심으로 전개되었으며, 서양 세력과의 통상 반대, 일본과의 개항 반대, 미국과의 수교 반대 등을 주장하였다.
④ 정미의병 때 의병 연합 부대인 13도 창의군이 결성되어 1908년에 서울 진공 작전을 전개하였다.
⑤ 조선어 학회는 한글 맞춤법 통일안을 제정하여 한글의 표준화에 노력하였다.

10 독도의 역사 파악

문제 분석 자료에서 대한 제국 정부가 1900년에 칙령 제41호를 공포했다는 점, 칙령 제2조에서 울도군수가 관할하도록 하였다는 점 등을 통해 밑줄 친 '이 섬'이 독도임을 알 수 있다. ⑤ 일제는 러일 전쟁 과정에서 시마네현 고시를 통해 불법적으로 독도를 자국의 영토로 편입하였다.

오답 피하기 ① 대한 제국 시기에 고종은 이범윤을 간도 관리사로 임명하였다.
② 진흥왕은 마운령, 황초령, 북한산, 창녕 등지에 순수비를 건립하였다.
③ 삼별초는 고려 정부가 개경으로의 환도를 결정하자 이에 반발하여 강화도에서 봉기하였다. 이후 진도, 제주도로 근거지를 옮겨 가며 저항하였으나 고려와 몽골 연합군에 의해 진압되었다.
④ 병인양요(1866)는 흥선 대원군이 천주교 신부와 신자들을 처형한 병인박해를 구실로 프랑스가 강화도를 침략한 사건이다.

11 신민회의 활동 이해

문제 분석 자료에서 남만주로 집단 이주하려고 기도하였다는 점, 안창호와 양기탁이 주도하여 비밀 결사로 조직되었다는 점, 대성 학교와 오산 학교 등을 운영하였다는 점 등을 통해 (가) 단체가 신민회임을 알 수 있다. ③ 신민회는 태극 서관과 자기 회사를 운영하는 등 민족 산업 육성을 위해서도 노력하였다.

오답 피하기 ① 고구려에서는 여러 가들이 모인 제가 회의에서 나라의 중요한 일을 결정하였다.
② 조선 후기 영조와 정조는 붕당 정치의 폐단을 해소하고 국왕 중심의 국정 운영을 강화하기 위해 탕평책을 실시하였다.
④ 조선 고종은 개항 이후 일본의 근대 문물 시찰과 개화 정책에 대한 정보 수집을 위해 1881년 일본에 조사 시찰단을 파견하였다.
⑤ 전두환 등의 신군부 세력은 5·18 민주화 운동을 무력으로 진압하고 국가 보위 비상 대책 위원회를 설치하여 권력을 장악하였다.

12 토지 조사 사업의 시기 파악

문제 분석 자료에서 관리가 토지를 측량하고 다닌다는 점, 조선 총독이 정한 기한 내에 소유지를 신고하도록 되어 있다는 점 등을 통해 밑줄 친 '이 사업'은 1910년대에 시행된 토지 조사 사업임을 알 수 있다. ② 일제는 1912년 조선 태형령을 제정하여 한국인에게만 태형을 가하였다. 조선 태형령은 1920년에 폐지되었다.

오답 피하기 ① 1894년 동학 농민 운동 당시에 전주성을 점령한 동학 농민군은 정부와 전주 화약을 체결한 뒤 전라도 각지에 집강소를 설치하여 폐정 개혁을 추진하였다.
③ 새마을 운동은 1970년부터 박정희 정부가 농촌 환경 개선과 소득 증대를 목표로 추진하였다.
④ 고려 후기 공민왕은 쌍성총관부를 공격하여 영토를 수복하였다.
⑤ 1948년 2월 유엔 소총회의 결의에 따라 5월에 남한만의 단독 선거인 5·10 총선거가 치러졌고 제헌 국회가 구성되었다.

13 대한민국 임시 정부의 활동 이해

문제 분석 자료에서 구미 위원부 관련 자료가 국제 사회를 향한 외교적 노력을 확인할 수 있는 자료라고 언급한 점, 한국의 독립을 위해 독립 공채 구입을 권고하였다는 점 등을 통해 (가)는 대한민국 임시 정부임을 알 수 있다. ③ 대한민국 임시 정부는 1940년 충칭에서 한국광복군을 창설하였다.

오답 피하기 ① 진단 학회는 실증 사학의 입장에서 한국사를 연구하고 『진단 학보』를 간행하였다.
② 독립 협회는 1898년 관민 공동회를 열고 헌의 6조의 결의를 주도하였다.
④ 대한 자강회 등의 단체가 고종 강제 퇴위 반대 운동을 전개하였다.
⑤ 일제가 황무지 개간권을 요구하자 1904년 결성된 보안회가 반대 운동을 전개하여 이를 철회시켰다.

14 민립 대학 설립 운동의 이해

문제 분석 자료에서 제2차 조선 교육령에 따라 대학 설립이 가능해졌다는 점, 조선 민립 대학 기성 준비회가 조직되었다는 점, 조선 민립 대학 기성회 창립총회 결의안에서 자본 총액이 천만 원으로 설정되었다는 점 등을 통해 밑줄 친 '이 운동'이 민립 대학 설립 운동임을 알 수 있다. ⑤ 1920년대에 전개된 민립 대학 설립

운동은 이상재 등이 조직한 조선 민립 대학 기성회를 중심으로 국내외에서 모금 운동을 추진하였다.

오답 피하기 ① 흥선 대원군은 붕당의 근거지로 인식되어 온 서원을 47개소만 남기고 철폐하는 정책을 추진하였다.

② 육영 공원은 개항 후 조선 정부가 외국어와 근대 학문을 교육하기 위해 설립한 학교이다.

③ 1907년 대구에서 시작된 국채 보상 운동은 대한매일신보 등 언론의 지원으로 전국으로 확산되었다.

④ 조선 고종은 제2차 갑오개혁 과정에서 교육입국 조서를 반포하였다.

15 신간회 창립의 배경 파악

문제 분석 자료에서 정우회 선언의 일부라고 언급된 점, 정우회 선언에서 사회주의 세력과 비타협적 민족주의 세력의 제휴를 주장했다는 점 등을 통해 정우회 선언이 어떤 결과를 가져왔는지 묻는 교사의 질문에 대해 신간회가 창립되었다고 답변하는 것이 가장 적절함을 알 수 있다. ① 1926년 사회주의 계열에서 정우회 선언을 발표하여 비타협적 민족주의 세력과의 제휴를 주장하였고, 이는 1927년 신간회가 창립되는 배경이 되었다.

오답 피하기 ② 조선 정조는 왕권 강화를 위해 친위 부대인 장용영을 설치하였다.

③ 자유시 참변은 약소민족의 독립운동을 지원하겠다는 러시아 혁명군의 약속을 믿고 자유시로 이동한 독립군이 내부의 주도권 분쟁과 러시아 혁명군에 의한 무장 해제 과정에서 희생된 사건이다(1921).

④ 조선사 편수회는 일제가 한국사를 왜곡하기 위해 설립한 기관으로 식민 사관이 담긴 『조선사』를 편찬하였다.

⑤ 반민족 행위 처벌법은 1948년 제헌 국회가 친일파를 처벌하기 위해 제정하였다.

16 의열단의 활동 이해

문제 분석 자료에서 단원 나석주의 동상이 제시된 점, 나석주가 조선 식산 은행과 동양 척식 주식회사에 폭탄을 투척하였다는 점, 단원 김상옥이 의거 활동을 벌였다는 점 등을 통해 (가) 단체는 의열단임을 알 수 있다. ④ 김원봉이 주도한 의열단은 「조선 혁명 선언」을 활동 지침으로 삼았다.

오답 피하기 ① 조선 숙종 대에 환국이 일어나 서인과 남인이 번갈아 권력을 장악하는 정치적 상황이 발생하였다.

② 임병찬 등은 1912년 고종의 밀명을 받아 독립 의군부를 조직하였다.

③ 고려 시대의 승려인 지눌은 불교 개혁 운동의 일환으로 수선사 결사 운동을 전개하였다.

⑤ 신간회는 광주 학생 항일 운동에 진상 조사단을 파견하고 대규모 민중 대회를 계획하였다.

17 좌우 합작 운동의 이해

문제 분석 자료에서 좌익 측이 합작의 5원칙을, 우익 측이 8원칙을 제시하며 본격적으로 추진되었다는 점, 좌우 합작 7원칙이란 타협안이 10월 7일 발표되었다는 점, 김구, 이승만, 조선 공산당 등이 참여하지 않았고 미군정이 지원을 철회하면서 성과를 거두지 못했다는 점 등을 통해 밑줄 친 '이 운동'이 좌우 합작 운동임을 알 수 있다. ⑤ 1946년 제1차 미소 공동 위원회가 무기한 휴회된 상황에서 여운형, 김규식 등은 한반도에 통일 정부를 수립하기 위해 좌우 합작 위원회를 결성하고 좌우 합작 운동을 전개하였다.

오답 피하기 ① 제1차 갑오개혁 때 군국기무처는 과거제를 폐지하고, 공·사노비 제도를 폐지하는 등의 개혁을 추진하였다.

② 신군부 세력이 비상계엄을 전국으로 확대 선포하자 이에 반대하여 1980년 광주의 학생과 시민들은 신군부 퇴진과 계엄령 철회 등을 요구하며 시위를 벌였다.

③ 중일 전쟁 발발 이후 일제는 전쟁 수행에 필요한 인적, 물적 자원을 동원하기 위해 1938년 국가 총동원법을 제정하였다.

④ 1894년에 발발한 청일 전쟁에서 승리한 일본이 시모노세키 조약으로 랴오둥반도를 차지하자 러시아의 주도로 삼국 간섭이 일어났다(1895).

18 6·25 전쟁 시기의 사실 이해

문제 분석 자료에서 흥남 철수 작전에 동원되어 피란민을 구출하였다는 점, 국군과 유엔군이 38도선을 돌파하여 압록강 부근에 이르자 중국은 파병을 결행하였다는 점, 중국군의 공세에 밀려 흥남에 고립된 국군과 유엔군이 철수를 단행하였다는 점 등을 통해 밑줄 친 '이 전쟁'이 6·25 전쟁임을 알 수 있다. ③ 6·25 전쟁 중인 1950년 9월에 국군과 유엔군이 인천 상륙 작전을 전개하였다.

오답 피하기 ① 비변사는 조선 중종 때 왜구와 여진의 침입에 대비하여 설치한 임시 기구이다.

② 고려는 몽골의 침입에 맞서 강화도로 천도하였다.

④ 고려 숙종은 윤관의 건의를 받아들여 여진 정벌을 위한 특수 부대인 별무반을 편성하였다.

⑤ 조선 건국 준비 위원회는 1945년 광복 직후 여운형과 안재홍을 중심으로 좌익 세력과 우익 세력을 통합하여 조직되었다.

19 이승만 정부 시기의 사실 이해

문제 분석 자료에서 제3대 대통령·제4대 부통령 선거에서 민주당 후보로 신익희, 장면의 선거 벽보가 제시된 점, 사사오입 개헌으로 선거에 나갈 수 있어 대통령에 당선되었다는 점 등을 통해 (가) 대통령이 이승만 대통령임을 알 수 있다. ② 이승만 정부는 1958년 간첩 혐의로 조봉암 및 진보당 관계자를 체포하고, 다음 해에 조봉암을 처형하였다.

오답 피하기 ① 정미의병 때 의병 연합 부대인 13도 창의군이 결성되어 1908년에 서울 진공 작전을 전개하였다.

③ 경부 고속 국도(도로)는 박정희 정부 시기인 1970년에 개통되었다.

④ 모스크바 3국 외상 회의는 1945년 12월에 개최되었다.

⑤ 노태우 정부는 여소야대 상황으로 정국 운영이 어렵게 되자 이를 타개하기 위해 1990년에 3당 합당을 단행하였고, 그 결과 민주자유당이 창당되었다.

20 김대중 정부의 정책 이해

문제 분석 자료에서 6·15 남북 공동 선언이 제시된 점, 북측 대표가 김정일 국방 위원장이었다는 점 등을 통해 (가) 정부는 김대중 정부임을 알 수 있다. ③ 김대중 정부 시기인 1998년부터 금강산 관광 사업이 시작되었다.

오답 피하기 ① 1894년 동학 농민 운동 당시 농민군과 전주 화약을 체결한 조선 정부는 동학 농민군의 폐정 개혁 요구를 국정에 반영하고 일본의 내정 개혁 요구에 대응하기 위해 교정청을 설치하였다.

② 1907년 고종은 을사늑약의 부당함을 국제 사회에 알리기 위해 네덜란드 헤이그에서 열린 만국 평화 회의에 이상설, 이준, 이위종을 특사로 파견하였다.

④ 1953년 정전 협정 직후 한국과 미국은 한미 상호 방위 조약을 체결하였다.

⑤ 노태우 정부 시기인 1991년에 남북한 유엔 동시 가입이 이루어졌다.

수능 유형 마스터 5

본문 166~170쪽

1 ①	2 ③	3 ④	4 ④
5 ①	6 ③	7 ⑤	8 ④
9 ②	10 ④	11 ③	12 ⑤
13 ①	14 ③	15 ⑤	16 ④
17 ②	18 ②	19 ②	20 ⑤

1 신석기 시대의 특징 파악

문제 분석 자료에서 농경과 목축을 시작했던 시대라고 하였고, 서울 암사동 유적 등이 제시된 것으로 보아 (가) 시대는 신석기 시대임을 알 수 있다. ① 신석기 시대에는 갈돌과 갈판 등 다양한 간석기가 사용되었다.

오답 피하기 ② 고인돌은 청동기 시대의 대표적인 문화유산이다.

③ 우리 민족 고유의 민속 신앙과 불교 행사가 결합된 팔관회는 신라와 고려 시대에 개최되었다.

④ 상평통보는 조선 후기에 주조되어 전국적으로 유통되었다.

⑤ 철제 농기구는 철기 시대 이후에 제작되어 농사에 사용되었다.

2 백제의 특징 이해

문제 분석 자료에서 근초고왕과 의자왕이 제시되었고, 평양성을 공격하여 고구려왕을 죽였다는 점, 고구려와 화친을 맺었고, 신라가 조공하는 길을 끊고자 하였다는 사실을 통해 (가) 국가가 백제임을 알 수 있다. ③ 백제는 5세기에 고구려의 침입을 받아 수도를 한성에서 웅진으로 옮겼다.

오답 피하기 ① 왕건은 고구려 계승을 표방하며 918년에 고려를 건국하였다.

② 고조선은 8조법을 마련하여 사회 질서를 유지하였다.

④ 골품제는 신라의 신분 제도로 골품에 따라 사회 활동과 정치 활동의 범위까지 제한하였다.

⑤ 비변사는 조선 중종 때 왜구와 여진의 침입에 대비하여 설치한 임시 기구였으나, 임진왜란을 거치며 기능이 강화되어 조선 후기에 국정 전반을 관장하게 되었다.

3 신라 말의 특징 이해

문제 분석 자료에서 지방 호족들이 스스로 성주 또는 장군을 칭하며 세력을 확대하던 시기라고 한 점, 후백제가 건국되었다는 점을 통해 밑줄 친 '이 시기'가 신라 말의 상황임을 알 수 있다. ④ 신라 말 일부 6두품 세력은 골품제의 한계를 비판하며 지방의 호족과 연계하여 새로운 사회 건설을 모색하였다.

오답 피하기 ① 조선의 법전인 『경국대전』은 세조 때부터 편찬하기 시작하여 성종 때 완성되었다.

② 무령왕릉은 백제 웅진 시기에 중국 남조의 영향을 받아 축조된 벽돌 무덤이다.
③ 고려 성종 때 최승로는 시무 28조를 올렸다.
⑤ 6·25 전쟁 중인 1950년 9월 국군과 유엔군이 인천 상륙 작전을 전개하였다.

4 원 간섭기의 시기 파악

문제 분석 자료에서 원의 황제가 고려 국왕의 자리를 세자로 하여금 이어받도록 하고 있는 내용으로 보아 밑줄 친 '조서'가 내려진 시기는 원 간섭기임을 알 수 있다. ④ 무신 정변(1170) 이후 몽골의 침입을 받은 고려는 강화도로 천도하여 맞섰으나 결국 강화를 맺고 몽골의 간섭을 받게 되었다. 하지만 14세기 중엽 즉위한 공민왕은 쌍성총관부를 공격하여 철령 이북 지역을 수복하는 등 반원 정책을 펼쳐 원의 간섭으로부터 벗어나고자 하였다. 이후 원을 몰아낸 명이 고려에 철령 이북 지역의 반환을 요구하자 고려는 요동 정벌에 나섰다. 하지만 이성계는 위화도에서 군대를 돌려 최영 등을 제거하고 권력을 장악하였다(위화도 회군, 1388).

5 조선의 지방 행정 제도 이해

문제 분석 자료에서 서울 광화문 광장 일대의 발굴에서 나왔다는 점, 관리의 비리 감찰을 담당하던 사헌부가 있던 곳이라고 한 점 등을 통해 (가) 국가가 조선임을 알 수 있다. ① 조선은 전국을 8도로 나누고 관찰사를 지방관으로 파견하였다.

오답 피하기 ② 백제는 지방 통제를 강화하기 위해 22담로에 왕족을 파견하였다.
③ 신라는 통일 이후 지방 요충지에 5소경을 설치하여 수도가 동남쪽으로 치우친 점을 보완하고자 하였다.
④ 중서문하성은 고려 시대 국정을 총괄하던 기구이다.
⑤ 발해는 중앙 교육 기관으로 주자감을 설립하고 유교 경전을 가르쳤다.

6 정조의 업적 이해

문제 분석 자료에서 창덕궁의 금원 북쪽에 규장각을 세웠다는 점, 영조의 어제를 봉안하였다는 점 등을 통해 밑줄 친 '전하'가 정조임을 알 수 있다. ③ 정조는 붕당 정치의 폐단을 해소하고 국왕 중심의 국정 운영을 강화하기 위해 탕평 정치를 실시하였다.

오답 피하기 ① 고려 태조는 후손들에게 훈요 10조를 남겨 고려 왕조의 나아갈 방향을 제시하였다.
② 조선 세종은 유교의 덕치와 민본 사상을 바탕으로 훈민정음을 창제하여 반포하였다.
④ 고려 광종은 본래 양인이었으나 불법적으로 노비가 된 사람들을 양인 신분으로 회복시켜 주는 노비안검법을 시행하였다.
⑤ 광개토 대왕릉비는 고구려 광개토 대왕의 업적을 기념하기 위해 아들인 장수왕이 세운 것이다.

7 강화도 조약의 특징 이해

문제 분석 자료에서 병자년 봄에 일본과 맺었다는 점, 부산 등 세 곳의 개항을 허락하였다는 점 등을 통해 밑줄 친 '조약'은 강화도 조약(조일 수호 조규)임을 알 수 있다. ⑤ 강화도 조약에는 부산 외 2개 항구의 개항, 일본에 해안 측량권과 영사 재판권을 허용한다는 내용 등이 담겨 있다.

오답 피하기 ① 갑신정변 이후 조선과 일본 사이에 한성 조약이 체결되었다.
② 천리장성은 고구려와 고려 때 축조되었다. 고구려에서는 당의 침략에 대비하여 축조되었고, 고려에서는 거란의 침략을 물리친 뒤 거란과 여진의 침략에 대비하여 축조되었다.
③ 최혜국 대우 조항은 1882년에 체결된 조미 수호 통상 조약에 처음으로 포함되었다.
④ 일제가 강요한 을사늑약의 결과에 따라 통감부가 설치되었다.

8 위정척사 운동의 배경 이해

문제 분석 자료에서 청의 외교관이 '연미국(聯美國)'이라고 했다는 점, 각국이 러시아의 위세를 저지하고 있다는 점을 통해 제시된 자료가 『조선책략』과 관련 있는 내용임을 알 수 있다. 『조선책략』은 청의 외교관인 황준헌이 쓴 책으로, 러시아를 막기 위한 방책으로 조선이 미국과 연합해야 한다는 주장을 담고 있다. ④ 『조선책략』은 제2차 수신사로 일본에 다녀온 김홍집이 국내에 소개하였다. 이에 이만손 등 유생들은 영남 만인소를 올려 『조선책략』의 내용을 비판하였다(1881).

오답 피하기 ① 러시아와 일본이 만주와 한반도를 둘러싸고 벌인 러일 전쟁은 1904~1905년에 전개되었다.
② 홍경래의 난은 평안도 지역에 대한 차별과 세도 정권의 수탈에 맞서 1811년에 일어났다.
③ 조선 세종 때 여진을 몰아내고 압록강과 두만강 유역에 4군 6진 지역을 개척하였다.
⑤ 1945년 12월에 열린 모스크바 3국 외상 회의의 결의에 따라 한반도에 민주주의 임시 정부 수립을 논의하기 위한 미소 공동 위원회가 1946년과 1947년에 개최되었다.

9 대한 제국의 특징 이해

문제 분석 자료에서 1900년 파리 만국 박람회에 참여하였다는 점, 고종이 황제로 즉위하면서 수립되었다는 점 등을 통해 (가) 정부가 대한 제국임을 알 수 있다. ② 대한 제국은 황제권을 강화하기 위해 1899년에 대한국 국제를 반포하였다.

오답 피하기 ① 고려 말 이성계와 신진 사대부는 전현직 관리에게 토지 수조권을 지급하는 과전법을 마련하였다.

③ 전민변정도감은 권세가들이 부당하게 빼앗은 토지를 본래 소유주에게 돌려주고 불법적으로 노비가 된 자를 양인으로 해방하기 위해 고려 후기 여러 차례 설치되었다. 공민왕 때 설치된 것이 대표적이다.
④ 경부 고속 국도(도로)는 박정희 정부 시기인 1970년에 개통되었다.
⑤ 1919년에 일어난 3·1 운동의 영향으로 독립운동의 구심점에 대한 필요성이 제기되어 대한민국 임시 정부가 수립되었다.

10 독도의 특징 이해

문제 분석 자료에서 울릉도 앞바다에서 동쪽으로 100리의 거리에 있다고 한 점, 예부터 울릉도에 속했으나 일본인들이 억지로 그들의 영토라고 하였다는 점 등을 통해 (가) 섬이 독도임을 알 수 있다. ④ 일본은 러일 전쟁 중이던 1905년에 시마네현 고시를 통해 독도를 자국 영토로 불법 편입하였다.
오답 피하기 ① 통일 신라의 장보고는 지금의 완도군 장도 일대에 청해진을 설치하고 황해와 남해의 해상 무역권을 장악하였다.
② 일본은 1875년 운요호를 파견하여 초지진과 영종도를 공격한 운요호 사건을 일으켰다.
③ 고려 시대 삼별초는 고려 정부의 개경 환도 결정에 반발하여 강화도에서 봉기한 후 진도, 제주도로 이동하며 대몽 항쟁을 전개하였다.
⑤ 영국은 러시아 견제를 구실로 1885년부터 1887년까지 조선의 거문도를 불법 점령하였다.

11 대한매일신보의 특징 이해

문제 분석 자료에서 발행인이 영국인 베델이라고 한 점, 일본의 군대 행동에 대해 악평을 시도하고 있다는 점, 영자 신문 외에 한글 신문을 발간하고 있다는 점 등을 통해 밑줄 친 '이 신문'이 대한매일신보임을 알 수 있다. ③ 대한매일신보는 국채 보상 운동을 지원하여 이를 전국적으로 확산시키는 데 기여하였다.
오답 피하기 ① 최초의 근대적 신문인 한성순보는 박문국에서 발간되었다.
② 동아일보사는 1930년대에 브나로드 운동을 전개하였다.
④ 이승만 정부 시기에 정부에 비판적이었던 경향신문이 강제로 폐간되었다.
⑤ 서재필 등이 정부의 지원을 받아 창간한 독립신문은 최초의 순 한글 신문이었다.

12 1920년대 무장 독립 투쟁의 특징 이해

문제 분석 자료에서 봉오동에서 독립군이 승리를 거두었다는 점, 홍범도가 이끄는 독립군이 참여했다는 점 등을 통해 (가)는 1920년에 있었던 봉오동 전투임을 알 수 있고, 자유시에 집결한 독립군이 크게 희생되었다는 내용을 통해 (나) 자료는 1921년에 일어난 자유시 참변에 대한 것임을 알 수 있다. ⑤ 봉오동 전투에서 패배한 일본은 대규모의 부대를 출병시켜 독립군을 공격하였다. 이에 김좌진이 이끄는 북로 군정서 등 독립군 연합 부대는 청산리 전투에서 일본군을 크게 물리쳤다. 이후 독립군은 일제의 탄압을 피하고 전열을 정비하기 위해 자유시로 이동하였으나 자유시 참변으로 다수가 희생되었다.
오답 피하기 ① 별무반은 고려 시대 윤관의 건의로 편성되었다.
② 임진왜란 당시 곽재우, 조헌 등이 의병을 일으켜 활약하였다.
③ 황토현 전투와 황룡촌 전투는 1894년에 일어난 동학 농민 운동의 전개 과정 중에 있었던 사실이다.
④ 한국 독립군이 쌍성보 전투에서 승리한 것은 1930년대의 사실이다.

13 대한민국 임시 정부의 특징 이해

문제 분석 자료에서 독립운동의 중심에 있었고, 한민족 최초의 민주 정부라는 점, 3·1 만세 운동의 영향으로 중국 상하이에 세워졌다는 점 등을 통해 (가)가 대한민국 임시 정부임을 알 수 있다. ① 대한민국 임시 정부는 1940년 충칭에서 산하 부대로 한국광복군을 창설하였다.
오답 피하기 ② 조선 고종 때 흥선 대원군은 통상 수교 거부 의지를 널리 알리기 위해 전국에 척화비를 건립하였다.
③ 임병찬 등은 1912년에 고종의 밀명을 받아 독립 의군부를 조직하였다.
④ 1948년 제헌 국회에서는 반민족 행위 처벌법을 제정하였다.
⑤ 박정희 정부는 미국의 요청으로 베트남 전쟁에 국군을 파병하였다.

14 신간회의 결성 과정 이해

문제 분석 자료에서 정우회에서 선언서를 발표하였다는 점, 해당 선언서의 요지에 민족 운동 단체가 대중을 배경으로 하였으면 적극적으로 제휴하겠다는 내용이 있다는 점 등을 통해 1926년에 발표된 정우회 선언에 대한 것임을 알 수 있다. ③ 사회주의 계열은 정우회 선언을 발표하여 비타협적 민족주의 세력과의 제휴를 주장하였고, 이는 신간회가 창립되는 배경이 되었다.
오답 피하기 ① 1972년 박정희 정부가 유신 헌법을 제정하자, 학생과 시민들은 유신 체제를 비판하며 유신 반대 운동을 전개하였다.
② 신민회는 일제가 조작한 105인 사건을 계기로 사실상 와해되었다.
④ 일제는 식민 지배에 필요한 재정 확보를 위해 1910년대에 토지 조사 사업을 시행하였다.
⑤ 1904년에 결성된 보안회는 일제의 황무지 개간권 요구를 저지

하는 운동을 전개하였다.

15 원산 총파업의 특징 이해

문제 분석 자료에서 원산에서 일어났다는 점, 원산 상업 회의소 측이 노동자를 모집하려고 하였으나 불가능하게 되었다는 점 등을 통해 밑줄 친 '파업'이 1929년에 일어난 원산 총파업임을 알 수 있다. ⑤ 원산 총파업은 석유 회사의 일본인 감독이 한국인 노동자를 구타한 사건을 계기로 하여 일어났다.

오답 피하기 ① 대한 제국 시기에 서울의 시전 상인들이 황국 중앙 총상회를 조직하여 상권 수호 운동을 전개하였다.
② 1970년 전태일은 근로 기준법에 명시된 노동자의 권리를 요구하며 분신하였다.
③ 1862년에 일어난 임술 농민 봉기의 원인으로 삼정의 문란이 지목되자 이에 대한 대응책으로 삼정이정청이 설치되었다.
④ 1907년에 대한 제국 군대가 강제 해산되자 일부 해산 군인들이 정미의병에 가담하여 의병 투쟁의 규모가 확대되었다.

16 민족 말살 통치 시기의 특징 이해

문제 분석 자료에서 중일 전쟁 발발 3년이라는 점, 지원병제가 실시되고 있다는 점 등을 통해 밑줄 친 '당시'가 민족 말살 통치가 시행되던 1940년의 상황임을 알 수 있다. ④ 중일 전쟁을 일으킨 일제는 1938년 국가 총동원법을 제정하여 패망할 때까지 한국의 인적·물적 자원을 수탈하였다.

오답 피하기 ① 조선 정조는 관리를 재교육하는 제도인 초계문신제를 실시하였다.
② 조선 태형령은 1912년에 제정되어 시행되다가 3·1 운동 이후인 1920년에 폐지되었다.
③ 통리기무아문은 조선이 개화 정책의 추진을 위해 1880년에 설치하였다.
⑤ 제1차 경제 개발 5개년 계획은 1962년부터 1966년까지 시행되었다.

17 한인 애국단의 특징 이해

문제 분석 자료에서 중국 상하이에서 1931년에 조직되었다는 점, 이봉창의 도쿄 의거를 주도하였다는 점 등을 통해 (가) 단체가 한인 애국단임을 알 수 있다. ② 1931년 김구가 대한민국 임시 정부의 침체를 극복하기 위해 한인 애국단을 결성하였다. 한인 애국단의 단원인 윤봉길은 1932년 상하이 훙커우 공원 의거를 일으켰다.

오답 피하기 ① 독립 협회는 1898년 만민 공동회를 개최하여 열강의 이권 침탈 등을 규탄하였다.
③ 여운형, 김규식 등은 한반도에 통일 정부를 수립하기 위해 좌우 합작 위원회를 결성하고, 1946년 좌우 합작 7원칙을 발표하였다.
④ 대한 자강회는 고종의 강제 퇴위 반대 운동을 전개하다가 일본의 탄압으로 해산당하였다.
⑤ 신민회는 민족 교육의 실시를 위해 오산 학교와 대성 학교를 설립하였다.

18 5·16 군사 정변의 특징 이해

문제 분석 자료에서 국가 재건 최고 회의의 의장이 된 박정희가 제시되었다는 점을 통해 (가) 사건이 1961년에 일어난 5·16 군사 정변임을 알 수 있다. ② 1961년 박정희를 비롯한 일부 군인들이 정변을 일으켜 권력을 장악한 후, 국가 재건 최고 회의를 통해 군정을 실시하였다.

오답 피하기 ① 1979년 박정희 대통령이 피살당한 10·26 사태가 일어났고, 이로 인해 유신 체제가 사실상 붕괴되었다.
③ 군국기무처는 제1차 갑오개혁을 추진한 기구로 1894년에 설치되었다.
④ 박정희 정부가 한일 국교 정상화를 추진하자, 1964년 학생과 시민들은 이에 반대하는 6·3 시위를 전개하였다.
⑤ 고종은 을사늑약의 부당함을 국제 사회에 알리기 위해 1907년 네덜란드 헤이그에서 열린 만국 평화 회의에 이상설, 이준, 이위종을 특사로 파견하였다.

19 5·18 민주화 운동의 특징 이해

문제 분석 자료에서 1980년 당시 광주에서 일어났다는 점, 계엄군의 공격으로 쓰러진 사람이 제시된 점 등을 통해 (가) 민주화 운동이 5·18 민주화 운동임을 알 수 있다. ② 신군부 세력이 비상계엄을 전국으로 확대 선포하자 이에 반대하여 1980년 광주의 학생과 시민들은 신군부 퇴진과 계엄령 철폐 등을 요구하며 시위를 전개하였다.

오답 피하기 ① 이승만 정부의 3·15 부정 선거 등을 계기로 1960년 4·19 혁명이 일어났다.
③ 1929년 나주역에서 발생한 한·일 학생 간의 충돌을 계기로 광주 학생 항일 운동이 일어났다.
④ 제주 4·3 사건의 진압을 위해 여수 주둔 군대에 출동 명령이 내려지자, 이에 반발하여 군 내부의 좌익 세력이 봉기한 여수·순천 10·19 사건이 일어났다.
⑤ 1987년 일어난 6월 민주 항쟁을 계기로 6·29 민주화 선언이 발표되었다.

20 7·4 남북 공동 성명의 특징 이해

문제 분석 자료에서 1972년 7월 남북한이 최초로 통일과 관련하여 합의하였다는 점, 서울과 평양에서 동시에 발표되었다는 점, 이후 남북 조절 위원회 공동 위원장 회의 등이 개최되었다는 사실을 통해 밑줄 친 '성명'이 7·4 남북 공동 성명임을 알 수 있다. ⑤ 박정희 정부 시기인 1972년 발표된 7·4 남북 공동 성명은 통일의 3대

원칙(자주적 · 평화적 · 민족적 대단결)을 표방하였다.

오답 피하기 ① 한반도 비핵화 공동 선언은 노태우 정부 시기에 발표되었다.
② 금강산 관광 사업은 김대중 정부 시기인 1998년부터 시작되었다.
③ 남북한 유엔 동시 가입은 노태우 정부 시기인 1991년에 이루어졌다.
④ 최초의 남북 정상 회담은 김대중 정부 시기인 2000년 6월에 이루어졌으며, 그 결과 6 · 15 남북 공동 선언이 발표되었다.

수능 유형 마스터 6

본문 171~175쪽

1 ③	2 ④	3 ②	4 ③
5 ③	6 ④	7 ②	8 ②
9 ③	10 ③	11 ③	12 ③
13 ⑤	14 ①	15 ②	16 ④
17 ⑤	18 ③	19 ②	20 ①

1 부여의 특징 파악

문제 분석 자료에서 만주 쑹화강 유역의 평야 지대에서 성립했다는 것, 왕 아래에 가(加) · 사자 등의 통치 세력이 존재했다는 것, 매년 12월 영고라는 제천 행사를 지냈다는 것 등을 통해 밑줄 친 '이 나라'는 부여임을 알 수 있다. ③ 부여에서는 마가, 우가, 저가, 구가 등 제가들이 별도로 사출도를 다스렸다.

오답 피하기 ① 조선 고종은 제2차 갑오개혁 시기에 국정 개혁의 기본 강령이라고 할 수 있는 홍범 14조를 반포하였다.
② 백제는 지방 통제를 강화하기 위해 22담로에 왕족을 파견하였다.
④ 발해는 9세기 선왕 이후 중국으로부터 해동성국으로 불렸다.
⑤ 화백 회의는 신라의 귀족들이 모여 만장일치로 국가 중대사를 의결하였던 기구이다.

2 삼국 간의 항쟁 파악

문제 분석 자료에서 비석의 위치, 영락 10년에 왕이 보병과 기병 5만을 보내 신라를 구원하게 했다는 것, 왕의 군사가 도착하니 왜의 군사가 도망했다는 것 등을 통해 (가) 비석은 5세기 장수왕 때 건립된 광개토 대왕릉비임을 알 수 있다. 비석의 위치, 왕이 인민을 얻어 관경을 순수하였다는 것 등을 통해 (나) 비석은 6세기 진흥왕 때 건립된 진흥왕 순수비임을 알 수 있다. ④ 6세기 신라 진흥왕은 한강 유역을 장악하였고, 이후 진흥왕 순수비를 건립하였다.

오답 피하기 ① 고려 광종 때 쌍기의 건의로 과거제를 도입한 이후 조선 시대까지 과거제를 실시하여 인재를 선발하였다. 과거제는 제1차 갑오개혁 때 폐지되었다.
② 4세기 후반 고구려 소수림왕은 유학 교육 기관인 태학을 설치하는 등 통치 체제를 정비하였다.
③ 고려 태조 왕건은 호족 세력을 견제하고 지방 통치를 보완하기 위해 사심관 제도, 기인 제도 등을 시행하였다.
⑤ 조선 숙종 때 조선과 청의 대표가 백두산 일대를 답사하고 경계를 확정하여 백두산정계비를 세웠다.

3 백제의 사회 모습 파악

문제 분석 자료에서 금동 대향로, 부여 능산리 고분군 근처에서 발견된 향로 등을 통해 (가) 국가가 백제임을 알 수 있다. ② 5세기에 백제는 고구려의 침입으로 한성에서 웅진으로 천도하였다.

오답 피하기 ① 조선 정부는 개화 정책을 추진하면서 박문국을 세우고 1883년 한성순보를 발행하였다.
③ 고려는 몽골과의 전쟁 중에 부처의 힘으로 외적을 물리치려는 염원을 담아 팔만대장경을 조판하였다.
④ 고려 무신 정권 시기 지눌은 세속화된 불교를 개혁하기 위해 수선사(송광사)를 중심으로 결사 운동을 펼쳤다.
⑤ 통일 신라 원성왕은 유교 경전의 이해 수준을 시험하여 관리 선발에 활용하고자 독서삼품과를 실시하였다.

4 고려 공민왕의 정책 파악

문제 분석 자료에서 기철 등의 친원 세력 제거, 정방 폐지 등의 개혁 추진, 고려 제31대 국왕, 홍건적의 침입을 받았을 때 개경에서 안동으로 피란을 왔다는 것 등을 통해 밑줄 친 '국왕'은 고려 공민왕임을 알 수 있다. ③ 고려 후기에 공민왕은 쌍성총관부를 공격하여 원에 빼앗겼던 영토를 되찾았다.
오답 피하기 ① 고려 태조는 후손들에게 훈요 10조를 남겨 고려 왕조의 나아갈 방향을 제시하였다.
② 조선 광해군은 방납의 폐단을 해결하기 위해 공물을 현물이 아니라 토지 결수에 따라 쌀, 무명이나 베 등으로 납부하게 하는 대동법을 경기도에서 처음 시행하였다.
④ 고려 태조는 중앙의 관리를 출신 지역의 사심관으로 임명하여 지방 세력을 통제하는 사심관 제도를 시행하였다.
⑤ 백제 근초고왕은 마한의 여러 소국을 복속시키면서 세력을 확장해 나갔다.

5 조선의 발전 이해

문제 분석 자료에서 제9대 임금 때 설치된 홍문관이라는 것, 사헌부, 사간원과 함께 3사라고도 불린 언론 기구였다는 것 등을 통해 (가) 국가가 조선임을 알 수 있다. ③ 조선 정조는 정치적 기능과 군사·상업적 기능을 함께 고려한 수원 화성을 건설하였다.
오답 피하기 ① 발해는 중앙 교육 기관인 주자감을 설립하여 인재를 양성하였다.
② 고려 최씨 무신 정권 시기 최충헌이 교정도감을 설치하였다. 교정도감은 최고 권력 기구로 최씨 무신 정권의 유지에 기여하였다.
④ 임신서기석은 신라의 두 청년이 유교 경전을 공부할 것을 맹세한 내용이 새겨진 비석이다.
⑤ 고려 광종은 노비안검법을 시행하여 본래 양인이었으나 불법으로 노비가 된 사람들을 조사하여 양인으로 신분을 회복시켜 주었다.

6 조선 후기 실학의 발달 이해

문제 분석 자료에서 여전제 실시 주장, 재물을 샘에 비유하면서 소비를 강조하는 내용 등을 통해 조선 후기 실학의 발달과 관련된 내용임을 알 수 있다. ④ 조선 후기 사회·경제적 변동에 따른 사회 모순의 해결책을 모색하는 과정에서 발달한 학문과 사회 개혁론을 실학이라고 한다. 실학자들은 농업과 상공업 등에 대한 개혁론을 제기하였다.
오답 피하기 ① 선종은 신라 말 정치 불안과 사회 혼란 속에서 유행하였으며, 지방에서 독자적인 세력을 형성하던 호족들의 호응을 받았다.
② 고려 전기에 관리 등에게 수조권을 지급하는 전시과 제도가 마련되었다.
③ 과전법은 고려 말 이성계와 신진 사대부에 의해 마련되었으며, 전현직 관리에게 토지 수조권을 지급하는 제도였다.
⑤ 대한 제국은 광무개혁을 추진하면서 양전 사업을 실시하고 전차, 철도 등 근대 문물을 도입하였으며 근대적 토지 소유 증명 문서인 지계를 발급하였다.

7 흥선 대원군의 정책 파악

문제 분석 자료에서 고종의 친부, 경복궁 중건, 서원 철폐 등의 정책을 추진한 정치가 등을 통해 (가) 인물은 흥선 대원군임을 알 수 있다. ② 흥선 대원군 집권 시기에 민생 안정을 위해 군정의 문란을 시정하고자 가호를 기준으로 군포를 부과하는 호포제가 시행되었다.
오답 피하기 ① 별무반은 고려 숙종 시기 여진의 침입에 대응하기 위하여 윤관의 건의에 따라 편성된 부대이다.
③ 세도 정치기에 일어난 임술 농민 봉기에 대한 대책으로 삼정이정청이 설치되었으나 큰 성과를 거두지는 못하였다.
④ 고려 말인 1388년에 요동 정벌에 나선 이성계가 위화도 회군을 단행하여 권력을 장악하였다.
⑤ 14세기 중엽 원이 쇠퇴하는 상황에서 고려 공민왕은 기철 등 친원 세력을 제거하고 고려의 내정을 간섭하던 정동행성 이문소를 폐지하였다.

8 통리기무아문의 특징 이해

문제 분석 자료에서 1880년에 설치되었으며, 그 아래에 사대사, 교린사 등 12사를 두어 사무를 분담하게 했다는 것, 임오군란 때 폐지되었다는 것 등을 통해 (가) 기구가 통리기무아문임을 알 수 있다. ② 통리기무아문은 1880년에 개화 정책을 총괄하기 위해 설치되었다. 이후 1882년에 일어난 임오군란을 계기로 통리기무아문이 폐지되었다.
오답 피하기 ① 조선 정조는 육의전 외의 시전 상인들이 갖고 있던 금난전권을 폐지하여 자유로운 상업 활동을 보장하고자 하였다.
③ 원 간섭기에는 도병마사가 도평의사사로 개편되는 등 관제 개편이 이루어졌다.
④ 조선 태종, 세조 등이 실시한 6조 직계제로 왕권이 강화되고

의정부의 권한이 약화되었다.
⑤ 조선의 승정원은 국왕의 비서 기구로 왕명 출납의 기능을 담당하였다.

9 제1차 갑오개혁의 내용 파악

문제 분석 자료에서 의정부 아래 8아문을 두고 국가 재정을 탁지아문에서 모두 관할하게 하였다는 것, 과거제, 노비제를 폐지하였으며, 과부의 재가를 허용하였다는 것 등을 통해 (가) 개혁이 제1차 갑오개혁임을 알 수 있다. ③ 군국기무처는 제1차 갑오개혁을 주도한 기구로 1894년에 설치되었다.

오답 피하기 ① 통일 신라 신문왕은 문무 관료에게 관료전을 지급하고 녹읍을 폐지하여 귀족들의 경제력을 약화시키고자 하였다.
② 1894년 동학 농민군의 제1차 봉기 과정에서 전주 화약이 체결되었고, 농민군은 전라도 각 지역에 집강소를 설치하였다.
④ 조선어 학회는 한글 맞춤법 통일안을 제정하여 한글의 표준화에 노력하였다.
⑤ 제2차 수신사 김홍집이 들여온 『조선책략』에 반발하여 1881년 이만손 등이 영남 만인소를 올렸다.

10 신민회의 활동 이해

문제 분석 자료에서 남만주 삼원보의 신흥 강습소에서 학생들이 수업을 받는 모습, 오산 학교 개교식에서 이승훈이 애국 계몽 운동의 필요성을 연설하는 모습, 태극 서관에서 서적을 판매하는 모습 등을 통해 (가) 단체가 신민회임을 알 수 있다. ③ 신민회는 1911년 일제가 조작한 105인 사건으로 사실상 와해되었다.

오답 피하기 ① 대한민국 임시 정부는 독립운동 자금을 마련하기 위해 독립 공채를 발행하였다.
② 독립 협회는 1898년 관민 공동회를 열고 헌의 6조의 결의를 주도하였다.
④ 한인 애국단의 윤봉길은 1932년 상하이 훙커우 공원에서 의거를 감행하였다.
⑤ 의열단은 1923년 신채호가 작성한 「조선 혁명 선언」을 활동 지침으로 삼았다.

11 정미의병의 배경 이해

문제 분석 자료에서 허위가 의병을 일으켰다는 것, 통감부에 강경한 요구 조건을 제시했다는 것, 고종 황제의 복위와 한국의 외교권 환원 및 통감부 철거 등을 주장한 것, 허위가 전국 13도 의병장을 총동원하는 서울 탈환을 계획하고 작전 참모의 중책을 맡았다는 것 등을 통해 밑줄 친 '의병'이 정미의병임을 알 수 있다. ③ 1907년 대한 제국 군대가 강제 해산되자 일부 해산 군인들이 정미의병에 가담하여 의병 투쟁의 규모가 확대되었다. 정미의병 때 의병 연합 부대인 13도 창의군이 결성되어 1908년에 서울 진공 작전을 추진하였다.

오답 피하기 ① 1895년 을미사변 이후 신변의 위협을 느낀 고종은 1896년 러시아 공사관으로 피신하는 아관 파천을 단행하였다.
② 조선 태형령은 1912년에 제정되어 3·1 운동 이후인 1920년에 폐지되었다.
④ 1894년 동학 농민 운동 당시 조선 정부의 요청으로 청이 군대를 파병하자 일본도 자국민 보호 등을 구실로 파병하였다. 이후 일본군은 조선 정부의 철병 요구를 거부하고 경복궁을 기습 점령한 후 청일 전쟁을 일으켰다.
⑤ 광해군의 중립적인 외교와 인목 대비 폐위 등에 반발한 서인은 인조반정을 일으켜 광해군을 축출하였다.

12 대한매일신보의 특징 이해

문제 분석 자료에서 대한 제국을 방문한 베델이 양기탁과 함께 창간했다는 것, 순한글, 국한문, 영문 등 세 종류로 발행되었다는 것, 일제의 국권 침탈을 비판하고 항일 의병 투쟁을 호의적으로 보도하였다는 것 등을 통해 밑줄 친 '이 신문'이 대한매일신보임을 알 수 있다. ③ 1907년에 시작된 국채 보상 운동은 성금을 모아 나랏빚을 갚고 국권을 수호하자는 운동으로 대한매일신보 등 언론의 지원을 받았다.

오답 피하기 ① 브나로드 운동은 1930년대 전반 동아일보사 주도로 전개된 농촌 계몽 운동이었다.
② 최초의 순한글 신문은 1896년 서재필 등이 정부의 지원을 받아 발행한 독립신문이다.
④ 1927년 신간회 창립을 계기로 여성 단체들의 민족 협동 전선으로 결성된 근우회는 기관지 『근우』를 간행하였다.
⑤ 이승만 정부 시기 정부에 비판적이었던 경향신문이 강제 폐간되었다.

13 3·1 운동의 영향 이해

문제 분석 자료에서 독립 선언을 준비한 민족 대표, 독립 선언서, 시위 당일 헌병 경찰 등에 의해 체포·구금, 만세 시위, 일제의 무력 진압 등을 통해 (가) 운동이 3·1 운동임을 알 수 있다. ⑤ 3·1 운동 이후 독립운동의 구심점이 필요해지자 각지에 수립된 임시 정부를 통합하여 상하이에 대한민국 임시 정부가 수립되었다.

오답 피하기 ① 유신 체제는 박정희 대통령이 장기 집권을 위해 1972년에 유신 헌법을 마련하면서 시작되었다. 이에 3·1 민주 구국 선언, 부마 민주 항쟁, 서울의 봄 등 유신 헌법 철폐를 주장하는 민주화 운동이 전개되었다.
② 1926년 순종의 장례일을 기하여 일어난 운동은 6·10 만세 운동이다.
③ 대한 제국은 1899년 황제권을 강화하기 위해 광무개혁의 일환

으로 대한국 국제를 반포하였다.
④ 국채 보상 운동은 대한매일신보 등 언론의 지원을 받아 전국적으로 확산되었다.

14 형평 운동의 이해

문제 분석 자료에서 진주 백정 이학찬 등이 중심이 되어 백정에 대한 사회적 차별 철폐를 목적으로 결성되었다는 것, 전국 대회를 열었다는 것, 차별 문제, 교육 문제, 생활 문제의 내용 등을 통해 밑줄 친 '이 단체'가 조선 형평사임을 알 수 있다. ① 1923년에 진주에서 조직된 조선 형평사는 백정에 대한 사회적 차별을 없애기 위해 형평 운동을 전개하였다.

오답 피하기 ② 1926년 사회주의 계열에서 정우회 선언을 발표하여 비타협적 민족주의 세력과의 제휴를 주장하였고, 이는 1927년 신간회 창립으로 이어졌다.
③ 전민변정도감은 권세가들이 부당하게 빼앗은 토지를 본래 소유주에게 돌려주고 불법적으로 노비가 된 자를 양인으로 해방하기 위해 고려 후기 여러 차례 설치되었다. 공민왕 때 설치된 것이 대표적이다.
④ 홍경래의 난은 평안도 지역에 대한 차별과 지배층의 수탈에 반발하여 세도 정치 시기인 1811년에 평안도 가산에서 일어났다.
⑤ 좌우 합작 운동은 제1차 미소 공동 위원회가 무기 휴회되고 이승만의 정읍 발언 등 단독 정부 수립론이 대두되는 상황에서 전개되었다. 좌우 합작 운동으로 결성된 좌우 합작 위원회는 1946년 민주주의 임시 정부 수립, 미소 공동 위원회의 속개 등의 내용을 담은 좌우 합작 7원칙을 발표하였다.

15 백남운의 활동 이해

문제 분석 자료에서 『조선사회경제사』, 한국사가 세계사의 보편적인 발전 법칙에 따라 세계사적 규모의 자본주의 사회로 이행하였음을 제시한 것, 한국사가 보편사의 특징을 보인다고 주장한 것 등을 통해 (가) 인물이 백남운임을 알 수 있다. 백남운은 사회주의 이론인 유물 사관에 입각하여, 세계사의 보편적 발전 법칙에 따라 한국사를 체계화하고자 노력하였다. ② 백남운은 『조선사회경제사』에서 한국의 역사가 세계사의 보편적 발전 법칙에 따라 발전해 왔다고 주장하여 식민 사관의 정체성론을 비판하였다.

오답 피하기 ① 묘청의 난을 진압한 것은 김부식이 지휘한 관군이었다.
③ 북학론은 청의 문물을 적극적으로 수용하여 국가 발전을 이루어야 한다는 주장으로, 조선 후기 실학자 등에 의해 제기되었다.
④ 이승만 정부는 1958년 간첩 혐의로 조봉암 및 진보당 관계자를 체포하고, 다음 해에 조봉암을 처형하였다.
⑤ 박은식은 민족주의 사학자로서 일제 식민 사관의 역사 왜곡에 맞서 국혼을 강조하였으며, 『한국통사』, 『한국독립운동지혈사』 등을 저술하였다.

16 대한민국 임시 정부의 활동 파악

문제 분석 자료에서 임시 의정원 회의에서 통과되었다는 것, 국무위원제를 주석제로 전환했다는 것, 임시 의정원 회의에서 김구가 주석으로 선임되었다는 것 등을 통해 (가)가 대한민국 임시 정부임을 알 수 있다. ④ 대한민국 임시 정부는 태평양 전쟁이 발발하자 대일 선전 성명서를 발표하였다.

오답 피하기 ① 독립 협회는 모금 활동 등을 통해 비용을 마련하여 독립문을 건립하였다.
② 조선은 1876년 강화도 조약을 체결한 이후 일본에 수신사라는 외교 사절을 파견하였다.
③ 초계문신제는 조선 후기 정조 때부터 실시된 관리 재교육 제도이다.
⑤ 1904년 결성된 보안회는 일본의 황무지 개간권 요구를 반대하는 운동을 전개하여 이를 철회시켰다.

17 한국광복군의 활동 파악

문제 분석 자료에서 중국 충칭에서 창설되었다는 것, 대한민국 임시 정부의 외무부장 조소앙이 축하시를 지었다는 것, 총사령관으로 지청천이 선임되었다는 것 등을 통해 (가) 군사 조직이 한국광복군임을 알 수 있다. ⑤ 한국광복군은 인도·미얀마 전선에 공작대를 파견하여 영국군과 함께 연합 작전을 펼치기도 하였다.

오답 피하기 ① 정미의병 때 의병 연합 부대인 13도 창의군이 결성되어 1908년에 서울 진공 작전을 전개하였다.
② 6·25 전쟁 당시 국군과 유엔군은 인천 상륙 작전에 성공하여 전세를 역전시켰다.
③ 홍범도가 이끄는 대한 독립군 등의 독립군 연합 부대가 봉오동 전투에서 일본군을 격퇴하였다.
④ 을미의병은 1895년에 있었던 을미사변과 단발령을 배경으로 일어났다. 당시에는 이소응, 유인석 등 유생층 주도로 의병 운동이 전개되었으나, 아관 파천 후 고종이 단발령을 철회하고 의병 해산 권고 조칙을 발표하며 대부분 해산하였다.

18 발췌 개헌 당시의 사회 모습 파악

문제 분석 자료에서 부산 일대에 계엄령이 선포되었다는 것, 이승만에게 비판적인 국회 의원을 체포했다는 것, 국회가 이승만과 타협해 이전에 제출했던 개헌안에서 직선제 등 핵심 내용을 발췌하고, 당시 많은 국회 의원이 별도로 제출했던 내각 책임제 개헌안에서 일부 조항을 발췌해서 새로운 개헌안을 만들었다는 것 등을 통해 밑줄 친 '새로운 개헌안'이 1952년에 단행된 발췌 개헌임을 알 수 있다. ③ 국군과 유엔군이 북한군과 전투를 벌인 것은 6·25 전쟁(1950~1953) 때이다.

오답 피하기 ① 박정희 정부는 미국의 요청으로 1964년부터 1973년까지 대한민국 국군을 베트남 전쟁에 파병하였다.

② 구식 군인들은 1882년 임오군란 당시 일본 공사관을 습격하였다.
④ 1930년대 북만주에서 지청천이 이끄는 한국 독립군이 한중 연합 작전을 전개하여 쌍성보 전투, 사도하자 전투, 대전자령 전투 등에서 승리하였다.
⑤ 일제는 우리말 사용을 금지하여 한국인의 민족성을 말살하려 하였다. 이에 일제는 1942년 조선어 학회 사건을 일으켜 조선어 학회 회원들을 체포하였다.

19 6월 민주 항쟁의 배경 파악

문제 분석 자료에서 대통령은 국민의 직접 선거에 의하여 선출한다는 것, 대통령의 임기는 5년으로 하고 중임할 수 없다는 것 등을 통해 1987년 6월 민주 항쟁의 결과 이루어진 5년 단임의 직선제 개헌안의 주요 내용임을 알 수 있다. ② 1987년 박종철 고문치사 사건, 4·13 호헌 조치 등을 배경으로 일어난 6월 민주 항쟁으로 6·29 민주화 선언이 발표되었고, 이에 따라 여야 합의로 5년 단임의 대통령 직선제 개헌안이 마련되었다.

오답 피하기 ① 독립 협회는 1898년 관민 공동회를 열고 헌의 6조의 결의를 주도하였다.
③ 1960년에 치러진 정·부통령 선거에서 이승만과 이기붕을 당선시키기 위해 자행된 것이 3·15 부정 선거이다. 이를 규탄하며 4·19 혁명이 일어났다.
④ 전두환 등의 신군부 세력은 1980년 5·18 민주화 운동을 무력으로 진압하고 국가 보위 비상 대책 위원회를 설치하여 권력을 장악하였다.
⑤ 김옥균, 박영효 등의 급진 개화파는 1884년 갑신정변을 일으켜 개화당 정부를 수립하고 인민 평등권 등을 주장하였다.

20 김대중 정부 시기의 사실 파악

문제 분석 자료에서 국민의 정부가 출범한 지 4년째가 되는 해, 외환 위기 극복, 지난 6월에 남북 정상 회담이 있었다는 것 등을 통해 김대중 대통령의 연설임을 알 수 있다. ① 김대중 정부 시기인 1998년부터 금강산 관광 사업이 시작되었다.

오답 피하기 ② 노태우 정부 시기인 1991년에 남북한이 유엔에 동시 가입하였다.
③ 한미 상호 방위 조약은 6·25 전쟁의 정전 협정이 체결된 직후인 1953년 10월에 체결되었다.
④ 7·4 남북 공동 성명은 1972년 박정희 정부 때 자주적·평화적·민족적 대단결 등 통일의 3대 원칙에 남북이 합의하여 서울과 평양에서 동시에 발표된 합의 문서이다.
⑤ 모스크바 3국 외상 회의의 결정에 따라 한반도에 민주주의 임시 정부 수립을 논의하기 위한 미소 공동 위원회가 1946년과 1947년에 개최되었다.

인용 사진 출처

ⓒ한국학중앙연구원 『제왕운기』(5쪽) / 강원도 삼척 천은사(5쪽) / 『한국통사』(108쪽)

ⓒ국립중앙박물관 주먹도끼(6쪽, 13쪽) / 요령식 동검(6쪽, 146쪽) / 갈돌과 갈판(6쪽) / 빗살무늬 토기(6쪽) / 서울 북한산 신라 진흥왕 순수비(16쪽) / 상평통보(40쪽) / 지계(61쪽)

ⓒ국립부여박물관 백제 금동 대향로(17쪽)

ⓒ국가유산청 국가유산포털 팔만대장경판(25쪽) / 건원릉 신도비(35쪽) / 창경궁 홍화문(45쪽) / 환구단 석고(67쪽) / 어린이날 포스터(104쪽) / 창원 김주열 열사 시신 인양지(136쪽)

ⓒ디지털당진문화대전 충장사(38쪽)

ⓒ국립프랑스박물관/국립중앙박물관 『영조정순왕후가례도감의궤』 (상)(54쪽)

ⓒ서울대학교규장각한국학연구원 『의정존안』(65쪽)

ⓒ국립고궁박물관 대한 제국 여권(72쪽) / 오개삽입인(172쪽)

ⓒ연세대학교이승만연구원 『조선독립신문』 제1호, 제6호(88쪽)

ⓒ동아일보 『어린이』 창간호 1923. 03. 22. 1면(107쪽)

ⓒ대한민국역사박물관 형평 운동 기념탑(108쪽) / 농지개혁법 상환 증서(125쪽) / 5·10 총선거 기념 우표(127쪽) / 미국 원조 포스터(128쪽)

ⓒ민족문제연구소 금속류 공출식 유기 공출(115쪽)

ⓒ국립중앙도서관 『매신 사진순보』(116쪽)

ⓒ독립기념관 『매신 사진순보』(116쪽), 지청천, 지복영(118쪽), 대한민국 임시 정부 공채금 모집 공포문(164쪽)

ⓒ부산광역시립박물관 공동작업공출 포스터(116쪽)

ⓒ국립민속박물관 5·10 총선거 포스터(120쪽) / 금융실명제 안내 책자(155쪽) / 『도왜실기』(170쪽)

ⓒ뉴스뱅크 7·4 남북공동성명(145쪽)

ⓒ중앙선거관리위원회 제4대 정통령 선거 투표 용지(150쪽) / 제5대 부통령 선거 투표 용지(150쪽)

ⓒ국립조세박물관 경복궁 원납전 자문(152쪽)

ⓒ천안박물관 「조선명세전도」(153쪽)

ⓒ대전광역시 대전시립박물관 「임오유월일기」(162쪽)

ⓒ디지털남원문화대전 남원 실상사 편운화상 승탑(166쪽)

ⓒ수원일보 1962년 달력(170쪽)

ⓒ광주시립미술관 「광주 피에타」(170쪽)

memo